上海交通大学
人文社会科学成果文库

人文城市
的中国理论与实践

Renwen Chengshi
De Zhongguo
Lilun Yu Shijian

刘士林　著

上海交通大学出版社
SHANGHAI JIAO TONG UNIVERSITY PRESS

内容提要

本书分为上下两卷。上卷的主要内容包括："人文城市基础理论的建设与探索"，主要研究了城市发展方式、新型城镇化、特色文化城市、资源型城市、人文型智慧城市、都市文化、马克思都市文化、都市美学、城市音乐文化等基础理论；"人文城市应用理论的场景与形态"主要研究城市兴衰文化机制、草原文化复兴、文化与产城融合、艺术与城市文明、消费城市与文旅融合、文化产业与城市战略、城市文化病、市民广场、城市声音、"有温度的城市"等应用问题。下卷的主要内容包括："中国文化城市群的历史逻辑与现实演进"，主要探讨了京津冀、长三角、上海大都市圈、大运河文化带、粤港澳大湾区、长江经济带等文化型区域与城市群规划建设情况；"中国人文城市的理论阐释与规划建设"主要探讨了北京、上海、郑州、景德镇、中山、苏州、杭州等的人文城市规划建设情况；"中国文化村镇的理论建构与规划引领"主要探讨了小城镇、特色文化小镇、中国传统村落、江南传统村落、上海传统村落的文化规划和建设情况。本书客观总结了人文城市战略在中国的发展经验，对于当今世界城市发展的文化转型具有重要借鉴意义。

图书在版编目(CIP)数据

人文城市的中国理论与实践 / 刘士林著. —上海：
上海交通大学出版社，2023.1
ISBN 978-7-313-27929-3

Ⅰ. ①人… Ⅱ. ①刘… Ⅲ. ①城市文化-中国-文集
Ⅳ. ①C912.81-53

中国版本图书馆 CIP 数据核字(2022)第 213179 号

人文城市的中国理论与实践
RENWEN CHENGSHI DE ZHONGGUO LILUN YU SHIJIAN

著　　者：刘士林			
出版发行：上海交通大学出版社	地　　址：上海市番禺路 951 号		
邮政编码：200030	电　　话：021-64071208		
印　　制：上海文浩包装科技有限公司	经　　销：全国新华书店		
开　　本：710 mm×1000 mm　1/16	印　　张：38.25		
字　　数：641 千字			
版　　次：2023 年 1 月第 1 版	印　　次：2023 年 1 月第 1 次印刷		
书　　号：ISBN 978-7-313-27929-3			
定　　价：128.00 元			

自 序

　　文化是城市的灵魂。文化城市是一种以文化资源和文化资本为主要生产资料,以服务经济和文化产业为主要生产方式,以人的知识、智慧、想象力、创造力等为主体条件,以提升人的生活质量和推动个体全面发展为社会发展目标的城市理念、形态与模式。既超越了人类城市原始的防卫、商业等实用功能,也不同于"政治型城市化"和"经济型城市化",它揭示出城市发展的目的,不是城市人口的增加,也不是经济总量与财富的聚集,而在于城市是否提供了一种"有价值、有意义、有梦想"的生活方式。与城市规划学、城市经济学、城市地理学等传统城市研究学派不同,文化城市理论是人文城市建设的核心意识形态和主流价值观念。注重人文城市建设,是"以人为本"在城市发展中的真正落实。

　　从实践层面上讲,自"十三五"时期以来,中国积极推进人文城市规划建设,初步形成了以五个层级为基本框架的层级体系:一是以《大运河文化保护传承利用规划纲要》为代表的文化带;二是以《北京城市总体规划(2016—2035)》放弃经济中心,首次提出"建设全国文化中心"为代表的文化中心城市;三是以《景德镇国家陶瓷文化传承创新试验区实施方案》为代表的新型人文城市;四是以2017年原文化部发布的《特色文化产业发展及特色文化小镇建设》课题及其研究成果为标志的特色文化小镇;五是以住房和城乡建设部近年来持续推进的"中国传统村落"评选为标志的传统文化村落。

　　本书上卷的主要包括两篇二十四章。第一篇《人文城市基础理论的建设与探索》主要包括对城市发展方式、新型城镇化、特色文化城市、资源型城市、人文型智慧城市、都市文化、马克思都市文化、都市美学、城市音乐文化等基础理论研究，第二篇《人文城市应用理论的场景与形态》主要包括对城市兴衰文化机制、草原文化复兴、文化与产城融合、艺术与城市文明、消费城市与文旅融合、文化产业与城市战略、城市文化病、市民广场、城市声音、"有温度的城市"等理论应用的研究。

　　本书下卷的主要包括三篇十九章。第三篇《中国文化城市群的历史逻辑与现实演进》主要探讨了京津冀、长三角、上海大都市圈、大运河文化带、粤港澳大湾区的文化型城市群规划建设情况。第四篇《中国人文城市的理论阐释与规划建设》主要探讨了北京市、上海市、郑州市、中山市、苏州市、杭州市等城市的人文城市规划建设情况。第五篇《中国文化村镇的理论建构与规划引领》主要探讨了小城镇、特色文化小镇、中国传统村落的文化规划和建设情况。本书客观总结了人文城市战略在中国的发展经验，当今世界城市发展的文化转型具有重要借鉴意义。

　　本书是作者一段时间以来研究成果的结集，既有研究报告、论文，也有报纸评论和主题演讲的内容。为保持原样，收录本书时未做大的修改。因此，书中的"当前""现在"等表达，请读者结合上下文背景来了解。

　　是为序。

2022 年 12 月 3 日

目　录

下卷　人文城市的中国实践

| 总　论 |
人文城市的基本理论与战略规划

2019 年 11 月 2 日至 3 日，习近平总书记在上海考察时指出：文化是城市的灵魂。这是以习近平总书记为核心的党中央就深入推进《国家新型城镇化规划》提出的"人文城市"建设作出的最新指示，为正确认识和把握城镇化进程中文化与经济、社会、生态建设的内在关系确立了基本原则。在城市建设用地收紧、人口红利逐渐走低、科技创新周期较长等背景下，无论是充分利用我国城市丰富的历史文化资源，大力发展文化经济和服务业，还是为人民群众提供高品质的文化精神消费产品及服务，都需要把文化传承发展利用放到更加重要的位置上，加快推进人文城市走上高质量发展之路。

一、人文城市的理论渊源

英国诗人库伯说："上帝创造了乡村，人类创造了城市。"

与生产力、生产关系、社会结构和文化生态都比较简单的农业社会相比，集聚着大量财富与人口、复杂的社会与权力体系、多元的感性欲望与需要的城市，不可能仅仅依赖"自然律"自发地演化和发展，而主要依赖于当代人更高级、更复杂的规划、设计与建设。

由于城市化进程启动得早、发展得充分，西方城市社会学在知识谱系上也相当杂多，不同学者与流派差别较大，但从深层结构上讲，大体可划分为三种模式，即传统城市社会学的"人口论"、新城市社会学的"政治经济论"和人本主义城市社会学的"文化艺术论"。对它们进行充分的研究与深入的阐释，可以为中国城市化进程提供直接的理论资源与现实参照。

一是传统城市社会学的"人口论"。"迄今为止，人们把'城市化'定义为一种人口现象,即城市居民百分比的增长过程。"①人口论是城市化最基本的研究与测评方法,至今仍十分重要并被广泛使用,如我们常用的"城市化率"或"城市化水平"就据此而来。

二是新城市社会学的"政治经济论"。1981年,美国社会学家J.沃顿(John Walton)提出了"新城市社会学"(new urban sociology),认为城市社会学研究的重点不再是人口问题,而是资本主义的作用、国际经济秩序对城市建设的影响、财富的积累与权力的集中、社会阶级关系与国家管理职能等。② 新城市社会学与传统城市社会学的重要区别在于从人口集聚向政治经济结构,超越了城市理论研究的人文生态学派和城市发展的自然有机进化论,将关注的焦点集中于城市社会的现实维度上。

三是人本主义城市社会学的"艺术文化论"。如芒福德所说:"我们与人口统计学家们的意见相反,确定城市的因素是艺术、文化和政治目的,而不是居民数目。"③如果说传统城市社会学把城市理解为"生物世界",新城市社会学又有"政治经济决定论"的嫌疑,它们在总体上倾向于科学与实证,那么人本主义城市社会学则是对它们的重要超越。由此可知,芒福德提出了一个衡量城市发展的重要尺度——不是城市人口的增加,不是经济总量与财富的聚集,而是"艺术、文化和政治目的"。

这尽管有偏爱城市文化、排斥城市经济的倾向,但对于过于物化、商品化的后现代社会、对于扭转"见物不见人"的中国城市发展方式,仍值得肯定和借鉴。延续着芒福德的理论主线,我们提出,文化城市不同于"政治城市"和"经济城市",超越了城市原始的防卫、商业等实用功能,是一种以文化资源和文化资本为主要生产资料,以服务经济和文化产业为主要生产方式,以人的知识、智慧、想象力、创造力等为主体条件,以提升人的生活质量和推动个体全面发展为社会发展目标的城市理念、形态与模式。既超越了人类城市原始的防卫、商业等实用功能,也不同于中华人民共和国成立以来的"政治型城市化"和"经济型城市化",它揭示出城市发展的目的,在于城市是否提供了一种"有价值、有意义、有梦想"的生活方式。由此可知,文化城市理论应该成为我国"人文城市建设"的核心意识

---

① 康少邦、张宁等编译:《城市社会学》,浙江人民出版社1986年版,第270页。
② 夏建中:《新城市社会学的主要理论》,《社会学研究》,1998年第4期。
③ [美]刘易斯·芒福德:《城市发展史:起源、演变和前景》,宋俊岭、倪文彦译,中国建筑工业出版社2005年版,第132页。

形态和主流价值观念。注重人文城市建设,是一个衡量城市发展的新尺度,它揭示出城市发展的目的。这是"以人为本"在城市发展中的真正落实。

二、人文城市的历史镜鉴

人文城市不是无本之木,在人类城市发展史上,既有在特定历史社会环境中成功的案例,也有至今仍需要沉痛反思的反面典型。

以芒福德的城市史研究为基本框架,综合马克思、恩格斯及西方社会学家的相关研究,可以得出一个判断:以古代雅典为代表的希腊城市是文化城市的杰出代表,而以罗马城为代表的罗马城市则是文化城市的反面典型。希腊化的基本特征在于,"人们在城邦里形成聚居不是因出生和习惯,而是为了追求一种更好的生活;"①罗马化的基本特征是"物质建设的最高水准与社会人文发展的最坏状况。"②与马克思认为希腊艺术具有"永久的魅力"一样,以古希腊哲学、戏剧艺术、雕塑和体育竞技为代表,希腊城市最大限度地体现出了城市"让生活更美好"的本质,"古希腊人在短短的几个世纪里对自然和人类潜在能力所做的发现,超过了古埃及人或苏美尔人在长长几千年中的成就。所有这些成就都集中在希腊城邦里,尤其集中在这些城市中最大的雅典城。"③与恩格斯指出的"普遍的贫困化,商业、手工业和艺术的衰落,人口的减少,都市的衰败,农业退回到更低的水平,这就是罗马人的世界统治的最终结果"④相一致,罗马城以血腥的斗兽场、荒淫的罗马浴池及外表华丽但内涵空虚的大剧场为代表。正如芒福德所说:"罗马变成了一个反面生活的容器:在荒淫无度的破坏性活动中,生活走向了自己的反面。在这些方面,罗马帝国把历次文明似乎都不可避免的那些丑恶扩大化和持久化了。"⑤而雅典之所以成为"美好生活"的空间,罗马城之所以成为"死亡之城"的典范,根本原因就在于城市文化。

---

① [美]刘易斯·芒福德:《城市发展史:起源、演变和前景》,宋俊岭、倪文彦译,中国建筑工业出版社2005年版,第139页。
② [美]刘易斯·芒福德:《城市发展史:起源、演变和前景》,宋俊岭、倪文彦译,中国建筑工业出版社2005年版,第229页。
③ [美]刘易斯·芒福德:《城市发展史:起源、演变和前景》,宋俊岭、倪文彦译,中国建筑工业出版社2005年版,第132页。
④ 中共中央马克思恩格斯列宁斯大林著作编译局编:《马克思恩格斯选集》(第4卷),人民出版社1972年版,第145页。
⑤ [美]刘易斯·芒福德:《城市发展史:起源、演变和前景》,宋俊岭、倪文彦译,中国建筑工业出版社2005年版,第245—246页。

最值得关注的是，罗马城的幽灵正在当代大都市中蔓延。芒福德曾警告说："哪里的人口过分密集，哪里房租陡涨居住条件恶劣，哪里对偏远地区实行单方面的剥削以至不顾自身现实环境的平衡与和谐——在这些地方，罗马建筑和传统的各种先例便几乎都会自行复活，如今的情况正是这样：竞技场、高耸的公寓楼房、大型比赛和展览、足球赛、国际选美比赛、被广告弄得无所不在的裸体像、经常的性感刺激、酗酒、暴力、等等，都是道地的罗马传统。同样，滥建浴室，花费巨资筑成的公路，而尤其是广大民众普遍着迷于各种各样的耗资巨大而又转瞬即逝的时髦活动，也都是道地的罗马作风。"①在快速的城市化进程中，以 2013 年我国 35 个城市的 GDP 占到全国经济总量的一半，以及 2010 年以来的"逃离北、上、广""大城市伪幸福"等为代表，可以明显感觉到的是"物质建设与社会人文发展"的严重冲突。在这个意义上，我们应坚持我国城市建设防止"罗马化"和走文化型城市化发展道路。就此而言，"注重人文城市建设"既是新型城镇化与旧城镇化的本质区别，也是其之所以"新"的灵魂所在。

从我国的城市发展进程看，与 20 世纪中前期以政体转型与建构为中心的近代化、20 世纪后期以经济改革开放为中心的现代化、21 世纪以来以城市化为中心的后工业化相对应，我国的城市主要经历了"政治型城市化"（1949～1978）、"经济型城市化"（1978～2005）与"文化型城市化"（2005 年以来，以"宜居城市""生态城市""人文城市"等为标志）三种发展模式及相应的历史阶段。加快布局和强力推进"文化引领城市发展"正在成为新时代的主旋律。

具体言之，中华人民共和国成立的前 30 年属于"政治型城市化"。这是一种以政治理念和意识形态为中心，一切服从于国家政治需要与政治利益、带有一定"逆城市化"色彩的城市化模式。改革开放以来的 30 年属于"经济型城市化"阶段。这是一种以 GDP 为中心，一切服从于解放生产力、建立社会主义市场经济、全面复兴城市商业与服务功能等现实需要的城市发展模式。以 2005 年建设部力推"宜居城市"为起点，至 2014 年《国家新型城镇化规划》首次提出"注重人文城市建设"和"把城市建设成为历史底蕴深厚、时代特色鲜明的人文魅力空间"为标志，一种不同于"政治型城市化"和"经济型城市化"的新的城市化模式逐渐形成，我们把它命名为"文化型城市化"。这既是一个关于城市规划、建设和发展的

---

① ［美］刘易斯·芒福德：《城市发展史：起源、演变和前景》，宋俊岭、倪文彦译，中国建筑工业出版社 2005 年版，第 259 页。

新理论、新标准和新模式,真正体现了"以人为本"和"人民城市为人民"的历史要求,同时也重申了城市的最高本质在于创造一种"有价值、有意义、有梦想"的生活方式,而不只是吸纳了多少人口和集聚了多少财富。"文化型城市化"代表着我国未来城市发展的战略主题及先进方向,并为文化引领城市发展创造了客观条件和社会需要。

三、人文城市的中国战略

中国的城市化和人文城市建设,既和其他国家一样要遵循人类城市发展的普遍规律,同时也必然有其独特的道路和不能被忽视的根本利益。这是我国新型城镇化、人文城市建设必须树立的战略自觉意识。

首先,城市群是当今世界城市化的主流和大趋势,也是我国人文城市建设必须依赖的大背景和总体框架。城市化主要有"单体式"和"城市群"两种发展模式。前者的突出特征是"单打独斗""以邻为壑",对外加剧了城市之间的"同质竞争",对内激化了城市内部的"恶性博弈",往往造成区域内资源、资金和人才的巨大浪费和低效配置,并直接损害了城市社会应有的公平、正义及人的精神生态。后者的目标是通过建立合理的城市分工和层级体系,解决区域内以"产业同质竞争、项目重复建设、空间批量生产"为特征的"粗放型城市发展模式",以及城市与乡村在工业化和城市化进程中不断激化的对立和冲突,促进都市、城市、乡镇、农村的协调、均衡和可持续发展。自 20 世纪 60 年代以后,"单体式"城市发展模式在西方国家逐渐退出历史舞台,城市群成为城市化进程和区域发展的主流趋势。自 20 世纪 90 年代以来,关于中国城市究竟是走"大城市"还是走"小城镇"的发展道路在理论和学术界一直争论不休,中央城镇化工作会议明确提出"把城市群作为主体形态",不仅在理论上解决了我国城市化进程的主导形态和核心机制问题,在实践中也有利于不同层级的城市化单元走上一条资源配置合理、发展节奏平稳的包容性发展之路。但由于各城市的历史文化资源积淀、公共文化服务建设现状、文化产业发展水平不同,特别是由于文化市场的竞争越来越激烈,所以在人文城市建设中,最容易重蹈过去在发展城市经济时"同质竞争"的覆辙,是当下最需要未雨绸缪和加以应对的。

其次,文化城市群代表了城市群发展的先进方向和最新趋势,应成为我国人文城市建设的最高理想和奋斗目标。城市群主要有两种发展方式,一是传统的

主要以经济、交通和人口作为测评指标的"经济型城市群";二是新出现的主要以
生态、文化和生活质量作为评判标准的"文化型城市群"。在全球人口爆炸、能源
危机、生态环境急剧恶化的当下,"文化型城市群"日益成为全球城市化和区域发
展的主流和大趋势。改革开放以来,城市群率先在东部地区崛起,以长三角、珠
三角、京津冀三大城市群为代表,我国主要走的是一条经济型城市群发展道路,
尽管各城市群的经济总量、交通基建和人口规模发展很快,但它们的城市病也日
趋严重,不可持续问题日益凸显。目前,我国规划和在建的城市群(经济区)已达
30个,涵盖全国815个城市中的606个,人口和经济规模分别占到城市总人口
和GDP的82%和92%,因此,科学规划和设计一条具有中国特色的新型城市群
发展道路,不仅必要而且迫在眉睫。理想的城市群是一个在人口、经济、社会、文
化和整体结构上具有合理层级体系,在空间边界、资源配置、产业分工、人文交流
等方面具有功能互补和良好协调机制的城市共同体。城市群发展不只是经济的
一体化进程,也包括政治、文化、社会等方面的内容。一个时期以来,由于把区域
发展简化为经济发展一体化,我国城市群与西方的最大差距不在于GDP、城市
空间与人口规模,而是集中体现在文化软实力、环境宜居水平和人口素质上。城
市的本质是文化,文化城市群代表了城市群发展的更高形态。就此而言,一方
面,以城市群为主体形态,超越特大城市、大中城市、小城市及乡镇之间的在人
口、资源等方面的恶性竞争;另一方面,以文化城市群为发展目标,转变以工业
化、现代交通和城市基础设施建设为主导的经济型城市群发展模式,培育环境、
经济、社会和文化的协调关系和协同发展机制,有助于走出一条环境、经济、社会
与文化协调发展的新路。这就是我们所理解和探索的以文化为引领、以人文城
市为重点目标的新型城镇化道路。

上卷

人文城市的中国理论

绪　论
中国城市化的文化挑战与回应

一份关于"长三角民营企业发展"的内部调研报告曾揭示：当下之所以很少有"真正成功的民营企业家"，主要是有"三道关"把大多数人挡在了门外。第一道关是"创业关"，大约有三分之一的人，在资本原始积累阶段被淘汰了。第二道关是"市场关"，也淘汰三分之一左右，这部分人在激烈的市场竞争中作为了"分母"。第三道关是"做人关"，在"创业关"和"市场关"都很成功和幸运，但由于"做人"的问题而最终功亏一篑。在经历了残酷的"三关"之后，真正的企业家变得凤毛麟角。人是城市的主题，人的素质就是城市的素质，人的命运就是城市的命运，所以这个模式也可用来解读和透视中国城市。总体上看，我国城市也主要经历了"创业关"和"市场关"，分别形成了有中国特色的"政治型城市化"和"经济型城市化"两种模式。而目前面临的正是以"文化挑战"为主要内容的"做人关"。能否成功回应"文化挑战"，直接关系到新型城镇化的建设质量和水平。

一、以"创业"为核心内容的"政治型城市化"

在"创业"阶段，无论是国家、群体，还是个人，面临的最大问题都是生存，为了解决这个问题，最重要的是"如何迅速集聚资源"，获得竞争的实力和平台。因而在这个初级阶段中，"成功证明手段合理"是唯一的生存法则，在"创业"阶段，国家、群体或个人采用一些不得已的手段，在某种程度上不仅必要，也具有历史的合理性。

从 1949 年中华人民共和国成立到 1978 年十一届三中全会召开，这 30 年的城市化和人生的"创业期"非常相似。我们把这个阶段称为"政治型城市化"。这是中华人民共和国成立后选择的第一种城市化模式，它的特点是一切服从于国家利益和意识形态需要,带有明显"逆城市化"特征。这个模式不是出于城市的天性,而是出于巩固新生政权,减轻经济压力和维护稳定社会的政治需要。中华人民共和国成立之初,百废待兴,最大的问题是"创业艰难",为了应对帝国主义的军事干预和经济封锁,必须在短时期内集聚足够的资源。这只能从两方面入手:一是结束资源的分散状态,一切资源和财富收归国家,由中央政府决定"干什么不干什么",以提高资源使用的效益;二是尽可能地节约资源,压缩不必要的开支,这就需要国家对整个社会需求进行统筹管理,根据利害的程度和远近,决定满足、首先满足什么或压抑什么。而唯一目的就是生存下去。由于比较强硬的政治和军事化手段,最有利于集聚共和国生存所需的各种资源,这也就是对于城市这个天生最活跃的经济体,中央政府同样采取了"军事化"或"准军事化"管制的根源。这也说明,与西方现代城市化进程依赖工业革命和科学技术不同,国家意志和政治需要是新中国城市发展的主导机制和力量。

中华人民共和国成立前 30 年主要是政治主导的城市化。从最初对人口流动和经济资源的军事化管制,到 20 世纪 50 年代定型的计划经济体制和户籍管理制度,是我国政治型城市化的基本特色和成果。相对于农村而言,城市主要是一种沉重的负担。减少城市人口,在很长时间内成为我国应对城市问题的基本手段。如从 1959 年开始到 1960 年,中国政府就从城里迁出了 2 000 万人。[①] 又如在 20 世纪 60 年代初期,"为了减少城镇人口,1962 年 12 月中共中央、国务院联合发布了《关于调整市镇建制、缩小城市郊区的指示》,提高了市长的设置标准,撤销了大部分 10 万人以下的市和大批不符合条件的镇。通过市镇设置的调整,中国的城市由 1961 年的 208 个减少到 1964 年的 169 个,建制镇更是由 5 404 个下降到 3 148 个,城市化水平由 1960 年的 19.75% 下降到 1963 年的16.84%"。[②] 包括在整个 60 年代,从初期的城市居民、干部下放,中期开始的知识青年上山下乡和"三线"建设,到末期出于"备战"考虑的城市人口外迁,使新中国的城市化进程不升反降。其中,上海最具代表性。从理论上讲,一方面,城市天生是最活跃的经济体;另一方面,也需要自由迁徙的人口,由国家垄断全部物质资源和掌握所有人的命运,显然不符合城市化的基本原理。在今天看来,我国城市存在的很多深层矛盾和问题,都可追溯到这种政治型城市

---

① 温铁军:《我们是怎样失去迁徙自由的》,《中国改革》,2002 年第 4 期。
② 叶裕民:《中国城市化之路》,商务印书馆 2001 年版,第 114—115 页。

化,特别是计划经济和户籍制度,也包括城市管理比较粗放和落后、行政干预过多等问题。但无可置疑的是,正是这些有悖于城市天性的非常之举,使新中国的政权得以稳固,为中国城市化奠定了大前提和基本框架。对新中国最初实施的政治型城市化,应该从"创业艰难"的处境出发,并以"了解之同情"的态度加以客观评价,而不应要求过高,求全责备。诸如系统性的城市规划和政策,是否符合城市发展的规律和特点等,不但不符合当时的实际情况,即使在今天也仍然属于一种"求全之毁"。

二、以"市场"为核心的"经济型城市化"

在"市场关"这个阶段,发展取代了生存成为首要问题。而与"创业期"不同的是,由于面临的竞争者都有实力、经验、头脑和手段,这本身就是一场比"创业"更残酷的比拼和竞争。与草创时期仅凭勤劳和运气就可以成功不同,管理学界广为流传的四句话——"思路决定出路,态度决定前途,细节决定成败,战略决定命运,"[①]可以看作是国家、集团和个人在市场经济大潮中的基本生存原理和经验总结。

从1978年十一届三中全会,到1995年编制第九个五年计划时首次提出"转变经济发展方式",中国城市最大的问题就是如何"闯市场"。我们把这个阶段称为"经济型城市化"。这是新中国建立后选择的第二种城市化模式,它的特点是以GDP为中心,一切服从于发展经济生产力需要的城市发展模式。社会主义市场经济模式的确立、城市经济的改革开放、城市商业与服务功能的全面复兴、城市建制与城市人口的迅速扩张,是这种城市化的基本特征。从城市化的角度看,改革开放有两个关键词,即"市场经济"和"人口流动",两者分别针对计划经济和户籍制度,目的是通过恢复城市的经济天性和人口规模,提升城市化水平和竞争力。这同样有历史的合理性和必然性,如同创业成功的企业家,必须转变经营模式,改革管理模式,拓展新产业一样,为了盘活已有资源,提高生产效益,赢取更大市场。很多城市都打出了"以经济为中心"的鲜明旗号,唯一目的就是加快经济发展,因为发展慢了就等于倒退,而倒退就意味着将被淘汰。与过去城市的命运主要取决于政治安排不同,各级政府比任何时候都清楚,发展经济才是硬道

---

① 奚洁人:《战略、战略领导和战略领导力:奚洁人教授在国防大学的讲演》,《文汇报》,2008-08-03。

理,为此必须放弃一部分权力,甚至是主动寻租以寻求投资和合作。改革开放
30 年来,城市和工商业的关系前所未有地亲密,而变化与收获最大的也是城市
和工商业。

城市既是最大的经济体,也是最大的市场。市场经济大潮汹涌而来,很快改
变了我国城市发展的理念和模式。具体说来,以 2005 年"中心城市"和"城市群"
进入国家战略为标志,我国长期以来重点发展中小城市、限制大城市的国策发生
重要变化。如同成功的企业热衷于并购和扩张一样,在经济型城市化大潮中,最
有代表性的是 2004 年前后,全国 183 个城市提出建设"现代化国际大都市"。其
客观原因在于,城市空间越大,功能越全,影响越大,就越有利于全球优质人口、
资本与文化的集聚,这是很多城市在定位上不切实际,盲目追求高速度和高标
准,并引发了后患无穷的"城市大跃进"的根源。经济型城市化的内在矛盾在于,
很难处理好"做大"和"做强"的矛盾。"做大做强",是很多城市都喜欢使用的战
略性概念,但这个概念本身在逻辑上就是不通的:一方面,要做大城市规模,就
需要有更多的土地、资金、能源等客观资源;另一方面,要快速发展经济,也必然
要通过强化管理提升人的劳动强度和效率。但现实情况是,改革开放以来,以能
源消耗翻一番为代价,中国 GDP 实现了翻两番的目标,而我国有限的资源与环
境已不可能再支持这样的增长。对人自身而言,高速运转的城市已严重透支了
个体的生命成本,人们对城市、工作的厌恶感与日俱增,城市正在丧失提供美好
生活的本质。

从城市化的基本原理来看,空间和人口是城市化的两大基本问题,城市发展
既需要有充足的空间和土地资源,也需要有大规模和高密度集聚的人口。但这
两者又往往是不协调的,甚至是激烈冲突的,因为城市在本质上是一种"容器",
无论容量多大总是有限的,一旦超过了城市可承载的极限,就会导致人口密集、
房价昂贵、交通拥堵、就业压力增大、环境污染加重、社会分化加剧、公共资源(如
教育、卫生)短缺等城市病,并从根本上威胁到城市的可持续发展。这既是改革
开放 30 年来中国经济型城市化的后遗症,也是新型城镇化面临的主要问题和矛
盾。具体说来,在空间层面上,以"土地城镇化"为基本特征的"城市大跃进",已
严重威胁到国土开发建设的"底线",这是国家近年来密集出台多项严格管控土
地政策和举措的主要原因。在人口层面上,主要涉及"农业转移人口"的"半城市
化"问题,也严重影响到社会公平公正的"底线",这是《国家新型城镇化规划》明
确提出"努力实现 1 亿左右农业转移人口和其他常住人口在城镇落户"的主要原

因。这两方面的问题不解决，就不可能真正提升我国城市的建设质量。

三、以"做人"为核心的"文化型城市化"

在顺利通过"创业关"和"市场关"之后，"城市中国"终于获取了与当今世界强国竞争的资格，但就在我们喘息未定之际，真正的挑战可以说才刚刚开始。与过去的挑战主要来自政治、军事和经济领域不同，这次最严峻的挑战来自以"做人"为核心的文化领域。其中，既有经济发展后的道德和生活方式问题，也有对新的层级更高的城市规则的排斥和不适应问题，而最重要的则是被繁华的表象冲昏了头脑，不能正确认识个人与社会、城市、国家和世界的关系，无法做出正确的判断和选择。这在深层涉及的是人的素质、能力和智慧水平，是一个典型的文化问题。文化问题尽管属于细节，但在"守成"或"可持续"的新阶段，却是生存和发展必需的第一素质。

这是中华民族在现代化进程中必须直面的现实。经过中华人民共和国成立后 30 年的与西方的政治与军事斗争，我国成功地捍卫了自己的国体、政治制度与意识形态，经过 30 年的改革开放历程，中国已实至名归地成为世界经济大国，这为实现中华民族伟大复兴的中国梦奠定了可靠基础。但在比较成功地解决了政治和经济问题之后，一向不被重视的社会和文化领域开始成为前进路上的"拦路虎"。很多不文明的现象每天都在发生，中国游客在国内外景点乱刻乱画、在国际航班上打架斗殴；市民随时都可能买回假冒伪劣商品；在最能体现文明生活方式的家庭婚姻中，从层出不穷的"情妇反腐"到媒体曝光的农民工"临时夫妇"；在最能体现城市文明的公共空间中，从"中国式过马路"到怎么也落实不了的"垃圾分类"，这些问题多半不是由于"没有饭吃"甚至"食无鱼，出无车"，也不是由于没有明确的法制规章或其他制度方面的缺失而产生的，而是因为"明知故犯"或"就是不想遵守规则"，是由于人的文化素质无法管理好其在城市公共空间中的身体和本能。这也可以说是"大而不强"的后遗症，真正的"强"，不是物质和资本，而在于人本身，如同罗曼·罗兰讲的"心灵的英雄"。这提出的是一个"做人"问题，即需要什么样的观念、素质、能力和智慧，才能成为一个适应当代环境和发展需要的"人"。

对于城市也是如此。就城市建设而言，这突出表现为硬件与软件的矛盾。一方面，经过改革开放 30 年的发展，我国城市在空间、人口、经济和商业繁华程度等方面甚至超过了西方,这是有目共睹的;但另一方面,我们的城市也很脆弱。比如,在城市基础设施建设上,尽管投入巨大,但一遇到大雨,几乎每个城市都可以"看海"。在城市交通上的投入也很大,但实际情况不是出行越来越便捷,而是越来越糟糕。在房价调控、空气治理、水环境治理、食品药品安全等方面,类似的例子不胜枚举。我们拥有经济实力强大、行政机构复杂和人力资源丰富的城市,不但不能对各种城市问题应对自如,相反却是捉襟见肘和疲于奔命。这也表明,对于一个城市而言,仅有现代化的高楼大厦或成千上万的高科技人才,仍然不可能是真正强大的,因为城市强大的关键在于有没有适应城市生存环境、符合城市发展规律的"真正的城市人"。实际上,我们城市中出现的很多问题,都与人的素质相关。比如,尽管城市规划越来越多,但由于"长官意志"、研制团队竞相模仿、爆炸式增长的城市规划,并未能改变"产业同质竞争、项目重复建设、空间批量生产"的"粗放发展模式"。还有在城市品牌营销方面,也由于人的文化和审美问题,出现了"西门庆"文化旅游规划、"一座叫春的城市"等城市营销。由此可知,文化问题已成为影响我国城市发展,特别是影响城镇化质量的主要矛盾和核心问题。

　　中国城市发展面临的文化矛盾与挑战,已经引起了各方面的高度关注。在国家战略层面,以党的十七届六中全会提出"建设社会主义文化强国"战略为标志,继而明确提出"把文化繁荣发展作为坚持发展是硬道理,发展是党执政兴国第一要务的重要内容",表明了实施国家文化战略意识的觉醒与付诸实践的决心。在城市发展模式方面,2005 年 7 月 21 日,在全国城市总体规划修编工作座谈会上,时任建设部部长的汪光焘严厉批评了 183 个城市的"国际化大都市"定位,[1]在此背景下,"宜居城市""生态城市""文化城市"等开始成为众多城市的发展目标。其中透露出的一个根本性的变化,是我国的城市政策开始注重以人为本,城市经济发展开始服务于人的价值和文化需求,我们把这个阶段称作文化型城市化的开端。尽管很多深层和长期积累的问题不可能"毕其功于一役",但作为扬弃经济型城市化的标志,文化型城市化既是对上项目、找投资、跑马圈地和大搞 GDP 竞赛的城市发展模式的重要矫正,也表明城市管理开始更多地触及城市建设的目的和意义,城市社会的公平、正义及城市人精神生态等文化问题,是一种巨大的历史进步,也是应该得到充分肯定的。

---

[1] 《新民晚报:183 个"现代化国际大都市"是否太多》,人民网,2005 - 02 - 05。

四、两手抓：强化规范和文化教化

对于正在探索中的文化型城市化，重要的是如何按照正确的方向深入推进。

首先，要意识到问题的艰巨性，并做好长期奋斗的思想准备。文化建设的公益性强，有悖于城市的经济天性，可以说这是中国城市面临的最艰难的抉择。在当下，最需要警惕的主要有两方面：一方面是"挂羊头卖狗肉"。尽管不少城市提出"文化城市""生态城市""宜居城市"等，但事实上仍是打着文化建设、文化产业的旗号，继续搞"土地财政"或房地产开发的老一套。正如巴尔扎克所说的"三代才能培养成一个贵族"，改变以 GDP 为中心的经济型城市化模式，不是短期内可以实现的；另一方面是按照经济建设的思路抓文化建设。和长期处于奋斗阶段的人生一样，中国城市重视经济的主要原因也是"穷怕了"，由此导致了一种价值观——以为只要有了钱，就有了一切，包括文化和尊严。但实际上，经济是经济，政治是政治，社会是社会，文化是文化，它们各有各的规律和特点，不认真研究，就会导致文化建设的资源浪费和"瞎折腾"。现在各地政府抓文化，主要手段就是"给钱"。比如有些城市"眼红"其他城市有文化名人，不是通过政策、制度建设和培养人才，而是以别墅或其他超级待遇去"挖人"。尽管在面子上很好看，但根本起不到文化建设的作用。再比如对于文化产业，一般的理解就是大规模、大投资，搞成"航空母舰型"文化企业。但实际上，真正强大的文化产业不是靠规模大、资金多、体量大堆出来的。文化产业本质是文化，要靠创意、靠思想、靠艺术和天才的想象力创造财富，同时也需要长期积累。

其次，最为重要的是紧紧抓住"人"这个关键环节。无论是政治建设、经济建设，还是社会建设和文化建设，核心是要有一大批适应形势要求的人。明代重臣张居正曾说："法之不行也，人不力也，不议人而议法，何益？"[①]卢梭在《社会契约论》中讨论"人民"时也曾指出："正如建筑家在建立一座大厦之前，先要检查和勘测土壤，看它是否能担负建筑物的重量一样；明智的创制者也并不从制订良好的法律本身着手，而是事先要考察一下，他要为之而立法的那些人民是否适宜于接受那些法律。"[②]实际上，近年来我国城市政策已颁布不少，从国外借鉴的经验也

---

① 朱东润：《张居正大传》，陕西师范大学出版社 2009 年版，第 162 页。
② ［法］卢梭：《社会契约论》，何兆武译，商务印书馆 1980 年版，第 59 页。

多如牛毛,出现问题时,不能完全归咎于顶层设计,同时也有实施和落地的问题。比如土地问题,无论国家出台了多少政策,处理了多少违规违纪官员,但出于发展经济的压力、惯性和诱惑,未批先建、少批多占、越权审批、以租代征、借壳建设等问题仍很多。比如户籍问题,无论国家在顶层怎样焦虑,农民工在基层怎样煎熬,几乎每个省会城市都"上有政策下有对策",即使被迫有限开放,也会设置过多的条条框框。为什么很多很好的政策不能落地,或在实施过程中被"偷天换日""李代桃僵",最根本的原因就在于"人不力"。如同企业家在"做人"上出问题,多半是因为改不了在草莽时期养成的坏习惯,或者是在残酷的市场竞争中养成了对各种"歪门邪道"的依赖症,把不正常的当作正常,把"不得已而为之"的手段当作"包打天下"的秘密武器,不遵守规则甚至以挑战和破坏规则为乐,无法对新的变化了的现实和形势做出正确的判断,对于城市也是如此。由于我国政治型城市化、经济型城市化的惯性都很强,要想放弃和改变也是很艰难和痛苦的。这是转变经济发展方式、保护环境和生态、城市非物质文化遗产保护等,往往成为一纸空文的根本原因。

与改革开放以来面临的市场挑战相比,以文化问题为主要矛盾的"做人关",是中国城市化进程中更加艰险的道路和难以平稳度过的阶段。这些十分棘手和复杂的问题必须尽快得到解决,因为它在最深的意义上关系到人在城市中奋斗、付出、追求的价值和意义。对此主要有两种手段:一是强化规范,认真研究和吸取已有的问题和经验,使当下比较粗放的法律、管理、考核等公共规则更加科学,特别是强化执行力和执行效果,能够比较快地见到成效;二是文化教化,正如朱子说"变化气质",文化知识和价值观念方面的学习和规训,能够使我们逐渐适应和培养城市人应有的品质和气质。这两方面结合得好,分寸把握得当,就可使我们的民族以较小的代价成功回应"文化挑战",在城市化和现代化的风雨中真正成熟起来。

第一篇

人文城市基础理论的建设与探索

| 第一章 |
文化城市与中国城市发展方式

一、改革开放关键阶段的中国城市命运

与中国改革开放进入关键阶段相一致,中国城市发展也开始面临最艰巨的考验和选择。一方面,改革开放以来的迅速与超常规发展直接导致了相当严重的"城市化过度",人口密集、交通拥挤、房价飙升、卫生与教育资源紧缺、就业与发展机遇竞争加剧以及都市精神生态恶化等问题,使中国城市可持续发展面临着巨大的障碍甚至是困境,而当下城市中频繁发生的各种突发性、极端性事件,在某种意义上可以看作是预示着未来更大动荡的"青萍之末";另一方面,从中长期发展的角度看,席卷全球的都市化进程仍在继续扩张与纵深化推进,同时,中国大规模的城市建设据估计至少还要持续 35 年左右。[①] 正如诺贝尔经济学奖获得者斯蒂格利茨说:"中国的城市化与美国的高科技发展将是深刻影响 21 世纪人类发展的两大课题",因而中国城市的发展质量与中国都市化进程的影响也将是全球性的。[②] 此外,再加上全球金融危机、经济危机与社会危机的不利影响,因而可以断言,在未来相当长的一段时期内,中国城市将面临更大的压力和更艰巨的挑战,其命运充满变数并难有喘息之机。

在这样的特殊时期或危急关头,我们认为,最重要的并不是已经或即将出现的问题与矛盾,甚至还可以说它们早点暴露出来未尝不是好事情,因为这些挫折、苦难与动荡有助于人们正确认识中国城市发展的现实处境。与之相比,最重要的是如何为中国城市发展找到科学的发展观与理性的参照系。正如荀子说:

---

① 翟烜:《住建部副部长:大规模城镇化建设还将持续 35 年》,《京华时报》,2009 - 03 - 28。
② 郭培章:《中国城市可持续发展研究》,经济科学出版社 2004 年版,第 205 页。

"今女不求之于本,而索之于末,此世之所以乱也。"(《议兵篇》)只要能够找到问题的根源与矛盾的主要方面,就完全有可能在多方艰难中开辟出城市发展的新境界。在我们看来,这种寻找与探索主要包括三方面:

首先,由于西方城市发展在前,这既具体表现在西方城市的历史发展阶段上,也浓缩在西方城市化研究的理论成果中,因而认真研究西方在这两方面的得失成败,是选择中国城市发展理念与战略的重要参照系。

其次,中国城市当然有其特殊性,在某种意义上,除了在农业文明背景下创造的十分繁华的古代都市,处于农业文明向工业文明、古代社会向现代社会转型过程的新中国,无疑是当代中国城市发展最重要的母体。因而在经历了六十余年的曲折探索与开拓发展之后,中国城市也积累了重要的具有本土特色的理论思维与现实经验,对此及时地予以归纳与总结可以为中国城市化进程提供一个基本构架。

最后,"文须有益于天下",以当代世界的都市化进程为背景,借助西方城市社会学理论资源,立足于新中国城市化进程,在正确认识其发展的深层问题与主要矛盾的基础上,建构中国城市发展的新理念与战略模式,切实推动中国城市发展的转型与创新,为最终探索出一条又快又好的中国城市可持续发展道路进行理性积累,并为同样陷入巨大现实困境的世界城市提供一些积极的启示,是我们研究新中国城市的历史进程及其现实发展战略的主要目的。

二、西方城市化模式的理论建构与当代阐释

英国诗人库伯有一句名言:"上帝创造了乡村,人类创造了城市。"这是很有见解的。与生产力、生产关系、社会结构和文化生态都比较简单的农业社会相比,集聚着大量财富与人口、复杂的社会与权力体系、多元的感性欲望与需要的城市,已不可能仅仅依赖上帝设置的"自然律"自发地演化和发展,而主要依赖于当代人更高级、更复杂的有意识地规划、设计与建设。在传统农业文明中,由于整个社会对自然的依赖程度很高,所以古代的城市化进程一直比较缓慢。但自工业革命以来,人类城市发展之所以越来越快,正可以归结为人类理性智慧与力量的解放与强势扩张。城市化进程,特别是作为其当代形态的以"国际化大都市"和"世界级城市群"为中心的都市化进程,是人类有史以来范围最广阔——涉及全球,形态最复杂——包括了所有城市及广大农业地区,影响最深刻——从政

治、经济到文化、心态的社会发展形式。对于中国这样农业人口众多、工业经济落后、城市化水平较低的国家,更需要悉心研究与正确认识这一当代历史进程的复杂性与艰巨性,只有这样才能少走弯路,降低成本,实现科学发展。就此而言,西方城市社会学有关城市化进程的研究,无疑有许多值得中国城市借鉴和吸取的宝贵智慧与经验。由于城市化进程启动得早、发展得充分,西方城市社会学在知识谱系上也相当杂多,不同学者与流派差别较大,但从深层结构上讲,却大体可划分为三种模式,即传统城市社会学的"人口论"、新城市社会学的"政治经济论"和人本主义城市社会学的"文化艺术论"。对它们进行充分的研究与深入的阐释,可以为中国城市化进程提供直接的理论资源与现实参照。

一是传统城市社会学的"人口论"。"迄今为止,人们把'城市化'定义为一种人口现象,即城市居民百分比的增长过程。"[①]人口论是城市化最基本的研究与测评方法,至今仍十分重要并被广泛使用,如我们常用的城市化率或城市化水平就据此而来。人口是城市发展的最直观的表象与最重要的特征。对此正如西方学者指出:"根据人口集中程度来定义的城市化为城市研究提供了一个相对清晰的框架。……剧烈的城市化最终会产生出一个城市社会,使绝大部分人口集中在市中心或其周边地区。……不同程度的城市化已成为大规模人口聚居模式的一个显著特征,它表现为不断增长的人口组织起来,以控制、利用和享受数量庞大、品种繁多的商品和服务。"[②]在当今世界,人口问题依然是经济社会发展中最根本的问题,如农村的空心化、居住密度增加、竞争加剧、就业困难、社会资源分配不均、社区服务不足等。但在当代都市化进程中,对这个已使用多年的概念还可以做些补充:一是在都市化进程中,由于农村、乡镇升格为城市、大城市的速度越来越快,特别是在现代国家强大的政治经济结构的决定下,一个原本荒凉、默默无闻的农业地区,有时可以像影视明星一样被迅速地包装与制造出来,这其中最突出的例子是农村直接地、迅速地演化为大城市的"中心地"或国际化大都市。这在某种意义上直接导致了当代城市化进程的特殊性,即在时间上的"飞跃性"与在空间上的"测不准原理";二是人口的都市化现象。这与都市化进程本身的性质与功能直接相关。都市化(metropolitanization)与城市化(urbanization)有很大不同,其浅表特征是量变,如城市人口的剧增、城市规模

---

① 康少邦、张宁等编译:《城市社会学》,浙江人民出版社 1986 年版,第 270 页。
② [美]埃里克·兰帕德:《美国历史学家与城市化研究》,魏霞译,载于《阅读城市:作为一种生活方式的都市生活》第 3 辑,上海三联书店 2007 年版,第 136—137 页。

的空前扩大等;深层的质变则在于,都市化进程迅速打破了人口与资源流动平缓、流量均衡的传统城市化模式,使原本分散在乡村、城镇、中小城市甚至不同地区与国家的人力资本、经济资本与文化资本向少数国际化大都市、国家首位城市或区域中心城市迅速地集聚,其在人口迁移上的一个重要特点是"大规模的农村人口在很短时间内迅速……集中于少数国际化大都市、国际首位城市与区域中心城市,使这些大城市的'首位率'迅速飙升,并由于无法承受巨大的人口压力而直接影响到自身的可持续发展。"①对于中国而言,由于仍有数量巨大的农业人口需要完成自身的城市化或都市化进程,"人口论"对于我们研究中国城市发展仍具有重要的借鉴意义。

二是新城市社会学的"政治经济论"。该理论产生于19世纪末20世纪初的城市社会学,其主流是人文生态学派,认为城市通过竞争与演替而自动达致社会平衡。1981年,美国社会学家 J.沃顿(John Walton)提出了"新城市社会学"(new urban sociology),认为传统城市社会学无法解释欧美社会普遍出现的城市骚乱。在他看来,城市社会并非日益整合、有序,而是阶级冲突和种族不平等日益严重,因而城市社会学研究的重点不再是人口问题,而是资本主义的作用、国际经济秩序对城市建设的影响、财富的积累与权力的集中、社会阶级关系与国家管理职能等。新城市社会学的主要理论如下:一是对政府公共政策与私人利益联姻的批判,认为国家管理的职能最终是为满足经济利益所需要的稳定社会秩序服务;二是城市象征着由利润机制造成的财富与权力的不平等,是代表资本积累与阶级斗争集中的空间场所。如果说传统城市社会学强调城市是一个自然竞争与适应的系统,那么新城市社会学则认为政治经济对城市发展具有决定性的作用,或者说,建立在经济基础上的政治结构是影响城市发展的最重要的因素。②由此可知,新城市社会学与传统城市社会学的重要区别在于从人文生态转向政治经济结构,它超越了城市发展的自然有机进化论,将关注的焦点集中于城市社会的现实维度上。进一步说,新城市社会学有两点最值得关注:首先是强调主体的作用,不再把城市发展看作是一个自然演化的过程。如帕尔的"城市管理者"(urban manager)理论就指出造成社会冲突的根本原因在于城市资源分配的不平等,其主要观点可以表述如下:① 城市资源的分配并不是由生态过程或经

---

① 刘士林:《人口的都市化及其对中国社会发展的影响》,《河南师范大学学报》,2007年第3期。

② 夏建中:《新城市社会学的主要理论》,《社会学研究》,1998年第4期。

济结构所决定,而是由拥有权力(掌握住宅市场和科层制运作机制)的科层制官僚所决定的;② 城市是一个社会和空间体系,城市资源含有地理空间的成分,其分布无法同时由两个或两个以上的个人和团体占有,占有良好位置者拥有比他人更大的使用各项设施的优势。由于这些不平等现象的存在,城市中的社会冲突才不可避免。① 与"人口论"相比,"政治经济论"揭示了人口表象背后的政治权力与经济资本,可以说具有"益人神智"的重要理论价值;其次是新城市社会学又称"新马克思主义城市社会学"。这一理论的旗手曼努尔·卡斯泰尔采用结构马克思主义的观点分析城市社会,认为城市空间是社会结构的表现,而社会结构则由经济系统、政治系统和意识形态系统组成,其中经济系统起着决定性的作用。他还认为,经济系统由劳动力、生产工具和资本家三要素构成,其发展不是被思想而是被过去和现在的经济系统决定着。② 由于马克思主义是中国意识形态的核心,因而在西方当代城市发展理论资源中,新城市社会学的"政治经济论"尤其值得关注和研究。此外,与西方社会发展与其经济体制密切相关不同,中国社会发展往往与政治体制及其规划有着复杂的关联。以城市规划为例,纽约市前规划局局长、美中城市规划基金会会长饶及人谈道:"在中国做事情要有三个情,要热情,有激情和人情。这是在中国发展的黄金定律,朋友是财富。但是做房地产,中国和外国不太一样,在美国做房地产就是地点、地点、地点。中国做房地产,地点、政策,还有当地的官员关系一定要处理好。"③对于城市房地产如此,对于城市发展也是如此。这是我们需要对这一更清醒、更现实的城市发展理论格外关注的原因。

　　三是人本主义城市社会学的"艺术文化论"。如果说传统城市社会学把城市理解为"生物世界",新城市社会学又有"政治经济决定论"的嫌疑,它们在总体上倾向于科学与实证,那么人本主义城市社会学则是对它们的重要超越。一方面,正如芒福德所说:"我们与人口统计学家们的意见相反,确定城市的因素是艺术、文化和政治目的,而不是居民数目。"④这是对人口论的重要超越;另一方面,则是对文化的高度重视。芒福德反复强调说:"城市不只是建筑物的群体,……不单

---

① 夏建中:《新城市社会学的主要理论》,《社会学研究》,1998年第4期。
② 夏建中:《新城市社会学的主要理论》,《社会学研究》,1998年第4期。
③ 饶及人:《从中西文化谈21世纪中国城市的规划战略》,新浪网,2006-08-10。
④ 刘易斯·芒福德:《城市发展史:起源、演变和前景》,宋俊岭、倪文彦译,中国建筑工业出版社2005年版,第132页。

是权力的集中,更是文化的归极"①"即使是最原始的城市起源形式,也要比单纯的动物性需求丰富得多"。② 原始文化、精神与艺术活动不仅是城市起源与发生的母体与第一推动力,同时在人类文明与城市发展史上也是城市本质的直观再现与最高代表。以芒福德心目中最理想的希腊城市为例,不是因为束缚于政治经济结构,而是一方面超越了经济条件的局限——"希腊城邦即使在其最繁荣的时代也没有十分丰富的产品,他们拥有的是充足的时间,也就是:闲暇、自由、无拘无束,不羁身于铺张的物质消费——像当今美国这样的铺张消费——却能从事交流谈话、发展性爱、进行智力思考和追求审美享受。"③另一方面又超越了政治、意识形态、法律的约束——"它挣脱了文明的许多其他标准的约束,挣脱了赚钱花钱的忙忙碌碌的俗套:既不放浪形骸狂饮取乐,也不着意追求舒适与奢华、装饰与摆设;过着一种运动员式的、确实是很节制的生活,在苍天之下进行着他们的每一种活动。美好的生活并不昂贵,而且这种生活中最美善的种种内容,尤其是这座城市都可尽情受用了。"④因此芒福德才高度评价说:"古希腊人在短短的几个世纪里对自然和人类潜在能力所做的发现,超过了古埃及人或苏美尔人在长长几千年中的成就。所有这些成就都集中在希腊城邦里,尤其集中在这些城市中最大的雅典城。"⑤而后来城市发展之所以每况愈下,主要是丧失了古希腊城市"有效的政治自由和文化创造力",⑥以及人在城市中丧失了主体性与创造能力,"城市不再是演出重大戏剧的舞台,在这个戏剧中人人任角色,人人有台词;相反,城市变成了一个展示权力的豪华陈列场,各条街道只呈现出建筑物二维的立面,这恰可掩饰无所不至的统治与剥削制度。希腊化时代中所谓的城镇规划倒很类似于当今美国经济中在公共关系和广告宣传的名目下所讲的那些悦

---

① 〔美〕刘易斯·芒福德:《城市发展史:起源、演变和前景》,宋俊岭、倪文彦译,中国建筑工业出版社 2005 年版,第 91 页。
② 〔美〕刘易斯·芒福德:《城市发展史:起源、演变和前景》,宋俊岭、倪文彦译,中国建筑工业出版社 2005 年版,第 4 页。
③ 〔美〕刘易斯·芒福德:《城市发展史:起源、演变和前景》,宋俊岭、倪文彦译,中国建筑工业出版社 2005 年版,第 134 页。
④ 〔美〕刘易斯·芒福德:《城市发展史:起源、演变和前景》,宋俊岭、倪文彦译,中国建筑工业出版社 2005 年版,第 176 页。
⑤ 〔美〕刘易斯·芒福德:《城市发展史:起源、演变和前景》,宋俊岭、倪文彦译,中国建筑工业出版社 2005 年版,第 132 页。
⑥ 〔美〕刘易斯·芒福德:《城市发展史:起源、演变和前景》,宋俊岭、倪文彦译,中国建筑工业出版社 2005 年版,第 210 页。

耳的谎言和不可告人的鬼把戏。"①由此可知,芒福德提出了一个衡量城市发展的重要尺度:不是城市人口的增加,不是经济总量与财富的聚集,而是"艺术、文化和政治目的"。

城市发展的人本主义理论可以追溯到亚里士多德的名言——"人们为了活着,聚集于城市;为了活得更好,居留于城市"。② 同时,也与当今世界的"艺术之城"理论与实践高度吻合。"艺术之城"是一种以美学为理论基础,以艺术活动为实践中介,以实现人的全面发展为理念的城市文明建设与发展框架。在某种意义上,艺术与经济、审美与实用、自由需要与现实需要的矛盾,是传统社会与个体只能片面地生存与发展的根源。但这个矛盾在都市化进程中,特别是随着社会发展理念的转变与当代艺术产业与市场的充分发育,正在获得解决并走向良性循环的新境界。具体说来,是艺术生产力提供的新生产要素与资源给城市经济带来活力,而城市经济的发展则为艺术再生产创造了更好的物质条件与社会环境。这是当今许多城市改变观念,不惜血本进行"艺术之城"建设的根源。如法国的蓬皮杜国家文化艺术中心、卢浮宫的金字塔、奥赛博物馆及巴士底歌剧院等,先后得到几任总统的关怀与大力支持。又如亚历山大、佛罗伦萨、威尼斯、维也纳、爱丁堡、耶路撒冷、费城、悉尼、莫斯科等城市,其艺术产业化及"富可敌国"的经济效益,已构成其国民经济可持续发展的重要指数。更为重要的是,追求美好生活是人类从农村来到城市的初衷,而一个真正理想的聚落空间,不仅要使人生活得安全、富裕、健康,同时更要使个体生活得愉快、自由与有意义。以"文化艺术论"为理论基础的"艺术之城",正是在这个意义上重新定义了城市,使之超越了传统城市的商贸、防卫、聚敛财富等现实功能,为人类个体过上美好生活提供了真实的空间。③ 由此可知,人本主义城市社会学的"艺术文化论",既是古希腊城市文明理想的复活,同时也在更高的发展阶段上阐释了城市的本质。如果说城市的实用功能属于"为了活着",那么,要"活得更好"只能借助非功利的艺术与文化,以及各种健全的可以保护艺术与文化的政治制度与理念。城市的发展如果背

---

① [美]刘易斯·芒福德:《城市发展史:起源、演变和前景》,宋俊岭、倪文彦译,中国建筑工业出版社2005年版,第209页。
② 今译为:"等到由若干村坊组合而为'城市'(城邦),社会就进化高级而完备的境界,在这种社会团体以内,人类的生活可以获得完全的自给自足;我们也可以这样说:城邦的长成出于人类'生活'的发展,而其实际的存在却是为了'优良的生活'。"([古希腊]亚里士多德:《政治学》,吴寿彭译,商务印书馆1995年版,第7页。)
③ 刘士林:《艺术与城市文明初论》,《甘肃社会科学》,2007年第2期。

离了这个根本目的,是不可能走向真正的健康与繁荣发展的。对于城市的可持续发展而言,除了要有经济社会方面的繁荣与发展,一个更重要、更根本、更长远的问题在于能否提供一种"有意义、更美好生活"。艺术文化在城市兴衰中的作用,正如柏拉图《法律篇》所说的,城市最大的灾祸"不是派别纠纷,而是人心涣散。"[①]在当今世界中更是如此。如果说,都市化进程引发的城市环境恶化、城市问题大量涌现、城市危机不断加重,是城市人气削减、人心思散直至城市走向衰落的客观原因,那么,城市文化的衰落、城市形象的扭曲、城市生活方式的不和谐与精神生态的严重污染,则是使人们对城市产生厌恶、痛恨,乃至希望它解体的内在根源。所以说,不是人口,也不是经济,而是超越了实用主义的艺术文化才真正决定着城市的兴衰,这充分显示出人本主义城市社会学的"艺术文化论"所具有的重要现实意义及深远历史意义。

由于历史、文化与意识形态的差异,一方面,"一种观念的产生总是建立在一定的经验基础上,而另一方面,该观念也往往仅在这一经验领域中才具有合法性与自明性",[②]完全可以说,上述三种理论与中国城市经验肯定不会完全是"对号入座"的。但这也不意味着具有相对普遍性的"西方逻辑"与作为特殊经验的中国城市历史无关。因而在现实世界中,可以说没有任何一种理论可以完美地揭示现实的本质,所以对待一种理论最好的态度是"扬长避短",并尽可能地从理论资源中获得解释现实经验的启示。一旦明白了这个道理,就可以从西方城市社会学中获得足够的解释工具和分析方法,同时,也可以根据中国城市发展经验来检验、丰富和创新西方城市化理论。具体说来,如"人口论"对人口的重视之于中国这样的传统农业大国,在很长一段时期内仍将是解释中国城市化进程的重要语境。如"政治经济论"对政治权力结构在城市化进程中的作用的揭示,与中国古代城市一直受制于其时代的政治结构,以及新中国的主流意识形态及核心价值观相吻合,有助于我们理解60年新中国城市化的曲折道路和特殊模式。而作为代表着未来和理想的"艺术文化论",不仅对于我们总结新中国城市化的得失利弊,以及筹划未来的中国城市发展道路具有积极的启示,同时,它在很大程度上已成为中国城市化的理论自觉与新的战略目标。由此可知,以上三种具有代表性的城市化理论,尽管不是很全面,但可以构成我们正确认识和宏观把握中国

---

① 转引自[美]刘易斯·芒福德:《城市发展史:起源、演变和前景》,宋俊岭、倪文彦译,中国建筑工业出版社2005年版,第157页。

② 刘士林:《中国话语:理念与经验》,上海三联书店2006年版,第350页。

城市化进程的重要理论参照。

三、政治城市、经济城市与文化城市：新中国城市化的主要经验形态

新中国奠基于日暮途穷的传统农业文明，城市化水平起点低，现代工业基础薄弱且畸形，加上农业人口众多、科学技术落后、持续百余年的战争破坏，以及20世纪中后期城市发展政策等原因，可以说起始于洋务运动的现代城市化进程一直十分艰难与曲折。但由于城市化是现代化进程的主流和大势，所以在一种可称为"被动城市化"的拖拽与撞击中，最易见出新中国城市成长的坎坷和艰辛。新中国城市化进程的异常复杂与多变，为我们分析、认识与研究其城市化经验带来了诸多的困难与障碍。因此，很有必要在整体上参照西方城市化理论模式的研究，以便建构一种与复杂的中国城市化进程相适应的解释理论。尽管中西城市在自然条件、空间环境、社会结构及文化生态上差别很大，西方理论与中国城市经验未必是"一个萝卜对一个坑"，在局部还会有西方城市化理论无法解释的中国经验，但作为对人类社会进程的科学认识与真实反映，它们在全球范围内具有很强的普适性也是无可置疑的。实际上也是如此，在新中国城市化经验的背后，最容易看到的正是"人口"、"政治经济结构"与"文化"这三个关键词。新中国成立刚满一个甲子在历史长河中并不算长，但由于同时面临近代化、现代化、后工业化三大挑战，因而可以说早已饱经沧桑。这直接体现在新中国的城市化道路上。与中国20世纪中前期以政体转型与建构为中心的近代化主题、20世纪后期以经济改革开放为中心的现代化主题以及21世纪初开启的以都市化为中心的后工业化主题相对应，新中国城市也大体上经历了政治城市（1949～1978）、经济城市（1978～2005）与文化城市（2005年以来，以"宜居指数""生态指数""幸福指数"等城市发展观为标志）三种城市化模式。一言以蔽之，政治型城市化、经济型城市化、文化型城市化构成了新中国城市三种最主要的发展模式。对这些模式本身的构成及相互关系进行经验总结与理论阐释，不仅可以丰富西方城市社会学的理论与知识，还可为在当下飞速甚至超常规发展的中国城市提供新的"资治通鉴"。

1. 政治型城市化（1949～1978）

与西方发达资本主义国家相比，新中国在城市化方面的落后是有目共睹的。

《1981 中国经济年鉴》公布的新中国在 1949 年的国民经济主要数据显示：总人口为 54 167 万人,人口出生率为 36‰,死亡率为 20‰,平均寿命为 35 岁。

1949 年,中国人年人均工农业总产值只有 86 元;年人均国民收入只有 69.29 元;年人均社会商品零售额只有 25.94 元;年人均原煤只有 59 千克;年人均发电量只有 7.9 度;年人均原油只有 0.2 千克;年人均钢只有 0.29 千克;年人均布只有 3.49 米;年人均糖只有 0.37 千克;年人均粮食只有 209 千克;年人均棉花只有 0.82 千克;年人均油料只有 4.7 千克;年人均水产品只有 0.83 千克。[①]

新中国的城市化正是在这样的贫困现实中起步的。就城市传统而言,中国古代城市主要可分为以都城为代表的政治型城市和以江南城市为代表的经济型城市,其中前者占据着主流的地位。从城市功能上看,政治型城市的核心不在生产环节而在分配环节,首要功能是如何聚敛与控制社会财富与物质生活资料。同时,为了更有效地强化统治的物质基础、保持社会秩序稳定,政治型城市总是限制、压迫经济型城市的规模与实力。如朱元璋对"中古时期最富裕、城市化程度最高和最先进的经济文化中心"苏州的态度,就是具有代表性的个案。[②] 近代以来,尽管受西方资本主义的带动与影响,以现代工商业为主要职能的中国经济型城市有所发展,但由于近代以来从鸦片战争到解放战争持续不断的战争,特别是中华人民共和国成立以后东西方长达 30 年的军事对峙与意识形态冷战,政治需要仍在很长时间内一直是新中国的头等大事,并对中国现代城市化进程产生了各种各样的复杂影响。我们知道,现代工业是现代城市化进程的支柱与引擎,并重建了现代城市的空间与功能。但与西方现代城市化进程不同,直到改革开放以前,政治需要始终是决定中国城市发展的根本性力量。在各种强大的政治需要的支配下,以解放初期变"消费型城市"为"生产型城市",以及很快出台的"户籍管理制度"和"计划经济体制"为象征,新中国城市在近代积累下来的经济功能出现了严重萎缩,并在很大程度上表现为从"经济型城市"向"政治型城市"的历史倒退。

政治型城市是新中国第一种城市化模式,其时间可以界定为从 1949 年中华

---

① 陈煜:《新中国 60 年民生往事》,《文汇报》,2009 - 08 - 21。

② [美]林达·约翰逊:《帝国晚期的江南城市》,成一农译,上海人民出版社 2005 年版,第 30—31 页。

人民共和国成立至 1978 年十一届三中全会的召开。在认识这长达 30 年的以政治型城市为主题的城市化进程时，西方城市社会学的"政治经济论"恰好可以为深入认识其本质提供语境。新中国的政治型城市化，在本质上是一种以政治理念和意识形态需要为中心、一切服从于国家政治利益与意识形态需要、带有明显"逆城市化"特点的城市化模式。如果说，非农人口与非农经济方式是城市区别于乡村最基本的特征，那么，政治型城市化的核心功能即在于按照政治需要而不是城市发展的自然本性去控制非农人口与非农经济的增长。在新中国成立不久迅速形成的严格的军事化的户籍管理制度和资源高度统一的计划经济体制，可以看作是中国政治型城市化模式的本质与主要特征。具体说来，1958 年，《中华人民共和国户口登记条例》及配套制度正式颁布实施，以法律形式严格限制农民进入城市并限制城市间人口流动，[①]这一举措以城乡二元分割为核心，成功地实现了对全国人口的军事化管理。此外，在城市面临生活资料不足时，新中国还会采取一些必要的政治措施减少城市人口。如 20 世纪 60 年代末期的城市人口大迁移就是出于军事上的"备战"需要。[②] 如果说，以人口管理为中心压抑了城市规模的扩展，那么计划经济这一以政治需要为中心的资源配置方式，则顺利实现了对固有城市资源的控制和军事化管理，这两方面结合起来，使新中国的城市化进程不仅速度缓慢，有时还会出现一定程度的倒退。如当时工业经济与现代商业相对发达的上海等大城市，在其工厂设备及技术人员以支援"三线"为名目纷纷被迁至内地之后，在很长时间内一直处于"逆城市化"进程之中，城市化水平不升反降。政治当然不可能脱离经济，所以在政治型城市化进程中，并非完全拒绝作为国民经济支柱的城市经济，而是通过经济政策的制定将城市经济发展纳入政治需要的框架下。由于西方国家的军事干预始终是威胁新中国的最大问题，因而新中国必然要在现代工业体系中选择率先与重点发展与军事相关的工业制造业，"以开始于 1958 年的第二个五年计划为例，模仿苏联提出'以钢为纲'的工业发展主导方针，导致'城郊农业遭到削弱，轻工业发展不足，商业被忽视'等'城市经济比例的严重失调'的问题，此后十余年间，虽然也经过了一些调整，但重工业偏向的发展方针仍未得到根本纠正。'三五'和'四五'期间，更是战备压倒一切，对重工业和军事工业建设比以往更加重视"。[③] 由此形成的一种畸形的城市

---

① 《中国大户籍改革：先改户籍还是先改附加制度》，新华网，2008 - 01 - 30。
② 刘阿英：《技术创新，中小城市发展与区域经济现代化》，天水建设网，2004 - 12 - 04。
③ 郭培章：《中国城市可持续发展研究》，经济科学出版社 2004 年版，第 73 页。

经济生态与结构,不仅在当时严重影响了城市乡居民的日常生活,也由于重工业与轻工业的比例失衡、服务业的全面萎缩,使中国经济结构直到今天仍处在艰难的调整和变革中。一言以蔽之,无论是"户籍制度"还是"计划经济",在很大程度上直接干扰和扭曲了城市的经济本性。城市是最活跃的经济体,自古以来,人们来到城市都是为了更好地生活,城市的本质在于可以提供丰富的消费与交流活动。现代城市是生产与消费的高度统一,一方面,通过现代工业制造出丰富的生活资料;另一方面,又通过城市中集聚起来的人口及其消费推动着现代工业的再生产。但在意识形态的影响下,特别是在"文化大革命"期间,由于城市被看作是资产阶级的故乡,并以"将消费型城市变为生产型城市"为目标,直接解构了城市生产与消费的内在的统一性,把它们强行限定在一个低层次的和谐中。由此可知,政治型城市化在本质上还改变了城市的本性。如强调城市为统治阶级的需要服务,城市的文化职能、经济职能和流通职能等被强势的政治职能掩盖,使城市被框定在规制和等级中,甚至退化为农耕文化和传统等级制度的载体。[1]

在新中国政治型城市化进程中,户籍制度和计划经济是相辅相成的,直接导致了城市人口数量的减少和城市经济自由的丧失,最终结果是城市发展水平的大倒退。中国古代城市发展一直领先于世界,直到 18 世纪依然如此。

> 18 世纪全世界超过 50 万人口的大城市一共有 10 个,中国占了 6 个,就是说城市发展的程度,中国也是最高的。中国 6 个人口超过 50 万的城市是京师(即现在的北京)、江宁府(即现在的南京)、苏州、扬州、杭州、广州。而世界上超过 50 万人口的城市还有 4 个——伦敦、巴黎、日本的江户(就是现在的东京)以及伊斯坦布尔。所以中国大城市的数目也是最多的。[2]

但到了 20 世纪,中国的城市化水平已大大低于西方发达国家。这除了与中国农业文明的传统有关,同时也是新中国城市化进程异常曲折、缓慢的结果。从城市化水平看,1949 年新中国的城市化率为 10.6%,直到 1978 年新时期,中国

---

① 周大鸣:《以政治为中心的城市规划:由中国城市发展史看中国城市的规划理念》,载于《都市、帝国与先知》,上海三联书店 2006 年版,第 89 页。

② 戴逸:《论康雍乾盛世》,《中南海:历史文化讲座四十座:著名学者与中央高层讨论的问题》(上册),内部资料 2007 年版,第 96 页。

的城市化水平仍不足 18％,如果与中国长期的高生育率联系起来,可以说这 30 年中国一直处于"逆城市化"进程中。对于古代江南地区即今天的长三角,西方学者曾指出:"江南在帝国晚期无疑是城市化最高的地区,而且在某些方面与帝国的其他区域存在很大的差别"。① 在"鸦片战争前夕,长三角已经成为一个大中小城镇遍布、经济发展水平居全国之冠的地区,从芜湖沿江到宁镇扬,经大运河到无锡、苏州、松江、杭州,再沿杭甬运河到绍兴、宁波这一大片地区,共有 10 万人口以上的城市 10 个,几乎占当时全国 10 万人口以上城市的一半"。② 由于政治型城市化严重违背城市的自然本性,特别是对人口流动、生产资料流通、生活资料消费的军事管制遏制了城市经济的自然发展与自由竞争,这不仅不利于城市本身的均衡与可持续发展,也使已获得较大发展的城市纷纷倒退与萎缩。以长三角为例,改革开放以前,"长江三角洲的城市化进程几乎处在停滞状态,城市格局一直没有大的变化。改革开放前,整个长江三角洲地区在一次又一次的意识形态运动中逐渐成为公社制和计划经济根基最为深厚的地区之一,以至于由计划到市场的转轨至今仍困难重重。20 世纪六七十年代,虽然长三角也在稳步发展,但远离了世界经济体系的分工和循环。上海'东方巴黎'的辉煌成为历史记忆,其远东第一大都市的地位逐渐让位于东京、香港、新加坡、汉城和台北"。③ 这也是在 20 世纪中后期,上海逐渐失去竞争优势,从国际经济都市退化为国内工业中心城市的主要原因。

如果说,任何一种城市化模式都是兼有利弊的,那么也可以说,对人口流动和经济资源实行军事化管制,对于新中国巩固新生政权、减轻经济压力、稳定社会都十分必要,并具有历史的合理性。但这并不能掩饰其内部存在的问题与危机,以及其在历史进程中必然遭遇挑战并丧失合法性的现实。政治型城市化的最大问题在于干扰、扭曲了中国的现代城市化进程,并由于其"不进则退"的竞争原则而日益影响到中国 20 世纪的发展。在政治型城市化进程中,作为经济实体的现代城市功能受到的损害最大,因而在改革开放以后,以"建设四个现代化"为历史起点,中国城市化进程迅速启动了从"政治型"向"经济型"的模式转型与推进。

---

① 　[美]林达·约翰逊:《帝国晚期的江南城市》,成一农译,上海人民出版社 2005 年版,序言第 2 页。
② 　长江三角洲城市经济协调会办公室编:《走过十年:长江三角洲城市经济协调会十周年纪事》,文汇出版社 2007 年版,序言第 1 页。
③ 　焦新旺:《长江三角洲城市格局的新变化》,《经济观察报》,2001－07－23。

2. 经济型城市化(1978~2005)

政治型城市化进程给改革开放的中国带来了很多的后遗症。其中最直接的问题有二：一是严重影响了城市经济的发展。以近现代中国工业中心上海为例：

中华人民共和国成立前夕，上海集中了全国一半以上的工业，全市共有大、小工厂 12 700 余家，商店行号 9 万个以上。有占全国 46.5％的纱锭、82％的毛纺机、60％的织布机、50％的工作母机、38.5％的面粉产量、70％的卷烟产量等等，航运吨位美金集中了全国的 84％，还有全国 70％的进出口贸易及 70％的国内金融贸易。[1] 当时掌握原料和重工业生产，在全国生产中的比重达电力 50％、煤炭 32.5％、石油 100％、钢铁 80％的国民党资源委员会，在上海就有 28 家工厂、公司及办事机构，它的物资大部分储存在上海的 70 余座仓库里，美援发电设备一项就价值 2 000 万美元。有职员和工人数万，其中 40％是技术人员、技术工人，还有许多著名高级科技专家。[2]

但在政治型城市化模式的影响下，这个工业中心城市开始了严重的退化，以至于在新时期开始的很长一段时间内，上海的经济状况依然积重难返。

从 70 年代末到 80 年代初，上海经济走过了一段艰难曲折的道路，其具体表现为：增长速度缓慢，经济效益下降，财政收入连年滑坡，外贸出口徘徊不前，生产优势逐步丧失。

……1978~1990 年，上海国内生产总值从 272.8 亿元增长到 744.6 亿元，年均递增率 7.45％，比同期全国平均的 8.72％低 1.27 个百分点；上海创造的国内生产总值、社会总产值、国民收入和工业总产值，1978 年占全国的比重分别为 7.60％、8.65％、8.16％和 13.0％，而 1990 年均有所下降，分别是 4.21％、5.37％、4.29％和 4.85％，可见，这十几年上海经济发展的走势缓慢，上海的综合经济实力在全国的地位已大大下降。[3]

二是严重影响了与城市经济密切相关的城市生活本身。上海曾是中国现代

---

[1] 《反封锁一年来的上海工商业》，《新华月报》1950 年 9 月。
[2] 熊月之：《上海通史》(第 7 卷)，上海人民出版社 1999 年版，第 482 页。
[3] 熊月之、周武：《上海：一座现代化都市的编年史》，上海书店出版社 2007 年版，第 569—570 页。

文化中心,有丰富的现代城市生活方式资产和重要的文化影响力,如 20 世纪以来深入中国社会的电影、音乐、舞蹈、戏剧,以及西方礼仪文化、餐饮文化、节日文化等生活方式资产。但中华人民共和国成立以来,中西意识形态冷战及国内城市政策,使以海派文化为代表的具有浓郁西方风格的上海都市生活方式受到重创。以上海 20 世纪 70 年代的住房与交通为例:

> "文化大革命"期间,上海新建房屋数量锐减,平均每年仅建房 25.2 万平方米,比"文化大革命"前的一半还要低;旧有房屋严重失修,每年大修房屋面积仅 163.9 万平方米,只有"文化大革命"前的 48%,欠租现象急剧增多,新增欠租 4 314 万元。
>
> ……
>
> 70 年代以后,市内主要公交路线上行驶的车辆经常人满为患,车辆晚点、脱班成为家常便饭,广大市民深感不便,怨声载道。①

在某种意义上,上海只是当时中国政治型城市状况的一个缩影。与传统农业社会不同,由于城市经济是整个现代国民经济的主体,因而城市,特别是工业中心城市出现的问题,在实质上牵涉着整个国民经济及整个国家的城市化和现代化进程。

> 到 1978 年,这种片面强调生产,忽视消费,甚至把消费和生产对立起来看待的做法造成了城市第三产业萎缩和城市经济结构的畸形,影响了整个国家经济社会的健康发展。表现在:① 它抑制了经济发展的后劲,因为重工业多是资金密集型的企业,自身积累能力较差;② 它抑制了产业结构的进一步升级,阻碍了第三产业和轻工业的发展,而这两个行业吸纳劳动力的能力很强,技术要求相对较低,有助于解决我国劳动力剩余的问题;③ 它阻碍了城市化发展的步伐,使我国城市化速度长期落后于工业化;④ 过分强调城市是生产基地,建立独立完善的工业体系,从而使城市功能单一,结构趋同。大都是由各类生产企业提供各种商品,再按计划和比例分配给居民,

---

① 熊月之、周武:《上海:一座现代化都市的编年史》,上海书店出版社 2007 年版,第 555 页。

达到自我平衡,自我供给。①

改革开放以来,经济需要成为中国最大的政治需要,恢复经济生产和解放生产力也成为每个城市在新长征路上的第一要务。在这一背景下,发展城市经济或城市的经济功能受到空前的重视。以上海为例,1985 年 2 月 8 日,《国务院批转关于上海经济发展战略汇报提纲的通知》(以下简称《通知》)指出:

> 在新的历史条件下,上海的发展要走改造、振兴的新路子,充分发挥中心城市多功能的作用,使上海成为全国四个现代化建设的开路先锋……力争在 21 世纪末把上海建设成为开放型、多功能、产业结构合理、科学技术先进、具有高度文明的社会主义现代化城市。
>
> ……
>
> 上海走活第三产业这着棋,更能重新焕发青春和活力,更好地发挥经济中心的作用,运用综合功能为全国经济建设服务。
>
> ……
>
> 今后考核上海的经济工作,要把全国四个现代化建设的贡献作为评定上海工作的主要标准,因此应把上海"国民生产总值"作为首要指标。
>
> ……
>
> 上海还应成为利用外资、引进外技的主要门户,以及消化吸收后向内地转移先进技术和管理方法的桥梁;成为全国的商品集散地和最重要的外贸口岸,成为全国最重要的金融市场和经济技术信息中心;成为面向全国培训技术人员、经营管理人员、高级技工的培训中心。②

尽管这个《通知》提出把"上海建设成……现代化城市",但就其中强调的"发挥经济中心的作用,运用综合功能为全国经济建设服务",特别是"把上海'国民生产总值'作为首要指标"的提出,可以明显见出中央政府对上海经济发展的看重甚至是某种焦虑。正是在"实现四个现代化"的大背景下,一种经济型城市化模式在"摸着石头过河"中迅速形成。与政治型城市不同,经济型城市是以 GDP

---

① 郭培章:《中国城市可持续发展研究》,经济科学出版社 2004 年版,第 73 页。
② 熊月之:《上海通史》(第 12 卷),上海人民出版社 1999 年版,第 303 页。

为中心、一切服从于发展经济生产力的城市发展模式。其形成时间是从 1978 年十一届三中全会至 2005 年建设部提出"宜居城市"。其中,社会主义市场经济模式的确立、城市经济的改革开放、城市商业与服务功能的全面复兴以及城市建制与城市人口的迅速扩张,构成了经济型城市化进程的基本特征。在改革开放的历程中,经济型城市获得了极大的发展,这主要表现在两方面:

一是城市经济的迅速发展与城市产业结构的不断优化,使现代城市日益复归于其作为最活跃的经济体的本来面目。

国家统计局发布报告指出,2006 年我国地级以上城市(不包括市辖县)第一、二、三产业的增加值分别为 4 582 亿元、67 088 亿元和 60 601 亿元,分别比 2002 年增长 46.5％、110％、110％。2006 年第一、二、三产业增加值的结构比重为 3.5:50.7:45.8,与 2002 年相比,第一产业的比重下降 1.4 个百分点,第二产业的比重上升了 1.1 个百分点,第三产业比重上升 0.3 个百分点。[1]

改革开放以来,第三产业和高科技产业迅速发展,城市服务业得以蓬勃发展,饭店、写字楼拔地而起,商业服务面目一新,市场商品供应充足,各种生产资料市场也逐步建立,新兴第三产业如房地产、国际金融、信息咨询迅速发展起来。经过改革开放 20 年的发展,我国第三产业在国民经济中的地位越来越高。作为城市经济的重要标志,1997 年我国第二产业的增加值首次在全国国内生产总值中的比重突破 50％。第二产业的壮大为第三产业的迅速发展提供了重要支撑。新时期产业结构的另一个特点就是高新技术成为推动经济发展的主要动力。就全球来说。对于城市经济而言,它使城市经济在地区和国际贸易中拥有更强的竞争能力。随着近年来科教兴国战略的实施,高新技术产业在城市经济发展中的地位将会进一步提高。[2]

二是城市经济的繁荣发展直接刺激了城市建制与城市人口的增加,使中国的城市化进入前所未有的高度发展时期。在 1978 年新时期开始时,中国的城市化水平仍低于 18％。但在经过改革开放 30 年的充分发育后,中国目前已有近

---

[1]　张毅、周英峰:《统计局:我国城镇人口达 5.77 亿》,新浪网,2007 - 09 - 06。
[2]　郭培章:《中国城市可持续发展研究》,经济科学出版社 2004 年版,第 73 页。

一半人口完成了从农村向城市的进化过程。

　　从城市化率的角度看,1992 年以后城市化率年均提高 1.9%,为同期世界城市化平均速度的 3 倍。与西方发达国家相比,从 20% 到 40% 的城市化率,英国用了 120 年的时间,美国用了 80 年时间,而实行改革开放的中国仅用了 22 年。据国家统计局公布的最新数据,2002 年至 2006 年中国城市化率年均提高为 1.2 个百分点,仍大大高于世界城市化的平均速度。
　　……
　　以小城镇为例,1978 年全国小城镇仅为 2 176 座,至 2000 年则猛增至 20 312 座,表明有近 90% 的小城镇是在 1978 年之后出现的,平均每年增加 820 个以上;以中、大、特大城市为例,从 1978 年至 2003 年,全国 20 万至 50 万人的中等城市从 59 个增加到 213 个,50 万至 100 万人的大城市从 27 个增加到 78 个,100 万人以上的特大城市从 13 个增加到 49 个。……据 2006 年《中国城市发展问题观察》的预测,到 2010 年,中国百万人口以上的大城市、200 万人口以上的特大城市将分别达到 125 个和 50 个左右;以作为当今世界城市发展最高形态的城市群为例,目前已纳入中国城市群竞争力排名榜、具有一定规模的城市群已达 15 个,依次是:长三角城市群、珠三角城市群、京津冀城市群、半岛城市群、辽中南城市群、海峡西岸城市群、中原城市群、徐州城市群、武汉城市群、成渝城市群、长株潭城市群、哈尔滨城市群、关中城市群、长春城市群、合肥城市群。同时也有相关研究报告预测,2030 年,中国将建成 20 个城市群。[①]

　　中国城市在改革开放 30 年间的高速与持续发展,不仅极大地推动了中国传统农业社会向其现代形态的结构转型与本体创新,同时也为中国、亚洲与世界的可持续与更高水平的发展做出了巨大而不可替代的贡献。但是还要看到,以发展工业经济为主题的经济型城市化模式,不仅从一开始就存在,特别是在当下正暴露出越来越严重的问题。
　　首先,经济型城市化是一种建立在对能源、资料恶性损耗基础上的畸形经济

---

① 刘士林:《以"大都市"与"城市群"的拔节声作证:纪念中国改革开放 30 周年》,《社会科学》,2008 年第 6 期。

结构和粗放型经济增长方式：

> 粗放型的增长方式的主要特征：一是主要靠铺新摊子、上新项目，忽视对现有企业的技术改造和升级，搞了不少"小而全、大而全"、低水平的重复建设，其结果导致行业能力过剩，形成失调的产业结构和分散的企业组织结构；二是靠资源的多占用、高消耗，不注意降低成本，只追求数量，不注意市场需求，不重视产品的品种质量，其结果使产品缺乏市场竞争能力，难以满足日益增长的多层次多样化的市场需求，形成落后的产品结构。[①]

改革开放以来我国的 GDP 翻两番，是以能源消费翻一番为代价的。而在未来的经济增长中，我国有限的资源与环境已不可能再支持这样消耗巨大的经济增长。在"十一五"规划伊始，我国政府就充分意识到粗放经济发展面临的困境与巨大压力，并及时提出了转变经济发展方式这一重大战略任务。

> 从 1978 年到 2004 年，我国年均经济增长率达到 9.4%，已成为世界第六大经济体和第三大贸易国。但推动我国经济增长的高投入、高消耗、低产出的老路，已经走到尽头。2004 年，我国国内生产总值约占全球的 4%，但消耗的一次性能源约占全球的 12%，淡水占 15%，氧化铝占 25%，钢材占 28%，水泥占 50%。……占世界 85% 的人口正陆续进入工业化阶段，全球性的人口、资源、环境矛盾尖锐，使我国的现代化面临严峻挑战。经济增长方式的转变是我国建立新的发展模式的核心内容之一，我国要从过度依赖资金、自然资源和环境投入，以量的扩张实现增长，转向更多依靠提高劳动者素质和技术进步，以提高效率，获取经济增长。[②]

很显然，作为我国经济发展的支柱及能源与资源消耗大户，我国城市面临的将是比一般农业地区更大的挑战与压力。以深陷"大城市病"的北京为例，水、能源、土地奇缺，交通吃紧，污染加重。干旱加上沙尘暴，让北京常常"灰头土脸"。因而可以说北京是以有限的资源和环境应对着无限的城市扩张需求。[③] 以长江

---

① 马凯：《改革：参与和思考》，黑龙江教育出版社 2002 年版，第 492 页。
② 《"十一五"中国发展模式将发生嬗变》，中国网，2005-10-09。
③ 《新北京究竟新在哪里宜居城市成为最大民心工程》，《人民日报》，2006-07-24。

三角洲为例,改革开放以来,长三角以占全国 1％的土地和 6％的人口,创造了
20.7％的 GDP、23.3％财税收入、37％的外贸进出口贸易额和 34％的累计实际外
商直接投资,一直是当代中国经济的增长极和发动机。① 但其所付出的代价也
是巨大和沉重的。有关研究显示,耕地锐减、工业用地"贱卖"、开发区和大学城
的盲目扩展、水资源恶化、城市规划急功近利,已成为长三角城市化的五大弊病。
以水资源为例——上海市近 65％的用水量取自黄浦江水系,其干流水质总体在
Ⅳ～Ⅴ 类之间,有机污染比较突出。而作为长三角中心的太湖地区,近 40 年来
水质急剧恶化,特别是靠近城市工业地区的水质为劣 Ⅴ 类,夏季沿湖城镇密集
区常有蓝藻暴发,危害苏州、无锡大部分水厂及城乡人民的饮水安全。② 2007 年
的无锡太湖蓝藻事件,至今仍可谓记忆犹新。

其次,经济型城市贪得无厌的扩张,直接导致了以"国际化大都市"为基本口
号的城市"大跃进"。城市不切实际,盲目求新求大,其结果正是芒福德反复提醒
人们要警惕的"罗马化"——这一当代城市发展的"坏理念"——"工厂和市场的
规模标准很快传播到大都市的每一个其他机构。要有最大的博物馆、最大的大
学、最大的医院、最大的百货公司、最大的银行、最大的金融集团和公司,这些都
成了大都市的基本要求,而生产最大数量的发明、最大数量的科学论文、最大数
量的书籍成了大都市成功的标记,正如匹兹堡(Pitteburgh)和埃森(Essen)生产
了最大数量的生铁那样。总之,大都市每一个成功的单位,都无目的地追求自身的
无限扩大。在反对古代缺乏和稀少的状况时,大都市经济走向了另一个极端——
全力追求数量而不注意调节速度、分配数量或吸收消化新奇的东西。有机体、质
量和独立自主等等,如果没有被各部门忘掉,也已下降到从属的地位"。③ 有关
统计表明,1995 年,约有 50 多个中国城市打出建设"国际化大都市"一类的旗
号;1996 年,有 75 个城市提出建设"国际化大都市"的战略目标;2004 年,这个数
字上升到 183 个。既包括特大城市上海、北京,以及所有的省会城市和直辖市,
同时也包括规模次一级的深圳、厦门、大连、珠海、苏州、无锡、青岛、烟台、威海、
连云港、南通、汕头、九江等,甚至如惠州、丹东、珲春、黑河、满洲里等中小城市,

---

① 长江三角洲城市经济协调会办公室编:《走过十年:长江三角洲城市经济协调会十周年纪事》,文汇
　出版社 2007 年版,序言第 1 页。
② 吴昌红、吴红梅:《城市发展要回避五大弊病》,《南京晨报》,2006－07－27。
③ 〔美〕刘易斯·芒福德:《城市发展史:起源、演变和前景》,宋俊岭、倪文彦译,中国建筑工业出版社
　2005 年版,第 544 页。

也给自己贴上建设"国际化大都市"的标签。① 在某种意义上,这种在当下甚嚣尘上的"罗马化"发展理念,是中国城市普遍出现规模失控、结构失衡与功能失调的根本原因。作为一种扭曲的城市发展观,其问题正如中科院院士陆大道所总结的：一是速度过快。主要问题出在"土地城镇化"的速度太快;二是人均建设用地过大,已经达到 130 多平方米,占用了大量耕地;三是公共设施过于奢侈浪费;四是建设性破坏,对城市面貌和文化古迹带来很大破坏。现有城市建设布局的失序乃至失控,将导致耕地和水资源等重要资源被过度消耗,环境受到严重破坏,这非常不利于中华民族的长远发展。②

　　所谓"过犹不及",正是在"国际大都市"战略受到各方面严厉的批评之后,越来越多的城市开始转向另一个目标,即以宜居、幸福、生态、可持续等为评价尺度的文化城市。在深层意义上,文化城市与芒福德的人本主义城市化是高度一致的,因而可以说,在经过了 60 余年的曲折探索之后,中国城市在发展理念上才开始走向"以人为本",当然,这也可看作是在一个更高的历史水平上向曾实现过城市本质的希腊城市的回归。

　　3. 文化城市(以 2005 年建设部批评"国际化大都市"、提倡"宜居城市"为开端)

　　如果说,政治型城市化的问题在于直接导致了城市经济的萎缩与城市人口的下降,那么以 GDP 为中心的经济型城市化则对城市生活方式和城市文化生态带来了诸多的负面影响。由于这在本质上直接威胁到了"美好与有意义生活"的城市本质,因而在很大程度上正在成为影响中国城市健康发展的主要矛盾。以城市生活成本为例,在比较了全球超过 370 个地点的国际委派工的一揽子消费货品及服务(共 125 种,其中包括日常消费的食物如粮油杂物、奶类产品、肉、鱼、新鲜水果、蔬菜,以及满足一般需要的饮品、烟草、衣服、电子货品、汽车、外出用餐等)之后,著名人力资源服务机构 ECA 发布了一份调查报告。报告显示,在排名前 50 的城市当中,亚洲有七个城市入围。其中,中国的北京、上海、香港分列 26、28 和 29 位。③ 这在一个侧面揭示了中国大城市的"居之不宜"。经济型城市化在严重污染都市生存环境的同时,也因其越来越严酷的竞争使都市人恶性透支了他们的健康资本。一项对哈尔滨市各大医院及部分中年人健康状况的调查显示,在该市新兴行业人群中,有 60% 的人患有失眠、腰酸背痛、记忆力衰退等早期慢性疲劳综合症,

---

① 郝涛、李楠：《183 个城市争建国际大都市全不顾实事求是》,《市场报》,2005 - 08 - 17。
② 《权威专家数次上书国务院直陈城市化"大跃进"隐忧》,《南方周末》,2006 - 07 - 13。
③ 《京沪港生活成本跃居全球前 30 亚洲 10 强中国占半》,商务部网站,2009 - 06 - 11。

最为令人震惊的是该市每年约有上百人因过度劳累而送命,其中多数是白领阶层。还有报告显示,中国每年因城市大气污染而造成的呼吸系统门诊病例为 35万人,其中急诊病例为 680 万人,仅 2004 年,中国城市共有近 35.8 万人死于大气污染。据称大气污染造成的环境与健康损失,已经占中国 GDP 的 7%。[1] 这表明经济型城市化对城市环境与资源的破坏已严重到不能不高度关注的危险境地。都市高昂的生活成本和恶劣的生存环境,使人可以想到当年恩格斯揭示的英国工人阶级状况。也正是由于这个原因,2009 年以来,"逃离北(京)、上(海)、广(州)"的呼声越来越高,也有媒体把在这些城市生活称为"伪幸福"。[2] 另一个值得关注的现象是,中国传统中美丽、富裕的江南城市,在经济型城市化进程中,其居民的幸福程度却每况愈下。一份关于中国城市居民幸福指数的调查指出:"照理说南方环境较有优势、经济比较发达,幸福感应相应较高。但令人意外的是,南方人没有从怡人的气候和发达的经济中体会到更多的幸福,北方人却能在严酷的气候和稍欠优越的生活中自得其乐。其中,华北地区幸福感最强。"[3] 这个结果并不奇怪,尽管长三角、珠三角等东南沿海地区经济发达,但由于这种经济型城市化是建立在对外恶性损坏资源与环境、对内严重透支生命成本之上的,就如同浮士德为了获取感性享受必须把灵魂抵押给魔鬼一样,因而其最终的感觉必然是"回头试想真无趣"。这对于希望在城市中过幸福生活而拼命工作的当代人,不能不说是一个莫大的反讽。

随着经济型城市化,各种后遗症在中国大量涌现,人们开始了对当代经济城市发展模式的质疑、反省和批判。因为在根本上涉及城市本质和人生价值等问题,因而也可以看作是中国城市在发展到一定阶段,特别是经历了片面追求物质发展这一现实异化之后产生的一种宝贵的精神觉醒。其中,著名社会学家费孝通先生可以说是最早的觉醒者之一。一生致力于"富民"的费孝通先生在 20 世纪末这样表达心声:"美好的生活不仅仅是一个吃饱穿暖的生活。……除了物质的需要,还需要 art,也就是艺术……这是高层次的超过一般的物质的生活,也是人类今后前进的方向……"[4] 费孝通先生对美好生活的认识与阐释,揭示了城市经济功能与其文化本质之间特有的复杂关系。文化与经济是天生的一对"冤

① 《"活在大城市的'生命成本'死亡其实并不遥远"专题》,搜狐健康频道,2009 - 06 - 02。
② 《珠三角部分家庭欲"逃离"一线城市 摆脱伪幸福》,中国新闻网,2010 - 03 - 27。
③ 陶玲:《09 中国人幸福指数调查报告:公务员幸福感第一》,《华西都市报》,2010 - 04 - 01。
④ 费孝通:《更高层次的文化走向》,《民族艺术》,1999 年第 4 期。

家",并且常常是不和谐的,从中国诗圣杜甫感慨的"甲第纷纷厌粱肉,广文先生饭不足"(《醉时歌》),到马克思在《〈政治经济学批判〉导言》中揭示的"艺术生产与物质生产的不平衡"原理,①向人们表明的都是这一点。但就整个历史进程而言,经济型城市对其文化功能的损害是史无前例的。这与经济型城市化进程直接相关。以发展在前的西方城市为例:一方面,现代城市的主要发展模式可归结为"单兵作战"或"孤军深入",这虽然在某些方面容易形成优势,并在某些年代造就了城市的辉煌,但其发展模式固有的"片面的深刻性"直接导致了"单子化的城市"。因而,如同以"他人就是地狱"为生存理念的现代个体一样,对自然资源与环境的恶性损耗及城市之间的恶性竞争与博弈,必然要成为经济型城市化挥之不去的噩梦。当今世界发展在环境与资源上面临的巨大压力与困境,实际上就是由经济型城市化进程一手造成的。另一方面,经济型城市化的结果必然是"经济型城市",与"政治就是命运"的"政治型城市"相比,尽管它充分解放了社会的生产力和传统个体受压抑的欲望,在人类历史上表现出了巨大的进步。但同时也要看到,出于"经济型城市"的本性,不仅其进步主要体现为物质力量的增长,同时,物质力量增长的代价则是人性的普遍异化。在有着"消费社会"之称的当代都市中,现代资本家对物质财富不择手段的追逐则演变为都市人对奢侈生活方式的普遍狂热。这在直接损害城市社会的公平与正义及城市人精神生态的同时,也在很大程度上深度解构了"提供美好生活"的城市本质。在当代中国城市的高速发展中,西方现代城市的这两大主要问题不仅普遍存在,在很多方面也可以说是有过之而无不及。而改革开放以来中国发展经济的强烈现实需要,则是其深陷于"经济型城市化"不能自拔的根本原因。

在某种意义上,经济型城市化带来的问题是全球性的,因而,探索与改造其发展模式具有重要的世界价值。经济型城市化在把人类城市家园推向极端危险的深渊边缘的同时,也促使在经济狂热中"皆竞进以贪婪兮,凭不厌乎求索"的都市人开始重新审视和思考城市的本质。在这一背景下,芒福德的"艺术文化论"很快成为思想主流并直接渗透到当下的都市化进程中。在芒福德看来,城市是提供美好生活的现实空间,追求美好生活则是人生的最高理想。城市的本质在于,不仅要使人生活得安全、富裕、健康,同时还要使人感到生活得愉快、自由与有意义。至于如何在表面上已患"不治之症"(如西方一些城市社会学家把城市治理看作是"一场注定

---

① 参见[德]马克思:《马克思恩格斯全集》第46卷(上),人民出版社1979年版,第48—50页。

要失败的战争")的大都市中实现美好的生活,芒福德和费孝通可以说是殊途同归的。前者提出了"灵妙化"(etherialized)新理念,其主旨有二:一是控制在经济刺激下已过于臃肿庞大的都市规模;二是重建在当代大都市中"丧失的精神实质。"[①]后者则寄希望于在"科技兴国"之后,进行一次更伟大的"文艺复兴"。现实的困境与理性的智慧,最终聚集于在经济型城市化进程中被严重边缘化的文化艺术等城市的非实用功能上。同时,近年来一直以两位数高速增长的中国经济,特别是在那些率先发展、经济发达的都市化地区,也为其文化艺术建设积累了较为雄厚的物质基础。以上海为例,一方面,"改革开放以来,以上海为中心的长江三角洲已经发展成为我国人口最稠密、经济最发达、文化最昌盛、人民最富裕的经济核心地区,构成了我国'外通大洋,内联腹地'两个辐射扇面的战略枢纽点和中国第一、世界第六大城市群";另一方面,"从可持续发展的角度看,长江三角洲城市群的经济增长离不开社会文化的协调发展,文化发展的活力将给经济增长和社会全面进步以强大的推动""得天独厚的优势表明,长江三角洲城市群形成以上海为中心的大都市文化圈乃是历史潮流所趋"。[②] 这几方面的因素结合起来,可以说,推动中国城市化进程从经济型向文化型的转换与创新,不仅主客两方面的条件已初步具备,同时也必然要被提到现实议程上来。

正如芒福德所说:"大都市生存中的不利因素,假如在城市扩展中不让它们占优势,并且不让它们在破坏过程中所占的支配地位永久化,那么,它们也许可以为更高的发展提供条件"。[③] 在中国,最先以"宜居城市"为战略目标开启文化型城市化进程的是首都北京。2005 年 1 月 27 日,国务院正式批复《北京市城市总体规划》(2004～2020),将北京的发展目标明确为"国家首都、国际城市、文化名城、宜居城市"。这是"宜居城市"概念在国内的首次亮相。至 2005 年 7 月中旬,在全国城市规划修编工作会议上,中共中央政治局委员、国务院副总理曾培炎要求"把建设宜居城市作为城市规划的重要内容"。在正式被纳入城市政策体系之后,"宜居城市"这一概念在全国 100 多个城市迅速推广开来,成为 2005 年中国城市发展的十件大事之一。[④] 与之相关的理论研究与评价体系也迅速推

① 刘士林:《大城市发展的历史模式与当代阐释——以芒福德〈城市发展史〉为中心的建构与研究》,《江西社会科学》,2009 年第 8 期。
② 郭培章:《中国城市可持续发展研究》,经济科学出版社 2004 年版,第 336—337 页。
③ [美]刘易斯·芒福德:《城市发展史:起源、演变和前景》,宋俊岭、倪文彦译,中国建筑工业出版社 2005 年版,第 568 页。
④ 《"2005 中国城市十件大事"评选活动今天揭晓》,中国广播网,2005 - 12 - 30。

进,以理论研究为例,认为"宜居城市"的内涵有二:一是自然条件,城市有新鲜的空气、洁净的水、安全的空间、充足的生活设施;二是人文条件,包括城市的人性化、平民化、人情味、文化味、归属感、人是城市的主人,城市是人的家等。[①] 以评价体系建设为例,2006 年 9 月,由建设部批准立项、中国城市科学研究会组织专家编写的《宜居城市科学评价指标体系》初稿完成,将"宜居城市"评价指标体系初步分为六个方面:社会文明度、经济富裕度、环境优美度、资源承载度、生活便宜度和公共安全度。其中每个方面又包括若干子项和指标,如环境优美度中包括生态环境、人文环境、城市景观三个子项,而生态环境子项又包括空气质量、城市绿化覆盖率等 10 个指标,[②]使"宜居城市"建设具有了很强的可操作性。从深层和渊源上看,"宜居城市"正是对人本主义城市社会学关于城市发展理念的直接回应,因为它涉及城市主体心理上的愉快与不愉快和感觉上的和谐与不和谐。同时,"宜居城市"的提出与付诸实施,也是中国城市发展模式发生转型——由"经济城市"转向"文化城市"的象征。当然,它更是在巨大的现实压力下采取的明智选择,如中国科学院院士邹德慈认为,在产业结构转型、资源能源短缺的严峻形势下,中国已成"惯性"的城市发展模式到了非改不可的地步。以人为本,关注人的需要,立足于改善市民大众生活居住的质量,创造适宜居住、适宜创业的城市环境,提高城市的宜居性和产出性,应成为我国城市发展的根本目的。[③]

作为"宜居城市",2007 年春夏之交,上海明确提出建设"文化大都市",这既是对在硬件方面已确定的"四个中心"的重要补充,也是在精神文化、城市文明等软实力方面的重大战略目标。[④] 如果说"大"和"都"主要是为了与上海的城市规模与身份相匹配,那么这个概念的重要性在于它提出了"文化城市"这一新的城市发展理念。从新中国的城市化进程看,在经历了政治型城市化、经济型城市化之后,文化型城市化正在成为中国城市发展的新模式。"文化城市"是为了解决中国城市在当下面临的困难与危机而提出的。正如饶及人先生指出:"中国的城市大部分还是在青少年时代,没有找到自己城市的魂"。[⑤] 处于青少年时期的中国城市,尽管存在的问题很多——涉及管理、经济、社会、文化等方面,但就城市本质在于提供美好生活这一点而言,其核心无疑是发展过快的城市规模或物质

---

① 冯雁军:《何为宜居城市》,《北京晚报》,2006 - 04 - 03。
② 朱易安:《"宜居"的首要条件是环境友好》,《文汇报》,2006 - 09 - 20。
③ 邹德慈:《以人为本　可持续发展》,景观中国网,2006 - 06 - 20。
④ 刘士林:《文化都市的界定与阐释》,《上海大学学报》,2008 年第 3 期。
⑤ 饶及人:《中西文化谈 21 世纪中国城市的规划战略》,新浪网,2006 - 08 - 10。

躯壳与城市文化传统、城市精神生态的矛盾。它们不仅严重消耗了改革开放以来中国城市积累的物质财富,同时也在很大程度上抽空了可持续发展的主体资源。同时,由于城市问题本身是一个系统综合征,因而这些矛盾比起改革开放初期的"联产承包责任制"、改革开放中期出现的以"端起碗来吃肉、放下筷子骂娘"为特征的精神文明与物质文明冲突,可以说要更加复杂和难以解决。还可以说,它们既是政治型、经济型城市化进程必然带来的发展后遗症,同时也对中国城市可持续发展提出了更高的要求。而这些问题与矛盾的解决,既在现实中催生出必须以"壮士断臂"的悲壮方式实施转变经济发展战略,同时也在理论上要求必须通过城市化理论创新以获得解决问题的资源与思路。而这两方面的需要最终聚焦于文化城市的理念与发展战略上。

中华人民共和国成立以来,主要经历了"政治城市化"(1949~1978)、"经济城市化"(1978~2005)两种模式,它们都在不同的历史阶段对我国社会发展发挥了重要的作用,但同时也要看到,作为一种片面的发展也遗留下很多的后遗症,如政治型城市化对国民经济和人民生活的负面影响、如经济型城市化对环境、资源、主体等方面的恶性损耗。在改变经济增长方式的时代要求下,文化城市正在进入中国现实实践中。作为粗放的、片面的、低质量的、不符合中国国情与世界潮流的"经济型城市化"的天敌,文化城市不仅对改变经济增长方式的落实具有重要意义,同时,也意味着中国城市在发展方式上正面临着结构性的转型与战略性创新的机遇。随着中国城市化水平的不断提高,特别是城市文明建设与文化发展的需要,文化城市必然要成为当代中国社会发展的更高目标与创新模式。首先,与政治型城市化和经济型城市化相比,以文化艺术为核心功能的文化城市最能体现出人类文明发展的新高度,是兼顾了传统与未来、政治与经济,最适合主体需求和城市本性的科学与全面发展模式。如单霁翔所说:"城市文化成为城市化加速进程中的核心问题,任何违背人的全面发展的想法、做法,都是与城市追求的终极目的相违背的"。[①] 其次,文化城市建设对实现中国经济增长方式转变具有重要的带动作用与示范价值。在经济全球化与世界城市化背景下,文化不仅成为城市经济系统中重要的新生产要素,也是城市社会良性与可持续发展的重要资源。建设文化城市,既可以文化生产力丰富当代生产力系统,也可利用文化软资源补充经济发展的资源储备。中国的国情一方面是农业人口巨大、资

---

① 单霁翔:《略论开展城市文化问题研究的现实意义》,《新华文摘》,2007 年第 9 期。

源相对紧张,另一方面则是文化历史悠久与资源丰富。作为一种以提高发展质量与全面发展为目标的城市化模式,文化城市不仅构成了中国城市发展的重要方向与新思路,也直接决定着中国经济增长方式转变是否可以实现。此外,需要补充的是,文化城市并不排斥城市的政治与经济功能,而是以文化发展为主题对城市的诸要素进行科学配制与优化,最终推动城市的可持续发展,因而可以说是具有示范意义的城市发展模式。

四、中国文化城市建设面临的问题与挑战

自 2005 年以来,继"国际化大都市"之后,文化城市开始成为众多城市的战略发展目标,其中既有北京、上海、天津、广州、西安等大城市,也有大连、苏州、深圳、洛阳等中等城市,还有如潮州、吐鲁番、运城、泗阳县等小城市。除去一些跟风、浮躁、投机等表层因素外,更重要的深层原因可归结为三方面:一是由于地理空间、自然资源的空前紧张,目前作为主流的经济型城市陷入巨大的发展困境之中,逼迫它们必须通过寻找新的资源,探索新的发展模式以实现自身的可持续发展;二是在知识经济时代中,除了依靠高新科技研发的新能源、新材料之外,一直被看作"只消费不生产"的精神文化摇身一变为财富神话的创造者,并为城市经济社会发展提供了可观的"软资源"与文化生产力要素;三是由于"城市问题""文明病"在快速的城市化进程中不断升级,都市社会的生活环境与精神生态日趋恶化,尽管这一问题主要是经济社会发展失衡的后果,但在逻辑上却只能通过建设城市精神文明来解决,这是城市文化越来越受到重视,直至出现"文化城市"理念与发展战略的一个重要原因。

对于中国而言,一方面,有限的环境与资源无法支撑正在走的"经济型城市化"道路,改变经济增长方式已成为悬在当代中华民族头上的摩科利斯之剑;另一方面,作为一个拥有悠久历史传统的文明古国,其丰厚的文化资源为发展文化生产力提供了"地大物博"的生产对象,这两方面的现实因素与境况结合起来,使文化城市必然要成为中国当代城市发展的重要思路与战略抉择。如果说,这一城市发展理念是正确与明智的,那么,真正的问题无疑在于如何使之成为现实。在某种意义上,观念意识与理论研究的不同步、不到位甚至是错误的判断与导向,是当下文化城市建设中普遍存在的问题,要想在未来的城市文化实践中变被动为主动,超越以"跟风、浮躁、投机"为主要内涵的"粗放形态",有必要对中国文

化城市进行科学的研究与全面的考量,对文化城市的具体内涵、基本要素、基本指标及测评体系等进行科学的论证与建构,为文化城市的科学规划、良性建设与科学发展提供理论基础与战略模式。就当下中国文化城市的建设现状,目前急需解决的问题主要有三方面:

一是缺乏对文化城市的基础理论研究,以至于在什么是"文化城市"都不清楚的情况下就匆匆推行各种发展与建设规划,这与当代城市建设中的"先建设,后规划"或"无规划地建设"是类似的,其结果不仅无助于文化城市建设,往往还会引发更多的城市社会与文化发展问题。基础研究尽管不直接参与文化产业化与提升城市综合竞争力,但由于只有它才能为文化城市建设提供正确的生产观念与系统的战略目标,所以在任何实践之前都是绝对不可忽视的。按照《现代地理学辞典》,"文化城市"本是指"以宗教、艺术、科学、教育、文物古迹等文化机制为主要职能的城市"。但在知识经济时代来临以及都市社会生态不断恶化的当下,这个定义已远不能体现出文化城市与时俱进的内涵与意义。这是我们需要从事文化城市基础理论创新研究的根本原因。文化城市的基础研究主要包括三方面的内容:首先是文化城市的界定问题。文化城市本质上是一种不同于"政治城市""经济城市"的新的城市发展模式。文化城市在更高层次上阐释了城市文明与社会的本质,使之超越了城市原始的防卫、商业等实用功能,突破了古代以政治为中心、现代以经济为中心的城市发展模式,其核心是一种以文化资源为客观生产对象,以审美机能为主体劳动条件,以文化创意、艺术设计、景观创造等为中介与过程,以适合人的审美生存与全面发展的社会空间为目标的城市理念与形态。其次是对西方文化城市理论与应用的总结与创新。在人本主义城市社会学关于城市本质的论述中,尽管不是很全面,但也相当深刻地形成了"文化城市"的理论胚胎。正是接着芒福德的理论,我们进一步提出了"文化城市"理论。一方面,在都市化进程中,文化资源不仅构成城市经济系统中重要的新生产要素,同时文化生产力也成为城市社会良性与可持续发展的重要支撑;另一方面,文化代表着城市文明发展的更高水平与理想目标,是以人为本、城市和谐与全面发展的更高体现,同时也有望解决现代都市社会中日益严重的主体异化与精神生态问题。因而可以说,文化城市在更高层次上阐释了城市的本质与发展的模式。其现实意义在于,一方面,为当代世界的城市建设与可持续发展提供了先进的理论体系,有助于人类改变其以经济为主要目标的城市发展模式,从而真正地提升城市发展的质量;另一方面,在当代文化研究中盛行的审美主义、人文主义等,特别是他们对城市进行的种种批评与抗议,也只有纳入这个范围,才能避免沦为"鲁莽化的道德批判",并获得更加积极的现代性价值。最后,西方城市化进程已进行了 200 多年,可以为中国的城市化和文化城市建设提供有益的经验。特别是西方城市在保护城市空间、传承城市文化、发展文化产业等方面,对于处于起步阶段的中国文化城市建设具有重要的示范性意义,是中国城市实现跨越式发展的一面镜子。

二是缺乏科学可行的应用研究。一方面是由于城市化进程对环境与资源的过度损耗已超出了当代城市的承受力;另一方面是由于以文化产业为代表的新型都市经济方式蕴藏的巨大商机与带来的实际利润,越来越多的城市开始重视其文化资源的保护、开发与利用,这是"文化城市"取代了"国际化大都市",成为人们竞相追捧的战略目标的现实原因。但由于对文化城市的具体要素、基本框架、发展指标、不同模式等重要问题缺乏研究,对于这些问题不是停留在官场口号或媒体的话语游戏层面,就是在实践中盲目地蛮干,这不仅无助于文化城市的建设与城市各项文化事业的科学发展,相反还对城市文化资源等造成了新的破坏。如城市文化建设中的"以大为荣"。如郑州耗资 3 亿修建 21 公里长的祖龙,如河南永城耗资 3 000 万元建刘邦塑像。这些严重破坏环境、恶性损耗资源的"标志性工程",不仅不可能发挥文化生产力,提升城市综合竞争力,相反,由于它们严重削弱了本就相对不足的地方经济资源,还会对城市经济社会的可持续发展带来更多的后遗症。如何在文化城市理念指导下,为具体的建设提供一个可行的操作系统,是应用研究要解决的主要问题。这主要包括两方面的内容:首先是有必要研发一个科学合理、适合中国城市的文化城市指数系统,用来明确界定文化城市的内涵与层次,推动城市文化的管理创新,规范政府的管理行为以及评价职能部门的管理绩效。具体说来,文化城市的一级指数主要包括五方面:一是延续性指数。从时间上看,文化城市应具有悠久或绵延一定时段的文化传统;二是多样性指数。从空间上看,文化城市应具有丰富的物质遗产与非物质文化遗产;三是文化资本指数。文化城市应具有良好的城市形象与较高国际知名度;四是文化产业指数。文化产业是文化城市重要的经济生产要素,是文化城市可持续发展的物质条件,文化生产力发达是它与经济城市最本质的区别之一;五是环境友好指数,这是就城市的"宜居性"而言,体现了人与自然、人与社会、人与自我的良好循环机制,可以保证城市社会的和谐与全面发展。当然,这五项是最主要的,其下还可包括二级指数、三级指数若干项,它们可细化到城市文化管理、建设、评估各层面。其次是文化城市指数框架体系的运用。参照西方文化城市系数,在科学研究与实际调查的基础上,设置各指数的基准值及相应的权重系统等,建构一个计算公式或动态模型,使文化城市建设可获得量化结果。它既可以运用于对一个城市的管理与评估,也可比较不同城市的发展水平。特别是对一些处在发展转折点上的城市,应用研究提供的综合性的框架体系,对于落实文化城市的科学发展,提高城市文化的国际综合竞争力,建设和谐城市社会,具有指导原则、战略体系与目标管理等多重意义。同时,选择一定的样本和试点,通过典型例证积累经验和理论,最终结果是使文化城市指标体系具有国家标准行业标准的意义,为中国文化城市的良性发育与科学发展提供一个重要的参考系。

三是对文化城市建设的必然性与重要性的认识不足。这主要表现在两方面:一方面是对文化资源巨大的产业价值毫不理会。以 2006 年为例,我国文化产业实现增加值 5 123 亿元人民币,比上年增长 17.1%,高出同期 GDP 增长速度 6.4 个百分点,高出同期第三产业增长速度 6.8 个百分点。快速发展的文化产业,有望成为我国国民经济的支柱产业;另一方面是对城市文化资源的破坏与毁灭仍时有发生。如由于对传统文化资源的粗放型利用导致的开发错位问题,沈从文笔下美丽的凤凰古城已经从"边城"扭曲为一个巨大的"游乐场"。[①] 而城市建设对传统文化资源的毁灭性破坏则更是惊人地可怕,如古都南京最近发生的近 10 座六朝古墓一夜间被推土机夷平事件。[②] 由于对文化城市建设的必要性与重要性认识不足,即使是同一个城市,也经常出现首鼠两端、自相矛盾的行为。以沈阳为例,一方面,以现代工业文化遗产与记忆的开发与保护为主旨,沈阳在已搬迁的 214 户老厂区的旧址修复、重建了沈阳铸造博物馆、工人村生活馆、铁西人物馆和东方美术馆等,其中铸造博物馆展出了 2 000 多种设备和铸件,工人村生活馆复原了 13 户典型的工人家庭景观,人物馆则收录了百余件名人作品手稿和图片,使沈阳这座新中国重要的工业城市保留下自己独特的记忆和文化;[③] 另一方面,却是五里河体育场、"大馆"、酒吧一条街被拆除。在沈阳市标志性建筑"大馆"被拆除以后,一位作者曾痛心地写道:"这条主要干道上的建筑物,如同城市的胸腔,被掏空了,被大拆了。那么记忆呢? 感觉呢? 文脉呢? 而掏空后,还不知会再建成什么样的楼房来充填。肯定是要变的,正如这条街上正在大张

---

① 李辉:《开发错位 凤凰古城变"游乐场"》,《人民日报》,2007 - 07 - 03。
② 薛林:《南京近 10 座六朝古墓一夜间被毁》,《现代快报》,2007 - 07 - 03。
③ 《沈阳:为工业文化建立博物馆》,《光明日报》,2007 - 06 - 27。

旗鼓搞的什么'金廊银带工程'。媒体上正在连篇累牍地宣传这个亮化工程如何造福沈阳，如何让沈阳人走出家门观看这种亮化工程。这可真是一条亮光闪闪的项链，套在了城市的颈项。项链确实闪光，确实耀眼，确实漂亮，也确实可以说像香港一样。然而，沈阳不是香港。沈阳也没有必要在城市建筑中学香港——如果真学成了香港，那将不再是沈阳了。假如这种金银粉饰真的太浓，还会感受到东北汉子的真性情吗？岂不也像香港人那样和风细雨不温不火地说话，一副软语鸟鸣的样子！沈阳人的粗犷豪放性情哪里去了？沈阳城的历史文化积淀哪里去了？沈阳可能不再是沈阳，沈阳成了另一个城市。"①城市发展中产生的这些问题，一直困扰着当代中国的每一个城市，如何使之纳入科学发展的正确道路，为中国的城市留下属于自身的历史景观与文化记忆，是一个迫在眉睫、已不容有任何忽视与漠视的重大现实问题。

　　晚唐诗人韦庄曾写道："何代何王不战争，尽从离乱见清平。"（《悯耕者》）在古代如此，在当代也是如此。如果说两者有什么不同，那只是"战争"与"离乱"的形式有所区别而已。还可以说，当代的"战争"与"离乱"在形态上更加复杂，涉及政治、经济、军事、意识形态、价值观念、文化心理乃至审美趣味各方面。而城市，特别是大都市与城市群正在成为当代"战争"与"离乱"的主要空间。太平世界遥遥无期，发展前景充满不确定性，没有前车可鉴，在这样的紧要关头，几乎全球每个国家都意识到只有通过创新才能实现突围。创新是当今世界发展的潮流，城市作为当今世界的主导机制，理所当然应成为排头兵。对于压力重重的中国当代城市，以不变应万变的原则也是创新。从历史考察上看，城市社会是人类社会的发展趋势，在经历了政治型城市、经济型城市两个阶段之后，文化城市正在成为中国城市实现可持续发展的重要选择。从逻辑分析上看，文化城市以其对"政治型城市化""经济型城市化"的超越与疗救，无疑构成了中国城市化进程最重要的创新型战略框架。对于城市的更新与可持续发展，实际上并没有一劳永逸的解决方案。而城市发展观念的改变，特别是文化城市理念与模式的出现，无疑有助于中国当代城市的健康、全面与可持续发展。在这个意义上，中国城市的最大问题是创新能力不足，因而，我们需要有长期艰苦奋斗的物质与精神准备。一切都因为，有创新能力的文化城市才可能是真正战无不胜的。

---

① 刘元举：《城市需要记忆与情感》，《光明日报》，2007－05－25。

| 第二章 |
新型城镇化的文化转向

在 2013 年中央经济工作会议上,城镇化首次被明确为"我国现代化建设的历史任务"。同年 5 月 6 日召开的国务院常务会议,进一步提出"研究新型城镇化中长期发展规划"。新型城镇化在国家发展战略框架中的地位不断加码。但由于人口众多、发展太快、基础薄弱等原因,我国不仅缺乏应付大规模城市化的物质与资源条件,在理论和心理上也同样贫困和准备不足。最直观的表现是,无论是硬件方面的道路、排水,还是软件方面的卫生、教育等,城市规划和建设上一再陷入"计划赶不上变化"的尴尬中。其根源就在于基础理论研究不足——既缺乏认识现实的有效方法工具,对很多处于萌芽状态的问题和矛盾忽视,同时也缺乏引领城市科学发展的理论模型,很多事后的应对举措不是"头痛医头脚痛医脚",就是"以火救火",特别是在治理交通、调控房价和食品监管等方面。这在深层折射了"城市理论的贫困状况",是我们既不能理性把握当今世界城市化的规律和趋势,也未能科学预见我国城市发展必然遭遇的各种突变和挑战的必然结果。新型城镇化既是一个要求更高的战略目标,也是一个压力更大,环境和矛盾空前复杂的演化进程,要想避免"穿新鞋走老路",最重要的是先做好新型城镇化的"计划"。这时所需要的不是激情和冲动,而是冷静的分析和理性建设。就此而言,"什么是新型城镇化"成为最关键的问题,只有先解决好这个概念的内涵和模式问题,才能为各种理论研究和现实发展提供基础和大前提。

一、人类城市化进程的历史形态及传统模式

"新"必然相对于"旧"而言,同时也主要是一个建构过程。要想科学界定"什

么是新型城镇化"，首先应弄清楚"什么是旧的城市化"。对此不能仅停留在"雾霾""水污染""高房价""拥堵""半城市化"等具体问题上，而需要有更长远的历史眼光。在这个基本问题上过于狭隘和功利化，不容易客观地看待现实并找到问题的真正根源。

　　从世界城市化的历史看，迄今为止主要经历了两种传统形态，分别可称为"古代城市化"和"现代城市化"。自从有了城市，前一种城市化就已出现。与一般的常识不同，古代城市化开始得很早，在起源上甚至早于乡村。芒福德认为，三万年前的原始洞穴就已是具有城市功能的人类聚落空间，而乡村的历史才不过八九千年。[①] 但在以农业为主要生产部门的古代世界中，城市发展一直步履维艰，进展缓慢。以古罗马为例，卢梭曾指出，早期罗马人对乡村生活的兴趣高于城市，他们习惯于"把农事和军事与自由结合在一起，并且可以这样说，把美术、工艺、阴谋以及奴隶制全都赶进了城市""这样，罗马全部赫赫有名的人物就都是生活在农村里并且耕种土地，所以人们也就习惯于只在乡村里去寻找共和国的栋梁。这种情况既然是罗马最尊贵的贵族的情况，所以也就受到一切人的尊崇；人们宁愿过乡村人的简朴勤劳的生活，而不愿过罗马市民的游手好闲的生活；而且在城市里一向不外是个不幸的无产者的人，一成为田地里的劳动者之后，就变成一个受人尊敬的公民了"。[②] 这种状况一直延续到 19 世纪初，相关研究表明，当时世界城市人口仅占全部人口的 1%。[③] 现代城市化进程源于 18 世纪中叶的工业革命，资本主义大工厂生产对劳动力的强烈需求，使城市人口开始快速增加，到 20 世纪初，世界城市人口占比已达到 13.6%。但全球城市人口的快速增长，是人类在 20 世纪中期进入后工业社会以后的事情。除了传统的欧美地区，拉美地区城市人口在 1980 年达到 65.6%，接近于欧洲的城市化水平。到 2008 年，城市人口已占到世界总人口的一半。人口向城市集中的直接表现，是以大自然为主体的传统乡村被以高楼大厦为主体的城市空间取代，这是自新石器时代以来地球空间发生的最大变化和重构。中国是人类城市起源最早的国家之一，其城市文明水平在古代世界一直遥遥领先。但在"以农为本"的大背景下，我国古代的城市化水平并不高。1949 年中华人民共和国成立时，城市人口仅占

① ［美］刘易斯·芒福德：《城市发展史：起源、演变和前景》，宋俊岭、倪文彦译，中国建筑工业出版社2005 年版，第 7 页。
② ［法］卢梭：《社会契约论》，何兆武译，商务印书馆 1980 年版，第 148 页。
③ 康少邦、张宁等编译：《城市社会学》，浙江人民出版社 1986 年版，第 3 页。

全部人口的 7.3%,中间又走过一段以"迁出城市人口"为代表的逆城市化道路,直到 1978 年,我国的城市化水平不到 18%,甚至低于 1960 年的 19.75%,与欧美、拉美等不可同日而语。改革开放以后,以工业化和现代化为契机,这个古老的农业国家迅速开启了自身的现代城市化进程,城市发展一日千里,日新月异。2000 年,我国城市化水平达到 36.09%,由此踏上快车道。2011 年,我国城市化水平达到 51.27%,首次超过农村人口。由此可知,我国仅用了约半个多世纪的时间,就初步完成了从古代城市化向现代城市化的转型和过渡。

为什么这两种城市化的后果如此不同? 这主要可归结为发展模式问题。古代城市化在模式上可以称为政治型城市化,现代城市化则是经济型城市化。[1]政治型城市化以中国古代为典范。尽管城市天生是最活跃的经济体,但正如芒福德所说的欧洲中世纪,"建立城镇的政治需要早于其经济需要。中世纪新城镇初建时是很粗陋的,那时军事上的考虑从来都是第一位的"。[2] 在我国古代,城市"以政治功能为主"的特点尤其突出。其中最有代表性的是都城,皇宫往往占据城市中心——这是城市空间中最好的资源。而最能代表城市天性的商业区和生活区,则被排挤到城市的边缘地带。即使工商业过度发达的江南城市也未能幸免。如明代的苏州,"与政治有关的建筑仍然在城市中占有突出的位置""城中甚至有二十八座驻扎军队的兵营"。[3] 很多古代城市的兴起,也主要是受惠于政治资源配置,其中最主要的是行政机构的设置和调整。以上海在古代江南地区的崛起为例,12 世纪早期,南宋在青龙镇设立市舶务,这是一个属于户部在两浙路设的分支机构,掌管周围五县的贸易和税收,很快使该镇获得了"小杭州"的美誉。现代城市化始于欧洲工业革命,核心是解构了封建政治对城市经济天性的压迫和扭曲。土地和人口是城市发展的两大要素,欧洲中世纪城市之所以不发达,根本原因在于,中世纪的封建领主不仅垄断着土地,也剥夺了农奴们的人身自由。这种经济与社会状况,使城市既没有足够的空间,也不可能集聚足够的人力资源。工业革命的意义在于,一方面,工业生产成为社会主要生产部门,彻底摧毁了封建庄园经济;另一方面,资产阶级革命摧毁了封建制度,完成了对人本身的"哥白尼式的革命",在土地和人口两方面,消除了现代城市化的瓶颈。正如

---

① 刘士林:《文化城市与中国城市发展方式转型及创新》,《上海交通大学学报》,2010 年第 3 期。
② [美] 刘易斯·芒福德:《城市发展史:起源、演变和前景》,宋俊岭、倪文彦译,中国建筑工业出版社 2005 年版,第 281 页。
③ [美] 林达·约翰逊:《帝国晚期的江南城市》,成一农译,上海人民出版社 2005 年版,第 30—31 页。

恩格斯所说:"工业的迅速发展产生了对人手的需要;工资提高了,因此,工人成群结队地从农业地区涌入城市。人口以令人难以相信的速度增长起来,而且增加的差不多全是工人阶级。"①自此以后,城市的经济功能日益成熟,成为现代城市发展的第一推动力。

这两种传统的城市化模式,在新中国城市发展过程中也十分清晰。中华人民共和国成立前30年,政治型城市化是主导模式。这是一种以政治理念和意识形态需要为中心、一切服从于国家政治需要与政治利益、带有浓郁"逆城市化"特点的城市化模式。如从1959年开始到1960年,政府从城里迁出了2 000万人。② 20世纪60年代初,国家撤销了大部分10万人以下的市和大批不符合条件的镇。"城市由1961年的208个减少到1964年的169个,建制镇更是由5 404个下降到3 148个,城市化水平由1960年的19.75%下降到1963年的16.84%,"③包括后来的城市知青上山下乡,都是出于"减少城镇人口""减少财政压力"的政治需要。改革开放以来的30年,经济型城市化成为主导模式。这是一种以GDP为中心、一切服从于发展经济生产力的城市发展模式,具体表现为社会主义市场经济模式的确立、城市经济的改革开放、城市商业与服务功能的全面复兴,以及城市建制与城市人口的迅速扩张。以小城镇为例,1978年全国小城镇仅为2 176个,至2000年猛增至20 312个,平均每年增加820个以上;④以中、大、特大城市为例,从1978年至2003年,全国20万至50万人的中等城市从59个增加到213个,50万至100万人的大城市从27个增加到78个,100万人以上的特大城市从13个增加到49个。⑤ 这就是"种瓜得瓜种豆得豆"的道理。

从历史的角度来讲,古代城市化和现代城市化都属于传统城市化形态,从类型上讲,政治型城市化和经济型城市化都是旧的城市化模式。在人类城市发展的历史长河中,如果必然要出现新的城市化形态和城市化模式,那么,一个基本前提是,新型城镇化在形态上必然不同于古代城市化和现代城市化,同时在模式上也不同于政治型城市化和经济型城市化。

① 恩格斯:《马克思恩格斯全集》(第2卷),第296页。
② 温铁军:《我们是怎样失去迁徙自由的》,《中国改革》,2002年第4期。
③ 叶裕民:《中国城市化之路》,商务印书馆2001年版,第114—115页。
④ 中国社会科学院青年人文社会科学研究中心:《中国百姓蓝皮书》,《北京青年报》,2002-09-02。
⑤ 杜宇、刘媛媛:《建设部公布我国城市发展"成绩单"城市总数达661个》,新华网,2005-11-11。

二、"政治型城市化"与"经济型城市化"的"得"与"失"

世间万物都要辩证地看,新和旧也是相对的。我国的政治型城市化和经济型城市化也是如此。在最初的阶段,它们各有各的合理性,朝气蓬勃,"适我无非新"。如中华人民共和国刚成立时,为了维护新生政权,以准军事化的手段迅速解决资源的分散状态,形成强大的国力,不仅无可厚非,也是不二选择。而改革开放初期,最大的问题是解放和发展生产力,这就必须变革旧的生产关系,促使国营经济、民营经济、外国资本活跃起来,恢复城市受压抑和变畸形的经济本性,以彻底改变我国当时的落后和停顿状态。分析旧城市化的得失,客观和实事求是地评判其历史功过,是对我国为什么以及如何走出一条新型城镇化道路的最有力的辩护。

客观而言,两者均有成有败,有得有失。首先,政治型城市化最大的"成",是成就了社会主义新中国,这是后来一切事业和奋斗的基础和母体。最大的"败"则是"政治"压抑了"经济",导致城市人口减少,生产凋敝,城乡分化加剧,人民物质和精神生活普遍窘迫与贫困。原因在于,由政治主导的城市化,正如拿破仑说的"政治就是命运",国家和政府垄断了所有的生产资料,也掌握着所有人的命运,行政手段不仅决定了生产什么和不生产什么,也决定了人们"进城还是出城"。中华人民共和国成立前 30 年,这一特色集中体现为"计划经济"和"户籍制度",城市人口增长和城市经济发展,均非出于城市化的基本规律和内在需要,由此导致了两大后遗症:一是 1.59 亿的"半城市化"人口;二是"土地财政"问题。这两方面已成为我国城市深入改革和发展的主要障碍,一些学者把户籍制度和土地制度改革看作新型城镇化的重点,是很有道理的。

其次,经济型城市化最大的"得",是目前我国 GDP 总量稳居世界第二,不仅顺利抵抗住了全球性的金融危机,也极大地提升了综合国力和城市竞争力。而最大的"失"则是和所有处在工业化和现代化阶段的国家一样,一方面,现代工业和技术的广泛运用恶性损耗和污染了大自然,使城市可持续发展面临的资源和环境压力已逼近"红线";另一方面,现代文化和城市生活方式严重冲击和破坏了传统的文化价值和社会秩序,社会危机、道德危机和心理危机方面的矛盾愈演愈烈。与政治型城市化造成的土地与户籍问题相比,经济型城市化的后遗症可以说更为严重。经济型城市化是现代城市化的主流,我国也被挟裹在其中。对此,一般研究比较关注的是工业化。但实际上,比工业化更需要关注的是作为经济型城市化核心的"浮士德精神",在本质上是一种贪得无厌、以感官欲望满足为目标的生存和发展方式。它一方面以消费文化深度解构了传统的社会结构和生活方式,亵渎了一切传统的美好价值和信条,使当代人精神空虚,无家可归;另一方面又以现代工业彻底改变了自然环境和小农生产方式,这尽管直接创造了巨大的物质财富和商业的繁华,但却使城市深陷于各种"城市病"而无法自拔。这两方面结合起来,就是芒福德所说的"罗马化",即"在物质建设上的最高成就以及社会人文中的最坏状况"。① 在我国,这主要表现为"城市化大跃进"。国内曾有 183 个城市提出建设"现代化国际大都市",什么都要求最大、最高、最能吸引眼球,但在中国城市道路继续拓宽、新建筑层出不穷、人口大量增加等繁华表象的背后,以"逃离北、上、广"和"大城市伪幸福"为代表,人们对城市本身的怀疑、失望、厌恶、憎恨,甚至敌视等极端心态与言行与日俱增,使"城市文化病"②成为我国城市化进程面临的新挑战。这种挑战败坏着人们的"城市梦",触及建设城市的目的和意义,是根本性的和深层次的。

　　"三十年河东,三十年河西"。原本符合中国国情、具有巨大合理性的两种城市化模式,大约都在持续了 30 年后开始陷入困境,由推动历史进步的力量蜕变为文明的绊脚石。这是我国提出新型城镇化的逻辑条件和社会背景。由此可知,新型城镇化一定是不同于政治主导或经济主导的城市化,同时也要看它能否真正解决政治型城市化和经济型城市化的各种后遗症。国家对此已有警觉和对策。如针对"城市大跃进",党的十八大报告提出"构建科学合理的城市化格局",2012 中央经济工作会议提出"大中小城市和小城镇,城市群要科学布局",李克强总理在 2013 年两会期间强调"要大、中、小城市和小城镇协调发展,东、中、西部地区因地制宜地推进"。③ 如针对"城市文化病"问题,党的十七届六中全会首次将"文化命题"作为中央全会议题,提出建设"文化强国"的战略目标。城市是文化建设的主体功能区,城市文化在我国文化强国战略中具有核心地位。文化

① ［美］刘易斯·芒福德:《城市发展史:起源、演变和前景》,宋俊岭、倪文彦译,中国建筑工业出版社 2005 年版,第 229 页。
② 刘士林:《中国城市发展的深层问题与文化自觉——刘士林教授在上海交通大学的讲演》,《文汇报》, 2011-08-08。
③ 《李克强总理等会见采访两会的中外记者并回答提问》,《人民日报》,2013-03-18。

建设与经济建设的并驾齐驱,应成为我国新型城镇化最核心的顶层设计。

三、新型城镇化的主题与框架

在充分认识到旧城市化的局限与问题后,最重要的确立新型城镇化的主题和框架,以旗帜鲜明的主题与各种传统城市化划清界限,以科学严谨的框架为启动新型城镇化创造理论和主体条件。

首先,新型城镇化的主题是文化型城市化。当下关于新型城镇化的阐释与讨论,主要停留在比较具体和琐碎的感性认识阶段——把新型城镇化简单地等同于解决户籍、土地等矛盾。但在深层次和根本性上,新型城镇化提出的是"转变城市发展方式"问题,是政治型城市化和经济型城市化——这两种已被实践证明行不通的发展道路如何转变的问题,是要从根本上扭转政治型城市化必然产生的"户籍"和"土地"问题以及经济型城市化必然导致的"城市大跃进"和"城市文化病"问题。要想"一举两得"地解决这两种发展方式的问题,就必须找到它们共同的根源。实际上,尽管政治型城市化和经济型城市化表面上截然相对,但在最深处却是殊途同归的——都背弃了城市的本质,走向了理想城市的反面。自古及今,城市千变万化,但城市的本质却是不变的,在理论上以古希腊亚里士多德的名言——"人们为了活着,聚集于城市;为了活得更好,居留于城市"为代表,在现实中以 2010 上海世博会的主题——"城市,让生活更美好"为代表,城市的本质在于提供一种"有价值、有意义"的生活方式。而无论是政治型城市化导致的人在现实中的种种不平等关系,还是经济型城市化引发的"在物质建设上的最高成就以及社会人文中的最坏状况",都与城市的最高本质背道而驰。所以说,我国城市目前面临的很多问题和挑战,实际上早在我们自觉不自觉地选择这两种模式时就已注定。

城市的本质不是政治,也不是经济,而是文化。这是当代城市最新的精神觉醒。在理论上,这可以追溯到芒福德的人本主义城市社会学。与传统城市社会学最重视的"人口"不同,芒福德提出"确定城市的因素是艺术、文化和政治目的,而不是居民数目"。[①] 与新城市社会学最看重的"政治经济结构"不同,芒福德认

---

① [美]刘易斯·芒福德:《城市发展史:起源、演变和前景》,宋俊岭、倪文彦译,中国建筑工业出版社 2005 年版,第 132 页。

为,"城市不只是建筑物的群体,……不单是权力的集中,更是文化的归极。"①这就确立了一个衡量城市发展的新尺度:不是城市人口的增加,不是经济总量与财富的聚集,而是"生产意义和价值"的城市文化。在实践上看,"以文化为主要功能"的城市,正在成为全球城市发展的新趋势与重点战略。从 20 世纪中后期开始,在全球人口爆炸、能源危机、生态环境恶化的背景下,以伦敦、巴塞罗那、新加坡、中国香港为代表的文化城市迅速崛起,它们针对经济型城市化的后遗症,开始寻求通过文化建设实现有质量的增长和可持续发展。对中国而言,在转变经济发展方式和探索城市科学发展的双重压力下,2005 年以来,很多城市都放弃了一度狂热的"国际大都市"定位,如北京率先提出建设"宜居城市",上海率先提出建设"文化大都市",也包括其他的"生态城市""旅游城市""文化城市""创新城市"等,这些都可看作是对全球文化城市潮流的呼应和参与。就此而言,中国城市在实践中已悄悄走在了理论的前面。对于这种不同于政治主导和经济主导的城市化,我们把它命名为文化型城市化。文化型城市化是一种以文化资源和文化资本为主要生产资料,以服务经济和文化产业为主要生产方式,以人的知识、智慧、想象力、创造力等为劳动者的主体生产条件,以提升人的生活质量和推动个体全面发展为社会发展目标,推动城市全面发展的理念与模式。② 如果说,"以人为本"是新型城镇化的最高本质,那么也可以说,文化型城市化是新型城镇化的真正主题。

其次,新型城镇化在框架上是政治型城市化、经济型城市化和文化型城市化的有机统一。城市不是童话王国,仅有文化是不够的,政治与经济对实现城市的文化本质也是两大决定性因素。这就是说,新型城镇化在整体框架中必然包括政治、经济与文化三方面的内容,而旧的城市化,一般只有政治、经济的考虑,文化则是被遗忘的,甚至是被侮辱和被损害的。如何正确处理政治、经济与文化的关系,在此我们可以提出一个理论模型。新型城镇化的原理在于康德提出的"真善美",这个"三元结构"囊括了人类的基本需求,也可以说,"在真、善、美之外不可能再有第四种精神要素。"③同时,这个三元结构又直接对应于人类全部的生活,如李泽厚曾提出"真—描述语言—事实世界""善—指令语言—价值世界"

---

① ［美］刘易斯·芒福德:《城市发展史:起源、演变和前景》,宋俊岭、倪文彦译,中国建筑工业出版社 2005 年版,第 49—91 页。
② 刘士林、耿波、唐亚林等:《城市科学理论建构与中国都市化进程上海交通大学 2012 城市科学秋季论坛会议综述》,《南通大学学报(社会科学版)》,2013 年第 2 期。
③ 刘士林:《苦难美学》,湖北人民出版社 2004 年版,第 115 页。

"美—感觉语言—心理世界。"①城市是人的城市,以真、善、美为基础的经济、政治与文化,也完整再现了一个理想城市的基本需要,这就可以把"真善美"这个微观逻辑结构进一步拓展为"真—城市经济功能—经济型城市化""善—城市政治功能—政治型城市化""美—城市文化功能—文化型城市化"这个城市理论模型。如同一个人的生存和发展,既需要有知识和工具理性,也需要道德和社会理性以及需要自由和审美能力一样,一个完整的城市化进程,在逻辑上也必然包括政治型城市化、经济型城市化和文化型城市化三个层面,分别对应城市发展需要的制度文明、物质基础和人文精神。与一般的论述过于实用和具体、缺乏提炼和浓缩不同,有了这个基本框架,就可为新型城镇化建构一个理论模型,并同各种旧的城市化模式真正划清界限。进一步说,各种旧城市化之所以"旧",在观念领域中的问题是不能兼容"真善美"的,在历史实践中则容易走极端,只要政治不要经济,或者只要经济不要文化。在某种意义上,包括中国在内的世界各国的城市困境和危机,主要是背离了这个城市化原理的结果。以此为基础,对新型城镇化可作一个相对科学和完整的界定,即新型城镇化是以文化发展为主题,以经济发展为基础,以政治建设为目标的城市化进程。

但很显然,新型城镇化刚刚拉开序幕。在明确了主题和框架之后,还有两个问题需要注意:首先是正确认识三种城市化模式的关系。三种城市化模式不是一个取代另一个的对立关系,而是相互渗透,相互缠绕和相互生成的。这在当下突出表现为三大问题和任务:一是城市管理,主要是解决政治型城市化遗留的"行政化传统";二是城市经济,主要是解决经济型城市化造成的"城市病问题";三是城市文化,主要是解决"城市的价值和意义"问题。这三方面既激烈冲突又各有各的合理性,最需要的是全盘考虑和相互平衡,所以我们不赞成"政府退出、完全交给市场"等偏颇主张,那只会增加中国城市化的风险和不稳定性。其次是文化型城市化是一个新生事物,应进一步强化理论研究和标准建设,做到概念清晰、内涵明确、边界森严,严防被"误读"和"过度阐释"。城市经济天生具有"理性的狡黠",消费社会也善于把一切都变成商业的手段和工具,所以在当下最紧迫的是防止经济型城市化卷土重来。具体而言,尽管建设"文化城市""生态城市""宜居城市"的呼声震耳欲聋,但很多都是"挂羊头卖狗肉",甚至是打着文化建设、文化产业的旗号,大搞"土地财政"或房地产开发的老一套。强化基础理论研

① 李泽厚:《美学四讲》,三联书店 1989 年版,第 18 页。

究和标准建设,尽管不能直接阻止各种"以经济代文化"现象出现,但至少可以做到"去伪存真",使真相大白于世。在当下关于新型城镇化的研究和言说中,所缺少的恰恰就是这个基础性的分析。如果不把、不愿把、不能把这个"大是大非"的问题搞清楚,就不可能走出传统城市发展的误区和陷阱,也不会有真正的新型城镇化诞生,一切终不过是一场符号的游戏和话语的狂欢。历史上这样的故事已经不少,我们衷心希望这不要在新型城镇化身上重演。

| 第三章 |
特色文化城市的模式创新

2017年1月25日,中共中央办公厅、国务院办公厅发布的《关于实施中华优秀传统文化传承发展工程的意见》提出"推进城市修补,生态修复工作,延续城市文脉"。城市病的治理和修复,是人类在城市时代之后面临的最复杂的系统工程,其中不仅有政治、经济、社会与文化等多元因素的综合作用,同时也包括了自然、资源、历史、现实等多重矛盾的相互影响。在我国当下的城市发展中,无论是硬件方面的"城市病",还是软实力方面的"城市文化病,"[1]都集中体现在城市文化功能衰落和城市特色消失两方面,具体说来,城市经济功能无节制的扩张是城市病形成和不断加剧的深层根源,而当代城市文化的同质化和"去本土化"则是我国城市特色消失、"千城一面"的"文化病因与病理"。就此而言,以"特色文化城市研究"为中心,一方面,在学理上,将中国城市文化功能衰落和城市特色消失这两个相关度很高的问题密切结合起来,予以统筹考虑;另一方面,在实践中为现实中相互缠绕的"城市病"与"城市文化病"的综合治理提供了框架与路径,本章拟就此问题进行初步的探索。

一、特色文化城市理论的现实背景与内涵阐释

首先,在全球步入城市时代的世界背景下,特色文化城市研究主要基于文化城市正成为当下全球城市的发展趋势与战略目标而展开。

在全球人口爆炸、能源危机、生态环境急剧恶化的当下,人类面临的资源与

---

[1] 姜泓冰:《规划过度化 营销低俗化 市民离心化 中国城市患上三种文化病》,《人民日报》,2011 - 08 - 05。

环境挑战越来越严峻,许多有识之士提出的共同对策是走文化发展之路。在当今世界,无论是文化产业直接带来的富可敌国的巨大经济效益,还是文化事业对社会建设、文化生态与心理健康的深层作用,都表明文化发展在人类可持续发展中占有越来越重要的地位。从城市可持续发展的角度看也是如此。在人类进入城市时代和中国快速城市化的背景下,一方面,被现代工业恶性损耗的自然环境与资源已无力支持当代城市的可持续发展;另一方面,一直不受重视的文化资源与文化产业在消费社会中正成为推动城市发展的重要生产要素与先进生产力代表。由此可知,在人类发展的文化自觉和当代城市亟待走出现实困境的双重推动下,以城市文化功能为核心的文化城市正成为全球城市的主流发展趋势与重点战略目标。

20 世纪中后期以来,以伦敦、巴塞罗那、新加坡、中国香港为代表的文化城市迅速崛起,引发了全球城市对文化战略的高度关注,并使越来越多的城市开始加入建设"文化城市"的行列中。改革开放以来的中国城市,同样走过了一条从主要以 GDP 增长作为衡量指标的"国际大都市",到以"宜居城市""文化大都市"等为独特发展目标的文化转型之路。其中,具有时间节点意义的是 2005 年 7 月21 日召开的城市总体规划修编工作座谈会,时任建设部部长的汪光焘以全国183 个城市提出建立"现代化国际大都市"为对象,严厉批评了这些城市在定位上的不切实际以及盲目追求高速度和高标准等问题。在转变经济发展方式和探索城市科学规划的巨大压力下,大多数以"国际大都市"为发展目标的城市已改弦更张,如北京 2005 年率先提出建设"宜居城市",上海 2007 年率先提出建设"文化大都市",也包括更多的城市纷纷提出"生态城市""旅游城市""文化城市""创新城市"等发展目标,都可以看作是对全球城市发展主流和先进城市化模式的殊途同归。

在我们看来,文化城市是一种不同于"政治城市"和"经济城市"的新型城市发展模式,核心是一种以文化资源和文化资本为主要生产资料,以服务经济和文化产业为主要生产方式,以人的知识、智慧、想象力、创造力等为主体条件,以提升人的生活质量和推动个体全面发展为社会发展目标的城市理念、形态与模式。一言以蔽之,它最突出的本质特征是城市的文化形态与精神功能成为推动城市发展的主要力量与核心机制。[1] 进一步说,文化城市理念的产生及其在人类实

---

[1]　刘士林:《建设文化城市急需解决三大问题》,《中国文化报》,2007 - 07 - 17。

践中的展开,既符合当今世界城市化进程的内在逻辑,也是人类可持续发展的历史必然。就前者而言,在后工业社会的大背景下,当今城市不仅远远超越了城市原始的防卫、商业等实用功能,也在很大程度上突破了古代以"政治"为中心、现代以"经济"为中心的城市发展模式;就后者而言,人类有限的环境与资源已无法支撑以"工业化"为中心的现代城市化模式,改变经济增长方式不仅是中国也是世界的必然选择,传统上以现代工业起家、在后工业社会中又成为文化产业和各种新型经济的大本营的城市,则必然首当其冲,面临着严峻的现实挑战,必须承担率先转型的先锋使命。

其次,特色文化城市是文化城市的一个基本类型,也是我国当下文化城市建设的重点形态。在这个新的研究对象与领域中,主要包含了城市病、城市文化病、文化城市、城市特色四个相互关联的要素,对它们之间客观存在的内在关系原理与相互作用机制加以梳理和辨析,有助于我们发现并确立特色文化城市研究的基本问题与框架结构,为我国特色文化城市的研究和建设提供科学的理论基础和可行的发展路径。

第一,在城市病、城市文化病与文化城市之间,一方面,城市病是城市经济功能过度扩张的必然结果,城市经济功能的片面发展直接导致了城市文化功能的急剧萎缩,因而可以说,近年来"国际经济大都市"这一定位与战略,直接导致了我国城市文化功能的集体退化,并成为越来越严重的城市文化病的深层根源;另一方面,在我国城市发展中越来越严重的城市文化病,则在很多方面直接加剧了城市病的症状与程度,并由此进一步影响了城市发展的质量。[1] 在城市病和城市文化病的恶性循环中,一方面,城市的文化功能不断受到摧残和破坏;另一方面,中国城市发展的文化需要现实地被生产出来,逼迫中国城市集体反思其经济型城市化模式,并提出文化城市的发展战略。在这个意义上,正如罗马帝国在精神上的衰败直接催生了圣洁的基督教文化一样,中国快速城市化进程中的城市病和城市文化病,也是推动我国城市提出文化城市这一更高发展理想的现实土壤。

第二,在城市病、城市文化病和城市特色之间,一方面,城市的客观本质是"容器",城市人口在短时间内的爆炸式增长是引发城市病的主要原因,其影响不仅表现在房价飙升、交通拥堵、就业困难、公共服务短缺等方面,同时也是城市空

---

① 刘士林:《城市化潮流的检讨与都市人的生活世界》,《河南大学学报》,2008 年第 4 期。

间大拆大建、传统文脉遭到破坏、城市特色迅速消失的现实原因；另一方面，城市的最高本质在于"提供有价值、有意义的生活"，这是城市的文化功能高于城市的其他实用功能的根源。当城市的文化功能被城市的经济功能绑架之后，城市发展就不再服从于"城市让生活更美好"的最高本质，这是我国城市化进程中以"城市规划的同质化"与"崇洋媚外""城市品牌的粗制滥造"与"低俗化"为代表的城市文化病泛滥成灾，也是我国城市特色消失、千城一面、同质发展的深层原因。由此可知，城市特色既是城市文化健康与否最直观的表现形式，同时也从一个侧面反映出城市发展的质量与真实困境。因而，研究我国城市的特色问题，不能仅仅停留在建筑、规划、设计等硬件和技术层面，而是应该与我国城市文化功能的衰落、治理城市病和城市文化病的现实需要，以及建设文化城市的发展战略紧密结合起来，以城市特色的研究与重建为切入点，寻求对我国城市化进程面临的主要矛盾与关键问题的综合解决。

第三，在文化城市与城市特色之间，以城市文化功能为中介，两者具有一体两面、"一荣俱荣，一损俱损"的密切关系。一方面，文化城市作为以城市文化功能为核心而再生产的城市形态，其最本质的特征即建立在不同自然环境、历史空间文脉、传统生活方式、文化审美心态等之上的城市特色，每个健康的城市都应有独特的形象、性格、精神与气质；另一方面，城市特色是城市文化生产与精神创造的直观表现形态。作为历史财富与文化资本的城市特色资源（如城市特有的历史空间、社会生态、文化风俗等），在城市规模和经济扩张中被传承和保护得越好，就说明城市的文化机能越健康，在城市发展中的制衡和协调作用越大。相反，城市特色的消失，则直接显示出一个国家或地区正患上城市文化病和城市病，表明其城市化进程本身出现了严重的问题。由此可知，特色文化城市本身就是城市发展的一个晴雨表，直接显示出我国城市化进程的深层矛盾和发展质量。

由此可知，在"特色文化城市研究"的框架和视域下，把原本主要属于城市规划学的"城市特色"和属于城市文化学的"文化城市"结合起来，一方面，对"城市特色"和"城市文化功能"的深入研究，有助于我们正确认识和把握影响我国城市化进程的主要矛盾与关键问题；另一方面，城市特色重建是修复中国城市文化功能的重要抓手，而城市文化功能的健康成长则有助于从根本上推动中国城市发展方式转型，以城市文化功能修复和城市特色重建为现实切入点，还有助于探索和发现一条真正有中国特色的文化型城市化新路。

二、特色文化城市与中国城市化的挑战与机遇

在中国快速城市化的背景下,特色文化城市战略主要基于我国城市发展和文化城市建设在当下同时面临巨大的现实挑战与重要的发展机遇。

首先,我国城市发展和文化城市建设在当下面临的挑战,集中表现在日益凸显和不断加剧的城市病和城市文化病上。

一是城市病正成为影响和制约我国城市发展的主要问题。改革开放以来,中国城市的迅速与超常规发展导致了严重的"城市化过度",使中国城市发展进入矛盾多发期。如果说,迅速的城市化进程是我国城市病产生和集中爆发的直接原因,那么也可以说,城市发展定位的雷同与发展战略的惊人相似是引发各种城市病的重要根源之一。在城市发展定位上,前文我们提到的 180 多个城市提出建设"国际化大都市"即为例子。在城市发展战略上,很多中国城市不约而同地选择了以 GDP 为中心、一切服从于经济生产力发展的"经济型城市化模式"。这两方面结合起来,使中国的"国际化大都市"往往被简单化理解为"国际经济大都市",直接导致了以"产业同质竞争、项目重复建设、空间批量生产、功能华而不实"的"城市大跃进"。城市定位与发展战略的"同质化"与"GDP 化",是我国城市普遍出现规模失控、结构失衡与功能失调的直接原因,不仅导致了人口密集、交通拥挤、房价飙升、卫生与教育资源紧缺、就业与发展机遇竞争加剧及都市精神生态恶化等"城市病"集中爆发,也是我国历史悠久、形态丰富、特色鲜明、区域差别很大的传统城市生活方式资产迅速消失的主要原因。近年来我国很多城市开始重视文化建设,正是基于我国城市经济功能与文化功能严重失衡的普遍现状及其对城市发展本身带来的严峻挑战。

二是城市文化病使我国当代城市越来越缺乏个性和特色。在城市病直接威胁到城市经济社会发展的同时,城市文化病也成了影响我国文化城市建设的主要问题。这主要表现在城市规划的"同质化"与"崇洋媚外",以及城市品牌建设的"粗制滥造"和"低俗化"等方面。前者主要属于硬件上的问题,以常见的城市新区、主题公园、文化产业园区、市民广场、商业一条街、名胜风景旅游区、城市标志性建筑等为代表,我国城市在规划、设计与建筑上的相互抄袭和克隆现象十分普遍。以城市标志性建筑为例,很多城市都把标志性建筑等同于雇一个外国设计师以及建一个"洋气十足"的建筑物,以为这就是国际化大都市的标志或者说

可以提升一个城市的现代化水平。但由于在意识形态、文化传统、艺术观念等方面的巨大差异，遍地开花的"洋标志性建筑"不仅日益"妖魔化"着中国城市已然十分珍贵的空间和形象，同时也是加速我国城市文脉、建筑遗产消失和传统文化心理、审美趣味解构的主要推手之一。据全国第三次文物普查的统计，在原来已登记过的文物中，目前已消失的为 44 073 件，城市建设是主要原因之一。[1] 其中，很大一部分与"崇洋媚外"的城市规划与设计直接相关。后者属于软件方面的问题。在"注意力经济"勃兴的消费社会中，城市文化品牌作为重要的城市资本，是拓展城市营销空间和提升城市综合竞争力的主要手段之一。我国"国际经济大都市"固有的"产业同质竞争、项目重复建设、空间批量生产"等问题，同样也存在于城市文化品牌建设中，其中最突出的问题是在城市营销上相互因袭，缺乏创意。如以"东方日内瓦"自居的就有石家庄、秦皇岛、肇庆、昆明、大理、巢湖、无锡、上海崇明等。如果说，城市规划的"同质化"与"崇洋媚外"直接破坏了我国城市传统特色，那么城市品牌的"粗制滥造"和"相互因袭"则使我国当代城市越来越缺乏个性。[2]

其次，如同我国当前所处的改革深水区、矛盾多发期同时也是重大机遇期一样，我国的文化城市建设和特色文化城市建设同样也面临着重大的战略发展机遇。

一是现实的倒逼机制正在发挥越来越大的作用，使我国城市战略发展重心逐渐由经济移向文化、由同质竞争转而探索特色发展。经过改革开放 40 年的摸索和实验，在付出了巨大的成本之后，越来越多的城市开始有意识地挣脱和走出"国际经济大都市"的误区，在制定发展目标和战略规划时越来越重视个性和特色。如在 2007 年，杭州市提出建设"国内最清洁城市"，呼和浩特市提出建设"世界乳都"；如在 2008 年，北京提出建设宜居城市，天津提出建设生态城市；如在 2009 年，常熟建设"中国品牌城市"，长春建设"健康城市"，深圳建设"发明之都"和"知识产权强市"。此外，文化在城市发展评估中的地位也在迅速上升。以 2010 年的城市排行榜为例，一个重要的变化是对城市生活成本和生活质量的关注取代了"竞争力""GDP 排名""总部经济""投资潜力""百强"等硬实力。[3] 尽管这主要是中国转变经济发展方式"倒逼"的结果，但对疗救在经济发展中被恶性

---

[1]　《踏寻遗珍，第三次全国文物普查工作全面完成》，《光明日报》，2012 - 02 - 02。
[2]　刘士林：《中国都市化进程的病象研究与文化阐释》，《学术研究》，2011 年第 12 期。
[3]　刘士林：《2011 中国都市化进程报告》，上海交通大学出版社 2011 年版，第 292—295 页。

损耗的"城市文化机能"来说无疑是一剂治病良方。此外,经济型城市化进程尽管问题很多,但也为文化城市建设积累下较为雄厚的物质基础。

二是党的十七届六中全会确立的"文化强国"战略,为文化城市发展和城市特色重建提供了顶层设计和政治保障。《中共中央关于深化文化体制改革 推动社会主义文化大发展大繁荣若干重大问题的决定》指出我国文化领域面临着不少的突出矛盾和问题,如"一些领域道德失范、诚信缺失""公共文化服务体系不健全""文化产业规模不大、结构不合理"①等。但是,一方面,必须看到的是,这些"必须抓紧解决"的矛盾和问题,本就是我国城市近年来"重经济、轻文化"的必然结果,集中反映了我国经济型城市化的后遗症和产生的疑难问题;另一方面,还要看到,作为文化人才、文化资本、文化产业部门、文化管理机构及文化消费市场主要集聚空间的城市,对外可以抵御西方后现代文化的传播和侵蚀,对内有助于集聚和提升我国的文化软实力,因此必然要成为我国文化强国战略体系的主导力量与核心机制。党的十七届六中全会提出的"文化强国"战略,将极大地推进人们更深刻地领会文化建设与城市发展的本质联系,努力修复在经济高速增长中受到严重损害的城市文化功能和城市特色,从根本上解决日益严重的城市病和城市文化病,改变城市发展方式,提升城市发展质量,向着"城市让生活更美好"的伟大理想不断迈进。

三、特色文化城市与中国文化型城市化战略转型

从新中国城市化的历史进程看,新中国的城市大体上经历了政治型城市化(1949～1978)、经济型城市化(1978～2005)与文化型城市化(2005 年以来,以"宜居指数""生态指数""幸福指数"等城市发展观为标志)三种模式。客观上讲,政治型城市化和经济型城市化既有其历史必然性,也有难以超越的历史局限性并必然遗留下各种各样的后遗症。如果说,政治型城市化的主要问题在于直接导致了城市经济的萎缩与城市人口数量的下降,干扰甚至在局部中断了中国的现代城市化进程,那么,以 GDP 为中心的经济型城市化则对城市生活方式和城市文化生态带来了诸多严重的负面影响,是我国当下愈演愈烈的城市病和城市

---

① 《中央关于深化文化体制改革若干重大问题的决定》,中国政府网,2011 - 10 - 25。

文化病的深层根源。① 同时,也正是在这样的背景下,文化城市才能够在理论和现实两方面走向前台。早在20世纪90年代初,社会学家费孝通先生就寄希望于我国能够在"科技兴国"之后实现更伟大的"文艺复兴"。② 21世纪以来,在我国很多城市发展思路中不约而同地出现了"文化自觉",以文化产业、现代服务业和城市软实力为中心发展的"文化城市"思路与举措,在我国城市中已成为具有普遍共识性的发展理念与战略目标。

特色文化城市是中国城市发展的一面镜子,也是中国城市发展的一个重要路向。一段时期以来,在转变经济发展方式的巨大压力下,尽管不少城市逐渐明白了文化建设在当今世界具有核心战略地位,但长期以来缺乏抓手和着力点,特别是在如何借助文化建设修复城市文化功能,治理经济型城市化的后遗症方面。对此,特色文化城市提供了一个具有"纲举目张"性质的抓手,从原理的角度,这可以从以下三方面来了解。

首先,特色文化城市是以城市特色为直观形式、以城市文化功能的良好生态为土壤的理想城市形态,城市特色的消失不仅意味着城市文化功能的受损,同时在深层还意味着城市本身的解体和衰落。

现实中城市病和城市文化病的相互缠绕和恶性循环,尽管在表面上只是加剧了城市文化的萎缩和城市特色的消失,但在根本上却直接威胁到城市的本质与存在的意义。城市的本质在于,不仅要使人生活得安全、富裕、健康,还要使人感到生活得愉快、自由与有意义。如果说,前者是城市必须发展经济的原因与动力,那么,后者才是城市文化功能被视为城市本质的重要意义所在。目前我国城市在表面上遭遇的是城市特色消失,但由于这在深层意味着城市文化功能的严重受损,同时由于这也意味着我们的城市生活丧失了愉快、自由与有意义,因而其结果就是我国近年来舆论中的"大城市伪幸福"和现实中的"逃离北、上、广"。这两方面结合起来,使以城市特色为代表的我国城市文化问题成为影响中国城市发展的关键和深层矛盾。

其次,以城市特色消失为切入点,深入城市文化功能重建,明确文化城市作为我国城市发展的发展理念与战略方向,既符合我国转变经济发展方式的总体要求,也对我国城市转变发展方式具有很好的引领与示范作用。

① 刘士林:《文化城市与中国城市发展方式转型及创新》,《上海交通大学学报》,2010年第3期。
② 费孝通:《更高层次的文化走向》,《民族艺术》,1999年第4期。

　　如果说,快速的城市化进程是导致城市环境恶化、城市问题大量涌现、城市危机不断加重的客观原因,那么,城市文脉的消失、居住环境的同质化、机械而单调的城市生活则是人们对城市发展产生怀疑、不满、厌恶甚至怨恨的内在根源。在改变经济增长方式的时代要求下,相对于粗放的、片面的、低质量的、不符合中国国情与世界潮流的"经济型城市化"而言,文化城市不仅对改变经济增长方式的落实具有重要意义,也为中国城市在发展方式上实现结构性转型与创新提供了机遇。就中国国情而言,一方面农业人口巨大、资源相对紧张;另一方面则文化历史悠久与资源丰富,文化城市在这个意义上直接影响着中国经济增长方式转变是否可以实现。

　　最后,特色文化城市,可以为我国文化城市建设找到现实的切入点,有助于我们把握我国城市化进程中的现实作用机制,为推动我国城市从经济型城市化到文化型城市化的飞跃找到现实的重点战略目标。

　　城市发展是一个复杂的有机体,中国城市由于人口多、发展速度快和面临的发展环境复杂,因而最需要的是抓住主要矛盾和关键问题。城市特色和城市文化是重要的抓手。城市特色是一个城市最重要的文化资源,也是一个城市文化功能最直接的感性表现。从硬件上看,城市特色是以城市历史空间、传统建筑形态及其形成的城市文脉为代表的城市物质遗产;从软件上看,城市特色则集中体现在以生活方式资产、市民精神性格、语言文化风俗、审美趣味和审美气质等为代表的城市非物质文化遗产上。两方面结合起来,既构成了一个城市与其他城市相互区别的物质形式,也内在地构成了一个城市特有的内部认同体系。在经济全球化与中国快速城市化的背景下,以解决城市病和城市文化病为战略目标,以城市文化功能修复和城市特色重建为战略重点和突破口,有望探索和走出一条真正有中国特色的文化型城市化新路。

| 第四章 |
资源型城市与文化型城市化

2013 年 12 月 3 日，作为美国最大的城市之一，曾经素有"汽车之城"美誉的底特律因负债超过 180 亿美元，被美国联邦破产法院法官正式裁定破产，为我国很多产业单一的资源型城市敲响了警钟。同日，国务院正式印发《全国资源型城市可持续发展规划(2013—2020 年)》，被纳入这个规划的城市达 262 个，其中包括地级行政区(地级市、地区、自治州、盟)126 个，县级市 62 个，县(自治县、林区等)58 个，市辖区(开发区、管理区)16 个。当前我国城市共计 658 个，不考虑区、县的情况，资源型城市约占我国城市的 30%，体量庞大。作为一定历史时期的产物，这些城市为国家的经济和社会发展做出了重要贡献，但是随着其中大多数城市开始面临"矿竭城衰"的不利局面，[①]是否能够实现顺利转型，不仅直接影响到我国新型城镇化战略的实施，更关系到国家经济的健康持续发展和社会的和谐稳定。

一、资源型城市面临的根本问题

环境破坏和资源枯竭是资源型城市面临的两大根本问题。环境是人类赖以生存的基础。长期以来，粗放式开发严重破坏了城市的生态系统，既有地表沉降与塌陷、植被破坏、水土流失等生态破坏问题，也有大量废水、废气、废物排放导致的环境污染问题。据统计，2011 年，全国 116 个资源型地级市共排放废水 63.43 亿吨，工业二氧化硫 877.79 万吨，分别占全国排放总量的 28.60% 和 46.76%。[②]

---

① 刘树根、朱南文、郑毅：《环境污染问题对资源型城市发展的制约与应对策略分析》，《环境污染与防治》，2010 年第 7 期。

② 根据《中国城市统计年鉴 2012》的数据计算而得。

以牺牲环境换取经济增长的方式不可持续,绿色经济才是未来经济发展的重要方向。党的十八大报告就明确提出"把生态文明建设放在突出地位,融入经济建设、政治建设、文化建设、社会建设各方面和全过程,努力建设美丽中国,实现中华民族永续发展"。改善环境质量、建设环境友好型社会是城市发展的根本,也是资源型城市必须要解决的重大问题。而且,这种对生态环境的诉求必将随着人们收入水平的提高而更加高涨。

资源是资源型城市发展的重要基础,但矿产资源是有限的,长期以来对这种资源的掠夺式开发更是严重消耗了资源的可利用数量。目前,资源型城市中已有 67 个城市属于衰退型城市,面临资源枯竭的危险,这将直接影响城市的经济发展和人们的就业,最终导致城市衰落。如以油田立市的甘肃玉门为例,油田累计探明石油存储量达到 16 898.17 万吨,其中可采存储量为 4 773.87 万吨。但目前剩余可采存储量仅只有 264.2 万吨,而且品质低,开采难度大。[①] 石油枯竭导致玉门经济遭受重创,市属 30 多家油田相关企业纷纷破产,近 7 000 名职工失业,玉门老城区人口也由原来的 10 万人萎缩至 3 万人左右,城市衰退严重。[②] 资源型城市发展出现了明显的"逆城市化"现象。因此,集约利用资源,突破传统经济增长方式已经成为资源型城市迫切需要解决的任务。

二、资源型城市的主要发展模式

早在 20 世纪 90 年代,资源型城市的各类矛盾就开始逐渐显现,尤其是到了 21 世纪,随着人们对环保的日益关注和对资源耗竭的担忧,越来越多的学者开始探索资源型城市的转型发展问题。如张米尔和孔令伟基于再造竞争优势的角度,提出了资源型城市产业延伸模式、产业更新模式和复合模式。[③] 黄溶冰和王跃堂基于比较优势、产业、地域和环境等因素,总结了资源型城市优势延伸、优势组合、优势互补和优势再造等四种模式。[④] 丁湘城和张颖基于国外典型案例总结了三类资源型城市转型模式:以美国休斯敦为代表的产业延伸模式、以德国鲁尔区为代表的产业多元化模式和以日本北九州为代表的产业更

---

① 袁名富、王建宏:《甘肃玉门油竭城衰,资源枯竭型城市陷转型困局》,《中国经济时报》,2010 - 6 - 15。
② 毛浓曦:《关注资源枯竭型城市:玉门》,《工人日报》,2004 - 8 - 25。
③ 张米尔、孔令伟:《资源型城市产业转型的模式选择》,《西安交通大学学报(社会科学版)》,2003 年第 1 期。
④ 黄溶冰、王跃堂:《我国资源型城市经济转型模式的选择》,《经济纵横》,2008 年第 2 期。

新模式。① 从现有文献看,关于资源型城市转型的模式大多都是基于策略层面的思考,而缺乏顶层设计的宏观视野,大多是基于技术层面的探索,而缺乏有力的城市理论支撑,大多是强调产业的发展和经济的增长,而缺乏对环境和资源双重问题的根本性解决,大多是就事论事,而缺乏对城镇化这一时代背景的考察。因此,有必要基于中国城镇化发展背景,探索新的理论,并从顶层设计构架资源型城市的转型发展道路。

我国资源型城市的产生和发展根本上反映了中国传统的城镇化发展道路——政治型城市化和经济型城市化。计划经济是政治型城市化的典型特征,国家通过行政手段统一调配全国的各类资源,将整个经济发展纳入国家政治需要的框架,城市发展的本质上是在计划经济调控下资源不断集聚的过程。中华人民共和国成立后,为了保障国家能源安全和服务于工业化发展的需要,国家新设或新建了双鸭山、鸡西、鹤壁、焦作、平顶山、枣庄、石嘴山、铜川等煤炭城市,②以及大庆、玉门、克拉玛依等石油城市,这正是典型政治型城市化的结果。在全国资源有限,地区发展不平衡的条件下,通过政治型城市化建设一批资源型城市有效促进了落后地区的经济发展。

改革开放以后,虽然国家又新设了一批资源型城市,但城市本身的运转模式已经发生了根本性变化,资源型城市由原来被动服从于国家的能源调配开始向主动寻求城市自身经济发展转变。在整个社会脱贫求富的强烈愿望下,计划经济让位于市场经济,直接导致了经济型城市化的发展。这是一种以 GDP 为中心、一切服从于发展经济的城市发展模式,它的直接后果就是对资源的过度开发和对环境的肆意破坏,正如刘易斯·芒福德描述的城市"有如黑暗的蜂房,叮叮当当,喧闹不休,满天烟雾,乌烟瘴气。"③这不仅直接影响资源型城市的可持续发展,也破坏了居民城市生活的美好意义。

我国资源型城市的产生和发展本质上是基于计划经济的政治型城市化和以GDP 为中心的经济型城市化发展的结果,而环境污染和资源枯竭导致的城市衰退反映出这种传统的城市化道路正在逐步走向末路。党的十八大明确提出了新

① 丁湘城、张颖:《资源型城市转型与发展模式选择:基于生命周期理论的研究》,《江西社会科学》,2008 年第 8 期。
② 李新春、李贤功、赵晶:《中国煤炭资源型城市化剖析》,《中国矿业》,2006 年第 11 期。
③ [美]刘易斯·芒福德:《城市发展史:起源、演变和前景》,宋俊岭、倪文彦译,中国建筑工业出版社 2005 年版,第 331 页。

型城镇化的概念,资源型城市的转型发展就是要求摆脱传统城市化发展模式,跳出原有资源框架,探索更加节约集约、生态宜居、和谐发展的新道路。以《国家新型城镇化规划(2014—2020)年》提出的"以人为本"原则和"人文城市建设"为标志,一种不同于政治型城市化和经济型城市化的文化型城市化正应运而生,并且成为新型城镇化的重要战略选择之一。

三、文化型城市化为资源型城市转型发展提供新出路

文化型城市化是以建设文化城市为中心的城市发展模式。所谓文化城市,是一种以文化资源和文化资本为主要生产资料,以服务经济和文化产业为主要生产方式,以人的知识、智慧、想象力、创造力等为主体条件,以提升人的生活质量和推动个体全面发展为社会发展目标的城市理念、形态和模式。[①] 以文化发展为重要引擎的文化城市正成为世界各地城市发展的目标。如伦敦提出维护和提升伦敦作为"世界卓越的创意和文化中心"的声誉,打造"世界级文化城市";新加坡提出以"文化复兴城市",将其发展成为"一个充满动感与魅力的世界级艺术城市"。在国内自 2005 年以来也不断有城市提出建设文化城市目标,其中既有北京、上海等经济发达的城市,也有如西安、苏州、扬州等文化资源丰富的城市。对于资源型城市而言,在环境污染日益严重和传统矿产资源日渐枯竭的背景下,实施文化型城市化战略、促进资源型城市向文化城市转型也成为城市复兴的新出路。这主要是因为:

1. 文化是重要生产力

长期以来,文化都是作为政治和经济的附庸。直到 19 世纪上半叶,德国经济学家李斯特对英国古典经济学家"见物不见人"的观点进行了激烈的评判:"按照这个学派的说法,一个养猪的是社会中具有生产能力的成员,一个教育家却反而不是生产者……像牛顿、瓦特或开普勒这样一种人的生产性,却不及一匹马、一头驴或一头拖重的牛。"[②]此后,文化的重要作用才逐渐得到认可。马克思也认为,社会主要存在两种生产力:物质生产力和精神生产力,精神生产力包括了语言、文学、技术能力等。[③] 因为马克思的精神生产力更偏重于人类社会中的人

---

① 刘士林:《关于人文城市的几个基本问题》,《学术界》,2014 年第 5 期。
② [德]弗里德里希·李斯特:《政治经济学的国民体系》邱伟立译,商务印书馆 1981 年版,第 126 页。
③ 马克思等:《马克思恩格斯全集(第18卷)》,人民出版社 1964 年版,第 682 页。

文关系的特征和品格,也称之为文化力或人文力。① 进入 21 世纪,随着知识经济的兴起,文化"不仅仅只是城市发展物质与精神产物的汇集,而且在全球城市竞争中作为发展动力扮演着越来越重要的角色"。② 文化作为重要生产力创造着巨大价值,这不仅在于文化本身的直接产出,更重要的是文化作为渗透性因素对人力资本产生了革命性影响,并通过塑造人文精神推动城市发展。社会和经济发展的根本是人,通过文化教育,全面提升人的道德素质、职业技能和创新能力,是保证社会和经济发展的持续动力。而且,文化不仅仅作用于个体,更重要的是促进整个组织的进化。正如人类由野蛮步入文明,由落后步入先进,衡量的标准不是经济水平,而是文化的发展,小至企业,大至国家,都需要充分发挥文化的引导、约束、凝聚和激励功能。因此,无论是企业文化的建设,还是提升城市文化软实力的提出,其意义也正在于此。

文化生产力的这种作用对于资源型城市的发展尤为重要。城市转型发展首先要解决人的问题。长期的生产实践使人们对矿产资源产生了强烈的依赖,虽然这些城市曾经因此而散发出璀璨的光芒,但是随着资源减少、竞争加剧,人们陈旧的思维方式、知识水平和行为模式将不可避免地加速城市走向衰败。党的十七大提出"解放和发展文化生产力",就是要提高人们的文化水平、创新思维模式、改革发展思路、团结一致、众志成城,以文化的力量实现资源型城市在转型发展观念和能力上的突破。

2. 文化资源是绿色可持续资源

解决资源型城市的环境和资源问题,实现城市复兴,关键是寻找城市发展可替代的绿色资源,文化资源正是理想选择。文化资源是文化产业链中以"文化"为生产对象的生产资源,是文化发展的直接生产对象,包括了物质文化资源、社会文化资源和审美文化资源。③ 一方面,文化资源是绿色的,开发过程中对环境的影响相对较小,而且为了最大限度地实现文化资源的价值,现在的开发越来越强调保护性开发。比如对古建筑的修复和保护通常都遵循"修旧如旧"的原则,文物古迹的旅游开发也需要保证与环境的和谐共生;另一方面,文化资源又是可持续的。文学、艺术、技艺、民俗等文化资源可以世代承传,不断得到发挥和利

---

① 金元浦:《文化生产力与文化经济》,上海社会科学院学术季刊》,2000 年第 1 期。
② 吴良镛:《总结历史,力解困境,再创辉煌》选自国家图书馆编,《部级领导干部历史文化讲座》,北京图书馆出版社 2005 年版,第 348 页。
③ 刘士林、刘永:《上海浦江镇的文化资源与发展框架》,《南通大学学报(社会科学版)》,2009 年第 2 期。

用,而且使用越多,其生命力也就越强,影响力也就越大。这也是为何中华文化承传上下五千年,仍然散发出璀璨光芒的重要原因之一。虽然建筑、街区、遗址等文化资源随着时间的流逝终会消逝,但一则可以通过修复和保护延长其生命周期,比如北京故宫历经明清两代,虽至今已有近600年的历史,但仍然气势磅礴,保存完好。二则即使消逝,还可以通过重建、数字虚拟等方法重现这些物质文化资源。更重要的是围绕各种文化资源,还可以开发出一系列的相关文化产品,而创意是无穷尽的。正如早在20世纪60年代,罗马俱乐部主席佩恰依在谈论"增长的极限"时就已经指出"未来的发展只能是文化的创造"。①

很多资源型城市都具有丰富的文化资源。以首批资源枯竭城市阜新为例,曾出土了"世界第一玉"与"中华第一龙",曾站起了古代北方的"第一代农人",目前有国家级重点文物保护单位2处、省级文物保护单位16处、市级文物保护单位22处,非物质文化遗产国家级保护项目4项、省级9项、市级10项、县级40项。② 如伊春、辽源、石嘴山、白银、焦作、萍乡等城市也都有着丰富的文化内容、多样的文化形式和深厚的文化底蕴,这都为资源型城市向文化型城市发展创造了良好的条件。

3. 文化产业是重要经济增长点

在文化经济化和经济文化化的时代背景下,③文化产业作为发展最为活跃、增长最快的新兴产业,已经成为经济增长的重要引擎。文化产业对经济的刺激作用主要体现在:一是涉及范围广,体量庞大,不仅包括了影视、出版、发行、广告、动漫、艺术品、演艺、教育、体育等各行各业,而且容易与农业、工业、旅游业、信息业等行业融合发展,辐射范围大,带动作用强;二是经济附加值高,产出总量大。据统计,2013年北京规模以上文化创意产业总收入超过1万亿元,增加值约2 406.7亿元,占全市GDP比重达到12.3%,已经成为北京市重要的支柱性产业;④三是乘数效应强,拉动就业作用明显。据世界城市文化论坛的统计数据,文化创意产业为城市创造了大量的就业机会,在其统计的16个城市中,有10个城市的文化创意产业劳动人口占总就业人口的比重超过8%,印度孟买甚至达到了16.01%。⑤(见图4-1)

① 张曾芳、张龙平:《论文化产业及其运作规律》,《中国社会科学》,2002年第2期。
② 佚名:《文化之光耀家园》,《阜新日报》,2011-11-20。
③ 金元浦:《文化生产力与文化经济》,《上海社会科学院学术季刊》,2000年第1期。
④ 北京市人民政府:《北京市文化创意产业功能区建设发展规划(2014—2020)》,首都之窗,http://zhengwu.beijing.gov.cn/,2019-07-01。
⑤ 根据世界文化论坛数据整理获得,http://www.worldcitiescultureforum.com,2019-08-28。

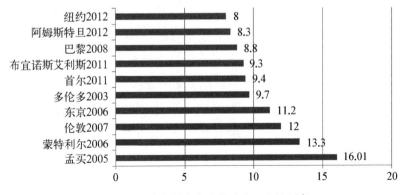

图 4-1　城市创意产业劳动人口占比(%)

正是由于文化产业的巨大经济作用,它成为资源型城市产业更新的重要选择。党的十七届六中全会通过的《中共中央关于深化文化体制改革推动社会主义文化大发展大繁荣若干重大问题的决定》也明确指出,要"推动文化产业跨越式发展,使之成为⋯⋯经济结构战略性调整的重要支点、转变经济发展方式的重要着力点"。然而,当前资源型城市的文化资源挖掘不够,文化产业发展落后,促进经济增长和解决就业问题的能力不强。因此,必须要充分认识文化产业的重要作用,加快文化产业的培育和发展,以文化产业推进城市的转型升级。

四、资源型城市文化型城市化的战略选择

1. 构建文化型城市化的顶层战略框架

伦敦自 2003 年出台第一个文化战略以来,已经连续出台了四个文化战略草案。2014 年最新发布的《文化大都会:市长文化战略——成就和计划》,围绕维持伦敦作为全球文化城市的地位,扩大优质文化的参与范围、教育和技能、基础设施、环境和公共区域四大战略重点,研究伦敦在后奥运时代的文化战略计划。而纵观我国各地的文化发展战略,一是大同小异,缺乏特色和重点;二是没有与时俱进,缺乏反思和更新。文化型城市化是资源型城市发展的深层变革,既不能"东一锤子,西一榔头",盲目开展,也不能全面铺开,毫无重点,要注意整体上的战略定位和顶层设计。

从战略框架上看,文化型城市化就是基于文化资源的开发,大力促进文化产业和文化事业的发展,通过文化传播全面塑造城市文化形象,并反过来进一步促

进文化资源的开发和文化产业、文化事业的发展。而对于资源型城市而言,当前最重要的是以人文精神塑造为引领,以文化资源开发为基础,以文化产业发展为重点,以文化形象转型为目标。从固守矿产资源到发展文化产业,首先要发展人文精神,既要能实现观念突破,充分认识文化的经济价值,形成从政府到市民投入文化建设的热情,又要能具备参与文化建设、发展文化产业的文化素质;其次,要充分挖掘本地的文化资源,依托地区优势,打造特色文化产品。比如河南焦作充分利用文化资源优势,开创了文化旅游的"焦作模式";再次,经济永远是城市化进程中最核心、最根本的要素,城市的转型重点是经济的更新。因此,必须要大力发展文化产业,使之成为地区经济发展的支柱产业;最后,需要通过加大宣传力度,重塑城市形象,完成文化城市的最终转型。

2. 围绕产业支撑要素,强化文化政策重点

资源型城市的文化型城市化道路要以文化产业发展为核心。从生命周期的角度看,文化产业的发展有形成期、成长期、成熟期和衰退期四大阶段,而大多数资源型城市的文化产业发展落后,与北京、上海等文化强市存在巨大差距,还处于形成期这一产业发展初级阶段。形成期支撑文化产业发展的最重要因素是"人才、文化和技术",[①]由于技术最容易解决,因此政策应以人才和文化为重点。然而,文化人才倾向于向大城市集中,"因为那里可以提供多样化的经济机遇、富有启发式的环境,以及愉悦的生活方式"。[②] 因此,如何吸引文化人才是当前资源型城市迫切需要解决的瓶颈问题。一方面,要通过创造相对宽松自由的文化氛围,提供适合生活和发展的宜居环境,完善城市的各项公共服务功能,以具有标志性的文化设施、重大文艺作品、文化资源开发为载体,以富有竞争力的人才政策,吸引包括经济、管理、设计、文创、科技等各领域的国内外高端文化人才落户;另一方面,要加大财政投入,大力支持本地高校对文化人才的培养。要充分发挥当地高等院校的作用,既要培养文化艺术、经营管理、文化科技等方面的高层次人才,也要培养文化艺术工作急需的实用型人才。要积极探索新的学校培养模式,提高学生的国际视野和对当地文化的深入认识,同时打破学历和资历的界限,促进本地文化人才脱颖而出,充分发挥作用。

文化是基础,在"文化"要素上,要侧重于对当地特色文化的挖掘和宣传。我

① 张懿玮、刘士林:《对文化创意产业与其支撑要素的关系探讨》,《现代城市研究》,2013 年第 11 期。
② [美]理查德·佛罗里达:《创意阶层的崛起》,司徒爱勤译,中信出版社 2010 年版,第 12 页。

国很多资源型城市的文化资源一直未能得到充分重视,因此要抓紧对当地文化资源进行重新整理和审视。要通过深入挖掘,充分发现其历史文化价值,要加大宣传力度,充分展现地域文化的魅力。在形成期,政府要通过对当地独特文化的提炼、加工和展示,提升文化吸引力,促进文化人才和文化投资者的集聚。

3. 推进产业融合,促进传统工业的文化转型

文化产业是最具兼容性的产业,最容易与其他产业融合发展。党的十七届六中全会明确提出:"推动文化产业与旅游、体育、信息、物流、建筑等产业融合发展,增加相关产业文化含量,延伸文化产业链,提高附加值。"在资源型城市,大多第二产业比重较高,第一产业和第三产业落后。促进文化产业与传统工业的融合,既是加快推进文化产业发展,实施文化型城市化的必然要求,也是转变经济发展方式,促进产业转型的迫切需要。如德国鲁尔区是以采矿业为主导的工业区,其煤炭产量曾一度达到德国总挖掘量的80%。[①] 但是20世纪60年代以后,随着煤炭开采成本的上升,开采量的逐年下降,大量煤矿和钢厂开始关闭,地区工业产值不断下滑,失业率不断提高,鲁尔区面临严重的发展危机。然而,通过促进文化产业与工业的融合发展,废旧工业建筑被改造成艺术馆、博物馆或戏院和舞厅,煤矿被改建成建筑公园,通过大力发展工业遗产旅游和文化产业,现在的鲁尔区成为名副其实的花园工业区。而鲁尔区的城市之一埃森还获得了"欧洲2010年文化之都"的称号。鲁尔区的文化发展为资源型城市文化转型提供了经验借鉴。发展文化产业,并不意味着完全抛弃原有的工业基础,而是要与文化产业融合发展,使原来的工业设施和工业产品焕发出新的活力。

总之,文化与经济相互作用。经济是文化的基础,无论是古希腊、古罗马文化的繁荣,还是我国唐宋时期文化的发达,都是基于当时相对稳定宽松的政治环境和雄厚的经济基础。但反之,文化也是经济发展的重要引擎,尤其是在文化经济一体化的时代,文化对经济的带动作用更大。我国资源型城市普遍历史悠久、文化资源丰富,在城市面临环境破坏和资源枯竭的困境、陷入经济增长危机的当下,重视文化生产力,挖掘文化资源,发展文化产业,以实现文化城市为目标的文化型城市化为资源型城市的转型发展提供新思路。然而,"路漫漫其修远兮",如何成功建设文化城市,还需要不断探索。

---

① 陈涛:《德国鲁尔工业区衰退与转型研究》,吉林大学博士学位论文,2009年。

| 第五章 |
人文型智慧城市与智慧城市建设

2014年3月《国家新型城镇化规划》首次提出"注重人文城市建设",把绿色城市、智慧城市、人文城市列为新型城市的三种形态。就人文城市和智慧城市而言,人文城市侧重于价值和意义,是形而上之道,智慧城市侧重于技术和产品,是形而下之器,两者互为体用、相互依存,两者密切结合起来,即人文型智慧城市。

一、世界智慧城市的总体进程和我国的阶段性特征

自从2008年IBM提出了"智慧地球"的概念后,以城市为主体形态的智慧城市建设迅速展开。目前,世界上已有超过50多个国家正在进行试点和实验,大约形成了1 200多个解决方案,广泛应用于交通、能源、环境、医疗、行政管理、物流等领域,影响之大,速度之快,出人意料。但正如表面纷乱的城市,在深层仍有规律可循一样,作为信息化和城市化相互叠加融合而出现的新城市形态,全球范围的智慧城市建设可以说主要经历了三个阶段:一是以"数字城市"为中心的"科技型智慧城市",重点是先进信息通信技术研发和基础设施建设,提升城市的信息化水平;二是以"智能管理"为中心的"管理型智慧城市",重点是信息通信技术在政府管理中的应用,提升城市管理和运营的效率;三是以"智慧生活"为中心的"人文型智慧城市",重点是信息通信技术在公共服务和文化消费中的应用,提升城市的宜居度和人文关怀。

和现代化进程中的很多方面一样,我国的智慧城市建设同样是"西方影响的产物",所以在总体上模仿甚至照搬西方的经验也是在所难免的。目前的基本情况可以概括为,科技型智慧城市是主流,主要围绕着地理信息系统、遥感、三维仿真、数据库等展开,管理型智慧城市受到高度重视,基于数字化技术的数字城市、

数字政府、数字交通等政务平台纷纷上马。而人文型智慧城市的研究、规划与建设刚处于起步阶段。但由于科技、管理方面比较容易引进或自主创新，所以在城市信息基础设施建设和重点关键技术领域，我国赶超得很快，在一些局部已经领先。而最大的短板恰是在人文型智慧城市方面，这就导致了信息化基础设施与城市其他板块和功能严重脱节，"成本很高，获得感很差"，可以说是我国现阶段智慧城市建设的主要特征。这也表明，我国智慧城市正在面临从"铺摊子、上项目"到"精明增长、协调发展"的转折点，认真研究当下的现状与问题，确定科学的发展战略已迫在眉睫。

二、当前我国智慧城市规划与建设的现状与问题

我国智慧城市的规划与建设，在相当长的一段时期内，主要是以"信息化"的名义进行的。它们的主要目标，是通过信息通信技术的项目建设，解决或提升城市的信息交流问题。信息化建设，可视为我国智慧城市的初级阶段。而对于真正的智慧城市建设，2012 年是一个特别需要关注的节点。相关统计数据表明，这一年年底，我国三大电信运营商和地方政府签约合作建设智慧城市的总数超过了 400 个，远超过如"国际化大都市""宜居城市""幸福城市"等其他城市建设目标的数量。最重要的是，同年 11 月 22 日，住房和城乡建设部正式发布《关于开展国家智慧城市试点工作的通知》，并印发《国家智慧城市试点暂行管理办法》和《国家智慧城市（区、镇）试点指标体系》，标志着我国智慧城市建设正式纳入国家战略框架。到 2015 年 4 月 7 日，住建部等共联合发布了三批国家智慧城市试点名单，目前，正式纳入国家智慧城市试点的城市（区、镇），以及其他部委的"数字城市""信息惠民试点城市"的，总数已经超过了 600 个。可以说，智慧城市建设在我国已全面铺开。

尽管不好说是不是已经出现了"智慧城市大跃进"，但显而易见，在如此快速的发展中，一些结构性和生态型的矛盾和问题已经形成，一是信息化的推进缺乏整体布局。当前行业、部门都有自己的信息系统和数据库，但缺乏统一的数据标准和链接端口，彼此独立，相互脱节，"不互联、不互通"问题十分严重；二是关键技术的体系化集成水平不高。从技术角度看，智慧城市的发展首先是物联网、云计算、互联网、大数据和 3S 等关键技术的集成应用，但目前能够兼容各种技术、满足多种需求、实现多种功能的集成化主平台还没有出现；三是智慧城市规划缺

乏需求导向。当前智慧项目多从政府角度出发，较少基于市民和企业，公众真实需求的反馈渠道与机制尚未形成，城市的信息技术设施与市民需求的匹配度不高；四是"重技术、重商业"的产业化误区。把智慧城市混同于宽带城市、无线城市等，不是用社会需求引导技术研发和商业布局，而是技术和商业先行，结果往往是事倍功半；五是缺乏建设标准。这些问题导致智慧城市建设的目标和路径很不明确，建设任务比较分散，部门之间难以形成合力，建设成效也难以考核。

针对这些问题，2014 年 8 月 27 日，国家发改委、工信部等八部委联合印发《关于促进智慧城市健康发展的指导意见》，明确提出"确保智慧城市建设健康有序推进"。这既是对智慧城市的无序和不健康现状的"委婉"批评，也是一个新的战略部署和要求。什么样的速度、规模、节奏和模式才是健康的和有序的，是继续升温、加速，还是主动调整，这一切都指向了顶层设计。

三、关于我国智慧城市的顶层设计问题

和前些年的经济高速发展相似，由于缺乏顶层设计和系统安排，我国智慧城市规划与建设必然出现粗放开发建设、过度依赖投资、硬件与软件错位、重形式轻内容等问题，并直接影响到自身的建设质量和可持续发展。

顶层设计目前大家已经谈得很多了，但问题是好的城市设计方案难得一见。这主要是缺乏基础理论研究支撑导致的。流风所及，包括智慧城市，国内很少有团队坚持做基础理论研究，但凡智慧城市的概念、内涵、类型、模式、标准和框架，多是从西方"拿来"就用，最多加一些学者的个人体会和掺合一些具体的现实需要，就完成了各种战略、规划及行动方案。智慧城市的基础理论研究，目的也是要提供必要的理论工具、分类原则与解释框架，使其深层结构与内在层次呈现出来，为真正的顶层设计确立大前提和"系统设置"。所以我们主张，在智慧城市规划和建设之前，必须要"基础理论研究先行"，处理好其内涵、类型及结构关系，为智慧城市规划和建设提供清晰的概念和骨架图，从而保障智慧城市建设的科学性和系统性。

人文型智慧城市是我们提出的一个新概念，也是为协调信息化和新型城镇化这两大国家战略而设计的战略性思路。这就和我们的基础理论研究密切相关。

在基础理论研究中，我们既不是从 IBM 的界定入手，也不是把大家的研究

成果综合梳理一下,而是从哲学的角度,从"智慧是什么"开始追问。简单说来,"智慧"分为"真的智慧""善的智慧""美的智慧",分别讲述"什么是真""什么是善""什么是美"。在学科上对应"自然科学""社会科学""人文科学"三大学科体系,在哲学上对应马克思的"物质生产""人自身的生产"和"精神生产"三种生产方式,在现实世界中呈现为"科技智慧""管理智慧""人文智慧"三大应用形态,目标是满足"物质文明""制度文明""精神文明"三方面基本需要。一个健康和全面发展的城市,是以上内涵、层面、关系、功能的优化集成。一个理想的智慧城市,是以城市为主体形态,以城市信息化工程为基本实践手段而展开的城市化进程,也是以"真善美"为内在生产观念,以"科技智慧""管理智慧""人文智慧"为主要生产方式而推进的城市信息化建设过程。这是我们基于基础理论研究得到的智慧城市概念。

在此基础上,我们把智慧城市分为三种基本类型,一是以"真—自然科学—物质生产—科技智慧—物质文明"为基本构架的"科技型智慧城市";二是以"善—社会科学—人自身的生产—管理智慧—制度文明"为基本构架的"管理型智慧城市";三是以"美—人文科学—精神生产—人文智慧—精神文明"为基本构架的"人文型智慧城市"。同时,我们强调,这三者之间不是相互对立和排斥的,而是共生互动的——"真"是智慧城市的基础,"善"是智慧城市的保证,"美"是智慧城市的根本目标。所以说,这是一个三足鼎立、不可偏废任何一方的"系统设置",也是智慧城市顶层设计的"基本原理"。

四、以"人文型智慧城市"为顶层设计指导我国的智慧城市建设

实现城市建设的最高目标,是既要有物质与技术的便利、制度和秩序的保障,还要有人的幸福和梦想。与之相应,智慧城市发展的理想形态是科技型、管理型、人文型智慧城市的有机结合和包容发展,全面满足城市化的物质基础、制度文明和人文精神需求。任何单一型的智慧城市规划与建设,由于只能解决局部问题,必然导致城市的片面发展。我国目前的智慧城市建设,在顶层设计上缺少了"人文型智慧城市"的规划,既脱离了市民日常信息消费和使用需要,也使智慧城市建设偏离了城市发展的本质和目标,这是我国智慧城市建设出现"不健康"困境的根源。

随着"以人为本"的城镇化不断推进,人们越来越认识到技术和管理只是手

段,人文和价值才是智慧城市建设的最高目标。"人文型智慧城市"的提出,一方面,从信息化技术手段与人文服务理念相结合出发,强调要以城市的宜居度和人文关怀引领城市信息基础设施和服务管理平台建设;另一方面,还有助于理顺三种智慧城市类型的关系,即科技、管理是不可缺少的手段,而人文、价值才是"不能抛弃的目的"。把"手段"与"目的"结合起来,结合我国城市信息化水平不均等、城市管理和应急处置任务烦剧的现实,在"十三五"时期,我国智慧城市应确立以智慧科技为重要基础,以智慧管理为主体形态,以智慧文化为理想目标的战略定位和基本思路,为早日为建成"有意义、有价值、有梦想"的中国现代化城市提供全面的信息化系统工程支持。

此外,智慧城市建设之所以被等同于技术、资金和管理问题,主要是受西方经济学的影响,不仅有悖于全球范围内"文化城市"的发展趋势和《国家新型城镇化规划》提出的"注重人文城市建设",也与创造"价值、意义、梦想"的城市本质背道而驰。提出"人文型智慧城市"理论,把智慧城市从"经济问题"转化为"文化问题",重建"技术"与"社会""信息化城市"与"城市有机整体"的协调与共生关系,在"去西方城市化模式"、探索中国新型城市化道路等方面,可以说还有着更为重要和深远的意义。

| 第六章 |
都市文化界定与人文研究路向

正如人们将现代都市比喻为一口"煮开了的大锅"一样,它不仅表面上五光十色、异彩纷呈,在内部也充满了高度的差异性与异质性。但无论它在内容上如何繁多、在机理上如何复杂,也仍然是有章可循、有理可循的。从历史与逻辑、传统与当代等角度对都市、都市文化、都市文化研究进行有效的内涵分析与学术梳理,可以为我们正确认识、客观研究都市及其文化模式提供一个重要的逻辑起点。

一、人类城市历史发展的高级空间形态与当代城市化进程的最高逻辑环节

在当代学术语境中,都市的内涵可从历史与逻辑两方面加以理解与阐释。

从城市社会学的历史视角看,都市是人类城市历史发展的高级空间形态。如中国两汉赋家写到的"两都""京都""蜀都"等古代城市,如斯宾格勒讲到的"在每一文化中"存在的"首邑城市"①类型。对人类城市历史发展进程的研究,刘易斯·芒福德提出的"五阶段论"最值得重视。根据他的研究,城市发展的第一个阶段是"生态城市"(ecopolif)。这个阶段的关键性要素有:"植物和动物开始驯化""出现了第一批永久性居住的村庄""村庄是最大的社会组织形式""每个村庄的人口很少,同村庄以外的人交往十分微弱"等。实际上,与其说这是城市,毋宁说是今天人们习惯的"村庄"。这表明城市的历史正是从"村庄"这种"原始群聚"中开始的。在城市发展的第二个阶段,随着"人口增长""经济繁荣"、出于防卫等现实需要,"两个或更多的村庄合并成一个更大的村庄",原来的"生态城市"过渡

---

① 〔德〕奥·斯宾格勒:《西方的没落》,陈晓林译,黑龙江教育出版社 1988 年版,第 353 页。

到"城市"(polis)阶段。它的主要标志是出现了"宗教""劳动的分工和专业的分工""机械的采用和技术的改进",以及有了从事"艺术、写作、阅读活动"的"空闲时间"。这与摩尔根、恩格斯讲的以"铁制工具、文字发明与使用、复杂的礼仪中心"①为标志的"文明时代",在基本结构与要素上是相一致的。城市发展的第三个阶段是"大城市"(metropolis),"大城市"的特点可从三方面来认识:

首先,从地理空间与自然资源角度看,城市之间的生存竞争使"一个城市逐渐统治了其他城市的地盘"。

其次,城市规模的扩大直接改造了传统的社会与文化结构,具体说来,一是出现了"更大的专业化、更复杂的劳动分工";二是"在历史上第一次农业让位于工业";三是城镇和地区之间交流的扩大与频繁;四是文化成为推动"社会变化速度加快"的重要力量。

最后,生活的自然空间与社会环境的变化会直接影响到人自身的再生产,大城市的出现破坏了古代人"见素抱朴,少思寡欲"(《老子》第十九章)的平静心灵及"静而与阴同德,动而与阳同波"(《庄子·天道》)的朴素生活方式,并在人的主体世界中"形成了一种扩张意识",文明的进步与发展正是建立在这种主体条件之上。第四个阶段与第五个阶段分别是"特大城市"(megalopolis)与"暴君城"(tyrannopolis),这两个概念的出现,既与城市社会对人自身异化程度的加深相联系,也与芒福德本人对城市文明的价值判断尺度有关。在芒福德看来,"特大城市"与"暴君城"是城市停止发展、走向衰竭的产物,前者有两个特点:一是空间环境越来越不适合人们居住与生活;二是人的精神世界也在对金钱与权力的追逐中被彻底扭曲与异化。后者是"特大城市"的升级版本,"社会解体""道德上冷漠无情""政治上不负责任""人格被贬低"等城市社会学家经常讲的"城市危机",构成了"暴君城"最突出的社会生活特征。②

在某种意义上讲,芒福德关于城市发展的研究仍有不足之处,一是由于价值判断上带有比较浓郁的道德色彩,因而他关于"特大城市""暴君城"——也就是现代化都市或国际化大都市的隐喻——的研究与阐释就显得不够客观,忽视了它们作为人类城市历史发展最高形态所具有的积极因素与重要意义;二是由于研究在学理上偏重于历史与经验,在逻辑与结构上也不够纯粹与简洁。具体说

① 中共中央马克思恩格斯列宁斯大林著作编译局编:《马克思恩格斯选集》(第一卷),人民出版社 1972 年版,第 21—23 页。
② 康少邦、张宁编译:《城市社会学》,浙江人民出版社 1986 年版,第 217—219 页。

来,"五阶段论"中的第一个阶段是乡村,完全可以从城市历史与形态序列中被剔除掉,而"特大城市"和"暴君城"并没有本质的区别,又完全可以合并在一起。经过这样处理,人类城市历史可归纳为三个典范形态,即相当于今天城镇的"城市"(polis)、中小城市的"大城市"(metropolis)和相当于现代化大都市的特大城市(megalopolis)或"暴君城"(tyrannopolis)。尽管人类城市在历史上千姿百态,但典范形态基本上超不出城镇、城市与都市三范畴;另一方面,从逻辑层面看,城镇、城市与都市本身,也恰好构成了人类城市文明深层结构的三要素,不仅一直显现在人类的历史世界,也直接体现在当代席卷全球的城市化进程(即城镇化、城市化与都市化)中。这是必须把社会学家芒福德的城市历史理论加以逻辑浓缩的另一个重要原因。

从当代城市化进程的内在结构看,都市化无疑代表着这个历史进程的最高逻辑环节。按照一般的看法,城市化主要包括三个层面,即农村城镇化、城镇中小城市化、中小城市特大城市或都市化。但正如斯宾格勒在《西方的没落》早就指出的那样,"城市的本身,无论其为大城或小城,若与'世界都市'比较之下,也都只变成了乡野区域而已"。[①] 在城市化浪潮波及全球并愈演愈烈的当下,区域性中心城市,特别是国际化大都市对不同地区乃至整个世界的经济社会与文化发展具有举足轻重的影响,这是都市化作为人类城市发展最高逻辑环节的必然表现。法国地理学家戈特曼(Jean Gottmann)1957 年提出的"都市群"(Megalopolis)理论,是对这一当代城市发展模式的最高理论总结。以国际化大都市为中心而形成的"世界级都市群",主要特征有三方面:一是人口规模巨大、城市化水平高,人口总数一般在 2 500 万以上,城市化率往往高达 70％以上。也就是说,即使大都市的周边仍有农业人口,但在比例上已不足城市人口的三分之一;二是区域内城市密集,城市之间一体化程度高,核心城市与外围地区的社会经济联系十分密切,在交通、通信、金融商贸、企业服务、旅游等方面具有良好的协调发展机制,城市间不再是彼此独立,而是以大都市为中心,形成了具有合理层级的体系关系;三是作为人类城市在成熟阶段的最高空间组织形式,都市群的影响一般都超越了民族、国家或洲际合作组织的界限,成为全球性的国际枢纽与中心。把历史与逻辑、经验与构造整合起来,可以得出一个结论——人类城市在历史上主要发展出城镇、城市与都市三种空间形态,在逻辑上则主要表现为城镇化、城市化与都

① ［德］奥·斯宾格勒:《西方的没落》,陈晓林译,黑龙江教育出版社 1988 年版,第 350 页。

市化三种结构要素。都市是人类城市历史发展的高级空间形态与当代城市化进程的最高逻辑环节的统一。

尽管都市有多种不同的历史形态，如古代作为政治中心的都城、当代的各种区域中心城市等，但按照马克思的"人体解剖对于猴体解剖是一把钥匙"这一方法论，"低等动物身上表露的高等动物的征兆，反而只有在高等动物本身已被认识之后才能理解"。① 因此，马克思研究商品，不是从古希腊开始，而是从商品经济走向成熟的资本主义社会开始。正如马克思说"资本主义经济为古代经济等等提供了钥匙"。历史上的都城与大城市，与更高阶段与全面发展形态的"现代化大都市"相比，也仅仅表现为一种"征兆的东西"，对于这些处于低级阶段的"猴体城市"，也只有在充分研究、"解剖"了作为其更高发展形态的"人体城市"以后，才能真正认识与深刻理解它们的本质。一言以蔽之，当代的国际化大都市，既是人类城市历史发展的高级空间形态，也是当代城市化进程的最高逻辑环节，对它的研究与阐释，不仅是了解人类都市历史的一把"钥匙"，也有助于我们站在更高的历史阶段上更深入地认识城市的本质。在这个意义上讲，都市的本质既不存在于历史上的各种都城与大都会，也与一般的当代城镇与中小城市没有直接关系；在当今世界的政治、经济、金融、交通、信息、文化等方面具有支配性作用的"世界城市"与"国际化大都市"，才是它真正的代表。这是都市研究必须以当代的国际化大都市为中心与主要对象的根本原因。

二、人类城市文化发展的高级精神形态与当代世界精神生产与消费的话语中心

顾名思义，都市文化，即都市固有的文化模式，但仅此还远远不够。由于它形成于都市这个特殊的人类生活空间，借助于城市历史发展的高级空间形态与当代城市化进程的最高逻辑环节这两大规定，都市文化本质上是一种与城镇或中小城市完全不同的文化模式。如果说，城市文化的一般特点是在内涵上相对朴素，在结构上相对简单，在形态发展上比较缓慢，在价值上相对保守，那么在都市文化模式中，则表现出人类生活世界中从未有过的复杂性、多元性、不稳定性

---

① 中共中央马克思恩格斯列宁斯大林著作编译局编：《马克思恩格斯选集》(第 2 卷)，人民出版社 1972 年版，第 108 页。

与开放性。它们不仅加大了人在都市中生存的艰巨程度与相应的劳动强度,也使人们在对都市文化的理解与把握上变得更加困难。但另一方面,正如都市本身并非不可知一样,实现对都市文化的理性认识与学术研究同样是可能的。与一般的人文社会科学研究不同,由于研究对象自身固有的复杂性、多元性、不稳定性和开放性等,在逻辑上也相应地需要一个在机理上更加复杂的分析与阐释系统,才能完成对都市文化的思考、认识、批判与建设等理论与实践的多重任务。

在进行一切具体的研究之前,首先需要解决对象的性质与范围问题。由于都市文化的内容过于繁多、构成过于复杂,在这里同样需要以马克思的"人体解剖对于猴体解剖是一把钥匙"为总方法论,以便穿越都市文化在现象上的繁多与构成上的复杂,而"直指本心"。如同国际化大都市已包含了此前各种城市形态的精华与要素,都市文化模式作为人类城市文化发展在当代的最高表现形态,一方面,它聚集、积淀、奔流着以前各阶段的城市精神与文化发展的成果;另一方面,又在当代特有的物质条件与精神基础上创造出的全新文化模式。对都市文化的内涵与性质,主要可通过比较传统形态与当代模式的差别来了解。由于任何文化形态的存在总是以一定的物质条件为母体,以一定的精神基础为再生产的前提,所以在阐释都市文化时,就可以避开具体内容与细节,以这两个基本范畴为核心去进行考察。

从"物质条件"的视角来看,都市文化模式的差别根源于都市形态的不同。也就是说,传统都市与当代都市在空间形态与内在机制上的差异,是传统都市文化在模式上不同于当代都市文化最重要的客观因素。

这既有量的区别,也有质的差异。量的差别主要表现在人口数量、空间规模,以及物流、交通流与信息流等方面,在这一点上,当代国际化大都市是任何传统政治中心与工商业大都会都无法相比的。质的差别主要表现在两方面:一是政治中心与经济中心的区别。都市的传统形态主要是作为不同民族—国家政治中心的都城,也包括衍生出的作为军事、工商业中心的一些大都会。尽管后者在人口数量、经济生产总量等方面经常超过前者,但由于它们的存在主要是为政治统治提供物质基础,所以根本不可能指望它们成为与前者分庭抗礼的"中心"。由此可知,传统都市的最高典范与代表是作为政治中心的"都城"。以国际化大都市或世界级都市群为最高发展形态的当代都市与此有很大不同,尽管在行政区划上它们有各自的民族—国家—政治归属,但由于经济的全球化等物质条件,"国际化大都市"与"世界级都市群"基本上都是超越民族—国家的产物。正是由于当代都市的世界化趋势,所以有人预言,不久之后将会出现古希腊城邦制的复兴,具体地说,是民族—国家的观念淡化,一些国际化大都市和以之为中心的城市联盟,将控制全球的经济与社会命脉;二是在都市模式上封闭与开放的类型差异。这是政治中心与经济中心的根本区别所在,政治中心的核心问题不在于生产环节而在于分配环节,首要功能是如何聚敛与控制社会生活资料与物质财富。为了更有效地强化统治的物质基础与社会秩序,传统政治中心一般也会不自觉地限制、压迫其他城市的规模与实力,如朱元璋对"中古时期最富裕、城市化程度最高和最先进的经济文化中心"苏州的压制,就具有代表性。[①] 经济中心的基本功能是扩大生产规模,贪婪地占有自然资源、人力资源以便创造出更多的物质财富,与前者不同,它最突出的城市性格是一种永无休止地探索与扩张的浮士德精神。一个最明显的例子是所谓的"天无二日,国无二主",作为政治中心的传统都城一般说来只能有一个,而作为经济中心的当代国际化大都市却可以有很多,并可以在错位发展、优势互补中,使世界城市结构在生态上更加合理与完善。

在某种意义上讲,尽管与同时代的中小城市相比,传统都城已体现出相当丰富与多元的性格,但出于维护政治统治的需要,而必须严加控制各种社会文化与精神资源,实际上它的包容性、开放性与多元性都是相当有限的。但在经济全球化与社会信息化的当代条件下,随着城市内部各种要素流动的不断加速及城市之间的经济社会联系的日益密切,传统都市固有的封闭体系也必然要被打破,以政治需要为中心而构成的传统城市格局也必然要被当代以国际化大都市为中心的多级、多层次的世界城市网络所取代。如世界著名五大都市群之一的北美五大湖都市群,由美国的芝加哥、底特律、克利夫兰、匹兹堡与加拿大的多伦多和蒙特利尔等构成,这些城市之间的经济社会联系与区域合作程度,已远远高于它们与各自所在国家的联系。又如长江三角洲都市群,在行政区划上隶属于江苏的苏州、无锡、常州,与上海的经济社会联系也远远超过了与省会南京的联系。正是当代都市在结构与功能上的开放模式,才使得当代国际化大都市超越了国家—民族的地理—文化界限,成为一种具有"超文本""全称判断""宏大叙事"性质的都市新模式。依托于规模巨大的人口与空间、富可敌国的经济生产总量、发达的交通与信息服务系统所形成、创造出的文化模式,就是我们所说的都市文化。

从"精神基础"的角度来看,不同的"物质条件"会直接影响到一个社会的精

---

① 〔美〕林达·约翰逊:《帝国晚期的江南城市》,成一农译,上海人民出版社2005年版,第30—31页。

神生产与文化创造,当代都市文化也直接改写、解构,乃至颠覆了传统社会空间中政治、经济与文化三要素的深层结构关系。

首先,从文化与政治的角度看,传统社会对文化重视与否主要取决于现实政治的需要。以中国古代的"儒墨之辩"为例,墨子坚决反对花费巨额物质财富从事文化或精神文明建设。在他看来,最重要的是直接创造物质生活资料的生产劳动,为了实现"饥者得食,寒者得衣,劳者得息"(《非命下》)这个生存的底线要求,就应该把不生产财富,甚至还要消耗大量社会财富的"礼乐制度"等通通抛弃。但在荀子看来,"夫天地之生万物也,固有余足以食人矣";"财货浑浑如泉源,汸汸如河海……夫天下何患乎不足也"(《富国》),之所以会出现"欲多而物寡,寡则必争"的混乱现实,完全是一些人的畸形消费欲望没有得到有效的控制、多吃多占的恶果,因而解决生存的首要问题不是发展生产力,而是如何控制经常如洪水猛兽般泛滥成灾的"人欲"。① 尽管两家在"要不要文化"上针锋相对,但在一切以是否符合现实政治需要上却是高度一致的。在当代,文化与政治的传统关系已发生了全方位的变化,在理论上,如西方马克思主义学者提出的"审美意识形态"概念,表明在古代社会中紧张对立的"功利"(意识形态)与"非功利"(审美)已初步找到了对话与交流的桥梁;在实践上,如中国政府提出的"文化外交"新理念②及其取得的积极效果,足以说明,当代文化生产与消费已不再是简单的政治工具,而是以相当大的"自律性"积极参与甚至是创造了以文化为中心的新政治话语。

其次,在经济与文化的关系上也是如此。在传统社会中,经济与文化的矛盾集中体现在物质生产与精神生产的对立上,但在当代背景下,随着知识经济、文化产业、创意经济、虚拟经济等新生产方式的出现,物质生产与精神生产的鸿沟正在被逐渐填平。这可从理论与实践两方面来了解。就前者而言,如马克思曾把劳动区分为"创造剩余价值"的生产劳动与"消费收入"的非生产劳动,后者正是因为它与物质、经济活动没有必然联系才构成精神生产的基本内涵。但随着消费时代的到来,这两种劳动之间的差异正在渐渐消失,传统"资产阶级经济学家"无论如何都弄不明白的"艺术不劳动",在今天不再是"错误的逻辑运算",而是已转变为光天化日之下的真实现实。相反却是那种不直接生产物质财富或满足消费欲望的精神劳动已不复存在。③ 如近年来"文化是生产力""城市

① 刘士林:《中国诗性文化》,江苏人民出版社1999年版,第373—382页。
② 孟晓驷:《中国:文化外交显魅力》,《人民日报》,2005-11-11。
③ 刘士林:《阐释与批判——当代文化消费中的异化与危机》,山东文艺出版社1999年版,第296—297页。

竞争力的核心是文化产业",及"虚拟经济学""创意产业"的提出,向人们表明的正是原本与经济活动关系疏散甚至敌对的精神生产与文化消费,已成为当代经济社会发展中一支有着远大前景的生力军。令一般人难以理解的是,古典政治经济学最看重的物质生产,在知识经济的背景下已不可避免地走上了边缘化之路。

最后,从文化与文化的关系看,都市物质条件在改变文化与政治、经济的传统关系的同时,还直接改变了精神生产与文化消费自身的存在方式。这是当代国际化大都市及其文化模式,无论在形式还是在内容上均不同于城市文化的重要特征。

政治、经济、文化三要素在都市空间中发生了这样重要,乃至根本性的变化,凸显了都市文化作为人类城市文化高级精神形态与当代世界精神生产与消费中心的特殊内涵。都市文化与城镇文化、中小城市文化有很大区别,具体说来,一是都市文化不同于城镇文化。在恩格斯看来,文明时代的一个特征"是把城市和乡村的对立作为整个社会分工的基础固定下来"。[①] 在漫长的历史中,尽管城市一直是中心,但却主要是作为政治、经济中心而存在的。相反,处于边缘的乡村与城镇在文化上不仅有很大的独立性,还往往构成抵制、批判、诅咒城市文明的大本营。如中国古代诗人与士大夫就生产过数量巨大的"城市批判文本",从宋代诗人张俞的"昨日入城市,归来泪满襟"(《蚕妇》),到清朝宰相张英在撰写家训时推许"三十年不入城市"的先人张载,都表明乡村与城镇在文化上是可以独立于城市、大城市的。古代士人尽管在理智上会选择"居于城",但在情感上更向往的还是乡镇与农村生活。在这个意义上,可以把都市与城镇的文化差别描述为实用理性与审美主义、现实需要与审美理想的对立;二是都市文化与(中小)城市文化的差异。正如芒福德把城市发展的高级形态称为"特大城市"(megalopolis)与"暴君城"(tyrannopolis),认为此时城市已停止了发展,进入不可救药的衰竭阶段,与节奏缓慢、中庸、保守、变化有序的中小型城市文化模式相比,现代化大都市从生活空间到心理环境,都会给个体生命带来巨大的震荡与沉重的异化;另一方面,这恰好说明中小型城市文化对政治结构、经济方式及主流意识形态的依赖程度高,而当代都市文化之所以表现为多元性、开放性、易变性、时尚与前卫性

---

① 中共中央马克思恩格斯列宁斯大林著作编译局编:《马克思恩格斯选集》(第1卷),人民出版社1972年版,第56页。

乃至无序性等，最根本的原因在于它的活动具有相当的自律性和很大的自由发展空间。正是在这个更多地摆脱了政治、经济等硬实力的直接控制的"都市文化场"中，在中小型城市中一直备受压抑的大众化的审美趣味、非经典的艺术探索、非正统的生活时尚等，才获得了充分发展的现实空间。由此可知，都市文化与城市文化的本质区别可用精英文化与大众文化、以和谐为审美理想的古典趣味和以众声喧哗为主要特征的后现代趣味等一系列具有二元对立性质的范畴来表示。

必须补充的是，随着都市文化作为精神生产与文化消费中心地位的确定与不断稳固，它与城镇文化、城市文化固有的传统差异正在迅速地消失。当代都市不仅是经济、金融、交通、信息、服务业的中心，也是精神生产与文化消费的中心，并在审美意识形态、精神生产与文化消费、审美趣味与生活时尚等方面取得了具有决定性的"文化领导权"。这正是都市文化模式的影响不仅在范围上扩展为全球性，在深度上深刻地介入政治、经济等领域，同时作为一种文化霸权话语，也是各种地方性知识与经验在走向同质化过程中迅速崩溃的根源。在当代，不仅文化消费、文化时尚等首先产生于作为文化中心的国际大都市，即使一些本来出身寒微的文化风俗与精神价值，也只有纳入大都市的文化生产与消费市场中，才能走向国际，获得现代性价值。当然，与经济上的全球化有所区别，如何面对"文化帝国主义"在精神世界中的扩张，是都市文化研究必须严肃思考的重要课题。如同一个和谐发展的都市群必须在各个城市之间建设良性的系统与层级关系，人类文化的可持续发展也意味着必须在各种文化传统与地方性知识之间建构一种具有同样性质的世界文化体系，以使各种不同的文化传统及其精神价值得到有效的保护，为生活在大都市里的人类提供一个丰富多彩的精神家园。

三、都市文化研究三语境：道德、科学与人文

随着城市化进程在层面上的不断深入与在空间上的不断拓展，在当代，都市、都市文化研究也比以往任何时代都显得更加重要与紧迫。因为城市化不仅是城市规模的扩大、城市人口的增加，也不仅是乡村变城镇、中小城市发展为大都市，大城市再结盟为世界级都市群，它在更根本的意义上直接改变了人类传统的生活环境与个体的生命存在方式。马克思曾说："这些个人使自己和动物区别开来的第一个历史行动并不是在于他们有思想，而是在于他们开始生产自己所

必需的生活资料。"①在以都市化进程为中心的当代生活世界中,当个体被迫使用陌生的"都市生产工具"进行"觅食",使用半生不熟的"都市语言"与他人交流,按照他十分不习惯的社会分配与交换方式去"生存"时,必然要与传统的存在方式发生巨大的冲突与矛盾。与马克思讲的"人使自己和动物区别开来"不同,这属于人从自己的一种较低历史层次发展到另一种高级层次。在经历了这样一个"层间飞跃"之后,生活在并适应于都市环境之后的生命主体,无论是语言、思维等理性机能,还是在感受、意志等感性机能,都可以说获得了极大的发展与提高。

如同人类历史上的每一次发展一样,人在城市环境中的"升级换代",同样要以巨大的牺牲与代价为前提。在当代城市化进程中,记忆中永远是那么和谐、安静的大自然与乡村,传统社会中秩序井然、节奏缓慢、充满诗意的生活方式,在城市化进程中都遭到了灭顶之灾。当代英国历史学家霍布斯鲍姆曾这样描述:"乡下男女进城,发现人生原来另有一片天地……如今大家发现,生活并不一定得永远像祖先那么艰苦惨淡,并不是只能在石头地上筋疲力尽,讨得那起码的糊口之资。在全球风光无限旖旎——但也正因此收成太少——的农村大地之上,从60年代起九室一空,只剩老人独守。"②社会学家在研究非洲时也发现,"城市化给农村地区带来强烈影响,其基本影响是农村社会结构失掉了权威,无秩序的城市生活成为非洲的主要负担……,很难再找到一个与城市毫不接触的农村。它代表了对结构严密的家庭生活的一种不可抗拒的挑战。对金钱和财产的渴望追求——它们提供了现代化——部分取代了扩大式家庭中血缘关系的传统重心,进而,男人和女人们进入城市,摆脱了家庭礼教的束缚,他们不再向自童年时起制约他们的社会控制俯首帖耳"。③ 正是由于这些原因,在历史上不断出现的反文明或回归自然思潮,在当代也比任何时候都更加猛烈与汹涌。对城市化的负面影响加以警觉与抵制当然是正确的,但更要强调的是,批判与抵制的对象只能锁定在城市化的负面影响上,而不能以任何借口否定城市化进程本身。城市化进程不仅是每一个当代民族无法回避的,也是当代人实现自身发展最直接的现实空间。斯宾格勒早在一百多年前就说:"最重要的一点是:如果我们不能理解,逐渐自乡村的最终破产之中脱颖而出的城市,实在是高级历史所普遍遵行的

---

① 中共中央马克思恩格斯列宁斯大林著作编译局编:《马克思恩格斯选集》(第1卷),人民出版社1972年版,第24页。
② [英]艾瑞克·霍布斯鲍姆:《极端的年代》,郑明萱译,江苏人民出版社1999年版,第553页。
③ 康少邦、张宁编译:《城市社会学》,浙江人民出版社1986年版,第246页。

历程和意义，我们便根本不可能了解人类的政治史和经济史。"①在更高要求的意义上讲，与其说当代人需要半是浪漫、半是幻想的审美慰藉，毋宁说他们更需要的是一种直接把握都市现实的理性力量。只有这种东西，才是人们正视现实、正确认识现实，以及过一种真实生活的精神基础。对于那些希望否定城市化的念头，加拿大学者简·雅各布斯曾批评说："企图从那些节奏缓慢的乡村中，或者是那些单纯的、自然状态尚未消失的地方寻找解救城市的良药或许会让人油然升起一种浪漫情怀，但那只是浪费时间。"②在过去如此，在今天更是如此。这是必须努力去认识、研究都市及其文化模式的根本原因。

在西方，对城市（都市）的关注由来已久，对都市与都市文化的研究由城市社会学主导。作为社会学的一个分支，城市社会学在学科分类上属于社会科学，在研究范式上也应该表现出很强的实证性。但如果仔细考较其学术源流，会发现情况并非如此。城市社会学不仅在逻辑上存在着道德、科学与人文三种语境，在历史上也真实地发生过两次重要的学术变迁：一是从道德评价到科学研究的学术转向；二是从科学研究向人文研究的新转型。具体说来，早期城市社会学研究的道德价值色彩比较浓郁，如在社区研究中，"研究者的注意力集中在贫民的生活状况和与贫民有关的社会问题上。他们研究的典型事例是关于芝加哥牲畜围场的恶劣生活条件、伦敦的罪恶和贫困、匹兹堡钢厂的劳动条件等。他们突出揭示大城市生活丑恶面。"后来的重点"从如何改变贫民的社会状况转向描述和分析城市生活""主要是从社区生活的分析研究转向以理论为基础的科学分析"。③在某种意义上，正是经过从道德向科学、从价值判断在先到客观研究为主的学术转向，城市社会学才形成了更为严密的科学形态；另一方面，人类城市社会固有的复杂性是绝非实证性社会科学能单独完成的。实证哲学家孔德早就认为"社会学是一门人文科学"，反对用自然科学或物理学的科学方法去研究人类社会。他在《实证哲学教程》第四卷中曾多次重申"社会机体""比人的肌体"更"错综复杂"。④另一位社会学家亚历山大还明确批判了二战以后社会学界的"实证主义执信"（positivist persuasion），认为这是放弃了"真正的理论努力"与"真正的智识努力"。而造成这种情况的原因是"社会学……以自然科学为其样板"。

① ［德］奥·斯宾格勒：《西方的没落》，陈晓林译，黑龙江教育出版社1988年版，第353页。
② ［加］简·雅各布斯：《美国大城市的死与生》，金衡山译，译林出版社2005年版，第502页。
③ 康少邦、张宁编译：《城市社会学》，浙江人民出版社1986年版，第125页。
④ ［法］雷蒙·阿隆：《社会学主要思潮》，葛智强等译，华夏出版社2000年版，第65页。

在他看来,由于大多数现代社会学家都未能克服"实证主义执信",因而在研究中"都试图给出单一维度的理论阐述,而社会生活却是多维的,理论因此也必须是多维的"。①

基于对"科学研究"模式的反思,当代城市社会学出现了从科学研究向人文研究的新转型。受自然科学及其实证思维方式的影响,传统城市社会学的主要方法是以精确计算为基础,通过减少城市人口、压缩城市规模解决现代城市社会问题。典型的是 18 世纪末英国城市规划理论家霍华德的"花园城"理论。霍华德相信,解决城市社会问题的主要方法是使人们回到小规模的、开放的、经济均衡和社会均衡的社区。但这种理论根本行不通,正如在今天随处可见的,尽管大都市人口密集、交通拥挤、空气污染严重、生活很不方便,但要想让人们放弃城市生活是难于上青天的。在加拿大学者简·雅各布斯看来,"花园城"理论的根本问题,是在思维方式上"模仿 19 世纪物理科学的简单分析方法,全部研究基于'住宅(或人口)的数量'与'工作的数量'这两个简单的变数,创立了一个自给自足的小城镇理论,进行重新分布城市人口及进行地区规划。实际上,由于忽略了城市问题的复杂性,不管如何评价这种封闭的小城镇体系,有一点是明确的,那就是,这种两个变数关系的简单体系不可能在大城市中有生存的余地——永远没有这种可能"。② 简·雅各布斯的核心观点是:应该用生命科学而非物理科学的方法去思考和研究城市。她认为,在城市研究与生命科学之间有两点相通之处:一是"城市就像生命科学一样也是一种有序复杂性问题。它们处于这样一种情形中——'十几或者是几十个不同的变数互不相同,但同时又通过一种微妙的方式互相联系在一起'",二是"城市……问题表现出很多变数,但并不是混乱不堪,毫无逻辑可言;相反,它们'互为关联组成一个有机整体'"。③ 因而,非但不应该像自然科学那样去认识、研究城市,相反为了能够真正地了解城市,必须把都市研究从科学研究的层面提升到生命科学的高度。这种当代西方城市社会学研究中的深层观念变革,在某种意义上,也为从人文学科出发进行都市文化研究提供了积极的鼓励与有益的启示。

与西方的城市(都市)研究主要隶属于社会学、人类学、地理学等不同,中国都市文化研究在学术渊源与当代中国文学学科有密切的关联。这个过程可简要

---

① [澳]马尔科姆·沃斯特:《现代社会学理论》,杨善华等译,华夏出版社 2000 年版,第 373 页。
② [加]简·雅各布斯:《美国大城市的死与生》,金衡山译,译林出版社 2005 年版,第 488 页。
③ [加]简·雅各布斯:《美国大城市的死与生》,金衡山译,译林出版社 2005 年版,第 485 页。

概括为：在始于 20 世纪 70 年代末以改革开放为主题的现代化运动中，中国文学研究的"文化学转向"及其成果构成了中国都市文化研究的原始形态或"早期状态"；而晚近十年开始的以"建设国际化大都市"为社会发展目标的中国城市化进程，则为中国文学研究从"文化研究"转向"都市文化研究"提供了物质条件与学理契机。进一步说，中国都市文化研究主要是从文艺学、美学的"文化研究"发展而来，这有大量的研究成果作为经验基础，举其要者如：王岳川、王宁、徐贲等人的后现代文化研究，高小康、王德胜、肖鹰等人的大众文化研究，陶东风、姚文放、刘士林等人的当代文化研究，吴中杰、陈炎、周宪、李西建等人的审美文化研究，王一川、戴锦华等人的影视文化研究，胡惠林、金元浦、花建等人的文化产业研究，同时也包括一些新的边缘学术方向的建设，如童庆炳、李春青等人的文化诗学研究，胡经之的文化美学研究，刘士林的中国诗性文化研究，王杰等人的审美人类学研究等。……对"文化研究"尽管至今仍有争论，但由于它直接呼应了改革开放以后中国社会的现代化进程，是中国当代城市化进程在中国学术研究范式与思潮上的反映，因而在生命力与影响力两方面都取得了双赢效果。就当代中国都市文化研究而言，它的缺点在于研究人员主要来自中国文学学科，缺乏社会学与人类学的专业训练，但由于它的优点是具有强烈的人文精神，所以恰好可弥补西方都市文化研究的缺陷。西方城市社会学研究中人文语境的存在，也为沟通中西两种都市文化研究话语谱系提供了经验基础与学理契机。以西方的城市社会学与中国文艺学美学为双重资源进行都市文化学科与理论建设，可以为当代人了解他们在都市中的生命存在，正确认识与阐释他们生活的现实世界提供一种科学的思想武器。这是在中国研究都市文化及中国都市文化对整个人类世界的理论与现实意义所在。

| 第七章 |
文化都市的历史变迁

　　2007年春夏之交，新的生长与耕耘季节，上海明确提出要建设"文化大都市"，这既是对在"硬件"方面已确定的"四个中心"的重要补充，也是在精神文化、城市文明等"软实力"方面的重大战略目标。可以预见，"文化大都市"建设不仅对上海与长三角地区的经济社会发展有重要的转型与引领作用，对中国其他区域的城市建设与发展模式也会产生积极的示范性意义。

一、文化都市：都市文化学的一个新范畴

　　"文化都市"是都市文化学的一个新范畴，也是关于当代城市建设与发展的新理念。

　　从城市发展史的角度看，文化都市代表着一种新的城市形态。尽管历史上曾有过众多的大城市与中心城市，但它们在城市形态上却不出"政治中心"与"经济中心"两种类型，而城市的文化空间与精神功能则始终处于非主流的边缘。具体说来，古代世界的大城市主要表现为政治型，它的经济与文化功能主要服务于专制君主的政治意志与统治需要。而现代城市与其则有重要区别，它的经济功能与物质生产规模变得越来越突出，"到17世纪时，资本主义已改变了整个力量的平衡。从那以后，城市扩展的动力主要来自商人、财政金融家和为他们服务的地主们"。① 经济功能成为影响城市发展的主要力量与机制，本身还意味着传统政治型城市的解体或边缘化。古代城墙在城市化进程中不断被拆除，可以看作是这

---

① ［美］刘易斯·芒福德：《城市发展史：起源、演变和前景》，宋俊岭、倪文彦译，中国建筑工业出版社2005年版，第427页。

一衰落过程的重要象征。芒福德对此曾指出："即使在巴洛克规划中表现出在政治上中央集权的最高专制形式之前，经济力量已悄悄地移到重心位置。……因为新的力量要求扩张，并向四面八方发展开去，包括开拓海外殖民地到建立新的工业，新工业的技术发展冲掉了一切中世纪的条条框框。城墙的拆除，不仅仅是拆除一圈墙，它具有深远的象征意义。"①这个深远的象征意义，即城市经济结构与功能取代了古代君主专制政体，成为推动现代城市发展的主要机制与核心力量。在当代都市化进程中，这两种城市形态都已属于历史范畴；而"文化都市"的概念则全面地超越了它们。"文化都市"是以文化资源为主要生产对象，以文化产业为先进生产力代表，以高文化含量的现代服务业为文明标志的新城市形态，与传统的政治型、经济型城市不同，它最突出的特征是城市的文化形态与精神功能成为推动城市发展的主要力量与核心机制，代表着人类在经济全球化时代对于城市的前瞻性思考与重大战略走向。

从当代城市的发展现状看，"文化都市"的提出具有十分重要的现实意义。以现代工业为主体的现代城市发展模式正在面临巨大的障碍与严峻的挑战，特别是在全球人口爆炸、能源危机、生态环境急剧恶化的当下，一方面，被现代工业恶性损耗的自然环境与资源已无力支持当代城市的可持续发展。城市可持续发展（sustainable urban development）的核心是"在一个特定的城市区域和自然空间内，以节约资源，提高技术、改善环境等为主要手段，推动城市经济增长、财富增值、社会进步，优化城市结构、功能并使其与外部的资源、环境、信息、物流和谐一致，在满足城市当前发展需求和正确评估城市未来需求的基础上，满足城市未来发展的需求与城市可持续发展使城市功能、结构、规模、数量由小到大，由简单到复杂，由非持续性到可持续性，不断追求其内在潜力得以实现的有序动态过程"。② 在自然环境与资源全面紧张的后工业社会，以物质文化、心理积淀、非物质文化遗产为主要形式的文化资源正在成为人类社会发展的"新大陆"；另一方面，一直不受重视的文化资源与文化产业在消费社会中正在成为推动城市发展的重要生产要素与先进生产力代表。在知识经济深入发展与文化市场越来越繁荣的当今世界，文化资源内在的商业价值与文化产业实际创造的财富神话，使它们不仅成为衡量一个城市（国家）综合竞争力的主要指数，同时也是比较不同城

① 刘易斯·芒福德：《城市发展史：起源、演变和前景》，宋俊岭、倪文彦译，中国建筑工业出版社 2005 年版，第 427 页。
② 郭培章：《中国城市可持续发展研究》，经济科学出版社 2004 年版，第 4 页。

市（国家）的社会与文明发展水平的重要尺度。中国与西方发达国家相比，其最突出的差距并不是在以航天与信息技术为代表的高新技术领域，而是在文化产业上。如上海与中西部城市在吸引外资上相比，最根本的差别恰在于投资的领域与方向。如西部依然是污染重、能耗大、工艺水平低的工业与制造业，而上海的外商投资已明显转移到现代服务业领域。[①] 尽管这些情况最近有所好转，如2007 年中国期刊业年产值已超过 170 亿元。[②] 而根据国家统计局官方数据，2006 年中国实现文化产业增加值 5 123 亿元，同比增长 17.1％，超过当年 GDP增长速度 6.4 个百分点，对 GDP 贡献率为 3.41％，拉动 GDP 增长 0.36 个百分点。[③] 但由于中国城市在整体上不是偏向于政治型，就是偏向于经济型，特别是由于它们在城市管理、文化体制、文化市场等方面存在的问题，中国城市文化资源与文化产业的贡献率依然很低。而如何充分开发与利用自身丰富的文化资源，改革文化管理体制，解放文化生产力，提高城市文明水平，一直是中国城市发展在当下面临的重要问题。在这个意义上，文化都市对于缓解人与资源、环境的矛盾，走出现代城市发展陷入的困境，实现人类社会的和谐与可持续发展，无疑具有重要而紧迫的现实意义。

在更多的场合中，人们更习惯使用的是"文化城市"一词。至于我们为什么以"文化都市"而非"文化城市"为研究对象，所遵循的正是马克思提出的"人体解剖对于猴体解剖是一把钥匙"这一方法论，其要义在于，"低等动物身上表露的高等动物的征兆，反而只有在高等动物本身已被认识之后才能理解"。[④] 这个方法论也适用于阐释文化城市与文化都市的关系。后者是前者的高级与成熟形态，研究文化都市可以为深入、全面地剖析文化城市提供一把钥匙。在古代已经如此，如"宋代的城市，大致分为四大类：一是汴京和杭州这样的全国政治中心，消费性、寄生性强，商业、娱乐业、饮食业及下九流行业特别集中；二是一些军事重镇，商业作用不大；三是地方行政中心和商品集散中心兼具的'综合性'城市，多半有较繁荣的商业；四是经济城市，主要是一些小市镇。不过，最能反映上述变化的，是汴京和杭州这两座宋的京城"。[⑤] 在经济全球化与世界都市化的当代更

① 王薇：《外资钟情上海服务业》，《人民日报》，2007 - 05 - 28。
② 王大庆：《我国期刊业年产值超过 170 亿元》，《光明日报》，2007 - 05 - 10。
③ 《我国文化产业增长势头强劲　去年实现增加值 5 123 亿元》，《人民日报》，2007 - 06 - 28。
④ 中共中央马克思恩格斯列宁斯大林著作编译局编：《马克思恩格斯选集》（第 2 卷），人民出版社 1972年版，第 108 页。
⑤ 陶思炎等：《中国都市民俗学》，东南大学出版社 2004 年版，第 32—33 页。

是如此，如纽约、伦敦这样的国际化大都市、波士沃施（BosWash）、北美五大湖都
市群这样的世界级都市群，它们集聚着数千万城市人口和数以万计的高级人才，
并以雄厚的经济实力、发达的生产能力、完善的城市服务功能为基础，成为当今
世界名副其实的经济、金融、科技乃至文化生产与消费的中心。此外，从城市化
水平、国际化程度、经济社会发展、文化教育事业等方面看，大城市也为城市文化
形态的发育与精神功能的升级创造了更好的环境与条件，因而具有更高的标本
意义与研究价值。以作为"文化城市"高级阶段的"文化都市"为研究对象，不仅
有利于我们在学理上发现主要矛盾，同时其研究成果对一般中小型城市的跨越
式发展也可起到重要的示范与引领作用。

二、文化都市的历史源流与传统形态追溯

以文化资源多元、文化产业发达、文化服务功能完备的当代大都市为对象，
并不意味着割断它与历史上各低级阶段与形态的内在联系。正如"罗马城不是
一天建成的"，在都市化进程中逐步显示出基本轮廓的文化都市，自身也有一个
漫长的准备、发育、演化与升级的历史过程。尽管在城市化水平比较低、人口与
城市规模有限的历史世界中，都市的身影与存在经常性地淹没于田野的炊烟或
工厂的机器轰鸣中，但作为人类生活世界中最重要的事物之一，文化都市不仅在
每一时代都留下了自己跋涉与探索的足迹，也创造出完全有别于人类其他聚落
形态的独特存在方式。对文化都市的历史源流与传统形态加以追寻与探讨，可
以为当下的文化都市研究与建设提供一个重要的参照系。

关于文化都市的历史源流与传统形态，可从原始胚胎与古典形态两方面加
以分析与阐释。

首先，文化都市的胚胎形态源远流长，可以一直追溯到人类原始聚落中的文
化功能与精神活动，而且它很可能要早于村庄与城镇的出现。一般的看法是"先
有村庄，后有城市""先有小城镇，后有大都市"。但这个从低级到高级的"城市发
展史"，究竟是历史进程的真实再现，抑或只是进化论者讲述的"城市历史故事"，
本身还是一个需要讨论与深入研究的问题。如在芒福德看来，城市起源最重要
的标志是原始人的精神与文化活动，而它出现的时间就很可能早于村庄的形成。
芒福德认为城市的文化功能的产生早于城市本身的形成，这对我们理解文化都
市的原始胚胎形态具有重要的启示意义。

　　就城市文化功能的起源而言,与进化论的"城市发展史"相一致,人们关于城市文化的阐释框架可以概括为"先有政治、经济等实用性功能,后有消费、娱乐等城市文化功能"。依此解释,城市文化在最初不仅很不发达,同时其功能也完全是实用性的,直接服务于统治者政治控制与聚敛财富的现实需要。只是随着生产力水平的不断提高与历史的推移,城市文化固有的实用功能与功利目的逐渐衰退,以消费、娱乐、游戏等为主要内容的非实用的城市文化功能才发展出来。这在某种意义上类似于李泽厚的"积淀说",即最初的人类实践活动及其产物都是功利的,只在时间的推移(历史和理性的进程)使它们丧失了实用价值(如半坡的陶盆不再当作生活用品)之后,才成为具有超功利性质的审美对象。李泽厚曾坦言:"我造了'积淀'这个词,就是指社会的、理性的、历史的东西累积沉淀成了个体的、感性的、直观的东西,它是通过'自然的人化'的过程来实现的。"①但实际上,这种解释是存在问题的。以李泽厚对"'性'如何变成'爱'"的阐释为例,"性作为一种欲望要求,是动物的本能,人作为动物存在,也有和动物一样的性要求。但是动物只有性,没有爱,由性变成爱却是人独有的。……人的感情虽然是感性的、个体的,有生物根源和生理基础的,但其中积淀了理性的东西,有着丰富的社会历史的内容"。于是,"性欲成为爱情,自然的关系成为人的关系,自然感官成为审美的感官,人的情欲成为美的情感"。② 但这个看似严密的逻辑推演,既经不起人类史前时代的考古文化拷问,也无法解释以"性审美经验"为基础的后现代的审美与文化经验。一方面,人类学的研究充分表明,作为审美意识原始形态的诗性智慧在起源上远远早于理性智慧,而不可能是理性与历史进程对人类主体再生产的结果;另一方面,文明的进程不仅曾将"'性'变成'爱'",也时常给人类带来更为严重的"反祖"现象,如后现代的"性解放"与"欲望主体",它们不仅不是原始生命中固有的,相反本质上正是"文明的产物"。③ 实际上,在人类最早的聚落形态与最早的城市中,文化与精神的因素比我们想象的要丰富与重要得多。正如芒福德所说:"即使是最原始的城市起源形式,也要比单纯的动物性需求丰富得多""非永久性聚落的三个起源形式中,有两个都同神灵、祭祀有关,而不仅同生存有关;它们关系到一种更有价值更有意义的生活,表明人类这时已经意识到并开始考虑过去和未来,已经觉察到并开始忧惧有性生育之谜、死亡之

① 李泽厚:《美学四讲》,三联书店 1989 年版,第 123 页。
② 李泽厚:《美学四讲》,三联书店 1989 年版,第 120 页。
③ 刘士林:《澄明美学》,郑州大学出版社 2002 年版,第 68—71 页。

谜,想知道死亡以后会达到什么境界。随着城市的逐步进化成形,其内容自然也日益丰富起来,但上述这些核心因素却始终是城市存在的根据,而且它们同城市本身的经济基础是密不可分的。后世一系列的城市组织形式,从庙宇到天文观测,从剧场到大学,都发端于先古时代人类围绕着古冢或岩画,围绕着某处巨岩或圣树丛进行的那些古老集会之中""所以,远在城市的复杂形式还没有出现,远在城市的某些功能和目的还未形成功能齐备、健全的整体环境之时,城市的某些功能和目的就已存在于上述那些原始结构之中了"。① 由此可知,文化都市的萌芽与胚胎形态始于人类最初的文化与精神活动中,尽管由于现实空间与条件的局限而未能更充分地发展,但它的存在本身不仅无可置疑,而且还对城市、村落等聚落形态与社会形式的产生曾起过积极而重要的推动作用。

其次,在以政治型与工商型为主要形态的古代大城市中,尽管直接的现实需要逐渐淹没了史前人类丰富的文化与精神活动,但城市文化的原始结构与功能不仅从未彻底消失,相反,一旦获得发展空间它们还会以更大的规模迅速复活。从直观的历史表象看,这是一部以"恶"为杠杆的城市发展史,如恩格斯指出:"……最卑下的利益——庸俗的贪欲、粗暴的情欲、卑下的物欲、对公共财产的自私自利的掠夺——揭开了新的、文明的阶级社会;最卑鄙的手段——偷窃、暴力、欺诈、背信——毁坏了古老的没有阶级的氏族制度,把它引向崩溃"。② 人类早期聚落中发展出来的文化与精神生态,在这个进程中必然要受到严重的创伤与扭曲。"在城市的形成过程中,原来在新石器村社中的那种积极的共生关系已被大部取代或破坏了,新来者是建筑在战争、剥削、奴役和寄生基础上的消极的共生关系……使社区适应于牺牲、克己、草率的破坏和死亡"。③ 但这只是问题的一个方面,因为古代城市在以极其血腥、肮脏的方式聚敛人口与财富的同时,也打破了自身固有的狭隘与原始的平衡,推动了城市社会的扩容与发展,并带来了新一轮的文化创造甚至是更繁荣的文明景观。正如芒福德所说:"密集,众多,包围成圈的城墙,这些只是偶然性特征,而不是它的实质性特征——城市不只是建筑物的群体,它更是各种密切相关的经济相互影响的各种动能的集合体——它

---

① [美]刘易斯·芒福德:《城市发展史:起源、演变和前景》,宋俊岭、倪文彦译,中国建筑工业出版社2005年版,第4页、第8—9页。
② 中共中央马克思恩格斯列宁斯大林著作编译局编:《马克思恩格斯选集》(第4卷),人民出版社1972年版,第94页。
③ [美]刘易斯·芒福德:《城市发展史:起源、演变和前景》,宋俊岭、倪文彦译,中国建筑工业出版社2005年版,第117页。

不单是权力的集中,更是文化的归极"。① 由于在城市中聚集了大量的人口、资源与财富,所以无论作为政治中心的古代都城,还是以工商业为主要职能的大城市,在为城市文化发展奠定了雄厚的社会基础的同时,也使文化本身上升为城市空间的重要组成部分,有时甚至会使之成为一个城市或城区的核心功能区,这是古典形态的文化都市得以破茧而生的必要现实条件。

　　古典文化都市的产生,可以从两方面加以阐释。对于作为政治中心的古代都城而言,政治需要在造成人力、财富在城市空间高度集中的同时,还有一个间接的后果是使直接为政治服务的各种非农业的城市文化功能迅速膨胀,当这种膨胀达到一定规模时,也就为文化都市的诞生预备了摇篮。如与周代政治一起发展起来的礼乐制度,据考,它的乐队人数多达 600 余人,这超过了当今世界上任何一个大型乐团的编制。而中西帝国宫廷在建筑、文学、戏剧、绘画等方面表现出来的高超技艺与审美价值,也充分说明了这一点。至于政治中心对城市文化生产的推动作用,可以清代都城北京为例加以了解,"北京作为中国的政治经济中心,20 世纪初,城内有常住人口 70.5 万人,其中专享俸禄的八旗子弟和官员、差役、兵勇等非生产人口达 28 万人,占到全部人口的 40%。正是这样庞大的消费群体和较高的消费水平,大大刺激了北京的经济贸易的发展,推动了与娱乐消遣相关的手工艺、戏曲、书画等文化娱乐业的发展"。② 对于以工商业起家的大城市,同样是由于人口与财富的高度聚集,产生了丰富而多样化的社会需要,从而极大地刺激了城市经济的发展与城市生活方式的升级。就城市文化职能而言,工商业中心比政治型城市往往更纯粹,也更发达。③ 它们在文化生活上甚至与当代都市也有一些惊人的相似之处。以明清时代的江南城市群为例,"富裕的江南地区不仅在经济上支持着整个国家机器的现实运转,同时它在意识形态、精神文化、审美趣味、生活时尚等方面也开始拥有'文化的领导权'。在这一时期的都市文化中,它所呈现出的许多新特点与现代都市文化在内涵上都十分接近。举其要者如下:第一,与北方都市文化的再生产主要依托于政治利益的现实需要不同,江南都市文化的

---

① ［美］刘易斯·芒福德:《城市发展史:起源、演变和前景》,宋俊岭、倪文彦译,中国建筑工业出版社 2005 年版,第 91 页。
② 陶思炎等:《中国都市民俗学》,东南大学出版社 2004 年版,第 121 页。
③ 如明代杭州夜市,"夜市有城内与城外之分,城内夜市多与旅游等消费相关联,参与者多为官宦士子旅客及服务于他们的餐饮娱乐服务人员,性质偏重于消费性;城外如湖墅、北关夜市,参与者多是从事航运、贩卖、运输或服务于交易的中介人牙侩,主要从事生产性活动,创造价值比前者多。明代杭州的夜市颇具时代特色,它与宋代都城为王公贵族服务的夜市大不相同,是建立在城市经济发展基础之上,标志着商业的繁荣。"(陈学文:《明代杭州的夜市》,《中国社会科学文摘》,2007 年第 5 期。)

创造更多地成为一种纯粹的文化生产活动,而审美趣味与生活时尚的生产与消费是它的中心原则。第二,与传统社会中主体的意识形态主要来源于政治伦理教化不同,一种与农工仕商等相对立的文人话语生产方式,成为对人们意识、心理与生活方式影响越来越大的新权威。第三,在这一时期,江南都市文化的功能也发生了重要的变化,即由单纯地满足一个社会的上层建筑,转向以服务于新兴的市民阶层的文化心理利益。第四,生命个体在森严壁垒的传统社会结构中获得了更强的独立性与更多的自由发展空间,如扬州八怪,以及《儒林外史》中那些游离于传统生活方式之外的士人,则都是在江南都市这种特殊的社会土壤中获得了其生存的'物质条件'。凡此说明,中国古代都市文化在发展到高峰期的同时,一些重要的现代都市文化特征也开始进入到中国人的社会生活中"。[①]

由此可知,正是在古代城市政治与经济功能的不断发展中,同时也由于这种发展直接推动了城市整体的飞跃,才极大地刺激与催化了非实用或弱实用的城市文化功能的升级。这不仅直接表现在有限的都市空间中可以形成具有一定规模城市文化区,[②]同时也意味着城市文化本身正在成为推动城市结构演变与形态发展的重要力量与机制。由于城市规模越大,都市经济越发达,越有利于城市文化功能的聚集和形成强大的影响力,因而古典形态的文化都市基本上都依附于其同时代最发达的中心城市,而不可能出现在城市化水平较低的一般中小型城市。这也可以说明,"文化都市"为什么会直接起源于人类原始的文化与精神活动,并在历史上始终与"都市"这一高级城市形态密不可分。进而言之,一方面是大城市聚集的人口与财富直接刺激了城市文化功能的发展;另一方面,高度发达的文化功能又不断地扩展到城市生活的政治、经济与社会各方面,使原本主要倾向于实用目的的古代城市在城市结构、功能上出现了许多重要的变化,由此形成了文化都市的古典形态与模式。对文化都市的历史追溯与古典形态进行分析,有助于我们更深刻地理解城市与文化的内在关系。其要点有二:一是城市文化早于城市(甚至包括村庄)的形成,前者非但不是后者的产物,相反是后者的

---

① 刘士林:《江南都市文化的历史源流及现代阐释论纲》,《学术月刊》,2005 年第 8 期。
② 如作为当代都市夜生活原型的古代"夜市"。以北宋为例,"当时的东京开封已废除了传统的'宵禁'法令,商品贸易已没有时间的限制,夜市普遍出现。据《东京梦华录》载,东京城内形成了两处较大的夜市:一是御街上的州桥夜市,自州桥南去至朱雀门直至津桥;二是马行街夜市,'马行街者,都城之夜市、酒楼极繁盛处也',其'夜市北(比)州桥又盛百倍,车马阗拥,不可驻足',时人谓之'里头'。马行街的'夜市直至三更尽,才五更又复开张。如要闹去处,通晓不绝'。……这里人声嘈杂,灯火照天,在逛夜市的人群当中,除了男性市民和妓女之外,也不乏夜游的仕女。"(陶思炎等:《中国都市民俗学》,东南大学出版社 2004 年版,第 34 页。)

母体与催化剂。这充分显示出文化对城市生长的重要性。文化是城市的灵魂,城市文化对一个城市具有决定性的意义。一旦城市的文化功能丧失或异化,它就会迅速"退化为一种杂乱无章和不可预知的状态",①并丧失对文明水平较低的农村地区或野蛮民族已取得的所有优势;二是城市的文化功能直接寄身于大城市空间中,而不是以乡村或中小城市为自己的根据地。这不仅可以用来批判历史上所有的"回归自然"或"小国寡民"思潮,同时也是在当下修复与重建城市文化必须以大城市为对象的根本原因。这在某种意义上也表明,以文化都市为对象研究城市文化是完全正确与可行的学术选择与思路。

三、当代文化都市的内涵与阐释

在古典形态的文化都市中,尽管城市文化在结构与功能上已形成规模,甚至在某些时期与阶段会出现惊人的繁荣景象,但由于在人口与空间规模、生产方式与经济总量、交通设施与通信技术、意识形态与文化生态、生活方式与价值观念等方面巨大的历史差异,它与都市化进程中迅速崛起的文化都市仍是不可同日而语的。对这两种具有渊源关系的"家族城市形态"进行深入的比较与分析,既可以使文化都市的当代性内涵得到充分的再现与展示,同时也可为拥有丰富文化遗产的中国城市揭示一条正确的文化发展之路。

从学术层面上看,古典文化都市基本上可以文化地理学的"文化城市"来指称与标示。文化城市是"以宗教、艺术、科学、教育、文物古迹等文化机制为主要职能的城市。如以寺院、神社为中心的宗教性城市:印度的菩陀迦亚、日本的宇治山田、以色列的耶路撒冷、阿拉伯的麦加等;以大学、图书馆及文化机构为中心的艺术教育型城市,如英国的牛津、剑桥等;以古代文明陈迹为标志的城市:中国的北京、西安、洛阳等,日本的奈良、京都,希腊的雅典和意大利的罗马等。文化城市是历史的产物,虽然以文化活动为主要功能,但伴随文化发展出现人口集聚、市场繁荣、交通发达等趋向时,这类城市的商业、旅游服务及运输、工业等职能也应运而生,这就使一些文化城市向具有多功能的综合性城市发展或向其他主要职能转化"。② 由此可知,文化城市的基本特征可表述为二:一是丰富的文

---

① [美]刘易斯·芒福德:《城市发展史:起源、演变和前景》,宋俊岭、倪文彦译,中国建筑工业出版社2005年版,第37页。
② 左大康:《现代地理学辞典》,商务印书馆1990年版,第731页。

化资源;二是必须有特色文化。前者表明文化城市是人类生产与创造的结果而不是大自然固有的;后者则意味着它们是不同民族、地域及文化的具体表现而非千篇一律的。除了特征,更重要的是文化活动对城市发展曾起到重要的推动作用。由此可知,文化城市不是一个实体概念,或者说与城市政治、经济等实体性的城市空间与功能结构毫不相干;它的本义在于对城市已有的资源与空间进行文化再生产,使文化功能更多地渗透到城市结构与社会的各层面,使一个不同于城市政治与经济结构的文化空间生产出来。从城市空间功能演化的角度看,文化城市突破了政治与经济两种实用形态,它的突出特征是文化资源、文化生产、文化功能成为推动城市形态演进与社会发展的重要力量与机制。如定义中所列举的那些城市,在其繁盛时期既是某个时代的文化中心,同时又创造了更为辉煌的文化成果,并因为巨大的文化创造使城市本身的存在化作了不朽的城市记忆。在这个意义上,以文化城市来界定与理解古典文化都市及其现代命运是十分恰当的。

在以文化功能与精神活动为城市核心凝聚机制方面,文化都市与文化城市是类似的。但由于时代背景、现实机遇与发展水平的差异,两者之间又存在着明显的不同。这可以从城市化进程的速度与性质等角度加以认识。按照马克思和恩格斯的观点,"物质劳动和精神劳动的最大一次社会分工,就是城市和乡村的分离"。[①] 这说明城市化进程早在原始时代末期就已开始。但实际上,在具有浓郁乡村风格的古代世界中,城市化的进程很难得到世界上大部分地区与人口的回应。这正如芒福德所说:"直到近代城市化时期以前,城市还仅只包含了人类很小的一部分。"[②]自工业革命以来,城市化进程呈现出不断加速的态势,但它真正走上"高速公路"不过是近半个世纪以来的事情。对此需要借助我们提出的"都市化进程"(metropolitanization)理论来理解。都市化进程是城市化进程的升级版本与当代形态,是 20 世纪中期以来形成的以"国际化大都市"与"世界级都市群"为中心的城市化进程。都市化与城市化最大的共同之处是人力资本、经济资本、文化资本从自然向社会,从农业地区向城市空间的流动与聚集,而不同之处则是流动的方向与聚集的空间发生了根本性的变化。与速度相对均衡、规模相对有限的传统城市化模式不同,都市化进程意味着人口、资金、信息等社会

---

① 中共中央马克思恩格斯列宁斯大林著作编译局编:《德意志意识形态》,人民出版社 1961 年版,第 1 卷,第 56 页。

② [美]刘易斯·芒福德:《城市发展史:起源、演变和前景》,宋俊岭、倪文彦译,中国建筑工业出版社 2005 年版,第 31 页。

资源向少数国际化大都市、国家首位城市或区域中心城市的高速流动与大规模聚集,这既在时间上表现为节奏越来越快,同时在空间上也呈现出以大城市为中心的新特点。① 由于聚集了全球的最优质的人力资源、最有活力的经济财富与最发达的文化资本,都市化进程使整个人类都被卷入自己的滔滔洪流中,构成了影响当今世界环境和社会变化的核心机制与主要力量。这在深刻与全方位影响现实世界的同时,也极大地改变了当代都市的形态、结构、功能与性质。无论是深入理解当代文化都市的结构与性质,还是正确分析与阐释它与传统文化都市的本质差别,都要从都市化进程以及当代城市在这一进程中的巨大变化入手。

首先,都市化进程直接表现为城市人口与空间的巨大增长,这推动了城市在结构与功能上的更大发展与升级,使当代文化都市所依托的都市形态与传统大城市有了重要区别。不同的城市形态对城市文化有重要的影响,如理查德·李翰指出:"近三百年来,城市决定了我们的文化命运——它也与我们个人和民族的命运不可分。作为启蒙的产物,都市主义是西方文化的中心"。② 在都市化进程中,城市的最高空间表现形式已不再是单体城市,而是由若干发达的大城市通过更高层次的组织与联系而形成的大都市群。尽管都市自古就有,形态也十分丰富,如两汉赋家写到的"两都""京都""蜀都",如斯宾格勒提到的"首邑城市",但它们与当代世界级都市群是根本不可同日而语的。由于依托城市在规模与性质上的巨大差异,两者呈现出鲜明的"中心"与"边缘"关系。具体说来,古典文化都市一般都是历史上的都城或大城市,是倾尽一个国家或地区发达的经济社会资源才成就的文化中心。但由于政治、经济,甚至是交通方面的偶然变化,它们往往要陷入残酷的"去中心化"的现实进程中。所谓"城门失火,殃及池鱼",由于未能及时更新升级,丧失了强大支持的城市文化也只能接受"将军一去,大树飘零"的凄惨命运。一方面,城市固有的文化生产功能逐渐衰老与退化,丧失了吸收、同化与创造新文化的精神机能;另一方面,曾经繁花似锦、威仪天下的壮观文化景象,由于人口的离散与城市的破败而转化为只能听任后人瞻仰与感慨的历史文化遗产。文化都市的命运与城市的结构与性质密切相关,当代世界中为数众多的"旧国旧都",都可以被看作这方面的典型与范例。在这个意义上,"国际化大都市"与"世界级都市群"是建构当代文化都市最重要的现实背景,而古典文

---

① 刘士林:《都市化进程论》,《学术月刊》,2006 年第 12 期。

② Richard Lehan. The City in Literature: An Intellectual and Cultural History, California: *University of California Press*, 1998: 13.

化都市则无论如何都不可能获有这种可以使自身充分发展的硬件。

其次,城市的规模扩大与版本升级,直接改变了城市文化再生产的规模与性质,导致两种文化都市在文化生产、城市文化功能等方面出现巨大差异。这主要表现在以下三方面:一是在文化需要以及在需要的程度与等级有很大区别。如古代都城也有发达的娱乐业,"汴京市民们的生活环境,不是精巧雅致的书斋、清静秀丽的田园,而是熙熙攘攘的人群、喧嚣热闹的市场。在较快的生活节奏中,市民醉心于情节入胜的动人故事和满足感官刺激的热烈表演"。① 但无论是娱乐业的规模、娱乐业的产值,还是娱乐业的品种与技术、参与活动的人群,与当代都市的文化娱乐业都是无法相比的。而两种城市在人口规模与发展水平上的差异则是导致这一结果的主要原因;二是对都市生活的情感与态度有很大变化。与古代农民对作为政治中心的"都城"的敬畏与恐惧(如中国古代诗人最向往的是田园生活),以及现代人对主要作为经济中心的"大城市"的厌恶与憎恨(如西方现代诗人以"荒原""恶之华""恶心"等比喻都市生活或表达个人的生命体验)不同,社会资源与公共服务高度集中的当代大都市,给当代人带来的是在传统农业社会、现代工业文明中不可想象的重要机遇与发展空间,都市生活方式不仅不再是罪恶的象征,相反正成为人人向往的"文明中心"与"幸福生活的天堂"。生活态度与价值观念的转变必然产生更丰富的文化需求,这就为城市文化功能的进一步发展提供了广阔的市场空间;三是城市的发展程度会直接影响到城市文化生产力,以及提升或减弱城市文化功能在城市整体发展中的作用。以城市文化资源的再生产为例,古典文化都市一般都拥有丰富的文化资源,但由于城市整体功能与水平的落后与不发达,如何使资源产业化成为它们普遍面临的最头痛的问题,以至于只能充当发达城市的生产资料产地。如中国古典诗歌和民间传说中的花木兰的故事,在被迪斯尼电影公司制作为动画片《木兰》之后,一下子就在国际市场上赢得了 3 亿美元的收入。② 与古典文化都市不同,一个当代文化都市很可能没有什么传统文化资源,但由于在都市化进程中迅速聚集起来的人口、财富与文化资本,不但可以把世界各地的文化遗产都变为自己的生产对象,同时也很容易在文化资源与文化生产之间形成的良性循环生产关系。由此可知,对于当代城市而言,关键不在于它是否拥有文化资源或拥有的数量,而在于

---

① 陶思炎等:《中国都市民俗学》,东南大学出版社 2004 年版,第 34 页。
② 武夷山:《不可忽视信息在文化产业中的作用》,《光明日报》,2007 - 06 - 11。

它们所赖以存在、延续与发展的城市本身的结构与性质。这正是一些城市众多的文化资源默默无闻,更有甚者还会成为城市发展的沉重负担,而另一些城市却由于它自身固有或引进的文化资源获得了空前的发展。

最后,城市文化生产力的水平差异,最终体现为形态不同的城市文化模式。城市文化是文化都市的直观表现与核心内容,文化生产力越发达,城市文化就越繁荣,对城市发展的影响也相对越大。受城市规模、形态与性质的影响,"尽管与同时代的中小城市相比,传统都城已体现出相当丰富与多元的性格,但出于维护政治统治而必须严加控制各种社会文化与精神资源的现实需要,它的包容性、开放性与多元性都是相当有限的"。也就是说,它的文化空间与功能始终受制于城市的政治与经济结构。而当代都市与此有很大不同,"在经济全球化与社会信息化的当代条件下,随着城市内部各种要素流动的不断加速及城市之间的经济社会联系日益密切,传统都市固有的封闭体系也必然要被打破,以政治需要为中心而构成的传统城市格局也必然要被当代以国际化大都市为中心的多级、多层次的世界城市网络所取代。……正是当代都市在结构与功能上的开放模式,才使得当代国际化大都市超越了国家—民族的地理—文化界限,成为一种具有'超文本''全称判断''宏大叙事'性质的都市新模式"。[①] 正是在这一基础上,才出现了我们所说的都市文化模式。与在内涵上相对朴素,在结构上相对简单,在形态发展上比较缓慢,在价值上相对保守的城市文化相比,都市文化模式表现出人类生活世界中从未有过的复杂性、多元性、不稳定性与开放性。依托于规模巨大的人口与空间、富可敌国的经济生产总量、发达的交通与信息服务系统所形成、创造出的都市文化模式,不仅直接冲击了传统政治型城市及其封闭的文化结构,使城市的文化空间表现出越来越丰富的异质性与多样性,同时也更深刻地参与到城市的经济生活与生产力系统中。如文化产业的发展水平是当代都市与现代工业城市的根本区别之一。前者是都市社会先进生产力的重要代表,后者则是现代工业文明要素高度聚集的结果。这与都市化进程的时代背景直接相关,"与以矿山开采、冶炼、纺织等传统制造业为主体的城市化进程不同,以高新技术产业、金融资本运营、信息产业、文化产业等为基本标志的后现代工业与商业,构成了大都市社会在物质生产与经济发展方面的主导性机制"。[②] 此外,以"国际化大

① 刘士林:《都市与都市文化的界定及其人文研究路向》,《江海学刊》,2007年第1期。
② 刘士林:《暮色中的工厂:都市化进程中的审美景观生产》,《人文杂志》,2007年第2期。

都市"与"世界级都市群"为母体的都市文化模式还迅速成为全球文化生产与消费的主导机制与核心市场,"在大都市社会中逐渐形成并不断扩散的新型思维方式、生活方式与价值观念,不仅直接冲垮了中小城市、城镇与乡村固有的传统社会结构与精神文化生态,同时也在全球范围内对当代文化的生产、传播与消费产生着举足轻重的影响"。① 这些都是都市文化模式对当代城市产生强大影响,以及当代城市发展越来越倚重其文化功能的主要原因。

在当今世界,不仅城市文化功能已成为衡量其发展水平、创新能力、综合竞争力与社会和谐的基本尺度,同时以城市文化功能高度发达为基础与特征的文化都市也日益成为城市发展的新理念与核心战略框架。如著名的国际化大都市伦敦在21世纪的发展目标就定位于"世界卓越的创意和文化中心及世界级文化城市"。与传统大城市对武力、财富或繁华的炫耀不同,对城市文化的高度重视与战略规划,是文化都市最终浮出历史地表的重要表征。可以相信,随着当代文化都市在全球化风雨中不断发展和壮大,人类城市聚落特有的文化本质与功能必将获得全面的发展,并有望使希腊哲人关于在城市中生活得更美好的古老理想成为现实的场景。

四、芒福德的城市功能理论及其对文化都市研究的启示

在芒福德看来,城市有三个重要功能,即容器、磁体与文化。重新认识与思考芒福德的城市功能理论,可以为正在兴起的文化都市研究提供重要的理论资源与思想武器。

关于城市的容器功能,芒福德指出:"城市从其起源时代开始便是一种特殊的构造,它专门用来贮存并流传人类文明的成果;这种构造致密而紧凑,足以用最小的空间容纳最多的设施。"②在某种意义上,这主要是针对乡村的分散与孤立状态的,正是由于具有巨大的接收机制与超强的聚集功能,城市才可以把分散在乡村的人口、经济、文化、精神等高密度地汇集起来。这也正是马克思和恩格斯反复强调的:"城市本身反映了人口、生产资料、资本、享乐和需求的集中;而在乡村里所看到的却是完全相反的情况:孤立和分散"③"资产阶级日甚一日地消

---

① 刘士林:《都市文化学:结构框架与理论基础》,《上海师范大学学报》,2007年第3期。
② [美]刘易斯·芒福德:《城市发展史:起源、演变和前景》,宋俊岭、倪文彦译,中国建筑工业出版社2005年版,第33页。
③ 中共中央马克思恩格斯列宁斯大林著作编译局编:《德意志意识形态》,人民出版社1961年版,第47页。

灭生产资料、财产和人口的分散状态。它使人口密集起来,使生产资料集中起来,使财产聚集在少数人的手里。由此必然产生的后果就是政治的集中"。① 由于没有空间的容纳就不可能有城市,所以芒福德还认为城市的容器功能要比磁体功能更重要。但另一方面,城市容器又是一个巨大的"面盆",对其收容的对象具有重要的催化、发酵与增殖功能,"这种容器通过自身那种封闭形式将各种新兴力量聚拢到一起,强化它们之间的相互作用,从而使总的成就提高到新水平"。② 如恩格斯在谈到 1840 年代的伦敦时曾指出:"这种大规模的集中,250 万人这样聚集在一个地方,使这个 250 万人的力量,增加了 100 倍"。③ 与"宁静如太古"或"亘古不变"的大自然与乡村社会相比,城市则如同"一口煮开的大锅",高度异质化的人口与文化,滚滚而来的财富与机遇,包括在高速聚集中产生的激烈碰撞及由此裂变出的冲动、激情与创造力,才是城市的本质以及城市发展的第一推动力。在古希腊时代就已如此,"陌生人、外来者、流浪汉、商人、逃难者、奴隶,是的,甚至是入侵之敌,在城市发展的每一阶段都曾有过特殊贡献"。④ 恩格斯也曾指出:"城市愈大,搬到里面来就愈有利,因为这里有铁路,有运河,有公路;可以挑选的熟练工人愈来愈多;由于建筑业中和机器制造业中的竞争,在这种一切都方便的地方开办新的企业……,花费比较少的钱就行了;这里有顾客云集的市场和交易所,这里跟原料市场和成品销售市场有直接的联系。这就决定了大工厂城市惊人迅速地成长"。⑤

如果说,在传统的城市化进程中,"不论在什么地方,城市的兴起似乎都伴随着大力突破乡村的封闭和自给自足",⑥那么对于当代都市化进程,则"迅速打破了人口与资源流动平缓、流量均衡的传统城市化模式,使原本分散在乡村、城镇、中小城市甚至不同地区与国家的人力资本、经济资本与文化资本向少数国际化

---

① 中共中央马克思恩格斯列宁斯大林著作编译局编:《马克思恩格斯选集》(第 1 卷),人民出版社 1972 年版,第 255 页。
② 〔美〕刘易斯·芒福德:《城市发展史:起源、演变和前景》,宋俊岭、倪文彦译,中国建筑工业出版社 2005 年版,第 37 页。
③ 中共中央马克思恩格斯列宁斯大林著作编译局编:《马克思恩格斯全集》(第 2 卷),人民出版社 1979 年版,第 303 页。
④ 〔美〕刘易斯·芒福德:《城市发展史:起源、演变和前景》,宋俊岭、倪文彦译,中国建筑工业出版社 2005 年版,第 103—104 页。
⑤ 中共中央马克思恩格斯列宁斯大林著作编译局编:《马克思恩格斯全集》(第 2 卷),人民出版社 1957 年版,第 301 页。
⑥ 〔美〕刘易斯·芒福德:《城市发展史:起源、演变和前景》,宋俊岭、倪文彦译,中国建筑工业出版社 2005 年版,第 102 页。

大都市、国家首位城市或区域中心城市迅速地集聚,其结果是彻底否定了中小城市、乡镇与乡村独立存在与发展的现实性"。① 而全球范围内人口、财富与文化的进一步集中,则直接铸造了"国际化大都市"与"世界级都市群"这样的"巨型城市容器"。很显然,这个"面盆"也将产生更大的催化、发酵与增殖作用,为城市文化功能的升级与城市社会生活的繁荣提供了更为坚实的"物质条件"。在某种意义上,这也可以为文化城市研究必须以"文化都市",而不是以普通的中小型城市为对象作一旁证。

"磁体"是城市第二种重要功能。与朴素、简单、平淡无奇的农村生活相比,熙熙攘攘的城市对个体往往具有不可抗拒的巨大诱惑力。这是芒福德从英国花园城市运动发起人霍华德那里获得的灵感,他说:"城市又不仅仅是一个容器:在它还没有任何东西可容纳之前,它须首先吸引人群和各种组织,否则它就毫无生命可言。对于城市生活的这个特点,埃比尼泽·霍华德很恰当地使用了磁力一词……从磁力我们又知道'磁场'的存在,以及一段距离内作用力的可能性,表现为'社会力的磁力线',它能把不同性质的粒子吸引到中心来。"② 与一般的磁体不同,城市磁体在"吸引"的同时也具有"垄断"功能,前者使分散的力量与资本在有限的城市空间中迅速聚集起来,后者则使自身始终保持相对于城市化水平较低地区的发展优势。这个道理也很简单,如果一个城市没有吸引力,那它必然要陷入"门前冷落鞍马稀"的荒芜与破败之境;而如果一个城市不能最大限度地垄断资源,则会很快被其他充满活力的新生代取而代之。

城市的磁体功能,主要表现在两方面:一是城市经济的"实体"引力。特别是工业革命以来,城市一直是财富的根源与象征。其原因正如亚当·斯密所说的"工业的收益比农业多,而商业的收益又比工业多"。③ 马克思和恩格斯也多次谈到这一点,如"自从爱尔兰人知道,在圣乔治海峡彼岸只要手上有劲就可以找到工资高的工作那时起,每年都有大批大批的爱尔兰人到英格兰来";④ 如"工业的迅速发展产生了对人手的需要,工资提高了,因此,工人成群结队地从

---

① 刘士林:《都市化进程中的"新农村"建设与"城市群"发展》,《江苏社会科学》,2007 年第 4 期。
② [美] 刘易斯·芒福德:《城市发展史:起源、演变和前景》,宋俊岭、倪文彦译,中国建筑工业出版社 2005 年版,第 88 页。
③ [美] 刘易斯·芒福德:《城市发展史:起源、演变和前景》,宋俊岭、倪文彦译,中国建筑工业出版社 2005 年版,第 67 页。
④ 中共中央马克思恩格斯列宁斯大林著作编译局编:《马克思恩格斯全集》(第 2 卷),人民出版社 1957 年版,第 374 页。

农业地区涌入城市。人口以令人难以相信的速度增长起来,而且增加的差不多全是工人阶级";①如"资产阶级在它的不到一百年的阶级统治中所创造的生产力,比过去一切世代创造的全部生产力还要多,还要大。……仿佛用法术从地下呼唤出来的大量人口,过去哪一个世纪能够料想到有这样的生产力潜伏在社会劳动里呢?"②在当代中国也是如此,改革开放以来,已有 2 亿多农村剩余劳动力转移到城市,就是中国城市磁体具有巨大吸引力的直接证明;二是城市文化的"审美"影响。在古代城市形成时就已如此,"城市形成中起决定作用的因素并不仅要看有限地域内集中了多少人口,更要看有多少人口在统一的控制下组成了一个高度分化的社区,去追求超乎饮食、生存的更高的目的"。③ 在某种意义上,在农村聚落中最核心的智慧是"实用理性",如伏尔泰的《老实人》中的那句名言,"最要紧的是种自己的菜园子";而城市文化的一个基本成分则可以称为"审美幻象",与"过于稳定""墨守成规旧俗,不愿采纳新的生活方式"的"古代社区"相比,"城市极大地增加了心理冲击和刺激的机会",④因而常常成为彼岸、天堂、美好明天的象征。这也是自从有了城市就存在的。如芒福德说:"周而复始的农业生产活动把人们束缚于日常任务:使他们沉湎于普通的事物,并习惯于自己狭小的天地和短浅的眼界。而在城市中,连最卑微的人也能假想自己参与重要的事物,并声言这是他的权利"。⑤ 正如人们把现代都市称为冒险家的乐园一样,"它突破了……农村的局限和狭小天地,它是社会的活力、权力和财富广泛动员的产物",⑥可以为个体提供更多的机会与发展空间,以及多样性的生活方式与自由选择的可能。现实的财富诱惑与虚拟的心理吸引,是城市磁体远远胜于自然界任何一块磁石的根本原因。在当代都市化进程中,无论是城市的经济吸引力,还是它的精神文化魅力,正如同城市规模一样进入日新月异,甚至一日千里的新境

---

① 中共中央马克思恩格斯列宁斯大林著作编译局编:《马克思恩格斯全集》(第 2 卷),人民出版社 1957 年版,第 296 页。

② 中共中央马克思恩格斯列宁斯大林著作编译局编:《马克思恩格斯选集》(第 1 卷),人民出版社 1972 年版,第 256 页。

③ [美] 刘易斯·芒福德:《城市发展史:起源、演变和前景》,宋俊岭、倪文彦译,中国建筑工业出版社 2005 年版,第 67 页。

④ [美] 刘易斯·芒福德:《城市发展史:起源、演变和前景》,宋俊岭、倪文彦译,中国建筑工业出版社 2005 年版,第 103 页。

⑤ [美] 刘易斯·芒福德:《城市发展史:起源、演变和前景》,宋俊岭、倪文彦译,中国建筑工业出版社 2005 年版,第 74 页。

⑥ [美] 刘易斯·芒福德:《城市发展史:起源、演变和前景》,宋俊岭、倪文彦译,中国建筑工业出版社 2005 年版,第 61 页。

界。以作为都市虚拟经济的典范形式的股票为例,尽管这种新型的生产方式与工具并不为一般人所熟悉,同时还存在着巨大的风险与可怕的后果,但在中国仍然激起了全民参与的巨大热潮。截止到 2007 年 5 月 25 日,中国股市开户数已突破 1 亿大关,①甚至在央行几次提高利率之后,依然很难使之真正冷却下来。从文化生活上讲,大都市文化基础设施的完善与日常文化生活的丰富,是增加城市魅力与吸引人口迁入的一个重要原因。许多人之所以不愿意离开大都市,并不是因为他们在这里有很好很满意的生活,更多的仅是出于一种特殊的心理或感觉的需要,即一种不同于乡下或小城市人的特殊生命体验,为此他们宁愿承受在大城市生活的种种不便,甚至是相当沉重的压力与苦痛,根本原因也就在这里。在都市化进程中,如同城市容器不断膨胀一样,城市磁体的吸引力也呈现出几何级数般的增长,这既是以大都市为中心的当代城市化进程的必然结果,也是当今世界每个大城市都人满为患、不堪重负的根本原因。

城市文化是芒福德最看重的城市功能。他把"文化贮存、文化传播和交流、文化创造和发展"称为"城市的三项最基本功能",并认为文化既是城市发生的原始机制,同时也是城市发展的最后目的。就城市发生而言,如前文所述,他最著名的论点是:不是先有城市后有城市文化,而是人类原始的文化与精神活动不仅发生在先,且对于城市与村庄的形成曾起到直接而重要的推动作用。就城市的目的而论,他明确地宣称:"我们与人口统计学家们的意见相反,确定城市的因素是艺术、文化和政治目的,而不是居民数目"。② 与古典城市社会学从人口统计学、新城市社会学从政治经济学界定城市不同,芒福德首开用精神与文化活动描述、界定与阐释城市的思想先河,这对于文化都市理论的建构与深入研究尤其具有重要的资源价值与启示意义。

首先,文化的重要性根源于城市自身固有的二重性,这种二重性不仅是影响城市健康发展的主要障碍,同时还暗伏着使城市解体的危险力量与因素。芒福德说:"城市从其形成开始便表现出一种二重性特点,这一特点它此后就从未完全消失过:它把最大限度的保护作用和最大限度的侵略动机融合于一身,它提供了最广泛的自由和多样性,而同时又强制推行一种彻底的强迫和统治制度"。③

---

① 钱政宜:《上周 A 股日均开户数约 30 万户,B 股日均开户数约 1.6 万户》,《国际金融报》,2007－05－29。
② 〔美〕刘易斯·芒福德:《城市发展史:起源、演变和前景》,宋俊岭、倪文彦译,中国建筑工业出版社 2005 年版,第 132 页。
③ 〔美〕刘易斯·芒福德:《城市发展史:起源、演变和前景》,宋俊岭、倪文彦译,中国建筑工业出版社 2005 年版,第 51 页。

在某种意义上,这是城市容器与磁体功能的直接表现,前者的高度集中,必然使城市形成更强的磁场;而后者的强大引力,又无时无刻不在提高着集中的水平。这两者相辅相成,相互循环,一方面极大地推动了城市规模的扩展,但另一方面,它同时也加剧了城市空间资源的紧张与都市人群之间的矛盾冲突,使城市的生存与发展受到挑战乃至出现解体的危机。从容器的角度看,人口的增加是城市形成的必要前提,但在超过某种可承载的极限之后,又必然要产生严重的灾难性后果。如马克思早就指出:"就住宅过分拥挤和绝对不适于人居住而言,伦敦首屈一指"。[1] 这在城市社会学中也可以找到证据,"1851 年,只有 50% 的人口在城市,四十年后,城市人口增加到总人口的 72%。在主要城市里,人民大众生活极端贫困。在伦敦,全市六分之一的人生活极其凄惨,属于赤贫阶层。很多人的住房没有水,没有光线,甚至没有玻璃窗。发病率和死亡率高得惊人"。[2] 随着都市化进程的来临,这种情况正在变得更加严重。如房价的昂贵与空间资源的缺乏正在严重威胁着当代所有大城市的可持续发展。从磁体的角度看,城市越大,就越具有吸引力,这是当代城市化进程转向以"国际化大都市"与"世界级都市群"为中心的根源。但这同时也造成了人口密集、房价昂贵、交通拥堵、就业压力增大、环境污染加重、社会分化加剧、公共资源(如教育、卫生)短缺等更为严重的"城市病"。以都市化进程对中国的影响为例,城市人口爆炸、[3]行业疯狂扩展、[4]新社会阶层迅速成长、[5]城市人口的国际化、[6]老龄化等,[7]对城市空间、城市经济、社会结构、城市安全、城市服务与可持续发展无不提出了更严峻的挑战。由此可知,出于城市平衡与安全的考虑,有必要对其容器与磁体功能加以制约与

---

[1] 中共中央马克思恩格斯列宁斯大林著作编译局编:《资本论》(第 3 卷),人民出版社 1975 年版,第 917 页。

[2] 康少邦、张宁等编译:《城市社会学》,浙江人民出版社 1986 年版,第 213 页。

[3] 据世界人口基金会发布的《2007 年世界人口状况报告》,从明年起,世界上超过一半的人口将生活在城市中。在未来 10 年中,中国将跨越这个门槛。(王君平:《一半中国人将生活在城市》,《人民日报》,2007 - 07 - 11。)

[4] 劳动和社会保障部新闻发言人信长星表示,截至目前,中国职业数量已远远突破了传统的"360 行",达到 1 989 个。(冯蕾:《从传统的"360 行"到"1989 行"》,《光明日报》,2007 - 06 - 09。)

[5] 据统战部提供的数据,中国当下的新社会阶层主要有 6 种,总人数超过 1.5 亿,掌握或管理着 10 万亿元左右的资本,使用着全国半数以上的技术专利,直接或间接地贡献着全国近 1/3 的税收,每年吸纳着半数以上新增就业人员。(《政协委员热议:新社会阶层贡献不可低估》,《人民日报》海外版,2007 - 03 - 16。)

[6] 目前常住中国的韩国人已经达到 50 万。(卢波、阳思齐:《50 万韩国人住中国》,《书摘》,2006 年第 12 期。)

[7] 有关专家指出,中国的人口转变是社会经济发展和计划生育政策共同作用的结果,这使得它的老龄化进程不仅是世界有史以来规模最大的,也是转变速度最快的。这样的变化给中国社会带来了诸多挑战。(蔡昉:《中国可能"未富先老" 10 年内出现劳动力短缺》,《中国青年报》,2007 - 07 - 07。)

限定,而城市文化正是在这一方面呈现出巨大的优势。这主要表现在两方面:一是对都市空间进行文化生产,这既表现在都市规划、设计、建设的创意与实践中,可以为当代人现实地生产出一个更加人性化的宜居城市空间;二是通过文化教育与艺术熏陶提升都市人的文明素质,都市有限的实体资源可以获得更好的利用与保护,这两者对于部分缓解乃至最终从整体上解决城市危机十分重要。

其次,城市的内在矛盾在直接影响城市发展的同时,也必然要渗透到城市文化的再生产过程,使城市文化功能受到程度不同的损害;而城市文化功能的削弱则会进一步加剧城市问题的严重性。在某种意义上,城市文化生产的内在恶性循环,对一个城市的发展才是最可怕的。一方面,这是从城市开始的那一天就存在的,无可避免。"这种密集与混杂相结合,再加上封闭和分化,便是新生的城市文化的典型特征之一。从积极的一面来看,这里面有和睦的共居、广泛的交往,还有一个相当复杂的职业上相互配合的体系。但从消极的一面来看,城市却带来了阶级分化和隔离,造成了冷酷无情、神秘感、独裁控制,以及极端的暴力";① 另一方面,在城市化进程中它不断地在加剧与恶化着。如恩格斯在总结资本主义时代大城市人际关系时曾指出:"所有这些人,越是聚集在一个小小的空间里,每一个人在追逐私人利益时的这种可怕的冷淡、这种不近人情的孤僻就愈是使人难堪……每一个人的这种孤独、这种目光短浅的利己主义是我们现代社会的基本的和普遍的原则……这种一盘散沙的世界在这里是发展到顶点"。② 在当今世界的都市化进程中,随着城市容器与磁体功能的超常规发展,对城市文化功能的损伤也与日俱增。对此,芒福德不无感慨地说:"即使到今天,社区的总体能量中只有很小一部分用于教育和情感。我们用于破坏和屠杀技术的花费大大超过了我们用于创造技术的花费。但是,通过将创造活动应用于艺术,应用于思想,应用于人际关系之中,城市的价值是可以大大增加的,它绝不只是由工厂、仓房、兵营、法庭、监狱、控制中心等构成的一个纯粹的功能组织。历史名城中那些高耸的尖塔和穹顶便提醒人们不要忘记这一至今尚未实现的承诺"。③

---

① [美]刘易斯·芒福德:《城市发展史:起源、演变和前景》,宋俊岭、倪文彦译,中国建筑工业出版社 2005 年版,第 52 页。
② 中共中央马克思恩格斯列宁斯大林著作编译局编:《马克思恩格斯全集》(第 2 卷),人民出版社 1979 年版,第 304 页。
③ [美]刘易斯·芒福德:《城市发展史:起源、演变和前景》,宋俊岭、倪文彦译,中国建筑工业出版社 2005 年版,第 107 页。

实际上，在城市发展的两种主要现实形式中——无论是容器的扩张，还是磁体的强化，都以牺牲城市的文化功能为前提条件。以现代城市为例，这主要表现在两方面：一是它牺牲了古代城市文化的生态多样性。古代城市的一个突出特点是乡村文化传统仍延续在城市空间中，"城市在联合村庄、城堡、圣祠、市场的同时，还继续依托了村庄的道德基础：在日常的共同任务中愉快劳动，相互协作，以及在饮食、生育、祭祀供奉方面的共同习俗"。①而现代城市则在很大程度上与乡村社会隔离开来，使自身的精神要素与文化生产越来越单调、机械，这是大都市人精神日益麻木、心灵日益空虚的重要原因之一；二是现代化大城市彻底遗弃了城市的文化灵魂，使这个早在远古聚落中就已存在的"目的"异化为物质财富增长的"手段"。正如德国学者乔治·齐美尔在《大都市与精神生活》中所说："它把所有的人格与品质都简化成一个问题——'值多少钱'？"②对此芒福德本人也痛心地说："大都市和它附属地区的许多内部问题是整个文明的一种反映，这个文明是由严密的、有理性的科学手段来扩大发展的，为的是一些日渐变得更加空虚无聊的目的、更加初期和原始的、更加野蛮和极无理性的目的。"③现代城市日益为一种肤浅的急功近利思潮所覆盖，而早已遗忘了只有文化才是一切财富的最深根源。弗里德里希·李斯特曾说："财富的生产力比之财富本身，不晓得要重要多少倍。"④这是因为，文化尽管不直接创造财富，但由于它直接关涉人这个根本性的环节，因而不仅是人性最高与最后的目的，同时也是城市文化功能的终极意义所在。由此可知，现代城市的解体与危机，根源就在于文化灵魂的隐匿，而要拯救当今正在沉溺的城市，首先要拯救的也是城市文化。进而言之，由于当代大都市掌控着文化的命运，因而要拯救一般城市的文化，也首先要拿大都市开刀。

在某种意义上，这涉及如何看待大都市在城市文化发展中的作用。众所周知，关于文明的起源与发展，汤因比曾提出有重要影响的"挑战—应战"模式，"如果文明的起源不是生物因素或地理环境单独发生作用的结果，那么一定是它们两者之

---

① ［美］刘易斯·芒福德：《城市发展史：起源、演变和前景》，宋俊岭、倪文彦译，中国建筑工业出版社2005年版，第109页。

② 康少邦、张宁等编译：《城市社会学》，浙江人民出版社1986年版，第9页。

③ ［美］刘易斯·芒福德：《城市发展史：起源、演变和前景》，宋俊岭、倪文彦译，中国建筑工业出版社2005年版，第566页。

④ 转引自李义平：《财富的生产能力比财富更重要》，《人民日报》，2007-06-15。

间某种交互作用的结果"。① 但在芒福德看来,这个模式也有一个明显的盲点,即"没有认识到这样一个事实,即只有在城市中——在一种有效的规模及充分的连续性的基础之上——才能产生这些相互影响和交易,产生这些提议与对应"。② 这可以被称为"汤因比的盲点";而一旦超越了这个盲区,城市,特别是大城市在回应人类当代困境上便展示出特别积极的形象与意义。引申而言,一方面,当代大都市作为城市病与城市危机最严重的空间,它在现实中遭遇的挑战与是最严峻的;但另一方面,更要看到的是,由于它在城市形态与功能上的发展程度更高,所以也可以释放出更大的力量,在当代城市中是最有力量的应战者。这是芒福德既视当代特大城市为"暴君城",同时又对它们寄寓了殷切希望的原因。他说:"那种巨大浩瀚,那种对历史和珍品的保持力,也是大城市的最大价值之一。……城市有包涵各种各样文化的能力,这种能力,通过必要的浓缩凝聚和储存保管,也能促进消化和选择。假如我们文化的一切材料太分散,假如有关的资料和加工品不能收集在一个地方,分类排列,供再分发,那它们只能起很小一部分作用"。③ 由此可知,聚集了全球优秀人力资源、强势经济资本与主要文化权力的当代大都市,对于当代城市文化功能的修复与重建,以及人类城市的未来发展理应也必定要承担更多的责任与发挥更大的作用。

五、关于上海文化大都市建设的认识与思考

"文化大都市"是个新概念,也是一个有关城市发展的新理念。如果"大"主要是为了与上海的城市规模与身份相匹配,那么这个概念的核心无疑集中体现在"文化都市"上。但由于相关基础理论研究的滞后、零碎与缺乏,这一概念在具体内涵、深层结构与直观形态等方面一直显得含混不清。这不仅直接影响了人们在观念领域中的认识与把握,也必然要对具体的建设与实践产生诸多的负面影响。如人们一般把文化大都市理解为上海的城市文化资源优势与潜力,甚至把"文化大都市"等同于一系列数字化的统计与抒情式的铺陈。但正如"系统大

① [英]汤因比:《历史研究》上,曹未风等译,上海人民出版社1966年版,第74页。
② [美]刘易斯·芒福德:《城市发展史:起源、演变和前景》,宋俊岭、倪文彦译,中国建筑工业出版社2005年版,第103页。
③ [美]刘易斯·芒福德:《城市发展史:起源、演变和前景》,宋俊岭、倪文彦译,中国建筑工业出版社2005年版,第574页。

于部分之和"这一系统论原理所揭示的,已有的文化资源与优势充其量只是文化大都市的建设素材,作为一个更高城市发展模式与目标的文化大都市,也绝不等于已有文化资源与优势的简单拼凑与相加之和。而在"什么是文化都市"都没有弄清楚的情况下匆匆出台的规划与方案,则与当代城市建设中普遍存在的"先建设,后规划"或"无规划,乱建设"是类似的,势必引发出更多的城市社会与文化发展问题。这就把文化都市的基础理论研究提到议事日程上来。尽管基础理论研究并不直接参与或表现为文化大都市的建设绩效,但由于只有它才能为文化都市建设提供科学的生产观念与系统的战略目标,所以在文化大都市的建设实践中是不容被忽视的。在经过上述历史的与理论的阐释之后,可以说,上海进行文化大都市建设既有很大的优势,也存在着一些需要认真思考与解决的问题。这里从文化资源、文化产业与服务功能三方面略抒管见,以期对上海文化大都市建设提供一些有益的思考与对策。

首先是对上海文化资源及优势的再认识。关于上海都市文化的主体构成,在当下,一种很常见的观点是开埠以来大量输入的西方现代文明,而作为一个中国城市的传统文化资源则相当薄弱,这是人们总是以"十里洋场"作为上海都市文化象征的根源。其实,这种看法是很值得商榷的,因为它使用的是"文化城市"的视角,即主要是根据一个城市的传统文化资源与特色做判断的。但从"文化都市"的角度看,一方面,作为中国现代都市文化的发源地与主要集聚中心,上海有着无比丰富的现代文化资源,如 20 世纪以来深入到中国社会生活的电影、音乐、舞蹈、戏剧,也包括咖啡馆、西方礼仪、洋节日等新生活方式与趣味,都是上海文化资源的重要组成部分。进一步说,现代文化资源是一个与传统文化相对应的"质的概念",其意义也是不可以数量的多寡与时间的长短加以衡量的;另一方面,与大都市开放、多元的城市结构相适应,自开埠以来上海就一直是中国最重要的文化生产、传播与交流中心,无论是本土的传统文化资源,还是中西合璧形成的西方文明,正是在这里找到了现代性的生长点,成为上海都市文化建设的重要材料与资源。上海的文化资源不仅储量巨大,同时也是多元一体的。"当今上海文化的主要结构要素有三,即从现代以来至今仍在源源不断地输入的西方文化、在本土内部由于人口流动而不断输入的北方与中原文化等,以及与上海在自然地理与文化传统上联系最密切的江南地域文化……从本土的视角看,最主要的文化矛盾是江南审美文化与北方实用理性的冲突,而以世界性的眼光看,则是代表着现实功利的西方物质文明与更看重心理利益的中国诗性文化的矛盾,三种结构要素的相互依存与相互矛盾构成了当今上海文化的深层结构"。① 在这个深层结构中,既包含了以现代文明为主体的西方工具理性,也包含了以儒家文化为主体的中国实用理性,同时还包含着以审美自由为最高理想的江南诗性文化。这在中国城市文化中构成了一个独特而重要的谱系——工具理性有利于现代文明的生长,实用理性有利于社会秩序的建构,而江南诗性文化则"最有可能成为启蒙、培育中国民族的个体性的传统人文资源"。② 由此可知,上海的都市文化模式最有利于中华民族完成自身的现代性转换,这不仅是理论上的假设,上海开埠以来的都市化历程中也早已证明了这一点。如何更充分地认识到自身的文化资源与发展优势,使上海成为一个世界性的文化生产、传播、消费中心与展示平台,则是当下与未来一段时间迫切需要关切与研究的。

　　其次是对上海文化产业发展的忧虑与期待。文化产业是都市化进程中先进生产力的重要代表,"与以矿山开采、冶炼、纺织等传统制造业为主体的城市化进程不同,以高新技术产业、金融资本运营、信息产业、文化产业等为基本标志的后现代工业与商业,构成了大都市社会在物质生产与经济发展方面的主导性机制"。③ 一方面,"从技术对人类功能的替代和人与自然关系的角度看,技术的创新进化大致经历了以下的阶段:作为人类体力延伸拓展的阶段;作为人类感官延伸拓展的阶段;作为人类智力延伸拓展的阶段。现在,技术已经从破坏生态环境进化到生态环境适应、保护、友好、修复阶段";④另一方面,作为文明古国,中国许多城市都属于文化资源大市,以文化资源补充相对不足的自然资源,以文化生产力的提高弥补产业调整的空隙,实现传统文化资源的良性现代生产,是它们实现自身跨越式发展的必然选择。城市文化资源的产业化水平,既是文化都市与政治型城市、经济型城市,乃至一般文化城市的本质差异所在,同时也是衡量文化都市自身在城市理念、创新能力、经济社会和谐发展程度等方面的重要尺度之一。如著名的国际化大都市伦敦在 21 世纪的发展目标就定位于"世界卓越的创意和文化中心及世界级文化城市"。由于城市发展的历史差异,中国城市的文

①　刘士林:《当代江南都市文化的审美生态问题》,《光明日报》,2005 - 10 - 11。
②　刘士林:《在江南发现诗性文化:刘士林教授在全国审美文化学术研讨会上的演讲》,《解放日报》,2004 - 10 - 17。
③　刘士林:《暮色中的工厂:都市化进程中的审美景观生产》,《人文杂志》,2007 年第 2 期。
④　齐芳:《路甬祥:21 世纪技术发展的七大趋势》,《光明日报》,2007 - 09 - 10。

化产业水平普遍不高，①上海的文化产业对经济的贡献同样不能令人满意。以创意产业为例，尽管截至 2006 年底，上海已授牌的创意产业园区达到 75 个，入驻创意产业类企业 2500 多家，聚集创意人才逾两万人，并出现了以产业研发、建筑、文化、消费、咨询策划等重点领域。② 但与一个文化大都市的要求相比，只是初具规模。与纽约、伦敦、东京等国际化大都市相比，上海第二产业所占 GDP 的比重一直过高，在最近的一份调查报告中，尽管表明以上海为首的长三角已超过珠江三角洲，"重返经济舞台中心"，但在经济结构上依然是第二产业比重大，而第三产业的比例提升缓慢。③ 作为一个资源匮乏型、承担着率先转变经济增长方式使命的特大城市，上海在节能降耗（如 2007 年就有三个"百万吨"的节能减排目标）、产业结构调整、创新经济发展方式等方面任务艰巨，在这样的发展困境中，以文化资源补充相对不足的自然资源，以文化生产力的提高弥补产业调整的空隙，是上海实现自身跨越式发展的必然选择。在文化大都市的战略框架下，切实提高文化产业水平，为中国大城市扬弃以制造业和重型工业为主导的城市发展模式起到表率作用，是我们对上海文化大都市建设殷切的期待。

最后是要把文化服务纳入上海第三产业的总体战略与优先考虑的地位。有感于发达国家第三产业对经济社会的巨大贡献，建设名目各异的现代服务区开始成为一些上海城区的追求目标。其优点是在都市化进程中敏感地捕捉到未来的发展机遇，而问题则大多局限在经济社会层面，即使涉及文化服务业，也主要是被其中蕴藏的商机与财富所吸引，这对于提升上海的文化服务水平十分不利，与上海文化大都市建设更是相违背的。作为"政治型城市""经济型城市"的更高

---

① "改革开放 20 多年来，我国城市产业虽然在迅速发展，但仍然沿用传统的以高投入、高产出、低效率为特点的增长方式，加之市场机制不完善，致使我国城市产业结构不合理，产业水平落后。从第一产业看，农业对经济增长的贡献率均在 5% 以下，农业劳动生产率和农产品生产技术水平低下，农业劳动力的综合素质偏低。虽然农业产值份额呈下降趋势，但 2000 年仍高达 17.2%。此份额尽管低于印度和其他低收入国家的平均水平，但仍高于大多数中等收入国家的 5%～13% 的水平，大大高于高收入国家 2%～4% 的水平。从第二产业看，工业所占比重过高，且劳动力自身素质不高：基础工业与加工工业的增长不协调，加上工业的发展快于基础产业的发展，造成加工业供过于求；机械工业、电子工业、石油化工、汽车工业等产业的主导地位没有真正形成，不能充分带动经济的发展；工业部门的劳动生产率比重明显低于发达国家的水平，影响了工业的发展。我国城市第三产业近年发展十分迅猛，但仍相对滞后。目前，发达国家第三产业的国内生产总值比重和劳动力比重已分别达到 50%～65% 和 60%～75%，而中国 2000 年第三产业的国内生产总值比重和劳动力比重分别为 33.2% 和 27.5%，大大低于发达国家和地区水平。"（郭培章：《中国城市可持续发展研究》，经济科学出版社 2004 年版，第 12 页。）

② 《"上海创意"锁定五大重点》，《人民日报》，2007 - 05 - 24。

③ 刘秀浩：《重返经济舞台中心：长三角冲动前所未有》，《东方早报》，2007 - 05 - 21。

发展形态，文化大都市不仅要有雄厚的文化资本、发达的文化产业、良好的城市形象与绚丽的文化名片，同时还要有更高的城市文明水平、良好的精神生态与先进的文化氛围，并在促进都市和谐社会建设、引领健康向上的社会风气、实现人的全面发展等方面具有良好的示范性作用。这是社会主义文化事业发展的根本目的。对于上海而言，这有很多有利的条件，作为中国大陆地区发展水平最高的国际化大都市，上海为满足人们更高层次的精神需要积累了雄厚的物质基础，并在国际文化交流、文化艺术基础设施、公共文化服务等方面，走在了全国的前列。甚至在学术研究上，在经济全球化与社会都市化的背景下，一门新学科也在上海应运而生，这就是近年来备受瞩目的都市文化学，其主要理论任务是为当代人提供一种理性的方法、观念、理论与解释框架，以整理他们在都市化进程中混乱的内在生命体验与杂乱的外在社会经验，使其在生命主体与都市社会之间建立起真实的社会关系与现实联系，并在这个真实的现实生活世界中努力探索实现人生命本质力量的历史必由之路。但毋庸讳言，在都市化进程中，特别是由于人口向中心城市的迅速与大规模迁移，包括上海在内的每个中国大城市都面临着严峻的挑战。以文化包容性为例，尽管一直追求"海纳百川，追求卓越"的城市精神，但在前些年的全国宜居城市调查中，上海在文化包容性上仅排第十左右。这固然有一些客观的原因，如生活成本高，如房价、物价、工作竞争压力大，如城市过于喧闹，如大城市中社会解体的程度严重，使人与人之间缺乏沟通与交流，如特大型城市不如中小城市好管理等，但在都市化进程中承受着更大的压力，无疑是出于深层次的、更重要的原因——人口在短期内迅速增加，原有的城市服务机制无法正常运转，最终服务水平下滑与城市宜居性减弱。这当然不是逃避责任的借口，而是要更清醒地意识到上海文化大都市建设的真实背景，文化大都市并不比经济城市更容易建设，因而必须在思想与实践上做好面对更大困难、迎接更大挑战的准备。

| 第八章 |
都市文化研究与马克思主义

　　社会学家把大都市比作"一口煮开的大锅",文学家用五颜六色的"霓虹灯"比喻都市生活,这既是在说都市社会的多元性与异质性,也是说都市文化的消费性与欲望性。由此可知,都市社会与文化的主要特征是内容庞杂、层面众多、矛盾复杂,不容易解释清楚,甚至不容易找到一个逻辑起点。一方面,尽管许多学科都与都市社会相关,如城市地理学、城市社会学、城市社会心理学、都市人类学,乃至新兴起的跨越大都市区地理学(a new trans-metropolitan geography)等,也包括人文学科对于都市文化的各种批评与阐释,尽管这些学科和讨论在某些局部有助于我们了解都市社会,但由于它们过于专业化、视野不够全面、彼此之间缺乏有机联系等,所以同时也产生了新的困难与障碍。其相当严重的后果是造成了都市社会在知识上的"后现代化",即使都市社会成为一个不可理喻、失去控制的对象;但另一方面,与其说这是都市社会的本性,毋宁说与我们的都市解释框架有关。加拿大学者简·雅各布斯曾指出,如果用物理科学的方法,把都市看作是"无序的复杂性",必然导致"非理性、不可理解和预测"。而以生命科学视角作观,尽管都市在表面上是多元与异质的,但本质上却表现为一种"有序复杂性""城市……问题表现出很多变数,但并不是混乱不堪,毫无逻辑可言的;相反,它们'互为关联组成一个有机整体'"。也就是说,尽管变数很多且各不相同,但它们并非彼此无关,而是"通过一种微妙的方式互相联系在一起"的。① 只要我们能够发现深层的有机联系,就可以为都市建立一个普适性的解释框架。由于都市社会与文化是人类社会的一种高级形态,无论它在外部表征与内在层面上如何复杂,在本质上不过是社会生产与再生产的结果,从这个意义上讲,马克

---

① ［加］简·雅各布斯:《美国大城市的死与生》,金衡山译,译林出版社2005年版,第485页。

思的社会生产理论直接构成了都市文化研究的哲学基础,同时,只有把都市社会与文化看作社会生产与再生产的结果,才能科学地理解与把握都市社会与文化存在与发展的秘密。

一、马克思社会生产理论与都市社会的再生产

都市是人类城市历史发展的高级空间形态,都市文化是人类在都市空间中生产与创造的文明成果。尽管都市文化与乡村文化、城市文化在模式与功能上迥然不同,但在作为人类社会再生产的结果这一点上,它们是完全一致的。只是由于社会生产的物质条件与精神基础不同,才在不同的历史阶段与地理空间上出现了都市、城市与乡村的社会与文化差别。这是需要从马克思社会生产理论出发去理解与认识都市文化的原因。

关于马克思的社会生产理论,人们比较注意的是恩格斯的经典论述:

根据唯物主义观点,历史中的决定性因素,归根结底是直接生活的生产和再生产。但是,生产本身又有两种:一方面是生活资料,即食物、衣服、住房,以及为此所必需的工具的生产;另一方面是人类自身的生产,即种的繁衍。①

这也是一般意义上的"物质生产"与"人类自身的生产",前者为个体的生存提供了必要的物质生活资料,后者为群体的延续提供了必要的人力资本。它们构成了人类两种基本的社会生产方式,只要有了它们,人类社会就可以生存与繁衍下去。但实际上,人类社会生产还包含有第三生产方式,即马克思、恩格斯多次讲到的"艺术生产""艺术家的劳动""精神劳动"等,这可以称之为"精神生产方式"。在某种意义上,这不仅是人与动物最根本的分界线,同时,它也是人类生活发展水平与更高阶段的象征,精神生产方式对于人类成为人类,人类社会区别于自然界,具有尤为重要的意义。具体言之,动物既进行"物质生产"以获取生活资料,也从事"自身的生产"以延续它特殊的种属,在这两种生产方式上,人类与动物只有层次的差异而没有质的区别;正是在精神生产方式上,即在科学研究、道德生产与艺术文化创造上,才真正出现了"人猿揖别"的"进化飞跃"。由此可知,马克思社会生产理论主要包括三个层面,即"物质生产""人类自身的生产"与"精

① 中共中央马克思恩格斯列宁斯大林著作编译局编:《马克思恩格斯选集》(第4卷),人民出版社1972年版,第2页。

神生产",其相互关系可从两方面加以阐释。

首先,从生产对象上看,"物质生产"对应于大自然,旨在运用生产工具以获得必要的物质生活资料;"人类自身的生产"对应于社会,由于人类社会不同于自然界,所以这一生产方式在机制上要复杂得多,它不仅包括生殖与繁衍的自然层面,以之为基础而生成的政治、法律等构成了"人类自身的生产"系统中更为重要的部分。因为随着社会与文明的发展,对维护个体与族群的生存与发展具有决定性意义的不再是简单的"食"与"色",而是控制着生活资料与两性资源分配的政治、法律等社会制度与体制。因而,政治、法律等社会制度与体制的再生产,在历史的发展中才构成了"人类自身的生产"的核心内容;"精神生产"对应人类的精神与心理世界,而不同于动物本能的崇高主体境界与超越野蛮民族功利生存的审美生存,则是精神生产最核心与最基本的内容。由于"物质生产"必然引发"人与自然的冲突",而"人类自身的生产"则会导致"人与社会的矛盾",这两方面的矛盾与冲突,不仅时刻威胁着人类社会共同体的和谐,也在个体内部生产出感性与理性更严重的分裂与对立,因而在某种程度上也直接关涉人类社会的再生产。由于这些矛盾与冲突,只能通过"精神生产"对失控的社会生活加以调节,对个体生命分裂的提升加以解决,并由此使濒于崩溃的人类现实世界与个体心理结构重新回归于和谐与有序。这是精神生产对于人类的重要性所在。由此可知,只有把"物质生产""人类自身的生产""精神生产"统一起来,才是对马克思社会生产理论的完整理解与科学表述。

其次,在生产观念上,三种生产方式在逻辑上分别对应于康德哲学的"真""善""美"。具体说来,"物质生产"对应于"真",正如科学技术是人类物质生产最重要的工具一样,人类的体力不如狮子,视力不如老鹰,速度不如猎豹,但人类之所以能够成为整个自然界的主人,最重要的原因就在于他们有理性机能与科学技术。从古至今,人类社会的每一次飞速发展都依赖于人的理性精神觉醒,以及在这个主体基础上实现的科学、技术、新生产工具发明与使用。"人类自身的生产"对应于"善",尽管在一般意义上,"善"包含着伦理的内容,但就核心与主旨而言,使一个社会再生产得以顺利进行的,并不是"良心""道德自觉"或"自律",而是以政治与法律为中心的社会上层建筑与制度文明。上层建筑与社会制度在根本上制约着一个社会的伦理观念、道德风尚与实践水平,是一个社会或表现为"善"或表现为"恶"的根源。一言以蔽之,政治是最大的善。正是在这个意义上,"善"才能成为"人类自身的生产"的内在生产观念。"精神生产"对应"美"。这也是就最高目标而言的,尽管"精神生产"涉及的方面众多,在具体类型上也十分丰富,但其最终目标在于表达人心理上的愉快与不愉快、生命的自由与不自由。进一步说,精神生产的产品是人文精神,这是一种既不同于"物",也不同于工具的生产与创造活动。尽管人文精神这个概念因为涉及的方面众多而不容易梳理清楚,但其核心无疑可从"人文学"的角度加以界定:"人文学主要有两大块,一个是美学,一个是伦理学,分别讲什么是美的,什么是善的"。① 在实践方式上,精神生产的主要任务有二:一是抗拒主体在物质生产中的劳动异化;二是超越人在人类自身的生产中的精神沉沦。如果说,前者的主要特征是生命的痛苦,后者的主要结果是心灵的扭曲,那么,人类从事"精神生产"的根本目的,就在于重新使人的心灵变得愉快,生命复归于自由。这在逻辑上与美的本质与原理是完全一致的。

由此可得出一个社会生产的基本原理,即人类社会生产的良性与可持续发展,应该建立在三种社会生产方式的和谐关系基础上,只有这样,才能同时满足人类对物质生活资料、对良好的社会环境与内心精神生态的整体性需要。这在生产观念上则意味着,必须以真善美三者的内在和谐为基础,才能实现人类个体与社会的全面发展。当代都市社会尽管在内容上十分复杂,包含了许多前所未有的新的内容,并且在形式上与农业文明、工业社会有本质上的不同,但由于在深层结构上仍是社会生产的结果,所以这个原理同样适用于都市社会与文化的再生产过程。具体到文化形态、结构与模式上,都市与城市或乡村的不同与差异,主要是它们在生产方式或生产观念上的差异所造成。也可以说,正是在生产方式与生产观念上的差异,才使得都市与城市、乡村在文化生产发生了重大的变异。从"物质生产""人类自身的生产"与"精神生产"出发,可以解释纷纭复杂的都市社会与文化是如何生产出来的。所以说,马克思的社会生产理论是我们研究都市文化的哲学基础。

首先,从作为主体的都市人的角度看,与乡下人、中小城市人相比,都市人的发展程度当然最高,并直接表现对生活、现实、艺术等有着更丰富和更多元的需要。如韩宝仪的歌《你潇洒我漂亮》所唱:

现代人,不知道

————————————

① 金耀基:《假如只有牛顿……》,《社会科学报》,2002-10-24。

> 为什么，这样烦恼，
>
> 真情真意不容易做到，
>
> 有老婆，还要风骚，
>
> 有美丽，还要怕老……

与传统社会中"白头偕老""生死相依"的爱情婚姻理想相比，两者的差异是显而易见的。但无论这需要怎样丰富、多元，甚至是自相矛盾，却也并未脱离"真""善""美"这三种人的基本需要。按照康德的看法，"美"是"无功利"的"愉快"的"形式"。与之相对，伦理对象是"有主观利害"的"内容"，而知识对象则是"有客观利害"的"内容"，这是个体生命最基本的需要模式，它贯穿于人类的每一个实践活动中。比如，面对一个苹果，人会同时产生三种不同的态度：一是从"知识角度"发现它的实用价值，这时苹果对主体呈现的是其"有客观利害"的"内容"，如苹果的营养构成，使人吃了可以免于饿死等；二是从"道德立场"确认主体"应不应该吃"。在这个追问之后，尽管在多数情况下主体要忍饥挨饿，但由于它证明了主体不同于动物的伟大本质，所以苹果对伦理主体呈现的正是"有主观利害"的"内容"；三是从"审美形式"的角度出发，这就同时超越了主观与客观的利害关系，比如欣赏一幅水果静物画，作为艺术形式的苹果引起的只是各种愉快的情感或自由的体验。尽管都市人在发展层次上很高，其生命需要比乡下人、小城市人更丰富，有时甚至超出了自我可以理解与把握的范围，但那只是在"真""善""美"上融入了一些新的时代内涵，或者说是其需要在"内容"与"形式"上发生了某些变异而已，至于其深层结构，则仍不会脱离这三种基本范式，即无非是"有客观利害"的"内容""有主观利害"的"内容"，以及完全没有利害关系的"形式"。进一步说，都市人的内在需要常常表现在这三者的混杂、互渗与相互缠绕，比如审美需要更多地与物欲联系起来，伦理需要也因为社会的复杂而在实践上更加困难，但通过"真""善""美"这个基本结构，仍然为我们解读都市人的主体世界提供了一把钥匙，从这三方面对都市人的混沌欲望结构予以分析与解剖，就可以在大体上把握住都市人深层的结构原理。

其次，从作为对象的文明发展水平上看，尽管都市文明明显优越于乡村与中小城市，但在基本构成上它们并没有本质差异，即主要由物质文明、政治文明、精神文明构成，分别是"物质生产""人类自身的生产"与"精神生产"的结果。在中国文献中，"文明"最早见于《易·乾·文言》和《尚书·舜典》，是指人们创造的用以区别"先进"与"落后""文明"与"野蛮"的一整套"形式符号系统",其核心是先秦儒家津津乐道的为政治服务的"礼乐制度",所以古代中国民族的文明主要是指"政治文明"。马克思、恩格斯对"文明"也多有论述,其核心观点,即"文明"是人类改造世界的实践活动的成果,包括物质文明与精神文明两方面。对此加以整合可知,"文明"的基本内涵即人类创造的文化成果,包括政治文明、物质文明与精神文明三种形态,其功能也相应有三:

第一,在"物质文明"层面上,以生产工具的发明与使用为标志,它表现为人类特有的、不同于动物活动的"物质生产方式"。

第二,在"政治文明"层面上,以政治、法律等上层建筑的创造与运用为标志,它表现为与野蛮时代有着根本性不同的"文明生活方式"。

第三,在"精神文明"层面上,以伦理、艺术等人文精神的创造为最高目标与理想,它表现为一种在大自然、动物界及野蛮社会中不可能出现的艺术生活方式与审美精神境界。

每一种文明形态都同时包括这三方面的内容,不同的只是它们的发展程度与水平。文明与城市的历史告诉我们,越往上追溯,城市的重心就越依靠物质文明与政治文明,因为只有强大的物质基础与强有力的政治保障,才能顶住野蛮人或外来文明的军事压力,以及维护好内部的安定团结。但随着城市在当代的发展,基础性的"物质文明建设"与基本的"政治、法律制度建设",已不再是城市文明发展水平的最高理想,这一点把城市、都市与乡村、小城镇进行比较就可以知道。或者说,由于"文明病""城市问题"更多地与人的精神文化生态相关,因而"精神文明"的建设与发展具有了举足轻重的意义。进一步说,这同时也意味着"物质生产""人类自身的生产"与"精神生产"的传统生产关系,在当代城市化进程中正在发生巨大的变化,而"精神生产""精神文明"重要性的突现,则是都市文化研究在都市社会中变得日益重要与紧迫的社会性根源。而正是马克思的社会生产理论,使我们得以发现庞大都市体系中深藏的内在关系。

尽管当今世界与马克思的工业革命时代在表面上已发生很多的大变化,比如说当今的信息科学已经取代了蒸汽机,当今的市场已经全球化,不需要再进行血腥的殖民活动,清教伦理被消费伦理取代,不同国家与民族的生活方式与观念正在走向同质化,但从另一个角度而言,人类社会存在的深层结构及其结构关系并未发生根本性的变化,人类社会的发展仍然基于"物质生产""人类自身的生产"及"精神生产"三种基本的生产方式。进一步说,当代人类的全面发展不仅需要三种生产方式的和谐发展,同时物质生产针对自然、精神生产针对符号、人类自身的生产针对主体的关系也依然如旧。从这个意义上讲,马克思的社会生产理论不仅提供了当代人自身的社会再生产原理,同时也是我们正确与全面认识与研究都市社会与文化最重要的哲学理论基础。

二、马克思"生产也是消费"理论与都市文化的再生产

都市文化是依托于规模巨大的人口与空间、富可敌国的经济生产总量、发达的交通与信息服务系统所形成、创造出的文化模式。与乡村文化、城市文化在内涵上相对朴素、在结构上相对简单、在形态发展上比较缓慢、在价值上相对保守不同,特别是在当代都市文化中,表现出人类生活世界中从未有过的复杂性、多元性、不稳定性与开放性。西方文化学者罗伯特·洛伊有一句名言:"文化是碎片和补丁组成的东西"。[①] 这表明文化本身在构成上的混杂性与流动性,没有什么不变的本体。而大都市的显著特点之一是人口、生活方式乃至审美趣味的异质性,这两方面的因素叠加起来,使都市文化时常显得破碎、零乱,缺乏整体性与规律。此外,在城市化进程不断加速的今天,以往那种单元的、封闭的中小型城市文化模式早已失去了现实空间,正如人类学家说:"人类未来的另一种可能是文化多元性的产生,即一个社会存在不止一种文化。文化的多元性指的是在同一社会内部,有着不同的生活和思想方式的人,在社会上和政治上相互影响"。[②] 这种多元性是都市文化的本质属性与当代形态,美国未来学家希姆斯特拉在谈到"世界城市"时,也认为它的重要特点是"保证多样的生活方式"。文化的多元化与生活方式的多样性,使都市文化成为一个很不容易规定与把握的对象,以至于我们关于都市文化的研究与阐释,不是"以偏概全",就是"顾此失彼",人们甚至会怀疑,像都市文化这样的现代"庞然大物",是否真的可以成为科学研究的对象。

由于都市文化在内涵上过于丰富,在外延上又处于未定型之中,所以出现这样的疑问并不奇怪,关键在于如何发现其深层的结构与规律。如同都市社会是人类社会实践的产物一样,对于都市文化而言,无论它怎样复杂,也同样从属于同一社会生产过程。两者的区别仅在于,都市文化本质上是精神生产的结果。

---

① [美]维廉·A·哈维兰:《当代人类学》,王铭铭等译,上海人民出版社 1987 年版,第 566 页。
② [美]维廉·A·哈维兰:《当代人类学》,王铭铭等译,上海人民出版社 1987 年版,第 589 页。

这是所有的都市文化现象与过程最深层的共通性。都市文化在模式上之所以不同于乡村与中小城市，是因为它在精神生产机制上存在着特殊性。一旦发现了都市精神生产的特殊性，也就解开了都市文化再生产的秘密。

按照马克思的观点，社会生产结构在总体上包括"生产""分配""交换""消费"四要素，不同民族在不同的时代中对它们又分别有所倚重。就民族而言，中国传统农业文明侧重于生产，而希腊商业文明则侧重于交换等。就时代而言，古代社会在总体上侧重生产，如资本主义早期的清教伦理，如中国传统社会的"勤俭、节约"意识形态；而当代世界的主流则是消费，这是当代被称作消费社会、消费文明的根源。消费社会的出现，不仅意味着物质生产与人类自身的生产的重心发生迁移，同时也意味着精神生产在整体上走向了消费化。这是精神生产方式从属于人类社会生产过程的具体表现，而这个新的走向尤其集中体现在当代都市文化的生产与消费过程中。具体说来，与乡村、城市的精神生产方式不同，都市文化本质上是一种消费文化，它主要通过社会生产结构中的消费环节实现自身的再生产。举一个例子，在传统的精神生产过程中，经常存在着一种"拒绝读者"的文化生产现象，如司马迁说他写《史记》的目的是"藏之名山，传之后世"，如愤世嫉俗的西方现代主义诗人，也经常声称自己的作品是写给几十年或几百年以后的读者。但在美国当代出版界，一句流行的名言是"不发表，就发霉"，这形象地说明了，与传统文化生产主要依赖于作者的劳动过程本身不同，当代精神生产方式在本质上更依赖于以消费为中心的流通、传播与市场机制。在当下，一部再好、再有意义的作品，如果没有成功的广告策划与市场运营，也只能默默无闻或"祇辱于奴隶人之手，骈死于槽枥之间"。

另一方面，消费社会并不意味着生产终止了，或者是生产与消费不再有任何联系，而只是说，这两个生产要素之间的传统关系发生了重要变化，即由传统的重生产环节转向当下的重消费环节，使得消费成为精神生产机制中最突出的矛盾与焦点，消费构成了推动文化与精神生产最重要的力量。不仅当代都市中的许多社会与文化现象，与这个转向有直接而密切的关系，也只有真正理解了消费与生产的内在关系，才能真正深入地把握住都市文化表象之下的规律。尽管在当下已有不少的理论涉及都市文化，但由于种种原因基本上割裂了两者的内在联系。而只有马克思的"生产也是消费"理论，为我们真正理解都市文化提供了最重要的哲学基础。

关于"消费也是生产"，马克思指出：

　　浅显的表象是：在生产中，社会成员占有（开发、改造）自然产品供人类需要；分配决定个人分取这些产品的比例；交换给个人带来他想用分配给他的一份去换取的那些特殊产品；最后，在消费中，产品变成享受的对象，个人占有的对象。①

　　但由于"生产、分配、交换、消费"并不是"同一的东西"，而是"构成一个总体的各个环节"，因而这四要素之间又是相互联系的——

　　过程总是从生产重新开始。交换和消费不能是起支配作用的东西，那是自明之理。分配，作为产品的分配，也是这样。而作为生产要素的分配，它本身就是生产的一个要素。因此，一定的生产决定一定的消费、分配、交换和这些不同要素相互间的一定关系。当然，生产就其片面形式来说也决定于其他要素。例如，当市场扩大，即交换范围扩大时，生产的规模也就增大，生产也就分得更细。随着分配的变动，例如，随着资本的集中，随着城乡人口的不同的分配等等，生产也就发生变动。最后，消费的需要决定着生产。不同要素之间存在着相互作用。每一个有机整体都是这样。②

　　"消费的需要决定着生产"，表明"消费"环节对整个社会生产过程具有重要的反作用。这本是一个天才的理论预见，但在那个资本主义生产起决定与支配作用的时代，其现实意义并没有特别明显地表现出来。只是随着"消费社会"的来临，"消费也是生产""消费的需要决定着生产"的特殊意义才日益显示出真理的光辉。

　　从理论的角度来看，在社会生产这个有机整体中，生产和消费是两个最重要的环节，它们的关系直接决定着整个社会生产的性质与再生产的过程。因而，弄清楚两者之间的关系十分重要。在政治经济学语境中，生产与消费的关系十分密切。如马克思所说：

　　　　生产直接是消费，消费直接是生产。每一方直接是它的对方。……生产媒介着消费，它创造出消费的材料，没有生产，消费就没有对象。但是消费也

---

① 中共中央马克思恩格斯列宁斯大林著作编译局编：《马克思恩格斯选集》（第2卷），人民出版社1972年版，第91页。

② 中共中央马克思恩格斯列宁斯大林著作编译局编：《马克思恩格斯选集》（第2卷），人民出版社1972年版，第102页。

媒介着生产,因为正是消费替产品创造了主体,产品对这个主体才是产品。

消费,作为必需,作为需要,本身就是生产活动的一个内在要素。……个人生产出一个对象,因消费了它而再回到自己身上,然而,他是作为生产的个人,把自己再生产的个人。所以消费表现为生产的要素。①

这对于我们理解消费社会的性质具有重要哲学基础意义。首先,从"物质生产"上看,"消费直接是生产",超越了农业文明与早期资本主义社会"重生产"的内在生产观念,把消费具有的"生产性"内涵与价值直接揭示出来,并可以看作是正在全球化的后工业文明中最重要的社会生产观念。其次,如同不理解"消费直接是生产",就无法理解政治经济学意义上的再生产一样,如果不理解"消费表现为生产的要素",同样也不能完整地把握人自身的再生产过程。这是因为,"人类自身的生产"与"物质生产"是一个整体,后者在生产性质与内涵上的任何变化,也会直接反映与表现在前者的再生产过程中。许多传统社会的生活方式与价值观念在当代发生的巨变,可以很好地说明这一点。最后,出于同样的原因,这个原理也适用于"精神生产"。如马克思在批判斯密的政治经济学时曾指出:"连最高的精神生产,也只是由于被描绘为、被错误地解释为物质财富的直接生产者,才得到承认,在资产者眼中才成为可以原谅的。"②如新马克思主义者阿多诺在分析音乐创作时指出:"音乐的非理性成分,直到有声电影、无线电和歌唱的广播时代,才被商业社会的逻辑所没收。对于一切文化商品进行工商业管理的一套完整制度建立,同时也取得了对美学上不顺从的一切的生杀大权"。③ 尽管这是对艺术商品化或其异化生产机制的批判,但在某种意义上,也恰好表明了消费在精神生产与艺术领域中的影响越来越大。

从实践的角度来看,消费本身成为消费社会生产过程中的主导方面,并全面改写了三种生产方式的内在结构关系。这种改写是围绕着"都市文化与精神"的轴心而出现的。在都市社会中,物质基础已经解决,用来保证人类自身的生产顺利进行的各种制度也日益完善,而人的精神与文化问题却日益突出与尖锐起来,

---

① 中共中央马克思恩格斯列宁斯大林著作编译局编:《马克思恩格斯选集》(第 2 卷),人民出版社 1972 年版,第 94 页、第 97 页。
② 中共中央马克思恩格斯列宁斯大林著作编译局编:《马克思恩格斯全集》(第 26 卷第一册),人民出版社 1972 年版,第 298 页。
③ [德]阿多诺:《〈现代音乐的哲学〉序和导论》,顾连理译,载于《外国美学》第三辑,商务印书馆 1988 年版,第 378 页。

使文化生产与消费对人类社会的影响变得越来越重要。这突出地表现在政治、经济与文化三者关系的变化中。

首先,从文化与政治的角度看,在当代,二者的传统关系发生了重要变化,一个最典型的例子是"博客政治"的出现,以法国为例,"你读了罗亚尔的博客了吗?"这是巴黎政治记者圈里最近颇为流行的问话。

事实上这位在民意测验里最受欢迎的 2007 年法国总统候选人罗亚尔不断地通过她建立的个人竞选网站"渴望未来"发表自己的最新政治主张。她还曾在网上对 35 小时工作制提出了自己的不同看法,结果在社会党内部引发了一场不大不小的"政治地震"。

目前没有办法统计法国政治家究竟有多少人创建了博客。我们只知道,在法国,多种统计有多种结果。最乐观的统计结果表明法国眼下已经创建的博客网页达 1 500 万个,而每天都在写博客的人数则达到 300 万之众。有的则说十分之一的网友已经创建了博客,平均每 5.8 秒出现一个新博客。当然"死亡"的博客(即没有更新的博客)也很多。最谨慎的估计则是 300 万个博客,居欧洲各国之首(英国为 90 万个,俄罗斯 80 万个,荷兰 60 万个,波兰 40 万个,意大利和德国均 20 万个……)。这些统计的可靠性如何,目前没有一家权威的统计机构能够拿出令人信服的说法。但多少能够反映一点眼下欧洲和法国博客的火爆程度。但最令人吃惊的则是政治博客的兴起……

现在法国各大媒体的政治记者们每天上午起床后的第一件事,就是浏览诸多政治家们的博客,生怕错过或漏掉一个可能会引起轰动的大新闻……这是法国政治生活里还从来没有过的"博客现象"!①

这足以说明,当代都市文化已不简单地是政治工具或为政治服务,它以相当大的"自律性"积极参与,甚至是创造了以文化为中心的新政治话语。

其次,在经济与文化的关系上也是如此。马克思说:

> 例如西尼耳先生问道(至少是有类似的意思),钢琴制造者要算是生产劳动,而钢琴演奏者倒不算,虽然没有钢琴演奏者,钢琴也就成了毫无意义的东西,这不是岂有此理吗?但事实的确如此。钢琴制造者再生产了资本;

---

① 郑若麟:《"博客风"席卷法国政坛——政治生活模式是否会因此改变已成为专家关注对象》,《文汇报》,2006 - 06 - 08。

钢琴演奏者只是用自己的劳动同收入相交换。但钢琴演奏者生产了音乐，满足了我们的音乐感，不是也在某种意义上生产了音乐感吗？事实上他是这样做了，他的劳动是生产了某种东西；但他的劳动并不因此就是经济意义上的生产劳动；就像生产了幻觉的疯子的劳动不是生产劳动一样。①

在某种意义上，它恰好表现了古典经济学对消费环节，特别是对"精神消费是生产"的轻视与不解。但在消费社会中，随着艺术产业化、创意经济、文化产业的出现，"钢琴演奏者"的劳动，已经成为远比一般工业活动更为重要的生产方式。一个最突出的例子，是工业城市中遗留的大量厂房，在都市化进程中被改造为各种艺术街区或创意产业园区。在"消费比生产更重要"的消费社会中，传统不直接生产财富的精神生产正在得到重新诠释。对此可从两方面来了解。就理论而言，马克思曾把劳动区分为"创造剩余价值"的生产劳动与"消费收入"的非生产劳动，后者正因为它与物质、经济活动没有必然联系，才构成精神生产的基本内涵。但在消费社会中，这两种劳动之间的本体差异正在渐渐消失，传统"资产阶级经济学家"无论如何都弄不明白的"艺术家不劳动"，在今天不仅不再是"错误的逻辑运算"，而且早已转变为光天化日之下的真实现实，相反，那种不直接生产物质财富或满足消费欲望的精神劳动已不复存在，②令一般人难以理解的则是，古典政治经济学最看重的直接与大自然打交道的物质生产，在知识经济的背景下不可避免地走上了边缘化之路。在实践上看，原本与经济活动关系疏离甚至敌对的精神生产与文化消费，已成为当代经济社会发展中一支有着远大前景的生力军。以动漫市场为例，2004年，全球数字内容产业产值达2 228亿美元，与游戏、动画相关的衍生产品产值超过5 000亿美元。统计显示，中国的动漫市场容量至少有1 000亿元人民币。但中国动漫协会预测，2004年中国动漫产业总产值仅117亿元。2005年也只有180亿元的产值。现在的中国动漫业至少存在800亿元的缺口，仅史努比、米老鼠、Kitty猫、皮卡丘和机器猫，每年就从中国市场"夺走"6亿元。③ 以北京的创意产业为例，北京文化创意产业实现增加值603.5亿元，占全市GDP的8.8%，营业总收入达到2 602亿元，上缴税金

---

① 中共中央马克思恩格斯列宁斯大林著作编译局编：《马克思恩格斯全集》（第46卷上册），人民出版社1979年版，第264页。
② 刘士林：《阐释与批判——当代文化消费中的异化与危机》，山东文艺出版社1999年版，第296—297页。
③ 杨亮：《800亿元的动漫市场为何"闲置"》，《光明日报》，2006 - 09 - 28。

116.5 亿元,北京地区文化创意产业总资产达到 4 537 亿元。北京市 2006 年 11 月正式发布《北京市促进文化创意产业发展的若干政策》,从税收、资金、土地资源、人才等方面制定了发展文化创意产业的一系列政策:从 2006 年起,北京市政府将每年安排 5 亿元"文化创意产业发展专项资金",采取贷款贴息、项目补贴、政府重点采购、后期赎买和后期奖励等方式,对文化创意产品、服务和项目予以扶持。[①]

最后,从文化生产系统看,"都市物质条件"在改变文化与政治、经济的传统结构关系同时,还直接改变了精神生产与文化消费自身传统的存在方式。借助于文化产业与文化商品所创造或内含的巨大经济利润,当代都市文化的生产与再生产具有了越来越多的"自律性"与更为广阔的自由发展空间。这主要表现在两方面:

首先是作为当代世界精神生产与消费的话语中心,当代都市文化直接打断了传统文化固有的"摹仿链"。传统文化的基本秩序如同"大鱼吃小鱼,小鱼吃虾米,虾米吃土泥",即以农村摹仿城镇、城镇摹仿城市、城市摹仿都市为专心形成自身的生产、传播与消费系统。但在现代交通与信息技术高度发达的当下,这个有着相对严密的层级关系与内在秩序的精神生产系统已经崩溃,如同国际化大都市的影响无所不在而又具有绝对权威一样,都市文化模式在当今世界文化中也具有同样的霸权地位与决定性意义。这可以中国农民工的代际差异为例加以说明。始于 1984 年的农民进城务工,历经 20 多年的时间,已经完成了群体的"更新换代"。"第二代农民工"与父辈们在人生选择上完全不同,他们最重要的主题是"打死也不再当农民"。

> "民工潮"持续 20 多年来,这一特殊群体已超过 1.2 亿人。第二代农民工除了年轻之外,大都具有初中以上文化水平。绝大多数未婚,没有或较少有家庭负担,很多是从学校毕业后就直接外出的,甚至连基本的农业常识都缺乏。他们不但在城市挣钱,更希望打破城里人和农民生活观念和方式上的壁垒,融入城市的主流社会。
>
> 对大多数第一代农民工而言,他们只是城市中的"过客",他们的归宿仍然在农村。对第二代农民工而言,城市意味着一种新的生活方式,意味着不

---

① 王荟:《北京扶持创意产业拟年投 5 亿》,《新京报》,2006 - 11 - 08。

一样的前途。①

其次是在消费社会中获得充分发展的都市文化,对当今世界经济与社会发展也产生了越来越重要的影响。例如都市化进程中新兴的文化创意产业,已成为当今世界城市综合竞争力最重要的评判尺度之一。

城市竞争力是推动城市发展的原动力,而文化创意已成为一个城市未来竞争的制胜法宝。目前,决定城市综合竞争力的主导因素正由资本、资源等经济优势转向人才、制度、环境、创新等文化创意优势。文化创意在增强城市竞争力和发展后劲中具有决定性作用。纵观那些在国际上有影响力的世界级城市,几乎无一例外都是"文化创意城市",是文化创意产业最集中、最发达的地区。正是发达而富有特色的文化创意产业大大增强了城市的竞争力和辐射功能,造就了世界级城市,并使其闻名遐迩。

城市的竞争不仅在于数量的比拼,更在于质量的考验。文化创意恰恰能够提高一个城市比较优势的质量。每个城市都有自己的比较优势,这种比较优势既可以是劳动力、资本和资源等生产要素,也可以是自然环境等禀赋。文化创意,对这些要素可以起到去劣存精等作用,使其竞争优势更加突出。改革开放以来,我国城市发展的前期注重的是经济增长,经济实力的强弱、增长的快慢往往成为城市竞争力的重要体现。而进入全面建设小康社会时期,城市发展与竞争不仅仅体现在经济上,更体现在文化上,以文化论输赢,以文化比后劲已成为城市竞争的重要主题。因此,文化创意水平将成为城市竞争的关键所在,富有文化创意的城市才能在城市竞争中立于不败之地。②

进入21世纪以来,创意城市正在成为世界城市发展的新理念。如伦敦21世纪发展目标是"世界卓越的创意和文化中心及世界级文化城市",美国华盛顿则于2001年制定了"创意城市草案",日本的大阪在2005年成立了"日本创意城市交流协会",联合国教科文组织在2004年成立了全球性的"创意城市交流协

① 徐旭忠:《"第二代农民工":没有退路的城市新群体》,《文摘报》,2006 - 11 - 05。
② 谭仲池:《文化创意与城市竞争力》,《光明日报》,2006 - 07 - 23。

会"。当文化创意本身上升为一个都市社会发展的象征时,足以使人真切地感受到文化在当代人类生活中的重要地位与重大意义。

由此可知,正是在当代都市化进程中,正是都市本身聚集的大量财富与人口,才为"生产也是消费"理论提供了最广阔的现实空间。同时这也表明,只有回到马克思的"消费也是生产"的重要理论上,才能为当代人正确理解与科学阐释他们所生活的都市社会提供坚实的理论基础。

三、马克思"全面发展的个人"理论与都市人自身的再生产

在马克思看来,"全面发展的个人"是人自身再生产的最高理想,也是人类三种生产方式的终极目标,其内涵是"使自己先天的和后天的各种能力得到自由发展的个人来代替局部生产职能的痛苦的承担者"。[①] 共产主义社会可以看作是"全面发展的个人"的象征,在这里,"任何人都没有特殊的活动范围,而是都可以在任何部门内发展""我有可能随自己的兴趣今天干这事,明天干那事,上午打猎,下午捕鱼,晚饭后从事批判,这样就不会使我老是一个猎人、渔夫、牧人或批判者"。[②] 也就是说,他们的生命活动是自由的与全面的,既没有来自外部的生存压力,也没有来自内在意识方面的强迫,一切活动都是自愿、自觉与自由的。这当然也是当代人在城市化进程中的最高发展理想;另一方面,人的全面发展是不可能在低级的原始和谐状态中或在不发达的社会基础上达成的,所以马克思在《1857—1858 年经济学手稿》中特别强调,"我们越往前追溯历史,个人,从而也是进行生产的个人,就越表现为不独立,从属于一个较大的整体"。[③] 把这两方面的界定与要求整合在一起,可以准确把握住马克思的"全面发展的个人"理论的精髓,即全面发展是在人的现实世界中"使自己先天的和后天的各种能力得到自由发展"。在当代都市化背景下,一方面,由于影响人"自己先天的和后天的各种能力得到自由发展"的主要矛盾已由乡村转移到城市,由中小城市转移到国际化大都市;另一方面,由于当代的国际化大都市及其文化模式代表着人类文明的更高阶段与历史的新篇章,因而,如何减少人自身在城市化进程的异化命运,

---

① [德] 马克思:《资本论》(第 1 卷),中国社会科学出版社 1983 年版,第 500 页。
② [德] 中共中央马克思恩格斯列宁斯大林著作编译局:《马克思恩格斯选集》(第 1 卷),人民出版社 1995 年版,第 85 页。
③ [德] 中共中央马克思恩格斯列宁斯大林著作编译局:《马克思恩格斯全集》(第 46 卷上),人民出版社 1976 年版,第 21 页。

如何在现代化大都市社会背景中实现人的全面与和谐发展,必然要成为当代中国都市文化学科建设与学术研究最深刻的价值理念。在这个意义上,马克思的"全面发展的个人"理论恰好构成了都市人自身再生产的哲学基础。

当代国际化大都市是人类的一个全新的生存与发展空间,它深刻改变了当代人的社会环境与内心世界,在主、客两方面直接影响了人类个体与社会的再生产过程。一方面,当代都市以其巨大的物质财富与更为成熟的社会制度,为都市人的"物质生产""人类自身的生产""精神生产"提供了比以往任何时代都要好的条件与基础,使传统的物质贫困、制度压迫,以及艺术与审美需要的受阻等问题获得了较好的解决。只要把当代都市人的物质生活、体制保障,以及艺术消费与任何一个历史时期相比,就不难理解这一点。但另一方面,由于都市社会在高度发展中又带来诸多的新问题,因而人自由发展这个根本性的问题并未获得彻底解决。如社会学家对以现代性为核心的当代世界的阐述:

> 现代环境和现代经验打破了地理、种族、阶级、宗教和意识形态的所有的边界;从这个意义上讲,可以说,现代性团结了全人类。但是,它是一个矛盾的结合,一个对立的统一,它把我们抛进了一个大漩涡中,这个漩涡里充满了不断的分裂和更新、抗争和矛盾、歧义和痛苦。[1]

在某种意义上,当代都市是以对客观与主体世界两方面更大的剥削与扭曲为前提,因而它的辉煌往往带来更为严重的负面与消极影响,这集中体现在都市异化这一新的异化形式中。即人在都市中创造了财富,但却没有享受到快乐;人在都市中建造了高楼大厦,却总是感到无家可归,一言以蔽之,都市为人的全面发展提供了更好的物质与社会条件,但人在都市中却直接否定了自身的精神与生命需要。现代化大都市中日益严重的城市病与城市危机,也包括中国在快速的城市化进程中产生的各种相当严重的社会与文化问题,可以看作是都市异化最直接的表征。

首先,从物质生产的角度看,都市异化主要表现为都市人与作为对象的都市空间的激烈矛盾冲突。以美国的洛杉矶为例,一方面,迅速的城市化使这座城市奇迹般地崛起——

----

[1]　[英]迈克·克朗:《文化地理学》,杨淑华等译,南京大学出版社 2003 年版,第 151 页。

　　洛杉矶的城市区域(覆盖了洛杉矶、奥兰治、文图拉、里弗赛德和圣贝纳迪诺五个县),在今天是世界上最大的工业大都市之一,最近在生产就业和工业生产总值方面已超过了大纽约。再者,自20世纪60年代以来,洛杉矶的城市区域已经历了工业、就业增长以及金融投资的集中化,这在任何先进的工业国家也许都是无与伦比的。在1970年至1980年期间,整个美国净增加了不到100万个制造业就业岗位,纽约几乎失去了33万个制造业就业岗位,而洛杉矶区域却增加了22.58万个制造业就业岗位。在同一个10年期间,总人口增加了130万,而非农业的工薪工人人数增加到了131.5万人,使得这个区域成为迄今为止世界上最大的就业机器,这一地位在80年代一直保持不变。①

但另一方面,都市物质文明的高度发达,并没有从根源上解决都市人与都市空间的基本矛盾,相反,城市化进程的急剧发展还引发了人与他的对象世界之间更激烈的冲突。

　　与区域性经济急速增长的这些迹象形成鲜明对比的,是衰落和经济置换各种同样令人吃惊的迹象:普遍的失业以及产业劳工工会成员人数的急遽下降;在那些因未赶上发展而落后的邻近地区里不断加剧的贫困和失业,因为这些地区只能在一种日益非正统化的或地下的(underground)经济中自谋生路:不禁使人回想起19世纪产业血汗工厂(sweatshops)的大量增加;暴力犯罪、团伙谋杀和吸毒不寻常的高比率以及在美国最大的城市监狱人口等等。一次特别严重的住房危机已沸沸扬扬地闹了许多年,改变了原先长期存在并与日俱增的自己拥有住房的习惯趋势,由此引发了一连串异乎寻常的住房策略。在洛杉矶县,大约有25万之多的人现在住在改建的汽车库和后院的建筑物里,有一半之多的人涌到汽车旅馆或旅馆房间里去居住,借此希望节省下足够的钱来支付为更加稳定的但又没有能力支付的房租金所必需的担保金。许多人被迫睡"温床",即轮流在从来就不空着的席子上睡觉,而没轮到睡觉的人只能躲到电影院里,因为电影院在午

---

① [美]爱德华·W.苏贾:《后现代地理学——重申批判社会理论中的空间》,王文斌译,商务印书馆2004年版,第290页。

夜后会降低收费。那些更为不幸的人只能生活在大街上、快车道底下、纸板箱里或临时帐篷里，汇集到一起成为美国最大的无家可归人口，即洛杉矶的另一个之"最"。①

当然不仅是洛杉矶一个城市，如具有全球性意义的饥饿与贫困问题。据联合国粮农组织 2006 年 10 月 30 日发布的一份报告："2001 年至 2003 年期间世界饥饿人口为 8.54 亿人，其中发展中国家为 8.2 亿人，'转型国家'为 2.5 亿人，工业化国家为 900 万。报告显示，世界上 180 个国家首脑庄严通过《罗马声明》已经 10 年了，其间，亚洲太平洋地区和南美地区的饥饿人口下降，但世界饥饿人口总数不仅没有减少，反而增加了 2 600 万。尤其令人担心的是次撒哈拉地区，那里的艾滋病、自然灾害和战乱阻碍了同饥饿的斗争，有的国家饥饿人口达到56％，甚至 72％。"②尽管 1996 年世界首脑会议曾通过《罗马声明》，希望 2015 年将饥饿人口减少一半，降至 4.12 亿人，但目前看来，这已经成为泡影。饥饿与贫困问题，表明在都市生产中并没有给人类带来足够的生活资料，因而成为都市异化在"物质生产"层面上的直接表现。

其次，从"人类自身的生产"的角度看，都市异化主要表现为传统秩序与规范的丧失与扭曲，直接影响到都市人力资源的安全与可持续发展。由于都市人口的异质性，因而都市社会的基本结构特征是开放性，这是它与传统社会的一个根本区别所在。但另一方面，由于实际占有财富与社会资源的不同，都市本身也成为一个巨大的矛盾体，在它自由、平等、开放的表象背后，同样生产出更严格的等级与隔离。如城市社会学家伯吉斯提出的同心圆理论，把城市分为五个同心圆区域：第一环是中心商业区；第二环是过渡区，即中心商业区的外围地区，贫民窟、仓库、工厂、住宅、舞厅、出租汽车、妓院和赌场都集中在这里；第三环是工人居住区；第四环是高级住宅区，在这一环内有独门独院、高级公寓和一些旅馆。中间阶层、白领工人、职员和小商人住在这里；第五环是往返区，上层社会和中上层社会的郊外住宅坐落在这里。还有一些小型的卫星城。住在这里的人大多使用通勤票，他们在中心城市工作，上下班往返于两地之间。③ 都市空间与资源的

---

① ［美］爱德华·W.苏贾：《后现代地理学——重申批判社会理论中的空间》，王文斌译，商务印书馆 2004 年版，第 292—293 页。

② 穆方顺：《世界仍有 8.54 亿人口挨饿》，《光明日报》，2006-11-01。

③ 康少邦、张宁等编译：《城市社会学》，浙江人民出版社 1986 年版，第 78—81 页。

有限甚至紧缺,是直接影响到都市人受教育、享受都市服务的主要现实原因。都市社会的不平等、不自由、不开放,一方面直接摧毁了传统的社会结构与规范体系;另一方面也使新的都市规范、秩序等不容易建立起来,使都市社会成为道德上冷漠无情,政治上不负责任,人格被贬低的"暴君城"(tyrannopolis)。特别是在"城市化过度"的国家与地区,大量城市人口拥挤不堪,生活贫困,环境恶劣,给"人类自身的生产"造成严重的危机。这集中体现在越来越严重的城市病上。

城市病的典型特征是:众多的人口拥挤在空间有限的城市,住房拥挤、交通紧张、就业压力大大增加;由于人口和经济社会活动的集中,特别是汽车等机动交通工具的增加,环境污染严重,生态破坏堪忧;社会分化加剧,贫富悬殊扩大,在一些地方形成"贫民区",甚至出现社会治安的严重恶化。这些城市病在影响人们生活质量的同时,也大大增加了城市管理的难度,引发了一系列社会经济问题。①

在过去这种情况已颇为严重,如印度的加尔各答——成千上万的人白天踟蹰于加尔各答街头,从垃圾中寻食,乞讨求生;晚间沿街而卧,因饥饿而丧生。早晨车载尸首,运出城去。……加尔各答都市区过剩人口八百万,其中三万人云集城中。几万人住在街上,吃在街上,睡在街上,工作也在街上。②

在都市化进程中,由于都市化本身意味着人口、资源等向少数国际化大都市、国家首位城市与区域中心城市的高度集中,因而,各种都市问题与都市危机不仅蔓延为全球性的,而且在不同程度上也出现越来越严重的态势与趋向。以对生命的态度为例,据世界卫生组织和国际预防自杀协会在 2006 年 9 月 10 日——"世界预防自杀日"到来之际发布的警告,全球每年约有 100 万人自杀,这个数字比战争、动乱和谋杀造成的死亡人数总和还要多,其中三分之一是喝农药致死,自杀已成为许多国家成年人非正常死亡的主要死因。③ 按照中国的城市标准,这相当于每年有一个大城市的人口集体消失。以生殖健康为例,据 2006 年 11 月 1 日世界卫生组织公布的全球首份生殖卫生状况调查,每年有 50 多万名妇女死于妊娠和难产,有 1.2 亿对夫妇不能获得所需的避孕工具,每年有 8 000 万名妇女意外怀孕,其中 4 500 万人堕胎。④ 全球生殖卫生状况的恶化,直

① 郭培章:《中国城市可持续发展研究》,经济科学出版社 2004 年版,第 4 页。
② 康少邦、张宁等编译:《城市社会学》,浙江人民出版社 1986 年版,第 293 页。
③ 刘军:《全球每年自杀人数 100 万》,《光明日报》,2006 - 09 - 07。
④ 巫倩姿:《WTO 报告显示全球生殖卫生状况恶化》,《新京报》,2006 - 11 - 08。

接影响到人类自身再生产的安全与可持续发展。还有就是日益严重的精神卫生与心理健康问题。据中国部分地区流行病学调查结果,有关专家推测,目前中国至少有一亿人患有各种精神障碍疾病,这个数字在中国疾病总负担中排名首位,约占疾病总负担的五分之一。更为严重的是,一方面中国尚缺乏对庞大患者群体的临床治疗和服务体系;另一方面,在都市化进程中,随着社会竞争加剧、原有社会支持网络的削弱,各种心理应激因素急剧增加,精神卫生与心理健康问题,如儿童行为问题、大中学生心理卫生问题、老年期精神障碍、酒精与麻醉药品滥用以及自杀等问题,正在变得越来越严重。这些都市人自身再生产中存在的问题,直接从人力资源上威胁到都市社会的和谐与可持续发展。

最后,从"精神生产"角度看,良好的物质条件与社会环境直接刺激了都市人的文化需求,而高度紧张的生活节奏与繁文缛节的游戏规则也使主体产生强烈的审美需要,正如未来学家奈斯比特说:"我们的社会里高技术越多,我们就越希望创造高情感的环境,用技术的软性一面来平衡硬性的一面"。① 都市化进程中的"高技术需要高情感补偿"原理,是刺激当代文化艺术扩大生产规模的直接原因。如鲍德里亚曾比较清教徒与当代都市人:"清教徒把自己、把自己整个人看作一种为了上帝最伟大的光荣而奋斗的事业。他把整个人生都用于生产自己的'个人'品质'品格',这些对他而言是需要进行及时投资经营并不得用于投机或浪费的一种资本。反之,以同样的方式,消费者把自己看作处于娱乐之前的人,看作一种享受和满足的事业。他认为自己处于幸福、爱情、赞颂/被赞颂、诱惑/被诱惑、参与及活力之前。其原则便是通过联络、关系的增加,通过对符号、物品的着重使用,通过对一切潜在的享受进行系统开发来实现存在之最大化"。② 对于都市文化中的生产与消费而言,尽管表面上提供了前所未有的丰富文化生活用品,但它"肉体狂欢"的内在生产观念与工业化的生产与商业化的销售模式,不仅未能给心灵饥饿的都市人带来真正的满足,相反,还严重异化着当代人的精神品味与审美趣味。以西方为例,希腊人体雕塑中的"健康的身体",与当代西方大众文化中的"肉体狂欢"截然不同,前者是精神与肉体的统一,所以被黑格尔称赞为古典理想的最高代表。而后者则是所谓的"欲望主体结构",其最典型的是美国的拳王泰森和影视明星麦当娜——

① ［美］约翰·奈斯比特:《大趋势》,梅艳译,中国社会科学出版社1984年版,第47—48页。
② ［法］让·鲍德里亚:《消费社会》,刘成富、全志钢译,南京大学出版社2000年版,第72页。

前者作为男性的最高本质,是一种"自然化的暴力",后者作为女性的最高理想,则是一种"技术化的性感"。与古希腊雕塑中的英雄原型不同,后现代的男性身体只是一种暴力本能的物质载体,因为充满了对人类社会与文明世界各种理性秩序的极端仇视与破坏欲,从而把这种来自男性自然结构中的原始力量,用电子手段叙述为一种虚幻的统治权力。美国影城好莱坞批量产销的惊险话语与暴力形象,就是这种"暴力性"的"元身体语言"的复制与再现。与古希腊女性的健壮、丰硕、充满活力不同,后现代的女性身体,则成为文明结构中过剩的力比多的冲动与消费对象。现代女性身体的理想形态是作为活雕塑的模特,自然身体的病态瘦弱与欲望主体的"三围"扩张,是它的两大主要特征。其身体结构的瘦弱与性欲特征,正好可以作为一种显现男性暴力的对象,因此在这种"人比黄花瘦"的欲望快感中,恰恰遮蔽了女性自然的生命结构形态。女性身体的全部魅力,都是大众文化车床根据商业利益复制与再生产的。这两种后现代的身体语言,最终都没有显现出人类自然的健康的身体结构……这也是"新感性本体"所指称的肉身自由,不能使生命获得自由与解脱的根源。①

而这种通常被称作"文化垃圾"的精神食粮,在当代正在全球范围内迅速地传播与复制,成为全人类必须面对的严峻现实问题。在都市化背景下,受西方都市大众文化的影响,中国当代文化消费也是如此——

要有文化消费与精神享受,首先就要有足够的消费对象,或者说,首先需要有人把文化消费的材料、对象生产出来,没有这个物质基础作前提,一切文化消费都无异于"墙上的画马"或"镜子里的烧饼"。在某种意义上讲,这个物质基础在当代解决得比较好,特别是自 20 世纪 90 年代以来,随着消费社会在中国的逐渐形成与不断发展,文化消费品与人们消费需要的紧张供需矛盾已得到解决。从当下的文化消费现状看,它比起"文化大革命"中的"八亿人看八个样板戏",比起文化生产与消费大权完全掌握在知识精英手中,而大众几乎没有什么自由选择的可能与空间的 80 年代,当然是一个巨大的社会进步。但是另一方面,文化消费品的丰富及消费方式的

---

① 刘士林:《一个人的文化百年》,湖北人民出版社 2006 年版,第 169—170 页。

增多,解决的只是文化消费的物质基础问题,它与消费者是否可以在文化消费中获得心灵的自由与满足,是不能直接画等号的。与改革开放初期的一个怪现象——"端起碗来吃肉,放下筷子骂娘"——在当下也是这样,人们读书、看电视、听音乐会、看画展越多,就越是感到"书不像书""电视不像电视""音乐不像音乐""美术不像美术",于是到处都可以听到此起彼伏的"文化骂娘声"。①

这是都市文化一个基本的二律背反,其后果是,人们消费的低俗文化对象越多,他们实际上享受到的精神价值就越少;人们对这种粗放文化消费品占有得越多,他们人性中的文化就更加苍白。也可以说,他们越是消费,就越丧失消费的能力,并且在心灵上越来越饥饿。在文化被"麦当劳化"了的都市社会里,如霍克海默所说,电视使"家庭逐渐瓦解,个人生活转变为闲暇,闲暇转变成为连最细微的细节受到管理的常规程序,转变为棒球和电影、畅销书和收音机带来的快感,这一切导致了内心生活的消失"。② 在现代化大都市中,尽管物质文明与制度文明建设得都比较好,但物质的满足与制度上的保障,并不能真正替代人的精神需求,实现都市人的全面发展。在这个意义上,都市社会在"精神生产"上存在的问题,与在政治、经济、社会等方面面临的挑战是同样严峻的。这也是精神生产的重要性被提高到前所未有的高度的原因,正如英国学者约翰·汤林森所说:"全球化处于现代文化的中心地位;文化实践处于全球化的中心地位"。③ 在人类的历史上,文化与精神的问题从没有像今天这样重要。此外,都市异化问题并不限于数量有限的都市人口或几个国际化大都市,在经济社会发展不断走向知识化、信息化与全球化的背景下,当代都市文化及其生活方式已成为一般中小城市乃至乡村竞相模仿的对象,使在大都市中出现的社会与文化问题具有了很强的普遍性,都市文化已经构成当代人类生存与发展的最重要的精神生产背景。这是在城市化水平并不发达的中国必须研究都市文化的根本原因。

在当下正确认识都市化进程给人类发展带来了二重性,一方面,作为高度复杂的都市环境与都市社会关系,必然给个体在感觉、心理、情感、精神、意志等方面带来许多严峻的挑战,"城市体验的主要特征仍然是机械和电子产生的

---

① 刘士林:《超越粗放的文化消费方式》,《解放日报》,2005-04-05。
② 〔德〕霍克海默著,曹卫东编:《艺术与大众文化》,《霍克海默集》,远东出版社1997年版,第216页。
③ 〔英〕约翰·汤林森:《全球化与文化》,郭英剑译,南京大学出版社2002年版,第1页。

噪声、垃圾、单调的摩天大厦、川流不息的车辆和被污染的空气,个性特征以及人与人之间的亲密联系被单调的建筑和大众文化吞没。在这样的环境中,人的地位是不稳定的和受到威胁的";但另一方面,它同时也为当代人如何在都市空间与社会中生存与发展提出了更高的要求与全新的发展目标,"城市生活所带来的好处不必然要求人类作出牺牲。统治工业文明的交换原则并不要求以物质进步的名义牺牲优雅、愉悦与美。城市和文明都发源于建立共同的理念,并且城市仍然保有这样的希望:在城市环境中,人可以成为真正的人"。①都市文化研究要解决的问题是:在都市空间中如何减少人自身的异化,实现人的全面发展,和谐发展。在这个意义上,都市文化研究的主要任务是为当代人提供一种理性的方法、观念、理论与解释框架,用来整理他们在都市中混乱的内在生命体验与杂乱的外在都市社会经验,帮助他们在生命主体与都市社会之间建立起真实的社会关系与现实联系,并在这个真实的现实生活世界中去努力探索实现他们生命自由与本质力量的历史必由之路。这既是避免人在都市环境中被异化与被扭曲的理性前提,同时也是中国当代都市文化研究在学理上应遵循的基本原则。

---

① 〔美〕阿诺德·伯林特:《环境美学》,张敏、周雨译,湖南科学技术出版社 2006 年版,第 74 页。

| 第九章 |
都市消费文化与马克思主义

　　与农业社会相比,城市最显著的功能与特征即它的消费性。与传统的城市消费相比,在以"大都市"与"城市群"为中心的都市化进程中,人口、财富、文化资源在都市空间的高度集聚与迅速膨胀,不仅直接刺激了都市化地区现代服务业的发展与繁荣,同时也使城市社会固有的消费功能获得了极大的提升甚至是升级换代,以至于从物质生产到精神生产,从群体到个体,从历史文化到自然遗产统统被卷入到消费、消费、再消费的潮流中。这既是当代被称为"消费社会"、"消费文明"的原因,也是都市消费文化研究在中国学界迅速升温的根源。纵观当代中国的消费文化研究,其突出问题可概括为"跟着西马走"(如卢卡奇、波德里亚、霍克海默等)与"跟着感觉走"。前者忽略了作为母体、比子孙更高瞻远瞩的父系经典理论,未能从社会生产的总体性与历史发展角度探索出适合中国经验的当代批判话语;后者则基本上割裂了或完全不懂得马克思揭示的消费与生产的内在关系原理,直至沦为毫无理性反省能力、随波逐流的欲望化了的时髦文化批评。要想真正完成解释与批判消费社会现实与文化经验的理论任务,在当下亟需做的是,以都市化进程为现实背景,重温马克思关于生产与消费关系的理论研究,并从对马克思社会生产理论的总体把握与发展创新角度建构出其当代形态,由此为消费文明时代的文化研究提供一个科学的理论基础与实践框架。

一、对马克思"生产—消费"关系理论的再认识

　　在消费社会中,人们面临的首要困惑源自生产与消费的关系错乱。这具有一定的必然性,是社会生产结构在总体上重生产、重积累的农业文明与工业文明向重消费、重流通的后工业社会或消费文明转型、让渡的直接表现。按照马克思

的基本观点,社会生产结构在逻辑上包括"生产""分配""交换""消费"四要素,①
但在具体的历史进程中,"不同民族在不同的时代中对它们又分别有所倚重。以
民族而言,中国传统农业文明侧重于'生产',而希腊商业文明则侧重于交换。以
时代而言,古代社会在总体重'生产',如资本主义早期的清教伦理,如中国传统
社会的'勤俭、节约'意识形态;而当代世界的主流则倾向于'消费'"。② 在某种
意义上说,这与当代城市化进程在不断加速中升级为以"国际化大都市"与"世界
级城市群"为中心的都市化(metropolitanization)进程直接相关。

城市越大,集聚的人口与财富越多,城市的消费性质与服务功能就越明显、
发达,这在农业社会的大城市(如中国北宋时期的东京、南宋时期的杭州)已有充
足的表现。而在当代,人口、财富、资源向"大都市"与"城市群"的迅速转移与高
度集聚,一方面极大地提升了都市社会固有的消费性质与功能,如弗洛姆所说:
"一个幽灵正在我们中间徘徊。……它是一个新的幽灵——一个完全机械化的
社会,它服从计算机的命令,致力于最大规模的物质生产与消费。"③另一方面,
也直接带动了整个社会生产过程从"生产"向"消费"形态的倾斜与转型。如罗
维斯所说:"随着人口的日益城市化,……斗争已从生产领域(商品生产和服务
行业的生产)转移到再生产领域(即维系稳定的城市生活的水准,如果不是提高
的话)。"④

在世界城市化的当代背景下,现代服务业与文化产业的迅速发展,不仅使人
们在观念上特别容易遗忘"生产"与"消费"的内在联系,同时也必然要忽视或否
定"生产"要素及其种种物化形态在实践上的重要性,这是"消费"要素与行为在
后工业社会中被高度重视乃至无限拔高的根源。以城市经济为例,过分强调第
三产业对第一、第二产业的优势,并以之作为城市发展水平的重要标志;在理论
研究上则以"消费资本化"为代表,核心是"消费能产生资本,消费者因此能成为
'资本家'"。⑤ 最极端的表现是被中国文化研究者推崇到极点的波德里亚。他
用了一系列的终结——"这是劳动的终结、生产的终结、政治经济学的终结";"这

---

① 中共中央马克思恩格斯列宁斯大林著作编译局编:《马克思格斯选集》(第 2 卷),人民出版社 1972
　年版,第 91 页。
② 刘士林:《都市文化研究的马克思主义理论基础》,《文学评论》,2007 年第 3 期。
③ 黄颂杰编:《弗洛姆著作精选》,上海人民出版社 1989 年版,第 477 页。
④ [美]爱德华・W・苏贾:《后现代地理学——重申批判社会理论中的空间》,王文斌译,商务印书馆
　2004 年版,第 147—148 页。
⑤ 欧阳文章:《评"消费资本化"理论》,《光明日报》,2008 - 01 - 15。

是能指/所指辩证法的终结,这种辩证法曾使知识和意义的积累、复合话语的线性意义群成为可能""这同时也是交换价值/使用价值辩证法的终结,这种辩证法曾使社会积累和生产成为可能""这是话语线性维度的终结、商品线性维度的终结"来形容他眼中的消费社会,并得出"生产时代的终结"①这一关于当今世界的宏大叙事结论。

正如所有"说大话""说狠话""说过头话"的宏大叙事一样,波德里亚直接宣布作为社会生产结构四要素之一的"生产"环节走向终结,不仅存在着"以偏概全"的学理问题以及"语不惊人死不休"的心态问题,更为严重的是,一味刺激城市的消费功能最终还会导致城市本身的崩溃。② 因而,对此需要加以订正的是,说"消费"的重要性在后工业社会中得到极大的提高,甚至在某些领域与方面已占据了主流地位,是未尝不可的,但至于是否可由此得出"生产时代的终结"这一结论,则需要进一步的推敲与小心求证。

要想在观念上真正解决这一重要的认识问题,需要重温马克思对生产与消费关系的精辟阐释。在《政治经济学批判·导言》中,马克思将生产与消费的关系表述为三方面:

首先,生产决定消费,因为"没有生产,消费就没有对象"。任何现实的消费活动总是要以生产、分配、交换环节提供的生活资料为基础与对象。正如俗话说"镜子里的烧饼不能充饥",马克思把这一点称为"肤浅的表象"。他指出:"在生产中,社会成员占有(开发、改造)自然产品供人类需要;分配决定个人分取这些产品的比例;交换给个人带来他想用分配给他的一份去换取的那些特殊产品;最后,在消费中,产品变成享受的对象、个人占有的对象"。③

其次,"消费也是生产"。因为"生产、分配、交换、消费"并不是"同一的东西",而是"构成一个总体的各个环节",是"一个有机整体"。作为有机整体,其相互之间远远超出简单的机械作用关系。如马克思所说:"生产就其单方面形式来说也决定于其他要素。例如,当市场扩大,即交换范围扩大时,生产的规模也就增大,生产也就分得更细。随着分配的变动,例如,随着资本的积聚,随着城乡人口的不同

---

① [法]让·波德里亚:《象征交换与死亡》,车槿山译,译林出版社 2006 年版,第 6—7 页。
② 著名消费大都市迪拜在 2009 年的倒债就是一个明证。它在更深的意义上表明,"没有实体经济支撑的地区或者国际金融中心是十分脆弱的",而那种认为"金融业的发展完全脱离了实体经济发展的需要"则是后患无穷的。(陈韶旭:《迪拜倒债挫伤全球经济复苏信心》,《文汇报》,2009 - 11 - 28。)
③ 中共中央马克思恩格斯列宁斯大林著作编译局编:《马克思恩格斯选集》(第 2 卷),人民出版社 1995 年版,第 6—7 页。

的分配等等,生产也就发生变动。最后,消费的需要决定着生产"。① 对此加以引申,这是马克思以其时代蓬勃发展的工业文明为现实背景的理论创造。与以自然经济为主体的农业社会相比,以工商业与市场经济为基础的工业社会,使"消费"对"生产"的反作用以及对整个社会再生产的重要推动作用逐步展现出来。这是马克思更看重"消费也是生产"的主要原因,也是具有深远意义的科学论述。

最后,生产与消费的相互适应与相互依存原理。马克思指出:"生产直接是消费,消费直接是生产。每一方直接是它的对方。……生产中介着消费,它创造出消费的材料,没有生产,消费就没有对象。但是消费也中介着生产,因为正是消费替产品创造了主体,产品对这个主体才是产品。……没有消费,也就没有生产,因为没有消费,生产就没有目的"。② 在某种意义上,这代表着马克思关于生产与消费关系理论研究的最高认识与理论境界,其精髓,即消费与生产是互为存在的矛盾统一体,任何一方都不可能脱离对方而单独存在。就此而言,所谓"生产时代"单方面的终结是不可能的,因为那同样也等于"消费时代的终结"。这就为我们清理各种片面的、极端的消费理论提供了最具现实价值的理论基础以及最直接的批判武器。

对马克思关于生产与消费关系原理的重温与再认识,既不等于无视在都市化进程中日益壮大的消费文明现实,也不等于彻底否定当代消费社会研究,特别是西方马克思主义者对此所做的某些敏锐分析与尖锐批判,而是要通过对被其扩大了的部分进行"消肿"、还原与批判性建构,将消费社会与文化研究有限的合理性与有效的应用范围真正确定下来,为科学地、全面地认识与研究提供理性的基础与合法的框架。

二、"生产"与"消费"的历史变迁与当代阐释

在某种意义上,"消费也是生产""消费的需要决定着生产""消费表现为生产的要素"③等命题,是马克思消费理论中最重要的"硬核"与最闪闪发光的"慧

---

① 中共中央马克思恩格斯列宁斯大林著作编译局编:《马克思恩格斯选集》(第2卷),人民出版社1995年版,第17页。
② 中共中央马克思恩格斯列宁斯大林著作编译局编:《马克思恩格斯选集》(第2卷),人民出版社1995年版,第7页。
③ 中共中央马克思恩格斯列宁斯大林著作编译局编:《马克思恩格斯选集》(第2卷),人民出版社1995年版,第12页。

识",构成了我们研究当代消费社会发展与消费文化生产最重要的理论基础。但与此同时也应看到,马克思消费理论在他所生活的时代是一个天才的理论预见,由于资本主义大生产仍在发挥着决定与支配的作用,以及后工业社会与消费文明社会在其时尚处于萌芽状态与低级阶段中,因而其对社会生产的直接现实影响与重要性也就不可能充分表现。这也是当时一般资本主义经济学家不理解"消费也是生产"的主要原因。

随着以大城市为中心的"后工业社会"逐渐到来,特别是以都市社会为中心,"消费"环节对整个社会再生产的推动作用才显得越来越突出,马克思的"消费的需要决定着生产"这一结论才找到了充分展示其思想内涵的广阔现实土壤,并在后工业社会或消费文明时代中一洗历史尘埃,焕发出灿烂夺目的真理光辉。对"生产"与"消费"关系在城市化进程中的历史变迁与当代形态进行考察,既出于推动与实现马克思主义理论创新与中国化的内在需要,也有利于正确认识与把握这个消费声浪越来越喧嚣、一浪高过一浪的现实世界。

首先,城市的发生与发展既是生产与消费走向对立与更高矛盾状态的始因,也是推动整个社会生产从"生产"向"消费"环节转向的主要机制与力量。从起源上看,正如马克思和恩格斯指出的:"物质劳动和精神劳动的最大一次社会分工,就是城市和乡村的分离"。[①] 马克思在《资本论》中进一步指出:"一切发达的、以商品交换为媒介的分工的基础,都是城乡的分离。可以说,社会的全部经济史,都概括为这种对立的运动"。[②] 其直接后果是导致了人类在聚集空间与生产实践上的重要分化,具体是指"生产"要素在以农业文明为母体的乡村社会中成为主体,而"消费"要素则在以工商业为基本象征的城市空间中获得了高度发展。在这个意义上,最初的城乡区别恰好构成了"消费"与"生产"分裂的第一种现实形式。尽管城市的工商业与城市化水平存在历史的与现实的差异,但其消费本质始终如一。

以马克思·韦伯划分的城市类型为例,尽管他根据经济因素把城市分为"消费者城市""生产者城市"与"商人城市",但从起源上看,"起初凡是城市作为一个同农村区分的实体出现的地方,不管是领主或王公的居住地,还是市场所在地,城市都是具有两种性质——家族和市场——的经济中心……是市场定居点",因

---

① 中共中央马克思恩格斯列宁斯大林著作编译局编:《马克思恩格斯选集》(第1卷),人民出版社1972年版,第56页。
② 中共中央马克思恩格斯列宁斯大林著作编译局编:《资本论》(第1卷),人民出版社1975年版,第390页。

而"城市或多或少都是消费者城市"。即使是他命名的"生产者城市",由于"工厂、手工工场或者家庭工业在城市之中扎根",实际上也主要是指"它们供应外部区域",或"它们的商品输送到外面",①而与自给自足的农业经济与农村社会有本质的区别。

这在逻辑上恰好说明交换、消费等非生产性要素一直是城市的核心功能与主要形式。又如经济史学家将中国古代城市划分为政治型与经济型,前者以"开封"为代表,认为"工商业是贵族地主的附庸,没有成为独立的力量,封建性超过了商品性""充满了腐朽、没落、荒淫、腐败的一面",后者以"苏杭"为代表,认为其"工商业是面向全国的",流露着"清新、活泼、开朗的气息"。②

尽管在政治型城市中工商业或消费市场受到较多的限制,但雄厚的经济基础与众多的城市人口仍使其在整体上倾向于"消费"而不是"生产"。以清代都城北京为例,"北京作为中国的政治经济中心,20 世纪初,城内有常住人口 70.5 万人,其中专享俸禄的八旗子弟和官员、差役、兵勇等非生产人口数量达 28 万,占到全部人口的 40%。正是这样庞大的消费群体和较高的消费水平,大大刺激了北京的经济贸易的发展,推动了与娱乐消遣相关的手工艺、戏曲、书画等文化娱乐业的发展"。③ 由此可知,城市一直是推动社会生产从"生产"转向"消费"的主要机制与力量,城市化进程越快,城市化水平越高,城市的空间与人口规模越大,其社会生产总体上的消费性特征就越明显。而消费社会在当代的出现与迅速发展,则与当今世界城市人口在 2008 年第一次超过农村人口,④特别是"大都市"的发展与"城市群"人口的飙升直接相关。

其次,当代城市人口与空间规模的扩张极大地提升了城市的消费功能与水平,使"生产"与"消费"以更加复杂的方式相互缠绕在一起,这是人们在研究当代文化时"只见消费""不见生产"的主要原因。按照阿尔温·托夫勒(Alvin Toffler)的说法,人类至今已经历过两次巨大的变革浪潮,第一次是历时数千年的农业文明,第二次是至今三百余年的工业文明,它们对人类社会结构与生活方式的变迁产生了至为关键的重要影响。

就"生产"与"消费"的关系而言,在自给自足的农业文明中,大多数人的生产

① 马克斯·韦伯:《经济与社会》(下卷),林荣远译,商务印书馆 1997 年版,第 567—568 页、第 570 页。
② 傅衣凌:《明清时代经济变迁论》,人民出版社 1989 年版,第 158 页。
③ 陶思炎:《中国都市民俗学》,东南大学出版社 2004 年版,第 121 页。
④ 何洪泽:《城市人口将超全球人口半数》,《人民日报》,2008 - 02 - 28。

和消费是一体化的。工业文明的第二次浪潮把人类的生活分为两半,造成了"生产"和"消费"的分裂与对立。在作为第三次浪潮的后工业社会中,"消费"与"生产"的关系既不同于第一次浪潮中的简单、纯朴,也不同于第二次浪潮中的泾渭分明,而是出现了相互融合、你中有我、我中有你的复杂态势。托夫勒提出的"消费者的生产力"与"产消合一者"等概念,就完全不同于传统的"劳动创造财富"或专业化的"生产者"和"消费者"。生产者与消费者的合二为一,是后工业社会最鲜明的特征之一。

托夫勒曾以自测怀孕器的使用为例指出,20世纪七八十年代以后,数百万妇女取代了医生和化验室的工作,"这个自助运动具有重大的经济意义。它代表了从被动的消费者成为主动的产消合一者"。① 以"自助运动"为例,其意义绝不仅是"自己动手干活的趋势",它表明"消费者更紧密地卷入生产过程之中""生产者与消费者传统的区别消失了",预示着"生产转向经济的第一部类",并具有"改变市场在人们生活中的地位与作用""改变我们整个经济思想""改变经济冲突的基础"②等重要意义。

在逻辑分析上,托夫勒的三次浪潮社会理论,恰好在经验层面上印证了马克思生产与消费关系的基本原理。具体言之,生产决定消费("没有生产,消费就没有对象")对应"民以食为天"的农业文明时代,其核心只有首先创造出大量的物质生活资料,才能实现"饥者得食,寒者得衣,劳者得息"(墨子《非命下》)的大同理想;"消费也是生产"("没有消费,也就没有生产")对应"市场也是生产力"的工业文明,其主题是劳动产品的商品化及其在市场中的"二度创造",对于物质生产与整个社会的良性循环变得越来越重要。而"生产直接是消费,消费直接是生产。每一方直接是它的对方",则将当代消费文明或后工业社会的本质与深层结构充分揭示出来。这不仅表明生产与消费要素在逻辑上更紧密地相互缠绕在一起,凭借传统的感觉或简单理论思维已无法把握其深层的内在联系,同时还揭示出生产与消费环节在现实中已超越了两者之间非此即彼,或泾渭分明的低级形态,并借助人类个体与社会更高的发展阶段实现了社会生产诸要素新的和谐与统一。

在此特别需要强调的是,尽管以消费为核心的都市生活使人越来越远离了实际的"生产"领域,但却不能因此得出"生产"环节已经终结的片面结论。在物

---

① ［美］阿尔温·托夫勒:《第三次浪潮》,朱志焱等译,三联书店1983年版,第26页。
② ［美］阿尔温·托夫勒:《第三次浪潮》,朱志焱等译,三联书店1983年版,第370—381页。

质生产上,尽管消费环节对经济发展的带动功能日益突出,如 2007 年中国 GDP 增长 11.4%,其中消费与投资的拉动分别占 4.4% 和 4.3%,消费对 GDP 增长的贡献率首次超过投资。但从总体而言,"消费对 GDP 的贡献率仅高于投资 0.1 个百分点,投资稍有反弹就会超过消费。……让百姓更多分享经济发展成果依然任重道远"。[①] 在精神生产上,可以读者中心理论为例,传统的作家中心让位于读者中心,这既是消费时代的附属物,也是这一理论宣扬"作者死了""无原本的复制""所有一切都是类像"[②]的根源。但实际上,如果没有作者的写作、作者创造的原本等"生产"过程或产品在前,后现代的"读者""复制"等同样是不可能获得其生产对象的。以央视的《百家讲坛》为例,尽管其文化评书可以增加许多有趣的噱头和花边,但如果没有《论语》《三国演义》等原本及其强大的生命力,实际上也不可能有当代这些文化说书人的再生产与传播实践。由此可知,在消费时代,生产仍在继续,生产与消费的关系并没有终结,只是两者的结构关系有所改变,或者说生产与消费要素在新的时代背景下更为有机地统一起来了。

由此可知,对于马克思的消费理论而言,一方面,它以消费与生产的相互适应与相互依存原理为基本逻辑框架;另一方面,又以"生产、分配、交换、消费"的"有机整体"为总体理论背景,因而完全不同于当代消费文化研究者对消费功能的过分夸大,后者充其量只是对马克思"消费直接是生产""消费表现为生产的要素""消费的需要决定着生产""消费浸入精神生产"等命题片面理解与发挥的结果。特别是从自然环境保护与精神生态建设的角度,对当下理论界与社会思潮中日益泛滥的消费意识形态进行批判性反思十分必要。只有认识到生产环节的重要性,真正理解了"消费"与"生产"的内在关系,才能深入地把握住消费社会表象之下的深层规律,正是在这个意义上,马克思关于生产与消费关系的基本原理,为我们认识消费文明的本质,以及当代人正确理解与科学阐释他们的生活世界提供了最重要的哲学基础与科学方法。

三、"消费时代"的精神生产新变与文化消费异化

在某种意义上,消费的逻辑不仅改变了传统的物质生产方式,也深刻地影响

---

① 富子梅:《消费开始唱主角》,《人民日报》,2008 - 02 - 25。
② 张国义:《生存游戏的水圈》,北京大学出版社 1994 年版,第 32 页。

了当代的精神生产过程。如果说前者的主要特征是高新技术产业对传统产业结构、第三产业对现代工业体系的有力挑战，那么后者则直接体现在"实用"与"审美""经济"与"诗意""功利"与"非功利"等一系列传统矛盾在当代都市文化中的化解与有机结合上。从总体上看，如果说，物质生产与精神生产的分离始于城市与乡村的分裂与对立，在漫长的历史中，如同马克思讲的"资本主义敌视诗"的道理一样，经济发达的城市一直是精神生产的障碍甚至是桎梏，而大自然与乡村则多成为文学艺术表现与审美创造的对象，那么也可以说，在都市社会这一更高的发展阶段中，原本由于城市出现而分裂的"物质"与"精神""实用"与"审美""铜臭气"与"人文气"正在走向新的综合与统一，文化资源成为生产对象，文化生产成为生产力要素，文化市场成为更有活力的经济空间，以及文化消费对社会再生产的影响日益扩大是其重要标志。这一进程的后果是两方面的，也是在当下急需加以研究与关注的。

从积极的方面看，主要是文化生产的经济功能得到充分发展。原本与经济活动关系疏远甚至相互敌对的精神生产与文化消费，在当代已成为经济社会发展中一支有着重要实力与远大前景的生力军。

对于整个社会生产而言，精神生产与物质生产的合一增加了生产资源与劳动力要素，促进了社会生产的多样性，并现实地创造了巨额的社会财富，为当代人的生存与全面发展提供了更好的物质条件与现实可能。与此同时，精神生产对于城市的可持续发展也产生了更为积极与重要的影响。一方面，以"旧型工业化"为主导的传统城市化模式，由于地理空间、自然资源的空前紧张，正在陷入巨大的发展困境之中，逼迫城市必须通过寻找新的资源，探索新的发展模式以实现自身的可持续发展；另一方面，在知识经济时代中，除了依靠高新科技研发的新能源、新材料之外，一直被看作"只消费不生产"的精神文化摇身一变成为财富神话的创造者，并为城市经济社会发展提供了可观的"软资源"与文化生产力要素，使以文化资源为客观生产对象，以审美机能为主体劳动条件，以文化创意、艺术设计、景观创造等为中介与过程，以适合人的审美生存与全面发展的社会空间为目标的城市理念与形态成为现实，为城市发展提供了重要的新资源与新方向。

这两方面结合起来，使文化产业和现代服务业在当今世界异军突起，成为增加社会物质财富，调整经济产业结构与发展方式的有生力量。但从根本上讲，文化产业与现代服务业是消费而不是生产，它们侧重于对人类已有物质生活资料与财富资源的交换与分配，而不是直接与自然对象打交道，可以生产出物质生活资料的劳动实践。它们的存在主要依赖于已积累了大量财富与消费需要的城市，本身只是当代社会从生产型转向消费型的现实表现。而由于消费的扩张总要建立在对生产环节的挤压与排斥上，因而必然要打破两者之间固有的平衡与秩序并产生一些严重的负面影响。在物质生产上，这表现为恶性地消耗自然资源与环境，在精神生产上，则表现为一种更为加严重的文化异化现状。

从消极的方面看，则是精神生产的精神本性被"物化"与"异化"。在传统社会中，"物质生产"与"精神生产"的鸿沟，本身就是后者可以超越物质层面、实现精神生产目的最重要的条件与基础。如现实主义文学对资本主义社会的批判，如现代主义艺术家对资本主义文明的抗议等，核心思想就是"审美的无功利性"和"文学艺术的批判现实精神"。

在资本主义社会中，尽管已开始试图化解两者之间的对立，却由于生产环节的重要性而一直未能如愿以偿。但在当代以都市为空间基础的大众文化中，则迅速实现了精神生产的物质化与消费化进程。不仅那种不直接生产物质财富的精神生产被迅速地物化或异化，那种不直接满足生理刺激与本能欲望的审美精神也同样不复存在。直接后果是出现了作为劳动异化的延伸形式与当代形态的"文化消费异化"。具体言之，人们消费的低俗文化对象越多，他们实际上享受到的精神价值就越少；人们对这种粗放文化消费品占有得越多，他们人性中的文化就更加苍白。也可以说，他们越是消费，就越丧失消费的能力，并且在心灵上更加"饥饿"。由此可知，在现代化大都市中，尽管物质文明与制度文明建设得都比较好，但由于文化消费的这种异化现状，因而既不能保障都市人可以过上一种真正有质量的当代生活，同时也没有使"大都市"与"城市群"实现"更有意义、更美好的生活"①的城市本质。在这个意义上，都市社会在"精神生产"上存在的问题，与他们在政治、经济、社会方面面临的挑战是同样严峻的。

在被消费逻辑严重扭曲的当代精神生产中，尽管可以给城市本身的物质发展增加份额，但由于其带来的文化异化反过来直接败坏了城市的本质，因而又从根本上威胁着都市化进程与城市的可持续发展。要应对过度消费化给城市肌体与功能带来的创伤与阴影，有必要重温马克思对精神生产本质属性所作的研究。

---

① ［美］刘易斯·芒福德：《城市发展史：起源、演变和前景》，宋俊岭、倪文彦译，中国建筑工业出版社2005年版，第7页。

其要点有二：一是马克思充分肯定了"物质生产"与"精神生产"的差异性，他在批判斯密的政治经济学时曾以讽刺的口吻指出："连最高的精神生产，也只是由于被描绘为、被错误地解释为物质财富的直接生产者，才得到承认，在资产者眼中才成为可以原谅的"。① 二是从实现人的自由解放的高度去阐释作家的艺术劳动。如王元骧先生指出："他对于文艺的价值，也正是从这一思想高度和思想背景，即从实现人的自由解放这一历史进程中的意义和作用的方面来进行阐释和评判的。所以他认为对于作家来说，作品就是目的而不是手段，'诗一旦变成诗人的手段，诗人也就不成其为诗人了'。他痛斥资本主义社会使作家创造失去了自己的目的而变为仅仅为了谋利，使'非生产劳动者'变为'生产劳动者'，而仅仅为资本、利润进行创作，提出对于真正的艺术家来说，他'决不应该只为了挣钱而生活、写作，作品就是目的本身……所以有必要时作家可以为了作品的生存而牺牲自己个人的生存'"。② 在这个意义上，正如西方学者费彻尔所说："马克思认为幸福的集中体现就是活动积极性，而不是消极的消费"。③ 在某种意义上，这不仅表明在理论上过分强调精神生产的消费化倾向是错误的，同时在实践中完全将精神生产等同于物质生产也会使都市精神生态出现严重的污染与问题。

都市消费文化对当今世界精神生产与消费的总体影响构成了我们阐释与批判消费文明的另一个重要方面。都市消费文化研究的重要性在于：一方面，如同"大城市"与"都市群"对当今世界经济社会发展具有举足轻重的地位一样，作为人类城市文化发展的高级精神形态与当代世界精神生产与消费的话语中心的都市文化，同样使当代精神世界，特别是在文化消费上出现了越来越明显的"都市化"特征；另一方面，在都市化进程中，由于影响人自己先天的和后天的各种能力得到自由发展的主要矛盾已由乡村转移到城市，由中小城市转移到国际化大都市，因而如何在都市化进程中使自己先天的和后天的各种能力得到自由发展，正在成为当代语境与现实背景下实现人自身全面发展的关键所在。

总之，在充满熙熙攘攘的消费声的都市社会中，一方面，以马克思的生产消

---

① 中共中央马克思恩格斯列宁斯大林著作编译局编：《马克思恩格斯全集》（第 26 卷第 1 册），人民出版社 1972 年版，第 298 页。
② 王元骧：《论马克思主义文艺学在当代的发展和意义》，《东方丛刊》，2007 年第 4 期。
③ 费彻尔：《异化的扬弃》，载于《国外学者论人和人道主义》（第 1 辑），社会科学文献出版社 1991 年版，第 116 页。

费原理为基础,才能深刻地认识消费社会的真实本质,并把种种错误的反映、认识与阐释清理出去;另一方面,借助马克思关于精神生产与人的全面发展思想为指导,才能消除当代人在都市化进程中必然遭遇的文化与精神异化,使城市的物质文明建设与精神文明发展走上和谐与科学发展的坦途。

| 第十章 |
都市美学的逻辑起点与价值判断

在当代都市化进程中,大都市与城市群的迅速发展产生了诸多不同于传统大都市、当代中小城市和乡村的心理趣味、艺术经验与审美活动,为都市美学这一美学新形态的发生和学术研究提供了必要的对象与条件。与以和谐为最高理想的古典美学、以反抗资本主义文明异化为主题的现代美学相比,都市美学更多地与都市人日益膨胀的感性欲望和物质消费冲动纠缠在一起,在当下经常性地成为传统文化、传统伦理学及传统美学"审判"乃至"辱骂"的对象。都市化作为一种复杂的历史现象,必然在主体的审美趣味、审美活动、审美生态上产生各种各样的问题,这是不言而喻的。问题的关键在于,如何超越杂乱纷纭的表象,深入认识其根源,并最终找到解决当代人审美困境的途径。就此而言,在当下有两种学术倾向值得警惕:一是以传统美学资源为背景对当代都市审美现实的"审判"与"辱骂";二是以"怎么都行"的后现代知识态度对当代都市精神混乱现状的放任自流,它们不仅不能真正完成对都市审美问题的理性批判,甚至不可能找到产生问题的根源。一旦我们意识到这一点,回答什么是都市美学的逻辑起点,以及在都市美学中到底要建设一种什么样的价值立场这两个问题就变得十分重要紧迫起来。我们尝试在这两方面进行一些具有基础性的探索,以期为都市人的精神发育及都市生态环境重建提供一种美学理论资源。

一、关于美学逻辑起点的当代研究与阐释

都市美学作为当代美学的一种新形态,与传统美学既有深刻的相关性,同时也有属于自身的特殊内容。其逻辑起点也是如此,都市美学研究也必须从对一般美学的逻辑起点,特别是关于这一问题的当代研究成果出发。

关于美学的逻辑起点问题,在当代最可关注的是劳承万的研究。

首先,劳承万从学理与方法论的高度对逻辑起点研究本身进行了深刻的阐述与论证。一是指出逻辑起点的意义在于"引导我们趋向于这样的纯粹反思:对原生(始原)现象的逻辑反思。这是一种关于理论体系的纯粹反思。通过这种反思,导引出逻辑结构的'始发点',让人类理性能迅速地把握其间的某种'先验'的逻辑推演力量";二是充分揭示出逻辑起点研究的复杂性,即"逻辑起点问题,主要是属于方法论问题,但在适当之处又可涉及认识论与本体论";①三是在学理上阐释了"逻辑研究方式"与"历史研究方式"的差异与联系。按照恩格斯的观点,后者是按照历史发展的顺序、过程进行研究的方式,其好处在于"比较明确",而问题则是"比较通俗"。② 在劳承万看来,"历史研究方式"只是科学研究的一种原始形态、基础形态,尚未成为概念—范畴形态或严格意义上的"科学"形态,最大的缺陷在于,"历史常常是跳跃式的和曲折地前进的,如果必须处处跟随着它,那就势必不仅会注意许多无关紧要的材料,而且也会常常打断思想进程"。"逻辑研究方式"本质上是一种"摆脱了历史的形式以及起扰乱作用的偶然性"的"历史的研究方式",因为"历史从哪里开始,思想进程也应当从哪里开始,而思想进程的进一步发展不过是历史过程在抽象的、理论上前后一贯的形式上的反映;这种反映是经过修正的,但是按照现实的历史过程本身的规律修正的,这时,每一个要素可以在它完全成熟而具有典范形式的发展点上加以考察"③"逻辑研究方式"相对于"历史研究方式"的学理优势,是逻辑起点研究真正变得重要起来的学术史背景。从琐碎的历史研究进展到"逻辑研究方式",是任何一门现代人文科学获得科学形态的前提。美学研究需要探索自己的逻辑起点,根本原因也在于此。

其次,劳承万的关于美学逻辑起点集中体现在"审美主观形式"的出色研究中。这主要表现在三个方面:一是在美学史上抓出了康德美学的"审美的主观形式"。在论述审美四契机的"表象"时,康德对"审美主观形式"的功能做了十分精准的阐释:"我们不是把表象凭借悟性连系于客体以求得知识,而是凭借想象力(或者想象力和悟性相结合)连系于主体和它的快感和不快感……它只能是主观的,不可能是别的。……在这里完全没有表示着客体方面的东西"。④ 尽管由于"完全没有表示

---

① 劳承万:《美学文艺学逻辑体系探索》,天津古籍出版社 1995 年版,第 1 页。
② 中共中央马克思恩格斯列宁斯大林著作编译局编:《马克思恩格斯选集》(第 2 卷),人民出版社 1972 年版,第 122 页。
③ 劳承万:《美学文艺学逻辑体系探索》,天津古籍出版社 1995 年版,第 396 页。
④ [德]康德:《判断力批判》(上卷),宗白华译,商务印书馆 1985 年版,第 39 页。

着客体方面",康德的"审美主观形式"被蒙上一些神秘色彩,但由于它在心理层面上明确阐释了审美活动与其他人类实践方式的根本区别,是美学与其他人文学科划清界限的立足点,因而可被看作是美学逻辑起点研究最重要的"萌芽理论"形态。二是以马克思的理论方法对康德的审美主观形式做进一步的重构与阐释。劳承万指出:"马克思建构《资本论》体系,其逻辑起点是'商品',它的第一个推演便是起点(商品)的'自身分裂'(商品二重性),分裂的根源在于对商品劳动的抽象。揭示逻辑起点如果仅仅满足于某个可见的'物',而不看见它的抽象方面(形而上的抽象性存在),哪怕是工人建造简陋的房屋也是困难的。因此,我们必须对审美的主观形式进行'抽象'。但这个抽象不是由'物'而'神'的抽象(像商品二重性那样),而是由'神'而'灵'的功能抽象,即审美主观形式的外化(物化)与内化的功能抽象"。① 这直接产生了"审美感觉"与"审美对象""审美形式"与"审美外观""艺术主体"与"艺术对象"等二级范畴,使康德原本神秘而混沌的"审美主观形式"通过这一系列的概念、范畴群、学科体系(如心理科学与艺术科学)走下"云端",成为可以进行观察、反思与科学研究的经验对象。三是从马克思美学文艺学角度对审美主观形式进行了科学的界定与阐释。一方面,审美主观形式有着独特的本体论内涵。"审美主观形式的根本规定是:作为'内心意象',作为'动力——目的'表象。因而它的本性是审美的。要建构当代形态的马克思主义美学文艺学体系,寻找它在'经典形态'中的逻辑起点,从而揭示它的逻辑推演能力、逻辑结构的运演契机,就得从这种审美主观形式的内部秘密开始,即是说,要抓住这种主观形式的审美特性及其审美功能"。② 这是美学得以与其他人文学科相区别的大前提;另一方面,"审美主观形式"又不是康德所说的"完全没有表示着客体方面",而是通过主体的"形式感"与客体的"形式结构"与现实世界发生着联系。"劳承万既批判了对'艺术形式'的'主观膨胀',把人的形式感绝对化,又批判了对'艺术形式'的'客观挤压',他是把艺术形式放到人类物质生产的巨系统中去考察的……指出主体的'形式感'与客体的'形式结构'……具有内在的统一性……而美学研究的对象……在主体方面,它是与客体的形式结构相联系的主体形式感;在客体方面,它是与主体的形式感有着内在统一性的客体形式结构"。③

---

① 劳承万:《美学文艺学逻辑体系探索》,天津古籍出版社 1995 年版,第 25 页。
② 劳承万:《美学文艺学逻辑体系探索》,天津古籍出版社 1995 年版,第 21 页。
③ 刘士林:《理性阳光与形式美学:〈审美中介论〉(增订本)导读》,载于劳承万:《审美中介论》,上海文艺出版社 2001 年版,第 15—16 页。

由此得出,"美学不孤立研究主体一方,也不孤立研究客体一方,而是研究二者间,在'形式感—形式结构'维度上的关联结构及其积淀性关系。这种'关联结构'和'积淀性关系',是螺旋型的历史秩序结构群,它蕴藏着巨大的秘密"。①

在经过这样一番艰苦的逻辑分析之后,劳承万不无感慨地写道:"反思一下现当代西方哲学家美学家所面壁的对象,我们就会恍然大悟:原来人的主观形式是一个无穷的秘密,是充满诗意的圣地,从康德黑格尔到胡塞尔,哪个称得上'伟大'的哲学家,不是觊觎着这块'圣地'的"!② 循此做进一步的引申,"审美主观形式"是奠定美学理论最重要的基石。因为美学要成为一门独立的学科,就必须与知识学、伦理学、实践哲学等区别开,而只有这种特殊的既与对象相关,又不同于现实对象的"审美主观形式",才能标识出审美活动与知识活动、伦理活动以及人类物质实践的差异。在这个意义上,康德的"主观审美形式"构成了美学理论真正的逻辑起点。如果没有这个起点,或者在学术史征程中遗忘了它,美学就很容易与其他人文学科混淆起来,成为"科学理性"的工具或"伦理理性"的手段。这样的经验教训在历史上是数不胜数的。③ 对此还需加以补充的是,如果说,"形式感"是对康德美学的发展,那么"形式结构"则是对席勒美学,特别是对其"审美外观"理论的现代阐述。由此可看出德国古典美学的真正伟大之处。劳承万十分欣赏车尔尼雪夫斯基的名言——"只有德国的美学才配称作美学",④他认为这是很有道理的。正是有了康德的"美在于形式"与席勒的"审美外观"理论,才使一门不同于"西方哲学美学"与"中国伦理美学"、在内涵上相对纯粹、在学理上异常清晰的美学理论与话语获得了生成与再现的可能。

二、"形式感"与"形式结构"的变异与重构

"盖将自其变者观之,则天地曾不能以一瞬;自其不变者观之,则物与我皆无尽也,而又何羡乎?"这是苏轼的《前赤壁赋》中极富哲理的一句话,它恰好为我们研讨都市美学的逻辑起点提供了必要语境。一方面,都市美学在整体上隶属于美学研究,其逻辑起点与"审美主观形式"自然密切相关,这是都市美学作为一种

---

① 劳承万:《美学文艺学逻辑体系探索》,天津古籍出版社 1995 年版,第 122 页。
② 劳承万:《美学文艺学逻辑体系探索》,天津古籍出版社 1995 年版,第 21 页。
③ 刘士林:《澄明美学:非主流之观察》,郑州大学出版社 2002 年版,第 142—143 页。
④ 劳承万:《美学文艺学逻辑体系探索》,天津古籍出版社 1995 年版,第 281 页。

美学理论应有的基本规定或"其不变者";另一方面,作为对当今审美经验与审美活动的理论总结,都市美学又必然与它的诸种历史形态有重要区别,这是当代美学研究"自其变者观之"的结果。如果说,前者的必要性在于使都市美学名副其实,即都市美学作为一种美学理论,无论怎样变化都应有其"万变不离"之"宗",那么,后者则直接再现了都市美学在理论形态与话语谱系上的独特结构与特殊内涵,因为正是借助于这些在美学史上不曾有过的特殊性,都市美学才能成为不同于古典美学、现代美学的新形态。这里先从"变者"的视角对都市美学的产生加以分析与探讨。

从客观方面看,人们普遍感到当今世界正在发生的巨大变化。这种变化不是局部的、表层的,而是整体的、深层结构的。正是由于这个原因,人们发明了很多新概念,如"第三次浪潮"、"后工业社会"、"知识经济时代"、"消费文明"、"后现代文化"等,试图为已分崩离析的现实世界提供一个具有整体性的解释框架。在我们看来,在当代最具全局性的现实背景是形成于 20 世纪中期、在经济全球化背景下迅速席卷当今世界的都市化(metropolitanization)进程。都市化进程是城市化进程的升级版本与当代形态,是以"国际化大都市"与"世界级城市群"为中心的当代城市化进程。与速度相对均衡、规模相对有限的传统城市化模式不同,都市化进程意味着人口、资金、信息等社会资源向少数国际化大都市、国家首位城市或区域中心城市的高速流动与大规模聚集。这不仅使城市化的节奏在时间上越来越快,也使中心城市与大城市的地位与重要性在空间上越来越突出。由于"国际化大都市"与"世界级城市群""国家首位城市"与"国家级城市群""区域中心城市"与"区域性城市群"集中了全球主要国家或地区的经济社会资源与精神文化资本,恰好构成了"影响当今世界环境和社会变化的核心机制"。[1] 特别需要说明的是,"都市化进程尽管肇始于发达国家与地区,但在经济全球化背景下,已成为当今人类生存与发展最重要的现实背景。对于不发达国家与地区而言,在都市化进程中的冲击与挟裹下,由于从一开始就丧失了其发展的'自然历史进程',因而往往表现出更加强烈的都市化倾向"。[2] 这是我们以都市化进程替代其他巨型概念作为当今世界解释框架的主要原因。

---

[1] 刘士林:《暮色中的工厂:都市化进程中的审美景观生产》,《人文杂志》,2007 年第 2 期。

[2] 对于中国也是如此,"城市化进程的飞速发展、大城市与都市群的风起云涌、人力资本与社会资源向都市空间的高度集中、都市群自身进入良性发展态势、辐射与带动力的提升,以及十一五规划的政策导向等,正在中国大地上汇聚成一种新的发展潮流,这是中国步入都市化时代的有力证明。"(刘士林:《都市化进程论》,《学术月刊》,2006 年第 12 期。)

　　都市化进程对人类社会的重大影响具体表现在以下四方面：

　　首先，在文明形态上，在都市化进程中形成的都市文明，不仅同历史悠久的传统农耕文明产生了彻底的断裂，同时也与以工业社会为主体的现代文明产生了重要的差异，这是人们将其称为消费文明（不同于积累型的农业文明）或后工业社会（不同于重生产环节的现代工业文明）的根本原因。

　　其次，在经济生产方式上，与传统小农经济与现代重型工业不同，当代高新技术产业、信息产业、文化产业等成为都市核心经济要素与先进生产力代表。当今世界在经济基础上的这一巨大变化，必然深刻影响到人类的"觅食"方式、行为模式以及精神结构的再生产，并为一切以人为本体的现实社会变革与文化经验的生产与创造提供新的母体。

　　再次，在社会结构上，不仅传统乡村社会的宗法组织体系彻底分崩离析，以政治利益为核心的现代城市社会组织也逐渐被各种新生的经济与社会关系所取代，而失去"邦族"和"单位"归属的都市人也比以往任何时代都更容易陷入心理危机与精神生态溃败中。

　　最后，在生活方式上，与农业社会聚族而居，直接与大自然打交道的群体性生活方式，与现代文明张扬个人主体性，在对社会的超越与反抗中寻求自我满足不同，当代都市人正在日益疏远真实的大自然与真实的现实世界，而越来越沉溺并依赖于一个高度符号化、具有海量特征的信息世界，一些亚群体和社会局部甚至出现了"过虚拟生活"的征兆。如果说，与真实的大自然和现实社会打交道，有助于培育以知、情、意为基本结构的主体性，那么，对符号、图像、虚拟世界的过度依赖与沉溺，则会全面损伤现代主体的理性、伦理与审美能力，后果当然是相当可怕的。由此可知，在当代城市化进程中出现的"都市化"新特点，不仅存在于一般的经济社会领域中，同时也深刻而广泛地影响到生活方式与精神文化生产等方面。一方面，在大都市社会中逐渐形成并不断扩散的新型思维方式、生活方式与价值观念，直接冲垮了中小城市、城镇与乡村固有的传统社会结构与精神文化生态，也在全球范围内对当代文化的生产、传播与消费产生着举足轻重的影响；另一方面，在都市化进程中产生的各种文化与精神问题，有相当一部分在很大程度上都与都市人的心理、情感、感觉等相关。但凡一个问题涉及生命的感性存在层面，特别是涉及主体精神生态的"和谐与不和谐"及心理情感的"愉快与不愉快"，就表明它本身已经成为一种相对纯粹的美学问题，也应该被纳入美学研究的范围中加以研究和探索。所以说，正是都市化进程本身直接提出了都市美学这一美学研究的当代课题。

进一步说，都市化进程在聚居空间、生产方式、社会结构、生活观念、文化生态等方面引发的现实变化，都会直接影响并改变都市人以及受都市化进程影响的乡村与中小城市居民的"审美主观形式"，使其主观方面的"形式感"与客观方面的"形式结构"均发生相应的变异与重构。对此可具体阐述如下。

在"形式感"方面，尽管都市化进程的影响是整体的与多方面的，但从审美活动的角度看，其最直接、最核心的作用无疑发生在人的感性生命活动中，这是都市人与传统审美主体在"形式感"方面发生变异的根本原因。如都市环境会生产出不同于乡村社会的"城市知觉"。城市社会学家指出："城市知觉的关键要素不是自然结构，而是对于城市及它的环境的期待交往。城市知觉和城市认识的构成依据于规范系统和价值系统"。① 城市知觉在生理与文化机制上与人在传统农业社会中形成的自然感官有很大区别。作为古典美学最重要审美对象的大自然与乡村，之所以在当代都市社会中会丧失其固有的审美价值与功能，根本原因就在于都市人新的"形式感"已使其不能再接受其刺激、信息，并做出相应的审美反应。以"城市知觉"为都市审美感觉的中介，在当代生产出的是一种既不同于传统乡村的自然美，也不同于对现代城市文明"恶心"感的"都市型美感"，在某种意义上，这种"都市型美感"更多地闪烁着"物质的与享乐的光芒"，是消费文明在主体的审美趣味与嗜好上的成功渗透与积淀。这是古典美学的和谐与现代美学的崇高，以及以这两种审美理想为艺术主题的经典文学艺术，在当代都市化进程中日益边缘化，或被彻底遗忘的根本原因。以"性感"这个都市美学的重要范畴为例，在中国的 20 世纪 80 年代前后，其语义还相当于"流氓""破鞋"或"品德败坏"。作为一种基于传统乡村社会与现代启蒙文化而得出的伦理—审美判断，这在城市化、现代化水平并不发达的年代丝毫不值得感到奇怪。但仅仅经过改革开放 20 余年快速的城市化进程之后，特别是在 21 世纪以来，随着中国大都市的异军突起与都市生活方式的繁荣，即使在今天中国的农村地区，"性感"一词也早已不再被看作令人惊恐不安的"洪水猛兽"，而被越来越多地赋予了审美体验与自我肯定的内涵。

在"形式结构"方面，主体"形式感"的变化必然引发审美对象方面的连锁反应。或者说"有什么样的形式感，就有什么样的形式结构"。以"自然"这个古典

---

① 康少邦、张宁等编译：《城市社会学》，浙江人民出版社 1986 年版，第 173 页。

美学的重要范畴为例,中国古代诗人最心仪的之所以是远离文明中心的"田园"生态或"疏野"心态,西方近代浪漫诗人与文学家之所以会特别赞赏"童年的纯朴"或"村姑的美",根源就在于中西前现代主体普遍存在的"自然形式感",易于和朴素的农业生活方式与自然风光"相视而笑,莫逆于心"。但在电子信息技术与媒体文化过度发达的当下,不仅大自然的田园风光早已被"都市观光农业"或"都市型乡村"迅速覆盖,青少年在价值观念与生活方式上的"成人化"也成为越来越严重的社会问题。作为"形式结构"感性表现形态的文艺生产与审美消费,在某种意义上直接再现了其在都市化进程中的沧桑巨变。晚近十余年来,大众文化的迅速发展与狂热消费,可以说是当代都市型"形式结构"的外化与集中展示。如"肉体狂欢"是大众文化的一个主要特征,它既反对理性与道德制约,又反对精致的审美形式,审美兴奋点主要集中在一种与崇高的道德愉悦、雅致的艺术趣味完全不同的生理快感上。这对于传统美学是很难以接受与解释的。在传统文艺观念与审美趣味上,美好的爱情与世俗的肉欲是严格对立的。以西方 19 世纪的爱情诗主题为例,"女性美和自然美相交融""爱本身成为诗人的灵感源泉",尽管诗人"对女人的赞美并不回避情欲的放纵",但在本质上,"诗人的女性之爱,是一种对诗化肉体的感情之爱"。[1] 以张洁 20 世纪 80 年代的小说《爱是不可能忘记的》为例,其核心是一种"柏拉图式的精神恋爱"。主人公最著名的独白是:"哪怕千百年过去,只要有一朵白云追逐着另一朵白云;一棵青草傍依着另一棵青草;一层浪花拍打着另一层浪花;一阵轻风追逐着另一阵轻风,相信我,那一定就是他们。"正是在这种古典的爱情活动中,人的本能冲动化为优雅的礼仪,人的动物性情欲升华为美丽的爱情,与此同时,人也就越来越具有了人性的内涵。在当代大众文化中,"性消费"已成为文学与审美的重要卖点,其原因即在于:作为一种"反理性""反道德"与"反美学"的粗俗"形式结构",大众文化直接再现了基于生理刺激与欲望狂欢的都市"形式感"。这在美学原理上也可找到根据,如当代美国新实用主义美学已提出并在逻辑上阐释了"性经验可以是审美的"[2]的新观点。

总之,在都市化进程中产生的各种文化、精神与审美问题,不仅充分展示了人类生活方式与价值观念等方面深层次的转型,也为当代中国美学研究提供了

---

① 刘成纪:《审美流变论》,新疆大学出版社 1996 年版,第 305—306 页。
② [美]舒斯特曼、曾繁仁:《身体美学:研究进展及其问题——美国学者与中国学者的对话与论辩》,《学术月刊》,2007 年第 8 期。

一个重要的研究对象与全新领域。凡此种种,都使都市美学的建构与出场获得了充足的经验基础与理论条件。

三、从"判断力批判"到"纯粹欲望批判"

"自其不变者观之",则完全是另一种风景。这是因为,无论现实世界怎样变化,美学要保持自身在学科上的独立性,最重要的支点在于必须在深层结构上与知识学、伦理学、实践哲学等区别开,由于在逻辑上只有"审美主观形式"才能帮助它做到这一点,对"审美主观形式"的坚守也就成为美学不能须臾脱离的"道"。反之,一旦背离这一基本规定,我们可以随便用"××学"称之,只是在逻辑上不能再以"美学"为之冠名。这一切都因为,"审美主观形式"不仅使美学与其他人文学科的界限一目了然,同时也足以与自身在经验与历史中的各种异化形态区别开。对于正在构建中的都市美学也是如此,以都市社会与文化为背景的当代美学问题及其审美实践活动,不仅与康德、马克思的时代判然有别,与中国百年来的审美启蒙主题、近十余年来的后现代欲望主题相比也发生了很大的变化。这是我们的传统美学必须面对诸多新经验、调整理论模式以及价值判断的根源;另一方面,正如所谓的"万变不离其宗",由于都市美学本身仍是或者说要努力成为一种美学,其关注中心仍在于"心理的愉快不愉快"与"生命的自由不自由",是当代人在经济全球化与世界城市化背景下美学理论思维与实践活动的新发展,因而同样不可能脱离"审美主观形式"这一美学借以自我规范并与其他人文学科相互区别的根基。在这个意义上,"审美主观形式"理论不仅仍是都市美学理论建设最重要的基础与条件,同时也构成了当代美学学术研究、理论创新、形态升级的"阿基米德点"。

对于美学这一人文学科而言,由于只有"审美主观形式"才能为自身划出最基础的本体论园地,因而任何对其无意的遮蔽,只会导致审美机能在个体生命中、审美理论在人类精神谱系中,以及审美活动在现实生活世界中的衰落与消亡。明乎此,便可深入理解康德将其赋予超越偶然与历史的先验存在地位的良苦用心,而这一点甚至是劳承万先生等学者也未能予以充分体察的。人们之所以总要解构、批判"审美主观形式"的先验性,根本原因在于后者不能以客观与历史的方式呈现出来,同时这也是人们一定要从科学或实践的角度阐释美感之谜、美的本质及艺术创造机制的根源。但从纯粹逻辑、纯粹学术的角度看,一个"与经验无关"的"审美主观形式"的存在却是绝对必要的。这是因为,假如"审美主观形式"随便就可以被其他的主体形式(如知识、伦理等)所取代,其结果则不外乎两方面:一是在逻辑上,导致经过康德之后好不容易区别开的美学与知识学、伦理学,在研究对象、深层结构、话语体系乃至应用功能上重新混淆在一起,美学理论很难走出学理杂乱、众声喧哗的原始或初级阶段,同时也直接威胁到其他人文学科独立发展以及向更高理论境界演化;二是在实践中,从历史上看,审美需要与审美实践一直是人类生活的重要组成部分,特别是在当代都市社会中,一方面,较为丰富的物质基础使审美与自由的需要变得更加重要;另一方面,都市文化的异质性与多元化也使都市人的审美经验与活动面临着更大的困境,这就更需要一种可以与大都市发展与都市人精神生态重建相匹配的新美学。目前在中西方国家出现的普遍异化则可以概括为"以性感取代美感""以肉体狂欢取代审美自由"。在最深层的意义上,这是由于当代美学在都市现实中未能坚守住"审美主观形式"这一基本底线,"人的欲望形式"以审美的名义开始了史无前例的浩劫,带来的并不是人类生命的愉快与自由,而是越来越严重的充满焦虑、苦闷、孤独的城市社会病。由此可知,重新解读康德的"审美主观形式"理论,能够为美学研究与人类审美活动建构一个永恒不变的深层结构,不仅是出于建设一门独立存在的美学学科的学理需要,同时也是美学同其各种异化形式与形态相区别的重要前提。有了一个纯粹的逻辑起点,就容易把"审美主观形式"同人类其他精神形式,甚至是经验中各种不纯粹的"审美主观形式"(如西方古典美学强调的偏重认识功能的"理性化的审美主观形式",如中国古典美学强调偏重教化作用的"伦理化的审美主观形式",如当下一些后现代美学理论强调的偏重肉身狂欢的"欲望化的审美主观形式")区别开。总之,要想守护人类审美趣味与审美实践的纯洁与本色,一个不受经验与历史影响的"审美主观形式"是绝对必要的。

对于都市美学也是如此。首先,这是由都市社会的自身特性决定的。与农村、中小城市甚至是作为政治中心的传统"都城"不同,多元性、异质性与混合性构成了当代大都市社会与文化的本质特征。都市化进程在极大地丰富美学研究对象、扩展其研究范围的同时,也为美学与其他人文学科的交叉、互渗与同构提供了有利的现实条件。因此,都市美学比以往的任何美学理论都更容易跨越传统的边界,融入其他学科中或被其他学科兼并,这是要为都市美学建构一个更坚实可靠的逻辑起点的根本原因。其次,这还与当今世界快速的都市化进程相关。一方面,都市生活方式的影响无法抗拒又无所不在,严重解构与扭曲了各种传统的文化与理性资源,使人类在整体上处于感性欲望的大解放中,并常常发展到不受任何限制的危险境地;另一方面,以此为背景的当代"主观审美形式",不仅面临着比以往任何时代都复杂的情感—心理问题与审美—价值判断困境,同时也更容易在大都市的灯火辉煌与人声鼎沸中迷失自身的操守与信仰。这是需要旧话重提并在新语境下予以充分讨论和强调的原因所在。过度物化、欲望化、狂欢化的都市社会,在以新的社会环境影响"审美主观形式"的同时,也使后者在形式与内容上发生了很大的变异。在主体方面,以欲望主体的解放或放纵为手段,既打破了古典美学理性与感性相和谐的理想,也吞没了现代美学对现实世界与工具理性的感性反抗原则,使当代审美活动直接表现为原欲的释放与本能的狂欢,并形成了一种美感与快感不分、艺术感应与生理刺激混沌一团的"形式感"。在客观方面,以文化生产的商业化与市场化为现实机制,使艺术生产、艺术观念、艺术与生活的关系发生了全方位的变化,并消弭了精神生产与物质生产、非功利与功利、审美外观与实用功能的对立与界线,最终生产出一种以纯粹生理刺激与欲望满足为感性实践对象的"形式结构"。尽管在具体方式上与以往的"知识美学"或"伦理美学"不尽相同,但在扭曲、异化"主观审美形式"这个美学逻辑起点上,却是殊途同归的。一言以蔽之,不是"联系于客体以求得知识",也不是联系于主体的意志机能以求得道德,甚至不是联系于主体的情感机能以求得审美愉快,而是联系于原始本能的"性解放""肉体狂欢""娱乐至死"或"过把瘾就死"等,是当代都市审美经验与审美活动的主要特征与内容。由此可知,都市化进程在给感性生命带来活跃与飞扬的同时,也为都市美学的建构与发展带来更为复杂的经验对象与更加令人困惑的价值判断。

　　要想有效地处理都市化进程中产生的更加复杂的审美经验,以及积极应对都市社会提供的令人眼花缭乱的多元审美选择,最根本的问题仍在于坚守"审美主观形式"这一逻辑起点。与理性化的"形式感"把感性作为自身的低级阶段,以及理性化的"形式结构"在强调艺术作品的认识功能时还保留着"形象思维""想象力"不同,当代都市中的欲望主体比以往任何一种审美主体都更远地脱离了"审美主观形式",这是后现代的欲望主体与传统审美主体迥然不同的根源所在。为了便于说明两者的差异,我们把传统审美主体称为"旧感性",而把后当代欲望主体称为"新感性"。尽管表面上两者都与人的感性存在相关,但由于以下两方面的原因,它们在本质上是完全不同的。

　　首先,从感性与理性(包括知识与伦理两种)的关系看,"旧感性"本质上是一种审美主体，是在本能需要与理性原则的激烈冲突中生成的"形式冲动"。与否定一切理性束缚与精神形式的欲望主体不同，它建立在对人的动物属性与理性异化的双重超越之上。正如康德反复说："美只适用于人类，换句话说，适用于动物性的又具有理性的生灵"①"一般的愉快的普遍传达性是在它的概念里已经包含着这事实，即它不是单纯的官能感觉的快乐，而必须是反省里的；所以审美的艺术是这样一种艺术，它是拿反思着的判断力而不是拿官能感官作为准则的"。② 这充分说明"审美"与"概念"总是相伴的，也可以说，理性是审美活动不可缺少的要素与条件，一旦脱离了理性基础，就不可能有真正的审美活动。而欲望主体作为一种反理性、反道德与反艺术的产物，尽管在形式上具有发达的感性审美特征，但在实质上，如脱缰野马一样的"后现代肉身"不仅不具有生命自由活动性质，相反还是一种更深刻与更沉重的异化形式。它使生命异化于人的生理性、肉体性、野蛮性，结果是"人的东西成为动物的东西"，并由此导致审美活动在当代"肉身"世界中更深的沉沦。从逻辑结构上讲，这是由于"新感性"直接破坏了"审美主观形式"作为感性和理性桥梁的重要功能，即康德所说的"联系于客体以求得知识"，使自身异化为一种纯粹的反理性的工具或手段，因而，在逻辑上就不可能指望经由这一与理性无关的"新感性"去获得只有在"审美主观形式"中才能有的审美愉悦。

其次，从感性的内部构成看，"新感性"不仅不同于康德的审美感性机能，也不同于人性中固有的原始生命本能(也可以叫作"原始感性")。"原始感性"在本质上是一种尚未受到文明时代影响和污染的自然欲望，其基本内涵，即科学家坎农所说的"躯体的智慧"，这是一种"较高等的动物为了保持内环境恒定和一致(就是说为了保持稳态)所采取的手段……每个复杂的组织，当它遭受压力作用时，为了防止其功能遭受抑制或其结构迅速解体，都必须有它的或多或少是有效的自我调整装置"。③ 也就是说，在生命有机体中天然包含着维护自身生存的重要调节机制，如我们的手指受伤时，就会有白细胞高度自觉地与各种入侵的细菌"同归于尽"，以避免生命有机体遭受更大的破坏。尽管在表面上看，"新感性"与"原始感性"的基本内涵都是"食色大欲"，但深入分析则不难发现，它们在本体内涵上是迥然相异的。具体说来，在"原始感性"中，食色之欲出于春蚕吐丝般的天

---

① ［德］康德：《判断力批判》(上卷)，宗白华译，商务印书馆 1985 年版，第 46 页。
② ［德］康德：《判断力批判》(上卷)，宗白华译，商务印书馆 1985 年版，第 151 页。
③ ［美］坎农：《躯体的智慧》，范岳年、魏有仁译，商务印书馆 1985 年版，第 9 页。

性需要,目的是"保持内环境恒定和一致",十分健康,也无所谓善恶和是非。而"新感性"中的食色之欲,则主要是现实压抑和异化的结果,它充满了各种生理创伤和心理焦虑,其宣泄方式也是不健康和反自然的。以作为"新感性"代表的"麦当娜"和"麦当劳"为例,如果说前者以"性解放"为唯一主题吞噬了人类两性之间的丰富关系,那么后者则以一种"咀嚼快感"剥夺了不同民族的饮食文化和个体选择的自由,结果就是我们在今天所看到的——既没有了古典时代铭心刻骨的爱情,也没有了传统生活中"食不厌精"的丰富与多彩。进一步说,以"麦当娜"为代表的"新感性"本身就是人类"躯体的智慧"遭到破坏的结果,如性行为虽然可以给生命带来强烈的快感,但由于其对生命有机体的巨大损耗,所以人类的"躯体的智慧"会通过精子的生产、筋肉的疲惫等加以调控。而使人纵欲无度的"性解放"运动,恰是各种色情知识、色情技术和色情文化破坏"躯体的智慧"的结果。如当今市场上流行的各种成人用品,以及在网络中屡禁不止的色情影像生产,尽管表面上打着解放生命欲望与本能的旗帜,但在本质上,它们所宣称的本能与欲望,并不是以"躯体的智慧"为基础的"原始感性",而仅仅是在商业利益追逐中被无限放大的"新感性"。由此可知,"新感性"不仅不是人的自然天性,反而是严重违背生命最深层的"躯体的智慧"的异化产物。在逻辑分析上,作为一种不可救药的反人性、反文明的工具或手段的"新感性",同样破坏了"审美主观形式"作为感性和理性桥梁的基本功能,所以也不可能指望经由"新感性"去获得只有在"审美主观形式"中才能获得的审美自由。

由以上两方面的分析可知,把后现代的欲望主体(新感性)同传统的审美生命(旧感性)、人的原始本能(原始感性)混淆在一起,是当代人在都市化进程中所面临的最严重的审美异化现实。由于它们在逻辑上均表现为对"审美主观形式"不同方式的遮蔽,因而反过来说,只有以"审美主观形式"的当代重建为中心,才能将后现代社会中欲望化了的"审美主观形式"与主体真正的"形式感"区别开。牢记这一点对都市美学理论研究具有重要的意义,前者可以为都市美学建立一个必要的逻辑起点,后者则可以为都市美学提供一个坚定的价值立场。

从某种意义上说,都市美学是在都市化背景下对康德美学原则与基本精神的发展。这可以从两方面来理解。

首先,在学理渊源上,都市美学对感性生命活动方式在不同历史时期的细分,直接来源于康德对"快适的艺术"与"美的艺术"的研究。康德指出:"快适的诸艺术是单纯以享乐为它的目的。例如人们在筵席间享受到的一切刺激……这些游戏没有别的企图,只是叫人忘怀于时间的流逝……与此相反,美的艺术是一种意境,它只对自身具有合目的性,并且,虽然没有目的,仍然促进着心灵诸力的陶冶,以达到社会性的传达作用。"①这可以为我们区分传统的"感性审美机能"(旧感性)与当代的"纯粹欲望主体"(新感性)提供具体的语境。就此而言,可以说康德美学思想在当代仍具有其在启蒙时代的伟大的战斗力。

其次,在现实层面上,都市化进程在生产大量的新审美对象与审美文化经验的同时,也为当代美学提出了新的时代要求与批判任务,即在都市化进程中,美学的主要对象已不再是与艺术趣味、审美理想相关的"判断力批判",而是与消费技术制造的本能、欲望与死亡本能相关的"纯粹欲望批判"。这也就为当代都市美学赋予了直接的历史使命:一是在都市化进程与消费文化制造的精神困境中,论证与挽救正在陷入深度沉沦的"审美主观形式",使美学永远成为表达与捍卫人类生命自由的精神工具;二是在当下普遍的欲望异化中阐明真正的美与当代纯粹欲望的本体区别,使人们在当代更完整地理解什么是真正的生命自由。由于古典美学、现代美学的传统影响及其对都市审美经验的隔膜与敌视,如何拯救人性中固有的审美想象力、艺术创造力与诗性智慧机能,对当代个体生命对都市文化健康的审美趣味与判断力进行启蒙,不仅是全球性的都市化进程对中国美学提出的当代性课题,也是都市美学在自身的建设与发展中必须时刻关注的现实问题。

---

① [德]康德:《判断力批判》(上卷),宗白华译,商务印书馆1985年版,第151页。

第十一章
都市化进程与审美景观生产

一、"暮色中的工厂在远处闪着光"

现代科学与现代工业是城市化进程的核心要素与主要机制，这两者既有明显的区别，也有十分密切的内在联系。具体说来，现代科学体系是城市化模式的内在精神资源，现代工业系统则是其外在实践方式，它们密切结合，在200多年的城市化历史进程中，对人类的主体世界与客观世界产生了巨大的影响，是人类社会与其传统形式发生根本性变化的根源。

西方学者罗斯托曾指出，传统社会发展的动力在于"使用从牛顿物理学衍生出来的各种技术"，而"采用并提高了从牛顿以后的或现代的科学中衍生出来的技术"，是现代社会发展加速的主要原因。[①] 而现代社会的发展最直接的标志是大城市的繁荣，所以说，现代科学与工业文明也是人类城市迅速发展的最重要的主、客观条件。如西方学者指出："古代的城市受气候、功能和时间的共同影响，是一种社会性的产物。这种历史的发展产生了适合当地条件的技术、风格和建筑样式，它们既反映又指导了社会模式和当地文化的特质。然而，工业技术的发展使得原有的限制变得较为自由。非本地的建筑材料用船从远方运来：沙地或花岗岩地区到处矗立着大理石表面的摩天大厦；常绿森林里停靠着各式房车。在全国各地的郊区都可以见到一排排类似中西部特色的农舍和具有新英格兰时期的建筑风格的房屋。标准化的写字楼随处可见，全然不顾当地的气候条件，然后通过供暖和空调系统来弥补这种有意的忽视。大众流通系统用高昂的代价把各种不宜存放的食物运进雷同的城市里，摆放在相似的超市中，随顾客带进公

---

① ［法］弗朗索瓦·佩鲁：《新发展观》，张宁等译，华夏出版社1987年版，第64页。

寓,在相似的厨房里享用,不考虑地区之间的差异,不考虑地理条件的不同,不考虑季节和气候因素,甚至也跨越了国家的界限"。① 由此可知,尽管在社会学家看来,"导致今日西方城市生活方式的具有高度组织性的技术社会是经历了几百年的发展而形成的"。② 但实际上,正是借助于现代科学与工业文明的成果,现代城市无论在规模上,还是在内涵上都发生了本质的变化。其结果是以现代科学为内在生产观念,以现代工业为主导性实践方式,最终形成了一种既不同于传统乡村,也不同于传统城市的现代城市生活方式。

正如未来学家托夫勒所说,"工业化的繁荣昌盛,不止于经济、政治和社会制度。它还是一种生活方式和一种思想方式"。就思想方式而言,"它与农业社会的价值观念、神话传说和道德标准在各方面都发生了冲突……对上帝、正义、爱情、权力和美,都重新赋予新的定义。它焕发出新的概念、新的见解、新的推理方法。它推翻了并且取代了古老的关于时间、空间、物质和因果的观念"。就生活方式而言,工业化进程中产生了一种新的"工业现实观"(indust-reality),"工业现实观是工业化的产物,它贯穿在工业化一切观念意识形态之中,指导我们去认识和理解这个世界。它是为第二次浪潮文明,为这个文明中的科学家、企业家、政治家、哲学家和宣传家的使用为前提而形成起来的"。③ 现代工业不仅为现代城市提供了如钢铁、水泥、玻璃等建筑素材,由于它本身还是一种新的生产方式与生产关系,因而对传统的农业文明及其生活方式的影响是全面的与彻底的。以现代工厂为例,它已不单纯是一个空间场所,作为城市化进程的基本象征,从它出现的那一天起,本身也构成了一种朝气蓬勃、富有生机与魅力的新生活方式。如著名的前苏联歌曲《山楂树》所唱——

> 歌声轻轻荡漾在黄昏水面上,
> 暮色中的工厂在远处闪着光,
> ……
> 轻风吹拂不停,
> 在茂密的山楂树下,
> 吹乱了青年钳工和锻工的头发。

---

① ［美］阿诺德·伯林特:《环境美学》,张敏、周雨译,湖南科学技术出版社 2006 年版,第 77 页。
② 康少邦、张宁等编译:《城市社会学》,浙江人民出版社 1986 年版,第 271 页。
③ ［美］托夫勒:《第三次浪潮》,朱志炎等译,三联书店 1984 年版,第 159 页。

哦,那茂密的山楂树白花开满枝头,

哦,你可爱的山楂树为何要发愁?

在这里,爱情的主角已不再是传统的贵族与骑士,或者是偶尔来乡下的贵族与庄园里的农家子女,而是被替换为"青年钳工和锻工"。在某种意义上,这也从一个侧面表明了主体的精神生活在城市化进程中的重要变化。当然,工业化过程也有血腥与苦难的记忆。以上海为例,薛毅对上海都市文化进行了解读与阐释:

在李欧梵的《上海摩登——一种新都市文化在中国 1930～1945》一文中,上海地图的主要空间意象是外滩建筑、南京路上的百货大楼、霞飞路的法租界,百乐门歌舞厅,以及供富人消费的跑马场与情人们幽会的电影院。"这是一张摩登上海的地图。这是享受的上海,这是消费的上海,这是让人惊奇的上海。这里有一些人的温柔乡,让他们由衷赞美上海的多情、上海的现代文明、上海的高雅艺术……但穷人在哪里呢?摩登上海地图没有标明穷人的区域。穷人从河道上漂过来,一条是苏州河,一条是肇嘉浜,然后上岸,住了下来,肇嘉浜岸边,也有让人新奇的建筑,叫滚地龙。就是拿木根和草席搭的小窝棚。工厂在哪里呢?浦东有工厂,北面的杨浦有工厂,我们应该记得夏衍有一篇著名的《包身工》,说的就是那里日本人开的纱厂。……所以,如果要描绘一张完整的上海地图,仅仅标上外滩、南京东路、霞飞路等等是不够的,应该把苏州河以北、西区、浦东等穷人的居住地和工厂所在地也包括进来。同时还要考虑城市和乡村这个问题"。①

不管是历史的幸福与苦难,还是今天重构的精神传统与城市记忆,它们的原始发生都深深植根于现代工业生产方式中,高耸云端的现代工厂也曾是影响现代人生活与情感的中心,这都是无可置疑的事实。

与人类任何历史与社会进程一样,现代工业文明有明显的二重性,一方面,它是一种巨大的发展、进步与解放,但由于这是以巨大的牺牲与代价为前提,所以也为人类进一步的发展、进步与解放设置了巨大的障碍。对于工业文明而言,

---

① 薛毅:《上海摩登的再解读》,载于高小康:《城市文化评论》(第 1 卷),上海三联书店 2006 年版,第 38—39 页。

这主要是对自然环境与可再生资源的严重污染与毁灭性消费,并成为影响人类社会可持续发展的头等大事。以人类赖以生存的氧气为例,人类人均每天消耗360 升氧气。根据加利福尼亚大学的研究,1993 年到 2000 年,大气中平均每天减少 224 亿吨氧气。主要原因是石化燃料和燃烧需大量消耗空气中的氧气。同时由于森林砍伐和海洋污染,氧气的供应源也在逐渐减少。一位日本学者曾做过这样的测算,"就在你一眨眼的瞬间,全球大气中减少了 710 吨(50 万立方米)氧气。这些氧气可供 140 万人用一天";[①]另一方面,以对大自然的巨大消耗为前提建立的城市社会,并不是一个安静、和谐、适合人生存的新家园。以城市生活环境为例,"各种车辆涌入城市,占据了城市的外部空间。摩托车使城市的街道充满对人们健康和安全的威胁,这样的交通通过自我毁灭的方式破坏了快速交通的本义。城市广场沦为停车场,街道两边挤满了停靠的车辆。人们无法躲避空气污染所带来的危害,这种状况已经引起了新闻媒体的广泛关注和评论,但缺少法律方面的评论。机器产生的废气仍然到处可见,大多数城市被笼罩在有害的空气中。而且,由于噪声是看不见和摸不着的,也不能通过摄影的手段加以记录,人们常常忽略它的危害。然而声音无所不在,我们无法逃避。交通的嗡嗡声、除草机的声音、空调运转的声音、通风系统的声音、荧光灯的声音交汇在城市之中。尽管城市居民不得不生活在这样的环境中,但这样的环境是令人讨厌的,人们不能避免且难以忍受"。[②] 以中国的城市环境为例,据《2005 年国家城市环境管理和综合整治年度报告》,全国城市的空气污染问题突出,有 43 个城市环境空气质量劣于国家三级标准。这其中还有 7 个国家环保重点城市。同时,全国城市生活污水集中处理率为 0 的城市有 178 个,占"城考"城市总数 34.84%;生活垃圾无害化处理率为 0 的城市有 130 个,占"城考"城市总数的 25.59%。在这些指标中,内蒙乌海、云南昭通、广西河池、甘肃陇南、江西萍乡、陕西商洛等 6 个城市有 5 项以上指标在全国地级城市中排名居后,被列为全国城市环境综合整治工作较差的城市。[③] 这也是各种回归自然、抗议与批判城市文明之声,在当代比以往任何时代都更加汹涌的根源。

在度过了短暂的黄金时代以后,传统的城市化之路遭遇到的困难也同时表现出来:一是由于理性的片面发展严重扭曲了主体的心理与情感世界;二是工

---

① [日]山本良一:《1 秒钟:全球规模的环境变化》,王莹、崔扬译,《书摘》,2006 年第 10 期。
② [美]阿诺德·伯林特:《环境美学》,张敏、周雨译,湖南科学技术出版社 2006 年版,第 78—79 页。
③ 马力:《环保"城考"百余城市被点名》,《新京报》,2006-09-05。

业生产的异化恶性损耗了大自然的环境与资源,这两方面加起来,内外交困,使传统的城市化进程走到山穷水尽的地步。在巨大的现实压力与困境面前,曾经作为城市化进程主要经济支柱的现代工业,更是深深陷入了"覆巢之下,安有完卵"的生存危机中。

二、都市化进程直接导致现代工业边缘化

城市化进程主要影响的是农村经济社会与生活方式,如冯友兰先生曾指出:"工业革命造成了这一结果。它使东方靠西方,就像乡下靠城里一样。乡下本来靠城里,不过工业革命之后尤其如此。工业革命使西方成了城里,使东方成了乡下""城里彻底破坏了乡下的生活方式。尤其是经历了工业革命之后。农民有麦,但他还要上城里买面粉;农民有棉花,但他还要上城里买布。在精神上也如此。所谓中国人往西洋留学者,实即是乡下人进城学乖而已;所谓中国人往西洋游历者,实即是乡下人往城里看热闹而已"。① 又如英国历史学家霍布斯鲍姆描述的非洲社会——"乡下男女进城,发现人生原来另有一片天地——不管是本人亲身体验,或邻舍辗转相告——矛盾的是,第三世界的情况与第一世界部分地区一样:正当农村经济在城市的冲击下被乡民遗弃之际,城市却可能反过来成为农村的救星。如今大家发现,生活并不一定得永远像祖先那么艰苦惨淡,并不是只能在石头地上筋疲力尽,讨得那起码的糊口之资。在全球风光无限旖旎——但也正因此收成太少——的农村大地之上,从 60 年代起九室一空,只剩老人独守"。②

都市化进程主要影响的是现代城市经济与社会生活,在经济要素与生产方式上,以现代工厂为中心的现代城市工业首当其冲。

首先,都市化作为城市化的升级版本与当代形态,其主要特征是城市化速度更快,城市规模在更大的空间上扩张。在城市化进程中出现的"城市问题",不仅在相当长的时期与相当大的范围内持续存在,而且出现了进一步升级、更加严重的趋势,使原本已不堪重负的地球环境与资源更加无法承受。以工业生产为例,"法国在 1910 年到第二次世界大战爆发之间的 29 年里,工业生产仅增加了百分之五。然而在 1948 年到 1965 年的短短的 17 年里,工业生产大约增长了百分

① 冯友兰:《三松堂全集》(第 4 卷),河南人民出版社 1986 年版,第 240—251 页。
② [英]艾瑞克·霍布斯鲍姆:《极端的年代》,郑明萱译,江苏人民出版社 1998 年版,第 553 页。

二百二十。今天,对于高度工业化的国家来讲,年增长率从百分之五到百分之十左右已属平常"。[1] 与现代工业一同增长的,则是对各种自然资源的恶性损耗。以能源为例,已故的印度著名的原子能科学家霍米·巴巴博士在第一次国际和平利用原子能会议上就指出:"'19 世纪上半叶以前,每百年消耗的总能量不到半个 Q[2]。但是到了 1850 年,比率增加到每百年一个 Q。今天,大约是一个世纪要用 10Q。'换言之,粗略算来,人类过去两千年所消耗的能量,大约有一半是在过去一百年间消耗的;"[3]另一方面,城市规模的进一步扩张,也使固有的"城市环境"问题变得更加尖锐与突出。城市社会学家曾指出:"在出现了工业系统的早期城市以后,住房、商店和运输的发展,吸引了前所未有的大量人口。在旧城市中,祖祖辈辈居住在这里的固定人,淹没在新来的人流之中,原有的邻里生活方式受到破坏性冲击。在很多城市里,由于人口急剧增加,食物、住所、卫生设施、医疗保健和职业非常紧张,供不应求,其结果是欲求受挫,疾病流行,营养不良,犯罪率上升,街道上混乱不堪。"[4]但这只是"城市病"的初级形态。在都市化进程中,由于它造成了全球范围内人口与资源在狭小都市空间的高度与快速集中,因而其所带来的"都市问题"与"都市危机"也随之加剧,不仅使对资源与空间的争夺出现了国际化趋势,同时也使都市问题与政治、经济、军事、种族、宗教等缠绕在一起,远比传统的"城市问题"更加复杂与更加难以解决。

其次,由于经济全球化、都市化进程的影响,并不局限于高度发达的城市化国家与地区,城市化水平低而速度快、速度快而极端不平衡的后城市化国家与地区,同时面临着都市化与城市化的双重挑战,以及由此引发的多重矛盾,这导致它们在发展中存在的问题与危机更加严重。这其中最根本的原因,是它们已不可能获得足够的资源与空间进行自身的现代化与工业化建设。以中国为例,改革开放以来,中国的 GDP 翻了两番,这是举世瞩目的经济奇迹。但这也是在能源消费翻一番的基础上实现的。马凯曾指出,中国到 2020 年的发展目标是实现 GDP 翻两番,如果按照能源再翻一番的公式计算,"2020 年我国一次能源消费量将达到 30 亿吨标准煤,其中,煤炭 22 亿吨、石油 4.2 亿吨、天然气 2 000 亿立方米"。仅煤炭"就面临四大压力。一是面临煤炭精查储量不足的压力。煤炭生产

---

① [美]阿尔温·托夫勒:《未来的震荡》,任小明译,四川人民出版社 1985 年版,第 21 页。

② Q 代表燃烧三万三千吨左右的煤所首富释放的能量。

③ [美]阿尔温·托夫勒:《未来的震荡》,任小明译,四川人民出版社 1985 年版,第 20—21 页。

④ 康少邦、张宁等编译:《城市社会学》,浙江人民出版社 1986 年版,第 4 页。

若达到 22 亿吨,需要精查储量 1 251 亿吨,而目前尚未利用的精查储量仅为 600 亿吨;二是面临生产能力不足的压力。全国煤炭生产能力目前为 15.6 亿吨,考虑到部分矿井衰老报废等因素,2020 年前需要新增煤炭生产能力 10 亿吨。这意味着之后的 17 年要建设百万吨级的大型煤矿 1 000 个,接近美国目前的产煤总量;三是面临运输能力不足的压力。煤炭消费主要集中在东南沿海地区,但煤炭资源主要分布在北部和西部。这种分布决定了北煤南运、西煤东运的格局。按新增 10 亿吨生产能力中 70% 需外运考虑,要再建 7 条大秦线以及相应的港口。四是面临环境容量不足的压力。我国二氧化硫排放量和二氧化碳排放量分别位居世界第一和第二,其中 90% 的二氧化硫排放来自煤的使用。继续按目前的方式大量消耗煤炭和排放污染,不仅国内环境质量难以改善,来自国际社会的环境压力也会越来越大"。[1] 也就是说,如果仍然按照传统的发展模式,中国未来的发展目标是不可能实现的。

最后,哪里存在着危险,哪里就有拯救。都市化进程在给现代工业带来巨大挑战的同时,也以更高层次的发展为当代城市提供了新的发展理念与工具。具体说来,在物质生产方式上,与以矿山开采、冶炼、纺织等传统制造业为主体的城市化进程不同,以高新技术产业、金融资本运营、信息产业、文化产业等为基本标志的后现代工业与商业,构成了大都市社会在物质生产与经济发展方面的主导性机制。以信息产业为例,这是一种"以无形的智力投入为主形成的特殊服务行业",并随着知识经济时代的来临正在成为传统服务业中的朝阳产业。这些新兴的都市经济生产方式,不仅最大限度地体现了城市可持续发展的要求,同时它们所创造的巨额利润也是传统制造业无法比拟的。以数字创意产业为例,在传统制造业全面萎缩、陷入困境的当下,全世界创意产业每天创造的产值高达 200 多亿美元,而且还在以更快的速度增长着。以中国高新技术开发区为例,如有"中国光谷"之称的武汉东湖国家高新技术开发区,经过十多年来的发展,已形成以光电子信息为龙头,生物工程与新医药、环保能源、机电一体化等高新技术产业格局,其中光电子信息产业不仅已成为武汉市四大支柱产业之一,同时在全球产业分工中也占有了一席之地。在都市化进程中,这个高新区的产值占全市财政收入的比重,已从 1991 年的 0.2% 提高到 2005 年的 5.04%,其中,光传输系统技术达到了世界先进水平,光纤光缆的生产规模上升到全球第三位,在国内市场的

---

[1]　人民网:《马凯:中国转变经济增长方式尤为迫切》,2004 - 03 - 22。

占有率达 50%,国际市场占有率也迅速提高到 12%。又如综合实力和创新能力跻身全国 53 个国家级高新区前列的无锡新区,它以占全省 1‰的土地、2‰的人口,创造了 2%的地区生产总值和财政总收入、3.5%的工业产出、7%的外贸进出口总额、8%的实际到位外资,高新区平均产出强度达到 30 亿元/平方公里。2005 年,全区的高新技术产业实现产值 755 亿元,占全区工业总产值的 62.4%;高新技术产业实现出口 73 亿美元,占全区出口总量 90%;[1]此外,作为当代都市最具经济活力的高新技术产业区,不仅创造了巨大的财富,同时也成为吸引世界优秀人才的中心,如著名的苏州工业园区,2002 年园区吸引人才 1.5 万人,2003年吸引 3 万人。[2] 高新技术产业区的基本特征是以最小的空间、最少的人口创造出巨额的经济利润,与占地面积大、劳动力资本大而实际产值不高的传统制造业相比,两者可以说是有天壤之别。

由于这些原因,都市化进程直接导致了现代工业的边缘化。所谓边缘化,是指现代工业在都市化进程中丧失自身存在的合法性,与辉煌的后现代工业相比逐渐沦落为边缘与配角。现代工业是城市化进程的支柱产业,与之相应,是现代工业占据了现代城市的核心空间与地段,机器轰鸣的工厂、高耸入云的烟囱,成为现代工业城市最重要的城市地理景观,并为现代城市的迅速发展做出了不可磨灭的贡献。但在都市化进程中,随着后工业社会的来临,现代工业作为人类生活支柱的朝阳时代正在成为历史,不仅现代工业因其产业性质受到严峻的挑战,传统城市以工业、制造业为中心的城市定位也同样受到质疑,这是工业化的城市空间在都市化进程中必然遭遇的现实命运。以中国为例,当代许多工业城市或城市工业空间的基本困境,即所谓的产业结构调整,"改革开放 20 多年来,我国城市产业虽然在迅速发展,但仍然沿用传统的以高投入、高产出、低效率为特点的增长方式,加之市场机制不完善,致使我国城市产业结构不合理,产业水平落后。……从第二产业看,工业所占比重过高,且自身素质不高:基础工业与加工工业的增长不协调,加工工业的发展快于基础产业的发展,造成加工工业供过于求;机械工业、电子工业、石油化工、汽车工业等产业的主导地位没有真正确立,不能充分带动经济的发展;工业部门的劳动生产力比重明显低于发达国家的水平,影响了工业的发展。我国城市第三产业近年来发展十分

---

① 吕贤如:《高新区:自主创新的加速器》,《光明日报》,2006 - 09 - 15。
② 《苏州工业园的新加坡味》,《经济参考报》,2006 - 07 - 03。

迅猛,但仍相对滞后。目前,发达国家第三产业的国内生产总值比重和劳动力比重分别达到 50%～65% 和 60%～75%,而中国 2000 年第三产业的国内生产总值比重和劳动力比重仅分别占 33.2% 和 27.5%,大大低于发达国家和地区水平"。① 特别值得注意的是产业调整与都市化进程的内在密切联系。都市化进程意味着中国经济与世界的一体化,以中国加入世界贸易组织为象征,这本身也是中国必须促进产业结构更新,发展高级产业结构,走一条超越式的经济发展之路或城市化之路的重要推动机制之一。

现代工业城市或工业城市空间之所以在都市化进程中遭遇困难,主要有两方面原因:一是工业用地与厂房占据了在都市化进程中急剧升值的都市中心空间,这不仅直接影响了更多人口向大都市、城市中心的迁移,同时新兴的后现代工业在发展中遭遇了空间资源的严重紧缺;二是传统工业产业所创造的物质财富,已远不能与以现代金融业、文化创意产业等为核心的都市新经济生产相提并论,占据空间资源的巨大,与实际产值的低下,是现代工业必须为后工业社会腾出地盘的根源。这两方面的作用相互交织,共同制造了现代工业这个城市化进程中的巨人在都市化进程中的悲剧命运。以中国为例,近年来几乎所有城市都集体参与了一个重要的活动——"工业大搬迁"。作为中国传统工业基地的上海,由于改革开放以来经济迅速发展,更早地迎来了都市化时代,因而在这方面启动得比较早,"改革开放以前,上海的工业大部分布局在中心城区。直到改革开放后的 1985 年,其中心城区的工业企业数仍占全市的一半多,工业产值占全市的七成多。20 世纪 90 年代以来,上海中心城区工业转移疏解力度加大,速度加快,变化非常明显"。以中心城区工厂房屋建筑面积为例,"从 1993 年到 2000 年总共减少将近 500 万平方米,减少幅度为 13.7%;其工厂房屋建筑面积占各类建筑面积的比重从 25% 下降到 15.4%,下降了 9.6 个百分点,降低幅度达 38.4%"。② 再例如北京,在《北京城市总体规划(2004—2020 年)》中,"标志性事件"是首钢从北京搬迁至河北曹妃甸。首钢是国有特大型企业,是新中国工业产业的象征,有近 700 亿元的资产总额,逾 800 亿元的销售收入。尽管如此,但由于不符合以"现代服务业、高新技术产业、现代制造业"为主要内容的新北京城市功能定位,只能从中心位置上退出。③ 与北京类似的还有杭州。杭州自古就是

①　郭培章:《中国城市可持续发展研究》,经济科学出版社 2004 年版,第 75 页。
②　靖学青:《长江三角洲地区城市化与城市体系》,文汇出版社 2005 年版,第 65、68 页。
③　《新北京究竟新在哪里　宜居城市成为最大民心工程》,《人民日报》,2006 - 07 - 24。

一个消费城市,在现代中国的城市化进程中,开始启动现代工业城市的发展程序,并形成了具有相当规模的杭州工业城市格局。2004 年杭州市第二产业 GDP 占到 53%,可知现代工业已经成为杭州市的支柱产业。但在都市化进程中,由于杭州定位于旅游休闲之都,与首钢的命运相似,杭州民生药业集团有限公司将其原料药生产车间迁往绍兴袍江,新光塑料有限公司搬迁至萧山所前镇,杭开电气搬迁至位于拱墅康桥的新厂区,杭州汽车发动机厂迁至萧山经济技术开发区,杭州重型机械有限公司迁至临安经济开发区。① 历经几十年建设而形成的"工业杭州",很快从新天堂的都市空间中整体地消失。

三、"暮色中的工厂成了都市最美的风景"

与消极的边缘化命运不同,现代工业在都市空间的一个积极的出路是景观化。所谓景观化,是指工业生产空间同自己固有的"生产内容"与有限的"实用目的"剥离,在都市化进程中通过文化创意等审美生产程序使自身再生产为新的都市景观。如果说,前者可以用"暮色中的工厂在远处闪着光"作隐喻,那么后者则是"暮色中的工厂成了都市最美的风景"。以首钢为象征,尽管其工业功能正在消失或变得一无是处,但它 30 米或 50 米高的厂房、纵横的铁路、巍峨的高炉等占据的宝贵的都市空间,却正在成为以文化创意为主题的都市再生产的对象。据悉,一份名为《利用首钢工业遗产发展创意产业对策研究》的课题研究了 2010 年首钢整体搬迁完成后,在其旧址建立创意产业基地的具体问题。具体是以石景山区打造"首都休闲娱乐中心区"为背景,理清首钢搬迁后工厂、仓库、铁路、大型冶炼设备的布局、面积大小等资料,同时针对不同地块,列出适宜发展的创意产业、细分行业。届时,首钢旧址内有望建起一个创意产业"梦工厂"。② 这是只有在都市化进程中才能出现的再生产过程。其美学原理可以西方学者德波提出的"景象社会"(the society of the spectacle)为代表。在他看来,"景象既是现存的生产方式的筹划,也是其结果。景象不是现实世界的补充或额外的装饰,它是现实社会非现实主义的核心。景象以它特有的形式,诸如信息或宣传资料、广告或直接娱乐消费,成为占据主导地位的社会生活现存模式。景象是对再生产或

---

① 《浙江杭州:企业大搬迁,一座城市的选择》,《杭州日报》,2006 - 07 - 11。
② 童曙泉:《首钢旧址将建创意"梦工厂"》,《中国文化报》,2006 - 08 - 29。

必然的消费中已做出选择的普遍肯定。景象的内容与形式同样都是现存状况与目标的总的正当理由,景象也是这正当性理由的永久在场,因为它占用了现代生产以外的大部分时间";①另一方面,这对于美学学科在当代的发展也有重要的启示,也就是说,都市化进程也为美学研究与人类的审美活动提供了新的对象与思路,"传统美学谈及自然时仅限于自然之美,比如大块的乱卷积云、渐行渐远的山脉、静静蜿蜒的林中小溪和早春的野花等。但如果我们将自然的范围扩大到世间万物,美学的内涵也会随之扩展,审美的感知也将无处不在。19世纪末的艺术已经将表现对象从原先的优美、悦目之物大大拓展,从丑陋到怪诞、奇异,甚至恶心,应有尽有。自然美学相应地必须打破自身防线而承认整个世界。所以,各种类型的环境中都有审美因素存在:田园风光有,商业区也有,工业区和山区湖泊一样"。② 都市化进程的审美再生产,一言以蔽之,即现代工业的实用功能衰退,与此同时带来的是其审美价值的生成。当然,这是一种与农业文明及其田园生活很不相同的东西。

现代工业不仅是人类的宝贵的历史经验,同时也是工业历史遗留的重要的文化与物质遗产。它与都市化进程的关系是相克相生的,都市化进程直接否定了现代工业的传统存在方式,但与此同时也给它赋予了更恒久的文化与精神价值。正是在大都市的财富、人口与剩余时间的基础上,占据着庞大都市空间的废弃厂房才能现实地完成新生的历程,化腐朽为神奇,成为商业流通、文化创意与艺术生产的重要空间。甚至它那锈迹斑斑的各种现代工业细节,在都市人特有的精巧创意与艺术设计中,也都得以完好地保存。以后现代城市设计中的"3R"原则——减少资源消耗(reduce)、增加资源的重复使用(reuse)、资源的循环再生(recycle)为例,"在城市更新过程中,废弃的工厂可以在生态恢复后成为市民的休闲地,这不仅可以节约资源与能源,还可以恢复历史片段,延续城市文脉。如德国景观设计师彼得·乐兹(Peter Latz)设计的(emscher landscape park)景观公园,就充分利用了原有工厂设施,在生态恢复后,生锈的灶台、斑驳的断墙,在'绿色'的包围中讲述着一个辉煌工厂帝国的过去"。③ 以中国为例,如昔日烟尘密布的煤城枣庄,如今已成为"天蓝、地绿、水清、气纯"的"和谐人文"之城,主要

---

① 周宪:《"读图时代"的图文"战争"》,载于《现代性视野中的文学理论》,南京大学出版社2006年版,第154—155页。

② [美]阿诺德·伯林特:《环境美学》,张敏、周雨译,湖南科学技术出版社2006年版,第11页。

③ 卢丹梅:《城市生态设计的后现代思想》,网易园林,2005-05-08。

原因即在于城市发展理念由工业城市向生态城市的转变,形成了独特的循环生态经济产业,"枣庄以企业为单位推行清洁生产,从源头上切断污染源。以行业为单位构筑循环链条,畜禽养殖行业形成了'秸秆—畜禽—粪便—沼气—发电—照明取暖'这一循环经济产业链,形成整个社会资源的循环流动。作为煤城,煤矸石曾是一大害,现在建起了20多家以煤矸石为燃料的热电联产企业,煤矸石变废为宝,转化为清净能源,形成了具有枣庄特色的煤炭—煤化工—火电—建材循环经济产业链"。①

工业文明的审美再生产,正在成为一种全球性的都市生产方式。这方面既有国际上成功的范例,如德国西部北威州的鲁尔区,19世纪曾是德国的煤和钢铁生产基地,它支撑了德国150年的发展。"但是,在20世纪六七十年代,鲁尔区遭遇了'煤炭危机'和'钢铁危机',不得不缩小煤矿开采的规模并减少钢产量。如今,鲁尔区90%的煤矿厂和炼钢厂都已经关闭,这块在工业膨胀时期吸引过大批来自欧洲其他国家的客籍工人的土地,几乎告别了大工业时代。然而,令人欣喜的是,废弃的厂区并没有因此成为城市铁锈斑斑的伤疤,而是被州政府成功地与文化产业结合在一起,改造成景观公园、休闲娱乐场所、工业博物馆、设计与艺术中心等,甚至还形成了一条被称为'工业文化之路'的旅游线路,它连接了19个工业旅游景点、6个国家级博物馆和12个典型工业城镇,正如同一部反映煤矿、炼焦、钢铁工业发展的'教科书',带领人们游历150年的工业发展史"。② 在中国也是如此。如南京市白下区,建于1967年的南京无线电七厂、1958年建的南京汽车仪表厂和始建于1958年的无线电元件四厂,正在改造为南京首个具备专业特色的创意产业集聚区。③ 如中国近现代工业城无锡,在茂新面粉厂旧址上建设"中国民族工商业博物馆",北仓门原中国蚕丝公司无锡分公司仓库成为艺术展示中心,永泰丝厂建立了无锡丝绸博物馆;古运河沿岸"无锡米市"遗址被规划为开放式的蓉湖公园。④ 北京的798厂,是50年代初由苏联援建,东德的技师负责设计建造的重点工业项目,本是国营电子工业的老厂区,正在成为北京城内的艺术文化新区。⑤ 一个值得一提的人物是台湾人登琨艳,他在20世纪90年代初来到上海,并最早意识到苏州河岸那些老厂房的价值,他先在苏州河边上

① 邢兆远、孙发永:《枣庄:文明生态孕育和谐人文》,《光明日报》,2006 - 11 - 09。
② 厉无畏:《我看到了别人园里的果子》,《文汇报》,2006 - 09 - 10。
③ 郑晋鸣:《南京废弃厂房"摇身"变艺术街区》,《光明日报》,2006 - 08 - 17。
④ 《无锡工业遗产:旧迹重生的三把"钥匙"》,《无锡日报》2006 - 04 - 18。
⑤ 《北京:到798厂赶当代艺术的大集》,《北京青年报》,2003 - 09 - 26。

租下了一个老货仓改造成设计公司。接着又将上棉九厂改造为滨江创意园区。由于他的贡献,2004 年 10 月 28 日,联合国教科文组织把亚太文化遗产保护奖颁给了他。① 对于起步较晚的发展中国家与地区,由于都市化进程这个升级版本的出现,它们已无法再按部就班地走自己的"城市化"之路。以中国为例,由于在落后的科学技术与产业经济基础上过早地开始了都市化进程,因而受到的冲击更大,面临的问题更加复杂。一方面是现代化建设需要大力发展现代科学与现代工业;另一方面,由于这是一种成本太高的城市化模式,在这个意义上,现代工业的"景观化"之路,无疑为中国在城市化与都市化的矛盾中实现自身的科学发展提供了重要的思路。

在人类历史上曾经起到重要作用的现代科学与工业技术,作为人类物质与精神两方面宝贵的财富与遗产,不仅不会消失,而且可以相信,还将会像古希腊艺术一样保有其"永恒的魅力"。

---

① 《苏州河畔点石成金的登琨艳》,《外滩画报》,2005 - 12 - 31。

| 第十二章 |
城市音乐文化及阐释语境

在笔者看来,尽管任何阐释都难免有主观性和相对性,但倘若由此导向了一种实践中的"怎么说都行",那显然是极其错误地利用或贬低了后现代知识的批判性力量。因此,在充分意识到阐释活动自身的局限性之后,更关键的问题并不在于如何解构或摧毁各种传统的霸权话语,而在于如何才能由此确立一个真正具有合法性的阐释语境,并以之作为"上下文",以便对各种碎片形态的纷乱话语加以梳理和做出相应评估。而这一点正是我们可以在后现代的杂乱声音中寻求意义的先验前提。也可以说,尽管一种无所不包的现代性宏大叙事本身已不再可能,但它也并不意味着任何后现代的微型叙事在知识和价值上都是等量齐观的,而只有通过具体的话语梳理和语法批判还原出具体的"上下文"之后,我们才能在一种相对稳定的深层语法结构中求得某种相对清晰的语义。由此可知,任何当代的知识与思想活动,首先必须解决的都是关于阐释语境自身合法性的先验批判问题。对于城市音乐文化的解读、阐释与研究,自然也同样如此。

表面上看来,城市音乐这个概念本身已相对微小,仿佛也不存在阐释语境的分析与批判问题。而实际情况却并非如此,尽管以"城市"一词作限定,可以使城市音乐同许多其他的音乐文化现象区别开,但由于城市本身发展水平在当代世界中的参差不齐,特别是中西方对城市文明本身在意识和价值上的巨大差异,因而这个概念在不同文化语境中的歧义和矛盾仍是显而易见的。在某种意义上讲,这就是解读和阐释城市音乐必须要进行语境分析的直接原因,亦是对城市音乐文化的解读和阐释,首先涉及的正是人们对城市文明本身的价值观念问题。关于当代人的城市观,简而言之有两种形态。其一,正如斯宾格勒说"世界的历史就是城市的历史",它把世界的城市化进程看作是文明演进的根本动力和主要外观。这种城市观无疑主要是属于西方民族的,而就其基于对西方近现代文明经验之总结这一方面而言,它的合法性在西方文明范围内自然也是无须讨论或自明的;其二,则与这种把城市或城市人看作是人类文明之最高存在的观念完全相反,它的核心思想即"城市的历史是人们背井离乡的历史"。关于这一点,正如笔者在《千年挥麈》中指出:

> 城市生活方式本身就是一种巨大的私有化机制,它把生命从大自然的怀抱中劫掠过来,只是为了更有效地、更全面地占有人的生命本身。它在给人提供保护的同时,也剥夺了个体的自由意志。城市生活方式始终建立在人与自然的紧张、对立关系上,从它产生的时候起就是一种非自然的生活方式,是一种与人的本性相对立的生活方式。这正是纯朴的人们总是渴望"进城",而一旦"进城"之后又总是"想家"的根源。①

从某种意义上讲,这既是中国传统生活方式中最重要的人生观,同时也是在现代化进程中分享现代文明成果最少的第三世界国家最普遍的现实感受。在逻辑分析上讲,由于立论角度不同而出现"见仁""见智"之别,也自在情理之中,所以没有必要一定要在两者之间强分高下。然而真正的问题在于,随着西方文明的生产方式及其文化霸权在全球范围内的不断扩散和强化,人们对城市文明的理解和认识也正变得越来越片面化。这其中最严重的问题即同样有着逻辑根据的第二种城市观已经不再发出任何能够引起人们注意的声音了。正如余秋雨在《脆弱的都城》中的那种见惯不惊的论调,中国文明在近现代的落后和不发达完全是其城市化水平的低下,甚至是农业文明及其意识形态包围和吞噬了城市先进文明的结果。如果对此中之严重问题不加以特别地阐明,必然会直接影响到与此相关的一系列的理解和判断的合法性。

对这些由于价值观念不同而在知识判断上所产生的相互缠绕,其真正的解决方法只能是通过语境分析,即以划定它们各不相同的有效范围之方式来加以解决。一方面,一种观念的产生总是建立在一定的经验基础上的;另一方面,该观念也往往仅在其自身的经验范围内才具合法性。因此对于观念领域中的各种矛盾,就不能简单地采取"是此而非彼"或"非此而是彼"的独断论,尤其是既不能以一己之"经验"去检验异己之"观念",同时也不能以一己之"观念"去批判异己

① 刘士林:《千年挥麈》,百花洲文艺出版社 2000 年版,第 185 页。

之"经验"。这是息止一切无谓论争与无意义对话的最重要的学术态度。职是之故,这里首先需要进行的是先验分析工作,即分析两种城市观的适用范围。在逻辑分析上讲,对城市文明持肯定意见的一方,其经验基础主要是近现代西方工业文明所取得的物质成就,而对城市文明持反对意见的一方,其根据则主要来源于工业文明对人性的摧残和异化这个心理情感经验。由于这两种城市观无疑以西方工业文明和中国农业文明为典范,因而对其各自的合法性与局限性予以分析、阐释,对我们确立在研究城市音乐时采取何种文化立场,其意义是自不待言的。具体说来,由于西方的城市观主要基于工业文明所取得的辉煌物质进步,因而它在政治经济领域中的合法性与自明性是毋庸置疑的。这也就是不能以东方精神文明或者为了维护朴素的人性情感而对之全盘否定的根本原因。然而必须强调的是,这种城市观的有效性也仅仅局限于物质生产方式,也就是说,它对于包括音乐艺术在内的人类思想情感领域的合法性,则是付之阙如和需要严加论证的。甚至还可以说,它在这个精神领域中基本上是没有合法的发言权的。而长期以来,由于在思想意识中缺乏这个逻辑分层的环节,中国学术思想界一直无法认同西方生命哲学和现代派艺术的进步意义,或者由此而导致了一种对西方物质文明的民粹主义或保守主义的文化批判立场。这种不同的独断论之间的斗争,自然不可能产生真正的逻辑结果,因而在此所谓的先验分析并不是要论证谁是谁非,而是要阐明何种城市观更适合作为我们讨论城市音乐文化的价值基础。一言以蔽之,由于西方城市观主要立足于一个社会的政治经济经验,而中国的城市观则侧重于人的心理情感或者说美学经验,因而后一种城市观无疑更适合作为讨论城市音乐文化的基本价值立场。也就是说,正是在后一种城市意识形态中,它充分肯定和揭示了精神生命与城市文明的敌对本性,才使作为反抗城市文明异化之重要手段的当代城市音乐,可以超越它们自身固有的政治的、道德的,甚至是法律方面的严重缺陷,并从而使其自身固有的审美解放之意义澄明出来。

由于是以两种不同的城市观作为当代城市文化的内在生产观念,因而包括在其中的城市音乐自然也要被再生产为两种截然不同的存在形态,如果说其一即由城市文化体制每天批量生产和消费的主流性城市音乐艺术,如广播电视和文化市场上推出的作为大众文化快餐的种种流行音乐,那么其二则无疑是以城市边缘中的街头音乐甚至是不见容于社会的地下音乐为代表,尽管它们总是显得"饥寒交迫"而且随时都面临着被彻底湮灭的危险。而在确立了一种真正具有合法性的城市音乐语境之后,也就可以对这两种完全不同的城市音乐形态加以重新认识和评估。这不仅只是一个音乐美学的认识问题,实际上它更关系到当代人审美能力的再生产以及生命自由这个根本性的大问题。

如果说,在城市文明中一个最重要的精神问题,即"谁来拯救我们的灵魂",那么对于这个空间中的音乐艺术来说,它无疑可以转换为"谁来拯救我们的听觉"。也可以说,在主流性音乐生产和边缘性音乐创造之间,何者才可以为当代人精神生命的健康发育提供一种真正的精神食粮。在诗人陆健的诗集《名城与门》中有几句写给音乐家的诗:

> 一个字音我们不敢靠近
> 完美的东西令人担心
> 脆弱的存在让人忍不住
> 去扶,去痛恨时间
>
> 谁来挽救我们的听觉
> 谁使嘈杂自惭而回避
> ……

这首诗本身无疑把一种古典的音乐审美观再现出来,即真正的音乐艺术应该是"梅花香自苦寒来",它只能属于经历了最严酷的专业训练,或者说是在磨练出"懂音乐的耳朵"之后才能欣赏到的神韵。一言以蔽之,只有音乐大师或权威人物才能挽救我们粗糙的听觉。但如果说这个结论在古典艺术世界中是完全正确的,那么在一切都越来越依赖于技术手段和商业机制的当代音乐生产中,它固有的合法性则早已变得可疑甚至是面目可憎。特别是在我读了洛秦的《街头音乐》一书,并从中了解到那些散漫地生活在美国地铁和街区中的音乐小人物之后,我的这种感受也就变得越来越明确和强烈。这些街头音乐艺人及其音乐艺术,和我们平时所理解的"艺术家之艺术"是完全不同的,他们的演奏技法粗糙,很多人都没受过什么专业训练,甚至在乐器使用上也不拘一格,有时随便拿一个什么生活用品就可以表演,他们也从来不讲什么学院派的高头讲章,但正是在这种不拘一格的音乐活动中,他们把音乐艺术更直接变成了个体生命的有机部分……如果是第一次接触到这些难登大雅之堂的街头音乐艺术,人们大概都会发出这样的疑问:这也叫艺术? 这也配称作艺术家? 但如果你认真和仔细地了解了他们的艺术和生活之后，会不得不十分钦佩地承认他们才是"真正的生活的'诗人'"，因为正是在这些不修边幅，甚至邋里邋遢的街头艺人身上，你可以发现一种真正为艺术而艺术的最纯粹的审美气质，而且可以发现只有他们的音乐活动才真正可以称得上是非功利的自由生命活动。在这里无疑出现了两种迥然不同的音乐观，一方面是诗人陆健的答案，最高级的音乐当然不是烦恼人间的普通之物，而且人世间还会处处磨损、污染着我们的审美心灵；另一方面，则是洛秦在《街头音乐》中提出的"佛心无处不在"之音乐观，这时衡量和评价音乐艺术的最高标准，就不再是城市文明及其所衍生的种种物质的与精神的条件，而是"只要你有一颗音乐的心，什么都是音乐，什么也都是乐器了"。

从某种意义上讲，我们在这里所遭遇的是一个逻辑上的二律背反，你既可以坚持只有大师才能创造音乐的古典艺术观，因为这可以从人类的音乐审美经验中得到足够的验证和说明。同时你当然也可以选择"佛心无处不在"的音乐观，而且每个人都可以在其个体性的审美经验中直接肯定它。也就是说，这两种答案在不同范围内各有其自明性与合法性。而在我看来，对此困境最好的解决方式，仍是要对其进行语境分析，从而为它们分别划定各自的有效范围。具体说来，古典艺术观无疑隶属于西方式的城市观，它在把城市文明和城市人看作是人类本质力量的最高实现的同时，也把音乐艺术看作是一种高于一切自然音响的文化符号。从这个意义上讲，街头音乐的艺术观则带有了某种浓郁的东方城市观意味，正如中国诗人说"昨夜入城去，归来泪满襟"一样，它把回归自然和摆脱文明中心的异化看作是自由的逻辑起点。对这两种艺术观之关系可做如下引申，一方面，采取了前一种音乐观，就必然要在逻辑上完全颠倒庄子提出的"天籁—地籁—人籁"这一原始的声音排序，以及把一切自然的天籁（包括大自然与在逻辑上最接近大自然的民间音乐之声）贬低为低于音乐艺术，甚至是需要改造和提高才能获得音乐本质的"预科生的艺术"；另一方面，这种音乐观也仅仅是在文明中心论或理性主义语境中才是行之有效的。因为当代文化人类学的大量研究已经表明，"音乐"本身绝非人类的专利品，它不仅早在人类产生之前就已经存在，[1]而且它尤其不是以修建城市为典范特征之一的人类文明的创造物，因为有更多的人类学田野研究表明，越是接近自然的野蛮人，他们的音乐天赋就更完整，艺术才能也越高。由此可知，只有在城市音乐研究中首先确立了中

---

① 《大地》，2001 年第 4 期，第 60 页。

国式的城市观之后,才可以为重新审视和发现街头音乐的审美意义提供一种坚实的基础。

　　如果说逻辑分析的结果是必须在意识中严格地区分开两种音乐语境,那么其对音乐实践所提出的则可以称之为如何保持两种音乐观念的相对平衡问题。这其中的道理可以表述为,一方面,如果没有大师的经典音乐创造,人类的声音符号就无法从它与自然界的原始混沌中超越出来,并由此获得只有人类才具有的深刻的理性意义或精神内涵;另一方面,对此还必须补充的是,假如没有民间音乐这个伟大的母体,没有民间音乐和大自然之间割舍不断的血肉联系,完全封闭于城市之中的音乐也就很容易枯萎和丧失生命力。从这个意义上讲,正是由于有了后者对前者在逻辑上的限定,那种非社会的反理性的街头或地下音乐才获得了存在的根据。但逻辑上的永久和平毕竟是脆弱的,所以前者对后者的异化和扭曲也由来已久。和文明本身无法容忍一切自然与半自然的乡村存在一样,城市音乐本身也是在对民间音乐的吞噬之中发展壮大起来的。而随着当代世界中城市化浪潮一浪高过一浪,城市音乐的生产与消费对边缘性的民间音乐资源的破坏和恶性损耗,可以说从没有像今天这样严重和可怕。在当代音乐,尤其是在以城市音乐为中心的生产和消费体制中,音乐自身已经完全沦为一种技术复制的商品,而剩余价值与高额利润则是它追求的唯一目的。这种商业化的音乐生产与消费已经与个人的艺术才能完全无关,而且艺术家往往只有在牺牲他的天赋和艺术才能之后,即只有在他们异化为一种可供榨取剩余资本的"人格化的音乐机器"之后,才能进入文化市场并在其中获得一席之地。

　　这里可以略举两例加以说明。20 世纪 80 年代的一篇小说《森林里来的孩子》,主要是写一个来自田野乡村的孩子怎样征服音乐学院的教授们。又比如过去艺术家们经常深入乡村的采风活动,也基本上是以民间音乐为城市音乐再生产的母体资源。而它们在逻辑意义上表明的正是主流音乐与边缘音乐的一种良性循环关系。但是在已经完全体制化和商业化的当代音乐生产方式中,这种往昔时代"小农性质的音乐生产方式"早已丧失了赖以生存的社会土壤。例如选拔和识别当代儿童艺术才能的主要方式是各种考级和比赛,而这种音乐生产体制与主体的艺术天赋以及与艺术的真正目的却完全是背道而驰的。关于这一点,华裔钢琴家傅聪曾指出:

　　　　音乐是很严肃和高尚学问,不适宜举行比赛,它提供的只是一个出名和成名的机会,而与音乐艺术的本质至少是不一致的。他说:"我做过很多比赛的评委,看到很多所谓的'专业'选手,他们到处去比赛,而且有一套为应付比赛的弹法。这是很危险的,也很不健康,绝对不值得鼓励"。[①]

特别需要指出的是,当代这种艺术才能的生产和消费机制,不仅其机械的应试方式会严重地戕害各种音乐人才的艺术天性,同时利欲熏心的商业机制也必然要直接毁灭他们对于艺术的纯洁理想。正如杜诗"在山泉水清,出山泉水浊"所象征的,无论多么美好的艺术或者多么可爱的艺术家,一旦进入名缰利锁的当代城市文化体制之中,实际上都在不可避免地被污染、变质甚至是走向毁灭。而这个问题随着文化市场的扩张正变得愈加严重,看看当代文化市场中层出不穷的走穴、假唱、罢演和封杀事件等,难道在这种乌七八糟的商业体制中还可能有什么真正的艺术气息吗?

城市主流音乐文化的体制化与商业化,最严重的后果还不是针对艺术本身的种种解构行为,而是由于艺术和市场意识形态的合谋与勾结,可以再生产出一种只能生产和消费机械艺术的人自身。也可以说,当代城市主流音乐正是通过人工制造的生产和消费方式,才直接威胁到人类自然的和天赋的音乐审美机能。从逻辑分析上讲,城市音乐文化对人自身审美机能的严重异化,其最深根源无疑就在于那种西方的城市文明观。在观念上重新修正和调整人们关于音乐的本质认识,也就成为我们从事当代音乐文化批判必须完成的先验批判工作。而那些与城市主流音乐相对立的带有民间性质的街头音乐甚至地下音乐,也正是在这个意义上才显现出它们弥足珍贵的审美本质力量。因为正是在这里,才可以发现那种以自身为目的的真正音乐艺术,以及以审美自由为生命活动方式的真正的音乐艺术家。这里也可以略举二例。首先是洛秦在比较中美音乐学生时所指出的:

相比之下,这些美国学生完全不像我们的"精英们"大气地丢下自己"沉甸甸的文化包袱",来到新大陆"求学"为的是求职(looking for a job),简单地只是为了追求物质生活,汽车、房子、绿卡直至美国公民是中国"精英们"的美国梦。追求汽车、房子、绿卡本身没有错,问题在于这些身外的东西是不是人一生所追求的宗旨。换句话说,这些是不是漂洋过海、流落他乡、历

[①] 《傅聪认为:音乐并不适宜比赛》,《新华日报》,2001-03-24。

尽艰辛的留学生所梦想的生活的所有,生活的本质究竟是什么?

洁丝卡一批算不上美国的精英,然而这些青年代表了一代社会和文化的群落。通过他们的言行我们看到,他们的生活准则是体验生活,体验人生,体验社会,以获得文化上、精神上和人格上的长进。他们何尝不需要车子、房子和金钱,但是他们用自己最辉煌的年华来追求的却是人的社会价值、人的文化品味、人的精神境界。这与我们那些留洋的中国"精英们"的人生哲学和文化价值观念是多么的不同![①]

这也可以看作是主流性的城市音乐与民间性的城市音乐之本体差异所在,即究竟是以实用主义的态度还是相反以审美主义的态度来对待音乐本身。如果说对于前者,音乐本身只是一种生存工具,那么也只有后者才使音乐艺术真正成为一种人生之道。因而,在大洋彼岸的那些街头音乐家身上,我们所看到的也正是一种更加纯粹的艺术气质和生活理想。他们无论从事器乐或声乐,都不是为了考级、获奖,或借此在文化市场或传播体制中分一杯羹。他们是真心地热爱艺术,许多街头艺术家的一个最突出的特点是害怕寂寞,或者是出于一个健康生命的内在需要而渴望和他人用音乐交流。在这里音乐艺术拯救的也就不仅是他们的听觉,而是他们的渴望健康和圆满的生命本身。此外,这种新的审美观念在某种意义上讲也可以说具有跨文化的性质,我的学生在一篇关于中国地下音乐的作业中就十分细致地描述过她的审美经验:

一九九八年春天,我开始接触地下音乐。首先接触到的是一支南京本地的学生乐队"七八点",后来那盒在小范围流传的《南京地下音乐记录97－98》让我听到了"PK14"和更多无名的地下青年。寻访如意里三号未果是后来的事,看到SICKBABY的网站也是后来的事,五台山下的防空洞里还有不少朋克坚守阵地,而引起我对地下更大关注的则是在1998年的秋天。

秋天我们以极大热情复印传阅一本名为《SUB JAM》的小册子,其中介绍了祖国各地十余支优秀的地下乐队。在南京音乐台吴宇清的节目里,我听到其中一些乐队录音简陋的小样,包括向往已久的"暗室"(南昌)、"生命之饼"(武汉)和"谁的舌头"(新疆,现在改名"舌头")。这些诚实而粗糙的歌

---

① 洛秦:《街头音乐——美国社会和文化的一个缩影》,人民音乐出版社2001年版,第27页。

声让我被流行音乐浸淫多年的耳朵振奋,更使我清楚地认识到,撇开那座各色歌手鱼龙混杂的首都城市,在祖国辽阔的土地上,从内陆城市到更深的内陆城市,从学院艺术家到市井艺人,还有更多这样的不讨好也不被讨好的歌声在黑暗里流传。

艾伦·金斯堡说,你能获得拯救的唯一方法即是歌唱。

而我想,歌唱的意义并不全在于拯救"被某种社会经验打垮"的灵魂。设想最先,土地上的初民被自然触发,心神激荡,普通言语难以承载那么强烈的情感,于是有了喊叫、欢跳、歌唱,这种歌唱是他们抒发情感的自然行为,在乐府、诗经之前就一定存在了,直到六朝,它都是一条清晰而流畅的线索。

而另一说来自巫术,原始人以歌舞祭祀娱神,歌唱在此有着禳恶、安魂、祈福的功能。这不禁让人想起战国时楚地百姓"信神鬼,重淫祀,巫风盛行",《九歌》最初不就是民间祭祀的歌曲?

然而无论歌唱产生之初有无功用,有一点可以肯定——歌唱源于民间。

请不要把民间理解为我们晚会上听到的民歌,因为那早已沦为宫廷式,沦为少数人的歌唱方式。如果你去过山西的雨季,你就知道我说的不假。清亮亮的河水、绿油油的猪草,你让纳鞋底的村妇给唱一首,或者迎面过来的面色黧黑的猪倌,你听不懂他们唱着什么,但那怡然自得的表情让你明白,千百年来歌就是这么唱的,他们才是真正的民间歌手。从古至今,无论西口内外还是苍茫草原,只要男女相悦,只要牛羊成群,这民间的歌声就从未间断过。

如果定要画出民间的内涵,我只能说民间是一种状态、一种歌唱的态度,始终坚守内心的冲动与情感的真实。正是在这一点上,地下音乐继承了民间歌唱的精神,在很多方面它都体现出与民间血缘的亲近。一支真正优秀的地下乐队,是你能在他们对生活或诗意或极端的描摹中,感受到那与民间息息相通的清澈而自由的心灵状态。

……

当然,地下还有其他许许多多优秀的乐队,比如"七八点",海洋冬天又写了新歌,再比如武汉的朋克……一些名字消失了,新的声音又出现,地下向来如此,如同离离野草自生自灭。而重要的是,每个对自己负责的人都在认真活着,找寻着,无论在地下,在地上,阳光里,黑暗中。(王真彦《存在地下的几种可能性》,未刊稿)

由此可知,真正的音乐绝不是建立在体制化或商业化的"硬邦邦"物质基础上,而是完全系于你是否有一颗音乐的心灵。而对此需要重申的一点是,只有首先通过音乐文化阐释语境的转换,才能有效地消除和解构主流音乐文化及其意识形态对民间音乐文化的种种歪曲描述和阐释,并由此进一步发现真正的音乐灵魂以及人自由的生命活动方式。

当然,真正理想的城市音乐文化应该是一种无形然而又无处不在的天籁,是一个建立在物质文明基础上的而又充满了和谐的自然之声的"灵的空间"。而且它也不应该如某些极端的街头音乐或地下音乐那样完全否定城市主流音乐,而是应该在两种激烈矛盾的声音体系之间建构出一种良性的对话关系。一方面,这种良性关系在逻辑上是可以存在的,这是因为不仅散兵游勇般的街头艺术需要主流音乐的物质基础才能更好地表达自身,而且主流音乐也只有不断吸收民间的新鲜血液才会避免走向不可救药的僵化和异化;另一方面,由于在当代文化市场上体制性的异化力量过于强大,由于它们已经把听众的感受力和判断力降低,因此在这里特别地强调一下这种边缘的、民间的音乐小人物的艺术,而且特别地强调一下民间音乐的非文明性和自然性,当然也是十分必要的了。而这一切的一切,都基于我们能否找到一个解读和阐释音乐本质的语境。因为只有它才能帮助我们调整对城市音乐文化的基本立场,而这个立场则是解答"什么是音乐"以及"谁真正懂得音乐"的基础。

第二篇

人文城市应用理论的场景与形态

| 第十三章 |
城市兴衰的文化阐释

一、一个重要而永恒的关键要素

城市兴衰是人类历史上最悲惨可怕，同时又是最普遍的现象之一。苏格兰学者帕特里克·格迪斯对此曾指出："每一代历史文明都从一个充满活力的城市核心，城邦国家开始兴起，而结束于一片枯骨狼藉的公共墓场，或死亡之城——大火焚烧后的废墟、残垣断壁、空空荡荡的作坊、一堆堆废弃物、被宰割和被奴役的大群人口"。[①] 从世界文明史的角度看，影响城市兴衰的重要因素有很多，如政治倾轧、战争摧残、环境与资源的枯竭、重大自然灾害、突发性传染病、交通与贸易的变化、种族与宗教冲突、人口的"爆棚"、社会与阶级矛盾等，曾使无数辉煌绝代的伟大城市在弹指之间灰飞烟灭。此外，甚至是一些极其偶然的、不引人注目的历史事件或个人因素，如倾城之色与奸佞之徒，也可成为城市兴衰的直接导火索。但无论如何都不应忽视，文化始终是影响城市生存与发展的一个重要而永恒的关键要素。在文化与城市之间，存在着一种更为直接、也更为根本的深层联系。首先，不同于自然记号的文化符号的创造与使用是人最基本与最重要的类本质，如卡西尔所说："符号化的思维和符号化的行为是人类生活中最富于代表性的特征，并且人类文化的全部发展都依赖于这些条件"。[②] 其次，文化是城市这一特殊的人类聚集与生活空间的本质属性与重要功能，如芒福德指出："城市不只是建筑物的群体，……不单是权力的集中，更是文化的归极"。[③] 由是可

---

① [美] 刘易斯·芒福德：《城市发展史：起源、演变和前景》，宋俊岭、倪文彦译，中国建筑工业出版社2005年版，第58页。
② [德] 卡西尔：《人论》，甘阳译，上海译文出版社1985年版，第35页。
③ [美] 刘易斯·芒福德：《城市发展史：起源、演变和前景》，宋俊岭、倪文彦译，中国建筑工业出版社2005年版，第91页。

知,文化既直接关涉城市的主体方面,又在深层牵连着城市的本质,这是文化与城市兴衰之间存在着密切关系的根源。

从学理上讲,由于文化是一个很大的概念,城市又以其异质性与多元化区别于乡村社会的简单与淳朴,因而,仅仅停留在"文化影响城市"的层面,就难免使研究本身走向空疏和浮泛;在具体的历史背景与城市形态中,文化与城市兴衰的关系又有所不同,只有对其进行逻辑分层与微观研究才能深入了解其内在机制。就此而言,尽管城市的发生与文化及精神活动的关系十分密切,但在具体的历史进程中,城市的性质与结构不仅直接影响着城市文化的再生产,同时也决定着后者影响前者的程度、范围与质量,因而城市形态反过来又成为我们观察与理解城市文化的重要背景。综合西方城市社会学与当代都市文化学的相关研究,城市形态可划分为起源阶段的混沌形态、以"政治型"为主流的古代城市和以"经济型"为深层结构的现代城市,它们直接创造出各不相同的文化模式,并使后者对城市兴衰的影响呈现出很大的差异。由此对文化与城市的相互关系进行理性分析与现代阐释,可发现"文化影响城市兴衰"的一般规律或普适性原理,并为当今世界的都市化进程与城市可持续发展提供有益的参照与启示。

二、城市起源与城市文化

在城市尚未出现的时期以及在城市起源过程中,文化就已经是其最重要与最关键的影响因素之一。与乡村等小型聚落形态在起源上偏重于各种实用目的与功能不同,城市这一巨型聚落形态从一开始就是人类文化生产与精神活动的结晶与成果。

关于城市起源与城市文化的论述尽管很多,但在逻辑上可将其归纳为两种针锋相对的话语谱系:一是为一般人所熟知与接受的观点,其核心可归纳为"先有城市,后有文化",即把城市文化理解为城市的产物或派生物。引申言之,即城市文化是由城市母体决定的;二是以美国学者芒福德为代表的城市文化研究,他的核心观点可概括为"先有文化,后有城市"。与前者相反,不是城市催生了文化,而恰恰是文化成为城市得以形成的基础。芒福德对此的论证主要包括两方面:一是从发生学的角度看,文化的起源可一直追溯到原始聚落中的文化功能与精神活动,这不仅在时间上早于村庄与城镇的出现,也早于后来经济、商业、军事等城市要素的出现。芒福德指出："即使是最原始的城市起源形式，也要比单纯的动物性需求丰富得多"，在"非永久性聚落的三个起源形式中，有两个都同神灵、祭祀有关，而不仅同生存有关；它们关系到一种更有价值、更有意义的生活，表明人类这时已经意识到并开始考虑过去和未来，已经觉察到并开始忧惧有性生育之谜、死亡之谜，想知道死亡以后是个什么境界。随着城市的逐步进化成形，其内容自然也日益丰富起来，但上述这些核心因素却始终是城市存在的根据……后世一系列的城市组织形式，从庙宇到天文观测，从剧场到大学，都发端于先古时代人类围绕着古冢或岩画，围绕着某处巨岩或圣树丛进行的那些古老集会之中""所以，远在城市的复杂形式还没有出现，远在城市的某些功能和目的还未形成功能齐备、健全的整体环境之时，城市的某些功能和目的就已存在于上述的那些原始结构之中了"。① 二是从城市原型的角度看，尽管城市的基本内容是较大规模的人口与财富，但这只是表象；城市之所以不同于乡村，是因为它从一开始就是一个聚会与交流的文化活动中心，这是在旧石器时代的"圣地"中就已经出现的原型："人类城市文明生活方式那时即已萌动，而当时永久性的村庄聚落形式可能尚未出现踪影。岩洞圣地的礼仪活动根本不同于交配季节里的单纯汇聚，不同于饥渴困顿的人群到某个宝地来求食求水，也不同于在某个便利但有禁限的地点偶或进行的贸易交换活动，互换些琥珀、玉石、食盐，甚或加工工具等。在这些礼仪活动中心，人类逐渐形成了一种更丰富的生活联系——不仅食物有所增加，尤其表现为人们广泛参加的各种形象化的精神活动和艺术活动、社会享受也有所增加；它表达了人们对一种更有意义、更美好生活的共同向往。"② 由此可知，正是先有了超越自然目的与各种实用意图的精神与艺术活动，或者说有了对"一种更有意义、更美好生活的共同向往"，然后才在这个观念、目标与需要的引导下逐渐发展出城市这个人类文明中最伟大的空间神话。

特别需要提出的是，原始文化、精神和艺术活动不仅是城市起源的母体与第一推动力，在人类文明与城市发展史上也一直是城市本质的直观再现与最高代表。"城市诚然有其消极方面，但城市毕竟产生了一种有丰富意义的生活，这种生活在许多方面都极大地超过了促使城市诞生的那些原来目的。从城市准备阶

① ［美］刘易斯·芒福德：《城市发展史：起源、演变和前景》，宋俊岭、倪文彦译，中国建筑工业出版社2005年版，第4页、第8—9页。
② ［美］刘易斯·芒福德：《城市发展史：起源、演变和前景》，宋俊岭、倪文彦译，中国建筑工业出版社2005年版，第7页。

段的发展与功能到城市现今的目的,经历了一个转变过程,对于这一过程的实质,亚里士多德表述得最好不过了,他说:'人们聚集到城市里来居住;他们之所以留居在城市里,是因为城市中可以生活得更好'。因而不论任何特定文化背景下的城市,其实质在一定程度上都代表着当地的以及更大范围内的良好生活条件的性质"。① 由此可知,城市与人类其他聚落形态的根本差异,并不在于人口、空间与经济规模,而因其始终是一种精神含量更高的生活方式的中心与象征。这既是城市总是吸引大量人口与各种资源,也是城市生活具有永恒魅力与充满诱惑的根源。即使在今天依然如此。以中国农村地区越来越严重的空心化现象为例,一位农民母亲曾感叹:"我挣的不比他们在国外打工的人少。可种田养鱼毕竟是个苦差事,我的孩子们不愿意做,他们都向往着大城市"。② 一位学者也指出:"农村成为他们想要挣脱和脱离的生死场,而不是希望的田野;做'人'的空间是城市"。③ 正如柏拉图的《法律篇》所说:城市最大的灾祸"不是派别纠纷,而是人心涣散"。④ 对于城市的可持续发展而言,除了要有经济社会方面的繁荣与发展,一个更重要、更根本、更长远的问题在于能否提供一种"有意义、更美好生活"。正是在这一点上,真正凸显了文化在城市兴衰中的重要作用。在当今世界中更是如此。如果说,都市化导致的城市环境恶化、城市问题大量涌现、城市危机不断加重,是城市人气削减、人心涣散直至城市走向衰落的客观原因,那么,城市文化的衰落、城市形象的扭曲、城市生活方式的不和谐与精神生态的严重污染,则是人们对城市产生厌恶、痛恨、诅咒乃至希望它彻底解体的内在根源。对此,只有深刻地领会文化与城市之间的密切关系,并在实践中修复受到严重损害的城市文化功能,同时创造出与经济全球化时代城市发展相适应的"有意义、更美好"的新生活,才有可能预防、减缓或阻止当代城市的衰落进程或程度。而对于仍在"文化搭台,经济唱戏"的中国城市而言,最关键的无疑是首先要获得一种深刻的精神觉醒,即真正意识到,从作为城市胚胎的原始聚落到作为其最高发展形态的当代城市群,文化与精神始终是影响城市兴衰的一个关键要素与重要结构。

---

① [美]刘易斯·芒福德:《城市发展史:起源、演变和前景》,宋俊岭、倪文彦译,中国建筑工业出版社2005年版,第118页。
② 齐芳:《农业文化遗产:留下那首祖辈传唱的歌》,《光明日报》,2006-08-11。
③ 严海蓉:《虚空的农村和空虚的主体》,《读书》,2005年第7期。
④ [美]刘易斯·芒福德:《城市发展史:起源、演变和前景》,宋俊岭、倪文彦译,中国建筑工业出版社2005年版,第157页。

三、古代城市兴衰的核心力量与主要机制

由于实际上并不存在一个与文化概念完全相对等的文化实体,文化对城市的现实影响总是以其某一层面或某种形态为主导而发挥作用的,因而,要研究与阐释文化与城市兴衰的关系,最关键的是把握住在不同历史时期中起决定作用的文化要素或具体形态。在古代政治型城市中,由于政治制度及其需要是决定城市存在与发展的决定性力量,因而与上层建筑和意识形态一体化的伦理文化结构成为影响古代城市兴衰的核心力量与主要机制。这是研究文化与古代城市兴衰的逻辑起点与经验基础。

在进行更深入的讨论之前,有必要首先解决的一个问题是,为什么古代城市文化会在总体上偏向于伦理类型。对此可从逻辑与历史两方面加以分析与认识。

从逻辑上讲,这是因为在文化分层已有相当进展的古代社会发生期,伦理文化借助特殊的时代背景与现实需要迅速上升为人类文化系统的主导性结构。笔者把文明时代的精神结构划分为"真""善""美"三种类型,"在文明的初期,随着古代社会的解体和私有制的出现、人性中'恶'的欲望迅速膨胀、原始伦理道德的崩坏,原始人的'诗性智慧'思维方式迅速裂变、分解(我们这里使用的'迅速'其实很难说是恰当的,因为这是一个以百万年为单位的历史阶段),与此过程同时,道德问题成为社会的头等大事,道德思维也迅速地形成结构,并在轴心期时代一举占据了人类早期文明的中心位置。在古代东方社会,它表现为人伦道德,在西方则表现为宗教道德。其思想代表人物有孔子、柏拉图、奥古斯丁等"。[①] 伦理要素在文明时代的精神结构中取得霸权地位,不仅使古代的政治、经济、社会不约而同地出现了泛伦理化的特点,同时也使城市、村庄,甚至包括未定居的游牧民族受到程度不一的影响。在某种意义上,可将周代礼乐制度视为其最高代表。正如《乐记》所说:"乐者,天地之和也;礼者,天地之序也。和,故百物皆化;序,故群物皆别。"进而言之,"礼"的功能在于划定秩序,"乐"的目的在于生产和谐。由此可知,礼乐制度对于城市、社会、国家具有举足轻重的意义,在许多方面甚至超过了经济与军事的重要性。这就是为什么尽管这一套繁文缛节本身并无直接的实用价值,但却成为中国轴心时代中资源、财富以及智力投入的重点工程。而

①　刘士林:《文明精神结构论》,河南人民出版社 1994 年版,第 43 页。

"礼崩乐坏"也直接成为城市、王朝以及文明衰落、覆亡的同义语。这与现代世界的经济型城市有着本质的区别,迅猛发展的城市经济严重扭曲了"人们对一种更有意义、更美好生活的共同向往"。因而,以反抗现实异化、追求感性自由为主题的审美文化思潮一跃成为现代城市的精神生产主题,从尼采认为人生只有作为审美现象才有意义,到海德格尔提出"诗是拯救人类的最后一个上帝",一切都如杰姆逊在谈现代主义艺术时所说,它们是"想要成为一个没有宗教社会里的宗教"。① 但在整个古代世界中,却可以说,无论是作为群体生存重要工具的知识探索,还是作为个体心灵慰藉的审美需要,都无法与伦理文化的势力与影响相提并论。

从历史上看,因为文明的发源多以相对贫瘠或恶劣的自然环境为摇篮,要求主体必须具备丰富的文化创造力与更高层次的生存智慧才能回应大自然的挑战,这是刺激与人自身再生产密切相关的伦理文化迅速扩张,并使之远远超出直接的生存目的(真)与飘渺的自由需要(美),成为古代生活实践中头等大事的根源。关于文明的起源,汤因比曾指出:"如果文明的起源不是生物因素或地理环境单独发生作用的结果,那么一定是它们两者之间某种交互作用的结果。"② 在这种交互作用中,来自地理环境的刺激与挑战对于提升人类素质最为重要,这是相对贫瘠、压力较大的生存环境易于成为文明摇篮的原因。以古代中国为例,长江水患少于黄河,又有水利与航运的便利,气候更加温暖,"然而古代中国文明诞生在黄河岸上而不是诞生在长江流域",③ 这是因为艰苦的环境有益于培养和凝聚主体的意志、精神与智慧,为文明的发生与发展提供更优越主体条件与基础。不仅在经济社会方面,在思想文化上也是如此。如刘师培先生在《南北学派不同论》中曾说:"三代之时,学术兴于北方,而大江以南无学。魏晋以后,南方之地学术日昌,致北方学者反瞠乎其后……就近代之学术观之,则北逊于南,而就古代之学术观之,则南逊于北。"以希腊城市为例,首先,"希腊和贫穷是一对孪生子",自然条件与经济基础的贫瘠与恶劣,是希腊城市发生与发展的不利因素。正如芒福德所说:"不仅爱琴海诸岛形成了许许多多孤立的落脚点,就连大陆上以及较大岛屿上那些涧谷也都形如倒置的山峰,其隔绝程度不仅接近甚至还超过了自然岛屿。此地没有什么适宜原始城市发展的条件,连足够的建

---

① [美]杰姆逊:《后现代主义与文化理论》,唐小兵译,陕西师范大学出版社 1986 年版,第 159 页。
② [英]汤因比:《历史研究》(上),曹未风等译,上海人民出版社 1966 年版,第 74 页。
③ [英]汤因比:《历史研究》(上),曹未风等译,上海人民出版社 1966 年版,第 110 页。

筑场地也没有"。① 其次,所谓"塞翁失马,安知非福",正是由于自然条件的限制与生存环境的刺激,才形成了古希腊民主、自由的社会氛围与独立、自力更生的个性品质。芒福德对此有着十分生动的阐释:一方面,"那些贫穷的农民和牧民,假如甘愿勉强度日,也无须使自己隶属于一个庞大的组织;而且既然诱人的富足生活难以实现,他们也就不会轻易地被面包或其他恩赐所笼络。……一种不那么正规的、形式较松散的、又无严格的等级结构的组织形式开始出现了。随之而来的是个人在决断与行为中的独立性";另一方面,物质的贫困还有助于实现"有意义、更美好生活""希腊城邦即使在其最繁荣的时代也没有十分丰富的产品,他们拥有的是充足的时间,也就是:闲暇、自由、无拘无束,不羁身于铺张的物质消费——像当今美国这样的铺张消费——却能从事交流谈话,发展性爱,进行智力思考和追求审美享受"。② 这是以雅典城为代表的古希腊城市在成就上超过了古埃及人或苏美尔人的根源。一言以蔽之,在希腊城市那种朴素、节制、理性的生活方式中,城市的伦理文化本质得到最好与最直观的实现。

古代城市文化在总体上倾向于伦理型,是伦理文化可以直接影响城市兴衰的根本原因。这与芒福德在研究希腊城邦兴衰时发现的一个普遍规律有关,在他看来,城市中至关重要的是共生关系与合作关系,"只有在这些关系保持内在平衡并在更大环境中保持稳定时,城市才能繁荣"。③ 至于如何培育与保护城市中的共生关系与合作关系,则主要需要两方面的条件和基础。一是需要一定规模与数量的物质生活资料,如马克思指出的"任何人类历史的第一个前提无疑是有生命的个人的存在";④二是需要丰富的文化、精神与艺术以强化城市的吸引力与魅力。也可以说,物质生产与精神生产的相对平衡与协同发展,是城市持续繁荣与平稳发展最重要的前提与基础。伦理文化之所以对古代城市兴衰具有举足轻重的影响,是因为它不仅深深地渗透进物质生产与精神生产的领域,同时也在两者之间搭建了最重要的对话与沟通的桥梁,因而极大地保护了古代城市中的"共生关系与合作关系"。历史经验表明,一旦古代伦理文化对城市社会的制

---

① ［美］刘易斯·芒福德:《城市发展史:起源、演变和前景》,宋俊岭、倪文彦译,中国建筑工业出版社2005年版,第126页。

② ［美］刘易斯·芒福德:《城市发展史:起源、演变和前景》,宋俊岭、倪文彦译,中国建筑工业出版社2005年版,第134页。

③ ［美］刘易斯·芒福德:《城市发展史:起源、演变和前景》,宋俊岭、倪文彦译,中国建筑工业出版社2005年版,第158页。

④ 中共中央马克思恩格斯列宁斯大林著作编译局编:《马克思恩格斯选集》(第1卷),人民出版社1972年版,第24页。

约与控制受到挑战与损害,城市本身的衰落或末日也就为期不远了。其原因在于,一方面,从伦理文化对物质生产的影响看,限制消费、提倡节俭的伦理型意识形态可最大限度地保护与储备有限的生活资料,还可以为城市社会的可持续发展提供更为充盈和坚实的物质基础;另一方面,从伦理文化对精神生产的影响看,主要是以克制生理欲望为基本手段的伦理型价值体系能极大地提升主体的人格与精神境界,从而为城市自身的再生产准备取之不尽、用之不竭的人力资源。进一步说,这两方面都与伦理文化的独特功能直接相关,伦理的本义在于对欲望的节制,而节制个体的动物本能与限制城市对环境与财富的恶性消费,恰好构成了城市"共生关系与合作关系"最重要的培育与保护机制。

在某种意义上,古代世界中符合人性目的的城市人以及符合人类生活理想的城市家园,正是借助伦理文化的特殊机制及其影响才出现的。以希腊人与希腊城邦为例,"它挣脱了文明的许多其他标准的约束,挣脱了赚钱花钱的忙忙碌碌的俗套:既不放浪形骸,狂饮取乐,也不着意追求舒适与奢华、装饰与摆设;过着一种运动员式的、确实是很节制的生活,在苍天之下进行着他们的每一种活动。美好的生活并不昂贵,而且这种生活中最美善的种种内容,尤其是这座城市都可尽情受用了"。① 也正是由于这个原因,黑格尔才把希腊称作"欧洲人的精神家园"。这不是因为它多么富有和奢侈,而是以其在伦理生活中最大限度地实现了个体的全面发展,"希腊人生活在自觉的主体自由和伦理实体的这两个领域的恰到好处的中间地带。他们一方面不像东方人那样固执一种不自由的统一,结果产生了宗教和政治的专制,使主体淹没在一种普遍实体或其中某一方面之下,因而丧失掉他的自我,因为他们作为个人没有任何权利,因而也就没有可靠的依据;另一方面,希腊人也还没有走到主体沉浸于自我,使个人与整体和普遍性的东西割裂开来,以便陶醉于自己的内心生活,只有靠进一步回到一种纯粹的精神世界的内在的整体中才能达到和实体与本质的重新统一。……在希腊的伦理生活里,个人固然是独立、自足和自由的,却也还没有脱离现实政治的一般现存的旨趣以及积极内在于当前实际情况的精神自由,按照希腊生活的原则,伦理的普遍原则和个人在内外双方的抽象的自由是处于不受干扰的和谐中的;在这个原则在现实生活中还在流行而且保持住它的纯洁性的时期,政治

---

① [美]刘易斯·芒福德:《城市发展史:起源、演变和前景》,宋俊岭、倪文彦译,中国建筑工业出版社2005年版,第176页。

要求和它有别的主体道德理想之间还没有显现出彼此独立和对立；政治生活的实体就沉浸到个人生活里去，而个人也只有在全体公民的共同旨趣里才能找到自己的自由"。① 与之相反，一旦希腊文化的伦理功能衰退，"希腊人的肌肉—大脑文化"也就必然要被"罗马人的宽肠—大腹文化"所取代，其后果则是，"清淡高雅的饭食被终日的盛宴所代替。巧言善辩的古希腊人在古希腊鼎盛时期的城市也享受不到的东西，饕餮的古罗马人却在超常的富足中受用不尽。而古希腊人原来十分丰富的东西，即兴和自发的创作天才，小至一些警句或墓碑，大至一篇史诗或一座庙宇中所表现出来的那些品格，愚钝的古罗马人却几乎一窍不通。至少在共和国灭亡以后是无所创造的；若有，也是些低劣的仿制和夸张"。②

以中国古代江南城市为例。尽管江南城市发生的自然地理条件稍好于希腊，如司马迁《史记·货殖列传》所说："地广人稀，饭稻羹鱼，或火耕而水耨，果隋嬴蛤，不待贾而足，地埶饶食，无饥馑之患。"但在交通上的不便以及由此导致的各种发展障碍则与希腊相近，"山峦阻隔，河川纵横，森林密布，沼泽连绵，人们只能在河谷或湖泊周围的平原上发展自己的文化，自然的障碍将古代的文化分割在一个一个的文化龛中（cultural niche）……文化龛之间虽然互相存在影响，但交往上却不如北方平原地区那么方便密切"。③ 在某种意义上，这也是江南文化能够自成一体、在中国主流文化的边缘独树一帜的根源。而江南城市与希腊城市最惊人的相似之处，则在于以一定的物质基础获取了更为丰富的精神生活。关于文明的发展，除了文明需要一定的环境压力与刺激，汤因比还有一个重要的观点，即这种压力与刺激必须保持在一定的可承受的范围内，过于恶劣的自然环境同样不利于文明的成长。对此加以引申，伦理文化对城市的约束与限制也要有一定的限度，否则同样会干扰或破坏城市中的"共生关系与合作关系"。这恰好可用来解释中国南北城市的不同命运。与北方城市相比，江南城市之所以更富有魅力与吸引力，是因为它体现了中国文化语境中伦理话语与诗性话语固有的互渗律或互文性。简单地说，北方文化的人生价值观主要来自墨子，它的最高理念是"先质而后文"，或者说，"食必常饱，然后求美；衣必常暖，然后求丽；居必常安，然后求乐"。但是一旦把这个"从低级到高级"的发展理论普遍化和绝对化，其直接后果必然是使

---

① ［德］黑格尔：《美学》（第2卷），朱光潜译，商务印书馆1979年版，第168—170页。
② ［美］刘易斯·芒福德：《城市发展史：起源、演变和前景》，宋俊岭、倪文彦译，中国建筑工业出版社2005年版，第218页。译文中的"大腑"当为"大腹"之误。
③ 童恩正：《中国北方与南方古代文明发展轨迹之异同》，《中国社会科学》，1994年第5期。

人自身成为马克思所说的"只知道吃坏马铃薯的爱尔兰人",并导致对内在精神需要的根本性异化,使人不再懂得珍惜日常生活中的幸福和实在,直至完全丧失掉"吃好马铃薯"这种发展的理想和需要。究其根源在于,在"先质而后文"的北方意识中,往往是把生活和艺术完全对立起来,甚至尽量压低一切非实用的艺术性开支,以便使有限的生活资料获得更大的利用价值。与之不同,尽管江南人也懂得生活和艺术是不同的,但由于在他们的心目中,生活应该向艺术看齐,因而不是为了生活而牺牲艺术需要,尽量创造条件使生活艺术化,才是一个江南人最重要的人生理想和奋斗目标。由此可知,丰富多彩的江南文化是江南城市保持兴盛与产生巨大吸引力的重要原因。在中国古代还有一个值得注意的现象,如通过大运河与江南地区建立起密切联系的北方城市,在城市生活与文化价值上很快会出现"江南化",而与其固有的社会与文化模式发生重要的变异。[1] 这在某种意义上也说明,由于个体的欲望与需要是推动城市发展的重要主体因素,因而对其的理性压抑与伦理约束也要有一定的限度。在希腊城市与古代江南城市,由于有效地保持了感性与理性、伦理与审美的和谐,因而分别在不同地区与时代创造了繁荣的城市文明。而对于古罗马和古代北方城市,或是由于完全放弃了理性对感性的制约,或是由于伦理异化了审美,因而其衰退或覆亡也就必然快速而彻底。

对于古代政治型城市而言,伦理文化的关键在于抓住了主体这一社会生产的核心。由于从主体角度直接减少了城市发展对环境与资源的过度消费,或者把消费限定在城市与人类可承受的某种范围之内,因而不仅对城市的物质生产产生了重要的影响,也极大地维护了城市的长远目的与根本利益。在此必须予以讨论的是,一些海外学者如黄仁宇等反对从伦理角度阐释古代中国政治与社会的变化,而易以经济、财税、货币等视角。如法国汉学家谢和耐在研究杭州城市生活时曾指出:"中国崩溃的真正原因其实与道德松弛无关,而似乎更像是在其经济学和社会学的本质之中。"[2]尽管类似的观点颇受当代学者的关注与重视,但实际上却存在着一个很大的、很严重的误区——经济解释只能揭示问题的一个方面,而一个城市、国家和文明的兴衰则是多种因素共同作用的结果。同时,作为一种源自西方世界的理论视角与研究经验,其是否适合解释中国社会与历史进程则更需要小心论证。对中国古代社会而言,与政治一体化的伦理文化

[1] 刘士林:《大运河城市文化模式初探》,《南通大学学报》,2008 年第 1 期。
[2] [法]谢和耐:《蒙元入侵前夜的中国日常生活》,刘东译,江苏人民出版社 1995 年版,第 4 页。

一直是重要的权力话语,其对城市、国家和文明的兴衰的影响与西方也存在很大区别。具体说来,首先,无论回应何种来自现实环境的挑战,一个根本性的对策是必须通过社会生产提供强大的主体资源与力量。作为中国古代社会的主导性生产机制,伦理文化在凝聚、激发主体的生命力与创造性上,是其他任何文化结构无法相提并论的。如儒家文化培养出的汉代学者,不同于只会耍嘴皮子的后世儒生,以"为人嗜酒,不拘小节,果敢自矜,然笃于义"的杨政为例,在他的老师范升出事时,"政乃肉袒,以箭贯耳,抱升子潜伏道旁,候车驾,而持章叩首大言曰:'范升三娶,唯有一子,今适三岁,孤之可哀。'武骑虎贲惧惊乘舆,举弓射之,犹不肯去;旄头又以戟叉政,伤胸,政犹不退。哀泣辞请,有感帝心。诏曰:'乞杨生师。'即尺一出升;"同时,也不同于西人所谓的"语言的巨人,行动的矮子",而是真正的国之栋梁。其中典型如刘昆,"稍迁侍中、弘农太守。先是,崤、黾驿道多虎灾,行旅不通。昆为政三年,仁化大行,虎皆负子度河。"唐晏对此曾评价说:"西汉儒者,其穷经之余,多能及于礼乐。如昆之教诸生,虽阙里之风,何以加乎?有子曰:能以礼让为国乎,何有? 宜其致猛虎渡河之化也。"①其次,在中国古代世界,伦理与经济不仅相互缠绕,还有着更加内在的错综复杂的关系。至于两者谁更重要,曾是儒、墨两家反复辩论的话题。以荀子与墨子为例,在墨子看来无疑是劳动重要,即使学习,其内容也主要是各种有实用价值的生产知识或管理技能,因为只有这样才能达到"饥者得食,寒者得衣,劳者得息"这个生存的底线要求。但在荀子看来,天下的食物、财富本来绰绰有余,之所以出现'欲多而物寡,寡则必争'的混乱现实,完全是一些人的消费欲望没有得到有效的控制、多吃多占的恶性结果。因而,解决一个种族生存的首要问题,就不是如何想方设法地发展生产力,而是如何通过学习与教化,以控制经常如洪水猛兽、不可收拾的"人欲"。这个问题在今天还可以引申为:在人类社会生产中,是直接创造财富的生产知识重要,还是主动克制欲望的道德伦理知识更重要? 在某种意义上,这是一个不可能有终极结果的答案。因为像墨子那样勤奋地劳动和尽可能少地消费,固然可以积累起更多的社会财富。但同时也要看到,尽管荀子提倡的直接针对主体欲望的精神生产本身不直接创造财富,但由于它可以有效地降低人们的生活需要,并因此而减轻了整个社会分配环节的压力,因而也等于实际上增加了一个社会的生产总量。如果想一想历史上许多帝国都崩溃于统治阶层过度的贪婪

---

① 唐晏:《两汉三国学案》,中华书局 1986 年版,第 7—8 页。

与享受，那么也可以说，这种表面上不生产的精神劳动往往是更重要的。如果说儒墨两家在思路上都有极端化的倾向而不可取，那么对于古代城市兴衰而言，最重要的是如何保持"伦理文化"与"审美文化"的"共生关系与合作关系"。① 如黑格尔说古希腊人恰好生活在"主体自由和伦理实体的……中间地带"，如先秦哲人特别关注"礼"与"乐"的和谐关系，"乐者为同，礼者为异。同则相亲，异则相敬。乐胜则流，礼胜则离。合情饰貌者，礼乐之事也。"（《乐记·乐论篇》）

在物质文明过度发达，消费社会迅速膨胀，传统文化日益萎缩的当下，把黄仁宇等现代学人所忽视的"伦理生产力"揭示出来，不仅可为当代城市消除自身的异化带来一些重要的理论资源，同时对于城市的未来命运也具有发人深省的启示。以金融危机为例，人们在感慨其本质上是"人祸"的同时，也以不同的方式开始呼吁伦理文化的重建。2009 年 2 月 2 日，时任总理温家宝在英国剑桥大学发表演讲时就指出："有效应对这场危机，还必须高度重视道德的作用。道德是世界上最伟大的，道德的光芒甚至比阳光还要灿烂。真正的经济学理论，绝不会同最高的伦理道德准则产生冲突。经济学说应该代表公正和诚信，平等地促进所有人，包括最弱势人群的福祉。……道德缺失是导致这次金融危机的一个深层次原因。一些人见利忘义，损害公众利益，丧失了道德底线。我们应该倡导——企业要承担社会责任，企业家身上要流淌着道德的血液"。② 与之相应，时任美国总统奥巴马在其就职演说中也着重强调："回想先辈们在抵抗法西斯主义之时，他们不仅依靠手中的导弹或坦克，他们还依靠稳固的联盟和坚定的信仰。他们深知单凭自己的力量我们无法保护自己，他们也深知我们强大并不足以使我们有权利为所欲为。他们明白，正是因为使用谨慎，我们的实力才不断增强；正是因为我们的事业是公正的，我们为世界树立了榜样，因为我们的谦卑和节制，我们才安全"。③由此可知，即使对城市化过度的当代世界，伦理文化依然有其重要的影响力。

四、当代文化对城市兴衰的影响

在当今世界中，一方面，文化产业迅速勃兴和文化消费市场高度繁荣；另一

---

① 刘士林：《"诗化的感性"与"诗化的理性"：中国审美精神的诗性文化阐释》，《上海师范大学学报》，2009 年第 1 期。
② 《温家宝在英国剑桥大学发表演讲》，新华网，2009 - 02 - 03。
③ 《奥巴马就职演说：秉先辈志　重塑美国之伟大》，中国日报网，2009 - 01 - 21。

方面,则是都市化进程为城市的升级与扩张提供了更高的发展与奋斗目标,因而当代文化与城市命运之间的联系非但没有松散与淡化,相反正在变得日趋复杂,并在更深的层面与更广的范围内相互缠绕在一起。具体而言,当代文化对城市兴衰的影响主要表现在以下几方面。

首先,由于传统城市的很多要素在都市化进程中并未消失,因而伦理文化对当代城市发展的调节作用与生态功能依然存在。无论是政治原因还是发展经济的需要,现代城市对古代城市伦理文化功能的遗弃与牺牲,不仅使"文明病""城市问题""城市危机"在当下愈演愈烈,也从主体结构上直接影响和制约着当代城市的和谐与可持续发展。

如前文所说,伦理文化对城市的影响主要有二:一是在主体方面节制其过分欲望与奢侈需要;二是在客观上限制城市对环境与资源的非理性利用与恶性消费。这两方面在古代世界都曾是保持城市稳定与繁荣的重要工具。许多古代城市的衰退与覆灭,都起因于主体的丧失节制与欲望横流,其结果是不仅恶性损耗了有限的自然与社会资源,同时也彻底掏空了主体的意志、理性与激情。中西城市史上的每一个"末代都城",都可充当这方面的鲜活事例。在当今世界,科学技术与发明的层出不穷,城市经济、交通与生产力的高度发达,也包括信息技术与现代服务业带来的种种便利,在极大地激发了城市扩张与繁荣的活力与动力的同时,也为当代人提供了史无前例的"过美好生活"的物质条件。这当然是城市社会与文明进步的表现与证明。但由于丧失了古代城市的伦理文化功能,特别是在解构了西方清教伦理与中国传统伦理之后,一种极端恶劣的消费意识形态与炫耀性都市生活方式迅速蔓延并泛滥成灾。美国学者J.里夫金指出的"美国梦"可以看作是其典范。与"提高精神水平"与"扩大人类的相互理解"的"欧洲梦"相反,"美国梦"的核心是"物质主义"、无限制的进步论(直线的、急速的、无限的求新)与绝对化了的个人主义。"在对'美国梦'的追求中,私有财产被看作通向个人自由的通行证。一个人拥有的财产越多,就越能具备自主权和流动性,越不依靠别人或受惠于他人,也越不臣服于环境;财富带来排他性,排他性带来安全,财产是自我和他者之间的边界,个人聚敛巨大财富的成功被当作唯一的或主要的成功标准。在'美国梦'的笼罩下,人们不惜一切代价追求自由,过度消费,纵容每一种欲望,浪费地球的丰饶"。① 也正是基于这样的现实,当一位青年写

---

① 　乐黛云:《"欧洲梦"开启的生命意义追问》,《中华读书报》,2007 - 08 - 31。

信问海德格尔"何时写一部伦理学"时,哲人曾不无感慨地说:"当人的摆明的彷徨无计状态增长到不可测量的深度的情况并不亚于人的隐藏的彷徨无计状态的时候,要有一种伦理学的愿望就更加急迫地要求满足了。现在完全被摆布到群众活动中去了的技术的人大体只有靠他的计划与行动中的与技术相适应的聚集与秩序才能保持在可靠的固定状态中,在这种地方,就必须用尽一切心机去注意用伦理学来加以约束之事了。"①由此可知,伦理文化对现代人自身的再生产依然具有重要的作用与意义。

更为严峻的现实是,"美国梦"已不仅属于某些西方发达国家,由于物质文明基础薄弱、现代理性机能发育不良,以及快速的城市化进程,越来越多的不发达国家及其民众也开始迷恋和沉溺于其恶性的消费意识形态中。以中国为例,这个勤劳、善良、简朴的农业民族,在都市化进程中已成为世界性的奢侈消费群体。有两个例子可以充分说明这一点:一是从住、行的角度看,"2000 年到 2006 年,中国轿车产量增加 6.5 倍,成为世界上第三大私人汽车拥有国,而购买的劳斯莱斯数量超过了日本。在住房方面,对 40 个重点城市调查的数据表明,2006 年1~6 月,预售商品房平均套内面积达 115 平方米,在全部可销售住房中,120 平方米以上的大户型超过 50% 的有 24 个城市。比较一些发达国家的户均住宅面积——2002 年新建住宅的平均面积,瑞典是 99.7 平方米,德国是 85.1 平方米,日本是 91.3 平方米";②二是以"富裕高原"长三角城市群为例,一种新的奢侈消费行为模式正在形成并风行开去,"数据显示,年收入超过 2.1 万美元时,他们开始使用外汇账户和国际信用卡,开始加入高尔夫运动;年收入达到 2.2 万美元时,开始定期到海外旅游;年收入超过 2.8 万美元时,开始购买个人住房;达到3 万美元时,开始购置轿车。同时,经常性的外出就餐、出国旅游也是这一人群的生活方式,百分之四十每周外出就餐二至三次,百分之十每周外出就餐达五次之多"。③ 这不仅使巨大的社会财富被运用于并不必要的奢侈消费中,也使中国城市社会风气、市民的品德与精神境界出现了严重的滑坡迹象。孔子在《论语》中曾赞赏"富而好礼",但当下中国一些"先富起来的人",一边穷凶极恶地"炫耀性消费",一边却想方设法地偷税漏税。在当下一个最触目惊心的事实是所谓

---

① ［德］海德格尔:《论人道主义》,载于编译组:《存在主义哲学》,商务印书馆 1963 年版,第 123—124 页。
② 《中国奢侈消费现象惊人 劳斯莱斯购买量已超日本》,中国广播网,2007 - 07 - 09。
③ 《中国富裕者已开始建立新的消费行为模式》,中国新闻网,2007 - 02 - 15。

"穷人大方富人小气"。据报载,一位名叫白礼芳的老人,从 74 岁开始直到逝世的二十年间,用自己拉三轮车挣来的 35 万元,资助了天津地区 300 多名贫困孩子求学。与此相对,则是全国 1 000 万家私企老板有 90％从不捐助慈善事业。①这不能简单地归因于资本原始积累时期的龌龊与混乱,城市文化功能,尤其是传统伦理功能的损伤及其对人性的异化与扭曲,而是有着更重要与更直接的深层原因。由此可知,无论出于保护珍贵的城市环境与资源,抑或是要改变其人文环境与精神生态,重申与重建当代城市伦理文化都是十分必要与重要的。

其次,除了伦理文化,以消费与娱乐为主要功能的城市审美文化,是影响当代城市兴衰与可持续发展的另一重要因素。这与古今城市所依托的时代背景差异及其面临的不同社会问题直接相关。具体言之,一是古代社会在总体重"生产",如资本主义早期的清教伦理、中国传统社会的"勤俭、节约"意识形态;而当代世界的主流则倾向于"消费",这是它又被称作"消费社会""消费文明"的根源。消费社会必然要极大地刺激以娱乐、消遣甚至纵欲为核心的城市审美文化的发展与升级换代;二是在都市化进程中,由于人口、资源与信息在大都市与中心城市的高度聚集,城市不同程度地陷入了环境资源高度紧张、发展空间急剧缩减与社会生态不断恶化的困境,由于对城市物质与非物质环境和资源的文化创意与产业化可提高利用效益或开拓出新的发展道路,因而以文化服务、艺术设计与休闲消费为主要内容的城市审美文化已演进为重要的都市经济生产方式。

与传统的农村地区相比,古代城市文化的娱乐与经济功能就已相当发达,文化生活与服务的规模与质量也一直是城市与乡村、大城市与中小城市的重要区别之一。以作为城市文化重要组成部分与象征的夜生活为例,在北宋时期,"当时的东京开封已废除了传统的'宵禁'法令,商品贸易已没有时间的限制,夜市普遍出现。据《东京梦华录》载,东京城内形成了两处较大的夜市:一是御街上的州桥夜市,自州桥南去至朱雀门直至津桥;二是马行街夜市,'马行街者,都城之夜市、酒楼极繁盛处也',其'夜市北(比)州桥又盛百倍,车马阗拥,不可驻足',时人谓之'里头'。马行街的'夜市直至三更尽,才五更又复开张。如要闹去处,通晓不绝'。……这里人声嘈杂,灯火照天,在逛夜市的人群当中,除了男性市民和妓女之外,也不乏夜游的仕女"。②又如明代的杭州,"夜

① 《为何穷人大方富人小气》,《北京青年报》,2005 - 12 - 28。
② 陶思炎等:《中国都市民俗学》,东南大学出版社 2004 年版,第 34 页。

市有城内与城外之分，城内夜市多与旅游等消费相关联，参与者多为官宦士子旅客及服务于他们的餐饮娱乐服务人员，性质偏重于消费性；城外如湖墅、北关夜市，参与者多是从事航运、贩卖、运输或服务于交易的中介人牙侩，主要从事生产性活动，创造价值比前者多。明代杭州的夜市颇具时代特色，它与宋代都城中为王公贵族服务的夜市大不相同，它建立在城市经济发展基础之上，标志着商业的繁荣"。① 由此可知，城市审美文化固有的非实用性的审美娱乐功能与实用性的商业服务功能，在古代大城市的夜晚就已初步形成并具有了一定的规模。如果说，前者旨在为城市居民提供丰富多彩的精神与文化生活，以满足"人们对一种更有意义、更美好生活的共同向往"，那么，后者则有助于以消费和服务推动城市经济的内部循环，为城市中庞大的剩余人口提供就业与生存的空间。但还要看到的是，在以政治功能为中心的古代城市总体框架下，以娱乐、消闲与服务为主要职能的城市审美文化必然会受到程度不同的歧视、压抑与禁锢，如希腊商人就不能享有市民的称号与权利，而中国古代商人、艺人的社会地位也一直较为低等。

正是在当代消费社会背景下，古代城市文化的审美本质与功能才获得了更高水平的发展与实践。首先，这与当代快速的都市化进程相关。城市发展越快、规模越大，其所带来的"城市问题"会相应地变得更加严重，都市人也将遭遇更多的异化或异化程度的加深。正如芒福德把大都市称为"暴君城"一样，一方面，人的精神世界在对金钱与权力的追逐中被彻底扭曲，如"社会解体""道德上冷漠无情""政治上不负责任""人格被贬低"等；另一方面，由于人口密集、交通拥挤、住房紧张与生存竞争日趋酷烈，有限的都市环境也越来越不适合人的居住与生活。② 但在经济全球化与世界城市化的背景下，高度发达的都市社会已成为当代人最直接与最重要的现实生活世界，人们不可能脱离城市社会去谋求与实现自身的发展，而他们在都市异化中产生的压抑、紧张、焦虑与痛苦，只有通过文化消费、审美活动乃至最原始的感性宣泄加以稀释与解脱。这既是当代大城市的夜生活与娱乐业十分繁荣的根源，同时也说明城市审美文化已成为飞速行驶的城市快车最重要的减震装置。其次，对文化消费与审美活动强烈的现实需要，不仅使当代城市文化市场在规模与繁荣程度上远远超过古代城市，也是城市文化

---

① 陈学文：《明代杭州的夜市》，《浙江学刊》，2007 年第 2 期。
② 康少邦、张宁等编译：《城市社会学》，浙江人民出版社 1986 年版，第 219 页。

生产蕴含着巨大商机并创造出富可敌国的巨大财富的重要原因。以并不算发达的中国文化产业为例,据国家统计局的初步测算:2006 年我国文化产业增加值为 5 123 亿元,同比增长 17.1％,超过当年 GDP 增长速度 6.4 个百分点,对 GDP 贡献率为 3.41％,拉动 GDP 增长 0.36 个百分点。[①] 对于经济欠发达地区也是如此,如在湖南湘西土家族苗族自治州,仅"神秘湘西"这一个旅游品牌,就让全自治州的 8 万多人吃上了"旅游饭"。[②] 凡此表明,快速发展的中国文化产业与服务业,正在逐渐成为国民经济与城市社会发展的支柱性产业。最后,在都市化进程中,文化资源与文化生产力是城市可持续发展的重要资源储备与先进生产力要素。与以矿山开采、冶炼、纺织等传统制造业为主体的城市化进程不同,以高新技术产业、金融资本运营、信息产业、文化产业等为基本标志的后现代工业与商业,构成了大都市社会在物质生产与经济发展方面的主导性机制。对这些新型都市经济生产方式而言,没有哪一种可以与文化的积淀、创意与服务功能相脱离。特别是在现代工业城市恶性地损耗了人类的环境与资源之后,利用文化资源与发展文化生产力已成为解决城市发展困境与实现城市可持续发展的重要思路。以中国为例,"人口继续膨胀与迅速老化,就业负担沉重;自然资源日益紧张,接近资源承载极限;环境污染迅速蔓延与自然生态日益恶化;粮食需求迅速扩张与粮食增产举步维艰",是中国城市发展在当下面临的四大难题,而解决这些难题的总体框架则是必须选择新型的现代化模式,"其核心思想就是实行低度消耗能源的生产体系;适度消费的生活体系;使经济持续稳定增长、经济效益不断提高的经济体系;保证社会效益与社会公平的社会体系;不断创新,充分吸收新技术、新工艺、新方法的适用技术体系;促进与世界市场紧密联系的,更加开放的贸易与非贸易的国际经济体系;合理开发利用资源,防止污染,保护生态平衡"。[③] 就此而言,初具规模的文化产业与服务业对转变中国城市经济增长方式、实现自身的跨越式发展具有重要的示范性意义。

　　总之,从伦理文化、审美文化与城市经济转型和可持续发展等方面看,当代文化与城市发展的关系不是在减弱或变简单,而是变得越来越重要和复杂,这是我们必须予以认真对待与着重关切的。

①　《我国文化产业增长势头强劲　去年实现增加值 5123 亿元》,《人民日报》,2007 - 06 - 28。
②　《"神秘湘西"让 8 万多人吃上"旅游饭"》,《光明日报》,2007 - 09 - 27。
③　胡鞍钢:《如何看待现代中国崛起》,载于国发研联资料组编:《中南海讲座——大国崛起的历史经验与中国发展道路》(上册),内部资料,2007 年 6 月,第 164 页。

五、"天下之至柔,驰骋天下之至坚"

老子说:"天下之至柔,驰骋天下之至坚。"(《老子》第四十三章)。正如文化又被称为软实力一样,这种表面上柔弱无力的东西,之所以对城市政治、经济乃至于城市兴衰具有举足轻重的意义,关键就在于人是决定城市兴衰的根本性因素,文化正是通过这一感性中介才渗透并深刻地影响着城市的命运。对此可从两方面加以深入了解。

首先,人是城市的目的,城市因文化而成为城市。一个城市,只要体现了人是目的这一基本原则,就可以称得上是一个理想的空间聚集形态;反之,无论城市拥有怎样规模的财富、人口与地域,如果人在其中仅仅是手段或工具,那么我们也只能像芒福德那样把它叫作"死亡之城"。这一切都因为,城市本质上是一个精神、文化与艺术中心,一切与此相悖的行为、运动与变化,其结果必然是导致城市的解体与衰亡。进一步说,文化是实现人是城市目的的最重要与最直接的软环境,一个城市是否拥有发达而完备的精神、文化与艺术功能体系,不仅决定着城市是否具有城市的本质,同时也决定着人是否可以成为真正的人。还可以说,文化体现了城市的本质与人是城市目的的统一。一个城市如果丧失了文化功能与精神生态,再好的硬件也不能改变它本质上的赤贫与匮乏。芒福德曾指出,在希腊化时代,由于商业与技术取代文化成为城市中心,结果接近完美的希腊城市迅速退化为权力与商业的陈列场。尽管此时依然可以有相当耀眼的城市文明与审美景观,但由于"更深的人类生活的根基"的枯竭,因而其给社会和个人造成的空虚,"是单纯的数量所无法弥补的"。[1] 尼采对希腊悲剧的研究也可提供旁证:"由于你遗弃了酒神,所以日神也遗弃了你,从他们的地盘上猎取全部热情并将之禁锢在你的疆域内吧,替你的主角们的台词磨砺好一种诡辩的辩证法吧——你的主角们仍然只有模仿的冒充的热情,只讲模仿的冒充的语言。"[2]对于拥有更发达的物质文明与社会制度体系的现代城市,它们本应为人们提供一种更美好的城市生活,但由于文化、精神与艺术在现代化进程中的流失,其结果

---

[1] [美]刘易斯·芒福德:《城市发展史:起源、演变和前景》,宋俊岭、倪文彦译,中国建筑工业出版社2005年版,第212页。

[2] [德]尼采:《悲剧的诞生:尼采美学文选》,周国平译,三联书店1986年版,第43页。

则正如海德格尔所说的"无家可归状态变成了世界命运"。① 由此可知,文化是一个城市的灵魂,有了这个灵魂,城市就生机勃勃、活力无限,丧失了这个灵魂,城市则不过是一大堆建筑物或谁也无法控制的机械装置,即使它依然存在并在规模上不断地扩张,但实际上早已名存实亡了。

其次,文化决定着人的发展,对人自身的再生产具有重要作用。早在 1940年代,弗里德里希·李斯特就提出:"财富的生产力比之财富本身,不晓得要重要多少倍。"②尽管文化并不直接创造财富,但由于它决定着人的生存境界与发展水平,因而在最深的意义上构成了一切财富的根源。如同人类其他方面的异化一样,城市异化的主要表现形式是"人工改良的物质外形……包含着一个失败的、精神衰弱的城市"。③ 文化的丧失与城市文化功能的受损,与人在城市中被扭曲、否定与异化是同步的。"在古代城邦中,每个市民都扮演着积极的角色;而在新型的自治市中,市民则服从命令,按上司的吩咐行事,政府的主动权被操控在一些专职人员手中,这些人或受贪赃的诱使,或为薪俸所雇用,而往往两者都贪求,就像臭名昭著的罗马赋税承包人和罗马抽税官一样"。④ 在现代时期则如席勒所说:"现在,国家与教会、法律与习俗都分裂开来,享受与劳动脱节,手段与目的脱节,努力与酬报脱节。永远束缚在整体中一个孤零零的断片上,人也就把自己变成一个断片了。耳朵里听到的永远是由他推动的机器轮盘的那种单调乏味的嘈杂声,人也就无法发展他生存的和谐"。⑤ 在当代也是如此,一位全国劳动模范曾说:"国有企业亏损,三年可望走出困境;如果职工感情流失,绝不是三年就可以挽回的"。⑥ 文化在城市化进程中的异化与丧失,不仅直接遮蔽了城市的精神本质与意义,同时也使人是城市的目的沦为一句空话。这不仅是历史上的城市,也是当代城市面临的最大危机与最严峻的挑战。至此可得出一个具有普适性的原理,即文化兴则城市兴,文化亡则城市亡。

对当代城市而言,由于经济发展与文化建设的不平衡,特别是现代化进程本身严重破坏了文化传统及城市的文化功能,貌似强大的当代城市比以往任何时

---

① [德]海德格尔:《论人道主义》,载于《存在主义哲学》,商务印书馆 1963 年版,第 111 页。
② 李义平:《财富的生产能力比财富更重要》,《人民日报》,2007 - 06 - 15。
③ [美]刘易斯·芒福德:《城市发展史:起源、演变和前景》,宋俊岭、倪文彦译,中国建筑工业出版社 2005 年版,第 210 页。
④ [美]刘易斯·芒福德:《城市发展史:起源、演变和前景》,宋俊岭、倪文彦译,中国建筑工业出版社 2005 年版,第 209 页。
⑤ [德]席勒:《美育书简》,徐恒醇译,中国文联出版社 1984 年版,第 51 页。
⑥ 朱景敏:《感情能提高企业的生产力》,《光明日报》,2007 - 07 - 25。

代的城市在本质上都显得更加脆弱和积重难返。尽管城市文化问题十分严重，但也不应过于悲观失望。这是因为，尽管当代城市在其现代发展中恶性地损耗了文化与精神资源，但由于它们在城市形态与功能上的发展程度更高，因而也是最有条件与能力重建与发展文化以进行自我拯救的。正如古人讲创业与守业的关系，城市也是发展到繁盛境界难，而走向崩溃易。在世界城市化的都市化进程中，聚集着大量人口、财富与资源的城市，已成为当今人类最主要与最核心的生活世界，城市的兴衰不仅关系着人类文明的整体，同时也直接关联着每一具体生存着的渺小个体。因而，城市的安全与可持续发展，也是需要全人类加以小心呵护与密切关注的。

| 第十四章 |
人文城市战略与草原文化复兴

关于草原文化的界定及其历史演化关系,陈光林先生指出:"所谓的草原文化,就是世代生息在草原地区的先民、部落、民族共同创造的一种与草原生态环境相适应的文化,这种文化包括草原人民的生产方式、生活方式以及与之相适应的风俗习惯、社会制度、思想观念、宗教信仰、文学艺术等,其中价值体系是其核心内容。作为一种历史过程,草原文化在早期经历细石器文化之后,先后演绎为以西辽河流域为代表的早期农耕文明和聚落、以朱开沟文化为肇始的游牧文化,以及中古时期逐步兴起的游牧和农耕文化交错发展的现象,到近现代后,工业化、城市化的进程又为草原文化增添了新的内容,使草原文化呈现出传统与现代、地域与民族相统一,多种经济类型并存的复合型文化形态"。① 这就已经初步涉及草原文化与现代社会、经济的关系。同时也有相关研究直接涉及历史上游牧民族的城市生活研究,如吴团英先生认为:"据文献记载和考古发现,战国秦汉时期,游牧民族已开始有自己的城市生活,或者说,活动在这一时期的游牧民族开创了游牧民族城市生活的先河"。② 这里将以中国城市科学中的文化城市学说为理论基础,在新型城镇化和人文城市战略的时代背景下,在前人研究和思考的基础上,对草原文化在当代城市化背景下的传承创新发展做进一步的探讨。

一、"人文城市"的界定与阐释

2014 年发布的《国家新型城镇化规划(2014—2020 年)》首次提出"注重人文

---

① 陈先林:《深化草原文化研究》,载于刘高、孙兆文、陶克套编:《草原文化与现代文明研究》,内蒙古教育出版社 2007 年版,第 2 页。
② 吴团英:《试论游牧民族与城市生活》,载于董恒宇、马永真编:《论草原文化》(第一辑),内蒙古教育出版社 2008 年版,第 428 页。

城市建设""把城市建设成为历史底蕴深厚、时代特色鲜明的人文魅力空间"。2016 年《国家十三五规划纲要》又将"人文城市"列为"新型城市"的五种主要类型之一,极大地促进了我国城市建设从过去注重经济建设向注重文化建设的重大战略转型,对推动我国城市发展从规模扩张转向内涵建设,提升城镇建设水平和走上高质量发展之路具有重大的现实意义。但我国的城市研究主要侧重于产业、金融、建设、管理等实际层面,关于城市文化、精神、价值等方面的研究,既没有受到应有的重视,也缺乏具有系统性的理论阐释,不能满足当下人文城市建设的现实需要,无法引领我国城市从"经济型城市化"阶段走向"文化型城市化"的新时期。

要有效应对目前的问题,我们认为需要从两个方面入手:一是深入开展人文城市基础理论研究,把人文城市的概念、内涵、模式研究清楚,然后再画一张路线清晰、目标明确的人文城市规划建设总设计图;二是开展多元区域文化传统和生活方式研究,为我国新型城镇化建设提供丰富的文化资源和材料,避免在人文城市规划和建设方面重蹈"千城一面"和"同质竞争"的覆辙。这也是以大草原为资源环境、以草原文化为历史社会背景的内蒙古城市与文化发展最需要关注的两个主要方面。

以城市地理学和芒福德为主要思想资源,以世界城市化的规律趋势和中国城市发展的现实问题与需要为背景和参照,在充分吸收前人研究成果的基础上明确提出:文化城市是一种以文化资源和文化资本为主要生产资料,以服务经济和文化产业为主要生产方式,以人的知识、智慧、想象力、创造力等为主体条件,以提升人的生活质量和推动个体全面发展为社会发展目标的城市理念、形态与模式。它既超越了人类城市原始的防卫、商业等实用功能,也不同于新中国成立以来的"政治型城市化"和"经济型城市化",是一个衡量城市发展的新尺度,它揭示出城市发展的目的,不是城市人口增加,也不是经济总量与财富的聚集,而在于城市是否提供了一种"有价值、有意义、有梦想"的生活方式。[①] 就此而言,文化城市理论正在成为我国"人文城市建设"的核心意识形态和主流价值观念。这既是内蒙古走新型城镇化道路的大背景,也是重建草原文化、促进区域协调发展的关键所在。

---

① 刘士林:《文化城市与中国城市发展方式转型及创新》,《上海交通大学学报》,2010 年第 3 期。

二、新中国的城市化进程与内蒙古城市及文化的战略机遇

2019年是新中国成立70周年,尽管70年的时间在人类历史长河中并不算很长,但由于处在传统农业文明、现代工业文明和后工业消费文明三大板块的挤压和碰撞中,新中国成立后的这70年可以说过得极为不易,有些时期甚至可以说是异常艰难。这具体体现在新中国城市化的坎坷发展进程中。具体说来,70年来新中国城市主要经历了政治型城市化(1949~1978)、经济型城市化(1978~2005)与文化型城市化(以"生态城市""宜居城市""人文城市"等为代表)三种城市化模式,这同时也构成了新中国城市建设的三个主要阶段。

新中国前30年主要是政治主导的城市化。从最初对人口流动和经济资源的军事化管制,到20世纪50年代定型的"计划经济体制"和"户籍管理制度",是我国政治型城市化的基本特色和主要成果。对此应该一分为二地看,一方面,政治型城市化最大的"成",是成就了社会主义新中国,这是我们后来一切事业和奋斗的基础和母体;另一方面,最大的"败"则是"政治"压抑了"经济",直接导致了城市人口减少、工业生产凋敝、城乡分化加剧、人民物质和精神生活普遍窘迫与贫困。由政治主导的城市化,正如拿破仑所说的"政治就是命运",国家和政府垄断了所有的生产资料,也掌握着所有人的命运,行政力量不仅决定了"生产什么和不生产什么",也决定了人们"是留在城市还是要离开城市"。这一城市化的特色集中体现为"计划经济"和"户籍制度",因为无论是城市人口增长还是城市经济发展,均非出于城市化的基本规律和内在需要,由此直接导致了两大后遗症:一是2亿多的"半城市化"人口及乡村留守儿童;二是难以解决的"土地财政"和"房地产城市化"等突出问题。这些问题已成为我国城市在新时代深入改革发展的主要后遗症。

我国改革开放以来前30多年的城市化,在本质上是一种经济主导的城市化发展模式,它的特点是以GDP为中心、一切服从于发展经济生产力的需要。其中,社会主义市场经济模式的确立、城市经济的高速增长、商业与公共服务功能的全面复兴,以及城市建制与城市人口的迅速扩张等,都可以看作是这种经济型城市化的基本内涵。对此也应该持一种客观公允的评价,首先,从其好的一面看,经济型城市化最大的收获,是目前我国GDP总量稳居世界第二,不仅顺利抵抗住了全球性的金融危机,也极大地提升了综合国力和城市竞争力。改革开放

以来有两个最重要的关键词,即"市场经济"和"人口流动",都是针对政治型城市化的后遗症——"计划经济"和"户籍制度"而发,在现实中也确实起到了恢复城市经济天性和人口规模的作用。但从其不好的另一面看,经济型城市化最大的问题和所有处在工业化和现代化阶段的国家所面临的一样:一方面,现代工业和技术的广泛运用恶性损耗和污染了大自然,使城市可持续发展面临的资源和环境压力已逼近"红线";另一方面,现代文化和城市生活方式严重冲击和破坏了传统的文化价值和社会秩序,社会危机、道德危机和心理危机方面的矛盾愈演愈烈。这两方面的问题,已经成为我国城市高质量发展的拦路虎。

与政治型城市化造成的土地与户籍问题相比,经济型城市化的后遗症可以说更为严重。对此一般研究比较关注的是生产的工业化和社会的商业化。但比这两方面更需要关注的是作为经济型城市化动力机制的"浮士德精神",其核心是一种以满足人的感官欲望为唯一目标的消费主义生活方式。一方面,以"吃光、用尽、花完"的物质消费为驱动力,经济型城市化比以往任何时代都更加严重地污染和损耗了自然生态和环境资源;另一方面,以"过把瘾就死"的后现代文化为精神生产方式,经济型城市文化也彻底亵渎了一切传统社会的美好价值和人生信条,使我们的城市深陷于各种城市病和城市文化病中无法自拔。从 1995 年编制第九个五年计划时首次提出"转变经济发展方式",到 2005 年建设部提出"宜居城市",从 2014 年《国家新型城镇化规划》明确提出"人文城市",再到 2016 年《国家十三五规划纲要》提出"新型人文城市",一种不同于政治型城市化、经济型城市化的城市化新模式正式启航。这其中透露出我国城市政策的一种根本性的变化,即城市经济发展要服务于人的价值和文化需求,我们把这个新阶段称作文化型城市化。尽管很多深层和长期积累的问题不是短期能解决的,但作为扬弃经济型城市化的标志,文化型城市化不仅是对上项目、找投资、跑马圈地和大搞 GDP 竞赛的经济型城市化的重大矫正,同时也开始深度触及城市建设的目的和意义,以及城市社会的公平、正义及城市人精神生态等文化问题。

在文化型城市化的新阶段,内蒙古城市建设及文化发展正在迎来最好的战略机遇期。这是因为,无论是前 30 年的政治型城市化,还是后 30 年的经济型城市化,内蒙古都是一个被边缘化或仅有使用价值的角色,没有发挥出特有的优势,形成自主发展的模式和道路。

具体说来,在政治型城市化进程中,内蒙古和草原文化的重要价值主要体现为政治、军事和阶级斗争等,受其影响,不仅对一些城市(如包头等)的设置和建

设主要是出于政治和军事的考虑,同时,草原文化的取舍与传播也同样是看它们
是否符合不同时期国家大政方针的现实需要。这是内蒙古城市历史上作为"屏
藩重镇"、草原文化作为"胡服骑射"等基本功能的直接体现和再生产。以中华人
民共和国成立以来的前 30 年为例,当时最具内蒙古文化代表性的符号如内蒙古
民兵、乌兰牧骑、《草原英雄小姐妹》,与其传统的成吉思汗文化、游牧民族生活等
一脉相承,这就使得内蒙古城市经济和文化比较质朴和单一,在整体上倾向于一
种军事化或准军事化的城市功能与文化形态。同时,草原上的城市和其在历史
上主要作为军事重镇的功能,与现代城市作为活跃的经济体和其丰富多元文化
空间的天性存在较多的冲突,由此造成的不利影响是,城市经济发展水平较低,
主体的思维也比较封闭,这使得内蒙古在改革开放之初很不适应,在思路决定出
路、细节决定成败的经济全球化背景下,发展战略意识和把握经济发展机遇的能
力,明显弱于东部沿海地区,正所谓"输在了起点上"。

在经济型城市化进程中,内蒙古的重要性主要体现出对国家经济建设的资
源开发价值。内蒙古是中国发现新矿物最多的省区。包头就是因为有了白云鄂
博矿,才从原来的北方商埠小城摇身一变成为现代工业城市。相关研究表明,内
蒙古已发现各类矿种 135 种,探明储量的有 83 种,储量居中国第一的矿种有 5
种,居中国前三位矿种约有 28 种,居中国前十位的矿种有 67 种。稀土储量居世
界之首,煤炭储量 7 016 亿吨,居中国第一位,天然气地质储量 7 903 亿立方米。
可利用风能总功率 1.01 亿千瓦,居中国首位。如此丰富的矿物资源,为改革开
放以来以工业化为主体的城市化提供了强有力的支持。此外,牛羊奶、肉等特色
农牧产品,也为满足我国城市居民饮食需求做出了巨大的贡献。

改革开放以来,矿物原料与特色农牧产品成为内蒙古的代表性符号。其中,
在城市建设方面,最有代表性的是鄂尔多斯的康巴什新区,这个新区规划与建
设,不是基于城市人口增长的内部需要,而是基于对煤炭等资源的粗放开发利用
在短期内带来的"暴利"。在农牧品牌方面,最有代表性的是鄂尔多斯羊毛衫、伊
利、蒙牛及遍布全国的小肥羊连锁店。这其中有得有失,如果说,最大的"得"是
依托草原资源和环境优势,形成了一系列基于草原生活方式的城市品牌,那么,
其最大的"失"则是由于并没有做好应对城市化的准备,所以才出现了康巴什"鬼
城"。但从整体上看,这是一个城市化落后地区必须交的学费,因为在经济型城
市化过程中,大草原必然要沦为功利主义的对象,并因此牺牲了自己天然的个
性、文化和美。如马克思所言:"私有制使我们变得如此愚蠢和片面,以致一个对

象,只有当它为我们拥有的时候,也就是说,当它对我们说来作为资本而存在,或者它被我们直接占有,被我们吃、喝、穿、住、等等的时候,总之,在它被我们使用的时候,才是我们的……"①

和经济型城市化不可持续的命运一样,内蒙古的最大问题是如何解决经济型发展方式的后遗症,这其中主要有三方面的问题:一是资源型城市如何摆脱资源魔咒,实现转型发展;二是畜牧业过度发展带来的环境与生态问题;三是草原文化问题,如何在市场化和商业化的污染和挑战中实现传承与创新。以上这些问题,都是文化型城市化面临的挑战与难题,也是人文城市建设必须要完成的救赎和使命。正是在这个意义上,我们认为,国家新型城镇化战略,特别是人文城市战略,为内蒙古城市和文化发展带来了前所未有的战略机遇。但文化建设的复杂程度远远超过经济建设,所以需要更加扎实和认真的研究,也需要有更高水平的战略和规划,才能通过文化建设,解决遗留问题,同时开辟出新局面。

三、关于草原文化研究、传承与创新的思考建议

由于地理区域、经济发展水平、文化话语权等方面的原因,草原文化的研究、传承和创新明显面临着很大的压力和困境。对此既要正视现状、问题和困难,也要能够想出办法以应对挑战。对此提出三点不成熟的建议,供读者研究、讨论和批评。

一是开展文化特色的现代性研究,明确草原文化特色的内涵,建构一套适应现代化需要的传承创新体系,在发展中求自新。中华文化是一个多民族的文化体系,城市文化是一个最具包容性的文化形态。在这个大背景下展开的草原文化研究与建设,既无须在各种强势文化面前战战兢兢,"自视甚小",也无须固步自封,"唯我独尊"。而是应在文化全球化的背景下,认真梳理、总结自身的特色和特质,建构草原文化的本体和"根本"。同时,也要认真研究自身与其他文化的区别和联系,以及不同区域文化传统在全球化背景下所处的位置与相互关系,并据此判断应该如何保存自身的特色、保存到什么程度,以及如何自我革新和革新到何种程度,既要避免由于恪守"原汁原味"而成为一种"博物馆文化",也要避免

---

① 中共中央马克思恩格斯列宁斯大林著作编译局编:《1844 年经济学哲学手稿》,人民出版社 1985 年版,第 81 页。

由于"开放过度"而丧失了"自我的存在"。这就是在发展中求自新。实际上,一些学者已经意识到这一点,"伴随着现代化而来的城市化、生物技术、信息技术,将深刻地影响和作用于传统游牧文化,使现代化与传统游牧文化处于共生互动的现实格局之中,在全球化的城市环境里,不同民族的文化是城市现代化的灵感和创造的源泉,对不同文化的容纳和吸收的能力,正是一个城市、一个社会充满生机的表现。城市化和定居有利于传统文化的积累和传承,开展大规模的基础设施建设和城镇建设,有利于人们之间的频繁交流和交往,促进经济和社会的发展。带有都市化性质的城镇,有利于保留民族的传统文化,有利于民族的稳定和人口的增长"。① 未来更重要的是把先进的城市科学理论与草原城市文化进一步结合起来,进一步理顺草原城市、游牧文化与全球化、新时代的内在关系,实现自身的创造性转化和创新性发展。

二是开展文化精神的本体性研究,澄明草原文化精神的内涵,建构一套符合城市化进程的传播教育体系,在融合中求坚守,在开放中实现振兴。草原文化在传统上是一种军事或准军事文化形态,崇武尚力,结构素朴,层级简单。在表面上与当今城市文化冲突很多,因为任何时代的城市都代表了一个时代最复杂的文明结构。但城市文化本身也是一个多元的体系,包含着乡村文化、游牧文化的精华。如芒福德曾指出:"……在今天,每逢春季的星期日,每个大城市周围的郊野上都有成千的垂钓者来到河岸、湖边,仍然操起旧石器时代捕鱼的旧业;再稍晚的季节里,更远处的原野上,还会有人在继续更古老的活动——采集蘑菇、浆果、坚果,捡拾贝壳、漂浮木,或在海边的泥沙里挖掘蛤蜊。古人类的一些生机活动如今已成为人们的消遣。"②如果说农业文化是城市文明的根,那么不妨说,游牧文化是城市文明更古老的根,且与当今社会文化具有良好的互补性。正如金海先生所指出:"草原游牧民族之个体的个性自由本质在游牧劳动中形成后,随着社会的发展得到进一步的强化、铺展,变成为整个草原区域民族的共同的性格特征和文化心态。正因为草原民族由具有自由品质的个体所构成,所以从总体上表现出自由豪爽的民族性格、热烈奔放的精神、自由开放的文化心态和兼容并蓄的博大胸怀。当然我们无意美化游牧生产方式,也无意将它视为人类历史上最佳的生产方式。只是想说,在游牧生产方式基础上形成的草原文化所内蕴的

① 刘高、孙兆文、陶克套编:《草原文化与现代文明研究》,内蒙古教育出版社 2007 年版,第 123 页。
② [美]刘易斯·芒福德:《城市发展史:起源、演变和前景》,宋俊岭、倪文彦译,中国建筑工业出版社2005 年版,第 21 页。

一些思想精髓对于疗救当今世界文明所带来的一些生态、文化、身体等方面的病症,具有重要的借鉴价值。"①由此可知,草原文化是当今中国人文城市建设的一种珍稀资源。关键在于如何做到在融合中求坚守的新机制,使草原文化成为城市文化的重要部分,同时还要坚守草原文化的"英雄本色"。

　　三是研究民族文化传承与中华文化复兴的深层节点,正面阐释武备文化在中华人文体系中的重要地位,探索草原英雄文化在中国和世界的时代价值与意义。当代文化的突出问题是精细化和娱乐化,这与草原文化的自然素朴和英雄大气冲突很大。如有人提出要剔除中学课本中的"教化性与暴力性内容"。这主要是西方现代美学传播和影响的结果,认为与伦理、与真实生活相关的文学经验都不具有人文的价值属性。当代文化中的精细化和娱乐化主流,很容易使人想到北宋时期盛行的"以去兵为王者之盛节"。但这种以唯美主义和纯粹欲望为主题的文化思潮,在本质上又是完全不可取的。正如苏轼在《教战守策》中称之为"迂儒之议",认为长此以往,后果必然是"天下之人,骄惰脆弱,如妇人孺子,不出于闺门。论战斗之事,则缩颈而股慄;闻盗贼之名,则掩耳而不愿听。而士大夫亦未尝言兵,以为生事扰民,渐不可长"。正如越是害怕风雨的身体越容易生病一样,只有"轻霜露而狎风雨"才能做到"寒暑不能为之毒"。苏轼还曾严厉抨击王公贵族"处于重屋之下,出则乘舆,风则袭裘,雨则御盖"的日常生活。同理,如果我们的文化启蒙只有"风花雪月"的内容和"细雨如愁"的情怀,那就不难想象,凭借这样的"人文素质"和"主体性",是不可能去应对越来越激烈、发展环境越来越残酷的全球化竞争的。从文化的基本形态和功能看,草原文化恰好具有矫正中原文化的重要作用。与"文质彬彬"的中原文化不同,在草原文化中,"英雄"成为人格理想和价值目标。正如金海先生所说:"北方草原民族一向以英武、剽悍著称于世。大漠荒原、狂风暴雪的自然环境,居无定所、简单粗放的游牧生存方式,血亲复仇、部落征伐不断的动荡历史,当然还有军民合一、征战和生产相伴,频频举兵扩张,以武力解决物质供给不足的现实背景,都迫使人们强身健体、习武强兵,并且把能够用武力解决问题的人视为英雄,奉若神明,进而形成了崇尚英雄、讴歌力量和勇敢的风尚。"②正是在这种新时代的文化视野中,我们才能发

---

① 金海:《论草原文化的基本价值体系》,载于董恒宇、马永真编:《论草原文化》(第一辑),内蒙古教育出版社 2008 年版,第 97 页。

② 金海:《论草原文化的基本价值体系》,载于董恒宇、马永真编:《论草原文化》(第一辑),内蒙古教育出版社 2008 年版,第 105 页。

现草原文化最重要的时代价值和意义。但可惜的是,在由于受西方影响过于阴柔化的现代文化和过于娱乐化的后现代文化中,草原文化的这种价值和意义一直被歪曲和压抑着。这是草原文化对中华文化最重要的战略性资源和意义,在历史上一直如此,在今天和未来也依然如此,破除现代以来形成的文化和审美价值观,从正面和肯定性的角度看待草原文化的英雄精神,在当今中国文化建设中,可以说比任何时候都更加重要和迫切。

| 第十五章 |
文化与产城融合

一、"产城融合"问题的背景与真实性

任何问题的出现都有特定的背景和原因,也有真实和虚假的问题。背景有大有小,有历史和当下之别,原因有简单有复杂,也有内外之分。真实性首先要追问的是"真问题"还是"伪问题",确定了真伪以后,还有时间上的阶段性和空间上的范围问题,即一个问题在什么阶段、什么地方才是真实的,也就是说,一旦脱离了某些具体的时空条件,这个问题很可能就不再具有讨论和研究的价值。此外,在有媒介社会之称的当下,还要关注的是"叙事的真实"和"客观的真实"的区别,即很多被媒体炒得沸沸扬扬的话题,它本身究竟是现实的真实反映和再现,还是仅仅是各种"好事者"制造的"话语游戏"。以上这些,是我们在今天讨论任何一个话题都困难重重的根源。"产城融合"在当下已是一个具有焦点性的公共问题,要想真正了解这个话题背后的客观事实,首先要追问的是"产城融合"问题的背景与真实性。

抛开"睡城""钟摆式交通""人气低迷"等"表象","产城融合"问题在深层揭示的是,作为城市经济功能的"产业"与城市政治、文化等主要功能之间出现了比较严重的不平衡和不协调。我们知道,城市是天生最活跃的经济体,它特有的永不休止的"浮士德精神"在外化过程中,必然要与城市的其他方面,如空间、居民、社会和文化传统发生激烈的冲突。这个问题和矛盾的产生并不始于今日。在1865 年关于伦敦公共卫生的一个调查报告中,还曾得出这样的结论:"即使把伦敦和新堡的许多地区的生活说成是地狱生活,也不算过分。"很显然,在人类进入城市世界的今天,由于城市人口激增和城市经济震荡,这一问题正在变得越来越尖锐。

对于中国而言,由于人口规模大和经济发展速度快等特点,城市经济功能与城市空间、社会和文化之间的矛盾冲突更加激烈。同时,由于关于城市化本身的认识过于浪漫和脱离实际,所以对这个进程中必须付出的代价在心理准备上严重不足。就前者而言,在我国新城新区的规划和建设上,最早一批新城主要是各种工业园区,各地政府急于投资建设工厂,拉动地方经济增长,很少考虑居住、交通及其他公共服务配套措施,导致这些新城很不适合人生存,是因为它一开始就没有考虑那么多。城市规划落后于产业规划,导致了交通拥堵、"睡城"等越来越严重的城市病。就后者而言,从"城市让生活更美好"的城市理想,到我国提出"以人为本"的新型城镇化战略,当然都是正确的。但问题的关键在于如何正确和客观看待这一历史进程。对此一个基本的理性判断应该是,由于农业人口基数大、工业化程度低、城市基础设施建设长期亏欠等,我国的城市化进程肯定不会一帆风顺,必然要经过艰苦的奋斗和巨大的牺牲才能实现,而不是蓝图一设计描绘出来,就可以立竿见影地成为现实。当下对产城融合问题的很多愤激言辞,都和这种先入为主的浪漫主义观念和思潮密切相关。现实中各种突出问题和过于理想的价值标准反差太大,使人们很难准确和客观理性地看待包括产城融合在内的所有城市发展问题,硬要拿"镜子里的烧饼"来充饥,这使一些本来很正常的问题变得不正常,本来凭借常识就可以理解的问题,在借助了很多知识手段后反而陷入了"你不说我还清楚,你越说我越糊涂"的困境。

二、谁之过:政府还是市场

既然出现了比较严重的问题,并直接影响到很多人的切身利益,接下来当然是查摆问题和"问责"。

现在的主流声音是把一切责任都归于地方政府,认为地方政府在发展经济的驱动下,把城市化的决策、规划、建设等变成了单纯的追逐政绩,导致了有城市无产业、"睡城""鬼城"等问题。这并不是没有道理,因为我国的城市化,在很长一段时间内都是由政府主导的,城市发展的主要资源如土地、财政、项目审批等,也主要掌握在政府手里。就此而言,城市建设出了问题,地方政府,特别是城市发展决策部门当然不能辞其咎。但这种问责过于简单化,因为城市建设本身是一个巨型复杂系统,既有冲在前台的主角,也有幕后的导演和编剧,既有各种"阳光下的利益集团",也有暗中在操作的"影子集团",因而,把无比复杂的城市发展问题归结为某一个阶层和集团，是过于简单化的。如何做到对症下药，还需要做细致的分析和诊断。

就政府内部而言，其在城市决策过程也是十分复杂的。如很多媒体都报道过的缺乏深入调研和民主决策的"一把手项目"，当城市出了问题，起决定作用的"一把手"当然要负主要责任。但这个决策过程实际上也是很复杂的，因为"一把手"并不是一个"孤独的存在"，不仅深受当今世界、国家和地方的各种人物、思想、言论、建议的影响，也和他"身边的人"如秘书、开发商、评审专家及各种办事机构等相互缠绕在一起。"一把手"在本质上可以界定为"一个地方全部复杂的社会关系的总和"。对城市建设而言，首先是战略、规划做得好不好，其次还要看具体执行情况怎么样。有时候，不好的规划在执行中由于受到各种因素影响，也会"歪打正着"，有时很好的规划和决策，在具体执行中也会因为"和尚把经念歪"而功亏一篑。由于这些实际情况和经验，简单地把城市建设归结为某一阶层，是相当肤浅和表面化的。

但责任还是要分主次的。就我国的城市建设而言，至少存在着两个强有力的主体，一个是被顶在风口浪尖上、经常被卖了还帮别人数钱的地方政府，另一个是很多学者过于美化、实际上多半只知道唯利是图的市场和企业。这就牵扯出另一个"影子"主角，其主体是在当下异常活跃的房地产开发商。这是一个有时起很好的作用，有时又会以各种方式充当"山中宰相"或"影子政府"的集团，他们既有不得已的苦衷，也有可恨可恶之处。这个阶层在城市建设过程中扮演了十分复杂和多面的角色，如每一个市长周围都有一大堆房地产开发商，在当下已是一个普遍的城市建设模式。但这也不能把罪责都推到开发商头上，认为是无奸不商的企业绑架、带坏了政府。因为中国的城市化主要是政府主导的，商人们并不能按照西方比较规范的市场原则来开发，而是必须用各种方式和政府形成一个共同的利益集团，否则就不可能生存下去。当下产城融合得不好，与这种独特形态密切相关，如果要问责，至少应该把地方政府和城市开发商一起拷问。把账单记在任何一方，都是不公平和不负责的。

以产城融合为例，这实际上也与政府在市场化中让渡出很多传统权力有关。比如有一段时间，不少专家都全盘否定"单位制"，单位制的主要空间形态是前面办公，后面生活，认为这是封闭和不开放的，不符合市场规律，而现在的职住分离、交通拥堵、看病难、接送孩子等，和单位制空间形态的解体、单位不再大包大揽不能不说没有关系。所以，把现在的交通、公共服务中的矛盾全都说成是政府的问题,也是不妥的。比如城市地下设施建设,大家都痛感"今天你把马路挖开,明天我把马路挖开",就是因为市场开发不会像单位制那样"大包大揽"。把城市问题全部归罪于地方政府,是头脑中的市场万能论。它的理论基础是"以否定国家干预为核心内容"的哈耶克主义,但实际上,哈耶克主义在2008年金融危机及其后的欧债危机后,已经受到普遍的质疑。当然,完全否认哈耶克主义,可能也是有问题的。一个时期以来,政府干预太多,导致的问题和矛盾同样突出,这是我们在当下要深化改革的主要原因。但必须说明的是,不同于欧美和拉美模式,我们把中国的城市化称为"中国式城市化",它的进程和机理过于复杂,其中最突出的特点是政府和市场根本分不开,无法在政府和市场之间做简单的选择判断,这也是我们用一般的经济学原理、行政管理学知识很难正确认识和找到产城融合问题的真正症结所在。而实际上,如何建好中国的城市,我们现在已经找到了方法,即李克强总理科学表述的:放开市场这只"看不见的手",用好政府这只"看得见的手"。对于解决产城融合问题,也应该遵循这一基本原则。

三、文化问题:"人行啥都行,人不行啥都不行"

"人行啥都行,人不行啥都不行",这是我们在中原经济区调研时一个基层干部的表白。在谈到中原地区和沿海地区发展差距时,和通常见到的各种论调不同,他认为主要是人自身的观念、素质和能力问题,而不是政策、环境、资金等。因为事实是,不是缺少好的政策,而是"好的政策不能落地",不是缺少建设资金,而是"钱花的不是地方"。这就把问责最终深化到了"人本身",问到了文化问题上。

人的"行不行",本质上是个文化问题。受传统实用理性和近代功利主义的双重影响,我们已经习惯于这样一种文化反应模式,即一遇到问题,不是想办法解决,而是把主要精力放在"找替罪羊"上。这种模式属于政治—伦理价值判断,而不是客观—知识理性判断。它研究现实的目的不是"求真",而是要找一个导致现实失败的"道德主体",以推卸自己的责任。不管什么事情,只要找到了"替罪羊",就以为完成了对现实的批判,解决了现实中令他万分痛苦的矛盾。以新城新区为例,曾关于"很多新城是鬼城"的观点十分流行,并由此导致对政府"造城"的全盘否定。但据上海交通大学城市科学研究院的《中国鬼城案例库》,现在被反复讲的"鬼城"有15个左右。同样依据该研究院的《全国新城新区数据库》,我国广义的新城新区有2 957个,去除各种功能单一的工业园区、大学园区、科技园区、居住小区后，狭义的新城新区仍有 545 个。比较一下，不难得出，我国的"鬼城"并不像人们想象得那么严重。这也主要是因为急于"找替罪羊"的文化反应模式在作祟。正如所谓"罗马城不是一天建成的"，判断一个新城新区是否属于"鬼城"，至少要等上三到四年。以 2011 年被称为中国最大鬼城的"郑东新区"为例，现在已是车水马龙、人流如织，甚至是到处堵车。而 20 年前的浦东新区，一到晚上同样也是一片漆黑的"鬼城"。更重要的是，在各种急于和全面否定新城新区的喧哗中，人们似乎很少思考一个常识性问题——如果不建新城新区，仅凭老城区的"修修补补"，如何容纳近 20 年来我国城市人口和城市经济的高速增长，如果没有这些发展，人们的生活难道就会更美好吗？

"人行啥都行，人不行啥都不行"，主张人从主体出发，从人自身，从自我做起。与单纯指责地方政府或房地产企业等完全不同，尽管这是一个普通人的直觉，但从现代性、现代主体建构的意义上看，却比很多西方理论——哪怕是什么诺贝尔奖的得主具有更高和更重要的中国意义。它以不自觉的方式接近了康德那种真正的实践理性，而完全不同于"找替罪羊"的文化反应模式。康德在谈道德实践时曾表达了这样的意思——不管出于什么原因，如果一个人违背了道德原则，那么应该受责备的应该是人本身而不是环境和条件。按照这个思维，我们的城市建设搞不好，每一个人都难辞其咎。而现实中遭遇的雾霾、食品安全等困境，也正如《圣经》所说：不要问丧钟为谁而鸣？它在为每个人敲响。尽管你可以"动不动就炮轰"，或者再找一个新的"替罪羊"，但如果人的观念、素质和价值问题不解决，即使有世界一流的城镇化战略规划与蓝图，也还是很难想象城市最后会建成什么样子。

人是城市的永恒主题，人的素质就是城市的素质，人的命运就是城市的命运。产城融合的关键也在这里，模式设计、制度管理、舆论监督固然重要，但最重要的还是有没有素质适合时代要求的规划者、建设者和施工者。这是因为，市场、政府和市民都不是空洞的概念，也不是理想的存在，它们都是由具体的、活生生的、有时很聪明有时很愚蠢、有时很灵活有时很固执的"此在"组成的。"此在"是个存在主义哲学概念，意思是"这个人"或"在这个时间中出场的人"，也就是每一个生活在城市中，像刘震云、池莉笔下的那些浑身散发着人间烟火或人的感性欲望的存在者。目前，它们相互排斥，很难形成合力，是中国城市化进程分外艰难的深层次原因。要改变这种矛盾现状，不应该是"以子之矛攻子之盾"，而是应该通过文化建设，特别是符合城市化需要的新文化建设，全面提高每一个城市阶层及个体的文化素质,这是比户口、公共服务等更深层次的人的城镇化问题。因为真正的强,从来不是物质和资本,而是有没有罗曼·罗兰所讲的"心灵的英雄"。只有培养出一大批适应当代环境和发展需要的城市人,才能使政府、市场和文化从"各奔东西""各打各的算盘"的"三驾马车",变成朝向一个方向和目标的"三套车"。甚至还可以说,如果人的素质高了,哪怕制度设计差一些、不合理一些,也没有太大关系,不会影响中国城市化的大局。

| 第十六章 |
艺术与城市文明

以大都市与城市群为中心的当代城市化，极大地推动着中国经济社会与文化的发展，但与此同时，也使社会学家所谓的城市问题大量涌现并不断升级，这是城市文明研究与建设在当下迅速升温、备受关注的直接原因。城市文明的提出，还意味着中国政治文明、物质文明与精神文明的建设与发展正在转向以城市为中心与主体而进行，这是城市化进程在中国社会快速发展的必然表现。城市问题固然与中国城市化的特殊国情，如庞大的农业人口、城市基础设施薄弱、管理制度与手段滞后等相关，但也与我们的城市发展理念、框架及思考问题的方式有着重要牵连。理论研究的不同步、不到位，甚至是错误的判断与导向，使人们在城市发展与建设中总是被迫"打无准备之仗"。要想在下一轮的发展中变被动为主动，必须对中国城市发展进行理性的研究与全面的考量。未雨绸缪，来者可追，对方兴未艾的城市文明建设，进行理性的分析与前瞻性的思考，绝不是多余的。

一、什么是城市文明

当下有关城市文明的研究与设计，最根本的问题是缺乏基础理论研究，以至于像什么是"城市文明"都没有搞清楚，就匆匆制定各种"城市文明规划"，这与当代城市建设的"先建设，后规划"或"无规划地建设"，是完全一致的，其结果只能是产生更多、更棘手的"城市发展问题"。基础理论研究尽管不直接表现为"绿化面积""空气质量""生态指数""安全指数"等，但它可以为城市文明建设与可持续发展提供一种基础性的"系统设置"，所以在实践中也是绝对不可能被"绕开"的。尽管城市文明本身表现为高度的异质性与多元性，几乎涵盖了人类生活所有的方面与内容，但正如社会学家所说，城市社会并不是"非理性、不可理解、不可预测"的,而是"互为关联组成一个有机整体"。基础理论研究的目的就在于为认识与把握这一"有机整体"提供必要的理论工具、分类原则与解释框架,使"城市文明"的深层结构与异常复杂的内在层次呈现出来。

在基础理论研究中,首要的是如何科学地界定与阐释"城市文明"这一概念。这可从什么是文明、什么是城市文明、什么是城市文明的最高本质三方面加以认识与理解。

首先,"文明"的基本内涵,即人类创造的文化成果,包括政治文明、物质文明与精神文明三种形态,其功能相应有三:在"物质文明"层面上,以生产工具的发明与使用为标志,表现为人类特有的、不同于动物本能活动的"物质生产方式";在"政治文明"层面上,以政治、法律等上层建筑的创造与运用为标志,表现为一种与野蛮时代或野蛮民族有着本质差异的"社会生活方式";在"精神文明"层面上,以伦理、艺术等人文精神的创造与再生产为最高目标与理想,表现为一种在大自然、动物界及野蛮社会中不可能出现的艺术生活方式与审美精神境界。这是研究城市文明最重要的学理基础。

其次,是文明与城市的内在联系。这主要表现在两方面:在起源上讲,"文明"与"城市"同根同源,英语中"文明"(civilization)一词即源于拉丁文"civitis"(城市)。在中国的周代,建立"城市"的标志是文明民族的祭祀与礼仪中心,如《诗经·大雅·緜》中记载的"乃立冢土"。按照礼仪制度组织起来的人类活动,构成了最初的城市生活方式,并从文化模式上区别了"文明人"与"野蛮人",以及构筑了"城市"与"乡村"在生活方式上的分界线。在当代,与乡村、城镇及传统城市相比,当代城市在"物质文明"与"政治文明"上均获得了更高的发展,或者说,在城市,特别是在大都市中,不仅雄厚的"物质生活基础"足以抗拒大自然的暴力,不断完善的社会制度与保障体系也为人们更好地生存与发展提供了条件,因而,基础性的"物质文明建设"与基本的"政治、法律制度建设",已不能体现出城市文明在当代的发展水平,作为一个社会更高发展目标的"精神文明建设"与"文化理想追求"才是其代表或象征。也就是说,当代城市文明的本质更应从"精神文明"的角度去界定与阐释。

最后,从精神文明的角度讲,城市文化的核心在于古代儒家强调的"礼"与"乐",用今天的话说,是"城市的善"与"城市的美"。前者用来生产秩序,规范行为,相当于今天的法律体系、伦理规范等,使城市区别于自然界的任何种群以及人类其他的聚落形态;后者则用来调节情感,旨在使人获得快乐与自由,相当于今天的艺术教育或审美活动,这是人类个体生命区别于物质、动物以及异化的人的根本原因。但由于"礼"与"乐"的功能不同,"城市的美"与"城市的善"也有层次与境界上的重要差异,因而把两者加以区别与比较仍是十分必要的。特别是在当下,由于"城市的善"有直接的实用价值,所以比较容易被理解与认同,如"公共意识""守秩序讲规则""尊老爱幼"等,已成为当下城市文明建设中的主要内容。与此相对,由于"城市的美"的非功利性,如市民的艺术素养、心灵境界,生活得愉快不愉快、幸福不幸福等,则很难被量化与测评,直接导致了两种值得关切的倾向:一是由于中国城市的综合实力不够强大,在"雪中送炭"与"锦上添花"之间,人们往往选择的是更具实用价值的伦理规范等;二是由于"美是虚的",即使人们在观念中觉得审美与艺术很重要,但在实践中也往往敬而远之,造成的普遍问题是对于城市文明建设理解的片面化——往往被简单地理解为法律、卫生、伦理、学习等,严重影响到都市人的心理健康与精神生态,如大量的物质财富在炫耀性消费中被无端地浪费,如一些优秀的人力资源被心理与精神问题压垮。由此带来的异化现实是,辉煌的城市文明并不能解除个体的孤独与空虚,在城市中聚集与创造出的大量财富,有很大一部分需用于为人自身的心理与精神问题"埋单"。

在原理上讲,"城市的善"与"城市的美",涉及的是"美"与"善",或者说"美学"与"伦理学"的基本关系问题。对此可以这样来理解,如果说,"善""伦理学"的基本功能在于"区别人与动物",主旨在于使人类获得一种不同于自然状态的"文明生活方式",那么,"美""艺术"的核心功能则在于"区别异化的人与自由的人",其最终目的是使人在城市社会中过上真正美好的生活。在美学史上,这正是康德与席勒的本质不同所在。一般人们将席勒看作是康德的"好学生",实际上并不然,席勒在对审美与艺术的理解上突破了康德的体系与原则,特别是康德的"美是道德的象征"命题。我们经常说康德体系是矛盾的,一个主要原因就在于他没有处理好"审美"与"伦理"的关系。一方面,康德充分意识到"审美的无功利性",提出了"美在于形式""与内容无关"的伟大命题,使美学与伦理学的界限变得十分清晰;另一方面,康德毕竟还是一个理性时代的哲学家,一旦个体的审美需要与群体的伦理需要发生冲突,他又会以牺牲审美利益来维护他心目中像天上的星辰一样神圣的"道德律令"。这是他提出"美是道德的象征"的根源。与此不同,席勒的基本立场可以称为"让审美女神先行一步"。这直接表现在他提出的一系列美学命题中,如"让美走在自由的前面""道德状态只能从审美状态中发展而来""只有美的观念才能使人成为整体""正是因为通过美,人们才可以走到自由"等。在《审美教育书简》中,席勒更是十分明确地指出:"有促进健康的教育,有促进认识的教育,有促进道德的教育,还有促进鉴赏力和美的教育。这最后一种教育的目的在于,培养我们的感性和精神力量的整体达到尽可能和谐"。[①] 在人类思想史上,这是第一次明确提出一种"促进鉴赏力和美的教育",它的目的不是培养知识机能,也不是锻炼人格情操,而是"培养我们的感性和精神力量的整体达到尽可能和谐"。如果说,康德的目标是"道德的文化的人",那么席勒的理想则是"感性—自由的人"。两者相比较,后者直接提出了人的自由生存与全面发展的问题,开马克思"全面发展的个人"理论的先河。审美代表着个人全面发展的最高境界,这是"美"比"善"更高一层的根本原因。在这个意义上,由于艺术与审美需要坚实的物质基础与充分发展的社会条件,需要在精神上发育比较全面、对艺术有着需要与热情的主体,因而与乡村、小城镇相比,它不仅一开始就扎根在城市空间中,同时,也正是在城市文明的更高发展阶段中,才可以发现作为美的直接表现形式的艺术与城市文明之间的本质联系。由此可知,"城市的美"比"城市的善"要更高一层,它代表着城市文明的最高本质与人类发展的最高理想。

二、艺术、审美与文明

接下来的问题是什么是艺术? 一旦这样追问,便会发现,尽管"艺术"一词家喻户晓,但它的内涵同样是众说纷纭的。以大英百科全书的界定与阐释为例:

> 艺术是"用技巧和想象创造可以与他人共享的审美对象、环境或经验。艺术一词亦可专指习惯上以所使用的媒介或产品的形式来分类的多种表达方式中的一种,因此我们将绘画、雕刻、电影、舞蹈及其他许多审美表达方式皆称为艺术,对它们的总体也称为艺术。艺术一词亦可进一步用于特指一种对象、环境或经验,作为审美表达的实例,例如我们可以说'那张'画或壁毯是艺术。传统上,艺术分成美术与语言艺术两部分。后者指语言、讲话和推理的表达技巧。美术一词译自法语 beaux-arts,偏重于纯审美的目的,简单地说,即偏重于美。许多表达形式兼有审美和实用的目的,如陶瓷、建筑、金属工艺和广告设计。这样设想是有益的:从纯审美目的这一端到纯实用

---

① [德] 席勒:《美育书简》,徐恒醇译,中国文联出版社 1984 年版,第 108 页。

目的的另一端是一个连续统一体,各种艺术在其中各占有不同的领域。这种目的的极化也反映在相关的术语'艺术家'(artist)与'工匠'(artisan)中,后者指偏重实用目的的人。不过绝不能把这当作硬性的规定,即使在同一艺术形式中,主旨也可能有很大差别,一位陶工或一位织工可能制作一种高度实用的作品,如一只盛色拉的碗或一条毯子,而同时又很美观;另外,他也可能制作除令人欣赏外别无任何目的的作品。另一种传统分类法划分成以下几类:文学(包括诗歌、戏剧、小说等)。视觉艺术(绘画、素描、雕刻等)、平面艺术(绘画、素描、设计及其他在平面上表达的形式),造型艺术(雕刻、塑造)、装饰艺术(搪瓷、家具设计、马赛克等)、表演艺术(戏剧、舞蹈、音乐)、音乐(作曲)和建筑(室内设计等)"。①

早已有人指出,这个权威的界定不仅相当含糊,甚至有自相矛盾之处。根本原因在于,人类的艺术创造、艺术活动本身具有多元与复杂性,要从中概括出一个本质或普遍规律来,难免总是出力而不讨好。如何解决这个问题,主要有两个办法:一是从美学出发,尽管具体的艺术作品与活动五花八门,但由于"艺术境界主于美",只要抓住了"美"这一艺术的普遍性,就可以很好地理解艺术的本质;二是使叙事微型化,从有限的经验基础或范围出发,比如从文明与艺术的关系入手,通过缩小研究的范围,以达到尽可能地减少内在矛盾的目的。

从美学的角度看,艺术的经验与类型尽管千差万别,目的却殊途同归——满足人的审美需要。从学理上讲,艺术与知识、伦理功能不同,它不在于满足人的实用或功利需要,而主要关涉的是心灵的自由不自由或情感的愉快与不愉快。如李泽厚说:"在认识领域和智力结构中,超生物性表现为感性活动和社会制约内化为理性;在伦理和意志领域,超生物性表现为理性的凝聚和对感性的强制,实际都表现出超生物性对感性的优势。在审美中则不然,这里超生物性已完全溶解在感性中。它的范围极为广大,在日常生活的感性经验中都可以存在,它的实质是一种愉快的自由感"。② 人类创造的艺术作品尽管千差万别,但目的都在于唤醒人内心深处的"愉快的自由感";由于"愉快的自由感"本身不容易被把握,因而它们必须借助艺术形式的创造与鉴赏活动才能表现出来。人类创造的艺术

---

① 朱立元:《西方美学范畴史》(第2卷),山西教育出版社2005年版,第2—3页。
② 李泽厚:《批判哲学的批判》,人民出版社1984年版,第413页。

形式与类型直接展示了审美活动的本质与秘密,这就是艺术与审美之间存在的密切关系。

以历史视角观之,艺术与文明的关系十分密切。艺术的发生应早于文明时代的到来。按照摩尔根的理论,文字、铁器与礼仪是文明时代的三大标志,但早在文字产生之前,原始艺术就已相当成熟,如原始山洞中遗存的大量壁画,它们不仅真实地记录了远古时代人类的生活与情感,同时也是现代艺术家如毕加索等人竞相模仿的艺术珍品。艺术也是文明的象征,历史上每一个辉煌的文明,都创造出了属于自身的伟大艺术。杜威曾写道:

> "希腊的辉煌和罗马的伟大"对于我们绝大多数人,对于几乎所有历史学者来说,都是对这些文明的总结;辉煌和伟大是审美。对于几乎所有古物研究者来说,古埃及就是它的纪念碑、庙宇与文学。文化从一个文明到另一个文明,以及在该文化之中传递的连续性,更是由艺术而不是其他某事物所决定的。特洛伊对于我们来说,只是在诗歌中,在从废墟中恢复的艺术物品中活着。米诺斯文明在今天就是它的艺术品。异教的神与异教的仪式一去不复返了,但却存在于今日的熏香、灯光、长袍与节日之中。假如字母只是为了方便商业活动而设计的,没有发展为文学,它们就仍是技术性设施,而我们自己就可能生活在比我们的野蛮祖先好不了多少的文化之中。如果没有仪式庆典,没有哑剧和舞蹈,以及由此而发展起来的戏剧,没有舞蹈、歌曲,以及伴随的器乐,没有社群生活提供图样,打上印记的日常生活的器皿与物件(这与那些在其他艺术门类中的情况相似),远古的事件在今天就会湮没无闻了。[①]

不仅希腊文明直接体现在、遗存于马克思盛赞的有永恒魅力的希腊艺术中,即使在当时,希腊艺术对希腊文明的传播也曾起到十分重要的作用。"艺术可以折射社会面貌、反映价值观念。因此,在希腊化进程中,艺术也是把东方已知地区联系起来的一种重要形式。希腊化艺术渗透了整个地中海世界,从意大利到非洲、从希腊到亚洲莫不如此。这是文明高度发展的象征与成熟的表现。希腊艺术生动地再现了希腊世界和已知世界的联合"。[②] 艺术的存在也很可能要长

---

① ［美］杜威:《艺术即经验》,高建平译,商务印书馆2005年版,第363页。
② 陈恒:《希腊化研究》,商务印书馆2006年版,第466页。

久于文明本身。许多消亡的古代文明，正是凭借它们创造的艺术才被后人了解的。如被森林埋葬的玛雅古城，探险家在日记中这样描述它的石雕："（一座）被植物粗大的根挤得脱离了底座；有一座被浓密的树枝紧紧纠缠，几乎把它从地面上提起来；有一座被植物挤倒以后，又被粗大的藤条和枝蔓包裹起来；还有一座立姿雕像前面祭坛尚存，周围茂密的树丛像是拱卫着这对圣物。森林中弥漫着庄严的寂静，像是上天在默默地哀悼一个民族的灭亡。"[1]在埃及、中国、印度等文明古国，类似的例子可谓不胜枚举。也许正因为这个原因，1998 年，法国政府开始筹备在埃菲尔铁塔东侧修建一座大型的国家博物馆，并命名为"艺术与文明"。该博物馆占地 3.6 万平方米，耗资 11.1 亿法郎（约合 2 亿美元），目的在于在向公众介绍"非洲、大洋洲、美洲和亚洲的艺术与文明"。

从现代性的角度看，艺术是文明时代的批判者与拯救者。文明的发展总是伴随着程度不同的异化。如文明的重要特征是分工与交换，它们在推动历史进步的同时，也直接破坏了固有的和谐、朴素的人际关系。在京剧《沙家浜》中有两句唱词：

> 相逢开口笑，过后不思量，
> 人一走，茶就凉，
> 说什么思量不思量。

商业社会中的人情已不如乡土社会淳朴。而茶馆主人与客人之间的关系，也很像当今市场经济冲击下的社会关系。尽管市场经济相对人类的许多经济形式更加高级，但这是以更多更严重的异化为代价的。比如这里的"笑"，由于它的发生机制不是审美的，而是商业利润驱动的结果，所以"人走茶凉"就成为不可避免的结局。这与农业文明中纯朴的笑容与真诚的情感，是不可同日而语的。无独有偶，社会学家也指出，"你好"这个问候语的含义，在传统乡村社会与在当代大都市是完全不一样的。在前者，它充满了亲切与真诚，而在当代，尽管每一个场合的服务员都会说"你好"，但这只是一个技术化或程式化的问候。又如文明人在创造货币的同时，也直接产生了"金钱的拜物教"。还有马克思指出的"工人创造了美，却使自身变得畸形"等，向人们显示的正是文明与异化的同步性。

---

[1] ［德］西拉姆：《神祇·坟墓·学者》，刘迺元译，三联书店 1991 年版，第 377 页。

在文明世界中,最根本的异化是理性对感性的扭曲与摧残。把这个问题表述得最清楚的是德国美学家席勒。他说:"现在,国家与教会、法律与习俗都分裂开来,享受与劳动脱节、手段与目的脱节、努力与酬报脱节。永远束缚在整体中一个孤零零的断片上,人也就把自己变成一个断片了。耳朵里听到的永远是由他推动的机器轮盘的那种单调乏味的嘈杂声,人也就无法发展他生存的和谐,他不是把人性刻到他的自然(本性)中去,而是把自己仅仅变成他的职业和科学事业的一个标志。"①特别是这里的"享受与劳动脱节、手段与目的脱节、努力与酬报脱节",直接折射出了农民与工人的不同——在传统乡村社会中,一个农民的生命活动是完整的,所谓"春耕、夏耘、秋收、冬藏",一年到头,秩序井然。而一个产业工人则与此不同,高度专业化的现代分工,使一个工人的一生只同一件产品的某一部分打交道,这就是席勒所说的"永远束缚在整体中一个孤零零的断片上",最后使自身也成为"一个断片"。看过电影《摩登时代》的人,对此想必都不会陌生。

关于文明时代,恩格斯有一个经典的说法:"它的全部发展都是在经常的矛盾中进行的。生产的每一进步,同时也就是被压迫阶级,即大多数人的生活状况的一个退步。对一些人是好事的,对另一些人必然是坏事,一个阶级的任何新的解放,必然是对另一个阶级的新的压迫。"②文明的发展、文明的力量与组织的发达与进步,尽管可以解决一些问题,但同时也会带来更多的新矛盾与新问题。在物质文明不发达的时代,人们以为所有的不幸都源于物质条件的贫瘠,但在物质文明高度发达以后,则如美国学者柏忠言所说:"对于第三世界国家的某些人来说,简直不可想象一个人会物质富裕而仍然感到不幸福。当第三世界的这些人听说这样的故事——在西方,有人拥有自己的房屋、汽车、立体声音响设备、电视机等,还会为了逃避他们的不幸遭遇而吸毒或自杀,他们会对此感到惶惑不解。他们就是无法相信——理解就更难了——一个人怎么能在拥有一切之后仍然感到不满足。但是,事实仍然是事实:许许多多'拥有一切'的美国人和其他西方人的确是痛苦的。他们的确是如此痛苦,以致要通过自杀或吸毒来结束或忘掉自己的存在。"③这表明,人类的幸福不是仅靠物质力量的进步就可以解决的。

---

① ［德］席勒:《美育书简》,徐恒醇译,中国文联出版社1984年版,第51页。
② 中共中央马克思恩格斯列宁斯大林著作编译局编:《马克思恩格斯选集》第4卷,人民出版社1972年版,第173页。
③ ［美］巴克:《社会心理学》,南开大学社会学系译,南开大学出版社1986年版,第596页。

最有意味的是，在解决精神问题时，不同时代、不同国家的智者，几乎都同时想到了艺术与审美。从中国古代儒家讲的"游于艺"，到海德格尔所说的"诗是人类最后一个上帝"，都强调了以审美为本质的艺术在人类文化中具有特殊的功能与价值。

关于艺术的价值与功能，宗白华先生讲得最为简洁。他把艺术价值细分为三个层面：① 形式的价值，就主观的感受言，即"美的价值"；② 抽象的价值，就客观言，为"真的价值"，就主观感受言，为"生命的价值"（生命意趣之丰富与扩大）；③ 启示的价值，启示宇宙人生之最深意义与境界，就主观感受言，为"心灵的价值"，心灵深度的感动，有异于生命的刺激。①

进一步说，"形式的价值"有助于我们摆脱对事物的"功利性态度"，"抽象的价值"有助于我们摆脱与对象的"直接性关系"，而"启示的价值"则有助于我们摆脱人性的自然状态，向着更高的精神与审美境界升华。一言以蔽之，即艺术可以使人摆脱与世界的实用的功利性关系。实用性是不自由的，功利性是不愉快的，而摆脱它们以后，就可以获得生命的自由与愉快。在文明时代中，正是由于各种物质性力量与体制性组织的片面发展，理性需要彻底抑制了感性的需要，这是文明人生活得格外沉重、不自由、不愉快的根源。要想改变或减轻文明的异化，首先需要改变轻视艺术的实用主义态度，承认艺术与审美价值，与人类创造的其他文化形式具有同等的重要性。这就是宗白华先生所期望的："艺术是人类文化创造生活之一部，是与学术、道德、工艺、政治，同为实现一种'人生价值'与'文化价值'。"②丹纳曾指出："我们天天看到一些个人和一些社会发达，增长，失败，倾覆，消灭；倘从总的方面考察他们的生活，他们的失败总是由于总的结构有缺陷，某个倾向发展过度，地位与能力比例不称；他们的成功总是由于内在的平衡非常稳固，欲望有节制，或者某种力量很强。"③对于文明时代而言，要想重新恢复个人与社会固有的内在的平衡，不能通过浪漫主义者的"回归自然"，而只能通过艺术活动使异化了的生命重新复活。

文明越进步，就越需要艺术。没有艺术的文明只能导致一种机械的生活。这里可以举几个例子加以说明。针对个体的心理与精神生态，现在已经出现所谓的"艺术治疗"。如社会学家指出，都市社会的一个重要问题在于"神经刺激的

---

① 宗白华：《美学与意境》，人民出版社 1987 年版，第 124 页。
② 宗白华：《美学与意境》，人民出版社 1987 年版，第 124 页。
③ ［法］丹纳：《艺术哲学》，傅雷译，人民文学出版社 1963 年版，第 375 页。

强化",这是当代人精神焦虑以及各种心理疾病产生的根源。这些文明病尽管可以通过服食镇静剂等得以缓解,但真正健康的治疗则是所谓的"心理疗法"或"艺术治疗"。如辽宁省文史馆和省博物馆的名誉馆长杨仁恺先生,生于 1915 年,他的养生之道不是吃素、清心寡欲或者生活在好的生态环境中,而是欣赏艺术。"从医学角度看,人的精神状态与身体健康有密切联系。赏画是一种审美活动,能激发人的想象力。而丰富的想象能调节交感神经系统,使赏画者进入乐观的精神境界,促使人体分泌有益健康的激素,如酶、乙酰胆碱等,进而调节血液流量,增强免疫力,促使疾病痊愈。赏画兼有'吟诗的飘逸、赏乐的灵动、弈棋的睿智、游览的旷达'。在车马喧嚣的闹市中,在心情郁闷时,或翻翻画册,或看看画展,便会胸无樊篱、心除郁结、心静如水"。[①] 这个例子尽管简单,但其原理对于当代人是普遍适用的。对于城市群体而言,也存在着一个心理放松的问题。由于没有真正意识到审美与艺术的作用,当下的许多做法都是很不成功的。以当代欧洲为例,"就大多数人来说,仅有的自由时间和金钱往往用于周末休闲或旅游。人们的梦想集中在假日,成为他们的'假日之梦'。选择的自由和闲暇的民主分配只是知识分子精英的想法,一般大众并不把它们放在心上。非营利性的文化团体对社会公众没有什么影响。商业和政治控制着闲暇企业,而且它们通常是保守的,把'享受'纳入安稳的领域,把自由的时间商品化,以至许多人感到自由时间的享受只是消磨时间,时间消磨过去后,剩下的只是空虚"。[②]

将艺术与"学术、道德、工艺、政治"相提并论的独特意义就在这里。尽管艺术本身不直接创造物质财富,但由于可以有效地解决心理与精神生态问题,所以对于一个社会的再生产与可持续发展,仍然是不可或缺的。如当下令人十分头疼的"网络青少年"问题,这在本质上也是一种"都市文明病"。在熙熙攘攘的都市世界中精神过于寂寞,是许多青少年沉溺于赛博空间、迷恋于虚拟生活的重要原因。如果他们把剩余精力投入到艺术中,沉醉于美,移情于艺术,以化解人与社会、人与自然、人与自身的矛盾,是可以避免许多社会的与个人的精神与心理问题的。艺术的目的是自由,这不是通过压抑生命的感性需要,而是为生命的感性需要提供一个自由实现的空间,因而艺术也是最人性化的生存方式。如艺术可以减少文明的压力与异化,这在当代也有比较成功的范例。如日本东京的艺

---

① 《品画鉴宝胜百药》,《健康时报》,2006 - 03 - 23。
② 〔荷〕彼德·李伯庚:《欧洲文化史》,赵复三译,上海社会科学院出版社 2004 年版,第 570—571 页。

术活动多如牛毛,已经制度化。日本女性结婚后多半不再工作,日常活动除了照顾家庭,就是看各种艺术展览、听音乐会,这与在中国常见的"搓麻"等休闲方式很不相同,它除了可以使个人的精神生活更加丰富、充实,对于下一代、家庭和社会都是大有好处的。

艺术的对于文明的重要性,正如杜威所说:"审美经验是一个显示,一个文明的生活的纪录与赞颂,也是对一个文明质量的最终的评判。"①

三、艺术与城市文明

艺术是高级的精神活动,既需要有强大的物质基础作后盾,也需要主体有较高的精神素质。前者如马克思的一句名言,"忧心忡忡的穷人对再美的景色也不会留意",后者如鲁迅的另一句名言,"贾府的焦大是不会爱上林妹妹的"。如果说穷人不审美是因为没有剩余价值与自由时间,那么"焦大"则是因为没有"懂得形式美的眼睛"或"能听懂音乐的耳朵"。城市是社会财富的聚集地,也是各种高层次人才的生活空间,恰好为艺术生产提供了主、客两方面的优越条件,这是讨论艺术与城市文明关系的基本前提。

艺术与城市文明的关系,具体可从三方面加以讨论。

首先,艺术是区别城市与乡村文明发展程度的重要尺度。城乡区别一般被看作是"朴素"与"文雅""自然"与"人工"的对立。如 16、17 世纪的欧洲,"在城市里和农村还有所不同,就是农村没有城市那么文雅"。② 表现在生活方式及习俗上,是两者的相互嘲笑或不习惯对方。如农村人对城里人"讲卫生"的不习惯,如城里人总是觉得农村人"不懂规矩"等,这在中西都有不少的笑话流传下来。又如卢梭之所以提倡"回归自然",是因为看不起巴黎那些晚睡晚起的贵族,认为他们的生活不如农夫或木匠更健康。但另一方面,正如孔子说:"礼失而求诸野",在城市文明被战争或其他灾难摧毁以后,它的"礼"与各种"讲究"在乡村社会却依然绵延着。这是因为在生活方式与习俗等方面,农村一直是积极靠拢与模仿城市的。《后汉书》中有一首民谣:"城中好高髻,四方高一尺。城中好广眉,四方且半额。城中好大袖,四方全匹帛。"它讲的就是乡镇居民对城里人生活方式与

---

① [美] 杜威:《艺术即经验》,高建平译,商务印书馆 2005 年版,第 362 页。
② [荷] 彼德·李伯庚:《欧洲文化史》,赵复三译,上海社会科学院出版社 2004 年版,第 218 页。

文化时尚的追逐与摹仿。在今天,这个古老的民谣依然适用,所以西方大都市一有流行时尚,第三世界就会迅速地"与世界接轨"。由此可知,在"礼""规矩""文明习俗"等方面,城乡之间的对立并不是最突出的。而使两者截然有别的是艺术及对艺术的态度。

在文明程度较低的"野蛮"民族也有艺术,如被秦皇汉武打得四处逃亡的匈奴人,他们有一首《匈奴歌》:"失我焉支山,令我妇女无颜色。失我祁连山,使我六畜不蕃息。"《古诗源》在收录此诗时有一个注——"《十道志》:焉支、祁连二山,皆美水草,匈奴失之,乃作此歌"。说明这是被文明人打跑的野蛮人的悲愤呼声,由于它的质朴、真率与粗犷而十分感人,但如果人一生的追求只是妇人的颜色与牲畜的繁衍——这两种最普通的生产资料,这种素朴的思想情感也是过于简单,甚至是粗陋。在今天的草根社会,尽管依然存在着大量的"民间歌舞",但它们本身并不直接是"审美作品"或"艺术",只有经过"二度创造",加上原本不属于它的因素——如现代化的乐器、灯光、舞美设计,即充分适合了都市人的审美与娱乐以后,这些东西才能成为艺术或具有了审美价值。这是因为,对于物质基础相对薄弱、主体精神需要相对单纯的乡土文明,既没有创造高级艺术的物质条件,同时主体也不可能产生纯粹的审美需要。艺术总是与文明本身更高的发展阶段有关。在中西绘画史上一个奇特的现象是,以表现大自然与乡村为主题的绘画往往是城市经济社会发展的结果。如李泽厚说:"这正是为何山水画不成熟于庄园经济盛行的六朝,却反而成熟于城市生活相当发达的宋代的缘故。这正如欧洲风景画不成熟于中世纪反而成熟于资本主义阶段一样"。[1] 与乡村完全不同,城市生活方式本质上是"日常生活的审美化"。在古代就已经如此,只要看一下《东京梦华录》《扬州画舫录》《都城纪胜》《清嘉录》等关于汴梁(今开封)、扬州、杭州、苏州的描写,就可以知道。在西方也是如此,如"艺术、文化和音乐之城"维也纳,有50多个剧院、4个歌剧院、两个专业音乐舞台、100个博物馆,以及无数的戏剧、音乐和舞蹈节。这在乡村人眼里是不可想象的。

其次,对审美与艺术的态度折射出大都市与普通城市在文明模式上的差别。这主要表现在三方面。

第一,大都市与普通城市的一个重要区别在于物质文明发展水平不同,这是导致两者对艺术与审美产生不同态度与需要的现实基础。如美国未来学家托夫

---

① 李泽厚:《美的历程》,中国社会科学出版社1989年版,第160页。

勒说："在物质匮乏的社会里，人们的需求相对说来比较普遍一致，很少变化，因为各种需要大都和'吃饱肚子'有关。然而，随着物产的不断丰富，人们的各种需要变得不仅与人的生存直接有关，而且越来越带有强烈的个性特点。此外，在一个复杂的、高速变化着的社会里，个人的需要——个人和外部环境之间相互影响所产生的各种需要——同样以相当高的速度变化着。社会变化愈是急剧加快，个人的需要也就愈是瞬息多变。假如有一个真正富裕昌盛的新型社会，人就应该随心所欲地满足自己许多的短期需要"。[1] 美学家朱光潜在谈"理想界"与"现实界"的区别时，其最重要的心理经验也可以说是大城市与小城市。他说："我们走到小城市里去，看见街道狭窄污浊，处处都是阴沟厕所，当然感到不快，而意志立时就要表示态度。如果意志要征服这种现实哩，我们就要把这种街道房屋一律拆毁，另造宽大的马路和清洁的房屋。但是谈何容易？物质上发生种种障碍，这一层就不一定可以做到"。[2]

如果说，在一般中小城市，由于物质基础积累不够丰厚，发展的重心只能更多地倾向于实用性的物质文明层面，现代化大都市由于已积累了足够的物力与财力，因而才有可能去从事各种非生产性、非经营性的艺术活动。在这个意义上，大都市与普通城市的区别在于实用与审美。如同庄子《逍遥游》中讲的"鲲鹏"与"蜩"或"学鸠"的区别，后者奋力而飞，有时还不能飞到树上，这与展翅九万里的鲲鹏当然是不可同日而语的。在这个意义上，真正的国际化大都市，不仅在GDP上，在文化艺术上同样引领着世界的潮流。以巴黎为例，巴黎有 80 多家博物馆、300 多个画廊，市区内有 70 多家剧场、400 家电影院、200 间艺术大厅、30 所临时展览馆。据统计，巴黎的绘画、雕像、摄影等展览，每年都在 1 400 次以上。对于一般的中小城市而言，则正所谓"众人匹之，不亦悲乎"。进一步说，这也是中国城市与西方发达国家的重要区别所在。城市化水平越高，城市社会发展的重心就会越脱离物质文明建设。这可以美国与加拿大的"非营利性组织"为例来说明，所谓非营利性组织（NPO，Non-Profit-Organization），是指在政府部门和以营利为目的的企业（即市场部门）之外的，以非营利为目的、从事公益事业的一切志愿团体、社会组织或民间协会。……包括宗教、慈善、科学、公共安全实验、文学、教育、促进国际或国际间业余体育竞赛和防止虐待儿童或动物等。在

---

[1] ［美］托夫勒：《未来的震荡》，任小明译，四川人民出版社 1985 年版，第 73 页。
[2] 朱光潜：《无言之美》，北京大学出版社 2005 年版，第 10 页。

逻辑分析上,"以非营利为目的"具有浓郁的美学性质,既与商业组织的"物质功利性"相对,也与政府组织的"社会功利性"相对,表现为一种"非功利性"。有关统计表明,加拿大 2003 年有非营利性组织 16.12 万个,美国 2004 年的统计数字为 139.73 万个,而且"非营利组织的最大资助者是政府""在所有非营利组织的经费收入中,政府资助占 49%,出售物品和提供服务的收入占 35%,私人捐助占 13%"。对于中国城市的政府与管理部门,这样一种不以营利为目标的资本运营模式是不可思议的。西方政府对"非营利组织"的投资,符合艺术与城市文明的一般关系原理,即城市文明越发展,就越需要审美与艺术。"非营利组织"是一个典范,尽管它没有直接的经济回报,但作为"政府处理社会问题的伙伴、公平分配资源的手段、公民民主参与的形式",①对一个城市的良性与可持续发展,是十分重要与不可替代的。只有在城市文明发展的更高阶段,才能出现这样以艺术为内涵的社会组织形式。

第二,大都市与普通城市的另一显著差别是人口数量与质量,因而直接导致了它们在艺术市场或文化消费层次上的巨大差异。在一般中小城市,尽管也有艺术与审美的需要,但由于热爱艺术、有条件享受艺术的人数有限,不仅市场规模有限,艺术消费指数也始终比较低。以长三角城市群的 16 座城市为例,尽管这已是中国当代城市化水平最高的区域,并且它们在自然与人文地理、经济基础与文化传统上相似或相近,但就艺术演出或文化产值而言,作为长三角城市群首位城市的上海与其周边城市却是完全不同的。具体说来,上海的演出市场是所谓的"一支独秀",有着非常可观的艺术产业利润,并常常吸引江浙两地的观众到上海来消费。而上海周边的其他城市不是"无米下锅",就是"门前冷落鞍马稀",以至于其一流的演出设备只能经常性地被闲置起来。除了城市间没有形成统一的艺术市场,或者说相互之间缺乏沟通与合作机制,一个更加重要的原因是其他城市的人口,尤其是艺术消费者的数量相对不足,因而直接影响了这些城市的艺术再生产。

第三,大都市与普通城市在对艺术与审美的需求及规模上有重要差别,这直接导致了城市文明与艺术之间的现代联系更加密切。文明发展水平越高,意味着更多的异化或异化层次的加深。普通城市当然存在着异化,但相对于大都市

---

① 李培林、徐崇温、李林:《当代西方社会的非营利组织——美国、加拿大非营利组织考察报告》,《河北学刊》,2006 年第 2 期。

而言,其程度与深度都是有限的。在大都市则不同,尽管在大都市存在着更加严重的异化,如城市社会学家经常讲到的"社会解体""道德上冷漠无情""政治上不负责任""人格被贬低"等,但由于人实际上不可能脱离城市社会去谋求发展,相反,正是高度发达的都市文明的存在,才为当代人进一步发展提供了现实的基础。以医疗卫生为例,"城市曾经是疾病的最无助和凄惨的受害者,但是它们后来成为了疾病的最大的战胜者。所有的如手术、卫生、微生物、化学、电讯、公共卫生措施、教学型和研究型医院、救护车等——不仅是在城市里的人需要这些,在城市外的人也需要这些来展开阻止人的早逝这场永不停息的战争——这些东西基本上都是大城市的产物;假如没有大城市,这样的事情是不可想象的"。①在这里又出现了一种典型的现代性生存经验,即明知城市是不可爱的,但却只能在其中求生存与谋发展。人在城市异化中产生的压抑、紧张、焦虑、痛苦等,这时唯一的出路就是通过艺术与审美解脱。大都市文明对艺术有着更强烈的需要,一方面,正是在作为城市文明高级发展阶段的都市社会中,人类的生存需要超越了传统的物质文明与政治文明层面,同时个体的情感、心理、自由体验等高级需要成为人类文明进程中的"重要问题",并且人类的艺术生产超越了实用理性或伦理教化的"工具形态",向着个体与文明全面发展这个更高的目标演化;另一方面,也正是城市处于文明发展的更高形态上,才为当代人解决其现实困境与精神—情感危机提供了可能。如奥地利的维也纳,它之所以可以成为世界音乐之都,一个重要的条件是它有着雄厚的物质基础。奥地利人均 GDP 居世界前十位,是世界上公认的经济最稳定、社会最安全的国家之一,有一年一度的维也纳新年音乐会,以及维也纳爱乐乐团、维也纳儿童合唱团等,正是借助于雄厚的物质基础以及城市本身的文化积淀,维也纳才发展为享誉世界的音乐艺术之都。一位中国游客曾这样写道:

> 维也纳,莫扎特的故乡。这里有美食、美酒和温泉,更有音乐相伴。举世闻名的文艺复兴式建筑维也纳国家歌剧院,院内的升降舞台、华丽的观众席,让你能体验到产生古典音乐最高境界的艺术精华。白天在艺术风情浓厚的市区漫步,晚间在众多的音乐会中选择一场经典的莫扎特音乐会,便可

---

① [加]简·雅各布斯:《美国大城市的死与生》,金衡山译,译林出版社 2005 年版,第 502 页。

有机会欣赏到金色大厅、霍夫堡皇宫音乐厅或美泉宫橙厅的精美和辉煌。①

在这个意义上,维也纳既代表着城市发展的方向,也阐释了城市文明的最高目的。它通过艺术与审美消除了城市化进程中普遍存在的异化,为世界城市提供了一个和谐发展的榜样,也为身心疲倦的都市个体带来了真正的"家园感"。这样的聚居与生活空间,当然是人类城市文明的最高理想。

最后,在艺术与城市文明之间存在着明显的二重性——它们既相互促进,也有尖锐的冲突与矛盾。如同文明本身具有的异化性一样,作为其更高空间聚集形态的城市文明,对于艺术也往往带来程度不同的压抑与损害。以人口为例,除了前文讲的大都市可以提供更多的艺术消费者之外,由于人口膨胀导致的生存资源与空间的紧张,同样也会对艺术自身的发展带来严重的异化与损害。如丹纳在分析19世纪的国际大都市巴黎时曾指出:

> 我们现在共有一千六百万人口,不但为数很多,而且太多了。巴黎是出头的机会最多的城市,一切有才智,有野心,有毅力的人,都跑来你推我搡地挤在一起。京都成为全国人才与专家荟萃之处;他们把发明与研究互相交流,互相刺激;各种书报、戏剧、谈话,使他们感染到一种热病。在巴黎,人的头脑不是处于正常和健全状态,而是过分发热,过分消耗,过分兴奋;脑力活动的产品,不论绘画或文学,都表现出这些征象,有时对艺术有利,但损害艺术的时候居多。②

与之相比,丹纳认为15世纪的意大利实际上更有利于艺术的健康发展——

> 没有上百万的人挤在一个地方,只有人口五万、十万、二十万的城邦;其中没有野心的竞争、好奇心的骚扰、精力的集中、过度的活动。一个城市是社会的精华所在,不像我们这儿是一大群普通人。并且当时对舒服的要求不高;人的身体还强壮,出门旅行都是骑马,很能适应露天生活。宏大的府第固然壮丽非凡,但现代的一个小布尔乔亚恐怕就不愿意住;室内又冷又不

---

① [法]丹纳:《艺术哲学》,傅雷译,人民文学出版社1963年版,第97—98页。
② 黄磊:《感受欧洲文化别样风情》,《文汇报》,2006-03-25。

方便;椅子上雕着镀金的狮子头或跳舞的山神,都是一流的艺术品,但坐上去奇硬无比;现在一个最普通的公寓、一所大屋子里的门房,装着热气设备,就比雷翁十世或于勒二世的宫殿舒服得多。我们少不了的小小的享用,当时的人都不需要。他们的奢侈是在于美丽而不是在于安乐;他们心里想的是柱头和人像的高雅的布置,而非廉价买进一些小古董,半榻和屏风。最后,高官厚禄与大众无缘,只能靠武功与君主的宠幸得到,只有几个出名的强盗、五六个高级的杀人犯、一些谄媚逢迎的清客才有份;剧烈的竞争,蚂蚁窝似的骚动,像我们这样做着长期不断的努力,个个人想超过别人的情形,在那个社会里是看不到的。[①]

丹纳这个观点,既可以使人想到社会学家韦伯的观点——他把中世纪的城市看作是历史上"完全的城市",而现代城市则因为过分理智和重视利润走向衰落,也可以使人想到芒福德关于城市发展的第四阶段("特大城市")与第五阶段("暴君城")的观点——他认为它们是城市停止发展、走向衰竭的产物。当代都市大众文化的快餐化、商业化、粗俗化、垃圾化,向人们表明的也正是这一点。

但另一方面,由于城市生活直接生产了更多的审美需要,发达的现代教育极大地提升了主体的艺术创造机能,以及城市环境为艺术发展提供了更好的客观条件,所以它同样也给当代艺术发展提供了动力与更为自由的空间。特别是在以国际化大都市与世界级城市群为中心的当代城市化进程中,更是极大地激发了都市人的艺术与审美需要,同时也更深刻地改变了艺术与城市文明的传统关系。

当代都市文明对艺术生产的影响,主要表现在四个方面。

一是艺术和生活、贵族与平民的传统边界正在模糊或消失。在传统世界中,生活是实际的,而艺术是超越的,两者在界限上泾渭分明。但在当代都市空间中,生活与艺术的传统矛盾正在消失,代之而起的是"艺术的生活化"或"生活的艺术化"。它的源头可以追溯到 150 多年前美国纽约中央公园的设计与建造。这个公园的设计师是著名的弗雷德里克·劳·奥姆斯特德(Frederick Law Olmsted),他是美国城市美化运动最早的倡导者与实践者之一。由他设计的纽约中央公园为普通市民提供了"引人入胜的露天房间",由他开始的景观设计学

---

① [法]丹纳:《艺术哲学》,傅雷译,人民文学出版社 1963 年版,第 97—98 页。

(landscape architecture)则标志着现代景观设计已不再是传统的贵族艺术奢侈品,这分别在实践中与观念上改善了美国城市的生活质量。所以有人说:"没有奥姆斯特德,美国就不会是现在的这个样子。"同样,古代也不是没有艺术消费与文化娱乐,有时它们甚至相当精致与高级。如"戚夫人侍高帝"的宫中乐事:

> 尝以弦管歌舞相欢娱,竞为妖服,以趣良时。十月十五日,共入灵女庙,以豚黍乐神,吹笛击筑,歌《上灵》之曲。既而相与连臂,踏地为节,歌《赤凤凰来》。至七月七日,临百子池,作于阗乐。乐毕,以五色缕相羁,谓为相连受。八月四日,出雕房北户,竹下围棋,胜者终年有福,负者终年疾病,取丝缕,就北辰星求长命乃免。九月九日,佩茱萸,食蓬饵,饮菊花酒,令人长寿。菊花舒时,并采茎叶、杂黍米酿之,至来年九月九日始熟,就饮焉,故谓之菊花酒。正月上辰,出池边盥濯,食蓬饵,以被妖邪。三月上巳,张乐于流水,如此终岁焉。(《西京杂记》卷三)

但在古代这只是少数上等人的事情。在当代则不同,随着艺术的市场化,越来越多的艺术开始进入寻常百姓家,同时出于艺术服务都市社会的要求,一种最大限度地满足公民需求的公共艺术也开始出现。

二是具有标志性的都市文明实践直接影响了艺术的主题与发展。以音乐与世界博览会关系的历史演进为例,世博会最初叫作"万国工业产品大博览会",从这个名称上看根本没有艺术的位置。1851年第一届伦敦世博会,到了闭幕式阶段,由于人们可能有些不满足,才安排了一些音乐演出。这在后来一直被诟病为"英国人没文化"。但到了1855年第二届巴黎世博会,情况就发生了很大的变化,不仅会展主题扩展为"农业、工业和艺术",艺术的内容也是相当丰富的。比如巴黎世博会专门设立了美术品展览馆,展出的绘画与雕刻作品接近5 000件,同时还举办了首届世界摄影展。此外,巴黎人在为世博会建造的"工业宫"四周,每十步就设置了一个小剧院。而越往后发展,世博会的文化与艺术氛围就越浓厚。如1970年的大阪世博会,口号就是"世界文化的盛大节日"。值得纪念的是,正是这次世博会,直接导致了电子先锋音乐在全球的流行。

三是在知识经济与消费社会中,艺术与经济的"敌对"关系走向终结。自从康德提出了"审美的无功利性",两者的关系一直处于"敌对状态"。而当代艺术不仅成为文化生产力系统中的一支有生力量,也是一个城市可持续发展资源配备中最重要的"潜力股"。一位资深社会学者说：城市的发展，首先是拼经济，其次是拼管理，最后是拼文化。由于艺术代表着文化的最高境界，因而可以说最后是拼艺术。以城市形象为例，良好的城市形象对于提升城市的区域竞争能力、吸引投资与引进人才，具有重要的意义。如苏州，古人说"上有天堂，下有苏杭"，近代诗人龚自珍说"三生花草梦苏州"。正是由于良好的城市形象、精神与气质，苏州近年来成为外商投资的热土。统计表明，2002 年苏州外商协议投资达 72.3 亿美元，实际到账 30.2 亿美元，超过了包括上海在内的全国所有大中城市。一家 IT 产业公司负责人说："是苏州这座古老城市的文化底蕴促使我们选择了它。"如果从美学上追寻，"形象"是黑格尔艺术哲学的核心范畴，并与带有功利性的"内容"是相对疏远的。由此可知，正是当代城市化进程为艺术与经济的和解与融合提供了桥梁。

四是以大都市为中心的当代艺术产业与市场的形成，不仅化解了艺术与经济的固有矛盾，同时也使艺术与城市文明的关系变得更加密切。艺术产业化及其带来的富可敌国的巨大经济效益，是当今世界上许多城市改变观念、不惜血本进行"艺术之城"建设的重要原因。以法国为例，蓬皮杜国家文化艺术中心、卢浮宫金字塔、奥赛博物馆及巴士底歌剧院等设施的建设，先后得到几任总统的关怀与支持。此外，艺术与城市文明传统敌对关系的改变，为人类社会的发展提供了全新的理想与目标，即"艺术之城"这个新理念与新思路。"艺术之城"是一种以美学为理论基础、以艺术活动为实践中介、以实现人的全面发展为理念的城市文明建设与发展框架。在某种意义上，艺术与经济、审美与实用、自由需要与现实需要的矛盾，是传统社会与个体只能片面地生存与发展的根源。这个矛盾在都市化进程中，特别是随着社会发展理念的转变与当代艺术产业与市场的充分发育，正在获得解决并走向良性循环的新境界。如埃及的亚历山大，意大利的佛罗伦萨、威尼斯，奥地利的维也纳，英国的爱丁堡，以色列的耶路撒冷，美国的费城，澳大利亚的悉尼，俄罗斯的莫斯科等，在这些城市中，艺术与产业之间形成了一种良性发展模式，艺术生产力提供的新生产要素与资源给城市经济带来活力，同时城市经济的发展则为艺术再生产创造了更好的条件与环境。在一些艺术产业发达的国家或城市，相关数据表明，艺术生产力的重要性正在与日俱增，并构成了评判国民经济可持续发展的一个重要指数。更为重要的是，追求美好生活是人类从农村来到城市的初衷，而一个真正理想的聚落空间，不仅要使人生活得安全、富裕、健康，同时更要使个体生活得愉快、自由与有意义。"艺术之城"正是在这个意义上重新定义了城市,使之超越了传统城市的商贸、防卫、聚敛财富等现实功能,成为人类个体过上美好生活的真实空间。

从当代世界范围看,许多国际著名城市与都市,之所以成为本地居民诗意栖居的空间,以及世界其他地区的人们倾心向往的地方,最重要的原因不在其他方面,而是因为这些城市与都市文明中充满了浓郁的艺术与审美文化氛围。它们或是因为城市空间高度的艺术化,如有着"中世纪宝石""千塔之都""建筑艺术之都"美誉的布拉格,它的代表作圣维特大教堂,是经过 600 年精雕细琢才建成的哥特式建筑。如意大利威尼斯的圣马可广场,则被看作是"欧洲最美丽的客厅";或是因为传统精神与艺术气质仍然活在现实中,如佛罗伦萨(Firenze,意大利语意为"花之都"),有人说她混合了中世纪的隐秘城堡、文艺复兴的华丽微笑,还有城市贵族的考究时尚、乡间橄榄庄园的淳朴,是百分之百的意大利美学;或是因为现代人杰出的艺术创造,当今许多城市都是因为电影或文学艺术而闻名于世的,如《广岛之恋》《罗马假日》《情迷威尼斯》《布拉格之恋》等。但有一点是共同的,即基本上体现了实用与审美、生活与艺术在同一空间中的和谐共生,体现了"日常生活艺术化"的主旨。如圣维特大教堂过去曾是国王加冕的地方,现在也仍然是奥地利的总统官邸所在。如维也纳的美景宫成为世界著名的美术馆,下美景宫是中世纪艺术和巴洛克美术馆,上美景宫则是十九世纪和二十世纪美术馆。这不仅反映在传统建筑功能在当代的"艺术化",也直接表现于当代城市的空间规划与设计上,如美国麻省理工学院建筑学院著名的凯文·林奇教授就指出:"'实用的'和'感觉的'功能是不能分割的。为了极其'实用的'目的,感受的经验可以形成一种更强烈的和更意味深长的形式,而这种形式是在和相同的感知和认识的发展下形成的。理论必须要将'美学'与'实用'视为同一种现象。"① 人们在许多西方城市之所以感到舒适与和谐,实际上与西方建筑学家这种艺术与实用并重的观念与实践直接相关。

在当代中国,迅速的城市化进程也使一些城市开始重视艺术产业的发展与艺术之城的建设。其中最具代表性的是上海世博会的主题——"城市,让生活更美好",表明我们在实践中已初步涉及"城市文明的审美内涵"。如费孝通先生所说:"美好的生活不仅仅是一个吃饱穿暖的生活。……除了物质的需要,还需要art,也就是艺术……这是高层次的超过一般的物质的生活,也是人类今后前进

---

① ［美］凯文·林奇:《城市形态》,林庆怡等译,华夏出版社 2001 年版,第 75 页。

的方向……"①追求美好的生活是人生的最高理想,一个人性化的城市空间理应为此提供尽可能全面的条件。至于在中国如何实现美好的生活,费孝通先生寄希望于在"科技兴国"之后,来一次更伟大的"文艺复兴"。除了上海,广州与青岛也开始有意识地打造中国音乐之城,而厦门市则直接提出了"艺术之城"的建设与发展目标,这都可看作是中国当代城市文明向着更高层次与水平发展的时代足音。

四、以上海为中心的个案研究

与康德把"理性—道德的人"、席勒把"感性—艺术的人"看作是人类发展的最高理想不同,马克思提出了"个人的全面发展"理论。它有两个基本界定:一是"使自己先天的和后天的各种能力得到自由发展",②二是"任何人都没有特殊的活动范围,都可以在任何部门内发展",马克思举例说,比如"今天干这事,明天干那事,上午打猎,下午捕鱼,晚饭后从事批判"③等。"理性—道德的人"与"感性—艺术的人"都带有不同程度的片面性,只有马克思的"全面发展的个人"理论,才科学、完整地表达了人类个体与文明发展的理想目标。在中国当代,"全面发展"也正在成为人们的共识。不仅是在学术思想界,在政府部门也是如此。如有人提出:"一个文明的人,必定是全面发展的人,一个文明的城市,也必定是全面发展的城市。"

尽管对"全面发展"的理念接受起来比较容易,但在什么样的发展才是全面的发展,即在对这个理念的内涵的认识与阐释上,仍然存在着不少问题。从现实层面上看,经常被忽略的就是审美、艺术与城市文明的关系。以上海为例,在世博会主题——"城市,让生活更美好"——的引导下,上海提出了"七建"的发展目标,即把上海建设成法治之城、健康之城、生态之城、礼仪之城、诚信之城、学习之城、友善之城,其最大的问题就是没有审美与艺术的位置。古人说"人不风流只为贫"。一般人之所以对艺术与审美加以回避,是因为紧张、艰辛的物质生存条件压抑、扭曲了主体的审美与自由需要,但作为中国大陆地区发展得最为成熟的

---

① 费孝通:《更高层次的文化走向》,《民族艺术》,1999年第4期,第8—16页。
② [德]马克思:《资本论》(第1卷),人民出版社1975年版,第500页。
③ 中共中央马克思恩格斯列宁斯大林著作编译局编:《马克思恩格斯选集》(第1卷),人民出版社1995年版,第85页。

国际化大都市,上海已经为满足人更高层次的精神需要积累了雄厚的物质基础,它对艺术与审美的忽视就不能简单归结为物质条件的局限,而只能说另有原因。最关键的问题是出在"观念"领域,由于头脑中充溢着过多的实用理性意识,而很难想到非功利性的艺术与审美,或者说很难对后者产生认同。这当然不是说上海市民没有审美与艺术的需要,实际上,由于物质文明发展在先,上海市民的艺术与审美需要也比国内一般城市更强烈。而只能说明我们关于城市文明建设与发展的观念与框架已落后于时代。这就有必要在"七城"之外提出"艺术之城"的发展目标,它是一种以美学为理论基础、以艺术活动为实践中介、以实现人的全面发展为理念的城市文明建设与发展框架。如果说,追求美好生活是人类个体的最高理想,那么也可以说,"艺术之城"则是人类城市文明发展的最高代表。一个真正人性化的城市空间,理应为人的全面发展,尤其是为人的艺术与审美活动提供各种基本的条件与环境。正是在个体与城市发展中审美观念、审美意识的缺失,直接导致了"艺术之城"——这个在内容上更丰富、在框架上更全面,具有视野上的前瞻性与实践中的先进性的发展目标在上海以及在当代中国城市文明建设中的"集体"缺席。至于造成这种问题的深层原因,就在于我们在城市发展理念上仍停留在实用理性的层面,甚至还可以说,这是一种相当传统的实用理性,因为连它在当代艺术与审美已成为一种更高的生产力都不能理解,更不用说为这种特殊生产力的解放与发展主动创造条件了。举一个例子,许多人都感慨上海近十年的迅速变化与发展,在许多方面已毫不逊色于当今的一些国际大都市。但这只是"硬件",如果看一看代表上海城市形象的雕塑与景观设计,或者是再看一看它的文化产业,也许就会发现上海和国际化大都市的真正差别所在。这与我们"重实用、轻审美"的城市发展思想观念是直接相关的。

上海提出艺术之城建设的目标是否过早、超前? 对此可以这样回答,在城市文明建设中存在着两种基本的思路,一是机械的进化论,即认为只有低层次的物质需要获得完全满足以后,才能提出"艺术与审美"等更高的发展目标,否则就会影响到人类基本生活需求的满足;二是系统的发展观,它把城市文明的三层面——物质文明、政治文明与精神文明看作是一个整体,从三者的科学、和谐与全面发展去理解它们的内在联系。从这一角度出发,在具备了一定的物质基础与制度保障后,就应不失时机地提出更高的发展目标,这不仅不会影响到城市经济社会的发展,相反,精神文明水平的提高还会极大地促进城市社会的和谐与科学发展。在某种意义上,前一种思路相当于"先污染,后治理"的发展模式,即尽可能地压缩人的审美与艺术需要,以便将有限的物力、人力更集中地投入经济建设中。但由于它在片面发展中严重破坏与污染了都市人的精神生态,所以是不足取的。一些西方城市,尽管其物质文明高度发达,但人们生活在其中却没有幸福感,在某种意义上,这是城市文明观念导致的恶果。城市文明的核心在于"礼"与"乐",如《乐记》所说:"乐者,天地之和也;礼者,天地之序也。和,故百物皆化;序,故群物皆别。"进一步说,"礼"的功能在于划定秩序,"乐"的目的在于生产和谐。没有"序"的人群是野蛮的、混乱的,而丧失"和"的社会则是僵化的、非人性的。西方城市的现代机制建设十分成功与完备,因为他们深深懂得,"若没有约束,我们将存在于霍布斯主义的丛林中,也就不可能有文明存在"。① 现代制度的完备是西方城市物质文明高度发达的直接原因,这也是需要中华民族认真学习的。但另一方面,"制度""规范"等却仅相当于"礼",如《礼记·乐记》说"礼胜则离",与它们的过度与片面发展相伴生的,则是大量的焦虑、压抑等异化力量,这不仅是人们在城市中感到不快乐、不自由的根源,同时也直接影响到西方城市文明的可持续发展。西方社会学家经常讲到的"城市危机",在这个意义上可理解为"重礼轻乐"的苦果。对于当代中国而言,在经过 20 世纪一百年残酷的军事政治斗争之后,中华民族已迎来实现伟大复兴的最佳时机。毫无疑问,这既不是物质文明单纯的辉煌,更不是通过回归自然与农村获得的精神解脱,而只能是在城市化背景下,通过城市文明建设为炎黄子孙重建一个全面发展的家园。其标志是在当代城市空间中"制礼作乐",使在现代化进程中崩溃的礼乐文化系统得以重建。但就现状而言,人们更多地看到"礼"的重要性,如有学者提出编修当代国礼,以使紊乱的人际与社会关系重新秩序化。但他们不知道比"礼"更高级的是"乐"。如果说,"制礼"的目的在于梳理因社会发展所带来的外部系统的混乱,那么只有"艺术与审美",才能使当代城市化进程中产生的压抑、焦虑与不适应得以稀释与融解,使在社会变迁中惶惶不可终日的都市人得到自由与快乐。在这个意义上,审美与艺术对于当代社会的稳定与和谐,显然比外在的规范与秩序更加重要。

对于上海而言,率先提出"艺术之城"的建设目标,不仅不超前,而且具有极强的可行性与现实意义。除了上海的物质文明发达、经济社会发展水平居于国内领先地位、有发展艺术与满足市民审美需要的实力之外,还与以上海为中心的

---

① [美]道格拉斯·C·诺斯:《经济史中的结构与变迁》,陈郁等译,上海三联书店 1980 年版,第 89 页。

长江三角洲区域文化传统有关。长江三角洲的主体即传统的江南地区,这一地区的文化传统是江南诗性文化。

首先,江南诗性文化与北方文化的根本差别即"审美"与"实用"的不同。以生活和艺术的关系为例,"在'先质而后文'的北方生活观念中,生活和艺术往往是完全对立的,甚至是尽量压低一切非实用的艺术性开支,以便能够使有限的生活资料获得更大的利用价值。与之相对,尽管江南人也懂得生活和艺术不同,但由于在他们心目中生活应该向艺术看齐,因而不是为了生活而牺牲艺术需要,而是如何尽量创造条件使生活艺术化,才是一个江南人更重要的人生理想和奋斗目标"。①

其次,在中国传统文化中,江南诗性文化具有最突出的现代性价值——"现代性的基本困境在于,在现代条件下获得充分发展的个体,如何才能解决'自我'与'他人'之间日益严重的分裂与对立。② 在中国文化传统中,除了审美功能比较发达的江南诗性文化之外,其他传统对个体基本上都是充满蔑视与敌意的。所以说,江南诗性文化最重要的现代性意义就在于,它最有可能成为启蒙、培育中国民族的个体性的传统人文资源。尽管它主要局限在情感机能方面,不够全面,但毕竟是来自中国文明肌体自身的东西,也是我们所能设想的最有可能避免抗体反应的文化基因。在这个严重物化、欲望化的消费时代中,如何守护与开放好这一沉潜的诗性人文资源,如何依据它提供的原理创造出一种诗化新文明,就是在江南重新发现中国诗性文化的根本目的"。③

如同审美与艺术是城市文明的最高本质一样,江南诗性文化也是中国人文精神的最高代表。江南诗性文化传统不仅为上海"艺术之城"的建设提供了丰富的文化资源,同时这也可以说明,为什么上海的群众性艺术活动、艺术展览及演出市场总是使中国其他城市难以望其项背。举一个例子,一项上海市民调查显示,"情调已成为和谐家庭新标准"——"'没有家庭危机'对于'家庭和谐'来说是远远不够的。调查显示,在对家庭生活的满意度上,44%的调查者对于家庭生活状况的和谐度表示说不清或者不满意。多数市民的反馈意见显示,在现代社会,加强情感交流、丰富家庭活动等营造家庭精致优雅的'摩登'元素正在悄悄改变

---

① 刘士林:《人文江南关键词》,上海音乐学院出版社 2003 年版,第 183 页。

② 波德莱尔 1865 年 12 月 23 日在给母亲的信中写道:"如果有朝一日我重新获得曾经几次有过的那种活力和精力,我将在几本惊世骇俗的书中宣泄我的怒火,我想唤起全人类与我作对。这会给我带来快乐,也会使我对一切感到释然。"(〔德〕本雅明:《巴黎,19 世纪的首都》,刘北成译,上海人民出版社 2006 年版,第 65 页。)

③ 刘士林:《在江南发现诗性文化》,《解放日报》,2004 - 10 - 17。

'家庭和谐'的标准和导向"。① 作为中国改革开放的排头兵,作为长江三角洲城市群的首位城市,上海城市文明建设理所应当地要有示范性与辐射性。在这个意义上,上海要建设的不应是一般性的"艺术之城",而应当定位在中国"艺术之都"这个更高的发展目标上,即它要成为中国城市文明发展的代表与象征。近年来,以建设国际化大都市为战略发展目标,上海提出了"四个中心"(国际经济中心、贸易中心、金融中心和航运中心)的发展定位,使其作为长江三角洲城市群首位城市的形象日益突出。但在某种意义上讲,"四个中心"都局限于城市发展的"硬实力"方面,几乎没有涉及城市发展的"软实力"。这表明我们在城市建设与发展的观念上仍然滞后,不利于上海乃至整个长三角城市群的良性与全面发展。由此可知,要让上海城市文明建设上一个新台阶、对整个区域经济社会发展发挥更大的辐射与带动作用,就可以考虑在"四个中心"之外再提出一个"艺术中心"的战略目标。

对于上海而言,提出"艺术之城"的发展目标,对其发展与城市文明建设具有重要意义。作为上海"七城"建设目标中缺失的一环,"艺术之城"在逻辑上与其他"七城"恰好构成了一个有机整体。城市社会发展本身是一个结构复杂、层面繁多、有着多种阶段性目标和子项目的系统工程,各个子系统具有的建设功能与承担的具体责任也不尽相同,只有整体中每一部分"各尽其能",才能实现城市本身科学与全面的发展。"艺术之城"建设的最终目的是提高市民的艺术素养,这是一种与科学素养、伦理修养等不同的主体素质,并从生命的深层直接影响了个体的心理、意识、思想、价值与行为。"艺术之城"与其他城市文明建设是相得益彰的。如艺术感化可以减少犯罪,使城市更加安全;艺术产业化可以提升经济社会总量,使一个城市更加富裕;艺术素养的提高可以使人的言行举止更加优雅,也可以使主体的生态意识更加自觉与自律等。正是因为这个原因,许多国际化大都市都很重视这方面的建设。如法国巴黎在 20 世纪 70 年代用 5 年时间,耗资 2 亿美元,兴建了蓬皮杜艺术与文化中心;美国的迪斯尼乐园占地达几十万亩;英国伦敦斥资 1.53 亿英镑、用 11 年的时间精心打造了巴尔比茨艺术中心。当然,西方"艺术之城"不只是投入大,其产出更加惊人。如维也纳的金色大厅、美国的好莱坞与百老汇、巴黎的时装展等,它们都给国家带来了巨大的经济收入。而艺术产业的发达,又进一步奠定了城市文明发展的物质基础。

---

① 《情调已成和谐家庭新标准　男性应承担更多家务劳动》,《上海青年报》,2006 - 02 - 26。

　　对于长江三角洲城市群而言,上海的目标应该是"艺术之都"。与中国珠江三角洲、京津冀城市群相比,从城市化水平、国际化程度、经济社会发展、文化教育事业等方面看,长三角地区最有希望建成"世界第六大城市群",不少专家与媒体已开始用"世界第六大城市群"来称呼长三角。但这个判断主要侧重于经济社会的"硬实力"。对艺术文化等"软实力"的忽视在整个长江三角洲城市文明建设中相当普遍。甚至可以说,在对审美与艺术的忽视上,长三角就是一个"放大了的上海"。与上海一样,长三角发展艺术文化的条件最好,如张家港市,近年来每月都有一两次高雅艺术展演活动,每年都组织系列公益性文化活动,如岁末年初的新春民俗文化节、春夏两季的社区文化艺术节、五月至十月的"周周演"广场文艺、群众文艺新节目调演、百场电影进社区,还组织有沿江县市社区文艺邀请展演、长江沿线九个省市参加的长江文化艺术展示周等。在经济发达、国内城市化水平最高的苏南地区,更是掀起了文化基础设施建设的热潮,苏州下属的四县市分别新建了图书馆、博物馆、美术馆和文化休闲广场,如江阴市天华文化中心的投资达 5 亿元。但由于缺乏艺术中心的辐射与带动作用,长三角的"艺术产业"蛋糕不仅无法做大,在运作中还存在着相当严重的问题,如演出市场的"以邻为壑"。一个世界级城市群本身是一个整体,各城市之间存在着良好的层级关系与功能定位,可以使这一区域的资源、市场、人力等方面配置合理、结构最优化。这不仅表现在经济生产上,在其他方面也是如此。而长三角的艺术演出市场则相反,上海交响乐团精心酝酿的一些音乐会,一般只在上海表演一两场,不仅造成了上海市场的"高票价",同时也将江、浙两地的观众拒之门外。而其他城市投巨资建设的艺术设施,也往往没有起到相应的作用。在这个意义上,以上海"艺术之都"建设为中心,可以推进长江三角洲城市群艺术文化建设的整体发展,这对于整合本区域的艺术文化资源、优化艺术产业结构、提高艺术生产力,以及在宏观上塑造长三角城市群的文化形象、提升其整体文明水平,推动长三角经济社会的科学、和谐与全面发展,具有十分重要的现实意义。

　　由于城市化速度快、水平高,长江三角洲城市群的"城市问题"也比其他地区更为严重,因而更需要加强艺术生产以保持自身的平衡。从某种意义上讲,人们也开始意识到这些问题。如上海提出,"上海市在推进物质文明和政治文明建设的同时,要更加自觉地推进文化建设,大力发展先进文化,使城市'形态'、文化'神态'、市民'心态'内外和谐;经济实力、城市活力、文化魅力刚柔相济,实现城市的全面、协调、可持续发展"。而上海周边的江苏、安徽、浙江等则相继提出"文化大省"的建设与发展目标。现在,最关键的是,一方面唤醒主体的"审美与艺术"意识,另一方面探索一套切实可行的现实运作机制,充分发挥"艺术之城"建设对上海、"艺术之都"建设对长三角城市群的引导与带动作用,使上海与长三角城市群摆脱其"经济发达,文化简单"的初级文明形态,对中国城市的全面发展起到某种重要的示范性作用。

在《批判哲学的批判》一书的结尾,李泽厚写道:"整个人类的漫长历史告诉我们,美的世界必将出现在我们这个伟大的星球之上,尽管将经过异常艰辛而长远的奋斗历程,这一天却终究是要到来的。"[①]在城市化进程不断加速的今天,也可以说,如果"这一天"一定会到来,那它一定是在全面发展的城市文明中,与更加辉煌的艺术与审美文化创造一同降临的。

---

① 李泽厚:《批判哲学的批判》,人民出版社 1984 年版,第 421 页。

| 第十七章 |
消费城市与文旅融合

习近平总书记指出,旅游集物质消费与精神享受于一体,旅游与文化密不可分。[①] 2019 年初,文化和旅游部部长雒树刚在全国文化和旅游厅局长会议上就文化和旅游融合发展提出具体要求,并将融合路径明确为"理念融合、职能融合、产业融合、市场融合、服务融合、交流融合"。在原文化部和原国家旅游局的机构改革完成后,长期以来困扰双方的行政壁垒已经破除,未来应如何推进文化和旅游融合发展,是一项非常重要的课题。

一、文旅融合：从产业问题到城市问题的转换

近年来,围绕切实增强消费对经济发展的基础性作用,不断满足人民日益增长的美好生活需要的主题,我国文化消费和旅游的融合发展持续加快,成绩显著,对外成为应对中美贸易摩擦、对内成为催生创造新需求的重要抓手。相关研究表明,我国文旅产业拥有 6 万亿元的大市场,并能撬动万亿级资金投入。同时,文化旅游消费不同于物质消费,不仅是发展经济、提高人民生活水平的重要产业,对培育弘扬社会主义核心价值观、传承优秀中华传统文化也具有重要作用。《完善促进消费体制机制实施方案(2018—2020 年)》指出,文化消费和旅游消费都是改善消费结构、提升消费水平的重点领域。2019 年 3 月,中央政府工作报告明确提出"发展壮大旅游业",为新时代和新形势下进一步推进文化和旅游融合发展创造了前所未有的战略机遇。

---

① 苏丹丹、于帆:《从新思想中寻策 做好文旅融合大文章:文化和旅游部认真贯彻落实习近平总书记关于文化和旅游工作重要论述精神》,《中国文化报》,2019 - 03 - 04。

但由于文化业和旅游业原本属于两个相对独立的产业,长期以来联系比较松散,互动互补不足,两个领域的运行发展规律、监督管理方式存在较大差异,在跨界融合上难免遇到各种问题和矛盾。应对和处理这些必然出现的问题和矛盾,最重要的基础工作是确立两者的发展序位和主次关系,类似"以文化消费为主,还是以旅游业为主"的说法只是对此工作的极简化表述,本质上是要求定位文化和旅游融合发展方向、目标,它除了直接和文化消费、旅游业相关,同时还要受到很多外部因素、条件、关系的影响,并非只研究"文化消费为主或旅游业为主"就可以解决。

在我们看来,对新时代文化和旅游融合开展定位研究,首先需要理清两个基本的前提:一是把文化旅游业作为一个新产业形态进行统筹谋划和协调推进,跳出"以文化消费为主,还是以旅游业为主"的部门和行业之争。片面强调文化消费有可能淡化经济效益,而片面强调旅游业则可能弱化社会效益,只有把两方面的要求统一起来,才能最大限度地实现我国推进文化旅游业融合发展的根本目的;二是明确文化和旅游融合发展是一个产业问题,也是一个城市问题。当今世界是城市世界,各种活动的城市化趋势进一步强化和突出,如果仅从"产业"的角度出发,就会把文化和旅游融合发展"降格"为一个"经济问题",并很容易陷入"就产业论产业"的怪圈。由此做出的各种研究、政策和体制机制设计,忽视了一个城市的空间、管理、社会和文化等要素的存在极其复杂交互作用,必然导致"头痛医头脚痛医脚"的结局。这也是过去一个时期我国的文化消费和旅游业尽管一直在积极融合,但融合发展质量始终不高的主要原因。

2015 年中央城市工作会议明确提出:城市是我国经济、政治、文化、社会等方面活动的中心,在党和国家工作全局中具有举足轻重的地位。城市是文化经济最活跃的空间,城市人口是文化旅游最重要的主体,就此而言,对于具有多元跨界性质的文化旅游业,特别需要采取我们所说的"城市的方式"去研究。这在本质上是一种"从城市的观念、理论、规律和框架出发,去认识、分析、研究和把握经济活动和过程的方法论"。[①] 由此出发,文化和旅游融合发展就不再只是一个产业理论和实践问题,而是拓展为一个与城市的环境、管理、社会、文化等密切相关的综合性的城市问题。把文化旅游融合发展作为推进新型城镇化建设的重要目标进行研究和设计,更加关注文化旅游业与其他关联领域和产业如城市规划、

---

① 刘士林:《用城市的方式思考经济问题》,《开发研究》,2017 年第 2 期。

产业规划、商业规划、金融、生活消费等的密切关系,不仅有助于促使其与城市的总体发展战略、规划、目标及相关部门、领域更好地衔接与合作,同时也是解决目前促进文化和旅游融合发展"视野不够开阔、手段办法不多"等普遍问题的重要思路。

思路决定出路。初步完成思路转换以后,在城市和区域发展层面上,文化和旅游融合发展不再是个别产业或行业的内部事务,其作用也不仅限于人们经常谈论的促进文化供给侧结构改革、培育经济发展新动能和市场新需求等,而是真正把这个黄金产业提升到一个先进的城市发展方式的高度。这不仅有助于文化旅游业深度融入国家新型城镇化和城市现代化战略布局,同时也重构了新时代文化和旅游融合发展的主体功能。具体说来:一是对政治建设具有重要作用,可以更好地解决文化旅游业的经济效益和社会效益的矛盾问题;二是对经济建设具有重要作用,通过文化和旅游消费升级带动消费经济发展,促进经济社会均衡发展;三是对社会建设具有重要作用,能够为服务于社会治理和国家治理能力现代化建设提供基本指引;四是对文化建设本身的作用,以文化旅游业为平台弘扬培育社会主义核心价值观,有助于促进中华优秀传统文化创造性转化和创新性发展;五是对生态文明建设具有重要推动作用,这既包括对自然景观和生态方面的保护,也包括对人文和精神生态方面的涵养。只有肩负起这些重要功能和使命,我国的文化旅游业才能真正发展为事关国计民生的大产业和大事业。

二、城市问题:从生产性城市到消费性城市的转型

在把文化和旅游融合发展从一个"产业问题"转化为"城市问题"之后,接下来要做的是要进一步界定和明确"这究竟是一个什么样的城市问题"。

之所以提出这个问题,主要基于两方面的考虑。首先,《关于2018年国民经济和社会发展计划执行情况与2019年国民经济和社会发展计划草案的报告》确定了2019年我国文化和旅游业发展的重点内容,其中如旅游岛建设、基础设施建设、冬奥会等都已超出了产业的范畴,并和城市规划、市政管理、环境保护、国家形象等紧密联系在一起。如果文化旅游业还像过去那样"各自为政""单兵作战",与规划、国土、环保、产业等城市规划、建设和管理部门缺乏充分的沟通联系,就不可能很好地完成预期任务和目标。其次,城市本身是一个超级复杂的系统,同时有着多种发展需求和目标,且在经济全球化的背景下也容易出现各种剧

烈震荡和变动。要使文化旅游业更加积极、有效地融入经济社会发展主战场,必须深入研究和精准把握当今城市发展的规律、问题和趋势,引导文化旅游业与城市总体规划、城市主导产业体系深度融合,这是"研究文旅产业,需要首先研究城市"的根源。

从"城市的方式"出发研究文化旅游业,在当今世界有两个变化最需要加以关注。

一是就城市化的背景而言,最需要关注的是人类社会发展"从生产向消费"的转型问题。一个完整的人类社会生产,主要由"生产"和"消费"两大环节构成。这两者既相互对立,也有着更深刻的依存关系。正如马克思指出:"生产直接是消费,消费直接是生产。每一方直接是它的对方。……生产中介着消费,它创造出消费的材料,没有生产,消费就没有对象。但是消费也中介着生产,因为正是消费替产品创造了主体,产品对这个主体才是产品。……没有消费,也就没有生产,因为没有消费,生产就没有目的"。[1] 这是"生产"和"消费"的理想关系。但从历史上看,"生产"和"消费"不均衡、不对等的矛盾一直存在,并出现有时"生产过剩"而有时"消费不足"等问题,这些问题也会导致整个社会生产有时侧重"生产端",有时又侧重"消费端"。就当今世界而言,工业社会巨大的生产能力,导致了弗洛姆所说的"一个幽灵正在我们中间徘徊……致力于最大规模的物质生产与消费"。[2] 直接带动了整个社会生产过程从"生产"向"消费"形态的倾斜与转型。这是包括文化旅游业在内的非农、非工的"第三产业"迅速崛起并走向人类社会舞台中心的根源。

就城市自身的演化而言,最需要关注的是"从生产性城市到消费性城市"的转型问题。由"生产"和"消费"构成的社会生产集聚到城市空间,会直接导致城市功能变化并相应形成"生产性城市"和"消费性城市"两种类型。

从理论渊源上讲,"生产性城市"一般可追溯到霍华德的"田园城市"和柯布西耶的"垂直田园城市",前者提出每一座城市都应提供 5/6 的土地生产粮食,以实现粮食自给。后者也认为现代城市应与农业相结合,不应该把城市空间都交给工业生产。英国学者安德烈·维尤恩甚至认为:都市农业应贯穿整个城市,粮食和生产空间是城市中必不可少的一部分,应提升生产性农业景观在经济、社

---

① 中共中央马克思恩格斯列宁斯大林著作编译局编:《马克思恩格斯选集》(第 2 卷),人民出版社 1995 年版,第 9 页。

② 黄颂杰编:《弗洛姆著作精选》,上海人民出版社 1989 年版,第 477 页。

会和环境等方面的价值。^① 国内学者循此思路也认为："生产性城市是一个以绿色生产为主要特色，有机整合的多层次城镇体系；在每个层次的最小范围内，可最大限度地实现自给自足，主动地实现城市的可持续发展。"^②由此可以把"生产性城市"理解为"自己解决主要生活需求的城市"。进一步说，这种城市类型应有两个来源，一是以上学者比较重视的和传统农业文明的关系，因此不同程度地带有反思和批判"工业城市"的色彩和意图。

二是大家关注比较少的与"政治型城市化"的关系。"新中国前 30 年，政治型城市化是主导模式。这是一种以政治理念和意识形态需要为中心、一切服从于国家政治需要与政治利益、带有浓郁'逆城市化'特点的城市化模式"。其主要问题是"'政治'压抑了'经济'，导致了城市人口减少、生产凋敝、城乡分化加剧、人民物质和精神生活普遍窘迫与贫困。……这一特色集中体现为'计划经济'和'户籍制度'，城市人口增长和城市经济发展，均非出于城市化的基本规律和内在需要"。^③ 在"生产性城市"中，社会生产的"消费端"和"城市特有的消费功能"均受到不同程度的限制和压抑，这也是在过去很长一段时期内，我国文化旅游业没有出现规模化发展空间和现实需求的根源。

需要补充的是，不应当对"从生产端转向消费端"和"生产性城市转向消费性城市"作机械的形而上学的理解。按照马克思政治经济学基本原理，"生产"和"消费"是一种相互依存关系，既不存在彻底脱离"生产"的"消费"，也不存在完全与"消费"无关的"生产"。未来学家阿尔温·托夫勒对此也有深入的探讨，在他看来，在农业文明（第一次浪潮）中，人类的生产和消费基本上是一体化的；在工业文明（第二次浪潮）中，"生产"和"消费"分裂并对立起来；在后工业社会（第三次浪潮）中，"生产"和"消费"将会重新融合在一起，"消费者将更紧密地卷入生产过程之中""生产者与消费者传统的区别消失"，他还认为这些变化具有"改变经济冲突的基础"^④的重要意义。

由上述可知，研究和探讨文化和旅游融合发展，最需要关注的是后工业时代"从生产端转向消费端"和当今城市从"生产性城市转向消费性城市"的时空转

---

① Viljoen. A，Bohn. K. CPULs Continuous Productive Urban Landscape：Designing Urban Agriculture for Sustainable Cities. *Oxford：Architectural Press*，2005：109 – 125.

② 张玉坤、郑婕：《"新精神"的召唤：当代城市与建筑的世纪转型》，《建筑学报》，2016 年第 10 期。

③ 刘士林：《新型城镇化与中国城市发展模式的文化转型》，《学术月刊》，2014 年第 7 期。

④ ［美］阿尔温·托夫勒：《第三次浪潮》，朱志焱等译，生活·读书·新知三联书店 1983 年版，第 375、379、381 页。

换。只有深入研究这两方面大转变的规律和需要，才能真正激活文化旅游业的内生动力和比较优势，这不仅是因为只有符合规律才能少走弯路，同时这也是做出更好的战略布局和制度安排的理论基础。

三、以消费城市为中心引领文化旅游业融合发展

2018 年，我国消费运行出现了一定的波动，全国社会消费品零售总额同比增长 9%，增速同比回落了 1.2 个百分点。[①] 2019 年，预计我国外部环境更加复杂，经济下行压力依然很大，为此中央经济工作会议提出提升产品质量、改善消费环境、增强消费能力，促进形成强大的国内市场。同时，国家发展改革委、文化和旅游部等相继出台系列政策文件，加快转型升级，提升供给质量和水平，努力开创老百姓想消费、愿消费、有能力消费的新局面。其中，文化旅游业作为"满足人民群众日益增长的美好生活需要"的重要产业，要避免各种无效投资和低效建设。要实现自身的高质量发展，必须摆脱"就文化论文化"和"就旅游业论旅游业"的惯性思维定式，同时深入研究国民经济"消费升级"和文化领域"文化消费升级"的互动共生机制，实现文化旅游业与城市建设的深度融合和协同发展。

在顶层设计上看，目前最需要做好文化旅游业与国家相关消费城市的政策、规划、战略的衔接，以便借力发展，形成强大合力。就当下而言，最需要关注的"消费城市"规划主要有两个，一是文化和旅游部、财政部实施两年多的"国家文化消费试点城市"，二是商务部正在启动创建的"国际消费中心城市"。2016 年 6 月和 2017 年 2 月，原文化部先后公布了第一批第一次、第二次国家文化消费试点城市名单，全国范围内共有 45 个城市成为试点单位。2019 年 1 月，商务部表示将"开展国际消费中心城市建设试点"，随后的政府工作报告则明确提出："实施消费升级行动计划，推进消费平台转型升级，壮大限额以上商贸企业，创建国际消费中心城市。""国家文化消费试点城市"和"国际消费中心城市"是目前在国家部委层面上提出的两个有中国特色的消费城市发展规划。

布局和建设有中国特色的消费城市，与消费在我国经济发展中的基础性地位、在推动经济转型升级中的重要作用，以及在保障和改善民生、满足人民群众

---

① 《国家发改委就介绍〈进一步优化供给推动消费平稳增长　促进形成强大国内市场的实施方案（2019年）〉有关情况举行发布会》，中国网，2019 - 01 - 29。

日益增长的美好生活需要的重要意义密切相关,同时这也是我国应对外部复杂严峻环境及不确定性,优化生产和消费等国民经济重大比例关系,构建符合我国长远战略利益的经济发展方式,促进经济平稳健康发展的重大战略手段。就"国际消费中心城市"而言,在商务部提出之前,就已有武汉、重庆和南京等纷纷"实施消费升级行动计划"并积极布局"国际消费中心城市"建设。就"国家文化消费试点城市"而言,"截至 2018 年 6 月,全国 45 个文化消费试点城市,共有 4 亿人次参与了试点工作,享受到了相应优惠,累计拉动文化消费约 1 100 亿元"。[①] 后者除了可观的经济效益和社会效益,同时也为我国经济从工业制造业转向文化服务业、我国城市从生产型城市转向消费性城市,以及促进物质消费走向更高层级的文化消费做出了多方有益的尝试。

在某种意义上,消费城市可以看作是结合我国国情和发展需要提出的新概念,特别契合新时代"更好满足人民美好生活需要,更好推动人的全面发展"的总体要求,既直接呼应了我国"优化供给推动消费平稳增长,促进形成强大国内市场"的经济布局,也是对我国新型城镇化规划提出的"绿色城市、智慧城市、创新城市、人文城市、紧凑城市"等新型城市的丰富和发展,必将成为我国新型城镇化建设的一个战略要地,同时也为与消费城市关系最为密切的文化旅游业发展带来空前的发展机遇。

由于消费城市的内在机制相对更加复杂,文化和旅游的融合发展还在探索过程中,在理论研究、政策机制和战略规划等方面均没有比较成熟、相对系统的基础和参照,对此提出如下建议:

首先,尽快开展有中国特色的文化消费城市理论研究,把这个新城市概念的内涵、性质、主要问题、基本框架、现状与趋势、规律和机制,消费城市与绿色城市、智慧城市、创新城市、人文城市、紧凑城市的关系原理及消费城市在我国新型城镇化总体框架中的功能和地位研究清楚,为开展下一步的工作提供理论指导和支持。同时,在深入研究文化和旅游融合发展的原理与机制、问题与矛盾等基础上,进一步拓展到文化旅游业与消费城市相互关系及作用机制的研究,促进前者更好、更快地融入城市发展的大格局中,在推动城市高质量发展和提升城镇化建设质量中更好地促进文化和旅游融合发展。

---

①　中国传媒大学课题组:《文化惠民让百姓共享文化"盛宴":来自文化消费试点城市居民的文化消费调查》,《光明日报》,2019 - 02 - 15。

其次，要积极借鉴国家文化消费试点城市的经验和模式。《关于完善促进消费体制机制　进一步激发居民消费潜力的若干意见》明确提出"总结推广引导城乡居民扩大文化消费试点工作经验和有效模式"。从试点城市的总体情况看，目前主要存在三方面的共性问题：一是把"文化消费"等同于群众文化艺术素质提升，忽略了"带动旅游、住宿、餐饮、交通、电子商务等相关领域消费"。二是把"文化消费试点城市创建"混同于"公共文化服务示范区建设"，在运用市场手段、以企业为主体等方面办法不多。三是把"扩大文化消费"理解为"做强文化产业"，忘记了重在培育居民文化消费习惯及从"需求端"入手促进文化产业调结构的目标。以上这些问题，预计在"国际消费中心城市"创建中会不同程度地存在，积极借鉴已有的经验和教训，有助于提高"国际消费中心城市"的发展起点并取得事半功倍的效果。

最后，及早动手研究两类国家消费城市的融合发展机制。创建"国家文化消费试点城市"和"国际消费中心城市"，是目前在国家部委层面推出的两大消费城市战略，前者主要涉及满足人民日益增长的文化生活需要，同时对相关领域行业发展起到积极促进作用。后者重在落实增强消费对经济发展的基础性作用，同时也包含着文化消费的相关内容。前者主要侧重于国内，后者则以国际为重点。虽然有各自的领域和侧重，但在肩负增强消费对国民经济的基础作用、落实我国"稳消费扩消费"的战略意图上却是高度一致的。深入研究和促进两类试点建立良性互动的协调协作关系，不仅有助于整体上做大我国消费经济规模和提升质量，有益于提升国家消费城市政策和战略的效能，同时也可以为文化和旅游融合发展创造更多的机会和更广阔的空间。

|第十八章|
文化产业与城市战略

城市化是推动当今世界发展的主要机制与力量,而文化产业则是城市先进生产力的典型代表。中国城市近年来纷纷提出各种发展文化产业的战略规划和目标,将进一步密切中国当代城市与文化产业系统的内在联系,并使文化产业成为实现城市可持续发展中的主干路径之一。

一、只有科学发展,才能实现"加快发展"

党的十七届六中全会提出"加快发展文化产业,推动文化产业成为国民经济支柱性产业",党的十八大报告进一步强调要"推动文化事业全面繁荣、文化产业快速发展",这不仅有着重要的现实意义,同时也是一个重要的理论问题。

在经济全球化的背景下,文化产业的发展不仅是"逆水行舟,不进则退",甚至可以说"发展慢了也等于后退",因而加快发展是绝对必要的。但同时还需要对"加快"的内涵进行理性的分析和阐释。所谓"加快"绝不是要搞文化产业的"大跃进",关键在于根据文化产业自身的规律和特点,制定正确的文化产业战略并选择切实可行的发展路径,以尽快消除和解决目前影响文化产业发展的主要障碍与问题。因为只有科学发展,才能实现"加快发展"。

很多教训告诉我们,那些盲目的、片面的、急功近利的"揠苗助长"或"大跃进",不仅无助于文化产业实现又好又快的发展,相反还会在空间布局、业态结构、可持续发展等方面产生更多的问题。而如何制定正确的发展战略并选择切实可行的发展路径,首先需要深入研究中国文化产业发展的真实背景,找到并解决影响其发展的主要矛盾或问题,唯此才能真正实现加快我国文化产业发展的目的。

在这个意义上,当下对我国文化产业发展影响最大的,正是席卷全球、并在中国表现尤其突出的城市化进程。只有结合城市化这个具有全球意义的重大时代背景去认识、思考与判断,才能为中国文化产业在实践中少走弯路提供科学的理论基础。

二、文化产业发展不可能超然于"城市"之外

关于我国文化产业发展与城市化的关系,可以从以下三个方面加以深入了解和把握。

首先,在经济全球化的背景下,任何发展都不能"就事论事",而必须与当今世界发展的深层规律与总体趋势紧密结合起来。在当下,最能反映人类历史进程和具有全局视野的时代背景无疑是席卷全球的城市化进程。尽管城市出现很早,"物质劳动和精神劳动的最大一次社会分工,就是城市和乡村的分离"。[①] 但直到工业革命,城市对人类社会的影响并不是很大,因为"直到近代城市化时期以前,城市还仅只包含了人类很小的一部分"。[②] 城市在人类社会发展中成为具有支配性的力量,只是近 200 多年来发生的事情。

这与城市人口在现代文明进程中的迅速增长直接相关。有关研究表明,1800 年世界城市人口占全球人口的比例为 1%,1900 年为 13.6%,1950 年为28.4%,1980 年为 40.9%,1998 年为 47%。有数据表明,截至 2008 年底,世界城市人口已达到 34 亿人,超过全球总人口的一半,同时,这也是城市人口在人类历史上第一次超过农村。城市人口的大规模增长,不仅使城市本身一直处于超负荷的运转之中,同时也使广大的农业地区出现了"空心化"现象,因此可以说,城市化是导致当今世界发生全方位和深层次变化的根源。另一方面,城市化进程在当今世界不仅难以阻止和抗拒,相反无论在范围还是在程度上正呈现出不断加速与不可干预的态势。据联合国 2001 年对 190 个国家和地区的一项调查,许多国家对高速发展的城市化深感忧虑,其中 110 个国家和地区为了减缓或改变这一加速趋势,还采取了相应的政策和行动,但实际作用却微乎其微。城市化进程使人类生存与发展在总体上越来越依赖于城市的政治组织、经济结构、社会形

---

① 中共中央马克思恩格斯列宁斯大林著作编译局编:《马克思恩格斯选集》(第 1 卷),人民出版社 1972 年版,第 56 页。

② [美]刘易斯·芒福德:《城市发展史》,宋俊岭、倪文彦译,中国建筑工业出版社 2005 年版,第 31 页。

态与文化机制,文化产业的发展自然也不可能超然其外。

其次,在世界城市化的大背景下,中国的城市化进程正呈现出前所未有的复杂性和重要性。与西方发达国家相比,发展中国家的城市化进程一开始就面临着巨大的压力。有关研究曾做出预测,从 1970 年至 2020 年这五十年间,全球城市人口将会增长 20.6 亿人,其中 92.9%的新增城市人口将出现在发展中国家与地区。由于经济社会发展落后、城市基础设施与管理服务体系不健全等原因,城市化对发展中国家与地区所造成的压力与带来的挑战是异常沉重和严峻的。对于农业人口规模巨大的中国更是如此。

中国城市化的总体特点是起点低、发展快以及未来压力依然很大。1949年,中国城市化率仅为 10.6%。而当时世界的平均值已达到 29%。直到 1978年,中国的城市化率仍低于 18%,而美国早在 1960 年就高达 72%。这其中的差距是不言而喻的。改革开放以来,中国城市化进程出现超常规的发展态势。与西方发达国家相比,中国城市化进程达到了惊人的速度,从 20%到 40%的城市化率,英国用了 120 年时间,美国用了 80 年,而改革开放的中国仅用了22 年。而根据国家统计局网站消息,2011 年末,我国城镇人口达到 69 079 万人,占全国总人口的 51.27%,这意味着,我们这个传统的农业大国初步完成了自身的城市化,一个与传统、甚至是改革开放初期有很大不同的"城市中国"已经诞生。[①] 在这个意义上,无论是当代社会面临的重大问题与主要矛盾,还是获得的重大战略机遇和新的发展空间,可以说都是由快速的城市化进程而引发和赐予的。[②]

城市化是人类发展的主流和大趋势,中国城市迅速发展固然可喜。但这并不意味着中国城市化的问题和压力已开始减少和减缓。关于中国未来的城市化,国家住房和城乡建设部明确指出将持续 30 年到 35 年。由此可知,直到2050 年,这个《中国可持续发展总纲(国家卷)》提出的"全面达到世界中等发达国家的综合发展水平,国家综合实力进入世界前 3 名的行列,总体现代化水平进入世界前 10 名"的重要时间节点之前,中国城市仍将处于高速和超常规的发展中。也正是由于这个原因,中国的城市化越来越受到全球的重视。

早在 2000 年 7 月,诺贝尔经济学奖获得者斯蒂格利茨就表示:"中国的城市

---

① 张杰:《自觉开启和担当中华民族的"城市启蒙"》选自《中国城市科学》(第 3 辑),上海交通大学出版社 2012 年版。

② 刘士林:《城市化潮流的检讨与都市人的生活世界》,《河南大学学报》,2008 年第 4 期。

化与美国的高科技发展将是深刻影响 21 世纪人类发展的两大课题。"特别是近几年来,城市化已成为党和政府高度关注的重大问题之一。这既包括作为城市化进程低端形态的"城镇化",也包括作为城市化进程高端形态、以"国际化大都市"与"世界级城市群"为中心的"都市化"。

就前者而言,2007 年 6 月 25 日,时任胡锦涛在中央党校发表重要讲话,首次将"城镇化"与"工业化、信息化、市场化、国际化"并称为中国在全面参与经济全球化时所面临的新课题与新矛盾。在党的十七大报告中,它们又被称作是需要"全面认识"的"新形势新任务"及需要"深刻把握"的"新课题新矛盾"。2010年 6 月 24 日,时任副总理李克强在上海会见市委书记市长"城市化与城市现代化"专题培训班全体学员,同样强调了要深刻认识城镇化在现代化建设全局中的战略意义。

就后者而言,2005 年,《中央关于制定十一五规划的建议》首次提出:"以特大城市和大城市为龙头,通过统筹规划,形成若干用地少、就业多、要素集聚能力强、人口合理分布的新城市群",并要求已形成一定规模的珠江三角洲、长江三角洲、京津冀地区,"继续发挥对内地经济发展的带动和辐射作用,加强区内城市的分工协作和优势互补,增强城市群的整体竞争力"。这是对国务院 1989 年制定的"三句话方针"——"严格控制大城市规模,合理发展中等城市,积极发展小城市"——的重要突破与创新,表明在国际联系日益紧密及经济全球化背景下,中国城市化进程很快开启了作为自身更高发展程序的都市化进程。截至 2010 年8 月,长三角城市群、珠三角城市群分别上升为国家战略,而京津冀城市群的战略规划也已上报待批。

在某种意义上,这也充分展示了中国城市化进程的不平衡和复杂性。对于我国文化产业发展而言,只有充分意识到中国城市化进程的复杂性与重要性,认真研究"城镇化"与"都市化"对文化产业提出的新的时代要求与不同的层级分工,并主动纳入具有全局性的中国城市化发展战略,才能获得广阔的战略空间并有效地提升自身的发展质量。

最后,在后工业社会或消费文明时代,文化产业本身已成为当代城市的核心机能和重要存在方式之一。这可以从三方面加以阐释。

第一,文化产业在本质上是一种典型的当代城市产业形式。与直接和大自然发生"物质变换"的农业劳动不同,文化产业本质上是以文化符号为中介,以审美机能与想象力为内在机制,以精神享受与文化消费为客观需要的高级生命活动,正如亚里士多德说人们"为了活得更好,居留于城市",任何具有文化产业性质的生产活动无不与城市有着密切的关系。与以矿山开采、冶炼、纺织等传统工业制造业为主体的现代城市相比,以高新技术产业、金融资本运营、信息产业、文化产业等为基本标志的后现代工业与商业,构成了后工业城市在物质生产与经济发展方面的主导性机制。在这个意义上可以说,文化产业与当代高度发达的大都市与城市群的关系更加密切。

第二,城市化进程与文化产业发展具有高度的同步性。城市化水平越高,文化产业就越发达。以全球为例,如美国创意产业中心纽约,截至 2002 年,纽约市创意产业部门就业总人数约为 30.9 万,约占纽约下属五个行政区总就业人口的 8.1% 以上。此外,纽约出版业占了全美的 70%,还有世界顶级的博物馆和百老汇。如英国创意之都伦敦,其创意产业的艺术基础设施占全国的 40%,同时,英国三分之一以上的设计机构都设于伦敦,其产值占设计产业总产值的 50% 以上。此外,伦敦还拥有全英国 85% 以上的时尚设计师、36% 的出版产业产值,以及电影产业中三分之二以上的全职工作,并包揽了全国 73% 的电影后期制作活动。再以"动漫王国"日本为例,动漫不仅是现代日本文化的重要组成部分,也是日本经济的重要支柱产业之一。广义的动漫产业产出已超过汽车工业,占日本 GDP 的 10% 以上。而东京是日本动漫产业最集中的地区。目前日本动画制作公司有 700 家左右,其中 80% 集中在东京。以中国为例,城市化水平较高的东部,也是文化产业最发达的地带。截至 2007 年,广东、北京、上海、浙江、江苏、山东六省市的文化产业资产拥有量均超过 1 000 亿元,占全国文化产业总资本的 66%。正是由于城市化水平越高,城市集聚的人口与财富越多,其对文化消费的需求也同样水涨船高,因而在城市发展与文化产业之间,容易形成良性的循环。

第三,从国家和地区的可持续发展看,在全球人口爆炸、能源危机、生态环境急剧恶化的当下,城市文化产业对于转变城市经济结构与经济发展方式,产生了重大的引领与示范作用,并初步展示了其未来巨大的发展潜力。城市文化产业是增强城市综合实力与提升竞争力最重要的板块与最核心的结构。这在很大程度上影响了城市发展的理想与战略,如伦敦市政府提出建设"世界卓越的创意和文化中心",曼彻斯特提出建设"创意之都",巴塞罗那实施"文化—知识城市战略"等,表明"文化产业"已成为西方城市正在打出的"下一张牌"。与之相呼应,以"城市文化产业"为中心加快我国文化产业的发展,既有助于找到加快发展我国文化产业的战略性目标,同时也是对当今世界城市化大趋势与中国城市化战略的直接与深度对话。

三、加快中国文化产业发展的战略与路径

在城市化背景下研究加快中国文化产业发展的战略与路径问题,必须与中国城市发展及中国城市化的整体战略紧密结合起来,其中有两个需要重点研究和突破的方面。

第一,开展文化产业城市化战略的基础理论与总体框架研究。以文化产业发展与城市化进程的深层关联为逻辑起点,以我国城市化进程与文化产业发展相互脱节等一系列现实问题为经验背景,以转变经济发展方式、大力发展现代服务业和社会建设为战略要点,重点探讨和解决文化产业发展与城市化进程的内在相关原理及两者如何协调发展的机制建构问题。

在"城市化"和"文化产业"之间存在着"一荣俱荣,一损俱损"的共生关系。一方面,发达的城市可以为文化产业发展提供丰富的文化资源、众多的消费主体、繁荣的文化市场和良好的公共文化设施。而在此基础上快速增长的文化产业,又有助于增强城市经济活力、延续城市的精神文脉,增加城市的文化资本、提升城市人气指数等;另一方面,城市化水平越低,城市人口和财富的积累就相对薄弱,对文化消费的需要也相应减少,这就从根本上制约了文化产业的扩大再生产。而文化产业的落后反过来也会制约城市化进程。

我国目前的情况正是如此,由于城市化水平不高,重视产业经济而轻视文化产业一直是我国城市的通病,或者是按照产业经济的模式去发展文化产业,这在很大程度上制约了我国文化产业的发展。与之相应,落后的文化产业不仅会限制城市文化消费水平的提高,而且也很难长久地占领其在国内已有的市场,因而,落后的文化产业非但不能对城市发展做出其应有的贡献,还在更深的层面上损害着城市的综合竞争力,同时也不利于中国城市化进程的良性推进。在这个意义上,提出文化产业的城市化战略,有助于改变目前两者之间已形成的"恶性循环",使我国文化产业与城市化在互动和共生中走向更高层次的和谐发展。

从中国当下的国情看,在"文化产业"与"城市化"之间,正在出现和形成积极呼应和相互融合的趋势。在文化产业方面,在城市空间的集聚规模越来越大,文化产业对城市经济的贡献越来越大,这不仅表现在各种文化产业园区在城市四

处开花,同时也表现在一些城市开始将其发展目标从经济中心转向"文化城市""创意城市""设计之都"等。在城市化方面,则是在经历了新中国成立以来,特别是改革开放以来的曲折探索之后,中国城市发展的主题也相应地发生了重大的变化。

具体说来,与中国 20 世纪中前期以政体转型与建构为中心的近代化主题、20 世纪后期以经济改革开放为中心的现代化主题以及 21 世纪初开启的以可持续发展为中心的后工业化主题相对应,中国城市分别经历了政治城市(1949～1978)、经济城市(1978～2005)与文化城市(2005 年以来,以"宜居指数""文化城市""幸福指数"等为标志)三种模式。文化城市本质上是一种不同于"政治城市""经济城市"的新发展模式,其核心是一种以文化资源为客观生产对象,以审美机能为主体劳动条件,以文化创意、艺术设计、景观创造等为中介与过程,以适合人的审美生存与全面发展的社会空间为目标的城市理念与形态。[①]

在文化城市的建设中,文化产业作为城市先进生产力的代表和最活跃的生产要素,对中国当下的"文化型城市化"进程具有战略支撑体系的重要作用。在这一进程中,作为单体形式的"文化产业城市"和作为复合形式的"文化产业城市群",不仅可以为文化产业发展提供良好生态环境与空间,同时也代表着可持续发展城市的先进方向与理想。以城市文化产业为中心,不仅可以解决我国文化产业在政策、管理、机制等方面存在的问题,有效提升中国城市文化资源与文化产业的贡献率,同时,对于缓解人与资源、环境的矛盾,走出现代城市发展陷入的困境和转变中国城市发展方式,也具有重要的引领与示范性意义。

第二,加快我国文化产业发展的理论构架与新增长极研究。在我国当下的文化产业研究中,一个普遍存在的问题是"就文化产业论文化产业",其结果是对文化产业的"内部研究"比较充分,而对与文化产业发展有重要关联的领域与问题很少,这与文化产业在经济全球化背景下在总体上呈现出的"超级复杂进程"是不相符合的。在某种意义上,这与文化产业研究未能找到其真实的生存背景和未来的发展趋势有密切的关系。从我们提出的城市化进程语境看,文化产业在现实中绝不是"单骑"或"偏师",它的存在与发展不仅基于一定的城市环境与城市发展水平,也与城市中其他的诸多层面有着密切的依存关系。在理论构架

---

① 盛蓉、孔铎:《在全球传播视野中关注世界都市文化》选自《中国城市科学》(第 3 辑),上海交通大学出版社 2012 年版。

的意义上，与文化产业密切相关的主要是城市的文化政策、文化资源、文化产业积淀和文化推广能力。

具体阐述如下：从"生产关系"上看，文化政策是文化产业发展的生命线，并在很大程度上决定着某种文化产业前途；从"生产对象"上看，文化资源是文化产业发展最直接的"物质条件"，能否很好地利用这些资源决定着某种文化产业成本的高低和利润的多寡；从"生产力发展"的角度看，文化产业固有的积淀与业态结构是其扩大再生产或创新发展最重要的历史条件和现实背景，而如何在已有的积累与基础上推动文化产业转型与培育创新能力，在竞争激烈的当今世界已成为决定某种文化产业兴亡的关键所在；从"生产"与"消费"的关系看，正如马克思指出："生产直接是消费，消费直接是生产。……生产中介着消费，它创造出消费的材料，没有生产，消费就没有对象。但是消费也中介着生产，因为正是消费替产品创造了主体，产品对这个主体才是产品。……没有消费，也就没有生产，因为没有消费，生产就没有目的"。① 通过这一原理，可知"消费"对文化产业的良性循环具有十分重要的意义。

在经济全球化和消费社会背景下，覆盖全球的文化市场已经形成并始终处于激烈的竞争中，这是承担着文化产品和文化服务进入"消费"环节的文化推广成为文化产业链中最重要的环节之一。由此可知，文化政策、文化资源、文化产业和文化推广实际上构成了当代文化产业发展模式的四要素，无论哪个环节被忽视或出问题都会在整体上影响文化产业的发展。就现状而言，尽管有关文化政策、文化资源、文化产业转型、文化推广的论述并不算少，在一些方面也有深入的研究，但把它们作为一个整体以及对彼此的联动研究却不多见。以文化产业的城市化战略为中心，以文化政策、文化资源、文化产业转型、文化推广四要素为支点，建构符合我国文化产业发展的系统性原理，既可理顺文化产业的内在关系以及实现优势资源整合，也有助于实现我国文化产业在整体上做大做强的长远目标。

在全球金融危机中，文化产业"逆势上扬"的突出表现，在给自身带来更大发展空间的同时，也进一步加剧了文化产业的对抗与竞争。因而在加快我国文化产业的发展中，培育和寻找文化产业的新增长极十分重要。在当下，人们对新增

---

① 中共中央马克思恩格斯列宁斯大林著作编译局编：《马克思恩格斯选集》（第 2 卷），人民出版社 1995 年版，第 9 页。

长极的理解一般局限在科学技术的范围内,主要关注的是网络服务、电脑动画、数字游戏、移动内容、数字出版、数字电视等科技型内容产业,因其一般都与高新技术的研发和广泛应用直接相关。但从深层看,在城市化进程中迅速膨胀的城市社会,才是这些科技型内容产业最重要的母体与"文化推广"空间。因而,这些以科技创新为基础的新增长极的前景,仍需被纳入城市化战略的整体框架中才能获得科学的考量与定位。此外,还有一大批以文化服务为主要功能的新型文化产业,如会展业、旅游业、远程服务、顾问咨询行业,还有主题公园、大型度假村、各类综合娱乐城等新业态,不仅直接孕育于当下快速的城市化进程,同时它们以后的命运也与城市发展息息相关。总之,尽管这些新兴产业与经济全球化、知识经济、信息技术关系密切,但无可否认的是,正是以城市化为背景、以城市为母体,它们才构成了一个具有亲缘关系的新型城市文化产业群。相关的数据统计表明,这些新型文化产业既有惊人的经济效益,也有重大的社会与文化影响,因而在文化产业发展中具有重要的战略意义。

作为当下文化产业界的新宠,尽管这些新兴文化产业颇受青睐,但深入的和系统的研究比较缺乏。我们认为,应以近年兴起的主要文化产业业态为对象,分别进行文化政策问题与管理体制、文化资源状况与发展路径、文化产业升级与战略要点以及文化传播方式与推广战略等方面的研究。其中,重点是揭示城市化进程与新兴文化产业发展的内在关系,深入研究城市发展与新兴文化产业发展的关联性,以及对城市文化产业群的成长规律与传播特性进行综合研究,得出符合城市化进程与文化产业发展规律的新兴城市文化产业群发展战略,以推动这些新兴文化产业从零散的、不自觉的文化产业活动,逐步发展为自觉的、在城市文化产业体系中具有战略支撑地位的新型城市文化产业集群。

总之,以文化产业的城市化战略与路径为中心,为中国文化产业抢占战略制高点提供理论与战略资源储备,可以保障在未来的激烈的全球竞争中做到"不打无准备之仗",并最终实现我国文化产业与城市化进程的良性循环和科学发展。

|第十九章|
文创功能区引领城市发展

"文创功能区"的概念提出和现实实践,不仅有助于改变和扭转"文化产业与城市发展的疏离现象",同时也客观揭示了作为都市先进生产力的文化产业与当代城市化从"政治城市"和"经济城市"走向"人文城市"的历史必由之路。

一、关于我国"文创功能区"的现状与发展趋势

我国的"文创功能区"是个新概念,最先在 2012 年的第七届文博会上被提出。和我国文化产业中的很多概念一样,这个概念同样属于"黄昏起飞的猫头鹰",是基于实践进程并对实践本身加以总结的结果。当时,北京朝阳区将"CBD—定福庄国际传媒产业走廊"定义为"文化创意产业功能区",并声称已形成内容原创、生产复制、投资交易和人才培养的完整链条,具备自我滚动发展的内在动能,可推动城市的发展转型。[①] 这是我们在国内见到的较早将文创产业和城市规划建设结合起来的探索。

但由于文化产业和城市规划之间缺乏密切的联系,所以对这个问题的深入研究并不多见,在概念上也不统一,除了"文创功能区",还有"文化创意产业区""文化创意产业园""文化创意聚集区"等称谓。相对而言,目前使用比较多的还是"文化产业园区"。从总体上看,我国文化产业园区主要有以下两个特点:首一,行业类别涉及面广,主要文化产业行业基本上都有各自的产业园区类型;其二,行业类别分布不均,除综合性园区(占 20%)外,排名前四位的分别是当代艺术/设计产业园区(28%),新媒体科技园(12%),动漫、卡通产业园(12%),历史

---

① 李洋:《北京文创园区 1.0 版升级为 5.0》,《北京日报》,2015 - 10 - 29。

遗产观光类产业园(8%),这四类园区数量占园区总数的60%,其余约11种行业类型的园区数量占园区总数的约20%,其中演出与翻译咨询行业的园区比重最小,只占1%,表明其处在发展的初级阶段。[①] 从发展进程看,"文创功能区"更强调文化产业园区的"城市综合功能",因而可以看作是更重视"产业集聚功能"的文化产业园区的"升级版"。

就当下而言,"文创功能区"仍处在"实践在前,理论在后"的阶段。2014年4月23日,北京市编制完成了全国首个省级文创产业空间布局规划《北京市文化创意产业功能区建设规划(2014年至2020年)》,明确提出全市文创产业错位发展的空间格局,到2020年,北京市将在平原地区规划建设20个文创功能区,形成特色化、差异化、集群化的发展态势。2016年8月4日,《南京市创意文化产业空间布局和功能区发展规划(2016—2020)》出台,提出"建设创意文化产业功能区",并计划在未来5年内重点建设12个资源要素相关、产业要素聚集的创意文化产业功能区。由于"文创功能区"具有了比城市的政治、经济、管理、产业、市场等更复杂的综合功能,因而在本质上也需要有更复杂的理论指导。否则不仅不利于"文创功能区"的健康发展,也容易成为新的城市问题甚至是城市病的背景和根源。在我国即将迎来"文创功能区"蓬勃发展的背景下,一方面,认真梳理和总结国内外的相关经验;另一方面,从马克思所说的"概念的劳作"出发,在深入研究基本理论问题的基础上找到适合我国城市发展需要的理论和方法,对促进我国"文创功能区"的科学发展具有重大的现实与理论意义。

二、文创功能区与城市互动发展的国际经验

在经历了"物质文明"和"制度文明"的阶段后,作为文明高级形态的"礼乐文明"正成为现代化大都市追求的城市理想。[②] 由于西方发达国家现代化和都市化在先,在这些方面积累了诸多的发展经验,对此进行必要的梳理和研究,可以为我国实现文创功能区与城市互动发展提供必要的参考借鉴。

1. 文创功能区拉动城市经济增长

文创功能区作为文化创意产业的集聚区,必然具有一般的经济属性和产业功

[①]　俞剑光:《文化创意产业区与城市空间互动发展研究》,天津大学博士学位论文,2013年。
[②]　刘士林:《艺术与城市文明:刘士林教授在上海师大"双三角论坛"上的讲演》,《文汇报》,2006-07-09。

能。其中,大家谈论的比较多的是百老汇戏剧产业和纽约市的经济互动,如剧场的建筑设计、建造、保养及维修等,本身就是城市建筑业及建材业的一部分,再如观众的各种食宿及交通开支、纪念品购买等,还有演出季提供的大量就业机会。[①]这种"文化的生产功能"不是今天才有的,而只是在今天才比较突出地表现出来。这是因为,在城市发展的高级阶段,文化产业已成为都市经济结构中先进生产力的代表,甚至在一些地方可以成为城市或城区的经济支柱产业。从未来的发展趋势看,由于被现代工业恶性损耗的自然环境与资源已无力支持传统城市经济的可持续发展,与此同时,向来不受重视的文化资源与文化产业在消费社会中正成为推动城市发展的重要生产要素与先进生产力代表,因此,各种文创功能区对城市经济的拉动作用还可望有更好的表现。

2. 文创功能区良化城市空间生态

在今天的城市特别是大都市,无论是硬件方面的城市病,还是软实力方面的城市文化病,都是城市的政治经济功能挤压了社会文化空间的结果。城市的本质在于"提供有价值、有意义的生活",这是城市文化功能存在的必要性,也是文化功能高于其他实用功能的根源。但从历史发展进程看,很多城市只是在城市发展的更高阶段,或者是遭遇到比较严重的城市病之后,才会痛定思痛地求助于城市文化功能和生态的重建。比如19世纪和20世纪初期的伦敦,在它自身还处在工业城市形态时,伦敦的生态和生活环境也曾十分糟糕。但在今天已摇身一变成为世界著名的文化大都市,大家谈得比较多的是伦敦西区戏剧创意与伦敦城市空间的良性互动等,[②]说明只要人们确立了正确的城市发展观念,在城市的工业化阶段被物质化和实用化的城市空间,都可以通过文创的方式重建城市的文化功能和有机性。

3. 文创功能区彰显城市特色

在现代化大都市中,城市经济已进入机械复制的时代。同时,在全球化背景下,不同国家在法律伦理等方面的趋同性越来越强,这也是当今世界各城市的特色逐渐同质化的原因之一。在这个背景下,城市特色主要是通过城市文化彰显出来的。一方面,文化城市作为以城市文化功能为核心而再生产的城市形态,其最本质的特征即建立在不同自然环境、历史空间文脉、传统生活方式、文化审美

①　俞剑光:《文化创意产业区与城市空间互动发展研究》,天津大学博士学位论文,2013年。
②　俞剑光:《文化创意产业区与城市空间互动发展研究》,天津大学博士学位论文,2013年。

心态等之上的城市特色,每个健康的城市都应有独特的形象、性格、精神与气质;另一方面,城市特色是城市文化生产与精神创造的直观表现形态。作为历史财富与文化资本的城市特色资源(如城市特有的历史空间、社会生态、文化风俗等)在城市规模和经济扩张中传承和保护得越好,就说明城市的文化机能越健康,在城市发展中的制衡和协调作用越大。文创功能区既是城市特色的集聚区,也是城市精神性格的创造者。如芬兰首都赫尔辛基的"光之力"灯光节,①就极大地提升了城市形象和城市价值。这也是值得国内城市学习和借鉴的。

三、"理论先行,规划先导,建设在后"

一个时期以来,在我国文化产业研究和实践中,一个普遍存在的问题是"就文化产业论文化产业",而对与文化产业发展有重要关联的领域与问题很少关注,这与文化产业未能找到其真实的生存背景和未来的发展趋势有密切的关系。因为文化产业不是"单骑"或"偏师",它的存在与发展不仅基于一定的城市环境与城市发展水平,也与城市中其他的诸多层面有着密切的依存关系。

在我们看来,"文创功能区"不仅是一个文化产业的新概念,本身也是一个城市规划的新概念。要真正把我国的"文创功能区"规划、建设和管理好,首先必须建立正确和科学的"文创功能区的观念",在此基础上正确认识和把握"文创功能区的内在本质和发展规律",为现实中的规划建设提供清晰的内在生产观念和总设计图,有效制约、规避正蠢蠢欲动的各种非理性、缺乏长远与总体考虑的舆论和行为。

从目前的情况看,这主要可以从三方面来理解:一是"文创功能区"本身是一个独特的"城市空间",和我们熟悉的工业园区、科技园区、新城新区等一样,是一个新的城市空间和功能形态,而不能将其简单理解为一种"文化产业体系"或"文化产业集聚区";二是从政策资源上看,我们不能仅从国家的文化产业政策中找依据和"红利",更要结合我国的新型城镇化战略去寻找"文创功能区"的立足点和发展空间。在我们看来,和"文创功能区"最直接最密切的国家战略概念,应该是 2014 年《国家新型城镇化规划》中首次提出的"注重人文城市建设",人文城市代表着我国从经济型城市化向文化型城市化的重大战略转型,对推动城市发

①　朱洪举:《创意思维与文化资源整合在构建创意城市中的作用》,《中国城市经济》,2010 年第 8 期。

展从规模扩张转向内涵建设,提升城镇建设质量和水平具有巨大现实意义,是我国新型城镇化战略的点睛之笔。[①] 三是从理论资源上看,当代中国城市科学研究中的"文化城市"理论,可以为我国的"文创功能区"规划建设和管理提供直接的理论指导。以城市地理学和芒福德的理论为主要思想来源,以世界城市化的规律趋势和中国城市发展的现实问题与需要为背景和参照,我们在国内外首次明确提出:文化城市是一种以文化资源和文化资本为主要生产资料,以服务经济和文化产业为主要生产方式,以人的知识、智慧、想象力、创造力等为主体条件,以提升人的生活质量和推动个体全面发展为社会发展目标的城市理念、形态与模式。只有确立了文化城市的理论,才能真正找到文化产业和城市化的内在本质联系,为两者的融合与协调发展,为我国的"文创功能区"提供源源不断的知识服务和战略支持。

---

① 刘士林:《为什么要"注重人文城市建设"》,《光明日报》,2014 - 05 - 19。

|第二十章|
当代城市化与城市文化病

2010年以来,城市文化开始成为中国都市化进程面临的一个重要节点问题,以城市规划的"过度化"、城市品牌的"低俗化"与都市主体的"离心化"为标志,文化问题正在成为影响中国都市化进程可持续发展的深层矛盾,这是需要我们重点关注和认真对待的现实挑战。

一、城市规划:"富裕的贫困"与"媒介异化"

千城一面,城市空间的物质形态与传统肌理,以及与其一体化的生产生活方式和文化精神生态迅速消失,是各级政府、社会各界和不同领域的学者们近年来普遍关注的焦点。在思考和探索产生这一问题的根源时,多半学者将之归结为"城市规划的缺乏、粗放或不到位"。这有一定的道理。

改革开放以来,中国快速城市化的现实需要和规划意识、理念、政策、技术等方面的匮乏,使"规划缺乏"和"乱规划"成为影响中国城市发展的主要矛盾。特别是"规划跟着项目走"和"根据投资需要调整和修编",使很多城市已造成无法挽回的破坏与损失。最大的后遗症是城市空间形态的同质化和对城市经济功能的批量复制。

21世纪以来,在积累了足够多的经验教训并在科学发展观的指导下,规划意识不断得到强化,表明中国城市有可能从"不规则的蔓延"走向"理性的增长"。但受中国城市综合素质和发展水平的局限,特别是在实际操作中"换得太快、操之过急",以"换一届政府换一张规划图"和各种雷人"规划"的频繁出台为代表,在城市规划中重蹈了"一种倾向压倒另一种倾向"的覆辙,即"规划过度"取代了"规划缺乏"。并由于规划本身的各种"大手笔"与"大动作",作为中国城市化进程物质载体的城市空间开始面临新一轮的浩劫。

问题在于,尽管城市规划在爆炸式地增长,但由于在论证、编制、出台和实施过程中缺乏有效的评估和监管程序,众多的规划并没有引导城市走向"理性的增长",反使城市频繁陷入新一轮的"大拆大建"中。由此带来的一个新的问题是,不仅规划不足或不科学会影响城市发展,"过度规划"同样也会干扰城市的健康发展。因为规划绝不会止步于大脑中或图纸上,一旦它们进入实践中,就会直接造成城市的自然、经济和社会资源的极大浪费,并深度地干扰中国城市空间的自然演化与历史延续。而规划数量越多,更换越频繁,对原有规划的否定越彻底,对中国城市化进程造成的危害越会呈几何级数地增长。如成都倾资 40 亿打造的新非物质文化遗产公园,使原建于 2007 年的老园仅仅三年就弃之不用。而西安耗资 400 亿建造的大明宫遗址公园,尚未开园就面临着要被拆除的命运。

与以往以无规划或缺乏规划为主要特征的"绝对贫困"不同,由于理念太杂、规划太多、质量偏低和相互因袭,当下这种"规划过度"更多地表现为"富裕的贫困",即表面上十分繁荣,有着众多的规划,但并没有从根本上改变改革开放以来形成的以"产业同质竞争、项目重复建设、空间批量生产"为主要特征的"中国城市粗放发展模式",以及摆脱"中国城市不是在规划中新生,而是在规划中走向消失"的深度困境,相反却使中国城市陷入"恰似暴富儿,颇为用钱苦"的尴尬和困境中。

其中有一个重要原因是"媒介异化"。一般说来,规划是"因地制宜"和"适度超前"的统一,这需要认真研究城市发展的现有基础和资源条件,依据世界和中国城市化进程的规律展开科学研究并制定相关目标。但在"媒介社会"的背景下,城市规划日益陷入"媒介异化"中,使原本作为"指导城市科学发展纲领"的规划沦为"吸引眼球"的"城市形象炒作"或"信息社会背景下的直观政绩形态"。这是各种"雷人"的城市规划在当下层出不穷的根源。同时,这还意味着城市管理者从"务实"转向"务虚",从"干实事"转向"讲大话",从"真抓实干"转向"玩弄概念",并最终使严肃的规划成为"电子游戏"。

很多城市在总规和详规上的雷同和相互因袭,早已不是什么新鲜事。除了常见的主题公园、文化产业园区、市民广场、商业一条街、名胜风景旅游区、城市标志性建筑等,2010 年以来最值得关注的是,城市规划上的内容因袭已由单体城市蔓延到城市群中。如珠三角和京津冀在"十二五"规划中均提出基础设施建设一体化战略。但实际上,以央视等媒体频繁曝光的物流业为例,真正影响城市间物质与人口交流的,并不是高速公路、运输工具等基础设施和设备,而是建立在其上的交通运输管理和服务体系。

又如中国很多城市群都提出了文化产业战略,但在很大程度上文化产业已成为"折腾城市"的新游戏。不是说文化产业不需要发展,而是说像这种一哄而上、大略相同的战略规划,结果必然在城市群之间形成更大规模的"同质竞争"和"结构趋同"。这不仅与城市群的本义——建立区域内合理的层级分工体系及解决单体城市间的恶性竞争——背道而驰,与"十一五"期间很多城市以集成电路产业、纳米材料、计算机网络、软件产业、石化、汽车、通信产业等为目标的"高新科技产业"也可以说"貌离神合",并很可能使中国各大城市在文化产业上重蹈"产业同构"与"同质竞争"的覆辙。

在今后 35 年左右的时间内,中国仍将处于大规模的城市化进程中。特别是 2010 年以来,中国城市行政区划调整风云突起,不仅上海、天津、重庆、深圳、厦门、沈阳等已正式启动,不少大中城市因为发展需要也在酝酿调整行政区划,在"十二五"期间,中国城市将出现新一轮的规划热。如果说,"百年大计,质量第一"是对一个建筑的要求,那么对于城市空间而言,则可以说"千年大计,规划第一"。因为一旦完成和实施规划,一个城市的结构和功能就基本确定,如果不是遭遇大的自然与社会灾难就会一直延续下去。中国城市在当下发展的"过热"和"过快",特别是大城市中日益严重的城市病和都市问题,其中很大一部分都是城市规划本身的问题直接带来的,认真研究中国城市规划中存在的问题并以制度建设的方式提升其质量,无疑可为中国城市的科学发展起到重要的调节和引领作用。

二、城市品牌:灵魂隐匿之后的物欲与肉欲追逐

文化被芒福德看作是城市的灵魂。在城市史上的一个反面典型是古代罗马城,它的根本问题就是芒福德讲的"在物质建设上的最高成就以及社会人文中的最坏状况"。[①] 在快速的城市化进程中,中国城市无论规模的大、中、小,可以说不同程度地实现了"物质建设上的最高成就",但与此同时,城市在"社会人文"等

---

① [美]刘易斯·芒福德:《城市发展史:起源、演变和前景》,宋俊岭、倪文彦译,中国建筑工业出版社 2005 年版,第 229 页。

方面则陷入越来越严重的滑坡和危机中。

在注意到城市形象、识别度等在聚集人气、提升城市影响力的重要作用之后，近年来很多城市开始竞相追求和实施品牌战略，希望借此改变自身"物质发达而文化简陋"的基本矛盾。但正如古人所说的"百年而可以谈礼乐"，一个城市的文化也是需要长期积淀和修养的，而不是只要有了钱就可以买来的商品。由于这个深层的原因，在中国城市近年来的品牌战略与追逐驰骛中，人们看到的更多的只是一出出"暴发户附庸风雅"的闹剧和悲剧。

标志性建筑是城市品牌的一个重要代表。正如身体长得过快而心理、情感和思想明显滞后的麦当劳化的青少年一样，自20世纪90年代以来，中国城市在空间、人口与经济规模上迅速扩张，只是获得了一个十分庞大的物质躯壳。特别是这个过程本身还恶性损耗甚至透支了城市的文化资源、精神生态甚至是城市人对城市的爱和美感，因而在表面上十分繁华和强大的物质躯壳包裹的只是一颗极为孱弱和发育畸形的文化灵魂。中国城市开始面临日益严重的身份认同、文化认同和心理认同的焦虑与危机。为了应对这一现实的矛盾和困境，不少城市都乞灵于"干一件文化大事"，以达到既解决城市灵魂的空虚，又被世界关注和承认的双重目的。建设标志性建筑开始成为中国很多城市首选的品牌战略。

但问题在于，由于在心态上过于焦虑、在情感上过于单纯，特别是缺乏独立的理性思考和判断力，很多城市千篇一律地成为雇一个国外设计师或建一个"洋气十足"的建筑物，以为由此就可以提升或展示城市的现代化水平，但实际上，这跟一个追逐LV包的小女孩在智力与审美水平上并无太大差别。近年来，崇拜西方设计已成为中国城市的通病。以北京、上海、广州等大都市为领头羊，其标志性建筑大都出自国外设计师之手，如上海金茂大厦出自美国SOM公司，上海环球金融中心出自美国FPA建筑师事务所，首都机场航站楼出自英国福斯特，广州珠江新城双子塔西塔出自英国威尔森·艾尔建筑师事务所。而据荷兰建筑评论家玛丽斯·布尔曼统计，中国已有300多座荷兰建筑师的作品在建。[1] 尽管其中不乏成功之作，但由于意识形态、文化传统、艺术观念等方面的巨大差异，更多的则是设计闹剧，它们日益严重地"妖魔化"着中国宝贵的城市空间和形象。

在景观社会中，品牌营销对城市发展的作用越来越大。在很大程度上，品牌营销需要的是文化创意能力，而创意能力之本在于美学与艺术积淀。但在中国

---

[1]《谁在设计中国城市》，《今晚报》，2010-06-21。

快速的城市化进程中,由于传统文化和现代启蒙文化在后现代社会中迅速被解构,很多城市的品牌营销也沦为经济发展的手段,并普遍存在着两大问题:一是粗制滥造,缺乏创意,不仅不能很好地展示文化价值,反而使固有的文化内涵被遮蔽起来;二是更为恶劣的,由于缺乏正确的文化观念和精神熏陶,一些城市在开展文化营销时丧失了基本的判断力,以丑为美,香臭不分,完全颠倒了目的与手段的关系。

在2010年以来的城市品牌命名与营销中,这两方面的问题可以说愈加严重。就前者而言,主要是在基本模式上缺乏文化创意和平庸化。"一是某某之都或某某之城,这个最简单,有什么资源,有什么产业,填上就得;二是由苏杭领队的'天堂在人间',天堂、仙境、伊甸园成了许多城市的标签:'焦作山水,人间仙境'(焦作)、'东方不老岛,海山仙子园'(浙江象山县)、'小商品的海洋,购物者的天堂'(义乌)、等等。其实把某某之都,直接改成某某天堂……;三是'桂林山水甲天下'的成功,引发'山水类'口号扎堆:'福山福水福州游''奇山秀水绿南宁''多情山水,天下洲城'(长沙)。以中国的地貌,大部分城市要找出些小山小水都不难,这些山水是否有代表性?还是和房地产开发商宣传用的'山水家园''山水花苑'一样,只是个噱头?……四是给西方地名做'二房'。如在宣传中自比'东方日内瓦'的地区,就有石家庄、秦皇岛、肇庆、昆明、大理、巢湖、无锡、上海崇明等,还不算自称'东方小日内瓦'的,以及把发展目标定为'即将建成东方日内瓦'的……"[①]就后者而言,则是以"低俗雷人"为标志,一些城市文化营销已堕落为色情产业。其中以山东的"西门庆"文化旅游规划和江西宜春的"一座叫春的城市"为代表。如果说城市口号缺乏创意和平庸化是由于文化素质偏低,那么,像这种"以色相为主题"的品牌营销和形象传播,则表明一些城市在经济利益诱惑下正在丧失最基本的文化底线与尊严。但在某种意义上,出现这样的问题并不奇怪,它们折射出了文化资源丰富但文化灵魂孱弱、文化发展热情很高但先进文化素质匮乏的中国城市的现实困境与深层矛盾,由此也可得知,中国城市文化建设将是一个十分漫长同时也会十分曲折的过程。

无论是任人打扮的城市标志性建筑,还是"以色相诱"的城市品牌营销,在观念与现实上都存在很多误区和问题,但其深层内因无疑是越来越急躁、越来越急功近利的现代国民性。2010年的一项调查表明,中国人已变成最着急最不耐烦

---

① 《中国183城市欲建国际大都市　名人故里争夺成风》,人民网,2010-07-06。

的地球人。如上网最爱"快进",狂点"刷新";评论要抢"沙发";寄信件要特快专递;拍照要立等可取;出行最好是高速公路、高速铁路、磁悬浮和直航,网购要能"秒杀";创业最好一夜暴富;结婚要有现房现车……①这其中所隐藏的深度精神问题及其可能孕育的社会危机是不言而喻的。

这种深层的心理问题自然也蔓延到文化品牌建设上。无论是在地标性建筑设计中的"崇洋媚外",还是在城市品牌营销中不择手段地"玩弄噱头",都是为了在最短时间内获取最大的成功,以最小的付出赚取最大的利润。但问题在于,就像一个暴发户以为有钱就可以买来一切,或者说像一个志大才疏的武夫,在决策、论证、设计和建设过程中过于刚愎和急切,导致一些城市地标很快成为一堆建筑垃圾。在城市品牌营销中也是如此,由于不懂得当代城市发展的规律和特点,不认真研究当代文化消费的心理与趋势,很多城市营销方案只是对人的视觉、听觉甚至生理本能的刺激,完全忽视了深层的心理与思想,人们对城市的体验只能局限在"跟着感觉走"或"由物质刺激导致的条件反射"上,而这些颇费周折的城市品牌,除了引发一阵短暂的生理性的刺激与骚动,很难产生真正的品牌功能,很难摆脱"用完就扔""过把瘾就吐"的宿命。在这种急功近利的文化品牌建设中,最根本的问题是颠倒了手段和目的的关系,使文化品牌成为"没有文化的文化品牌",使文化营销沦为赤裸裸的物质与欲望狂欢。

三、城市文化病:"居之不易"与"身在曹营"

柏拉图曾说,城市最大的灾祸,"不是派别纠纷,而是人心涣散"。② 在城市中最可怕的不是不同人群的矛盾和冲突,而是"同城异梦"或"身在曹营心在汉"的精神离心运动。2010 年前后,以"逃离北上广"和"大城市伪幸福"为代表,中国城市化进程开始直接面对这一文化的临界点。尽管中国城市仍在高速发展和扩张中,但在城市道路继续拓宽、新建筑层出不穷、人口大量增加等繁华表象的背后,在都市人挖空心思地装点他们越来越丰富的日常生活时,对城市本身的怀疑、失望、厌恶、憎恨,甚至敌视等极端心态与言行与日俱增,这是中国都市化进程开始面临"城市文化病"的变徵之音。

① 《中国人被指成最着急地球人 不耐烦成为社会心态》,大众网,2010 - 07 - 15。
② [美]刘易斯·芒福德:《城市发展史:起源、演变和前景》,宋俊岭、倪文彦译,中国建筑工业出版社 2005 年版,第 157 页。

从现实层面上看,引发"人心涣散"的主要原因可称为"居之不易"。近年来,高房价已成为城市首要民生问题。与农村最看重土地、牲畜等生产资料不同,城市人最看重的是住房和工作。2010 年以来,高房价问题不仅在大都市和中心城市变得越来越严重,也开始蔓延至二线城市甚至是中小城市。没有住房就不可能产生起码的归属感,如同现代主义文学经常表现的"生活在别处"主题一样,"城市再好,也是别人的""城市好坏与自己无关",甚至是更极端的对城市本身的辱骂、痛恨和破坏冲动等典型的现代焦虑,在中国城市、特别是大城市正日益严重。与"居之不易"同时出现的,还有大都市越来越严重的"社会解体"征兆。

物质空间的"居之不易"和社会空间的"怀疑和警惕",既直接揭示出城市生活环境和精神生态的不断恶化,也是很多人对城市发展本身日益感到失望的重要原因。但另一方面,城市的现实困境也极大地引发了人对生活质量的关注。以一年一度的城市排行榜为代表,一个微妙的变化是人们对城市生活成本和生活质量的关注正在取代以"竞争力""GDP 排名""总部经济""投资潜力""百强"等硬实力排行榜。尽管这主要是中国城市化"倒逼"的结果,但对于疗救在前些年经济发展中被恶性损耗的"城市文化机能",无疑是一种正确的目标和方向。

对城市本身是"执着"还是"放弃",在当今已远非一句"此处不留爷,自有留爷处"就可以了断的。在城市中固然存在着很多令人痛苦和纠结的矛盾冲突,但只有城市才能为个体提供更广阔自由的发展空间。在这一背景下,"蜗居不易,逃离更不容易"正成为当代人特别痛苦、艰难的生存写照和真实状态。

从 2009 年电视剧《蜗居》的热播开始,关于"去留"的问题日益焦点化。这一年的 12 月 11 日,由搜狐文化频道策划的第九十辑"文化重磅"《逃离北上广》发布。由于矛头直指中国三大城市群的首位城市,该专题一面世立刻引起社会和媒体的广泛关注,仅当天参与 PK、投票的网友就超过了三万人。随后,马来西亚《星洲日报》根据调查结果做了名为《房价高砸碎都市梦　百万青年逃离北上广》的报道,中央电视台新闻频道则根据专题内容做成视频新闻,一时间关于"蜗居大都市还是逃离北上广"成为各大社区、论坛争议的焦点。在后来参与文化重磅PK 的近六万名网友中,其中支持"逃离"的竟然高达 82%。调查显示,房价过高、生活成本提升、工作压力加大、幸福指数下降和人际关系冷漠,是很多参与者对逃离北京、上海、广州投出赞同票的主要原因。其中一个值得关注的原因是"这个城市再好,也是别人的"。

还有一份调查报告显示,在经济发达的珠三角一线城市,有部分年收入在 5

万至 10 万元左右的家庭,正积极准备去二三线城市追寻真正的幸福。在城市生活成本不断增加的当下,出现这种"逆城市化"思潮是一点也不奇怪的。然而"知易行难",在城市化已成为世界发展主流的当下,要想把"逃离北上广"的愿望真正付诸行动,对于习惯了都市生活的人们同样是一个过于艰难的决定。一家大型视频网站的随机采访显示,尽管有逃离愿望的人很多,但真正愿意付诸行动的却只有 25%。在某种意义上,这完全符合都市化进程中的人口迁移规律。就此而言,"蜗居"和"逃离"的矛盾将在未来相当长的时期内持续存在,每个城市、每个人都要做好充分的思想和心理准备。

在某种意义上,"蜗居不易,逃离更不容易"还不是最坏的结果,它既表明了人与城市的博弈仍在激烈地进行中,也表明人们并未放弃对都市生活的"痛苦的爱"。但同时也说明我们的城市已经出现了很严重的问题,并逐渐滑向人心涣散、不可救药、人去城空的绝境,如何通过政治、经济与文化的切实努力,重建"过美好生活"的城市文化本质和功能,是中国城市面临的最重要的理论问题和最需要解决的现实矛盾。

四、城市异化与文化自觉

就像罗马俱乐部宣称当今人类发展面临的是"衰败综合征"一样,2010 年以来,"规划过度""品牌低俗"和"人心涣散"这三大病症难解难分、相互缠绕并产生了更大的连锁反应。尽管问题的具体原因各不相同,但在深层上无疑都可归结为文化问题。按照一般的理解,文化至少包括真、善、美三个层面,如果说"规划过度"是由于不理解城市发展的客观规律而丧失了一个城市真正的现实需要,"品牌低俗"是由于忽略了城市发展的道德律而丧失了基本的伦理底线,那么,"人心涣散"则是由于扭曲了城市的审美本质而最终丧失了城市发展的目的。这三方面相互缠绕直接导致了城市异化。人们来到城市是为了过美好的生活,但在房奴、车奴、卡奴、"月光族""路怒族""胶囊族"等都市主体身上,实际情况却变成:他在城市中不是感到幸福,而是感到不幸和痛苦;他不是找到了自由发展的空间,而是处处受到钳制和约束;他在城市中的一切奋斗不是实现自我,而是越来越磨损了他最初的热情和理想。

正如中国古人反复强调国运浮沉系于人心向背,对于城市的可持续发展更重要、更根本、更长远的问题也在于能否提供一种"有意义、更美好生活"以保持城市的人气。如果说，都市化进程导致的城市环境恶化、城市问题大量涌现、城市危机不断加重，是城市人气削减、人心思散直至城市走向衰落的客观原因，那么，城市文化的衰落、城市形象的扭曲、城市生活方式的不和谐与精神生态的严重污染，则是人们对城市产生厌恶、痛恨、诅咒乃至希望它彻底解体的内在根源。由此可知，现代城市社会的解体与危机，根源就在于文化灵魂的隐匿。要拯救当今正在沉溺的城市精神，首先就需要拯救城市文化。

在中国都市化进程中暴露出的"城市文化病"，直接威胁着正进入改革深水区和发展关键期的中国改革开放大业，是在当下急需加以研究并通过制度建设上加以疏导和化解的重大问题。在中国，很多城市已开始出现了这种精神觉悟，2005 年最先提出建设"宜居城市"战略目标的首都北京、2007 年明确提出建设"文化大都市"的上海，都把精神文化、城市文明等"软实力"建设作为城市发展的重大战略目标。在城市文化功能严重萎缩的当下，需要通过切实有效的工作把它们扎扎实实地推进下去，为中国都市化进程的"软着陆"提供良好的环境与条件。

| 第二十一章 |
礼乐文化重建与城市雾霾应对

在古代诗人的笔下，"雾失楼台"曾是对城市生活的一种诗意描述。但所谓十年河东十年河西，当这种婉约的古典诗境掺入了一种被称为 PM2.5 的现代成分之后，在雾霾中看不清道路、分不清方向、使人无法正常呼吸的现代化城市，摇身一变成了当代人猝不及防、惊恐万状的噩梦。同时，由此而引发的各种对城市本身的疑问、担忧和恐慌，正不断发酵和积淀成一种更可怕的"心灵的雾霾"，它不仅解构了提供"有价值、有意义"的城市本质，也对努力追求美好生活的当代人构成了莫大的反讽。在应对作为"城市病"的雾霾的挑战中，中国传统的礼乐文化可以发挥积极的作用。

一、雾霾：从"诗境"到"城市病"的历史转换

雾霾古已有之，《诗经》中就有"终风且霾"的记载。雾霾在历史上也曾影响人们的日常生活，如清代昭梿编撰的《啸亭续录》一书中的"昼晦"条，其中就记有"路人皆不敢行""老妪佝偻为风吹毙""遗失幼孩"等事件。但与这些偶然的自然现象有着本质的不同，城市雾霾主要是人类破坏了城市生态环境和发展规律的苦果。主要原因有三：一是 PM2.5 本身不是大自然固有的物质，它主要由工业粉尘、汽车尾气及其他城市环境中的废气构成。这表明，尽管我们仍沿用古代的"霾"字，但现代城市中的此"霾"已完全不同于古代社会的彼"霾"；二是雾霾的影响范围有明显的差别。古代城市人口所占比例很低，直到 19 世纪初，世界城市人口仅占全球人口约 1%。即使有雾霾，对分布相对分散的人类也影响有限。但随着现代城市化进程的不断加快，世界和中国的城市人口分别在 2008 年和 2011 年超过了农村，对于当今世界高度集聚的城市人口，雾霾的破坏力必然也

会"魔高一丈";三是雾霾造成的危害程度完全不同。在古代偶然出现的极端天气,尽管会造成人身与财产的损失,但其程度与当今城市雾霾却是不可同日而语的。如1952年伦敦大雾灾难曾夺去了1.2万人的生命。快速城市化的中国也是如此。有报告显示,2004年,中国城市有近35.8万人死于大气污染。而由大气污染造成的环境与健康损失,据估算占到中国GDP的7%。以"广州式黑肺"为例,1954年至1972年,广州肺癌的发生率较低,死亡人数仅为10人/每百万人;1972年至1980年代初,这个数字增加到20人/每百万人;1990年代以后,则高达50~70人/每百万人。[①]

由此可知,在快速的城市化进程中,古代诗人笔下具有朦胧美的"雾",已异化为直接威胁到我国城市可持续发展、需要全力以对的新型城市病。在某种意义上,与交通拥堵、房价高涨、就业和安全压力增大、教育卫生短缺等城市病相比,这种新型城市病在机理上更加复杂,既与城市的自然和生态环境密切相关,也涉及人们的生活方式和心理感受,所以在本质上是一种复合型城市病。再加上城市雾霾波及范围包括了华北、华中、江淮和江南地区,具有"扎堆出现"和"大面积爆发"的新特点,应对起来也更加困难和显得手忙脚乱。

二、深度解析:与其改造生产方式,更应改造生活方式

一直快速推进的中国城市化进程,突然遭遇所谓的十面"霾"伏,其实并不奇怪,这是中国近年来城市生产生活方式的必然结果。具体说来,生产方式上的工业化和生活方式上的都市化,可以说是导致中国城市雾霾病的两大现实根源。

从生产方式上看,工业是城市的命脉。工业化以巨大的资源和能源消费为基础,必然导致对空气、水、土壤等自然环境生态的严重污染。世界各国的城市化都概莫能外。以能源为例,已故印度原子能科学家霍米·巴巴博士曾测算,19世纪上半叶以前,人类每百年消耗的总能量不到半个Q(每Q代表燃烧3.3万吨左右的煤所释放的能量),目前每一百年大约要消耗10Q。[②] 也就是说,在人类过去两千年所消耗的能量中,大约有一半是过去一百年消耗的。对于以工业化为主要拉动机制的中国城市化,也可以参照这个公式测算。改革开放以来中国

---

① 《"活在大城市的'生命成本'死亡其实并不遥远"专题》,搜狐健康频道,2009-06-02。
② [美]阿尔温·托夫勒:《未来的震荡》,任小明译,四川人民出版社1985年版,第20—21页。

的 GDP 已翻了两番,而按照到 2020 年再翻两番的发展目标,届时我国一次能源消费量将达到 30 亿吨标准煤,[①]约相当于 90 909 Q,这完全超出了中国环境能够承受的极限,也是转变经济发展方式及开发新能源的主要原因。但我国还处于工业化加速发展时期,据相关研究报告,我国二氧化碳排放量将在 2035～2045 年间达到顶峰,为目前的 2 倍。城市工业是我国二氧化碳排放的大户,在对我国 110 个城市的监测中,目前至少有 86 个城市碳排放强度偏大,要实现低碳转型和绿色发展困难重重。[②]

从生活方式上看,城市是天生的消费主义者。在迅速城市化进程中,人们生活方式的都市化,是导致我国城市生态环境严重透支的另一主要原因。一方面,21 世纪以来,我国城市化率一直以超过 1.5％的年均速度增长,据国外学者的相关测算,中国城市化率年均增长一个百分点,就需要年新增住房 3 亿～4 亿平方米,建设用地 1 800 平方公里,生活用水 14 亿立方米。[③] 国内一份研究报告指出,“20 世纪 90 年代以来,中国建筑业始终保持高速发展,最近几年建筑业总产值以年平均 11％左右的速度增长,城乡房屋建筑面积每年新增约 16 亿～19 亿平方米。到 2001 年底,全国既有建筑面积已超过 300 亿平方米,其中全国城镇建筑面积 110 亿平方。城镇住宅建筑面积 65.5 亿平方米,民用建筑所占比例达到 60％,商业建筑大约占 5％,约 5 亿平方米”。[④] 目前中国已是世界上最大的“建筑工地”,而建筑垃圾和废料是城市雾霾的一个重要来源;另一方面,汽车社会是都市生活方式的一个基本标志。据相关部门统计,1980 年至 2010 年的 30 年间,我国机动车保有量由 208 万辆增加到 20 706 万辆,增长了近 100 倍。与此同时,我国小汽车数量迅速膨胀,自 2009 年以来,我国小汽车的销售量连续三年居世界首位,目前保有量已达到 8 264 万辆。[⑤] 以大都市为例,在北京,机动车的保有量目前已突破 520 万辆。而据相关统计分析,在上海的 PM2.5 来源中,机动车尾气占到一半,为全国最高。而且还可以说,随着中国城市化进程的持续快速发展,由生活方式所导致的城市雾霾,将是影响我国城市生态环境的更重要和更直接的原因。

对于应对城市雾霾的挑战,目前全球主要的治理模式有三:一是以美国为

① 陈云:《发改委主任马凯:中国转变经济增长方式尤为重要》,人民网,2004-03-22。
② 马力:《环保“城考”百余城市被点名》,《新京报》,2006-09-05。
③ 饶及人:《中西文化谈 21 世纪中国城市的规划战略》,新浪网,2006-08-10。
④ 郭培章:《中国城市可持续发展研究》,经济科学出版社 2004 年版,第 149 页。
⑤ 冯永峰:《机动车已成为北京等大城市主要污染源》,《光明日报》,2013-01-17。

代表,重点限制机动车及电厂污染,这是从改造生产方式入手;二是以日本为代表,整合中央和地方的力量携手治理污染,属于先污染后治理的模式;三是以欧洲为代表,对高排污汽车征收重税,初步涉及了城市生活方式,但也存在着治标而不治本的问题。① 从总体上看,这些做法可以统称为"改造我们的生产方式",而未能深入到"改造我们的生活方式"。我国目前的主要应对措施与此相类似,如北京紧急关闭了 58 家企业,不少地方政府也纷纷效仿,但这充其量只是缓兵之计,不可能彻底消除笼罩在中国城市上空的雾霾。

三、以礼乐文化重建应对城市雾霾病

城市雾霾凸显了我国城市快速发展中积累的深层次问题,其严重影响和后果已到了迫使我们必须全面反思城市发展理念与模式,以及重新理解城市本质并重新选择城市生活方式的紧要关头。

从文化根源上看,雾霾城市的出现和蔓延,与消费社会背景下的"美国梦"密切相关。J.里夫金认为,"美国梦"的实质是以"最大自由去挣最多的钱"和以最疯狂的行为去消费。汽车社会就是"美国梦"的一个经典符号和基本象征。② 正如工业革命使很多青山绿水的村镇蜕变为黑烟滚滚的"焦炭城"一样,在后工业时代,如过江之鲫的小轿车同样把华丽壮观的大都市变成了雾霾城市。要改变美国梦,必须从改变城市生活方式入手。

改变城市生活方式,可以说有两种渠道:一是在"技"的层面上,如伦敦市民,出行时主要使用公共交通,住房尽量使用太阳能和可再生资源。如后现代城市设计中的"3R"原则——减少资源消耗(reduce)、增加资源的重复使用(reuse)、资源的循环再生(recycle);二是在"道"的层面上,主要是通过文化教化改变人贪婪和不健康的欲望结构。如果说前者是西方人的特长,那么后者就是中国文化的利器。在批评片面强调物质生产、全盘否定礼乐制度的墨子时,荀子认为,天下的财物养活天下人本是绰绰有余的。现实中之所以出现"不足"和"有余"的激烈矛盾,关键在于个体的欲望未得到有效克制与合理安排。因而,与墨子主张一心发展生产、减低文化开支完全相反,荀子认为社会的首要问题是"隆礼重法",即

---

① 《治理雾霾,多国有高招》,《人民日报》,2013-01-15。
② 刘士林:《2007 中国都市化进程报告》,上海人民出版社 2008 年版,第 63 页。

通过文化教育使个体成为与禽兽相区别、脱离了低级趣味的"文明的人"。[1] 只有这样，才能从根本上解决物质生活资料与主体现实需要之间的矛盾冲突。原因在于，尽管精神文明建设本身不创造物质财富，但由于它有效地降低了人的过剩和奢侈的欲望，直接减轻了整个社会生产与分配环节的巨大压力，所以也就等于提高了生产力和增加了生活资料总量。其实，这种思想并不限于中国古代哲人，西方当代学者唐纳德·沃思特也指出："我们今天所面临的全球性生态危机，起因不在生态系统自身，而在于我们的文化系统。"[2]

最后要说的是，改造我们的城市生活方式，应成为"中华城市梦"的核心内涵。一方面，以克制在现代化进程中过分膨胀的现代性欲望为基本手段，"中华城市梦"传承着中华民族最珍贵的优秀人文思想和高尚精神，为我们在城市化背景下选择积极健康的生活方式提供了历史文化与理论资源；另一方面，以改造主体为基础，尽可能减少城市与自然环境的矛盾冲突，这还昭示了一种自然和社会可接受的新型城市生产生活方式，并有助于解决当下全球越来越严重的城市病和城市危机。

---

[1] 刘士林：《中国诗性文化》，江苏人民出版社 1999 年版，第 379—381 页。

[2] Worster D. The Wealth of Nature: Environmental History and the Ecological Imagination, Oxford: *Oxford University Press*, 1993: 27。

|第二十二章|
市民广场与城市空间的文化生产

　　在研究希腊城市时,著名学者芒福德曾提出城市有两种精神,一是"卫城精神";二是"广场精神",前者走向的是失败,后者则组建了一种新的生活方式。这恰好可用来说明城市发展固有的二重性,一方面,以广场的空间形式与开阔风格为标志,城市极大地超越了乡村在空间与精神上的封闭与狭隘,为人类社会与文明向更高层次发展提供了可能;另一方面,以城墙这一物质意象以及更严重的社会分层与隔离为象征,城市也直接丧失了乡村在精神生态上的温情与和谐,这是都市人焦虑、苦闷、人心思散乃至最终人去城空的根本原因。由此可见广场及其象征的城市精神对城市存在与可持续发展的重要性。对于当代城市空间生产而言,市民广场作为特有的自然审美景观与开放性的公共空间,为远离大自然的城市生活与异质性的城市居民提供了聚会、对话与出场的重要平台。这不仅有助于缓解文明与自然在城市空间中的矛盾与分裂,同时也为都市人走出精神与心理世界的"鸽子笼"提供了公共桥梁。

一、市民广场的城市空间文化功能

　　从早期形态与历史演化的角度看,城市广场的空间文化功能可归纳为三点:
　　首先,从起源的角度看,广场最早与最基本的功能是一个文化、精神与艺术活动的中心。在芒福德看来,城市的本质不在于人口数量与经济规模,早在"永久性的村庄聚落形式"与最古老的城市出现之前,作为城市核心内容的精神与文化中心就已形成。以旧石器时代的"岩洞圣地"为例,"人类城市文明生活方式那时即已萌动……岩洞圣地的礼仪活动根本不同于交配季节里的单纯汇聚,不同于饥渴困顿的人群到某个宝地来求食求水,也不同于在某个便利但有禁限的地点偶或进行的贸易交换活动,互换些琥珀、玉石、食盐,甚或还有加工工具等。在这些礼仪活动中心,人类逐渐形成了一种更丰富的生活联系:不仅食物有所增加,尤其表现为人们广泛参加的各种形象化的精神活动和艺术活动,社会享受也有所增加;它表达了人们对一种更有意义、更美好生活的共同向往"。①

同时,文化、精神与艺术也是城市存在的灵魂。一旦城市文化与精神的魅力与吸引力消失,城市本身也必然要走向衰亡与解体。作为城市精神主要空间表现形态的古代城市广场,本身就是远古"圣地"在古代城市中的延续与再现:它绝不仅是一个大的集市或商贸市场,其最重要的功能在于为人们提供了一个碰面、对话与交流的公共空间。它在炫耀都市的权力、财富、繁华与盛气凌人的同时,也成倍地放大了原始"圣地"的精神魅力与文化吸引力,并由此使更多健康的肉体与有创造力的大脑集聚于城市,这是城市广场对于城市存在与发展具有举足轻重作用的根源。

其次,与古代城市广场不同,现代广场更关注其对城市环境与都市人具有的生态功能。快速的城市化进程严重影响了现代人的居住空间与生活质量,是市民广场的政治与经济等传统功能退居二线的根本原因。真正现代意义上的市民广场,可追溯到 150 多年前的弗雷德里克·劳·奥姆斯特德(Frederick Law Olmsted)提出的景观设计学(landscape architecture)与由他本人设计并直接参与建造的美国纽约中央公园。前者在城市固有的防卫、商业等实用功能之外增加了空间的审美功能,后者则为普通市民建造了一个有助于促进公共交流的"引人入胜的露天房间",②这不仅有效地改善了都市人的居住环境与精神生态,也使在现代化进程中受到严重损害的城市文化功能获得某种程度的弥补与修复。

特别是在都市化进程中,城市空气与环境质量的严重下滑,都市人的日常生活环境、精神生态与心理健康日趋恶化,使现代广场对于城市环境与主体的生态功能日益重要。以西方环境美学为例,"把花园引入城市的中心,在广场上设置植物和长椅供人休息,用喷泉来缓解单调统一的外立面,重新调整建筑群的形状、秩序和方向使其具有连续性和吸引力,通过种种方式,摩天大厦为行人留出了空间,使人们生活在更人性化的世界,而不是强迫人们进入高楼的世界。现代建筑也具有多种方式可以营造出人性化的空间,而不用单纯仿效中世纪的教堂。

---

① 刘易斯·芒福德:《城市发展史:起源、演变和前景》,宋俊岭、倪文彦译,中国建筑工业出版社 2005 年版,第 7 页。
② 刘士林:《论艺术与城市文明》,《社会科学评论》,2007 年第 2 期。

它需要更敏锐的思想和更长远的眼光,把大都市无穷尽的建筑过程变为工业世界的展现,同时在都市人必须生活的建筑丛林中没有丧失人的尺度"。^① 由此可知,现代市民广场在城市空间中的独特价值,不仅表现为"城市的绿肺"与具有美学透视效果的空间建构,同时也直接参与了都市人日常感觉、心理世界与精神生态的再生产,这是对城市可以提供美好生活这一古老诺言的当代兑现与践实。

最后,正如希腊哲人索福克勒斯说的"属于一个人的城市不能算作城市",芒福德说:"对话是城市生活的最高表现形式之一。"^②作为城市文明符号与主要象征的市民广场具有重要的公共空间与公共文化价值。从起源的那一天起,城市文化就具有明显的二重性:一方面,与封闭的乡村文化不同,公共性与多样性是城市文化的本质属性;另一方面,正如古代城墙和现代防盗门所表征的,冷漠、对立、隔离、敌视也是城市生活的基本特征。所以说,一个城市最重要的并不是它的财富、人口与军事实力,而是"共生关系与合作关系;只有在这些关系保持内在平衡并在更大环境中保持稳定时,城市才能繁荣"。^①造成文明人孤独、封闭与精神空虚的原因是现代社会的高度分工与科层化,它使每个人都局限在自己有限的领域中,并使人的精神机能与创造性思维走向机械与僵化。而熙熙攘攘的市民广场,则在封闭的都市空间中开辟了一个开放性的公共空间,分别从物质与心理两方面拓展了都市生活的疆界,这对于打破都市社会中的壁垒与沉寂,使之人气常在、魅力常新,具有重要的建构与创造功能。

G.E.斯达·斯密斯在《意大利的建筑》中曾说,意大利人的居室在欧洲各国中虽然最为狭窄,但却有着最广阔的起居室,因为它的广场街道都是人们的生活场所。^③ 对于在传统上性格内向、不善交际的中华民族,公共空间对其民族精神的现代转型与建构是十分重要的。中国传统的公共生活主要是由高度的组织纪律或现实利害驱动的集体生活构成的,一旦利益与纪律的纽带松弛,个体就特别容易走向自闭与孤独。以当代数量庞大的"新城市人"为例,他们在紧张的生存竞争中生活圈子越来越小,心态和思维方式越来越容易走极端,与中国城市公共空间的狭小与发育不良直接相关。而作为公共空间的市民广场的建设与健康发育,在这个意义上对中国城市文明与城市和谐社会建设无疑具有深远的现实意义。

---

① [美] 阿诺德·伯林特:《环境美学》,张敏、周雨译,湖南科学技术出版社 2006 年版,第 66 页。
② [美] 刘易斯·芒福德:《城市发展史:起源、演变和前景》,宋俊岭、倪文彦译,中国建筑工业出版社 2005 年版,第 123、158 页。
③ 张鸿雁:《城市形象与城市文化资本论:中外城市形象比较的社会学研究》,东南大学出版社 2002 年版,第 292 页。

二、当代中国市民广场的建设现状与存在的问题

近年来国民经济的高速与持续增长，为城市广场建设提供了良好的物质条件。但由于"太功利"(以形象工程为代表)、"底子薄"(如有些地区经济实力不够发达)与"见识浅"(如盲目西化)等原因，中国城市广场在总体上难尽人意，并普遍存在着以下三方面的问题。

首先，由于不理解市民广场本质上是一个精神与文化中心，因而普遍存在着空间布局混乱、结构失衡、功能错乱等问题，这不仅严重浪费了宝贵而有限的城市空间资源，更重要的是根本起不到市民广场应有的作用。究其原因，主要是在对市民广场的理解上存在着不少问题，而观念上存在的问题则直接影响到广场的规划、设计、建造与改造等环节。如上海的人民广场，它的南北面和南面是市政府和市博物馆，东西两侧分布的是上海市规划展示馆和上海大剧院，此外则是密集的商业街和写字楼，在如此有限的空间中聚集了如此多的城市功能，根本原因是为城市黄金地段的巨大商用价值所驱动，而完全遗忘了广场固有的文化交流功能与环境与生态功能，于是一个本该提供舒适视觉感受与放松身心的地方，实际上却异化为一个更加拥挤、嘈杂、使人焦虑不安的场所。

与之相对，如果在观念上采取人本主义与非功利主义的立场，则会使广场在性质、功能与价值上呈现出另一种境界。以大连人民广场为例，一条主干道把广场分为南北两区，北半区为市政府广场、绿地与办公楼，与南半区大片的大草坪与活动广场在空间上相互融合，给人带来的是亲切、舒展的感觉，加上周边的林荫带与更加平民化的小公园，所以大连人民广场成为当地市民和游客们游戏、小憩与聊天的好地方。[①] 需要注意的是，由于城市化进程不断加速，大城市的环境与空间资源越来越紧张，因而许多冠名为广场的中国城市广场，往往只是一座占地面积大、多功能的大型商务或办公楼，它们不仅没有任何广场的感觉与功能，还使城市空间本身变得更加紊乱与紧张，这就是在城市广场与城市空间生产之间普遍存在的恶性循环。如何从根本上改变它们已成为中国城市，特别是大城市最头痛的现实问题之一。

其次，由于不懂得或忽视了现代广场更重要的景观与生态功能，因而，普

---

① 姜山英：《科学审视上海人民广场设计中的得与失》，《甘肃科技纵横》，2003 年第 5 期。

遍存在的另一个问题是已建成广场的"空心化"或"门前冷落症"。这个问题可从两方面看，一方面，经济不够发达的城市，其广场建设往往是把地面简单地硬化一下，再随意地栽种一些植被，使现代广场原本丰富的结构与功能被简化为一个"大操场"，很难成为市民的"公共客厅"或城市的经典意象，因而它没有人气或很快被人遗忘是在所难免的；另一方面，一些经济发达城市，尽管有足够的财力、物力从事市民广场的建设与改造，但由于无整体规划、设计理念落后或盲目模仿西方，因而缺乏创意与美感，软件建设与硬件建设的不平衡与不相称。其中一个普遍存在的现象是中国城市雕塑的"难看"，这不仅不利于发挥城市广场的精神文化功能，相反还直接影响到城市的文化形象与文化资本的增值。

在某种意义上说，与城市的兴衰一样，市民广场最重要的功能是集聚人气，使人可以充分领略与感受城市生活的方便、舒适与意义。如何使实用与审美保持平衡与良性循环，是现代城市广场在软件建设上最重要的问题。以美国的华盛顿广场为例，它原本是"城市的商业区的中心"，后来被改造为一个大的办公中心，周围分布着保险公司、出版社、广告公司等，但由于规划与设计的问题，始终不能聚集起人气来，于是又不可避免地面临着新一轮的改造与重建。①

对于中国城市而言，在硬件条件有限的情况下，充分挖掘与发挥软件建设的积极作用，不仅可以在整体上提升广场的人文价值，同时也可为城市带来可贵的商机与财富。以北京王府井的改造为例，尽管它是"北京商业第一街"，但由于在改造中有效地限制了"唯利是图"的商业本性，更多地增加了人性化、非功利化与审美化的要素，如主街宽敞平坦，没有马路牙的隔断，电线杆入地，大小指示牌密布，供休息的座椅很多，还有趣味盎然的雕塑等，这不仅给市民与游客提供了一个通透与便利的公共空间，同时也极大提升了街道的商业与经济价值。这是南京的湖南路、武汉的汉正街等纷纷模仿王府井的主要原因。

最后，由于缺乏对公共空间的管理与服务经验，中国的城市广场普遍存在着以下两方面的问题：一是侧重管理而缺乏服务。如广场管理主要是日常绿地的维护、打扫卫生或制止一些不文明的行为，而对其更重要的对话与交流功能却茫然无知。中国当下许多城市广场，正如芒福德对希腊化城市的评价——"清洁、整齐、组织良好、优美完整，但在培养创造性活动方面却极其低能"，原因是"建筑物……

---

① 简·雅各布斯：《美国大城市的死与生》，金衡山译，译林出版社 2005 年版，第 99—103 页。

取代了人的地位"。① 二是服务方式单调、服务内容机械,缺乏创造性与时代感。市民广场一般主要是老年人自发的活动场所,如果有时热闹一下,也多半是在举行政策宣传与商业促销,而更多的时候往往是一个众多市民默默相对的场所。

这是中国城市广场最落后的一点。我们知道,与作为"熟人社会"的乡村相比,城市是传统社会关系解体最严重的地方;而公共空间与公共活动的缺乏,则是都市人苦闷、孤独与焦虑的根源之一。市民广场作为城市生活最重要的公共空间,理应具有重新组建"社会"的功能,并在人文关怀与心理疏导上有更积极的表现与作为。如何进行管理与服务创新,丰富城市广场的文化内涵与服务功能,使之成为激发市民创造性与自由表现的社会舞台,使宝贵的空间资源对城市文明建设发挥更大的作用,是目前急需研究以及现实中迫切需要解决的重要问题。

三、通过管理与服务创新全面提升市民广场的文化服务水平

近年来,迫于改造与治理城市生存环境、保护与恢复城市精神生态的巨大现实压力,中国的市民广场的建设取得了相当不错的成绩,如何使之在城市文明与城市和谐社会建设中发挥更大的作用,关键在于真正理解与领会市民广场的本质内涵,制止对城市空间的非理性改造与盲目生产,以及通过管理与服务创新全面地提升市民广场的文化服务水平,使之成为一个真正的文化精神与艺术中心。对于中国城市而言,具体可从以下三方面着手。

首先是在硬件方面,要进一步明确广场在城市空间中的功能定位,结合城市文明与城市和谐社会建设目标,在已有基础上启动广场硬件程序,使之在功能上更加优化与全面。这其中的关键在于两方面:一是在观念领域中真正理解市民广场的核心内涵,把广场对城市的精神与文化功能摆到突出的地位,特别是要改变对广场的功利主义态度与各种短视行为,为广场的精神生产与公共服务功能的发挥提供良好的"物质条件"。二是密切结合都市空间资源高度紧张的现实,通过丰富的文化创意与美学参与,运用各种现代工艺技术、新型材料与建筑智慧,努力改变传统广场的单一功能或简单结构形态,使之成为一个经济与人文、商业与

---

① [美]刘易斯·芒福德:《城市发展史:起源、演变和前景》,宋俊岭、倪文彦译,中国建筑工业出版社2005年版,第83页。

审美相和谐的当代都市空间。这方面西方也有一些很好的经验，如美国加州圣地亚哥的荷顿广场(Horton Plaza)，它占地11英亩，面临圣地亚哥海滩，广场重要的建筑设施有多层集购物、娱乐、休闲于一体的综合区域购物中心，有国内著名的百货公司如摩文(Mervyn's)、罗伯森(Robinson's)、百老汇(The Broadway)、诺德斯特龙(Nordstorm)，四周是宽广的街道，还有一个可容纳3 000辆汽车的大型停车场。[①] 由于定位准确与功能齐全，荷顿广场不仅成为圣地亚哥的经典城市意象，同时也在很大程度上直接提升了城市的服务功能。

其次是在软件方面，要强化对市民广场的理论与应用研究，将城市病的治理与提高市民生活质量紧密结合，通过对已有广场的内涵建设与文化进行"补课"，使之成为一个城市文化生产与精神文明建设的多功能平台。一个简单、粗糙、缺乏创意与美感的广场，充其量只是"为了短期和暂时使用的人而设计的场所"，而不可能成为都市人"引人入胜的露天房间"或宾至如归的"城市客厅"。在某种意义上，中国城市最大的问题不是缺乏建设广场的空间与资源，而是在当下；中国城市广场初级建设目标的任务已经完成后，如何完成作为广场灵魂的内涵性建设任务。这是不可能通过急功近利的短期行为达成的。以意大利著名的圣马可广场为例，"圣马可广场的形式和内容都是历史上积累起来的各种城市目的和意图的产物，同时还加上了历代环境、功能和时间的影响。这是有机产物，不是某个人类的天才能在几个月之内在绘画板上生产得出的"。[②] 因而，最关键的是对市民广场的审美生产与文化创造活动，它既要结合不同城市的规模、性质与传统进行总体规划与设计，同时也要发挥广大市民的艺术天赋与从事文化建设的积极性，使广场真正成为城市精神的感性表现形式，以及直观展示城市生活活力与魅力的大舞台。

最后是在管理与服务方面，最重要的是在管理模式创新、文化服务体系升级上下工夫。这主要包括三方面：一是转变管理与服务观念，把市民广场建设提高到城市公共精神与文化中心的高度，充分调动管理与服务人员的工作积极性与创造性，努力改善目前管理与服务的缺乏与粗放状态，并在实际的建设过程中总结经验，加强交流，探索出符合中国国情和本地特色的城市广场管理模式；二

---

① 哈罗德·史内卡夫：《都市文化空间之整体营造——复合使用计划中的文化设施》，刘丽卿、蔡国栋译，创兴出版社1998年版，第123页。
② 芒福德：《城市发展史：起源、演变和前景》，宋俊岭、倪文彦译，中国建筑工业出版社2005年版，第342页。

是加强对管理与服务人员的培训,结合城市文明建设的总体目标与要求,从文明礼仪、文明管理与人性化服务的方面,大力提高广场管理与服务人员的素质、能力与水平,并通过完善奖励与处罚机制解放管理与服务的生产力;三是将广场管理与服务纳入政府文化管理体制改革与建设的总体框架中,在对城市广场进行充分理论研究与实地调研的基础上,以促进城市文化大发展与大繁荣为战略目标,为之设计、制定一套科学的考核指标与测评系统。这既可对政府与社区的文化管理能力与绩效提供一个试验田,同时也可规范、引导与监督中国城市广场的良性发展,使之在城市文明建设中发挥更大的作用。

由于大都市是一个寸土寸金的地方,也是一个牵一发而动全身的超复杂系统,因而,在市民广场的改造建设中,无论是硬件建设、软件升级,还是管理与服务创新,都要努力避免暴发户式的"大拆大建""追风赶潮"与"千人一面",而是应该因地制宜、以对城市空间资源的保护与文化创意为主要手段,通过最少的投入与最小的破坏,实现市民广场更大的人文关怀与应用价值。

| 第二十三章 |
城市声音与上海的城市及文化变迁

城市声音源于城市。按照一般的说法，大约距今 5 000 年前，城市首先出现在美索不达米亚地区，接着在埃及尼罗河流域、印度河流域和中国黄河流域也出现了城市。这是人类历史上具有划时代意义的大事件，所以在学界又被称为"城市革命"，它的基本特征是"城乡分离"，其重要意义与此前的"农业革命"和后来的"工业革命"不分伯仲。① 马克思最早揭示了城市作为人类聚落形态的本质属性，他指出："城市本身"不同于"众多的独立家庭"，"在这里，整体并不是由它的各个部分组成，它是一种独立的有机体"。② 当代环境美学家阿诺德·伯林特可以被看作是"现代城市声音"研究的发起者，他提出："工厂的声音、交通的噪声、广播和录音机的声音与人声共同构成了立体的听觉环境，这种声景广泛存在，墙壁也不能阻隔，一切事物都处于声音的包围之中。"③但是，在那些熙熙攘攘、瞬息万变、此起彼伏、有序或无序、"雁过留声"或"无从稽考"的城市声音中，是否具有普遍的规律以及更高的价值和意义？ 这是需要思考的问题。

一、"声音"怎样成为城市研究的对象

众所周知，与宁静的大自然和乡村相比，城市本身是一种结构复杂、功能多样的矛盾组合体，一方面，它是理性的，人们必须遵守的法规、程序、条例、规则等不胜其多；另一方面，城市又是感性的，充满了各种各样的色彩、声音、味道和不

---

① 傅崇兰、白晨曦、曹文明等：《中国城市发展史》，社会科学文献出版社 2009 年版，第 36 页。
② 中共中央马克思恩格斯列宁斯大林著作编译局编：《马克思恩格斯全集》（第 46 卷上），人民出版社 1979 年版，第 480 页。
③ 阿诺德·伯林特：《环境美学》，张敏、周雨译，湖南科学技术出版社 2006 年版，第 81 页。

透明的心理活动,这两方面既相互叠合、交织、缠绕,又相互排斥、矛盾、斗争,使城市不断陷入困境和危机,同时也激发出城市特有的活力和创造力。依托于听知觉并同心理、意识紧密相连的声音,是人在城市中每时每刻都不能脱离的感性工具和桥梁,就此而言,城市和声音的关系自然非比寻常,但我们首先面临的问题却是:声音怎样才能成为城市研究的对象?

这既涉及城市,也涉及声音,更涉及两者之间的本质联系。从经验上看,西方社会学家把城市比喻为"一口煮开的大锅",与寂静的乡村相比,人多嘴杂、五方杂处、人声鼎沸是城市显著的声象特征,各种声音也指称、呈现、传达着城市的存在、欲求、矛盾和痛苦、幸福和欢乐。从城市声音的角度研究城市,在逻辑上是没有问题的。但关键在于,和人们过去习惯的语言符号、现在习惯的视觉符号相比,"声音符号"在语义上的"模糊性"和"混沌性"、在存在方式上的易逝性和碎片化,极大地增加了识别、保存、传输和验证的难度,不是一个理想的科学研究对象。要研究城市,有语言符号和视觉符号已经足够,还有必要再开辟这样一个既不确定又很复杂的领域吗?

面对这种疑问,关键在于回答:在"城市声音"中,是否存在着在其他研究中无法得到、同时对于城市本身又不可或缺的东西?对此可从两方面看:一方面,需要讨论声音和语言哪个更重要。和常识相反,在中国古代有"言外之意"一说,所谓"言"是符号,而"意"则是以声音为载体的内容和意义。这表明声音不仅不能等同于符号,还往往蕴含着比后者更真实的意图和更重要的意义。西方现代哲学也印证了这一点,奥地利哲学家马赫曾指出:"感官生理学表明,空间、时间与颜色、声音一样,应该叫感觉"。[①] 把"实体"等同于"感觉"尽管有些"过犹不及",但至少可以使人重新认识感觉、语言和实体的关系,即包括听知觉在内的人的感觉,在现实中绝不是无足轻重的;另一方面,还要讨论视觉和听觉哪个更重要? 现代科学告诉我们,人类有 99% 以上的信息是通过视觉和听觉获取的。和历史上的文化活动主要依赖"听觉"不同,当今世界又被称作"景观社会","目前居'统治'地位的是视觉观念",[②]"直接存在的一切全都转化为一个表象"。[③] 这种"感觉"内部的变化,直接影响到人自身的再生产。在《变徵之音》中,笔者曾分析过"听的一代"和"看的一代"的区别,前者"主要发展了思维能力,想象丰富,美

---

① [奥] 马赫:《感觉的分析》,洪谦等译,商务印书馆 1986 年版,第 6 页。

② [美] 丹尼尔·贝尔:《资本主义文化矛盾》,赵一凡等译,三联书店 1989 年版,第 154—155 页。

③ [法] 居伊·德波:《景观社会》,王昭凤译,南京大学出版社 2006 年版,第 3 页。

梦很多,很容易发展为理想主义者",而后者"主要发展的是视觉水平与直观能力,与对象间距离消失,因此他们从小就没有什么'神秘感',同时也缺乏'想象力'和理性思维能力"。[①] 这是当代人生存视觉化及其多种后遗症的根源,就此而言,重建主体的听知觉和声音文化能力,对于矫正正在彻底数字化和图像化的当代文化具有重要现实意义。

由此可得出两条基本原理:一是声音比语言重要;二是听觉比视觉深刻。这同样也适用于城市研究。一方面,在异常清晰、稳定的空间、政治、经济、文化等"城市符号"背后,还存在着大量以感性方式存在、不断生成又不断流失、主要同人的感觉打交道的"东西",尽管它们长期被"熟视无睹"或"充耳不闻",但作为城市有机体成长和变化、作为城市人喜怒哀乐最直接的记录和呈现,其价值和意义并不亚于各种"显性"表达;另一方面,尽管声音和图像同属于城市的感性存在方式,但由于"听觉"和人的意识、心理联系密切,而视觉更加官能化和欲望化,特别是在视频技术和数字化图像日渐成为霸权文化的当下,研究和重建基于听觉的城市声音系统,有助于构建一种更加均衡和协调的城市文化生态。而以往对此之所以很少关注,主要是城市研究被实证性的地理学、规划学、经济学、管理学、社会学等垄断,驱逐了城市人文研究。"城市声音"作为一种城市的感性符号和活动,主要属于城市诗学、城市美学和城市文化学研究的对象和内容。而它们在城市研究中长期缺席或可有可无,恰好可以说明为什么当代城市越来越缺乏文化特色,城市精神越来越干瘪空洞,城市生活越来越单调贫乏。当代城市文化的这一现状,从反面也证明了讨论和寻找"城市声音"的价值和意义。

二、"城市声音变迁"的一般规律和特点

和城市的异质性相匹配,城市声音在形态上明显具有多重性。它既是一种物质现象,遵循物理学所揭示的相关自然规律,可以用声学仪器检测和分析,也是一种社会现象,表征着城市的政治、经济、交通、管理等现实内容,可以用相关社会科学方法来研究和评价,还是一种人文现象,广泛活跃在城市的剧院、电影院、美术馆、音乐厅、酒吧、KTV、网吧,甚至有时会是白居易的"此时无声胜有声"或马尔罗的"沉默的声音",成为一种只有"共通感"但并不具备"普遍性""脱

[①]　刘士林:《变徵之音——大众审美中的道德趣味》,湖北人民出版社 1998 年版,第 133 页。

有形似，握手已违"的纯粹审美经验。这就造成了"城市声音"的极端复杂性——有多少城市，就有多少城市声音，甚至是有多少城市人，就有多少城市声音印象，它可能悦耳也可能闹心，可能是冰冷的也可能是温暖的，可能是短暂的也可能是永恒的……它们究竟有没有规律可循，这是一个无法回避的问题。

和研究城市一样，这主要取决于人们的认识和态度。在西方的城市研究中，有两种相反的观点：一是悲观论，认为城市本质是"无序的复杂性"，并把城市治理和更新看作是"一场注定要失败的战争"。这有一定的道理，就像现代物理学家讨论过的"上帝怎样掷骰子"，一方面，如果能够掌握世界全部的因素和参数，就可以精确预测下一步发生什么；但另一方面，由于因素和参数无时无刻不在变化中，人们永远也不会知道"上帝怎样掷骰子"。问题在于，由于在态度上已经绝望，悲观论者往往忽略了明显的事实：即使人们未必能掌握全部因素和参数，但只要掌握到一定的"量"，也足以在某个时期、某种范围内把握和预测事物的存在和发展趋势。现代科学的有效性，实际上就基于此。二是"有机整体"论，认为城市尽管有"很多变数，但并不是混乱不堪，毫无逻辑可言的；相反，它们'互为关联组成一个有机整体'"。① 既然作为一个整体，就必有共同的本质和机制。如同在一个音叉上轻轻敲击，就会出现一圈圈涟漪般的声波一样，以"城市声音"为中心，既可看到城市空间、社会、人物的历史演变脉络，也足以了解城市政治、经济与文化之间的复杂作用关系。由此可知，"城市声音"不仅有章可循，本身也是城市发展规律的重要组成部分。

首先，"城市声音"起源于人类历史上的"城乡分离"。马克思说："物质劳动和精神劳动的最大的一次分工，就是城市和乡村的分离"。② 不同的聚落形态必然产生用以"自我识别"的声音体系。自从有了城市，也就有了城市声音。城市和乡村不仅在自然环境、生产生活方式、风俗和价值观上判然有别，也与不同的"音响""节奏""音乐"等特定的感知觉形式相区别。比如一说到乡村，就会想到自然风雨声、麦子拔节声、鸡鸣狗叫声、春蚕吐丝声等。而一说到城市，尽管乡村的声音可能同样存在，但已不具备代表性，取而代之的是熙熙攘攘的叫卖声、吆五喝六的喧哗声、酒楼歌肆的歌舞声、机器轰鸣的车床声、汽车电车的尖啸声等。把这种差异描写得最生动的，无过于中国古典诗歌，前者如辛弃疾的"平冈细草

---

① ［加］简·雅各布斯：《美国大城市的死与生》，金衡山译，译林出版社 2005 年版，第 485 页。
② 中共中央马克思恩格斯列宁斯大林著作编译局编：《马克思恩格斯选集》（第 1 卷），人民出版社 1995 年版，第 56 页。

鸣黄犊"、翁卷的"子规声里雨如烟"、华岳的"鸡唱三声天欲明",后者如白居易的"钿头银篦击节碎"、晏几道的"歌尽桃花扇底风"、袁宏道的"吴歌越舞颠如梦"。城市和乡村,是性质、强度、节奏、韵律完全不同的两种声音,它们比其他任何知识都会更直接地告诉人们:这是什么地方,以及对这个聚落形态的价值态度。比如在"回归自然"和"田园诗"的影响下,无论中西,"乡村声音"都被认为是优美、和谐和可亲的,并一直是"城市声音"的批判者。

其次,"理想的城市"和"理想的城市声音"在历史上高度一致。西方城市史家普遍认为,人类的理想城市,绝非当今巨无霸式的大都市,而是人口规模适当、经济条件良好、居住环境优美、精神生活丰富的中世纪城市。如韦伯把中世纪城市看作是"完全城市社区"的样板。[①] 最具代表性的是芒福德,他把现代大都市称为"死亡之城",主要原因有二:一是割裂了中世纪城市和乡村的有机和谐关系;二是导致了"在物质建设上的最高成就以及社会人文中的最坏状况"。[②] 而中世纪的城市则是另外一番景象,芒福德曾写道:"在中世纪的城镇里,清晨公鸡长啼报晓,屋檐下鸟巢内的鸟儿吱喳而鸣,城边修道院的报时钟声、市场广场新钟楼发出的和谐的钟声,它们唤醒人们,宣告一个工作日的开始,或是宣告市场开门。人们随意哼起歌曲,从修道士们单调的咏唱到街上民歌手们歌词的反复回荡,还有学徒工们和家庭女仆的信口低咏。唱歌、跳舞、表演,这些仍然都是即兴自发的活动。"以19世纪的"焦炭城"伦敦为例,"在12世纪时,水车的声音在伦敦绿油油的田野中非常动听。在夜间,四野俱寂,万籁无声,只是偶然有动物的骚动声或城镇上守夜人报时的声音。在中世纪的城镇中,人们可以整夜熟睡,丝毫没有人们的喧闹声或机器的噪声"。[③] 无独有偶,以古代杭州为例,据经济史学家研究,江南市镇体系的基础奠定于宋代,杭州地区人口稠密、城市空间不断扩张、商业市场经济网络逐渐形成。但这个十分繁华的江南都市并没有与安静和遵循自然节律的乡村生活割裂开,如诗人陆游在《临安春雨初霁》写道"小楼一夜听春雨,深巷明朝卖杏花",说明当时的杭州城市生活与周边农村地区十分和谐。无论中西,中世纪城市的本质都可以称作"城乡一体化",这一点在"中世纪的城市声音"中得到了真实的记录和表达,成为认识、判断和研究城市史的重要参考资料。

---

① 康少邦、张宁等编译:《城市社会学》,浙江人民出版社1986年版,第10—11页。
② 刘易斯·芒福德:《城市发展史:起源、演变和前景》,宋俊岭、倪文彦译,中国建筑工业出版社2005年版,第259页。
③ 刘易斯·芒福德:《城市发展史:起源、演变和前景》,宋俊岭、倪文彦译,中国建筑工业出版社2005年版,第317页。

最后，当代城市声音的突出问题是"见物不见人"。以工业化为主体的现代城市化和以商业化为主体的当代城市化，直接破坏了中世纪城市"声音的平衡与协调"，反映出技术、物质、商品、欲望的胜利和霸权地位，不仅导致了管理混乱、交通拥堵、心理焦虑等城市病，也使原本自然有序的城市声音出现了严重的"无主题变奏"。这可以从两方面看，首先，正如德国学者乔治·齐美尔在《大都市与精神生活》中指出的"神经刺激的强化"，[1]城市声音在主体方面已超出了人的听知觉的自然阈限，同时，如阿诺德·伯林特在《环境美学》中指出的"机械和电子产生的噪声"，[2]在客观方面也超出了城市环境正常的承载力，这是很多城市不健康和城市人罹患精神疾病的根源之一。在茅盾描写上海的小说《子夜》中，吴老太爷就是因为受不了大都市的声色刺激而一命呜呼的。其次，是都市中"物"的声音过度集聚和强大，将更重要的"心灵的声音"压抑和遮蔽了。在现代化城市中，一是噪声无处不在，"交通的嗡嗡声、除草机的声音、空调运转的声音、通风系统的声音、荧光灯的声音交汇在城市之中。尽管城市居民不得不生活在这样的环境中，但这样的环境是令人讨厌的，人们不能避免且难以忍受"。[3] 二是"机器发出的声响"淹没了"生活中的声音""卡车、轿车、公共汽车、火车、摩托车、飞机、电锯和建筑装备产生大量的噪声和废气，它们弥漫在空气中，持久且无法逃避，使我们的听觉和嗅觉感官同时被污染。伴随着城市环境的还有钟声、嗯哨声和警报声、车轮声和刺耳的破碎声。这一切构成了嘈杂的室外空间，这些刺耳的声音围绕着我们并压倒了人声"。[4] 如同席勒认为"近代机械生活"直接造成了"欣赏和劳动脱节、手段和目的脱节、努力与报酬脱节"，最终把人"变成一个断片"，[5]"以物为本"的当代城市声音，不可能使人的耳根真正清净下来，和世界、城市、内心发生有价值、有意义的交流和对话。这是今天研究城市声音问题，最需要关注和发力的地方。

三、上海："声音之道即城市之道"

在中国城市中，上海是一个很特殊的存在。它的突出特点是所谓的"五方杂

---

① 康少邦、张宁等编译：《城市社会学》，浙江人民出版社 1986 年版，第 161 页。
② ［美］阿诺德·伯林特：《环境美学》，张敏、周雨译，湖南科学技术出版社 2006 年版，第 74 页。
③ ［美］阿诺德·伯林特：《环境美学》，张敏、周雨译，湖南科学技术出版社 2006 年版，第 78—79 页。
④ ［美］阿诺德·伯林特：《环境美学》，张敏、周雨译，湖南科学技术出版社 2006 年版，第 84—85 页。
⑤ 朱光潜：《西方美学史》（下卷），人民文学出版社 1984 年版，第 445 页。

处",不仅体现在人口上,也包括空间和文化。先说人口,语言是最直接的表征。张恂孔的《上海历史演义》曾写道:"上海之口音庞杂,不可究诘。各地混合之俗语有 27 种,游荡无业之切口有 52 种。至于方言,此乡与彼乡异,浦东与浦西异,或杂以英语,或代以反切,细言之,不致几百种。大致分为数项:第一广东话,第二宁波话,第三苏州话,第四北方话,第五始及上海本地话。除城南城西一带尚有完全土著外,其余一变再变。"[①]这主要讲的是国内,如果再加上英、美、德、法、意等外侨的人口和语言,就更加复杂多变。再说空间。从表面上看,上海比中国内陆城市主要多了租界,但作为异域人口、生产生活方式、文化审美趣味的"飞地",实际上构筑了另一种形态和功能完全不同的都市空间,仅以休闲娱乐场所为例,开埠以来,"如跑马场、西式戏院、跳舞厅、弹子房、健身房、外国酒馆等陆续建立起来,并涌现出一批具有娱乐服务性质的社团组织,如 1850 年成立的上海跑马部会和 1864 年开张的上海总会等。娱乐消遣日益多样化、商业化和社会化,有文化性消遣如上图书馆看书、到戏园观剧、欣赏西洋音乐和西洋影戏等,也有英国式的球类运动,如桌球、回力球、板球、足球等,还有赛马、狩猎和划船比赛等"。[②] 这是中国内陆城市很难与之相比的。再说文化。文化的复杂性和多样性,有益于激活人的感性需求和创造力,是一个现代大都市发生和成长的必要条件。关于这一点,将上海和南通进行比较就可知道。尽管"一城三镇"的空间布局和发达的经济与社会事业,使南通在中国近代城市化进程中一度遥遥领先,但由于"高度异质化的人口与文化、滚滚而来的财富与机遇,包括在高速聚集中产生的激烈碰撞及由此裂变出的冲动、激情与创造力,是城市的本质以及城市发展的第一推动力,张謇努力建设的南通,尽管在文明形态、社会建设、文化教育上水平很高,但由于建立在对现代文明感性需要与冲动压抑与限制的基础上,因而既无法吸收全世界的资源与资本,同时也无法获得真正国际化的视野与素质",[③]因此,最后不是有"中国近代第一城"之称的南通,而是上海这样的"十里洋场"为中国现代大都市创造了最好的社会土壤和条件。

从表面上看,城市越大,其声音结构也就越复杂。但城市再大也是城市,其声音再杂乱也同样有章可循、有迹可查和有规律可研究。

---

① 张恂孔:《上海历史演义》(上),大南书局 1934 年版,第 205 页。
② 熊月之、周武:《上海:一座现代化都市的编年史》,上海书店出版社 2007 年版,第 125 页。
③ 刘士林:《"中国近代第一城"兴衰的文化阐释》,《华中师范大学学报》(人文社会科学版),2011 年第 2 期。

　　首先,宋代的青龙镇是上海第一个城市形态,但和城市本身一样,古代的"上海声音"主要是模仿和试探。从宋至清,青龙镇一直相当繁华,甚至有一定的国际化色彩,"镇上有三十六坊、二十二桥、三亭、七塔、十三寺院,设有官署、学校、仓库、税场、酒务、监牢、茶楼、酒肆,栉比鳞次,热闹非凡。市衢常有海外人士驻足,是古代上海地区唯一带有国际交往功能的地方。南宋偏安临安,半壁河山的繁荣也促进了青龙镇的发展,使其进入巅峰状态。嘉定年间,在镇东建立镇学学宫,里面有聚星堂、敕书楼等,诗赋描绘传称内有学士三千,弦歌闻于百里"。①但由于城市地位不高,或者说周边的江南城市过于繁华,上海在很长时间内基本上没有"发声权",即使偶尔发声和"呐喊",也被淹没在江南大城市的人声鼎沸中。这是在中国古代城市史中,几乎听不到"上海声音"的根源。

　　其次,170 多年前的开埠,是个关键的节点。上海不仅真正有了自己的城市形态和性格,也开始有了"城市声音"和"城市形象",此后经过近百年的摸索,在20 世纪 20 年代以后逐渐稳定为以海派文化为基调的上海城市声音。与其他城市相区别,上海城市声音中最重要的新元素是西方声音,从开埠后以上海土话模仿英语发音、简便易学、商务通用的"洋泾浜英语",②到作为近代工商业城市的"制造局的机器轰鸣声"和作为现代工作生活作息节奏的"海关钟声",再到作为近代远东第一大都市生活方式象征的纸醉金迷、醉生梦死的"百乐门爵士乐",这些极具典范性的"异域声音",构成了上海与传统中原城市、与周边江南城市完全不同的"上海新声"。例如,以《夜来香》为代表的 20 世纪 40 年代上海流行音乐作品——

> 那南风吹来清凉,
> 那夜莺啼声细唱,
> 月下的花儿都入梦,
> 只有那夜来香,
> 吐露着芬芳。
> 我爱这夜色茫茫,
> 也爱这夜莺歌唱,

---

① 熊月之、周武:《上海:一座现代化都市的编年史》,上海书店出版社 2007 年版,第 6 页。
② 李长莉:《老上海:阴影下的多元空间与多元性格》,《中华读书报》,2010 - 05 - 26。

更爱那花一般的梦。

以后,不管城市怎么变迁,历史怎样反复,只要一听到这种软绵绵、轻飘飘、醉意朦胧,甚至有些颓废灰暗的歌声,直觉会告诉每一个人:这里就是上海。尽管不少人一直想抹去或淡化这层殖民色彩,但具体效果非常有限。因为这实际上等于对上海实施文化基因改造,不成功则已,一旦成功,上海也就不复为上海。如何正确认识和对待这个出身和基调,不仅需要转变观念也需要有新的智慧。

最后,正如城市越大,形态就会越复杂、充满内在矛盾和冲突一样,如果仅仅将"海派声音"看作上海的代表人物,则未免过于简单化和孤陋寡闻。上海之所以被称为"大上海",就在于它不是只有一种腔调或主流声音。这需要从上海文化结构的特殊性来了解。笔者曾提出上海城市文化主要包括三种要素,即中国内部的北方中原文化、区域内部的江南文化和外来的西方现代文化,同时也是三者的有机结合体。这以现代上海独创的月份牌为代表:"从月份牌的要素分析看,以所承载的公司广告和赠阅形式为中心,月份牌再现了西方现代文明的商业实用主义;内容上以'二十四孝'图为中心,月份牌延续了北方与中原文化圈的伦理实践理性;艺术形式上以时髦美女为中心,又与江南诗性文化的精神与趣味十分贴合。……以西方实用主义、北方实践理性与江南诗性文化为代表,感性地呈现了上海现代文化的生命形态与精神要素,它们为上海现代都市文化的复制、生产与传播提供了一个跨越式发展的深层结构。"[①]在城市声音方面也是如此。可以代表上海城市声音的东西很多,如黄浦江的汽笛声、外滩海关大楼的钟声、南京路的电车声等,它们均有一定的代表性,但同时也各有各的局限性。从上海城市文化原理的角度看,在当代真正能代表上海声音的,无疑应该是小提琴协奏曲《梁祝》。和月份牌相仿,首先,《梁山伯与祝英台》是一个类似于汉乐府《孔雀东南飞》的"中国故事",集中揭示了中华民族忠贞不渝而又含蓄深婉的爱情观,这属于中原文化的实用理性;其次,这是一个发生在中国江南地区的"爱情故事",再现了不同于齐鲁伦理文化的理念和价值,这再现了江南诗性文化的审美气质;再次,这是以小提琴等西洋音乐器具、以协奏曲为形式的艺术创造,为这个在中国反复出现的

①　刘士林:《上海城市的生命历程与文化创造:刘士林教授在上海交通大学的讲演》,《文汇报》,2010-08-07。

"音乐文化素材"增添了现代性的情愫和感受;最后,它的作者是"草根"阶层而非贵族,这和"上海城市的起源与发展,很像一部小人物痛苦、坚韧的奋斗史"①也高度一致。今天,无论走到世界各地,只要《梁祝》那充满忧伤、缠绵、跌宕起伏、用力抗争的旋律响起,几乎人人都会知道,这是上海在新中国时期伟大的艺术创造。

《乐记》曾指出:"声音之道与政通",在今天也可以说:"声音之道即城市之道",不同的城市创造了属于自己的城市之声,而不同的城市之声,不仅见证着城市变迁,同时也再生产着城市本身。如在近现代时期,工业化是上海城市发展的主导机制,所以从 19 世纪洋务运动开始直到 20 世纪,日夜轰鸣的机器声、繁忙的交通汽笛声,一直是上海的主流城市声音,也是现代化进程中最美最动听最令人向往的音调。但 20 世纪 90 年代以后,随着后工业社会和消费文明时代到来,取而代之的便成为超级市场中的嘈杂声、股票交易所的喧闹声,甚至是科研院所中那种静悄悄的声音。但无论时代如何变迁,不同时代的人们都可以从不同的声音形态中听出城市变迁的节奏、城市生活的脉动、城市未来的序曲。把这些珍贵的城市声音记录、整理、研究和传承下去,可以为更全面地感知和体验城市及其更真实的历史与现实提供新的视角、方法和框架。

四、如何寻找和保护我们的"城市声音"

城市既是由建筑物和生产生活活动组成的实体,也是存在于感觉和体验中的意象和声音。前者主要作为城市规划学、城市地理学、城市经济学等学科的研究对象和领域,对于城市声音的研究只有借助城市诗学、城市美学、城市史学、城市文化学等理论与方法,才能发现其特有的形态、结构、谱系和价值。以人文科学的眼光关注上海城市声音,不只比规划师、建筑师多了人文情怀和艺术感受,因为那些感性的城市声音不限于物理学意义,而是以诗性和直观方式再现和表达了中国城市的历史进程和当下鲜活的生命律动,同时也为从理性到感性、从语言到感觉、从视觉到听觉重新发现城市开辟了新的路径。

寻找和研究城市声音,不纯是发思古之幽情,也不应满足于抽象的求学问道,同时也不是像其他文化遗产所做的那样,以数字化技术把它们"芯片"化,那

---

① 刘士林:《上海城市的历史演进与文化模式——纪念上海开埠 170 周年》,《中国城市科学》(第 4 辑),上海人民出版社 2014 年版,第 26 页。

就把题目做小了。关于发现和研究城市声音的重要性,主要可以从两方面来看。马克思曾指出:"人不仅通过思维,而且以全部感觉在对象中肯定自己。"①所谓"全部感觉"包括"视觉、听觉、嗅觉、味觉、触觉"等,"这些器官同对象的关系,是人的现实的实现"。② 在视觉文化占据主导的今天,人类面临的一个突出问题是"形象异化",即在画面上消费的越多,在生活中就享受的越少;人们创造了画面,却使自身变得畸形;他奉献、凝聚在形象世界中的劳动越多,他们生命本身就更加匮乏与无力。③ 在这个背景下,以发现和研究声音平衡人的两种主要感觉,必然要成为"以全部感觉在对象中肯定自己"的首选策略。马克思还指出:"对于没有音乐感的耳朵来说,最美的音乐也毫无意义",而只有"有音乐感的耳朵、能感受形式美的眼睛",才摆脱了"囿于粗陋的实际需要的感觉"层次,成为"确证自己是人的本质力量的感觉"。④ 当今世界又被称作消费社会,"城市化进程越快、城市化水平越高,城市的空间与人口规模越大,其社会生产总体上的消费性特征就越明显"。⑤ 这直接导致了"文化消费异化",即"人们消费的低俗文化对象越多,他们实际上享受到的精神价值就越少;人们对这种粗放文化消费品占有得越多,他们人性中的文化就更加苍白"。⑥ 实际上,在高负荷、快节奏的现代都市生活中,包括听觉在内的人的其他感官都在急剧退化,这是人们在城市中听不到"价值和意义"、看不见"幸福和快乐"的主要原因之一。就此而言,寻找和研究城市声音,最基本也是最重要的作用,就是要修复和重建已被恶性损耗了的文化审美听力。

目前,包括上海在内的很多中国城市,已开始重视城市的硬件建设和保护,如传统街区、城市天际线、优秀传统建筑,有些甚至延伸到城市色彩,对城市的非物质文化遗产保护也不断加强,但在"城市声音"保护方面才刚刚起步。对此,以上海为例,提出三点建议:

一是"分类"。声音作为一种分布散乱又极易流失的城市文化资源,需要建立一个科学的分类标准,进行系统的梳理,摸清上海有哪些"城市声音家底",为

① 中共中央马克思恩格斯列宁斯大林著作编译局编:《1844 年经济学哲学手稿》,人民出版社 1985 年版,第 82 页。
② 中共中央马克思恩格斯列宁斯大林著作编译局编:《1844 年经济学哲学手稿》,人民出版社 1985 年版,第 80—81 页。
③ 刘士林:《阐释与批判——当代文化消费中的异化与危机》,山东文艺出版社 1999 年版,第 244 页。
④ 中共中央马克思恩格斯列宁斯大林著作编译局编:《1844 年经济学哲学手稿》,人民出版社 1985 年版,第 82—83 页。
⑤ 刘士林:《都市消费文化研究的马克思主义理论基础》,《学术研究》,2008 年第 11 期。
⑥ 刘士林:《超越粗放的文化消费方式》,《解放日报》,2005－04－05。

进行较为全面的保护提供参考框架。既可以按照不同的城市空间形态、历史阶段、社会形态，把不同时期的城市声音当作文化遗产加以梳理和分类，也可以按照不同的城市环境、政治、经济与文化，从城市声音的形态、性质、功能和价值方面进行研究和保护。

二是"比较"。在已有的资源基础上，开展横向和纵向上的比较鉴别，把中国城市都有的和上海独有的区别开，建立"上海声音"重点保护目录，并给予重点支持。比如，最不应忘记的是"扈"的捕鱼声。上海曾有"半是海底，半是海滨"的城市演化史，"沪"的繁体字"滬"由"扈"衍变而来，其中"扈"是一种捕鱼工具。南朝顾野王《舆地志》记载："插竹列于海中，以绳编之，向岸张两翼，潮上即没，潮落即出，鱼随潮碍竹，不得去，名之云扈。"①比如古代的"沪城八景"，目前其他七景（海天旭日、黄浦秋涛、吴淞烟雨、野渡蒹葭、江皋霁雪、石梁夜月、凤楼远眺）已不复存在，唯有"三月十五春色好，游踪多集古禅关；浪堆载得钟声去，船过龙华十八湾"的"龙华晚钟"仍在，②这也是不应该被忘记的。还有记录了上海城市现代化的海关大楼的钟声、严重阻扰上海现代化进程的"一·二八"事变的炮火声，这些有重要城市历史节点和集体记忆的"城市声音"，都应该给予重点保护和传承。

三是"创新"。保护的目的在于创新。什么是创新？贺麟在《五伦观念的新检讨》中指出："必定要旧中之新，有历史渊源的新，才是真正的新。那种表面上五花八门，欺世骇俗，竞奇斗异的新，只是一时的时髦，并不是真正的新。"③"城市声音"具有感性审美性质，在保护发展中很容易被利用和胡乱开发。这就要求各种新探索和新创造一定要以继承上海"城市声音文脉"为基准，而不是"跟着感觉走"。从制度建设上着眼，可以考虑把城市声音纳入城市规划体系中，通过合理选择和控制保持城市声音的"上海性"。白居易在《与元九书》中曾说："感人心者，莫先乎情，莫始乎言，莫切乎声。"城市声音作为一种承载着城市空间、社会、历史和文化的感觉表达系统，在培养居民对城市的认同感，消除人与城市的疏离感和陌生感等方面，具有更直截了当、通俗易懂和更低成本等明显优势。现在，国内已有不少城市开始做色彩规划，我们希望"城市声音"能成为城市规划中的下一个对象，以实现人不仅以思维和视觉，同时也更多地以听知觉的方式发现和肯定人在城市中的存在。

---

① 熊月之、周武：《上海：一座现代化都市的编年史》，上海书店出版社 2007 年版，第 3 页。
② 熊月之、周武：《上海：一座现代化都市的编年史》，上海书店出版社 2007 年版，第 42 页。
③ 贺麟：《文化与人生》，上海书店 1991 年版，第 13 页。

|第二十四章|
"有温度的城市"在当代何以成为可能

　　2014 年 3 月,《国家新型城镇化规划》首次提出"注重人文城市建设"。2017 年 5 月,上海市第十一次党代会报告将"人文之城"列入上海建设"令人向往的卓越的全球城市"三大战略目标之一,其中特别提出了"城市始终是有温度的"。这简短的九个字内涵丰富、耐人寻味,它既是一个新的城市概念,也是一种新的城市气质;既与城市的基础设施和管理治理相联系,也关乎城市人的价值态度和审美情感;既涉及客观存在的城市,也涉及作为城市主体的人……既是在实践上对新型城镇化战略的具体展开,也是在理论上对人文城市内涵的丰富深化。

一、城市精神类型:"母性文化"对"男性文化"的重要纠正

　　康德晚年在一篇文章中写道:"夜晚是崇高的,白昼是美的;海是崇高的,陆地是美的;男人是崇高的,女人是美的。"①哲学家关于"男人是崇高的,女人是美的"这个直觉发现,和中国哲学讲的"阴阳"很接近,这不仅在现代精神分析学派中得到了充分展开讨论,对今天研究城市文化也具有重要的启示。

　　从城市起源与发生的角度,美国学者芒福德曾推测:早在农业革命之前的新石器时代,人类曾发生过一场"性别革命"——"这场变革把支配地位不是给了从事狩猎活动,灵敏迅捷和由于职业需要而凶狠好斗的男性,而是给了较为柔顺的女性""新石器农业的每一个方面,从新出现的村庄聚落中心,到房舍的地基,以至于墓穴中,到处都留下了'母亲和家园'的印记。……就形式而言,村庄也是女人的创造,因为不论村庄有什么其他功能,它首先是养育幼儿的一个集体性巢

————————————
① 康德:《西方哲学史》(下卷),马元德译,商务印书馆 1976 年版,第 248 页。

穴。女人利用村庄这一形式延长了对幼儿的照料时间和玩耍消遣的时间,在此基础上,人类许多更高级的发展才成为可能"。[①]

从这个阐述中可以引申出一个城市原理,即"城市是男性的,农村是女性的"。由此就不难理解,为什么城市总是充满了矛盾、紧张、竞争、焦虑、痛苦和斗争,而农村总是给人一种和谐、松散、友善、闲适、幸福和宁静的感觉。西方18、19世纪的小说中,经常会有"城里的贵族"到庄园去治疗身体或心理疾病的情节。在中国古代科场或官场失意的士大夫,一般也都是要回到田园去寻求心灵的解脱和生命的自由。在今天更是如此,人们在周末或假日蜂拥着逃出城市,涌向小镇、民宿或风景区,去放松节奏、休闲娱乐和安顿心灵,同样验证了"城市是男性的,农村是女性的"这个原理。

在文学史上曾有过"地理决定论",主要讲自然环境如何影响文学创作。但文学创作反过来也会影响自然环境,世界上有很多地方,都是因为文学作品而改变的。对城市而言,不同的城市文化会影响城市空间生产。一般认为,男性文化代表的是阳刚、进取、粗犷、崇高,有时也会走火入魔,沦为邪恶、粗俗、暴力的象征。而女性文化代表的是阴柔、退让、细腻、优美,但有时也会失之于抑郁、软弱、琐碎和病态。客观地讲,这两种文化类型各有长短,关键在于避免走向"孤阳不生"或"孤阴不长"的极端。西方谚语讲"男人的一半是女人",中国古代哲人说"一阴一阳之谓道",讲的都是这个道理——缺了哪一半都不可能是完整的,或者说,缺了什么就应该及时补什么。

这个原理同样适用于城市。在前现代的世界,"城市的阳"和"农村的阴"大体平衡,这是芒福德盛赞古希腊的雅典和文艺复兴时期的威尼斯,古代诗人深情咏唱"人生只合扬州老""三生花草梦苏州"的根本原因。在现代城市化进程中,城乡的平衡与协调已遭到严重的冲击和破坏。而到了当今的全球化时代,城市的过度繁华和农村的极端凋敝则到了无以复加的地步,这不仅是"城市病"同时也是"农村空心化"的总根源。

从文化学的角度看,这是城市化进程被男性话语主导而造成的苦果。以当下十分流行的各种 GDP 榜单、城市竞争力排名为代表,它们的主要指标都是极端男性化的,表达了无法遏制的竞争、掠取、占有、征服、贪婪、暴力等"男性欲

---

① 刘易斯·芒福德:《城市发展史:起源、演变和前景》,宋俊岭、倪文彦译,中国建筑工业出版社 2005 年版,第 11—12 页。

望"。但在男性文化以绝对优势压倒女性文化之后,人们并没有得到所渴望的"和平与宁静",现实也不是"城市让生活更美好",而是到处笼罩着芒福德所说的以"野蛮"为基本特征的"暴君城"的阴影,不仅城市空间越来越不适合人居住与创业,"社会解体""道德上冷漠无情""政治上不负责任""人格被贬低"等"城市化过度"问题同样严重。而像这样的现代化大都市,无论怎样富有和辉煌,都不是"有温度的城市"。

就此而言,无论是建设"人文城市"还是培育"有温度的城市",既要认真研究导致城市"不温暖"甚至是"冰冷"的根源和病理,也要能够明辨和确定我们究竟需要什么样的文化价值谱系和人文思想资源。其实这两项工作也可以合二为一,就是在建设"有温度的城市"前,先行开展相关的基本理论研究工作,为把当代城市从日趋机械、呆板、冰冷和无情的"现代"形态中解救出来提供思想武器。

二、城市科学研究：真、善、美与城市物质功能、城市社会功能和城市人文功能

"温度"是一个自然科学的概念,"有温度的城市"则属于城市科学,特别是城市人文科学研究的对象,是城市在高级发展阶段必然提出的"内涵建设"和"理想目标"。

在自然界,温度只有"高低之分",可用感官感知和仪器测量。但对"城市温度"却很不好"界定"和"评估"。对于很多与城市相关的政策或措施,张三觉得温暖,李四觉得寒心,王五没有任何感觉,这是司空见惯的。这是很多人都觉得这个概念很好,但却不知如何下手因而感到茫茫然的主要原因。要想解决思想和认识上的纷乱,必须从城市现象的"杂和多"回到哲学中。任何自然界的存在和现象,在人的世界中不外乎有三种形态,这就是康德在"三大批判"中阐明的"科学"(真)、"伦理"(善)和"情感"(美)。

自然界的万物如此。以朱光潜先生眼中的"红花"为例,自然界的每一朵小红花,实际上都同时有三种"化身":一是"花是红的",这是"花的客观存在",至于这朵花"红不红",可通过科学实验的方法来验证;二是"花是好的",这是"花的社会存在",至于这朵花"好不好",在不同的阶层和集团内部也可以取得共识;三是"花是美的",这是"花的个人的或主观的存在",至于这朵花"美不美",则只有在"知音"境界才能做到"相视而笑,莫逆于心"。

在人工作品中也是如此。以西方艺术极品维纳斯雕像为例,在艺术鉴赏中曾有过三种不同的认识和判断:一是"科学的"。20 世纪波兰美学家英伽登在谈卢浮宫的维纳斯时,特别提到了"这块大理石"的"鼻梁上的污痕""胸脯上的粗斑、空穴、水孔"等。这是从自然科学角度看到的"物理的维纳斯";二是"伦理的"。18 世纪德国艺术史学家温克尔曼就批评过"皮盖尔的维纳斯","她垂涎不停地从嘴角往下流,似乎透不过气来,因为,她为渴望色欲而焦急不安"。这是从伦理学角度看到的"社会的维纳斯";三是"审美的"。20 世纪 30 年代诗人美学家宗白华在巴黎卢浮宫看到的,既不是英伽登眼中那块表面粗糙、布满污迹的大理石,也不是温克尔曼贬斥的那种包含着"情欲和色情"的大理石,而是一个有体温、会呼吸、生气灌注、栩栩如生的"人文的维纳斯"。

城市虽大,理亦如此。城市温度虽然复杂,也不会超出这三个层次。哲学家和美学家看待世界与艺术的方式,为解读和界定"有温度的城市"提供了基本的理论和方法。

按照这个基本原理,"城市温度"主要有三层内涵:

一是"科学的温度",也可以叫"自然温度"。这主要和城市的地理区位、气候条件等相关,比如热带、亚热带、温带、寒带及火炉城市、寒地城市、雾都等,气候环境会直接影响人们的生产生活和心理感受,但反过来人也可以通过科学研究和工程技术改善或解决自然环境的局限,所以"自然温度"的问题一般不是很大。

二是"伦理的温度",也可以叫"社会温度"。这主要和作为"第二自然"的"社会环境和生态"的现状相关。比如城市是开放包容还是闭关自守、城市的贫富分化程度和不同阶层的流动是否通畅、原居民和新移民的排斥和认同等,社会学和城市管理学把这些问题叫作"社会融合"或"社会包容"。与自然界的冷热寒暑相比,"社会温度"对"城市温度"的总体影响要大得多,同时改造起来也艰难得多,并需要有更大的魄力、更多的耐心和更好的社会创新才能改变"社会温度"。

三是"情感的温度",也可以叫"人文温度"。在三种温度中,"人文温度"是最难测量和把握的。正如康德说"趣味无争辩",每个人对环境和事件的感知和判断,既受客观环境和社会条件的制约,也受个人的感觉、心理、价值判断,甚至是潜意识和偶然因素的影响,再加上城市的基本特征是人口众多,要想形成一个客观的评价和共识显然很不容易。很多城市的政策或改革举措,出发点是好的,也经历了反复的研判,但之所以在官官之间、官民之间、民民之间的反应、评价和感受上差距悬殊,根源就在于此。但这绝不是说"人文温度"不重要。流行歌曲里唱的"高楼大厦里找不到我的家",主要原因不在"自然温度"和"社会温度",而主要是由于人们在感觉上不舒适和在心理层面不愉快。如果我们不能把城市的"人文温度"调试好,其他工作做得再多也会大打折扣。在"十三五"规划中,之所以把"建设和谐宜居城市"作为核心目标,并以之来统领绿色城市、智慧城市、创新城市、人文城市和紧凑城市,根本原因也在这里。

由此可知,一个真正意义上的"有温度的城市",在逻辑上一定包含了"自然温度""社会温度"和"人文温度"的内涵,同时这三种"城市温度"又必定是彼此协调和相互融洽的,如果有一种温度缺失,或是"人文温度"偏低,那么这个城市肯定是"温度质量"不高的。这是我们研究、规划和建设"有温度的城市"必须遵循的"基本原理"。

三、城市建设:"自然温度""社会温度""人文温度"与"气候适应性城市""智慧城市""人文城市"

西方有句谚语:太阳底下没有新鲜事儿。引申言之,今天所谓的新事物,其实有很多并不是新的,只是人们过去没有关注到而已。"有温度的城市"一词尽管始于今日,但早在这个概念正式出来之前,包含在这个概念内的很多内容早已孕育甚至"在建"了。认识研究和总结这些经验,既有助于深入了解问题的实质,也可有效避免历史虚无主义。

从城市史的角度看,人类设计和建造城市的目的,是在无情的大自然中营造"温暖的家",这个家必定是要既符合大自然的"风水",也符合社会发展的"规律",同时还应满足人的文化观念和审美价值。符合自然条件的,未必符合生产生活的实际需要;只满足社会和群体的功利需要的,又不一定为人的感情所接受和认同。我们感慨很多古代城镇、传统村落在选址和设计上的匠心独运,在防洪防涝、防风等功能上的深谋远虑,还有在伦理秩序和文化交流上的周密考量,说明建造一个"有温度的城市",一直是人类在追求的。由于各种自然和历史条件的局限,有些建得很成功,有些不够成功,也有的彻底失败,这些都是很正常的。在今天提出的"有温度的城市",真实含义是在当代自然历史条件和城市发展趋势的背景下,为城市人建设一个在环境上更优美舒适、在社会上更公平公正、在人文上更健康快乐的"家园"。

从城市建设的角度看,每一个城市也都在寻找自己的温度,没有谁愿意把城市建成一个冰冷、机械、黑暗和没有任何快乐的"悲惨世界"。我们不应为目前城市建设中存在的问题和矛盾而妄自菲薄,而应认真研究和分析,在已经做过的工作中,哪些方面是温暖的和需要坚持的,哪些方面是不够温暖而需要提升质量的,以及哪些方面是完全违背人性和城市发展规律而必须革新和否定的。有了这种理性的思考和判断,就可明白今天建设"有温度的城市",不是把城市已有的一切"推倒重来",也不是凭空再建一个虚幻的"空中花园",而是以"有温度的城市"为理念和尺度,使城市可以更有效地"遮风挡雨"、更大程度地避免"不公平不公正"和带给人更多的欢乐和幸福。明白了这个道理,就可以获得一颗平常心,避免以"有温度的城市"名义,再搞一场"大拆大建"或"大跃进"。

客观而言,尽管近年来我国城市化问题不少,但所有的探索和建设都没有白白浪费。

在"自然温度"方面,可以在很多城市铺开的"气候适应性城市"规划建设为代表。在全球变暖的背景下,各种极端和灾难性气候变化越来越多,成为影响城市发展、生产生活的突出问题。而建设气候适应性城市的目的,就是综合运用政策、科技和工程技术改善城市生态环境的脆弱性,把城市的"自然温度"调试到一个最恰当的刻度。

在"社会温度"方面,我们的城市可以说做了更多的工作,从行政管理改革、城市交通治理、安全、卫生到社会保障、养老助残、礼仪教育等,它们背后几乎都有国家或省部的评估和考核,也在切实推进着城市管理水平。在这个方面可以"智慧城市"建设为代表,通过大数据、互联网、物联网而实现高度互联互通的城市,通过对民生、环保、公共安全、城市服务、工商业活动等方面的智能响应,实实在在地实现企业和市民的"少跑路"。

在"人文温度"方面,以历史文化名城、历史文化街区的设置、城市物质和非物质文化遗产保护、大型公共文化基础设施建设、品类丰富的公共文化服务和公共艺术活动以及城乡公共文化服务一体化推进为代表,每个城市在文化建设上都做了大量工作,为营造城市文化氛围、提升艺术魅力发挥了很好的作用,并最终成为《国家新型城镇化规划》提出的"人文城市"。

由此可知,我国城市在"自然温度""社会温度"和"人文温度"等方面都不是一片空白的,没有哪个城市是"零度"或"低温"状态。"有温度的城市"的建设,不是一个"而今迈步从头越"的问题,而是应以我国已布局建设的"气候适应性城市""智慧城市"和"人文城市"为支点,谋划"有温度的城市"的顶层设计。

目前,人们对城市满意度不高或获得感不强,主要是有些政策出台时考虑不周,有些举措实施后的效果和预期偏差较大。究其主要原因,是城市建设内容过于复杂并分属于相关部门,对问题的复杂性研究不够和部门之间缺乏互动协作机制。要解决这些问题,必须从"自然温度""社会温度"和"人文温度"的内在原理和机制出发,从城市规划设计上把气候适应性城市、智慧城市和人文城市三个城市发展目标有效协调,以最小的成本把城市温度调控到一个理想的刻度。

四、城市发展:培养"有温度的人"是立城之本

城市是人的城市,建设"有温度的城市",不能忘了城市人。城市温度既和城市的基础设施建设、政府和社会建设、公共文化服务建设密切相关,也深受每一个人的感官、情绪、心理、意识、观念、价值的渗透和影响。

古人曾讨论过一个话题:诗人需要不需要江山之助。一种回答是需要,因为"内养不足,正借风景淘汰耳"(陈衍《与何彦季》),或者是"胸中块垒,急须以西山爽气消之"(汤传楹《与展成》)。另一种回答是不需要,即所谓的"彼隋山乔岳,高则高矣,于吾道何有? 长江大河,盛则盛矣,于吾气何有?"(郝经《内游》)外部的世界大体是一样的,为什么会出现两种完全不同的判断,这就把问题引到了人的精神世界和感觉机制上。

这个道理也适用于城市。改革开放以来,我国的城市硬件已不逊色于西方发达城市,但以"逃离北、上、广"和"大城市伪幸福"为代表,我国城市在发展的每一阶段,都会一再出现"端起碗吃肉,放下筷子骂娘"的现象,"城市文化病"也日趋严重。

这个问题比起"自然温度"和"社会温度"更难解决。在现代化进程中,城市自然环境的不断恶化和城市社会环境的不尽完善,在直接损害城市人生产生活的同时,也间接扭曲了城市人的感受和判断力。正如马克思说:"忧心忡忡的穷人对再美的景色也会无动于衷。"如果说这些问题过去主要发生在西方,那么近年来正成为中国城市非常头痛的问题。

在几年前,一家媒体曾发起过关于"新上海人问题"的讨论。起因是一位女大学老师发了篇文章,她"在这里学习工作、结婚生子、买房置业""拥有上海户籍",是改革开放以来城市发展的受益者,但她却一直感到"生活在别处",并发出了"上海是不是我的家"的感慨。这个讨论一度成为沪上热议话题,说明有这种

感受和思想的人不在少数。

其实就国内看，大家普遍认为上海是物质生活水平最高、社会管理和服务最规范、文化生活和文化消费最有品位的城市。这些新上海人之所以不认同，说明他们在感受城市的温暖和善意方面出现了障碍，同时也说明使人们充分接受城市发出的光和热，是一个比城市硬件建设更重要和紧迫的问题。对城市的感受虽然始于感觉器官，但仅仅凭借感觉器官实质上表明他们关于城市的观念和价值系统出了问题，因而只能通过启蒙和培育个体正确的城市思维方式和价值判断来解决。一个城市温暖不温暖，既要看"自然温度"和"社会温度"，但最终还是要看有没有能够感受"城市温度"的人。培养"有温度的人"是立城之本。

和浦东开放时期的上海有很大不同，今日的上海已是全球最著名的国际大都市之一，在经济总量、城市基础设施建设、社会管理和信息化服务等方面均走在世界前列。但上海也有自身的短板和不足，即在城市软环境、文化影响力和城市生活方式上与巴黎、纽约等还有一定的差距。这也是上海大都市最需要关注和处理的"城市温度"问题，其核心不是"物"，而是"人"，不是"人的物质生活资料和社会保障"，而是"人的愉快不愉快，幸福不幸福"。

但无论如何，我们都高兴地看到，上海敢于在国内率先提出建设"有温度的城市"，既是以物质基础雄厚、社会建设水平较高为资格和本钱，也是补自身短板、推动城市向更高层次发展的需要。这同时也意味着，经过开埠以来一百七八十年的城市发展和经济社会建设，上海已有了父亲般的高大骨架和坚实脊梁，而现在需要的是重建城市应有的母性怀抱，以便为在现代化进程中晕头转向、无家可归的现代中国人提供一个精神家园。这个精神家园的内涵固然很多，但最重要的是建设一个有温度的城市。

| 结 语 |
观乎城市，以化天下

"济济多士，秉文之德"。（《诗经·周颂·清庙》）

党的十七届六中全会首次将"文化命题"作为中央全会的议题，从未来发展战略高度提出建设"文化强国"，奏响了这个古老的礼乐之邦在全球化时代的"大雅之音"和中国文化在 21 世纪伟大复兴的进军序曲。与经济发展相比，文化建设涉及的层面与问题更加众多与复杂。在战略主题明确之后，关键在于如何科学认识和把握我国文化建设的时代背景、主要矛盾与关键问题，以便在实践中少走弯路，切实推动我国文化实现又快又好发展。

一、城市化是建设文化强国的时代背景与现实处境

在当今世界，具有全局性的时代背景无疑是席卷全球的城市化进程。以2008 年全球城市人口首次超过农村人口为标志，城市化进程使人类世界在许多方面发生了天翻地覆的巨变，成为全球共同面临的生存境遇和真正的世界性问题。进一步说，城市化进程不仅彻底改变了我们生存的自然环境与社会生态，同时也是当代人所有现实矛盾与思想问题的根源。

尽管当今世界的城市化水平参差不齐，生活在不同国家与地区的人们差别很大。但在现代化的交通与信息技术条件下，当今城市化正呈现出以"大都市"为中心的"都市化"趋向。在当代，一个人可能并不直接生活在大都市，也可以对城市生活方式持激烈的批判态度，但无论是他在现实中的衣食住行，还是更高层次的文化消费与精神享受，实际上都不可能与城市社会绝缘。尽管城市中存在着许多令人痛苦的问题与矛盾，如人满为患、交通拥堵、房价高涨、生活成本不断攀升等，但无法否认的是，只有城市，特别是发达的现代化大都市，才能为个体的

生存与发展提供他在乡村、城镇与中小城市不可能获得的真实空间。在这个意义上，城市化也是我们建设文化强国的现实处境与历史坐标。

与此同时，城市化早已超出了经济发展领域，并深刻地影响到社会结构、精神生态、文化消费乃至于审美趣味。以当代大都市为母体的城市文化与都市生活方式，迅速打断了传统的农村摹仿城镇、城镇摹仿中小城市、中小城市摹仿大都市的"摹仿链"，在全球文化中具有影响无所不在的霸权与主导地位。同时，在后工业社会中，大都市既是文化信息生产、交换与传播的中心，也是受各种信息冲击、干扰和影响最大的地方，其在文化上积极的引领作用与负面的消极影响都十分明显。由此可知，城市文化在我国文化建设中具有核心战略地位，对外可以抵御西方后现代文化的传播和侵蚀，对内有助于集聚和提升我国的文化软实力。把城市文化作为建设文化强国的战略核心，符合我国的现实需要与长远利益。

二、"罗马化"：中国城市文化建设面临的关键问题与矛盾

以城市文化建设为中心推动我国文化繁荣发展，关键在于要把城市文化自身的问题解决好，而这首先需要找到影响我国城市文化发展的主要矛盾。

在经济全球化背景下，人类城市面临的共同问题是"罗马化"，其主要特征即"在物质建设上的最高成就以及社会人文中的最坏状况"。对此芒福德曾指出，当代城市，特别是大城市，在很多方面正表现出严重的"罗马化"倾向，如人口过分密集，居住条件恶劣、经常的性感刺激、暴力和犯罪等，这些都是地道的"罗马传统"。我国近年来在城市建设上的"大跃进"和文化消费的"三俗"问题，也表明"罗马化"的幽灵开始在中国城市的周围徘徊。城市的本质在于提供一种"有价值、有意义"的生活，"罗马化"则只有城市物质躯壳的扩张，而完全牺牲了城市文化提供的代表着更高文明水平的价值与意义。以国内的大都市为例，在城市道路持续拓宽、新建筑层出不穷、人口迅速增加等繁华表象的背后，以"逃离北、上、广"和"大城市伪幸福"为代表的极端心态与言行也与日俱增。城市文化问题已成为影响和制约中国城市可持续发展的主要问题与关键矛盾。

在某种意义上，建设城市文化也是出于我国城市科学发展的必然选择。从城市发展史的角度看，中华人民共和国成立后的城市主要经历了政治型（1949～1978）、经济型（1978～2005）与文化型（2005～今）（以"宜居指数""生态指数""幸福指数"等城市发展观为标志）三种城市化模式。如果说，政治型城市化的最大

问题在于干扰、制约了中国城市的发展，那么，建立在对能源、资源和文化生态恶性损耗基础上的经济型城市化，则在很大程度上深度解构了"提供美好生活"的城市本质。在全球范围看，以"吃光、用尽、玩完"为主题的"美国梦"，是经济型城市化在城市文化上的最高代表。但城市的本质却在于，不仅要使人生活得安全、富裕、健康，还要使人感到生活得愉快、自由与有意义。这是近年来中国城市开始冷静反省 GDP 崇拜，以及越来越关注城市社会的公平、正义及城市人精神生态的深层原因。而党的十七届六中全会明确提出的文化繁荣发展战略，不仅及时，也必然推动中国城市在发展理念与发展方式的转变，使中国城市按照正确的方向、向自身的文化本质复归。

三、在城市家园中重建中华礼乐文化

文化建设，从何做起？

这需要我们在当代语境中重新认识和阐释城市文化的本质与功能。

文化是城市的灵魂，主要功能是引导人们"向善而在"与"为美而活"。也可以说，城市文化的主要内容是"城市的善"与"城市的美"。前者用来生产秩序，规范行为，避免城市社会解体；后者用来调节情感，使人获得快乐与自由，兑现"美好生活"的"城市承诺"。从原型上讲，它们相当于中国古代的"礼"和"乐"。处理好两者的关系，是在城市化进程中繁荣和发展文化的关键所在。

从现代西方城市发展的经验教训看，其长处在于建立了一整套相对完善的城市管理体系，但由于"制度""规范"仅相当于"礼"，与之相伴生的则是城市中个体的焦虑与压抑，直接影响到西方城市的可持续发展；另一方面，西方个体对现实采取的那种非理性的反叛和对抗，也并没有给自身带来真正的自由与解放。西方社会学家经常讲到的"社会解体"与"城市危机"，在这个意义上就可以"乐胜则流，礼胜则离"（《礼记·乐记》）一语概之。在快速的城市化进程中，为了使城市中紊乱的人际与社会关系重新有序化，我国很多城市迅速出台了大量的政策、法规和制度，以为这样就可以管理好城市。但由于这仅做到了"礼至则不争"，而未能做到"乐至则无怨"，所以可以说在很大程度上正在重蹈西方现代城市的覆辙，这是我们今后在建设城市文化时特别需要反省和思考的。

《易经》云："观乎人文，以化成天下。"也可以说，城市文化就是当今世界最大的人文。当然，在城市化背景下重建中华礼乐文化，与古代农业文明中的"元典"

会有很大差别。从"礼"的角度讲,关键在于如何完成"乡村之礼"向"城市之礼"的版本升级,破除以宗法制为核心的封建文化体制,这一点至今仍是需要向西方努力学习的。从"乐"的层面上看,则是如何应对甚嚣尘上的西方消费文化及腐朽生活方式的挑战,在正确认识、理性肯定当代人消费欲望与需求的同时,又把它限定在合理和可持续的范围内。只有彻底解决了这个深层次和关键性的矛盾,才能真正完成在城市家园中重建中华礼乐文化的光荣使命。

下卷

人文城市的中国实践

第三篇

中国文化城市群的历史逻辑与现实演进

第一章
中国城市群的发展现状与文化转型

城市群是当今世界城市发展的主流和大趋势,也是我国新型城镇化道路的核心支撑体系,从《国家"十一五"规划纲要》首次提出"把城市群作为推进城镇化的主体形态",到《国家新型城镇化规划》最终明确"把城市群作为主体形态",主题一再深化,目标一以贯之。原因在于,城市群的发展目标是建构良好的分工体系和层级关系,解决大城市与中小城市、城市与农村在工业化和城市化进程中不断激化的对立和冲突,落实《中共中央关于全面深化改革若干重大问题的决定》提出的"完善城镇化健康发展体制机制""推动大中小城市和小城镇协调发展"及"优化城市空间结构和管理格局"等战略任务的必然要求。

一、我国城市群的发展现状与主要问题

在现代城市化进程中,主要形成了"单体式"和"城市群"两种城市发展方式。从全球范围看,20 世纪 60 年代以来,"以邻为壑""单打独斗"的"单体式"城市发展理念和模式,对外加剧了城市之间的"同质竞争",造成区域内资源、资金和人才的巨大浪费和低效配置,对内激化了城市内部的"恶性博弈",直接损害了城市社会应有的公平、正义及人的精神生态,在西方发达国家和地区这一发展模式不断受到质疑、修正和摈弃。与此同时,在形态上具有"组团发展"特征、在机制上形成"共生互动"的"城市群",逐渐成为当今世界城市化和区域发展的主流趋势。其特点和作用是通过高稠密城镇基础设施和高效率流通网络体系,建立合理的城市分工和层级体系,促进区域内大都市、中小城市、乡镇、农村协调发展,并为从根本上解决"产业同质竞争、项目重复建设、空间批量生产"的"粗放型城市发展模式"指明了方向。这是城市群规划和建设在我国受到高度重视的主要原因。

　　自 2005 年国家"十一五"规划首次提出"城市群"战略以来,目前我国初具规模得到普遍认可的城市群(包括以"经济区"命名的"准城市群")已有 30 个左右,其中,排名居前的十大城市群以不到 1/10 的土地面积,承载了全国 1/3 以上的人口,并创造了全国 1/2 以上的 GDP。[①]

　　但就总体发展状况而言,我国城市群仍存在着三大问题。从全球层面看,主要问题是"发育不足"。与 20 世纪中后期形成的世界五大城市群、[②]美国 21 世纪初期涌现的十大城市群、[③]2008 年西方学者佛罗里达提出的全球经济产出排名中超 1 000 亿美元的前 40 个城市群[④]相比,由于起步晚、资源条件不足和发展环境复杂等原因,我国城市群尚未形成良好的城市层级和分工体系,在区域协调和一体化水平上比较滞后,在城市生态环境和文化软实力方面的差距更大,并出现了"城市群未立"而"城市病多发"等危险迹象。从全国范围看,主要问题是"发展不平衡",和长三角、珠三角、京津冀三大城市群相比,目前扎堆出现的中西部城市群尽管数量已远超东部,经济总量、交通基建和人口规模也有较快增长,但整体发展水平却与前者差距很大,在城市规划、产业发展等方面的"雷同化"与"同质竞争"问题,不仅不利于培育城市群内部良好的城市层级和分工体系,还有可能重蹈东部发达地区"先污染,再治理"的覆辙。从城市群自身方面看,主要存在着四大瓶颈:一是在发展模式上呈简单化和粗放型,不利于城市群的均衡增长;二是未形成有效的文化协调和联动机制,层级体系和一体化缺乏内生动力;三是区域合作尚处于"浅表阶段",战略与规划的"同质化"问题十分突出;四是环境污染严重和资源约束加大,发展风险和不可持续性日益凸显。[⑤] 这些问题在严重

① 刘士林等:《城市群:未来城镇化的主平台》,《光明日报》,2014-06-03。
② 戈特曼:《全球大都市带体系》,《城市和区域规划》,1976 年第 243 期,第 109—113 页。主要包括:(1) 从波士顿经纽约、费城、巴尔的摩到华盛顿的美国东北部大都市带;(2) 从芝加哥向东经底特律、克利夫兰到匹兹堡的大湖都市带;(3) 从东京、横滨经名古屋、大阪到神户的日本太平洋沿岸大都市带;(4) 从伦敦经伯明翰到曼彻斯特、利物浦的英格兰大都市带;(5) 从阿姆斯特丹到鲁尔和法国西北部工业聚集体的西北欧大都市带。(Gottmann, Jean. Megalopolis system around the world, 1976)
③ 罗伯特 E.朗格(Robert E. Lang)、唐·达维尔(Dawn Dhavale):《超越大都市带:美国新"大都市带"地理扫描》,http://www.mi.vt.edu/uploads/MegaCensusReport.pdf,2006-04-01。提出了 10 个大都市带区域(Megapolitan area),主要包括(1) 以纽约为中心的东北部大都市带;(2) 以芝加哥为中心的中西部大都市带;(3) 以亚特兰大为中心的皮德蒙特高原大都市带;(4) 以迈阿密为中心的佛罗里达半岛大都市带;(5) 以休斯顿为中心的墨西哥湾沿岸大都市带;(6) 以达拉斯为中心的I-35 走廊;(7) 以洛杉矶为中心的"大峡谷"大都市带;(8) 以菲尼克斯为中心的埃科透匹亚(Ecotopia)大都市带;(9) 以旧金山为中心的北加州大都市带;(10) 以西雅图为中心的卡斯卡特大都市带。
④ Richard Florida, et al: The Rise of the Megaregions, Cambridge Journal of Regions, Economy and Society, 2008, 1(3): 459-476.
⑤ 刘士林:《我国城市群发展面临的挑战》,《人民日报》,2013-07-14。

制约我国城市群自身发展的同时，也直接影响到国家新型城镇化建设的质量和内涵，是亟待破解和应对的重大现实挑战。

二、"转变城市群发展方式"的紧迫性与必要性

早在1995年编制"九五"规划时，我国就首次提出"转变经济发展方式"。由于当代经济主体主要集聚在城市，所以这实质上提出的是"转变城市发展方式"。而在"把城市群作为主体形态"的新型城镇化背景下，这一问题又顺理成章地演进为"转变城市群发展方式"。明确"转变经济发展方式"的主要空间和真实对象，对我国国民经济和社会发展具有重大战略意义。

在经济和文化发展日益交融的全球背景下，城市群正呈现出两种不同的发展方式，一是以经济、交通和人口集聚为基本特征的"经济型城市群"；二是以文化、生态和生活质量为建设目标的"文化型城市群"。受其影响，中国城市也开始从以GDP为衡量指标的"国际大都市"迷梦中觉醒，并逐渐走上以"宜居城市"（北京，2005）和"文化大都市"（上海，2007）为代表的文化转型之路。理想的城市群是一个在人口、经济、社会、文化和整体结构上具有合理层级体系，在空间边界、资源配置、产业分工、人文交流等方面具有功能互补和良好协调机制的城市共同体。由此可知，文化转向符合城市群全面发展的本质需要，"文化型城市群"代表着城市群发展的更高形态，这也就注定了"文化型城市群"必将取代"经济型城市群"，成为我国新型城镇化的主体形态和更高发展目标。

改革开放以来，城市群率先在东部地区崛起，成为我国区域发展的典范和标杆。但反过来看，其自身存在的问题同样具有代表性。受经济型城市群发展模式影响，东部城市群的问题主要表现在两方面：一是以"工业化"为支柱的城市化进程恶性损耗和污染了自然资源和环境，使城市群赖以生存的空气、土壤、河流湖泊、生物生态等"资源环境条件"不断恶化；二是以"西方化"为核心的现代城市生活方式深度解构了传统社会和文化价值，以社会问题、道德问题、信仰问题和心理问题为代表的"城市文化病"日益突出。

在资源环境方面，城市群意味着更大规模的人口集聚和经济活动，而这必然是以对环境资源的更大需求和消耗为前提的。据上海交通大学城市科学研究院发布的《2013中国城市群发展指数报告》，生态环境恶化已成我国三大城市群在当下面临的普遍问题和最大挑战，其中又以经济最发达的长三角最为严重。"十一

五"期间,长三角累计 GDP 规模经济总量达到 33.06 万亿元,占国家同期 153.78 万亿元的 21.5%,累计超过中国经济总量的五分之一。① 但其所付出的生态和环境成本,在三大城市群中同样遥遥领先。以 2007 至 2010 年的工业废水排放量为例,长三角的排放量分别为 43.85 亿吨、41.67 亿吨、41.9 亿吨和 41.84 亿吨;京津冀与之持平,在 12 亿吨左右,珠三角与之持平,在 13 亿吨左右。在 2007 和 2010 年,长三角的工业二氧化硫排放量均超过 160 万吨,而珠三角年均为 50 万吨左右,仅为长三角的三分之一。② 目前,我国规划和在建的城市群已在 30 个左右,尽管它们之间有规模和水平的差异,但在不断损耗甚至是透支资源环境方面则是殊途同归的。

在社会和文化方面,以长三角为例,其首位城市上海一直被视为中国"最西方化的城市",或是"中国国际化水平最高"的城市。由于这些原因,上海当仁不让地成为中国现代文化中心,拥有丰富的现代文化资源和重要的文化影响力。如 20 世纪以来深入中国社会的电影、音乐、舞蹈、戏剧,以及西方礼仪文化、餐饮文化、节日文化等生活方式资产。但同样它也是一个在西化之路上"走得太急""走得太快""传统丢失太多"的中国城市,这就必然导致这样一个令人忧心的疑问——"上海这个现代化大都市已经矗立在世界东方,但它究竟是不是我们所希望的那个城市家园,或者说,在这个过于西化、过于物化、过于商业化的现代大都市中,我们这个传统的农业民族究竟能不能安身立命,都是值得继续探讨和严肃追问的"。③ 从历史上看,古代上海地区的城市化,既"远取"了"中原文化圈的实用理性",又"近取"了"吴越地区的江南诗性文化",前者"有利于社会秩序的建构",后者"有助于培育现代审美生命",这是现代时期的上海"较为顺利地实现了中国传统文化的现代性转换"的根源。④ 但问题在于,由于这个近现代的转换一直是在西方文明主导下完成的,一方面,由于传统文化"根底太浅""缺乏定性";另一方面又是在过于商业化的"十里洋场"背景下行进的,由此造成了"海派文化"性喜追新求异、对任何事物都是"浅尝辄止"的根深蒂固的积习,不仅很容易退化为欲望狂欢和感性放纵,同时也很难把"文化启蒙和变革事业"进行到底。这是海派文化建构后续乏力、影响力不断衰退的主要原因。就当下而言,不仅电

---

① 胡建一:《长三角 GDP 能耗综合分析》,《电力与能源》,2011 年第 12 期。
② 刘士林、刘新静:《中国城市群发展指数报告 2013》,社会科学文献出版社 2013 年版,第 54—55 页。
③ 刘士林:《现代作家解读江南城市》,《光明日报》,2012-06-04。
④ 刘士林:《上海城市的生命历程与文化创造——刘士林教授在上海交通大学的讲演》,《文汇报》,2010-08-07。

影、音乐、美术、文学、新闻出版等传统优势日渐衰退，在文化产业、文化服务业、文化贸易、公共文化等新兴领域也缺乏和城市地位相匹配的新品牌。从我国三大城市群的文化发展看，目前在区域协调和联动上以珠三角为最好，表明传统的岭南文化为其提供了内在的默契和支持。而在长三角，其固有的传统江南文化对区域发展的贡献不大，甚至远不及明清时期。这是只有百年传统的海派文化取代了经过上千年积淀的江南文化的必然结果。

在我国城市化进程中，经济生产方式的"工业化"和生活方式的"西方化"不期而遇，前者直接导致了资源与环境方面的枯竭和污染，使城市深陷于各种城市病而不可持续，后者则亵渎了一切传统社会的美好价值和信条，使城市人精神空虚、无家可归。这两者叠加在一起，就是芒福德所说的"罗马化"，即"在物质建设上的最高成就以及社会人文中的最坏状况"。① 其最深的根源在于，发展在前的东部城市群走的都是"经济型城市群"发展道路，尽管在短期内经济总量、交通基建和人口规模增长很快，但也导致了"物质文化"与"人文精神""硬实力"和"软实力"的严重失衡和不协调。而东部城市群只不过是一个缩影。对于全国各地跃跃欲试的城市群而言，只有"量的差别"而没有"质的不同"。我国城市群建设面临的最大悖论是，一方面，是土地、矿产、江河湖泊等环境与资源的瓶颈问题日益突出，但众多的城市及城市群仍不肯真正改变自身的发展方式；另一方面，对历史悠久、形态多样、"取之不尽用之不竭"的区域传统文化资源视而不见或很难高水平地规划和良性地开发利用。就此而言，以文化产业和文化事业为中心，构建具有鲜明层级体系和积极协调作用的城市群文化机制，推进以工业化、现代交通建设为主导的"经济型城市群发展方式转变"，同时在社会主义文化强国总体框架下复兴不同区域的"小传统文化"，使之在城市群层级体系建设和区域一体化与协调发展中发挥更大作用，不仅势在必行，而且迫在眉睫。

三、关于规划建设文化型城市群的对策建议

从总体趋势上看，我国城市建设已由"铺摊子、扩圈子"的粗放发展进入"调结构布局、深度城市化"的战略调整期，与之相应，我国的城市群也处在从"数

---

① 芒福德：《城市发展史：起源、演变和前景》，宋俊岭、倪文彦译，中国建筑工业出版社 2005 年版，第229 页。

量—规模增长"向"质量—内涵增长"过渡的关键节点。城市群是我国新型城镇化的主体形态,为促进其健康和良性发展,必须尽快设计和推进其从"经济型城市化"走向"文化型城市化",对此提出对策建议如下:

1. 出台《国家文化型城市群规划建设指导意见》,明确我国城市群建设的战略方向并提供政策和机制保障

(1)国家"十三五"规划明确提出"文化型城市群"战略,完善我国城市群走文化转型发展道路的顶层设计。在《国家新型城镇化规划(2014—2020 年)》提出"注重人文城市建设"的背景下,要紧密结合新型城镇化"把城市群作为主体形态"的战略部署,协调城市群的交通、经济、人口增长和文化、生态、生活质量改善的矛盾冲突,转变业已形成的"经济型城市群"发展模式,全面满足我国城市发展在制度文明、物质基础和人文精神多方面的需要,带动我国城市建设进入以文化发展为主题、以经济发展为基础、以政治建设为目标的良性循环。

(2)明确"城市群"这一我国区域规划的战略性概念,突出文化、生态和生活质量的主题和导向作用。在我国编制和发表相关区域发展战略规划时,使用最为普遍的是"经济区"。即使《中共中央关于制定"十一五"规划的建议》明确提出"城市群"后,这个习惯性用法仍没有被摈弃。这不只是一个概念或命名问题,而是涉及城市的环境、政策、交通、基础、人口、社会、文化等方面的一体化发展。而"经济区"则是改革开放初期的产物,片面专注于经济规划和建设,它始于 1983年 1 月国务院发布的《关于建立长江三角洲经济区的初步设想》,不仅是我国城市群普遍走上"经济型城市群"发展道路的内在理论文化根源,也是目前我国大多数的"城市群规划"在实质上仍是"区域经济规划",并往往背离了建立区域内城市合理的层级分工体系这一城市群的本义的直接原因。

(3)以深耕风格多彩的区域特色文化资源为中心,切实规避城市群规划和建设的"同质化"痼疾。一般说来,由于基建、交通和产业等具有很强的类似性,城市群要想在这些领域实现"特色发展"和"错位竞争"是极其困难的,而只能最大限度地依靠各自的自然环境、历史文脉和区域文化资源。但在"经济型城市群"的规划建设中,由于基本上忽视了区域文化和历史传统,其结果就是在当下依然十分突出的"千城一面"和"同质竞争"现象。在长三角、珠三角及许多城市群的"十二五"规划中,不仅高度一致地提出推进交通和基础设施一体化建设,在文化建设上也同样千篇一律地规划了文化产业重点战略。但由于未能深入研究不同城市群的文化禀赋和资源差异,这些文化产业规划也都成为文化产业园

区、文化旅游、影视动漫等项目,并在城市群范围掀起了新一轮的文化产业同质竞争。这与"十五""十一五"期间大家一拥而上地发展汽车、纳米、石化产业等并无质的差别。而提出和研究"文化型城市群",充分开发江南文化之于长三角、北方文化之于京津冀、岭南文化之于珠三角、巴蜀文化之于成渝经济区等的资源优势,才是规避城市群文化发展走向同质化、同时引领城市群转变发展方式的有效途径。

2. 率先编制《长三角文化型城市群发展规划》,开展我国"文化型城市群"规划建设的试点工作

(1) 基于长三角的雄厚物质基础和健康发展需要编制《长三角文化型城市群发展规划》。文化建设离不开经济基础。作为我国启动最早、城市化和国际化水平最高的城市群,长三角在经济、资本、产业和人才等方面具有明显的先发优势。2012 年,长三角核心区 16 个城市 GDP 总量达到 89 951 亿元,逼近 9 万亿元,总量占到全国的 17.3%。其中,除上海、苏州较早迈入 GDP"万亿俱乐部"外,还有六个城市 GDP 总量超过 5 000 亿元。① 从世界范围看,长三角和世界五大城市群相比,两者差距主要不是体现在经济总量、城市基建等"硬件"方面,而是体现在城市软实力和文化服务上。在长三角率先提出并规划建设文化型城市群,可为我国城市群摆脱"物质发达,文化简单"的初级形态提供示范和经验。

(2) 基于区域丰富的江南城市遗产及其升级复兴需要编制《长三角文化型城市群发展规划》。经济发达与文化繁荣的古代江南城市,是率先在长三角建设文化型城市群的先赋优势。"到唐代中后期,长江下游地区逐渐形成了以扬州为区域中心城市,以苏州、杭州、越州为次级区域中心城市,以一般州府所在地(例如宣州、常州等)为三级区域中心城市,以县城为四级区域中心城市,以新兴的镇市和草市为第五级区域中心城镇的五级城市体系"。② 以明代为例,位于江南地区的南京、苏州、常州、镇江、松江(上海)、嘉兴、湖州、宁波、扬州等,均进入全国50 个重要工商城市之列。到鸦片战争前夕,江南地区大中小城镇遍布、经济发展水平居全国之冠,从芜湖沿江到宁镇扬,经大运河到无锡、苏州、松江、杭州,再沿杭甬运河到绍兴、宁波,共有 10 万人以上的城市 10 个,同比占当时全国的一半。③ 同

---

① 潘洁:《长三角 16 城 GDP 逼近 9 万亿总量占全国 17.3%》,《国际金融报》,2013 - 02 - 27。

② 肖建乐:《唐代城市发展及其推动力量浅析》,《光明日报》,2014 - 08 - 06。

③ 长江三角洲城市经济协调会办公室:《走过十年——长江三角洲城市经济协调会十周年纪事》,文汇出版社 2007 年版,第 1 页。

时,由于江南城市的层级与分工明确、一体化与协作水平很高,所以早在明清时期,这里已形成了一个相当成熟,甚至比今天的长三角更像"城市群"的"江南城市群"。"在古代江南城市群中,天然地实现了中心城市'支配'功能与'服务'职责的和谐,因而有利于城市群本身的功能互补和共存共荣。与之相比,当代长三角城市之间不时出现的'恶性竞争',则多半是因为中心城市或大城市只想'支配'而拒绝'服务'的后遗症"。① 以文化型城市群为发展理念和模式,可充分发掘和激活传统江南城市资源和文化,是实现长三角区域经济和文化共同繁荣发展的必由之路。

(3)研究、规划和建设"长三角文化城市群示范区",为我国转变经济型城市群发展方式提供借鉴。自浦东开发开放以来,经济上的绝对优势造就了长三角的"领头羊"和"排头兵"地位。这是其他城市群尤其是中西部地区纷纷提出打造"小江南""小上海""小浦东"等发展目标的主要原因。但由于长三角走的主要是"经济型城市群"发展路子,尽管经济总量、交通基建和人口规模增长很快,但城市病也越来越严重,不可持续问题日益严重。而这些问题与痼疾也不断传播到中西部,使后者有可能重蹈"先污染,再治理"的覆辙。研究、规划和建设"长三角文化城市群示范区",有助于改变其作为"经济型城市群"的惯性和痼疾,改善由于过分强调人口、经济和交通等要素而导致的各种后遗症,对其他城市群而言,则可有效带动各区域文化的重建和复兴,并对推进其经济与文的协调发展发挥多方面的示范和导向作用。

3. 以"文化型城市群"的规划编制为中心,推进城市规划理论方法和体制机制创新

(1)确立"人文城市"的规划主题与评价标准,推进传统城市规划理论与方法的变革创新。2014年出台的《国家新型城镇化规划(2014～2020年)》明确提出"注重人文城市建设",目标是"把城市建设成为历史底蕴深厚、时代特色鲜明的人文魅力空间",这既是对"跑马圈地"和"GDP竞赛"的旧城市化的彻底矫正,也提出了一个关于城市规划建设的新标准,即城市发展的目的,不是人口增加,也不是财富聚集,而在于是否提供了一种"有价值、有意义、有梦想"的生活方式。但我国的城市规划学一直以自然科学的理论与方法为基础,主要关注的是物质空间和资源的安排与配置,明显滞后于"人文城市"规划的主题与要求。以"文化

---

① 刘士林:《明清江南城市群研究及其现实价值》,《复旦学报(社会科学版)》,2014年第1期。

型城市群"的研究和实践为契机,推进城市规划学从以自然科学为基础向以人文学科为基础、从"硬的物质建筑"向"软的文化创意"的理论转型与方法变革,为我国新型城镇化建设提供良性的资源配置和制度安排,是传统城市规划学在当下亟待明确的"学科自觉"和"战略方向"。

(2) 探索建立和实施"文化总规划师负责制",以体制机制为源头创新解决城市规划"硬件"和"软件"的失衡问题。在快速的城市化进程中,我国城乡物质与非物质文化遗产破坏情况十分严重,有"一半文物毁于建设"之说。其根源在于城市总规划师在编制规划时"只有硬件,没有软件",普遍以交通、产业、人口为重,而忽视人文交流、非物质文化、价值认同等。由于这种体制机制,即使在做文化建设规划时,同样也是"只见文化产业,不见文化传承",其中最具代表性的是,很多旅游景区、文化产业园区,甚至是博物馆和图书馆都徒有华丽的外观,但在内涵和内容上却"千人一面",乏善可陈。目前,由于相关文物法律与规章制度不断颁布实施,这种情况在一定范围和一定程度上有所好转,但由于专业背景和学术训练的局限,一般的总规划师很难真正理解传统城市文化的精髓并将之深度融入规划设计中。这就需要探索、建立和实施"文化总规划师负责制","文化总规划师"最主要的职能是编制"城市文化总体战略规划",在总体和中长期意义上为城市文化保护、传承和发展提供战略框架和发展目标,为把城市建设成内涵丰富、特色鲜明和充满活力与人文精神的宜居场所提供指导思想和技术路线。实施文化总规划师负责制,是以制度性的机制确保城市规划和建设的人文性及其内涵的真实性和丰富性,有助于保证城市群建设的质量和实现其发展方式转型。

(3) 建立并不断完善城市群规划的文化评估机制,以干预和协调主要由政府、市场和规划专家主导的评审程序。"城市规划,千年大计",城市规划的评审程序对于城市群的良性发展至关重要。目前,城市规划大都是在市场的推动下、由当地政府牵头委托相关单位实施编制工作。地方政府牵头决定了其规划重点往往向经济、人口倾斜,而相关编制单位则由于多为各省市的规划院,其半官方的身份不仅影响了规划的中立客观与公众参与,同时也由于规划编制专家的专业和学科局限,城市文化等不是被忽略就是被轻描淡写地作为陪衬,这是我国城市建设"千城一面"、特色消失的主要原因。对此,建议由国家发展改革委、住房城乡建设部、文化和旅游部、教育部牵头,从中国文学、历史学、语言学、哲学、艺术学、社会学等传统学科及城市科学、文化研究、文化产业等新兴学科中遴选专家,组建真正符合我国文化建设需要的城市文化评估专家委员会,深入开展基础理论研究,在基本概念、范畴系列、分类原则与框架体系等方面达成共识,研制与国际社会相对应的文化规划标准体系,为我国城市群的规划和建设提供科学理论和战略指导。

| 第二章 |
规划建设京津冀世界文化城市群

城市群是当今世界城市发展的主流和大趋势,也是国家新型城镇化规划建设的"主体形态"。2016 年 3 月 5 日,《2016 年政府工作报告》提出建设 19 个城市群。2016 年 3 月 22 日,《国家"十三五"规划纲要》明确提出建设京津冀"世界级城市群",这是继长三角、珠三角之后的第三个世界级城市群,也是首次在国民经济规划中提出的城镇建设战略目标。为了顺利完成这个任务,既需要充分了解建设的背景和参照,也需要把握京津冀发展的现状与问题,在此基础上明确"建什么"和"怎么建",为京津冀世界级城市群的现实推进提供参考借鉴。

一、国内外城市群的发展现状及文化转向

1. 国外城市群的发展概况

在世界范围内,目前公认发展较为成熟的有五大城市群,分别是美国东北部海岸城市群、北美五大湖城市群、大东京城市群、大伦敦城市群、大巴黎城市群。截至 2010 年,美国东北海岸城市群的总人口数量超过 5 200 万,占美国总人口的 17%,面积约占美国总面积的 2%,GDP 约占美国总数的 20%;北美五大湖城市群的总人口数量超过 5 500 万,占美国总人口的 18%,面积约占美国总面积的 4.9%,GDP 约占美国总数的 17%。大东京、大伦敦和大巴黎也是各自国家人口聚集程度最高的区域,截至 2010 年,大东京人口数量约为 3 800 万,约占日本总人口的三成;大伦敦人口数量约为 820 万左右,约占英国总人口的 13.2%,大巴黎人口数量约为 1 200 万,约占法国的 20% 左右。[①]

---

① 刘士林:《城市群的全球化进程及中国经验》,《学术界》,2012 年第 6 期。

21 世纪以来,全球范围内的城市群快速增长。据 2008 年西方学者佛罗里达的研究,全球经济产出超过 1 000 亿美元的城市群已达 40 个,它们的经济产出之和占世界经济总量的 66%,在全球创新中所占比例高达 85%,[①]是当今世界名副其实的经济支柱和创新引擎。

2. 我国城市群的发展概况

2005 年,国家"十一五"规划首次提出"把城市群作为推进城镇化的主体形态"。2014 年,《国家新型城镇化规划(2014~2020 年)》进一步明确"把城市群作为主体形态"。城市群不仅是推进我国经济转型发展和参与国际竞争合作的主平台,同时成为促进我国大城市、中小城市和村镇协调发展的核心战略模式。

目前,我国初具规模的城市群(包括以"经济区"命名的"准城市群")在 30 个左右,排名居前的十大城市群(京津冀城市群、长三角城市群、珠三角城市群、山东半岛城市群、辽中南城市群、中原城市群、长江中游城市群、海峡西岸城市群、成渝城市群和关中城市群),以不到 1/10 的土地面积,承载了全国 1/3 以上的人口,创造了全国 1/2 以上的 GDP。预计 2019~2024 年,城市群将涵盖我国 815 个城市中的 606 个,其人口和经济规模将分别占到我国城市总人口和 GDP 的 82% 和 92%。城市群在国民经济和社会发展中的龙头地位和核心作用日益凸显。[②]

据上海交通大学城市科学研究院发布的《中国城市群发展报告 2016》,中国九大城市群综合指数水平的排名依次为:长三角城市群、珠三角城市群、京津冀城市群、山东半岛城市群、中原经济区、成渝经济区、环长株潭城市群、武汉城市圈和环鄱阳湖城市群(并列第八)。京津冀、长三角和珠三角在优质人口集聚、居民生活质量和文化发展水平上走在前列,位居第一阵营。山东半岛凭借优越的地理位置和良好的经济基础,位居第二阵营。中原、成渝及环长株潭经济基础薄弱,城市一体化程度较低,位居第三阵营。武汉和环鄱阳湖与其他城市群的发展水平差距较大,位居第四阵营。

3. 城市群发展的文化转向

在当今世界,城市群主要有两种发展模式:一是以经济、交通和人口为要

---

① Richard Florida, *etal*: The Rise of the Megaregions, *Cambridge Journal of Regions*, *Economy and Society*, 2008, 1(3): 459 - 476.

② 刘士林、刘新静、盛蓉等:《城镇化"主体形态"如何协调发展:我国城市群的发展现状与对策》,《光明日报》,2016 - 05 - 04。

素的"经济型城市群"。这个模式肇始于 20 世纪 60 年代人类历史上第一个城市群——主要依赖长约 500 英里的美国高速公路 U.S.I 轴(axis),并因此实现了经济快速增长的波士沃施(BosWash)城市群(即美国东北部海岸城市群)。这也是今天中国众多城市群最直接和最重要的模仿对象;二是以文化、生态和生活质量为目标的"文化型城市群"。这是在全球人口爆炸、能源危机、生态环境急剧恶化的大背景下,一些城市群和区域发展追求的新理念和探索的新方向。如以技术产业和风险投资取胜的北加州城市群(Nor-Cal),以潮流和产业设计中心为目标的意大利城市群(rome-Milan-Turin),以金融、设计和高科技为竞争优势的大东京城市群(Greater Tokyo)等。[①] 在中国,一些城市也开始从 GDP 迷梦中觉醒,逐渐走上以"宜居城市"和"文化城市"为代表的文化转型之路。

按照我们的界定,城市群是一个在人口、经济、社会、文化和整体结构上具有合理层级体系,在空间边界、资源配置、产业分工、人文交流等方面具有功能互补和良好协调机制的城市共同体。"文化型城市群"代表着城市群发展的更高形态,城市群的文化转向应符合城市群全面发展的本质需要,这就注定了"文化型城市群"必将取代"经济型城市群",成为我国新型城镇化的主体形态和更高发展目标。

二、京津冀城市群的发展现状与主要问题

1. 京津冀城市群的基本情况

京津冀城市群包括北京市、天津市和河北省的石家庄、唐山、保定、秦皇岛、廊坊、沧州、承德、张家口,共 10 个城市,覆盖面积为 21.6 万平方公里,总人口数量为 1.07 亿,2015 年 GDP 为 6.35 万亿元,约占全国的 1/9。基于上海交通大学城市科学院的《中国城市群数据库》和《中国城市群发展指数框架》(含人口、经济、生活、文化和首位比 5 个一级指标及若干二级指标和三级指标)及在此基础上研制发布的《中国城市群发展报告 2016》,目前,包括京津冀在内的我国九大城市群的最新排名如表 2 - 1 所示:

---

① Richard Florida, *etal*: The Rise of the Megaregions, *Cambridge Journal of Regions*, *Economy and Society*, 2008, 1(3): 459 - 476.

表 2-1　2016 年九大城市群综合及一级指数评价排名

排名	城 市 群	人口	经济	生活	文化	首位比
1	长三角	2	2	1	2	1
2	珠三角	1	1	4	4	5
3	京津冀	4	4	5	1	7
4	山东半岛	3	3	3	6	2
5	中原经济区	9	8	2	5	4
6	成渝经济区	7	6	9	3	3
7	环长株潭	5	5	7	7	6
8	武汉城市圈	5	7	8	8	9
8	环鄱阳湖	7	9	6	9	8

在综合指数上,依次是长三角城市群、珠三角城市群、京津冀城市群、山东半岛城市群、中原经济区、成渝经济区、环长株潭、武汉城市圈和环鄱阳湖城市群(并列第八),得分分别为 0.86、0.43、0.38、0.36、0.1、0.08、0.06、0.02、0.02。

在人口指数排名上,依次是珠三角城市群、长三角城市群、山东半岛城市群、京津冀城市群、环长株潭城市群和武汉城市圈(并列)、成渝经济区和环鄱阳湖城市群(并列)、中原经济区,得分分别为 0.55、0.42、0.4、0.34、0.17 和 0.17(并列)、0.1 和 0.1(并列)、0.03。

在经济指数排名上,依次是珠三角城市群、长三角城市群、山东半岛城市群、京津冀城市群、环长株潭城市群、成渝经济区、武汉城市圈、中原经济区、环鄱阳湖城市群,得分分别为 0.55、0.49、0.38、0.35、0.19、0.15、0.14、0.08、0.04。

在生活指数排名上,依次是长三角城市群、中原经济区、山东半岛城市群、珠三角城市群、京津冀城市群、环鄱阳湖城市群、环长株潭城市群、武汉城市圈、成渝经济区,得分分别为 0.51、0.35、0.28、0.27、0.25、0.13、0.11、0.08、0.02。

在文化指数排名上,依次是京津冀城市群、长三角城市群、成渝经济区、珠三角城市群、中原经济区、山东半岛城市群、环长株潭城市群、武汉城市圈、环鄱阳湖城市群,得分分别为 0.8、0.68、0.14、0.12、0.08、0.04、0.02、0.01、0.00。

在首位比指数排名上,依次是长三角城市群、山东半岛城市群、成渝经济区、中原经济区、珠三角城市群、环长株潭城市群、京津冀城市群、环鄱阳湖城市群、武汉城市圈,得分分别为 0.48、0.41、0.37、0.34、0.21、0.17、0.15、0.13、0.02。

2. 京津冀城市群的优势和问题

2013 年,上海交通大学城市科学研究院首次发布《中国城市群发展指数年度报告》,其中曾就京津冀城市群的优势和问题分析如下:

在五个一级指数中,京津冀的城市文化指数遥遥领先于长三角和珠三角。而城市首位比则是其最大软肋,表明京津冀距离一个理想的城市群还有很大差距。原因很简单,在城市文化上,以北京为代表的京津冀地区有深厚的历史文化底蕴和丰富的文化资源,同时作为国家首都,北京在区位、政策、人才、资金、市场等方面得天独厚的优势,使其成为名副其实的国家文化中心。这一点不仅是广州,也是曾作为中国现代文化中心的上海无法相提并论的。以文化市场为例,北京文化艺术品交易总量达 360 亿元,占全国的 63%,北京成为全球最大的中国文化艺术品交易中心。同时,北京文化创意产业对地区经济的贡献值达到 12%。这是京津冀城市群文化发展指数"高高在上"的原因。但正如所谓"大树底下不长草",在人口、经济、生活、文化等方面优势明显的首位城市北京,与周边城市的差距也十分明显,在北京四周甚至还存在着一个环首都贫困带。区域发展不平衡和城市层级矛盾过于突出,是京津冀城市群综合排名垫底的主要原因,也是其今后要重点克服的问题与矛盾。[①]

在其后发布的《中国城市群发展报告 2014》和《中国城市群发展报告 2016》中,京津冀城市群"文化指数的一枝独秀"和"首位比指数的一城独大"一如其旧。由此可知,京津冀城市群的最大优势是"文化",而最大的短板是"首位比"。

"首位比"指数落后,意味着城市群的内部差异和两极分化比较严重。与长三角、珠三角相比,京津冀最突出的问题是内部发展不平衡、城镇体系出现断层、一体化进程滞后。这集中体现在两方面:一是北京的"大城市病"愈演愈烈。到 2014 年年底,北京常住人口数量超过 2 170.5 万,人口过度膨胀,交通日益拥堵,大气污染严重,环境日益恶化,房价持续高涨,社会管理难度大;二是区域经济社会发展不平衡。2005 年亚洲开发银行的调查报告显示,在北京、天津周边分布着 32 个贫困县、3 798 个贫困村,有着年均收入不足 625 元的 272.6 万贫困人口。2012 年 3 月出版的首部《京津冀蓝皮书》指出:"环首都贫困带"不仅未能缩

---

① 刘士林、刘新静:《中国城市群发展指数报告》,社会科学文献出版社 2013 年版,第 43—44 页。

小与北京周边郊县的贫富差距，反而愈加落后。

这既说明京津冀城市群距离一个具有合理层级体系和良好分工秩序的理想的城市群有很大差距，也说明在文化、经济、人才等方面优势明显的首位城市北京，没有充分发挥出应有的辐射和带动作用。这是《纲要》把京津冀发展重点放在协同发展上的主要原因。

3. 如何取"文化之长"补"不协调不平衡之短"

文化指数和首位比指数，是我们团队在研发城市群评估指数体系时的原创。文化指数是评价"文化型城市群"的核心指标，主旨是要引导我国城市经济发展方式转型、大力发展文化产业和现代服务业以及落实《国家新型城镇化规划》的"人文城市"建设目标。首位比指数显示了人口、资源、生活方式资产和文化服务等方面的分布状况，是衡量一个城市群是否协调和均衡发展的核心指标。

就首位比指数而言，京津冀不仅无法和长三角、珠三角相比，甚至落后于山东半岛、成渝和中原。这充分揭示了协同发展和一体化水平是京津冀的最大短板，同时也说明如何取长补短——"取'文化之长'补'不协调不平衡之短'"，应成为京津冀统筹优势资源和协同发力攻关的重要战略思路。

三、建设京津冀世界文化城市群的总体战略定位

《国家"十三五"规划纲要》提出建设京津冀"世界级城市群"，对于这个战略目标和任务的落实和实施，首先要了解我国城市群和世界级城市群的真正差距，其次要把握影响京津冀协调发展的主要矛盾，最后在此基础上确立京津冀新的总体战略定位。

1. 我国城市群和世界级城市群的比较差距及其深层原因

我国城市群的数量和规模已为数不少，经济体量也已足够大，但普遍存在着两大问题：一是发育不足，与世界五大城市群相比，在城市层级和分工体系、区域协调和一体化水平方面还存在着较大的差距；二是发展不平衡，城市群在经济发展、交通基建等硬件方面并不落后甚至超过西方，但在城市文化和软实力上却要逊色很多。

这两大问题的深层原因，在于我们选择的"经济型城市群"发展模式。"经济型城市群"主要存在两个问题，一是无法处理好"中心城市"和"城市群"的关系。京津冀城市群虽"貌似"城市群，但由于北京市"一城独大"，遵循的仍是"唯我独

尊的大都市"发展理念和模式,所以不仅未能发挥推进区域一体化和协调发展的功能,本身还是城市化区域结构失衡、功能失调、秩序混乱的主要原因;二是很难协调"经济发展"和"文化建设"的矛盾。京津冀各城市都是把"上项目、铺摊子"作为城市发展的追求目标,对城市公共服务功能和居民文化生活需求,如果不是完全不顾,也基本上是要后者服从"经济建设大局",这是京津冀城市传统文脉消失、生态环境恶化、服务功能差、不宜居等城市病的根源。

城市群的发展,可分为"恶性循环的初级阶段"和"良性循环的高级阶段"。在前者,中心城市和城市群、城市经济和城市文化主要是矛盾和斗争的关系,而只有发展到高级阶段,这些矛盾才能转化为互补与和谐的关系。京津冀正处从城市群的低级阶段到高级阶段的发展过程中。就此而言,在《纲要》的框架下,率先扬弃"经济型城市群"模式,探索和建构"文化型城市群",是京津冀建设世界级城市群的重要战略选项。

2. 京津冀建设文化型城市群的基础条件和重大意义

首先,京津冀拥有丰富的区域文化资源和强大的文化生产力,其文化发展指数在我国城市群中独占鳌头。首位城市北京拥有三千多年的建城史与八百多年的建都史,是历史上中国政治文化中心与文化国际交流中心。今天的北京不仅是全国文化艺术中心、信息媒体中心、教育和人才中心、图书出版中心、国家科研中心、会展中心,也是传统文化与现代文化、中国文化与世界文化交汇之地,具备建设文化型城市群的先天条件和后天优势。

其次,近年来北京一直紧锣密鼓布局"建设文化中心",为文化型城市群规划建设积累了经验和势能。2010 年 4 月 6 日,北京市人民政府颁布《"人文北京"行动计划(2010—2012 年)》,2016 年 6 月 3 日,《北京市"十三五"时期加强全国文化中心建设规划》提出"加强首都全国文化中心建设"。在京津冀协同发展战略框架下,以北京"全国文化中心建设"为引领,在京津冀全域提出和规划"文化型城市群",是顺应时代和区域发展的明智之举。

最后,与京津冀建设"世界级城市群"相匹配,研究制定"京津冀世界级文化型城市群"的建设规划。在《国家新型城镇化规划》"注重人文城市建设"的框架下,紧密结合新型城镇化"把城市群作为主体形态"的战略部署,立足于自身的区域文化优势和城市群示范作用,研究制定京津冀建设"世界级文化型城市群"的理念、定位、总体思路和战略目标,促进自身在环境资源、人口、经济、社会、文化等方面实现协调发展。

四、以人口资源配置为重点构建良性城市层级和分工体系

关于京津冀三省市的战略定位，《京津冀协同发展规划纲要》已做出明确界定：北京市是"全国政治中心、文化中心、国际交往中心、科技创新中心"；天津市是"全国先进制造研发基地、北方国际航运核心区、金融创新运营示范区、改革开放先行区"；河北省是"全国现代商贸物流重要基地、产业转型升级试验区、新型城镇化与城乡统筹示范区、京津冀生态环境支撑区"。这不仅明确了京津冀三省市的发展目标和战略方向，也粗线条地勾勒出京津冀未来的城市层级和分工体系。但如何具体实施并取得成效，必须找到关键性的切口和抓手。人是一切社会关系的总和，也是资源交换和资本流动的轴心。京津冀三省市不同的城市与产业定位，本身也是对人口资源配置的重大调整和重新规划。过去，城市层级和分工一直处于混乱状态，不仅直接导致了城市经济和产业的"同质竞争"，也间接引发了京津冀人口的无序流动和低效配置。这些问题尽管可以通过"自然竞争"的"市场之手"来解决，但其成本很高且会严重影响民生，所以只能动用政府这只"看得见的手"。城市层级和分工问题是各级政府最应发力和必须及早解决的。

1. 京津冀区域人口失衡无序的三大态势分析

（1）京、津的人口极化效应有增无减。

近年来，我国流动人口总量约为 2.45 亿，超过总人口的 1/6，北京和天津吸纳流动人口的数量也在不断攀升。截止到 2015 年年末，北京市常住人口数量为 2 170.5 万，外来人口数量为 822.6 万，占常住人口的 37.9%。同年天津市常住人口数量为 1 546.95 万，外来人口数量增加了 24.17 万，占常住人口增量的 80.2%。这表明京津冀地区的人口都市化趋势有增无减。

（2）京津冀区域人口单向流动趋势走强。

据全国第六次人口普查数据，2010 年河北流入京津的人口数量分别为 155.9 万和 75.5 万，分别占北京流动人口总量的 22.2% 和天津流动人口总量的 25.3%。而同期北京流入河北和天津的人口分别为 7.5 万和 2.3 万，天津流入北京和河北的人口数量分别为 8.3 万和 6.5 万。2014 年以来，随着京津冀协同发展战略的实施，这种情况有所改善，但总体趋势没有扭转。

（3）人力资本与区域发展存在错位问题。

人口是人力资本的基数，但并非所有人口都可转化为人力资本。京津冀人

口基数庞大,但人力资本状况并不乐观。京、津的老龄化程度居全国前列,人口自然增长率连续多年在低位徘徊,甚至出现负增长,越来越依赖于流动人口补充其人力资本。但受环境、公共服务设施承载力的影响,京、津人口总量已趋近饱和,不可能再大规模吸纳流动人口。河北腹地广阔,人口较多,但受教育程度和综合素质较低,只能从事产业链末端行业工作。此外,囿于户籍和行政区划,区域人口空间布局日趋僵化,人口尤其是人力资本流动存在较多障碍,成为影响京津冀协同发展的重点和难点问题。

2. 关于京津冀人口调控与合理配置的思路和对策

改革开放以来,人口红利一直是我国经济高速发展的重要保障。2013 年底,全国约 2.45 亿的流动人口贡献了 23% 左右的 GDP。目前,京津冀协同发展的"硬件一体化"工作取得较大进展,下一步应将协同发展的重点放在人口调控和科学布局上。

(1) 从国家战略高度研究制定《京津冀区域人口协同发展规划》。

京津冀涉及"三地""四方",彼此之间政治和经济地位悬殊,如果没有中央政府层面的介入和干预,合理的人口和人力资源协调配置机制就很难形成并有效推进。中央政府应将重点放在政策、机制和战略规划等方面,为破除三地的"地方保护主义"或"相互挖墙脚"提供体制机制保障,如医保互通、统一高考等。

(2) 探讨合作机制时要充分保证天津和河北的话语权。

中央和其他三方应从区域一体化、共下一盘棋的角度设计京津冀人口协同发展的细则,在协议协商中应充分考虑各方的现状和利益需求,不断提升天津和河北的话语权。以既不是机械地"为首都服务",也不是片面地"强调各自利益"为基本立场,探讨在人口经济密集的京津冀地区优化开发新模式。如缩小依附于户籍的公共资源配置和社会福利差距,在京津冀协同发展专家咨询委员会中增补河北专家等。

(3) 在调控方式上协同多个主体促进人口有序流动和合理分布。

协同发展是一个包括地方政府、企业、社会、文化的有机互动进程。目前主要依赖政府的行政手段,对企业及社会组织的作用重视不够。应将人口调控与区域战略定位、城市总体规划、产业发展布局等结合起来,形成政府、企业、社会组织等多方参与的调控方式,促进人口有序流动并形成合理布局。如除了常用的户籍积分制、经济收入杠杆等,也可以考虑运用教育、医疗资源配置来调节人口的密度与布局。

(4) 以"疏解北京首都功能"为思路探索疏散城市人口新举措。

北京市政府四套班子于 2019 年年初搬到通州,预计带动 40 万人从城区向外疏散。但与 2 000 多万的总人口相比,其作用相当有限。北京政府机构与市民工作、生活息息相关,前者搬迁后必然增加市民的交通行为,由此加剧城市交通拥堵和尾气污染。从世界经验看,解决"首都城市病"的一种做法是疏解"部分首都功能"。如韩国首尔将 16 个政府部门和 20 个附属机关搬走。因此,还应重点探讨疏解北京部分首都功能的可行性。

五、将文化产业规划作为京津冀文化型城市群规划的试点

对于文化型城市群战略的实施,须由文化型城市群规划先行。文化产业是文化城市的先进生产方式,鉴于京津冀文化型城市群规划本身过于复杂,可以考虑以"十三五"京津冀文化产业规划为试点,为京津冀文化型城市群规划建设提供经验和借鉴。

1. "十三五"京津冀文化产业规划的战略定位与基本原则

(1) 深入把握京津冀协同发展战略的本质要求。

京津冀的协调发展在本质上是一个城市群的规划建设过程。对于我国城市群规划建设而言,一方面是环境与资源的瓶颈问题日益突出,改变经济增长方式压力很大;另一方面,比起土地、矿产、江河湖泊,历史悠久、形态多样的传统文化才真正称得上"取之不尽用之不竭",特别是历史文化资源丰富、当代文化产业实力雄厚的京津冀,在战略上应选择走一条协调性好、可持续性强的文化型城市化发展道路,为我国其他城市群发展提供示范和借鉴。

(2) "十三五"京津冀文化产业规划的战略定位。

在《京津冀协同发展规划纲要》的指导下,充分借鉴世界城市群发展的理论和经验,认真研究中国城市群规划建设中存在的问题和矛盾,依托北京建设世界城市和国家文化中心的顶层设计,走出"围城"状态,着眼于整个京津冀的历史文化资源和文化产业优势,明确建设以文化产业的科学分工体系和良性层级体系为核心战略目标的京津冀文化产业城市群,在源头上预防和控制我国城市群"硬件上去了,软件上不去"的后遗症。

(3) "十三五"京津冀文化产业规划研究编制的基本原则。

一是文化产业城市群的总体原则。立足于城市群的理念和模式,着眼于京

津冀的文化资源、文化产业、文化需求的整体和大局,以形成有效的文化产业协调和联动机制、建构科学层级体系和合理分工机制为中心,研究编制"十三五"京津冀文化产业规划,目标是为京津冀协同发展提供文化保障和精神支撑。

二是文化产业规划和城市规划相协调的重点原则。以往文化产业规划的深层次问题是与城市总体发展规划不衔接,不仅导致与城市其他板块和功能严重脱节,也往往偏离了城市总体战略目标。以系统性和开放性的视角,研究和把握文化产业与城市发展的一致性,规避文化产业与城市发展的矛盾冲突,降低城市建设和发展的成本,应作为编制"十三五"京津冀文化产业规划的重点原则。

三是"创新"和"精明增长"相结合的优先原则。文化产业"野蛮生长"的时代已经终结,在编制"十三五"京津冀文化产业规划时,要特别注重把"创新"和"精明增长"的原则结合起来。创新是文化产业"以不变应万变"的首选战略,但在全球经济增长放缓和中国经济新常态的背景下,适度控制成本的"创新",比"天马行空"的创新更具有可操作性。确立"精明增长"的规划原则,以严密的理论研究与科学规划为中心,以准确的市场调研和理性的综合判断为前提,最大限度地减少盲目投入和压缩发展成本,实现稳中求进和稳中求胜,应作为编制"十三五"京津冀文化产业规划的优先原则。

2. "十三五"京津冀文化产业规划编制应注意的主要问题

(1)执行问题。

京津冀文化产业的差距是长期形成的,如 2013 年北京文化创意产业实现增加值 2 406.7 亿元,而河北全省仅为 950 亿元。"触动利益比触动灵魂还难",要在文化产业发展中落实协同发展、实现利益均衡并不容易。对此,在"十三五"规划中要研究制定一些切实可行、有针对性的框架和规则,用以应对客观存在的各种"形式主义"和"本位主义"。

(2)增速问题。

在"十二五"期间,一些城市在制定文化产业规划时出现了"浮夸风",如天津、武汉甚至提出年均增长速度高于 30% 的目标。由于既缺乏客观可信的资源与条件支撑,也没有提出切实可行的独特发展路径,这些规划毫无价值可言。相对于实体经济,文化产业永远是第二位的,对此要通过认真的研究、分析和论证,提出、设置适合京津冀文化产业发展的增速,防止出现不顾自身资源和社会承受限度的"左倾冒进"倾向。

（3）管理人才问题。

京津冀发展需要更强大的"指挥系统"，文化产业同样如此。三省市在文化管理人才方面差距很大，北京作为首都和国家行政中心，天津作为直辖市，多年来培养和锻炼了一大批优质文化管理人才，而河北作为一个相对落后的省份，本就人才相对不足，如何适应更复杂的城市群文化产业发展要求，是未来最应担忧的。目前京津冀最需要的不是文化企业家和科技创新人才，而是一批能够相互协作、水平匹配的文化产业管理团队，这是理顺关系、降低成本、实现协调发展的关键所在。

| 第三章 |
规划建设长三角江南文化城市群

在今天的长三角城市群,由于经济开放发展尺度较大以及与世界发达城市联系比较密切,各种"贪大、媚洋、求怪"现象比在其他地区更加突出。而对西方城市发展观念、规划理论、设计技术等的机械模仿和盲目崇拜,则是导致长三角城市规模失控、功能紊乱和越来越不适合人们生活的根源之一。探索以文化为战略轴心的新型城市群发展模式,是今天长三角城市群转型升级的必然选择。要从根本上扭转目前这种城乡空间的"去中国化"和"去江南化"问题,最重要的是在城市发展中找回另一个植根于中国文明传统和历史积淀的参照系,即中国历史上的明清江南城市群。

一、江南城市群与长三角城市群的渊源

1. 西方城市群理论的局限

戈特曼的城市群概念与理论的提出,至今已过去了半个多世纪。早已超越了地理学研究的范围,同时也开始面临补充完善、创新重塑的挑战。在经济全球化和世界城市化的背景下,有两个方面值得深入分析和探讨:一是以"大都市"和"城市群"为中心的都市化进程,已经扩散到城市化水平原本较低的不发达国家和地区,因而,在世界各地都出现了一些不同于西方城市群的"地方经验";二是戈特曼的城市群概念与理论具有明显的"欧美中心论"色彩,其基点是对20世纪美国、欧洲、日本等国家的城市群经验的总结和提炼,却忽略了那些历史上曾经高度发达的城市化地区、城市组团的价值经验。如中国明清时代以苏州、杭州、扬州、南京等为代表的江南城市组群,如果采用戈特曼的城市群标准,也可以说这就是一个城市群。

2. 江南城市群的基本形态

关于城市群的评价标准,目前普遍使用的是戈特曼提出的五项标准:一是区域内有比较密集的城市;二是有相当多的大城市各自形成都市区,核心城市与都市区外围社会经济联系密切;三是有联系方便的交通走廊把核心城市联系起来,都市区之间有密切的社会经济联系;四是人口数量须达到 2 500 万;五是国家核心区域,同时也是国际交通枢纽。

按照这个基本标准,中国明清时代江南地区的城市,毫无疑问是一个相当成熟的古代城市群。

一是区域内有比较密集的城市。在明代全国 50 个重要的工商城市中,位于长江三角洲的有应天府(南京)、镇江、苏州、松江(上海)、常州、扬州、仪征、杭州、嘉兴、湖州、宁波等。[①] 16 世纪的意大利传教士利玛窦游历过苏州、杭州、南京,每到一个地方,他都发出感慨,说这是他见过的世界上最繁华、最无与伦比的城市。

二是江南的大城市众多,与周边地区联系互动紧密。如作为东晋和南朝政治中心的建康,在当时已发展为一座巨大的消费性城市。隋唐时期的扬州,不仅是江南地区重要的核心城市,也是当时全国最大的工商业城市。绍兴在唐代便有"会稽天下本无俦"之称。[②] 明清时代的苏州,就形成了十分成熟、多层级、辐射全国的古代市场经济体系,"不仅是江南区域市场,而且已具有全国市场的规模,它的经济辐射力已遍及全国各地,而全国各地的商品和商人都汇集到苏州来"。[③]

三是具有通畅便捷的交通走廊。江南城市群在空间上与经济史学家讲的明清太湖经济区基本一致,在地理上"同属一个水系——太湖水系,因而在自然与经济方面,内部联系极为紧密"。[④] 这种便利的水运条件,至今仍是长三角地区的显著特征,"长三角的天然和人工河道总长达 37 万公里,水域面积几乎占总面积的十分之一,其中太湖平原上更是水网密集,以'碟形洼地'太湖为中心,平均每隔 120 米,就有一条河道"。[⑤] 以太湖水系为核心,古代江南城市拥有了便利

---

① 傅崇兰、白晨曦、曹文明等:《中国城市发展史》,社会科学文献出版社 2009 年版,第 151 页。
② 陈桥驿:《会稽天下本无俦》,《中华读书报》,2008 - 3 - 8。
③ 陈学文:《明清时期太湖流域的商品经济与市场网络》,浙江人民出版社 2000 年版,第 256 页。
④ 李伯重:《多视角看江南经济史》,三联书店 2003 年版,第 448—449 页。
⑤ 长江三角洲城市经济协调会办公室:《走过十年——长江三角洲城市经济协调会十周年纪事》,文汇出版社 2007 年版,第 4 页。

的"高速公路",这使核心城市之间的交通往来十分便捷。同时,借助太湖、长江与大运河的互联互通,江南城市也成为整个中国的商贸和服务业中心。

四是人口规模大和增长迅速。以隋唐时代的杭州为例,"杭州户口的增长最快,隋时一万五千户,唐贞观中三万五千户,宋元丰间增至十六万户,南宋初为二十六万户,至咸淳年间多达三十八万户、一百二十多万户,成为全国最大的城市"。[1]还有研究指出:"明后期江南城市人口比例约为15％,1620年城市人口约300万,1850年则增至约720万人。清中叶的江南府州城市人口比例达19.2％,江南全境水平大致相当。这一水平远高于江苏省的13.6％,浙江的10％,相当于全国平均7.4％的2.6倍。"[2]据戴逸的研究,18世纪江南城市在全球也有举足轻重的影响。"18世纪全世界超过50万人口的大城市一共有十个,中国占了六个,……是北京、南京、苏州、扬州、杭州、广州。而世界上人口超过50万的城市还有四个:伦敦、巴黎、日本的江户(就是现在的东京)以及伊斯坦布尔"。[3]

五是中古以后名副其实的国家核心区。从唐宋时代开始,北方与中原不仅越来越仰仗于江南的漕运,整个中国古代的国家经济也是如此。南宋章如愚说:"夫东南财赋之渊薮,惟吴越最为殷富。……唐财赋皆仰给于东南,其他诸郡无有。"两宋以后,江南作为全国经济中心的地位始终坚挺,形成了近代以前中国经济发展南高北低的基本格局。[4] 随着经济中心的转移,文化中心也移至江南。在整个古代社会的中后期,江南地区都是中国"大一统"体制最重要的支撑。

3. 江南城市群与长三角城市群的空间关系

关于江南地区的界定,李伯重提出了"八府一州"说。"八府一州"是指明清时期的苏州、松江、常州、镇江、应天(江宁)、杭州、嘉兴、湖州八府及从苏州府辖区划出的太仓州。[5] 环太湖领域独特的自然环境与生产生活方式,以及在此基础上形成的具有内在一致性的区域社会与文化模式,共同促成了与当今城市群评价标准高度契合的功能集聚区或中心区。对"八府一州"稍加扩展,补入"江南十府说"中的宁波和绍兴,[6]以及尽管不直接属于太湖经济区,但在自然环境、生

① 何荣昌:《唐宋运河与江南社会经济的发展》,上海人民出版社1986年版,第320—322页。
② 龙登高:《江南市场史——十一至十九世纪的变迁》,清华大学出版社2003年版,第56页。
③ 戴逸:论康雍乾盛世//中南海:历史文化讲座四十座——著名学者与中央高层讨论的问题(上册),内部资料,2007年版,第96页。
④ 郑学檬:《中国古代经济中心南移和唐宋江南经济研究》,岳麓书社2003年版,第19页。
⑤ 李伯重:《简论"江南地区"的界定》,《中国社会经济史研究》,1991年第1期。
⑥ 马学强:《近代上海成长中的"江南因素"》,《史林》,2003年第3期。

产方式、生活方式与文化上联系十分密切的扬州、徽州、南通等,这也正是今天长三角城市群规划的主体区域或核心区域。

作为区域协调发展的重要战略,始于 1982 年的长三角一体化建设至 2019 年已走过了 37 年的历程,并形成以下五个主要版本:一是 1982~1984 年的"上海经济区",包括上海、苏州、无锡、常州、南通、杭州、嘉兴、湖州、宁波、绍兴 9 个城市。这是长三角城市群的雏形。二是 1984~1988 年的上海经济区扩大版,包括除山东以外的整个华东地区。三是 1992~2008 年以 16 个城市为主体的长三角城市群,包括上海、杭州、宁波、湖州、嘉兴、绍兴、舟山、南京、镇江、扬州、泰州、常州、无锡、苏州、南通、泰州、台州市。四是 2008 年长三角 2 省 1 市 25 城市版,仍把 16 个城市列为"核心区",并纳入了苏北的徐州、淮阴、连云港、宿迁、盐城和浙西南的金华、温州、丽水、衢州。五是 2016 年长三角城市群 3 省 1 市 26 城市版,去掉了江浙的一些城市,将安徽省的 8 个城市纳入其中。

"青山依旧在,几度夕阳红"。今天在中国城市群中独占鳌头的长三角不是无本之木,而是与古代江南城市群存在极为密切的继承和发展的关系。尽管长三角城市群与往昔江南地区相比已有不小的变化,但核心地理空间——地理上的长江中下游平原和主要文化资源——江南文化这两个基本面却始终未变。古代江南地区高度发达的经济与文化,既是中国现代化与城市化进程在江南地区开始最早、发育最完善的主要动因,也是长三角在新时期能够引领新型城镇化进程并在很多方面走在前列的最深厚的社会土壤。

4. 江南诗性文化原理与江南城市群的文化基因

江南诗性文化是古代江南城市最重要的文化基因,也是当今长三角城市群最为重要的区域文化资源。

从中西比较的角度看,西方民族给人类最大的贡献是科学智慧和理性文化,中华民族对世界最独特的创造是诗学和诗性智慧。"诗性文化"与"理性文化"的对立,揭示了中西方民族的根本性差异。前者的主要问题是导致了感性与理性、主体与自然的二元对立,由此形成了机械地对待生命和残酷地征服自然的西方文化和生产生活方式。后者的核心机制在于:尽管人与自然的对立、个体与他人的冲突不可避免,但受"物我无对""民胞物与"等诗性文化观念和价值的影响,中华民族不仅在应对人与社会的矛盾时,能较好控制个体与群体的冲突程度,同时在应对人与自然的矛盾时,也能避免天人关系走向彻底的分裂与对立。在全球生态危机和社会矛盾不断激化加剧的背景下,中华民族原创和承载的诗性文化智慧,为构建一种真正具有包容性和可持续的生产生活方式提供了可能。

从区域比较的角度看,中国文化一向有南北之分,受南北不同的地理条件、生产生活方式、社会生态、文化价值的影响,中国诗性文化在历史进程中又进一步生成了两种主要形态:一是以政治—伦理为深层结构、以中原文化圈为核心空间的"北国诗性文化",二是以经济—审美为基本理念、以古代太湖经济区为主要范围的"江南诗性文化"。前者存在的突出问题是"政治压迫经济""群体淹没个体",这在很大程度上直接影响到生产力发展和社会的活力。后者则善于处理和协调"生产关系和生产力""社会和个人"的矛盾关系,可以最大限度地实现物质与精神、功利主义与审美主义的融合发展。在当代中国的现代化进程中,江南诗性文化可以为实现政治、经济、社会、文化、生态协调发展贡献重要的思想文化资源。

将西方理性文化原理应用于城市发展领域,必然会引起不同城市的同质发展和恶性竞争。而把能够"较好控制个体与群体的冲突程度"的中国诗性文化原理运用于城市建设发展,则有助于引导城市间采取更为温和的竞争性合作或融合协调方式。江南诗性文化是中国诗性文化最高和最成熟的形态。作为一种精致、缜密、细致入微、刚柔相济的区域文化谱系,江南诗性文化不仅可以很好地处理人和人之间的关系,也能够很好地处理城市和城市之间的关系。这也是江南城市群数百年长盛不衰的文化密码。

二、江南城市群内在联系机制对长三角一体化建设的镜鉴

2019 年 11 月 2 日至 3 日,习近平总书记在上海考察时指出:文化是城市的灵魂。[①] 2015 年中央城市工作会议指出,城市发展需要依靠改革、科技、文化三轮驱动,增强城市持续发展能力,"要保护弘扬中华优秀传统文化,延续城市历史文脉,保护好前人留下的文化遗产。要结合自己的历史传承、区域文化、时代要求,打造自己的城市精神,对外树立形象,对内凝聚人心"。在经济社会文化建设积累雄厚的长三角,应率先开展探索和实验。

受江南文化的传统影响,长三角城市群内部协调分工体系相对完善,并步入了城市群发展高级阶段。研究明清时代江南文化与江南城市群的内在联系机

---

① 学习强国学习平台:《每日金句|习近平论文化是城市的灵魂》,2019 - 11 - 07。

制,对于充分发挥江南文化资源对长三角高质量一体化发展的重要支撑作用,努力克服"物质文化"与"人文精神""硬实力"和"软实力"的失衡和不协调、不可持续等问题具有重要的理论与实践价值。

1. 不同于"不是政府就是市场"的经济学惯性思维

当下有一种片面的论调十分流行,即认为城市发展应完全按照市场规律,政府介入的越少越好,甚至把所有城市发展的问题都归结为政府干预的结果。例如有人认为长三角之综合水平上发展比较好,主要是市场机制发挥了强大作用,而京津冀则相反,由于政府干预过多而不利于城市群建设。这在本质上是把政府和市场对立起来。实际上,城市发展是分阶段的,新中国的城市经历了政治型城市化、经济型城市化两个阶段,正在进入文化型城市化的发展进程,每个阶段都有自身的特点和时代要求。一方面,在内外部环境和条件深刻变化的背景下,仅靠政府或者市场任何一条腿走路,都不可能实现转变城市发展方式、完善城市治理体系、提高城市治理能力的目标,如产能过剩、重复建设、同质化竞争等问题,都是需要"政府的手"来调节和规范的;另一方面,新型城镇化正在进入高质量发展的新阶段,必须把创造优良人居环境作为中心目标,强化尊重自然、传承历史、绿色低碳等理念,而这些任务和目标也不是仅仅依靠市场就可以解决的。因此,需要树立政府和市场协调、协作促进城市发展新理念。在协调和处理政府和市场关系方面,明清时代的江南城市群提供了一种不同于西方经济学非此即彼的"不是政府就是市场"的思维定式和参照,其中有许多成功经验和做法需要认真总结和借鉴。

在某种意义上,令我们今天非常头痛的"政府和市场的博弈",在古代江南城市同样存在。以苏州为例,一直有政府和市场、行政和工商业的博弈。明代,朝廷大力推广城隍庙。明太祖朱元璋于洪武三年(1370)诏封天下城隍。清初,苏州辖境内各主要市镇相继出现城隍庙,而周边村落原有的土地庙,相对于新修的镇城隍庙则处于从属地位。每当镇城隍庙举行庙会之际,各土地庙负责将村中各家所征收来的钱粮上纳至镇城隍庙中,形成了独特的吴地"解钱粮"习俗。这一民间习俗后来演化到江南各地,对江南的经济、文化、政治和社会心理产生了深远影响,也对苏州成为江南中心城市起到了潜移默化的作用。

2. 江南城市群处理"中心城市"和"其他城市"关系的经验

明清时代的江南城市群,天然形成了经济与社会、文化的协调发展机制,城市群中心城市和其他城市形成了良好的层级体系和产业市场分工,这不是出于单纯的市场行为,而是"由政府和市场共同主导"的结果。

在经济领域,江南地区的大城市众多,与周边地区联系互动紧密。如作为东晋和南朝政治中心的建康,在当时就发展成一座巨大的消费性城市。隋唐时期的扬州,不仅是江南地区重要的核心城市,也是当时全国最大的工商业城市,所以当时有"扬一益二"之称,甚至绍兴在唐代也有"会稽天下本无俦"之称。① 除了大城市多、影响大,江南城乡之间的经济社会联系也十分密切,如明清时代的苏州,就已经形成了十分成熟、多层级、辐射全国的古代市场经济体系,"苏州不仅是江南区域市场,而且已具有全国市场的规模,它的经济辐射力已遍及全国各地,全国各地的商品和商人都汇集到苏州来"。②

在文化方面,明清时期的江南城市群也不是"一城独大",同样形成了良好的人才教育培育的良好层级体系。以明清江南"八府一州"为界限,据明清进士题名录统计,自明洪武四年首科到清光绪三十年末科,共举行殿试 201 科,共录取进士 51 681 人,其中明代为 24 866 人,清代为 26 815 人。江南共考取进士 7 877 人,占全国的 15.24%,其中明代为 3 864 人,占全国的 15.54%,清代为 4 013 人,占全国的 14.95%。大体上,明清两代每 7 个进士,就有一个来自江南。江南进士不仅数量多,名次也极为显赫。"天子门生"的状元,明代共 89 人,江南八府,苏州 7 人,常州 4 人,松江 3 人,杭州、嘉兴和湖州各 2 人。清代江南更是辉煌,状元共 112 人(不计 2 个满状元),江南各府,苏州 29 人,常州 27 人,湖州 6 人,杭州 5 人,镇江 4 人,江宁和嘉兴各 3 人,松江 1 人,共多达 58 人,占半数以上。江南内部,如果按府比较各地的进士数,苏州、杭州、常州、嘉兴四府总是排在前面;以县为单位进行统计,明代进士数量的前十县依次是华亭、武进、无锡、吴县、昆山、长洲、常熟等。清代进士数量的前十县有仁和、钱塘、吴、武进、归安、长洲、无锡、丹徒等。这些县中大多数是与省治、州治同城的附廓县。③

3. 为长三角城市群规划建设提供本土理论指导

明清时代以"八府一州"为核心的江南城市群,不仅是在经济财力上对整个国家机器运转的支撑,在意识形态、生活方式、审美趣味、风俗时尚等方面也获得了"文化领导权"。而后者对江南社会深层心理结构的影响往往甚于前者。最令人惊讶的是,江南城市群几乎没有出现今天长三角城市群面临的各种"城市病"

① 陈桥驿:《会稽天下本无俦》,《中华读书报》,2008 - 3 - 8。
② 陈学文:《明清时期太湖流域的商品经济与市场网络》,浙江人民出版社 2000 年版,第 256 页。
③ 范金民:《明清江南进士数量、地域分布及其特色分析》,《南京大学学报》,1997 年第 2 期。

难题。如明清时期以苏州为中心，江南自然演化形成了一种十分成熟、多层级的、可以辐射全国的古代市场经济体系。同时，杭州虽然在政治地位上有所下降，但在城市文化方面进入了全面繁荣期，不仅在高度精英化的科举应试教育中取得巨大成就，在医药、数学、天文、化学等诸多方面也都涌现了大批优秀人才，在书籍刻印、藏书、书画鉴藏、园林艺术、戏曲活动、诗文创作等方面同样位于全国前列。

与今天的长三角相比，明清江南城市群的突出优势是天然形成了中心城市"支配"功能与"服务"职责的和谐，这非常有利于城市间的功能互补和共存共荣。改革开放以来，长三角城市群的建设过程一直十分曲折，至今在资源、产业等方面的冲突与无序竞争仍比较严重，其主要原因是中心城市和大城市只想"支配"和"虹吸"，而不想"服务"和"外溢"。其本质是受到西方城市建设理论的影响，也可以说是仅以西方案例作为参照系的结果。这是因为，受西方"二元对立"文化的影响，西方城市之间主要体现为一种"他人就是地狱"的矛盾和对抗关系。对西方城市发展观念、规划理论、设计技术等的机械模仿和盲目崇拜，是导致长三角城市规模失控、功能紊乱和越来越不适合人居生活的根源。

4. 引领长三角一体化走文化型城市群发展新路

对于长三角城市群而言，仅仅意识到文化储量丰厚、传统相关度高是远远不够的，最关键的是如何在"返本开新"的基础上实现江南文化的创造性转换与创新性发展。2019年以来，在长三角一体化高质量发展的国家战略引导下，长三角在经济产业、城市基础设施互联互通等方面呈现出协同发展的良好态势，但在文化领域，尤其是文化引领经济发展上，仍处于分散自立和不自觉的状态，这成为制约长三角城市群高质量一体化发展的主要瓶颈之一。

在某种意义上看，传统江南文化之所以未能对长三角城市群发挥应有的作用，主要原因有两方面：一是维系江南区域经济社会的传统机制已经老化，而新的城市群文化联系机制却未能建立起来，在"青黄不接"中无法为促进区域社会融合与和谐发展创造出新的精神文化资源；二是由于时代背景的巨大转换，作为人类城市发展高级空间形态的国际性大城市群，其规模之巨大、影响之广泛以及对城市之间开放与融合程度的要求，也远非古代城市在农业文明背景下所结成的"松散"联系可比拟。如何通过理论创新与路径创新实现江南传统城市文化的当代转型，为长三角城市群的良性与可持续发展提供"内在生产观念"或"实践操作原理"，已成为当务之急。

在当下关于长三角城市群的规划中,对一体化发展中存在的问题,主要强调的是政策、机制方面的"霹雳手段"——进行统一部署、统一考核与统一管理。在"去产能"过剩、开展环境保护等方面,必须采取明确一致的政策、标准统一的考核问责制等,为长三角按照新的发展理念建设提供可靠的制度保障。除此之外,还要认真研究和吸收古代江南城市群提供的启示和借鉴。

三、长三角建设"江南文化城市群"策划研究

江南文化在本质上是一种诗性文化,代表了我国区域文化在审美和艺术上的最高水准,是中国本土最符合马克思"人的全面发展"和"按照美的规律来建造"的思想文化谱系,对克服现代人普遍的精神危机,促进长三角社会、文化和精神生态的保护和建设具有重大战略资源价值。

2018 年 4 月 26 日,习近平总书记就推动长三角高质量一体化作出重要指示,为长三角城市群在新时代的规划建设确立了新的发展目标和方向。课题组认为,未来的长三角城市群建设应超越那种"不是市场就是政府"的西方式的二元对立思维,按照政府和市场共同主导、协商推进的科学原理,发挥江南文化的价值引领作用,为把长三角建成交通、经济、人口增长和文化、生态、生活质量改善协调发展的文化型城市群做出总体安排,带动我国城市建设走上文化发展转型之路。

1. 高度重视江南文化对长三角一体化发展的重要作用

2017 年 12 月,上海市提出"丰富的红色文化、海派文化、江南文化是上海的宝贵资源,要用好用足",首次把江南文化提升到上海城市战略性资源的高度。2018 年 1 月,《上海市城市总体规划(2017—2035 年)》发布,提出"加强总体城市设计,形成'拥江面海、枕湖依岛、河网交织、水田共生'的自然山水格局,塑造国际化大都市和江南水乡风貌特色",凸显了江南文化在上海未来发展中的重要地位。同时,苏浙两省提出联合打造环太湖生态文化旅游圈,苏皖两省提出利用共同的历史基因和文化基因开展合作。

我国区域文化品类丰富、各有千秋,但齐鲁文化和江南文化最具有代表性。齐鲁文化的核心价值是伦理精神,江南文化的最高表现是审美精神。江南文化在中华优秀传统文化重建和复兴中具有"独当一面"的重要地位和意义。目前,长三角 3 省 1 市的政府、社会、企业、学界围绕江南文化开展了诸多活动,但对

"江南文化"在长三角一体化建设中的重要作用依旧存在重视程度不够、理解体会不深的问题，对以传承弘扬"江南文化"破解长三角城市群发展中文化认同、协调发展等难题也普遍缺乏抓手。为推动长三角高质量一体化发展，建议由长三角区域合作办公室牵头制定《促进江南文化支撑长三角高质量一体化发展意见》，在政策、体制、机制等方面对长三角建设"江南文化城市群"给予具体指导和实际推动。

2. 深入开展江南文化城市群的基础理论研究

基础理论研究的作用在于提供一种"系统设置"，为认识与把握对象提供必要的理论工具、分类原则与解释框架。与长三角一体化快速变化、跨越发展的现实相比，关于江南文化城市群的理论研究还属于一个亟待拓展的领域，远不能为城市群建设、一体化进程提供可靠有效的理论指导。

针对各地江南文化研究存在的"单体研究"热闹而"整体研究"冷落、"实用研究"过剩而"人文研究"短缺等问题，上海率先把江南文化资源列为城市战略性资源，浙江、江苏、安徽也纷纷开始谋划和布局。在江南文化的背景下，必须认真反思过去按照经济发展思路从事文化建设的误区，在新一轮江南文化保护传承和开发利用热潮中，先行开展关于江南文化城市群的范畴、范围、类型、内涵、历史价值、现代转换等研究，为长三角江南文化城市群建设提供"内在生产观念"和"实践操作原理"。通过建构江南文化城市群基本概念、范畴体系、学科框架研究，以"整体研究"规范和引导"单体研究"，指导现实的策划、规划、设计和建设，走出过去"先建设，后规划"或"无规划乱建设"的怪圈，并尽可能地减少发展成本，在江南文化自身发展规律和新时代长三角高质量一体化之间找到最佳的平衡点和协同机制。

3. 尽早开展江南文化示范区的试点建设工作

在"十三五"规划的"专栏25文化重大工程"中，立足于"构建中华优秀传统文化传承体系，实现传统文化创造性转化和创新性发展"，首次提出建设山东曲阜优秀传统文化传承发展示范区。该示范区2015年12月26日由济宁市先行设立，以发掘和弘扬儒家文化价值为定位，在空间上包括曲阜、邹城等国家历史文化名城，三孔、四孟等文化遗址和景区及尼山圣境、孔子博物馆等重大文化项目，最终通过"十三五"规划上升为国家战略。

从地理上看，传统江南地区与长三角城市群的核心空间基本吻合。在人文上看，包含吴越文化、皖南村镇文化和海派文化的江南文化则构成了长三角传统文化的主体形态。目前,江南文化已被列为长三角高质量一体化发展的三大支撑体系之一。因此应紧紧把握"十四五重大工程项目"设计的契机,研究和谋划国家级江南文化传承发展示范区,并争取使其被列入"十四五"规划。改革开放以来,长三角尽管空间范围和功能定位屡有变化,但本质上都是以经济、交通和人口为核心的"经济型城市群"规划,这是造成长三角经济与社会、人文发展不协调和不平衡的根源。开展江南文化示范区的试点建设工作,有利于为长三角建设世界级城市群补充一个文化功能区。这不仅具备最好的社会条件和机遇,也是新时代推进长三角一体化高质量发展的必由之路

4. 坚持以江南文化引领长三角城市文化发展

2011 年 10 月 18 日,党的十七届六中全会公报提出"建设中华民族共有精神家园"。目前,重建和复兴齐鲁文化和江南文化更加紧迫具有十分重要的意义。原因在于:一是齐鲁伦理精神在现代百年中备受摧折冲击,并有被西方文化价值体系全面取代之趋势;二是江南诗性精神在后现代社会中被严重污染,淹没于以"三俗"为主要特征的大众娱乐文化中。

长三角具有建设江南文化城市群的良好基础。首先,与经济欠发达地区相比,长三角雄厚的经济实力为区域文化建设提供了坚实的物质基础,能持续支持区域文化进行更高水平的重建和复兴。其次,与其他经济和文化协调发展水平较低的区域相比,长三角集聚着世界一流文化人才和团队,在文化发展理念特别是在开放发展和国际化上,同样拥有其他区域不具备的视野和优势。最后,江南文化是长三角共同的传统文化资源,也是一个在中国乃至世界文化体系中均拥有良好口碑和无穷魅力的"小传统"。在长三角城市文化发展规划的编制过程中,必须坚持以江南文化为引领。坚决防止相互抄袭、模仿和复制。一方面,要立足于一市三省各自的人文地理禀赋和历史人文资源,深入挖掘和发挥江南传统空间和文化特色优势;另一方面,还要努力传承优秀江南传统审美与规划设计文化,坚决摈弃"洋大怪"的规划设计模式,促使江南自然和文化特色与当代长三角城镇建设协调发展。

5. 齐抓共建长三角江南文化品牌建设

从城市层级分工体系的视角来看,江南文化可以分为三种形态:一是以古代的扬州、杭州、南京和近现代以来的上海为代表的江南都市文化,居于最高层级;二是以古代的嘉兴、湖州、徽州和近现代的苏州、无锡为代表的江南城市文化,居于中间层级;三是以明清以来的江南市镇和当今小城镇为代表的江南城镇

文化,居于最低层级。

坚持以文化建设为本,做精做强江南文化,是长三角文化城市群最鲜明的主题,也是区别于其他城市群的关键所在。因历史文化资源丰富,时间绵延较长,空间分布广泛,江南文化品牌的凝聚力还不够,吴文化、越文化、徽州文化、海派文化四大板块的互动协调以及地域性文化子品牌的构建都还存在一些障碍。建议在顶层设计中增加长三角江南文化品牌建设的战略思考,深耕风格多彩的区域特色文化资源,坚持特色文化平台建设、特色环境建设与特色文化建设相协调。同时在具体操作层面,应尽快着手设计江南文化品牌的视觉识别系统,在政府宣传、企业活动、产品标识等内容上进行传播推广,形成较高的文化识别度和受众接受度。

6. 转化创新江南书院贡院文化资源

历史上江南地区书院贡院的分布密度和发达程度长期高于许多地方,对促进民众对江南文化的普遍认同、吸引区域外社会资源向江南集中发挥过重要作用。深入挖掘江南书院贡院繁盛背后的城市文脉汇通、文化功能互补的体制机制,以文化创意、数字科技与文化旅游的融合促进其传承转化、创新发展,有利于活态延续长三角众多历史文化名城的文脉,增强对长三角一体化的文化自信与文化自觉。

首先,当下江南各城市对本地书院贡院文化资源的整理挖掘,主要偏重于本地籍贯人士的学术活动及成就,而对外籍学人对本地书院贡院文化的贡献重视不够。应以增强、促进"包容开放,交流互动"为重点,对江南书院贡院的文化资源进行全面研究、深入挖掘和分类筛选,从有关人物、事件、景观、遗址、文物、典籍、传说、专著、论文中选取若干代表性事项,塑造"重心"和"主体"。其次,古代的书院贡院往往建在"风水上佳"的名胜之地或城市中心区,并经过历史的累积沉淀和长时间的推广、宣传而成为城市的特色和标志性文化景观。应根据时代主题转换的需求和古为今用、以古鉴今的原则,在保持其建筑样式、恢复其活动形式的基础上,以创造性转化和创新性发展赋予其新时代内涵和表达形式,传承延续不同城市的自然历史文化禀赋和文化发展脉络。最后,选取具有文化教育功能的书院贡院旧址,策划一批有较强现实可行性的主题性文化活动,如庆典、展会、比赛、表演、讲座、论坛等,延续城市历史文脉与传承,文以载道、以文化人的教化思想,吸引公众积极参与,共同推动书院贡院文化的发展繁荣。

7. 全面推动江南文化现代传播体系建设

江南文化的人文魅力在于审美精神、诗性文化的持续发扬，是活生生的人在运用历史凝练的文化精髓、价值观念，逐步发展，推陈出新，克服解决当代人类面临的难题。在用户主导内容生产的 web2.0 时代，应利用好社会化媒体平台，通过短视频、H5 页面、多媒体融合报道、网络文学创作等形式，将长三角各地的优秀传统文化广泛传播，逐渐渗透民众的日常生活中，促进内容生产与社会交往的结合。

具体可以在沿线城市举办以"寻找江南记忆"为主题的视频、图文征集活动，征集作品经筛选后在沿线城市间进行巡回展示、展览，并利用传统媒体和新媒体进行直播、展播，促进民众了解各地不一样的"江南故事"中存在的共同文脉。依托今日头条等 APP 开展运河地标微话题讨论，依托抖音等 App 发起江南文化视频区域挑战，经推荐、推送，综合网络热度、专家评议和部门评议排名，评定出各地最美江南文化地标和有关江南文化的优秀短视频。还可借助蓬勃发展的网络文学为江南文化的传播提供全新动力，鼓励长三角各城市主动对接网络文学传播平台和相关行业组织，围绕不同地域文化和细分主题进行网络文学作者的选拔培育，通过选取优秀网络文学作者、吸引网络文学领军企业入驻、邀请网络文学名家开设工作室等不同形式，努力把江南文化打造成流行文学作品的新标签。

8. 加快江南文化城市群高端智库建设

由于中西文明在城市起源、历史形态、精神传统以及当代城市化的条件与背景等方面的巨大差异，对于将西方城市群发展理论用于解释中国城市群建设的经验、阐明城市群建设的合理路径需要特别加以警惕和谨慎。

江南文化研究需要以"区分中西"为原则，探索和建构适合中国的学术语境。为化解保护历史文化遗产、民族（区域）文化风格和传统风貌与利用创新特色文化资源之间可能出现的尖锐矛盾，促进特色文化产业在传统文化与现代文化、本土文化与外来文化的交融中迸发活力，建议在相关职能部门的具体指导下，依托相关高校成立"江南文化城市群高端智库"，集聚文化产业、文化旅游、非物质文化遗产保护、城乡规划学、城市经济学、城市社会学等领域的专家学者，针对江南文化城市群建设中的重大问题开展具有前瞻性、针对性、储备性的政策研究，提出专业化、具有建设性、切实管用的政策建议。

| 第四章 |
加快推进人文引领型上海大都市圈建设

2018 年 1 月,《上海市城市总体规划(2017—2035 年)》(简称"上海 2035")正式发布,提出推动上海与苏州、无锡、南通、宁波、嘉兴、舟山等周边城市协同发展,构建上海大都市圈,打造具有全球影响力的世界级城市群。[1] 2019 年 1 月,据相关媒体报道,上海已就《上海大都市圈空间协同规划编制工作方案(征求意见稿)》向苏浙两省征求修改完善意见,同时商请共同成立上海大都市圈空间协同规划编制领导小组,以组织协调上海大都市圈空间协同规划的编制、审查和实施,并参与编制过程中重大事项的指导和决策。在该报道中,上海大都市圈由原来的"1+6"拓展为"1+7",增加了浙江省湖州市。[2] 但尚未得到官方证实。2 月,自然资源部办公厅函复上海市规划和自然资源局,原则同意开展上海大都市圈空间协同规划(国土空间规划)编制工作。同时要求上海市规划和自然资源局要与江苏、浙江省自然资源厅密切合作,共同做好规划编制组织工作。[3] 复函中未明确具体城市,所以本研究报告仍以 2018 年 12 月 25 日国务院批复的"上海 2035"确定的"1+6"作为上海大都市圈的空间范围和基本形态。

一、从城市群到都市圈的理论与现实进程

1. 都市圈概念的来源与界定
我国使用的都市圈概念,主要有两个来源:一是地理学家戈特曼的"Megalopolis"。

---

[1] 张奕、戚颖璞:《划重点 | 全文 180 页"上海 2035"规划,哪些"干货"尤其值得关注?》,https://www.jfdaily.com/news/detail?id=75885.,2018 - 01 - 04。

[2] 胥会云:《上海大都市圈规划启动:长三角城市群"强核"轮廓初显》,https://www.yicai.com/news/100100760.html,2019 - 1 - 16。

[3] 中国国土空间规划微信公众号:《上海大都市圈空间规划编制正式启动》,2019 - 2 - 24。

1983 年,华东师范大学的宁越敏首次将"Megalopolis"引入国内,将其译为"巨大城市带"。此后有"都市圈"(史育龙)、"大都市圈"(张颢瀚、张超)、"大都带"(周一星)、"大都市连绵区"(王旭)等多个译名;二是相关规划专家在使用"Megalopolis"时,重点参考了日文的译名。汉语翻译的不一致,直接影响到实际使用。如广西、河南用的是北部湾城市群、中原城市群,浙江、江苏用的是杭州都市圈、南京都市圈。如国家发展改革委用的是"城市群",住房城乡建设部曾使用过"大都市连绵区"。①

　　作为一个新的城市科学范畴,"Megalopolis"在名称上不统一的这种情况并不仅仅发生在中国,在国外也同样如此。如戈特曼本人就用过"连绵的大城市链条"(continuous chain of impressive cities)、"城市链"(the urban chain)等。在当今西方世界,从中扩展出来的还有"相邻的大都市区域"(neighboring metropolitan regions)、"多个大都市群体"(metropolitan clusters)、"超级都市区域"(mega-cities)、"大都市带/都市群"(megalopolis/mega-region)、"超级都市群"(super-mega-region)等新概念和新形态。② 但从概念本身看,"都市圈"和"城市群"在来源上并无本质区别。这是当下众多研究中,对世界五大城市群及对珠三角城市群、长三角城市群等有时使用"城市群",有时又使用"都市圈"的主要原因。

　　2018 年以来,随着都市圈战略和规划在我国区域和城市发展中的重要性不断强化,学术界也开始对都市圈和城市群这两个长期混用的概念加以区别。笔者认为,改革开放 40 年来,我国初步建构了具有中国城市发展特色和符合中国国情需要的城乡规划体系,按照从下到上、从小到大、从初级到高级的排列顺序,依次是乡村规划、小城镇规划、城市规划、大都市规划(与一般城市规划的区别是特别强调中心地位和国际化)、大都市区规划(与大都市规划不同的是比较侧重远郊区县和周边农村地区)、大都市圈规划(以 2018 年都市圈规划进入国家战略为代表)、城市群规划、湾区规划(以粤港澳大湾区的提出和规划编制为代表)和经济带规划(以长江经济带规划为代表)。③ 其中都市圈在空间上被界定为"比大都市大,比城市群小"。2019 年 2 月 19 日,经国务院同意,国家发展改革委印发的《关于培育发展现代化都市圈的指导意见》(简称《意见》)提出:都市圈是城市群内部以超大特大城市或辐射带动功能强的大

① 刘士林:《改革开放以来中国城市群的发展历程与未来愿景》,《甘肃社会科学》,2018 年第 5 期。
② 刘士林:《城市群的全球化进程及中国经验》,《学术界》,2012 年第 6 期。
③ 李璠:《都市圈发展不能走"寡头城市"老路》,《瞭望东方周刊》,2018 - 07 - 30。

城市为中心、以 1 小时通勤圈①为基本范围的城镇化空间形态。② 其中所说的"城市群内部"就明确了"都市圈"不是"城市群",且在空间上小于后者,同时还特别强调了都市圈在交通联系上的快速和便捷。都市圈的概念内涵由此逐渐明确起来。

2. 城市群(都市圈)的主要标准

由于城市群和都市圈在英文中是指同一个对象,因此中外关于"Megalopolis"的相关标准,在界定和阐释"都市圈"时都可以作为重要参照。

一是《牛津地理学词典》的定义:"任何超过 1 000 万居民的众多中心、多城市、城市区域,通常由低密度的定居和复杂的经济专门化网络所支配。"③

二是戈特曼提出的五项标准:① 区域内有比较密集的城市;② 有相当多的大城市各自形成都市区,核心城市与都市区外围社会经济联系密切;③ 有联系方便的交通走廊把核心城市联系起来,都市区之间有密切的社会经济联系;④ 人口须达到 2 500 万左右;⑤ 国家核心区域,同时也是国际交通枢纽。④ 这个标准出自有"城市群理论之父"的戈特曼,是目前在国内外最具权威性的评价标准。

三是姚士谋在《中国的城市群》中划分的三种形态:① 以国家级大都市为中心的国家城市群(national urban agglomerations);② 以区域性大都市为中心的地区城市群(regional urban agglomerations);③ 以地方为中心组织起来的日常城市群(daily urban agglomerations)。⑤ 这种分类比较适合中国城市群发展的国情,也是西方城市群理论和分类中所没有的。

四是笔者在《城市群蓝皮书:中国城市群发展指数报告(2013)》提出:理想的城市群在本质上是一个在人口、经济、社会、文化和整体结构上具有合理层级体系,在空间边界、资源配置、产业分工、人文交流等方面具有功能互补和良好协调机制的城市共同体。同时该报告还自主研发了包含 5 个一级指标(人口、经济、生活、文化和首位比)、16 个二级指标和 43 个三级指标在内的《中国城市群

---

① 在 2016 年 8 月 22 日《上海市城市总体规划(2016—2040)(草案)》的公示稿中,曾明确提出"形成 90 分钟交通出行圈,突出同城效应。"
② 国家发展改革委:《关于培育发展现代化都市圈的指导意见》,http://www.gov.cn/xinwen/2019 - 02/21/content_5367465.htm.,2019 - 2 - 19。
③ [英]梅休:《牛津地理学词典》,上海外语教育出版社 2001 年版,第 276—277 页。
④ 程相占:《西方大都市带思想要略》,载于刘士林主编:《2007 中国都市化进程报告》,上海人民出版社 2008 年版,第 118 页。
⑤ 朱英明:《城市群经济空间分析》,科学出版社 2004 年版,第 64—65 页。

发展指数框架》,①也可以作为界定都市圈内涵、评估其发展水平的标准框架。

五是《意见》明确提出：以促进中心城市与周边城市(镇)同城化发展为方向,以创新体制机制为抓手,以推动统一市场建设、基础设施一体高效、公共服务共建共享、产业专业化分工协作、生态环境共保共治、城乡融合发展为重点,培育发展一批现代化都市圈,形成区域竞争新优势,为城市群高质量发展、经济转型升级提供重要支撑。② 这是到目前为止由我国政府提出的对都市圈建设明确标准和要求。

3. 稳步开展新时代都市圈建设

城市群是当今世界区域和城市发展的主流,也是我国新型城镇化规划确立的"主体形态"。2005 年,《国家"十一五"规划纲要》提出"把城市群作为推进城镇化的主体形态",③使"城市群"作为"Megalopolis"的官方规范用语得到广泛认同和使用。但"都市圈"的概念不仅没有退出,相反在充分结合了现阶段城镇化建设实际之后,成为一个具有中国区域和城市规划特色的重要范畴。这说明都市圈概念和新型城镇化相适应,因而才能从一个"偶然的翻译词语"逐渐演化为中国新型城镇化的一个重要战略目标。

2018 年,国家发展改革委将"稳步开展都市圈建设"列为"2018 年推进新型城镇化建设重点任务",并首次明确了"都市圈在城市群内"的层级关系、都市圈主要包括"中心城市及周边中小城市"的空间形态和"同城效应明显、一体化程度高"的功能定位。④ 这就使原本只是一个概念术语的"都市圈",正式成为新时代推进新型城镇化建设的重要抓手。

2019 年,国家发展改革委正式发布《意见》,明确了都市圈发展的主要目标：到 2022 年,都市圈同城化取得明显进展,基础设施一体化程度大幅提高,阻碍生产要素自由流动的行政壁垒和体制机制障碍基本消除,成本分担和利益共享机制更加完善,梯次形成若干空间结构清晰、城市功能互补、要素流动有序、产业分工协调、交通往来顺畅、公共服务均衡、环境和谐宜居的现代化都市圈。到 2035

---

① 刘士林、刘新静：《城市群蓝皮书中国城市群发展指数报告(2013)》,社会科学文献出版社,第 4 页。
② 国家发展改革委：《关于培育发展现代化都市圈的指导意见》,http://www.gov.cn/xinwen/2019 - 02/21/content_5367465.htm.,2019 - 2 - 19。
③ 新华社：《中共中央关于制定"十一五"规划的建议》,http://www.most.gov.cn/yw/200510/t20051019_25502.htm..,2005 - 10 - 18。
④ 国家发展改革委：《关于实施 2018 年推进新型城镇化建设重点任务的通知》,国家发展改革委微信公众号,2018 - 3 - 9。

年,现代化都市圈格局更加成熟,形成若干具有全球影响力的都市圈。同时要求各地区、各部门要统一思想认识,加强组织领导,强化责任意识,用改革的办法和创新的精神,积极培育发展现代化都市圈。①

从现实层面看,在被"正名"和获得明确"身份"之前,我国都市圈已走过了30多年的探索历程。早在1986年,作为今天涉及两省八市的"南京都市圈"前身的"南京经济区"就已提出,并在2007年首次发布《南京都市圈共同发展行动纲领》,确定了圈内城市将在交通、物流、金融、市场、产业、公共服务等九个方面开展重点合作。② 即使是在国家文件中首次出现的上海大都市圈,实际上也不是一个全新的提法。这个概念最早可追溯到2002年上海的一份研究报告,当时用的名称就是"大上海国际都市圈"。③ 但都市圈建设在过去一直无法真正推动起来,一个主要原因是都市圈的基础理论研究薄弱,对都市圈的概念内涵、功能、形态等缺乏清晰认识,导致人们在规划和建设中往往无所适从,甚至常常会混同于城市群的规划和建设。在都市圈的概念、空间、功能等由《意见》首次明确之后,接下来最重要的是要明确我国都市圈的战略定位,探索和确立多样化的发展路径,推动"在中国,该怎么建设都市圈"这个战略问题走向广阔的现实世界。

二、人文型大都市圈理论与上海大都市圈战略

1. 人文型大都市圈理论的提出

2014年,《国家新型城镇化规划(2014—2020)》提出"注重人文城市建设",2016年,《国家十三五规划纲要》将"人文城市"列为五类"新型城市"之一,这既是对现阶段我国城市发展主要矛盾的深刻把握,也代表着国家新型城镇化战略实施的道路自觉,对引领和推进我国从"经济型城市化"向"文化型城市化"的战略转型具有重要的定位和导向作用。

从城市科学的角度看,城市可以分为三种主要类型:一是以政治功能为主的"政治型城市",如芒福德认为在欧洲中世纪"建立城镇的政治需要早于其

① 国家发展改革委:《关于培育发展现代化都市圈的指导意见》,http://www.gov.cn/xinwen/2019-02/21/content_5367465.htm,2019-2-19。
② 俞侃,颜芳:《苏皖八市打造区域经济联合体》,《扬子晚报》,2007-04-29。
③ 上海证大研究:《长江边上的中国:大上海国际都市圈建设与国家发展战略》,学林出版社2003年版,第11页。

经济需要"；①二是以经济功能为主的"经济型城市"，如傅衣凌在研究明清中国城市时提出的以工商业为主的"苏杭型"城市；②三是以文化功能为主的"文化型城市"，也就是城市地理学家所说的"以宗教、艺术、科学、教育、文物古迹等文化机制为主要职能"的"文化城市"。③ 关于人文城市与文化型城市的关系可以表述为，后者是前者的理论来源和基础，前者则是后者的一种现实模式和形态。同时，作为一种以文化为主要功能的城市化模式，人文城市向上可以拓展到城市群、都市圈、国家中心城市、都市、城市，向下则可延伸到县城、小城镇、特色小镇、乡村。也就是说，在"注重人文城市建设"的总体背景下，从空间最大的城市群、层级最高的国家中心城市，到空间最小的小城镇、层级最低的乡村，实际上都面临着补充文化功能或人文建设的重要任务。

2. "人文之城"是上海大都市圈的重要发展目标

就上海大都市圈而言，其与国家"人文城市"战略的关系，目前主要可以从国务院批复同意的"上海2035"来了解和把握。在这一轮新的城市规划中，不仅首次明确提出了建设上海大都市圈，同时在城市发展总体目标上首次明确提出了建设"人文之城"。从首位城市和都市圈的密切关系看，也可以说，"人文之城"也必然是上海大都市圈未来重要的发展目标。因此，深入研究和把握上海建设人文城市的背景与需要，在某种意义上也就揭示了未来上海大都市圈要走的道路及其必然性。

首先，从紧跟国家战略布局看，上海提出建设"人文之城"，既是对过去的城市发展目标偏重于硬件（如四个中心的定位）的丰富和补充，也是为落实《国家新型城镇化规划》提出建设人文城市及《国家十三五发展规划纲要》提出建设"新型城市"的主动自觉行为。作为一个衡量城市发展的新尺度，人文城市揭示出城市发展的目的——不只是城市人口增加，也不只是经济总量与财富的聚集，而在于城市是否提供了一种"有价值、有意义、有梦想"的生活方式。同时，基于我国城市化资源条件日趋短缺、历史文化资源存量巨大的现状，中国城市走"人文城市"发展道路已是大势所趋。上海作为全国改革开放排头兵、科学发展先行者，在人文城市建设中同样也应该走在国内城市的前列。

---

① ［美］刘易斯·芒福德：《城市发展史：起源、演变和前景》，中国建筑工业出版社2005年版，第281页。
② 傅衣凌：《明清时代经济变迁论》，人民出版社1989年版，第158页。
③ 左大康：《现代地理学辞典》，商务印书馆1990年版，第731页。

其次，从转变城市规划思路的角度看，上海提出建设"人文之城"，体现了"顺应城市发展规律，端正城市发展指导思想"的时代要求。2015 年 12 月召开的中央城市工作会议指出，城市发展是一个自然历史过程，必须顺应城市工作新形势、改革发展新要求、人民群众新期待，坚持以人民为中心的发展思想，坚持人民城市为人民，切实做好城市工作。①

因此，"上海 2035"在目标定位上由注重经济导向转变为更加突出以人民为中心的价值导向，更加关注在上海生活、工作、学习、旅游等不同人群的需求，并在建设人文城市的框架下将其纳入新一轮的城市规划中。在实施策略上，以 15 分钟社区生活圈促进生活、就业、休闲相互融合，同时分类划定历史文化遗产、自然（文化）景观和公共文化服务设施三类文化保护控制线，加大对人文城市的空间载体，即城市文化战略资源的保护力度，在总体城市设计中提升公共空间的文化艺术内涵，构建"拥江面海、枕湖依岛、河网交织、水田共生"的自然山水格局，以及国际化大都市和江南水乡风貌特色②交相辉映的人文城市愿景。具体到上海大都市圈的区域层面，则明确将"文化共融"与设施共享、交通互联、生态共保、区域共治并列为创新合作模式、构建区域系统发展新机制的核心内容之一。

3. 开展中国人文引领型都市圈规划编制研究与建设实践

在以往的研究中，我们曾提出城市群主要有两种发展模式：一是以经济、交通和人口集聚为基本特征的"经济型城市群"；二是以文化、生态和生活质量为建设目标的"文化型城市群"。③ 对于直接从城市群"脱胎"而来的都市圈，同样也可将之划分为"经济型都市圈"和"文化型都市圈"。由于后者代表了当代城市化的新趋势和新形态，因此作为我国首个在国家层面上确认的大都市圈，上海大都市圈理应将建设"人文引领型大都市圈"作为自身重要的战略任务和重大使命之一。

这主要有三方面的原因，首先，当今城市群和都市圈的主要矛盾十分一致：一是两者赖以生存的空气、土壤、河流湖泊、生物生态等"资源环境条件"不断恶化；二是以社会问题、道德问题、信仰问题和心理问题为代表的"城市文化病"日益突出。这两方面不仅是培育和建设长三角世界级城市群要解决的突出矛盾，

① 新华社：《中央城市工作会议举行　习近平李克强作重要讲话》，http://www.xinhuanet.com//politics/2015-12/22/c_1117545528.htm.，2015-12-22。
② 张奕、戚颖璞.划重点//全文 180 页《"上海 2035"规划，哪些"干货"尤其值得关注?》，https://www.jfdaily.com/news/detail? id=75885.，2018-01-04。
③ 刘士林：《关于我国城市群规划建设的若干重要问题》，《江苏社会科学》，2015 年第 5 期。

也是上海大都市圈正在面对和迫切需要解决的重大问题。其次，按照《意见》的界定，都市圈是处在城市群内、由一小时通勤圈圈出的城镇化空间形态，可知都市圈只是在空间范围和人口规模上小于城市群，但两者在"推动统一市场建设、基础设施一体高效、公共服务共建共享、产业专业化分工协作、生态环境共保共治、城乡融合发展"等方面并无本质差别，甚至还可以说，由于经济更加发达、人口更加密集、文化需求更加强烈等特点，都市圈要比一般的城市群和城市更需要建设人文城市，以平衡其经济活动对环境、日常紧张生活节奏对精神生态和心理健康的破坏与损耗。最后，从目前上海大都市圈已有的战略定位和规划内容看，无论是"上海2035"提出的"建设高品质文化设施""营造幸福宜居社区""实施最严格的文化保护政策"及"构建高品质公共空间网络"，还是自然资源部"复函"中要求的"坚持高质量发展，坚持一切从实际出发，促进生态文明建设和长三角区域一体化发展"，都格外突出了人文城市引领城市建设的特点。这与长江经济带"共抓大保护，不搞大开发"、长三角城市群高度重视生态文明建设、上海大都市圈各城市集体追求生活质量的区域发展目标高度一致。在此背景下，以上海大都市圈规划建设为对象率先开展中国人文引领型都市圈规划编制研究与建设实践，对于我国城市走出一条环境、经济和人文协调推进的新型发展道路具有重大的政策、理论和现实意义。

三、上海大都市圈人文城市建设的现状与趋势

1. 中国人文城市发展指数框架与评估机制

城市是人类最复杂的空间组织结构，文化则是人类最复杂的精神活动形态，这两个性质和功能不同的超级复杂系统联系在一起，其发展与演化的规律和特点自然会呈现出更加复杂的样态。应对人文城市发展评估的复杂性，必须超越各种简单化理论和方法，上海交通大学城市科学研究院以具有自主知识产权的人文城市理论为指导，并在参考目前已有的约30种相关评估体系、800多个相关指数的基础上，研发具有自主知识产权的《上海大都市圈人文城市指标体系框架（2019版）》，为开展科学、客观的人文城市发展评估评价提供支持。

2. 中国人文城市发展指数框架

中国人文城市发展指数框架包括三个一级指标（物质文化、社会文化、人文文化）、六个二级指标（历史资源、现代资源、城市形象与国际知名度、文化环

境、优质文化人力资源、文化消费)及 30 个三级指标(见表 4－1)。建立该框架旨在在中国特色城市发展道路和中国特色社会主义文化发展道路的框架下，依据文化理论、城市文化理论对文化发展规律进行探索和认识，并针对物质文化、社会文化、人文文化在我国城市空间中的不充分和不协调问题设计各级指数权重，为客观、全面及按照高质量发展的要求评价评估中国新型人文城市提供支持。

表 4－1　中国人文城市发展指数框架

一级指标	二级指标	三级指标	比重(%)
物质文化 (30%)	历史资源(文化延续性指数)(15%)	中国传统村落的数量	3.2
		中国历史文化名村的数量	2.8
		国家级历史文化名镇数量	2.8
		中国民间文化艺术之乡数量	3.2
		全国重点文物保护单位数量	3
	现代资源(文化多样性指数)(15%)	剧场影院数量	3.2
		每百人公共图书馆藏书量	2.9
		5A 级景区数量	2.5
		985、211 计划学校数量	3.2
		人均公园绿地面积	3.2
社会文化 (35%)	城市形象与国际知名度(文化资本指数)(18%)	全国文明城区称号	3.8
		历史文化名城称号	3.8
		全国道德模范数量	3.8
		市慈善捐助金额	3.6
		全年接待国内外游客人次	3
	文化环境(文化宜居性指数)(17%)	PM2.5	3.3
		义务教育阶段师生比	3.6

续　表

一级指标	二级指标	三级指标	比重(%)
社会文化 (35%)	文化环境(文化宜居性指数)(17%)	房价收入比	3.1
		每千人拥有医生数	3.6
		"雪亮工程"示范城市	3.4
人文文化 (35%)	优质文化人力资源(文化创新指数)(13%)	文化艺术表演团体数量	3.4
		国家级非物质文化遗产代表传承人数量	3
		文化、体育、娱乐业从业人数	3.3
		每万人专利授权量	3.3
	文化消费(文化产业指数)(22%)	国家文化消费试点城市	3
		人均票房金额	4.1
		各类会展活动数量	4
		娱乐教育文化用品及服务价格指数	3.5
		互联网宽带接入用户数	3.8
		旅游产业增加值	3.6

3. 中国人文城市发展指数框架的理论基础及分析阐释

在研究方法上,我们放弃了一般以要素梳理为核心的"经验"研究方法,试图从哲学的高度建立一个系统的和全面覆盖的中国人文城市发展指数分类框架,即不是从"现实中人们做了什么"的"经验研究"出发,而是从"一个理想的人文城市应该是什么""应该具有哪些不可缺失的要素和条件"的"哲学研究"出发。在界定智慧城市的内涵时,我们曾指出:"'智慧'分为'真的智慧''善的智慧''美的智慧',在学科上涵盖'自然科学''社会科学''人文科学',在现实应用中呈现为'科技智慧''管理智慧''人文智慧',在发展目标上则要满足人们在城市生活中对'物质文明''制度文明''精神文明'的需要。"[①]人文城市是城市的一种重要形

---

① 刘士林:《智慧城市建设更应追求"真善美"》,《人民日报》,2015 - 05 - 31。

态,尽管其特色和功能是文化引领,但也同样要满足"人们在城市生活中对'物质文明''制度文明''精神文明'的需要",因此我们建立了以"真—物质条件—人文城市的物质文化资源""善—制度基础—人文城市的社会文化资源""美—心理感受—人文城市的人文文化资源"为三分结构的中国人文城市发展评估基本理论框架,以确保我们的理论框架基本上能涵盖人文城市的主要内容和层面。

在基本理论研究的基础上,我们将人文城市发展指数框架的一级指标确定为物质文化指数、社会文化指数和人文文化指数。同时结合我国近年来人文城市、城市文化建设等方面的实践经验,研究确定了六个二级指数,具体包括:一是以历史资源为中心的文化延续性指数。从时间上看,文化城市应具有悠久或绵延一定时段的文化传统;二是以现代资源为中心的文化多样性指数。从空间上看,文化城市应具有丰富的物质文化遗产与非物质文化遗产;三是以"城市形象与国际知名度"为中心的文化资本指数。文化城市应具有良好的城市形象与国际知名度;四是以"文化环境"为中心的文化宜居性指数,体现了一个城市自然、社会与居民良好的文化生态关系和服务保障功能;五是以优质文化人力资源为核心的文化创新指数,主要从人力资源质量和集聚程度考察一个城市的文化竞争力和魅力;六是以"文化消费"为中心的文化产业指数,主要是从需求端出发,评价一个城市文化产业的发展质量和效益。以上六个指数,对于当下城市"重物质、轻精神""重形态、轻功能"等突出问题可以起到一定的纠正和导向作用。在六个二级指数下,从引导城市文化建设和人文城市高质量发展的角度,同时兼顾数据的易得性和指标的导向性,我们共设置了 30 个三级指标,为客观评价评估中国新型人文城市规划建设提供了一个可操作的评估标准框架。

4. 上海大都市圈人文城市总体发展指数排名及分析

上海大都市圈主要包括上海、苏州、无锡、南通、宁波、嘉兴、舟山 7 个城市,目前总面积为 4.14 万平方公里,常住人口数量约 4 421 万,2017 年 GDP 占全国比重约 8.9%。需要说明的是,本报告是上海交通大学城市科学研究院第二次对上海大都市圈人文城市发展进行综合评价,与 2017 年首次发布的上海大都市圈人文城市发展报告相比,主要在以下两方面有所变化:一是 2019 年度使用的《上海大都市圈人文城市发展指数数据库(2019)》数据更新到了 2017 年,与 2017 年版报告的数据更新到 2014 年相比,可以看出近三年来上海大都市圈人文城市发展的变化及最新情况;二是《中国人文城市发展指数框架(2019)》依然保持了 2017 年版的三个一级指数(物质文化、社会文化、人文文化)、六个二级指数(延续性指数、多样性指数、文化资本指数、文化环境指数、文化创新指数、文化产业指数)、30个三级指数的基本框架,但在具体内容上有所更新,主要包括:

第一,将原来"社会文化"指标中二级指标"文化环境"下包含的"万人刑事立案率"改为"是否是'雪亮工程'示范城市"。"雪亮工程"是2015年全国政法会、中央政法委推出的一项以三级综治中心为平台、以综治信息化为支撑、以网格化管理为基础、以公共安全视频监控联网应用为重点的群众性综治工程。比起"万人刑事立案率",从数据可得性的角度来说更容易操作,也更权威。同时,在我国智慧城市建设、信息化建设工作越来越重要的当下,城市文化环境的安全系数将更多地依赖于大数据信息化处理,因此,对这一指数进行了调整;

第二,2017年原文化部办公厅印发的《关于进一步完善国家级文化产业示范园区创建工作的通知》,公布了第一批国家级文化产业示范园区创建资格名单共计10家,这是对从2004年开始,原文化部先后命名的几批国家文化产业示范基地、示范园区、试验园区所产生的概念混乱的一种矫正。而在这次的新名单中,上海大都市圈各城市无一入选,因此,新版指标体系取消了"人文文化"指标中二级指标"优质文化人力资源"下的"国家文化产业示范园区数量"这一指标;

第三,2016年,原文化部、财政部为在全国范围内开展引导城乡居民扩大文化消费试点工作,公布了第一批国家文化消费试点城市名单。上海大都市圈内有部分城市入选,因此,新版指标体系中在"人文文化"指标的二级指标"文化消费"下增加了"是否是'国家文化消费试点城市'"这一指标。

在计算标准上沿用2017年上海大都市圈人文城市发展指数计算模式,具体如下:

(1)数据缺失的指标以分值为"0"处理。

(2)指标体系中存在部分逆向指标,如PM2.5浓度、万人刑事立案率等,为保证综合评价的准确性,对这部分逆向指标做正向化处理,使所有指标同趋势化。为保证指标的相对分布规律不变,此处采用$y=\max-x$的线性变换方式处理。

(3)为消除不同变量之间的量纲差别,使数据具有可比性,指标正向化处理后,需对所有指标进行标准化处理,使所有数据无量纲化。采用极差变换法、标准化法和均值化法等几类常用方法分别对所有指标数据进行标准化处理后,观察典型指标处理前后的变异程度,最终选取均值化法进行数据处理。

(4)数据标准化后,结合所有指标权重计算各城市的综合人文城市指数,公式为:

$$y_i = \sum_{j}^{n} = 1\lambda_j x_j$$

其中 y_i 为第 i 个城市的人文指数测算值；λ_j 为该城市第 j 个指标的权重；x_j 为该城市第 j 个指标的数据。

基于上海交通大学城市科学研究院自主研发建设的《中国人文城市发展指数框架(2019)》《上海大都市圈人文城市发展指数计算模式》及《上海大都市圈人文城市发展指数数据库(2019)》，我们得出的上海大都市圈人文城市总体排名及综合评估数值如下：上海以 0.329360 分位居第一，苏州以 0.186636 分位居第二，宁波以 0.147155 分位居第三，无锡以 0.093813 分位居第四，南通以 0.087891 分位居第五，嘉兴以 0.069556 分位居第六，舟山以 0.067660 分居于末位。同时，参照 2017 年上海大都市圈人文城市评估排名，即第一名上海(0.337206 分)、第二名苏州(0.190197 分)、第三名宁波(0.118414 分)、第四名无锡(0.095396 分)、第五名舟山(0.077553 分)；第六名嘉兴(0.076824 分)、第七名南通(0.068409 分)(见表 4 - 2)。对上海大都市圈人文城市最新发展态势及近三年的变化情况解读和阐释如下：

从总体情况看，上海仍处在绝对领先地位，雷达图(见图 4 - 1)显示上海的各项指标均衡、面积饱满、总体态势良好，比第二名苏州在总分上仍高出近一倍，与 2017 年的评估得分相比，两者之间的差距微弱，说明文化发展更需要久久为功。需要注意的是，这两个城市的发展水平都呈现出略微下降，未来如何扭转这种趋势，是它们需要思考和面对的共同问题。

第二名苏州的雷达图显示覆盖面积较大，但其均衡性不如上海，特别是在"社会文化资源"相关指标上的表现不如南通，因此导致苏州在总分上未出现明显的提升，且其发展减速放缓的趋势也渐露苗头，这是建设文化苏州特别应予重视的。

第三名宁波此次表现较好，虽然在排名上没有变化，但与 2017 年的评估相比，宁波与排在第二的苏州的差距已明显缩小，并呈现出均衡发展的新态势，这预示着宁波未来文化发展的潜力较大。

第四名无锡，在排名和总分上与 2017 年的评估均没有差别，这比较符合目前无锡在上海大都市圈各城市中文化建设的实际情况。无锡在文化产业、旅游业等方面一直有一定的优势，未来如何在强手如林的都市圈内实现快速优质发展，需要做更多的研究和战略性布局。

第五名南通，由 2017 年评估的末位实现了连升两级，且总分提升仅次于宁波,进步明显,主要是在"城市形象与国际知名度"指标上有优异表现。"十二五"以来,南通建成了两个国家级文化产业示范基地、五个省级文化产业示范园区(基地),同时,"南通＋城市形象设计大赛""新版南通城市形象片"等"大手笔"政府工程实施,均显示出良好的拉动作用。

第六名嘉兴,与2017年评估相比,尽管排名维持不变,但总分略有下降。近年来嘉兴房地产一直是舆论关注的热点,并一度成为投资热土,但从人文城市建设的角度看,嘉兴市在"文化环境""优质人力资源"等方面欠账较多。目前嘉兴房地产市场"供大于求"的总体情况,其损害的已不只是城市经济,也对城市生活环境、城市文化及软实力的建设产生了一定的负面影响。

第七名舟山,由原来的第五名下跌到末位,表明该市在人文城市建设上缺乏明显优势,同时均衡性也相对较差。这与舟山受地理条件限制有关,也与其历史文化积累相对较弱以及发展文化的需求不够强烈有关,如何通过加强城市软实力建设、争取在上海大都市圈中有一定地位和影响力,是舟山当下需要认真研究和谋划布局的。

总体上看,与2017年首次评估相比,上海大都市圈中的七座城市在你追我赶中基本保持着原来的队形,突破和变化都不明显,上海"一城文化独大"的局面基本没有改变。同时,对于排名靠后的几座城市而言,要打破现状、实现跃升的难度依然很大。

表4-2　上海大都市圈人文城市发展2017、2019年度评估比较

城　市	2019 年评估总分	2017 年评估总分	2019 年排名	2017 年排名
上海	0.329360	0.337206	1	1
苏州	0.186636	0.190197	2	2
宁波	0.147155	0.118414	3	3
无锡	0.093813	0.095396	4	4
南通	0.087891	0.068409	5	7
嘉兴	0.069556	0.076824	6	6
舟山	0.067660	0.077553	7	5

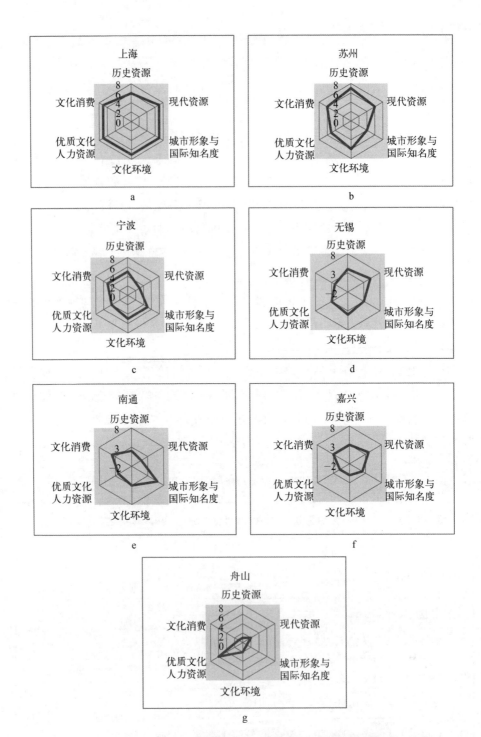

图 4-1 上海大都市圈人文城市发展评估情况雷达图

5. 上海大都市圈人文城市发展单项指数排名及分析

（1）上海大都市圈人文城市物质文化指数排名及分析。

如表4-3所示，上海在物质文化方面总分最高，苏州第二，接下来依次是宁波、无锡、嘉兴、舟山、南通垫底。但如表4-4所示，二级指数中历史资源一项居榜首的是苏州，上海排第二，宁波、无锡、嘉兴、南通紧随其后，舟山居末位；二级指数中现代资源得分排名冠军是上海，苏州排第二，然后依次是无锡、嘉兴、宁波、舟山与南通。

表4-3　物质文化指数得分及排名

城　市	得　分	排　名
上海	0.102881	1
苏州	0.074296	2
宁波	0.045650	3
无锡	0.030203	4
嘉兴	0.020678	5
舟山	0.014667	6
南通	0.012841	7

表4-4　物质文化二级指数得分及排名

二级指数	历　史　资　源		现　代　资　源	
城　市	得　分	排　名	得　分	排　名
上海	0.039381	2	0.063500	1
苏州	0.044931	1	0.029364	2
无锡	0.012724	4	0.017479	3
南通	0.006945	6	0.005896	7
宁波	0.034051	3	0.011599	5
嘉兴	0.007662	5	0.013016	4
舟山	0.004307	7	0.010360	6

上海的物质文化指数总分与苏州相差不大,但从分项看,上海的历史资源指数得分低于苏州,在现代资源指数上大比分超过苏州,主要原因是上海的公共图书人均拥有量远高出其他城市,是第二名苏州的近两倍,是最后一名南通的八倍;上海的优质高等教育资源也远多于其他城市。宁波在历史资源指数上表现不错,"中国传统村落数量"在七座城市中最多。苏州的5A级景区数量在七座城市中最多。

(2)上海大都市圈人文城市社会文化指数排名及分析。

如表4-5所示,上海的社会文化指数得分最高,南通第二,接下来依次是苏州、宁波、无锡、嘉兴、舟山。从二级指数看(见表4-6),上海的城市形象与国际知名度排名第一,大比分超过其他城市,这与上海的国际地位有直接关系,这个结果是最毋庸置疑的。南通超过苏州,跃升为第二,主要得益于南通在建设和谐社会、树立道德模范等方面的表现优于其他城市。然后是宁波、苏州以微弱的分值差距排在三、四名,一般认为,苏州的国际知名度要远高于南通、宁波等城市,但在本报告的指数框架中,城市形象不只是吸引了多少游客、有多少国家级的荣誉称号,还包括对于塑造城市精神非常重要的道德、正义、慈善等内容,因此,苏州的排名从2017年评估的第二名,下降到第四名,这是苏州需要关注和加强的地方。然后依次是无锡、嘉兴、舟山。在文化环境指数的排名上(见表4-6),上海、苏州位列一、二,宁波、无锡基本持平,分列三、四,然后依次是南通、舟山、嘉兴。

表4-5 社会文化指数得分及排名

城　市	得　分	排　名
上海	0.091112	1
南通	0.050735	2
苏州	0.049259	3
宁波	0.048621	4
无锡	0.041515	5
嘉兴	0.028074	6
舟山	0.021541	7

表 4-6　社会文化二级指数得分及排名

二级指数	城市形象与国际知名度		文 化 环 境	
城　　市	得　　分	排　　名	得　　分	排　　名
上海	0.060196	1	0.030917	1
苏州	0.022414	4	0.026846	2
无锡	0.016403	5	0.025112	4
南通	0.028329	2	0.022406	5
宁波	0.022803	3	0.025818	3
嘉兴	0.013834	6	0.014240	7
舟山	0.005736	7	0.015804	6

（3）上海大都市圈人文城市人文文化指数排名及分析。

如表 4-7 所示，在人文文化指数的排名中，上海、苏州稳居第一、第二，接下来依次是宁波、舟山、南通、无锡、嘉兴。上海依然大比分领先，比第二名苏州高出一倍多，苏州、宁波、舟山呈现阶梯状，南通、无锡、嘉兴基本处于同一水平。

表 4-7　人文文化指数得分及排名

城　　市	得　　分	排　　名
上海	0.135366	1
苏州	0.063081	2
宁波	0.052885	3
舟山	0.031452	4
南通	0.024316	5
无锡	0.022095	6
嘉兴	0.020804	7

如表 4-8 所示，南通曾有"近代中国第一城"的美誉，但在该指数排名中丝毫没有显现优势。从优质文化人力资源和文化消费指数的排名看，各城市之间的差距还是比较明显。上海、苏州、宁波作为首批国家文化消费试点城市，在促进文化消费等方面比其他城市做得更好，因此，在"文化消费"单项指数上位列前三，也是比较符合实际情况的。

表 4-8 人文文化二级指数得分及排名

二级指数	优质文化人力资源		文化消费	
城 市	得 分	排 名	得 分	排 名
上海	0.051311	1	0.084056	1
苏州	0.020034	3	0.043046	2
无锡	0.008060	5	0.014035	6
南通	0.005278	6	0.019038	4
宁波	0.016194	4	0.036691	3
嘉兴	0.002880	7	0.017924	5
舟山	0.023244	2	0.008208	7

上海在"文化、体育、娱乐业从业人数""国家级非物质文化遗产代表传承人数量"等与"人"相关的指数上，是第二名的数倍，表现出强大的人才吸引力，在"每万人专利授权量"上也表现突出，与上海大力建设全球科技中心的城市定位有着密切联系。"人才就是核心竞争力"的意识在苏州、宁波等城市已经觉醒，肇始于 2018 年的苏州"抢人"政策，到 2019 年 4 月宁波"以房抢人"，代表了这些城市接下来的重点进攻方向，预计未来两三年内，相关数据应该会有比较抢眼的表现。

上海在"各类会展活动数量"上，从 2017 年评估近乎其他城市总和的两倍，已下降到目前的 1.5 倍，但仍然显得集聚度过高，并对上海的城市环境和公共服务造成了较大压力，在长三角区域一体化发展上升为国家战略的背景下，未来应考虑将上海过度集聚的会展功能等逐渐转移、分散到整个大都市圈的其他城市。

四、加快推进人文引领型上海大都市圈建设的对策建议

参照上海大都市圈七城市的人文城市发展现状、评估结果及问题分析,从落实上海建设"人文之城"、促进上海大都市圈"文化共融"、建设文化引领型上海大都市圈、推进长三角高质量一体化发展等方面出发,提出对策建议如下:

1. 对上海大都市圈而言,作为古代江南的核心区和长三角城市群的核心板块,应自觉承担起重建优秀江南文化的职责,为自身建设提供深厚的文化资源和可靠的价值纽带

2017 年 12 月,上海市委书记李强明确提出,"要打响'上海文化'品牌,丰富的红色文化、海派文化、江南文化是上海的宝贵资源,要用好用足"。把江南文化提到上海城市战略性资源的高度。2018 年 12 月,沪苏浙皖三省一市宣传部门联合发表《江南文化研究无锡共识》指出:"加强江南文化研究,推动江南文化传承创新,是长三角'三省一市'的共同使命,是推进长三角更高质量一体化发展的内在要求。"进一步凸显了江南文化对于上海大都市圈发展的重要意义。

江南文化的前身与主体是吴越文化,作为"古吴之裔壤"的上海,不仅人口组成与苏浙地区关系密切,本身也是现代江南文化的一个重要板块。以江南文化作为上海大都市圈的文化发展主题,可以为长三角区域一体化进程提供一个共有的精神家园。

首先,从时间上看,江南文化历史久远、根系发达,是长江文化的核心板块之一,占据了中国传统文化的半壁江山。江南文化接续了上海文化的"松江文脉",有利于形成"传统"与"现代"交相辉映的上海文化新格局。

其次,从内容上看,江南文化主要包括古代的吴文化、越文化和现代崛起的海派文化,既有深厚的中国传统文化,也有其鲜明的现代性,适合上海、苏州、嘉兴、无锡、南通、宁波、舟山"七兄弟"共同保护、传承和发展。

再次,从价值取向上看,江南文化本质上是诗性文化,是中国古典人文精神的最高代表,充分表达了现代个体生命在更高层次上自我实现的需要,与世博会提出的"城市让生活更美好"高度一致,代表了我国在全面建成小康社会进程中的文化新目标。

最后,从心理感受上看,中国人对江南的感受普遍良好,代表着人们对美和诗意生活的追求。作为重要的中国传统文化资本,江南的品牌价值与齐鲁文化

堪称"区域文化的双子星"。对江南文化的重建,不仅是对传统文化的复兴,也是建设社会主义新文化的重要策略。

2. 布局开展"上海大都市圈人文城市示范区战略规划研究",为促成国家层面出台相关政策和文件,推进上海大都市圈人文、生态、经济和科技的协同发展提供顶层设计

人文城市建设,战略规划先行。战略规划属于城市文化规划、设计与建设的顶层设计,目的是确立指导城市文化规划编制和统筹城市文化资源开发的理念、定位、模式和框架,决定了未来城市文化资源和文化政策配置的有效性,并使得城市建设得以合理规避风险并抢得先机。

首先,开展上海大都市圈人文城市示范区战略主题设计研究。文化主题设计既要以独特的自然、历史、文脉等为基础,具有高度的贴切性、生动的可识别性、语词的易记诵性以及丰富的可回味性,同时也要以洞察和把握世界与中国城市发展大趋势为基础,聚集零散、破碎或相关度不高的文化资源,制定具有承上启下、继往开来意义的创新发展目标。

其次,开展上海大都市圈人文城市示范区文化内容创意研究。以"战略主题"为中心思想和指导原则,发现和选取若干能代表上海大都市圈人文城市发展的符号与要素,为进一步的投资、开发、建设及推广提供独具特色、容易识别的"城市元素系列"和"城市创意清单"。

再次,开展上海大都市圈人文城市示范区重点文化项目布局研究。基于对上海大都市圈的"人文城市元素"和"人文城市创意"的研究,结合上海大都市圈人文城市示范区发展战略的制度安排,研究论证一系列重大文化工程项目,形成上海大都市圈人文城市的主体框架。

最后,开展上海大都市圈人文城市示范区文化开发策略研究。在建设文化强国和人文城市两大国家战略框架下,制定科学可行的文化开发策略,是提升上海大都市圈人文城市示范区软实力和综合竞争力的重要战略选项。

3. 从推动长江三角洲城市群高质量发展的角度出发,以建成"人文型城市群"为最终目标,充分发挥人才和旅游资源优势,加强城市间的分工协作力度,将"上海大都市圈"打造为长三角城市群文旅融合发展标杆区

2016年《长江三角洲城市群发展规划(2015～2030年)》出台之前,已有《南京都市圈规划(2002～2020年)》(2003年),《浙江省城镇体系规划(2011～2020年)》(2011年)、《江苏省城镇体系规划(2015～2030年)》(2015年)等率先"抱

团"亮相,随后又有《合肥都市圈城镇体系规划(2015～2030 年)》(2016 年)、《上海市城市总体规划(2017～2035)》(2018 年)陆续出台,基本形成了长三角区域内以原来的三省一市为"基本班底"的二级圈层。

2018 年 11 月 5 日,习近平主席在首届中国国际进口博览会开幕式上表示支持长江三角洲区域一体化上升为国家战略。在此背景下,各都市圈纷纷探讨扬弃"画圈抱团"的初级合作模式,改变因相似的自然、物质资源导致的同质化恶性竞争,以共同的文化、民俗、心理基因为纽带,把各地的旅游资源进行串联,互相呼应,"承上启下",同时让人才、服务、产品流动起来,如将上海、舟山等地强大的文化人力资源和宁波、苏州丰富的旅游资源连接起来,将自然的、物质的资源通过创意、资本的注入,创造出更符合市场需要的产品,实现域内城市的共同进步。

| 第五章 |
大运河文化带的理论阐释与战略解读

2019 年 5 月 9 日,《大运河文化保护传承利用规划纲要》(以下简称《纲要》)发布,把中国大运河这个与万里长城比肩并立的人类文明工程推到了新时代的舞台中央。首先,《纲要》明确了概念内涵,即"大运河由京杭大运河、隋唐大运河、浙东运河现有和历史上最近使用的主河道构成"。其次,《纲要》划定了规划范围,即"大运河流经的北京、天津、河北、山东、河南、安徽、江苏、浙江等 8 省(市)"。最后,《纲要》排出了时间表,即"实施期为 2018~2035 年,展望到 2050 年"。《纲要》全文共十章,超过三万两千字,核心区包括 150 个县(市、区),城市数量比 2014 年大运河申遗时多了 10 个,涉及文化、历史、科技、规划、经济、地理、水利、生态、民俗、艺术等方面。如何正确认识和客观把握《纲要》的战略定位、发展主线及趋势研判等,在此提出一些意见和思考,供大家批评、讨论。

一、大运河文化带的内涵解读与阐释

和历史上有很大的不同,在今天,无论是研究还是建设大运河,最重要的是要在国家战略框架下展开。尽管大运河从开凿伊始,就开始承担不同时期的国家战略使命。但不仅古代农业文明的国家战略与全球化和新时代的国家战略完全不可同日而语,同时,首次被正式命名为"文化带"的中国大运河与 2014 年 6 月以来一直作为"世界遗产"的大运河也有很大不同,这是研究、规划和建设大运河必须首先加以关注的重要理论问题。

1. "三个好"的战略定位

要切实把握《纲要》的中心思想,既需要紧密结合《纲要》文本本身,同时也需要从历史演化的角度进行分析,因为《纲要》本身既是对长期以来相关研究和工作的集大成,同时也积极借鉴和吸取了过去的经验和教训。就此而言,至少需要追溯到 2008 年的前后,当时大运河申遗的呼声日益高涨,各种申报准备工作全面铺开。2014 年 6 月 22 日,中国大运河在卡塔尔首都多哈召开的第 38 届世界遗产大会上成功申遗,成为人类共同的文化财富,为《纲要》的研究和制定迈出了最重要和最关键的一步。

但与各界当初的热切期盼和想法不同,运河成功申遗的"热"并没有持续多久。这主要有两方面的原因:一是选择扬州作为牵头城市,在战略上犯了"小马拉大车"的忌讳。实际上,不要说让扬州去拉动运河沿线的 27 个申遗城市,就是江苏省内的运河城市也很难带动起来。这符合当今城市化的基本原理。按照一般的分类原则,城市化可以划分为城镇化、城市化与都市化三类,我们把当今世界的城市化命名为"都市化",认为"都市化(metropolitanization)是城市化(urbanization)的升级版本与当代形态。……作为城市化最新特点与最高表现的都市化进程,恰好构成了推动当代城市化进程的核心机制与主要力量"。①因此在当时我们看到的主要是运河城市之间名分之战、招商引资混战等。这也是对于包括运河世界遗产保护传承在内的大运河文化带建设,后来一定要从北京入手才能真正破题和强力推进的根源;二是目标框架设计比较狭窄,作为世界遗产的大运河主要聚焦于物质文化遗产和非物质文化遗产的保护,但对于如何在城市化背景下开展如此大规模的文化保护,以及如何处理好保护与利用、传承与发展、守正与创新的关系研究不够、准备不足,甚至还有不同程度地把两者对立起来的倾向。

由于这两方面的原因,作为世界文化遗产的大运河逐渐自我封闭起来,未能借此良好机遇迅速融入国家和区域发展战略并获得快速发展。这也是后来人们普遍感到"雷声大、雨点小""不知道该干什么、该怎么干"的主要原因。

直到 2017 年 2 月 24 日,习近平总书记在视察北京大运河森林公园时指出:"要古为今用,深入挖掘以大运河为核心的历史文化资源。保护大运河是运河沿线所有地区的共同责任,北京要积极发挥示范作用。"同年 6 月 4 日,习近平总书记就大运河文化带建设作出专门批示,明确提出"保护好、传承好、利用好"这个新的战略定位。在此背景下,自申遗以来中国大运河一直面临的各种拖而不决的问题、矛盾和困境迅速得到解决。在习近平总书记作出批示约一个月后,北京

---

① 刘士林:都市化进程论,《学术月刊》,2006 年第 12 期。

市委书记蔡奇率先提出"深刻学习领会习近平总书记重要指示,以高度历史使命感推进大运河文化带建设"。随后运河沿线各省市纷纷跟进,使大运河文化带建设获得了前所未有的广泛响应。最重要的是,"三个好"的战略定位超越了过去的"世遗"框架,并直接转化为《规划纲要》中的"三个带",即"璀璨文化带""绿色生态带""缤纷旅游带"。如果说"璀璨文化带"侧重于文化保护传承,那么"绿色生态带"和"缤纷旅游带"则均包含了经济和产业发展的内容,具体说来,"缤纷旅游带"本身就是黄金产业,而"绿色生态带"不仅指对生态的保护和修复,由于"绿水青山就是金山银山",本身也会形成新型绿色创新发展的机遇并带来巨大财富,为大运河文化带建设赋予了更加丰富的时代色彩和与时俱进的生活内涵,由此形成了新时代建设中国大运河文化带的完整战略定位和功能布局。一般来说,人们不愿意赞同"建设"大运河文化遗产,但在提出了"绿色生态带"和"缤纷旅游带"之后,"建设"两字不仅名正言顺,也为合理开发和利用大运河文化资源提供了指导思想和现实空间。

2. 一条主线:文化引领城市和区域经济高质量发展

作为一种对人口、资源、空间和经济活动的宏观规划,"带状"战略近年来在我国城市和区域战略规划领域备受关注和推崇,并相继出台了丝绸之路经济带、21世纪海上丝绸之路、长江经济带等巨型区域规划,也包括西部大开发、中部崛起、东北振兴、集中连片特困地区等,都可纳入"带状"战略规划的范围内。与一般的城市和区域规划不同,"带状"规划具有统一性、综合性、集中性等特点,易于在更大的空间范围内和较为集中的时间内进行资源配置和政策设计,有助于从更高的站位、更宽的视野、更有针对性的方面求得问题和矛盾的解决。总体上看,大运河文化带属于"带状"战略的一种类型,但有所不同的是,中国大运河没有采取大运河城市群、大运河经济带等已有的说法,而是首次明确提出了一个全新的"带状"空间概念——文化带。

科学认知"大运河文化带"的概念内涵,是深刻把握《规划纲要》主线的重中之重。一方面,由于文化在当下往往有与经济相对的特点,因此这个概念显然是要规避"以GDP论英雄"的传统思路,因此就不能把中国大运河理解为再建一个"带状"经济区;另一方面,这个概念尽管在构词上只比一般的"运河文化"多了一个"带"字,但显然不是过去区域文化规划的放大版,因为它同时承载了"生态""河道修复"等"非文化"的使命。由此可知,大运河文化带的基本内涵是"既不同于经济区,也不同于区域文化",而是在充分结合了我国新型城镇化战略需要的基础上提出的一条文化引领区域经济社会发展的新路子。

究竟该如何理解和把握《纲要》的主线,对此我们可以进一步分析探讨。从《纲要》的文本来看,其前言开门见山地指出:"为强化顶层设计,明确大运河文化带的方向、目标和任务,推进保护传承利用工作,打造宣传中国形象、展示中华文明、彰显文化自信的亮丽名片,以大运河文化保护传承利用为引领、统筹大运河沿线区域经济社会发展,制定本规划纲要。"在这段文字中,如果说"推进保护传承利用工作,打造宣传中国形象、展示中华文明、彰显文化自信的亮丽名片"是文化建设的常规性工作,那么其中的"以大运河文化保护传承利用为引领、统筹大运河沿线区域经济社会发展"则可以看作是制定《纲要》的主要意图和目的所在。

对此可以从三方面加以阐释:首先,这句话充分表明"大运河文化保护传承利用"讲的是包含或联系着区域经济社会发展的"大文化",不是通常的与经济建设、社会建设、生态文明建设并列的"小文化"。其次,这句话最重要的是冲破了把运河文化建设等同于"世界遗产"保护的狭隘框架,指明了《纲要》实施的目标是要以大运河文化带特有的丰富文化资源去引领运河区域经济社会发展,理顺了长期以来一直困扰人们的文化保护与经济发展的矛盾关系。最后,除了《纲要》的前言部分,在《纲要》中还多次提出"以文化为引领推动区域高质量发展""以文化为引领促进区域经济高质量发展""社会效益和经济效益实现高度统一""以文化为引领促进支点城市经济社会全面发展""开拓区域经济高质量发展新空间""六大高地(京津、燕赵、齐鲁、中原、淮扬、吴越)凸显文化引领"等,这不仅进一步表明"以大运河文化保护传承利用为引领、统筹大运河沿线区域经济社会发展"是《纲要》的主题,同时也把"文化引领统筹"的具体领域和作用较为完整地展示出来。

因此,我们把《纲要》的主线概括为"文化引领城市和区域经济高质量发展",而《纲要》本身则是在此框架下为运河区域与城市的人文、生态、经济、社会等作出的总体性制度设计和相关安排。

二、"世遗"框架与《纲要》框架的变化解读及阐释

目前,关于中国大运河建设主要形成了两个框架,一是 2014 年的"世界遗产"(简称"世遗"框架);二是 2019 年的"文化带"(简称《纲要》框架)。一方面,这两个框架的内在联系十分密切,在某种意义上可以说没有前者就很可能没有后

者,而前者最核心的运河文化保护和传承本身也是后者的核心内容之一,同时,前者五年来在实施、推进过程中积累的经验和面临的问题,也为后者的研究、规划、调整和布局提供了直接参照;另一方面,两者也有明显的不同,这不仅体现在对象和范围上"多和少"的变化,也表现在主题和内容在"深度和广度"上的差异。对两个框架的异与同、主要变化及其原因进行深入分析研究,不仅有助于做好相关研究、规划、建设工作的衔接、协调和延续,也对下一阶段更好地保护传承大运河文化并促进其高质量发展具有引领作用和指导意义。

1. 两个"框架"在对象和范围上的变化

从对象与范围的方面看,在省级行政层面上,《纲要》框架与"世遗"框架保持了一致,均为北京、天津、河北、山东、河南、安徽、江苏、浙江 8 个省(市),共计150 个县、市、区。按城市层级分,其中,直辖市单元 2 个(北京、天津)、副省级单元 3 个(雄安新区、杭州、宁波)、地市级单元 46 个(涉及直辖市的区,划归地市级)、区级单元 70 个、县级单元(含县级市)71 个。按省级行政区拥有的核心区数量划分,依次为河南 40 个、江苏 37 个、河北 21 个、浙江 18 个、山东 18 个、安徽 7 个、天津 7 个、北京 2 个,它们既是历史上中国大运河的主要空间范围,也是今天大运河文化带建设的主要支点。在地市级及以上的城市数量上,"世遗"框架为 27 个城市,《纲要》框架为 37 个,后者比前者多出 10 个,分别是河北省的廊坊市、邢台市、邯郸市和雄安新区,河南省的濮阳市、新乡市、焦作市和开封市,江苏省的徐州和镇江。这说明中国大运河成功申报世界遗产以来,特别是 2017 年大运河文化带规划编制启动以来,原来一些对此重视不够、认识不足、处在观望状态的运河城市积极行动起来,为实现更完整、更全面的保护传承和发展增加了生力军。

与经历过申报"世界遗产"历练、前期各方面支撑条件都比较好的"世遗"框架城市相比,在《纲要》框架中新增补的城市主要分布在运河沿线经济发展比较落后的地区,其中河南段更是占到了全部城市的近四分之一。中国大运河在扩大自身框架的同时,也增加了大运河文化带建设的担子。对新增城市文化资源及保护传承利用情况进行梳理和研究,对于客观把握大运河文化带建设中的不充分和不协调问题,研究和建立科学的协作和协同发展体制机制十分必要和重要。

在"世遗"框架内,河北段只有沧州、衡水两个城市,《纲要》新增了廊坊市、邢台市、邯郸市和雄安新区,实现了数量上的翻两番。自 20 世纪 60 年代断航以来,河北段的运河形态、面貌基本保留下来,各种文化遗存众多。申遗成功以来,廊坊市积极开展运河治理和保护,其核心区香河县目前已建成运河文化公园,包括生态驳岸、安运桥核心区景观、滨水景观带等建设工程的香河段生态综合整治项目也在快速推进,同时以千亩紫薇园、荷花小镇等精品景观为重要支点编制了乡村旅游发展规划,积极打造北运河生态文化体验带。邯郸市和邢台市的运河遗产考古勘探和保护力度也不断加大,2018 年河北省文物局组织对永济渠遗址开展勘探试掘,进一步摸清了早期运河遗址、白洋淀与大运河连通部分区域文物遗存状况等。① 雄安新区从规划伊始就高度重视自然和历史文化资源,依托自身的战略定位、发展理念以及快速集聚的科技、产业和人才团队优势,在大运河文化带建设上必定会后来居上,并对整个运河河北段发挥重要的辐射和引领作用,由此弥补在京津和山东之间的"短板"。

在"世遗"框架内,河南已有安阳、鹤壁、洛阳、郑州、商丘五个城市进入,其中,作为古代大运河中心城市的开封"置身事外",曾一度引起舆论哗然。主要原因在于,从历史上看,由于元明清以来京杭大运河成为中国的"主干大街",大运河河南段便逐渐冷落下去。从现实情况看,由于地处中部地区,经济发展比较滞后,所以一些河南的运河城市在申报世界遗产时缺乏热情和自信。《纲要》新增了濮阳市、新乡市、焦作市和开封市,使中国大运河这条东西向主脉得以完整呈现,形成了全面保护传承和利用的总体框架。具体言之,这四个城市在大运河历史上均占有重要地位,如濮阳市是河南省唯一一个同时拥有隋唐大运河和京杭大运河的城市。新乡市的卫河新乡段自隋炀帝大业四年(公元 608 年)开凿以来一直使用至今,是隋唐大运河永济渠最重要的"活体"之一。据相关史料,永济渠的渠首应在焦作市武陟县境内的沁河河道处,在 2014 年主要是因为未找到关键物证而与申遗失之交臂。而古汴河流经的开封市系北宋都城,也是当时全国最大和最发达的城市。目前开封已发现全长约 80 公里的汴河故道以及北宋东京城遗址、东水门遗址、东角子门遗址、西角子门遗址、西水门遗址、新郑门遗址、虹桥遗址等。历史上的水患、战乱、经济文化中心南移等是造成大运河河南段衰落的主要原因,此次《纲要》框架将这四个重要运河城市纳入,不仅补足和丰富了中国大运河的完整框架,同时对国家中部崛起战略实施也具有重要的文化引领作用。

---

① 龚正龙:《河北省大力推进大运河文化带建设》,《河北日报》,2019-03-21。

在"世遗"框架内,江苏自北向南已有宿迁、淮安、扬州、常州、无锡、苏州六个城市进入,《纲要》又将位于江苏省的徐州和镇江这两座重要的运河节点城市纳入,具有重要的拾遗补阙、完善构架、充实内容等意义。这两个城市均有重要的运河文化资源,过去之所以没有进入"世遗"框架,主要有两方面的原因,一是在经济地位和城市综合发展水平上,与江苏其他运河城市相比地位不高,二是保护文化遗产、发展文化生产力的意识不强、自觉性不够,此次重新"归队",不仅意味着两个城市的发展观念和意识有所变化,同时对两个城市更好地融入国家和地方战略也具有良好的促进作用。

总体上看,后加入的 10 个城市尽管在资源存储情况、保护传承利用水平上参差不齐,但也有一些共同的特点:一是经济发展水平相对落后,直接影响到其在运河文化建设上的投入;二是保护传承意识觉醒较晚,在运河文化研究、规划和布局上缺乏相应积累和准备;三是目前都在奋起直追,特别是需要对标《纲要》框架提出的建设任务和要求,未来的各种压力也会比较大。在某种意义上,这些城市可以看作是大运河文化带建设需要继续弥补的"短板",同时也是《纲要》在具体实施和整体推进过程中特别需要加以关注的对象。

2. 两个"框架"在目标和内容上的变化

从目标和内容上看,两个"框架"也有明显的变化,这是由于战略定位从"世界遗产"拓展到了包含人文、经济、社会、生态等丰富内涵和需求的"文化带"。如果"世遗"框架遵循的是一个相对独立但比较狭隘的文化发展目标,那么"文化带"则是一个全新的以文化资源为基础、以文化引领为特色、以城市为主体的新型城市发展目标。后者不仅比前者更加丰富和全面,也比前者更加深刻和易于落地,因为运河文化的重建和复兴,仅仅依靠文化遗产是不现实的,而运河两岸的城市才是真正的承载主体。

从目标上看,《纲要》贯彻"保护好、传承好、利用好"三大根本性要求,提出"文化引领城市和区域经济高质量发展"的主线,既是对"世遗"框架的积极扬弃和拓展,也为更好地保护运河文化遗产提供了环境条件,具有历史的必然性和现实的可行性。

首先,从战略研究的角度看,这有助于规避"战略层级越高,越不容易落地"的怪圈。从大局、全局出发的国家战略,或多或少都存在着"重国家、轻城市"的问题,由此导致的结果是"在理论上讲得通,在实践中往往走样"。由于"国家"概念本身的宽泛和宏大,一些发达国家已开始推进"从国家到城市"的"层级下移",

即国家层面主要负责制定政策和法规,而将真正的规划与建设转交给相关城市。"文化引领"的主线与"从国家到城市"的"层级下移"有异曲同工之处,有助于大运河文化的顶层设计深入发展不平衡和阶段性差异十分突出的"现实"中,有望在文化引领城市和区域发展上发挥更大的引领和示范作用。

其次,从城市科学的角度看,"文化带"符合当今世界城市发展的文化转向和我国新型城镇化的具体要求。文化与城市发展的关系在当今世界日益密切,"一方面,被现代工业恶性损耗的自然环境与资源已无力支持当代城市的可持续发展;另一方面,一直不受重视的文化资源与文化产业在消费社会中正成为推动城市发展的重要生产要素与先进生产力代表。……以城市文化功能为核心的文化城市正成为全球城市的主流发展趋势与重点战略目标"。[①] 因此,2014 年《国家新型城镇化规划》首次提出"注重人文城市建设"。2016 年《国家"十三五"规划纲要》把人文城市列为新型城市的五种主要类型之一。人文城市揭示出城市发展的目的在于提供一种"有价值、有意义、有梦想"的生活方式,而不只是人口的增加和经济的聚集。《纲要》首次提出不同于"经济区"的"文化带",从城市和区域发展战略高度为人文城市建设提供了广阔空间,同时也为文化建设进入国民经济主战场打开了重要通道。

从内容上看,与以"物质与非物质文化遗产保护"为主要内容的"世遗"框架不同,《纲要》框架立足于大运河衔接"一带一路"建设、京津冀协同发展、长江经济带发展等重大国家战略的区位优势,不仅新增了生态修复、经济发展、河道交通等"实用性内容",在文化发展框架内除了接续文化遗产保护之外,还把发展文化和旅游业等置于十分重要和醒目的位置。由此可知,《纲要》框架本身是一个"文化型国民经济和社会发展规划",这是我们正确认识和贯彻《纲要》必须高度关注的新特征。

在经济建设上,首先,与"世遗"框架不同,《纲要》框架对大运河文化带建设的经济和交通基础高度重视。在区位交通方面,既肯定了大运河"历史上在南粮北运、商旅交通、军资调配中发挥了重要作用",又强调指出"京杭大运河黄河以南段通航河段约 1050 公里,船舶平均载重约 800 吨,完成年货运量约 5 亿吨,是我国货运量仅次于长江的内河航道",并在此基础上提出了"运河功能持续发挥"的新任务。对于经济建设,《纲要》指出,运河沿线"产业体系较为完备,战略性新

---

① 刘士林:《特色文化城市与中国城市化的战略转型》,《天津社会科学》,2013 年第 1 期。

兴产业发展迅速", 2017年以占全国不足10%的土地面积, 贡献了全国近一半的经济总量,《纲要》首次将大运河沿线省(市)界定为"我国经济社会最发达、发展动力最强劲的区域之一"。这在某种意义上很容易使人想到一般的"经济区"规划模式。其次, 与一般的"经济区"规划不同,《纲要》明确指出:"按照'河为线, 城为珠, 线串珠, 珠带面'的思路, 构建一条主轴(以京杭运河和浙东运河为主干)带动整体发展, 五大片区(京杭大运河黄河以北片区、京杭大运河黄河以南片区、浙东运河片区、隋唐大运河北片区、隋唐大运河南片区)重塑大运河实体, 六大高地(京津、燕赵、齐鲁、中原、淮扬、吴越)凸显文化引领、多点联动, 形成发展合力的空间格局框架。"其中特别需要注意的是"六大高地凸显文化引领", 这不仅在过去的经济区规划中从未有过, 也重构了文化发展与经济建设的关系, 因此是大运河文化带规划最需要关注的"画龙点睛"之处。

在生态建设上, 与"世遗"框架主要侧重于文化生态系统存在重要差别,《纲要》框架以"大运河实体"的打造、修复、治理和利用为中心, 把文化生态母体纳入生态文明建设战略布局中, 把物质与非物质遗产保护纳入国民经济总体战略规划中, 为更好地建设文化生态、传承保护和利用运河文化资源创造了良好条件和广阔空间。从直接的方面讲,《纲要》提出"分段施策""实现京杭大运河黄河以北段正常来水年份河道有水, 稳妥推进适宜河段通航, 优先实现旅游通航; 京杭大运河黄河以南段和浙东运河稳妥推动实现黄河至济宁段通水通航; 隋唐大运河通济渠和永济渠重点保持现有河道形态, 加强遗产保护, 对目前有水河段开展生态修复, 兼顾文化和景观功能"。文化总是要依赖于一定的物质条件, 要更好地保护传承世界遗产, 首先需要保护和修复好运河实体, 这就是"皮之不存, 毛将焉附"的道理。从间接的方面看, 以水资源配置、生态空间修复、运河生态治理等为重点,《纲要》提出"多措并举优化水资源配置""集约保护岸线资源""优化滨河生态空间""加强生态空间管控""开展重点单元污染防治""严格管控污染排放""强化污染应急处置"等, 尽管表面上没有直接的关系, 但由于它们本身构成了运河文化遗产赖以生存的"物质条件"和"社会土壤", 因而也是必须要纳入大运河文化带建设的主要内容和任务中。

在文化建设上, 与"世遗"框架主要关心文化遗产不同,《纲要》框架在继续秉承、发扬这一点的同时, 还以文化和旅游融合发展为中心, 在"利用好"上做出了大手笔的规划和安排。《纲要》重点提出两方面的要求, 一是"打造文化旅游精品线路。强化区域间旅游资源整合和旅游服务协作, 以大运河为纽带'串珠成线,以点带面',统筹水上游览、沿线自驾等旅游方式,开发培育世界文化遗产研学游、华夏历史文明体验游、大运河沿线古都游、运河古镇记忆传承、运河故事特色专题游等,汇聚形成若干各具特色的精品线路"。二是"塑造统一的'千年运河'品牌。彰显大运河文化神韵,塑造大运河文化形象,展示大运河文化名片,整体打造具有国际影响力的'千年运河'文化旅游品牌体系,重点培育运河城市旅游、运河旅游产品、运河旅游节庆、运河旅游企业(服务)等子品牌,不断推出富有创意、参与度高、受市场欢迎的系列旅游产品。成立大运河旅游营销联盟,开展大运河旅游产品品牌塑造和推广营销活动,推动大运河成为与万里长城、丝绸之路齐名的中华文化旅游经典品牌"。文化和旅游发展的要义在于促进和引领消费经济,与"只花钱、不赚钱"的文化遗产保护既有联系也有重要区别。依托独特和丰富的文化资源,大力发展中国大运河文化和旅游业,不仅有助于协调、理顺"文化服务和文化经济"的内部矛盾关系,同时也有助于文化建设借助消费经济深度融入国民经济和社会发展主战场,这对于大运河文化带建设实现"从供血到造血"的转型升级,实现高质量和可持续发展具有重大的现实意义。

三、加快推进大运河文化带建设的理论思考

从"世遗"框架到《纲要》框架,不仅发展的主题和主线发生了很大变化,同时中国大运河建设的内容也增加很多,而如何使原来已有的政策设计和规划、正在推进的保护传承工作,更好地适应大运河文化带建设提出的新背景、新形势和新要求,必然要成为《纲要》实施急需解决的前置性和基础性问题。对此我们认为需要从三个方面思考和布局。

一是"研究好"。无论是深刻把握"三个好"的战略定位,还是严格遵循"文化引领城市和区域高质量发展"的发展主线,都需要首先研究和解决思想观念中的认识问题和判断问题。《纲要》发布以来,大运河文化带建设快速进入"到中流击水,浪遏飞舟"的新阶段。但同时也要看到,《纲要》只是一个国家总体框架和宏观指导方案,而运河沿线 8 省(市)及 150 个核心区的实际差别非常大,因此要想把《纲要》提出的要求和任务真正落实好,就需要各参与主体深入研究和吃透《纲要》框架的战略意图和精神实质,同时认真研究和分析各自的优势、短板和机遇,在国家"大纲要"的框架下编制好建设主体各自的"小纲要"。从目前各地已经启动的"小纲要"编制情况看,既不认真研究《纲要》也不深入调研实际的"懒汉思

维"普遍存在,"小纲要"对"大纲要"的机械复制情况也比较突出,这就有可能在大运河沿线造成新的同质发展问题,是当下必须高度警惕和密切关注的。

二是"传播好"。自申遗以来,大运河的传播工作一直在做,所以所谓"传播好",是要在更高站位上讲好中国大运河的故事。结合目前的情况,需要从一开始就关注三个问题:首先,切忌把"中国大运河的故事"等同于"中国大运河的文化故事",也就是要把"三个带"的功能定位(璀璨文化带、绿色生态带、缤纷旅游带)完整表现出来;其次,在讲故事时要切忌不要出现申报世界遗产时一些地方进行"文化资源大战"等现象,要有在《纲要》框架下协调处理好彼此利益与需要的能力和智慧,并在"千年运河"的国家品牌下,讲出各自的精彩运河故事。最后,要探索形成各部门、各城市、各河段的协同传播新机制,中国大运河传播是一个系统工程,然而长期以来形成的部门、行政、学科等壁垒,使大家都倾向于"各自讲各自的一套",在《纲要》框架的总体指导下,探索和形成集人文、生态、交通、经济等为一体化传播平台和模式,也是在当下急需深入研究和探索的。

三是"人的问题是一切问题的核心"。无论是制定政策和编制规划,还是落实政策和实施规划,无论是深入研究和把握《纲要》的精神实质,还是结合实际开展大运河文化带建设的各项具体工作,实际上最关键的因素是人。也可以说,对于提升大运河文化带的建设质量和水平,最关键的问题是有没有一批能够胜任的主体。甚至还可以说,有了一大批合适的建设主体,即使政策有疏忽、规划有漏洞、现实有突发和偶然情况,也都不会影响《纲要》的落地实施。而如果反之,再好的政策和规划,也会出现"把经念歪"的情况。与其他方面相比,人的问题也是大运河文化带建设最突出和最难以短期解决的问题。具体说来,如北京、天津等直辖市,如浙江、江苏等文化和经济发展比较均衡的省份,多年来已培养和锻炼了一大批优秀人才和团队,因此在实施《纲要》时就相对容易和轻松。而对于那些经济欠发达、文化和经济不协调不平衡问题比较严重的城市和区域,即使一心一意要把工作做好,但实际上也常常会面临"有心无力"的尴尬。所以说,如何培养和形成一批相互协作、水平匹配的大运河文化带优秀人才和团队,才是理顺关系、降低成本、实现协调和高质量发展的关键所在。

第六章
粤港澳大湾区规划解读与人文阐释

2019 年 2 月 18 日,中共中央、国务院印发《粤港澳大湾区发展规划纲要》(以下简称《湾区规划》)。《湾区规划》中的粤港澳大湾区(以下简称"湾区")包括香港、澳门和珠三角九市(广州、深圳、珠海、佛山、惠州、东莞、中山、江门和肇庆),总面积 5.6 万平方公里,2017 年末总人口约 7 000 万。近两年各界高度关注的湾区,正式走上中国发展的舞台中心。

一、两个规划关系的解读与阐释

《湾区规划》,首先会使人想到 2009 年 1 月发布的《珠江三角洲地区改革发展规划纲要(2008—2020 年)》(简称《地区规划》),这两个规划都聚焦于珠三角地区,发布时间正好相隔 10 年,那么,该如何看待这两个规划之间的联系和差别?

简言之,主要可以从三方面看:一是空间范围有所扩大。2009 年的地区规划只包括《地区规划》中的珠三角九市,而《湾区规划》则把香港和澳门纳入规划范围,直接针对在经济社会文化联系上极为密切,但行政壁垒却比国内一般城市群更难突破的大珠三角协同发展问题;二是有很好的延续性。如地区规划的九个城市全部进入湾区规划中,如地区规划中确定的港珠澳大桥等项目已成为湾区规划的重要基础设施支持,而湾区规划更可以看作是地区规划设定的珠三角发展目标——"与港澳共同打造亚太地区最具活力和国际竞争力的城市群"的进一步落实;三是开放发展意图更加明显。与地区规划属于区域和城市群规划不同,《国家十三五规划纲要》首次提出"粤港澳大湾区"概念时,没有将之放在区域和城市群板块,而是放在"支持港澳参与国家双向开放、'一带一路'建设"的背景下,由此可知,湾区的核心功能是要在构建开放型经济新体制和新时代推动形成全面开放新格局中承担重要职能。

近年来，党中央和国务院一再表示，中国改革开放的大门不会关闭，并且会越来越开放。在全球化和逆全球化风云激荡的当下，《湾区规划》的发布恰逢其时，是新时代中国全面改革开放的重大战略布局，展示了珠三角将以更高水平全面参与国际合作和竞争的宏伟愿景。

二、湾区总体发展定位的解读与阐释

《湾区规划》在我国区域和城市规划中是一个新类型，是适应新时代中国全面开放新格局战略需要而做出的重大制度安排。

改革开放40年来，尽管我国城乡规划产生的教训和问题不少，但从几乎一穷二白、"规划贫困"的起点开始，目前已初步建构出具有中国城市发展道路特色、符合中国现代化战略需要的空间规划体系。按照从下到上、从小到大的排列顺序，依次是乡村规划、小城镇规划、城市规划、大都市规划（与一般城市规划的区别是特别强调中心地位和国际化）、大都市区规划（与大都市规划的区别是比较侧重远郊区县和周边农村地区）、大都市圈规划（以2018年上海大都市圈规划进入国家战略为代表）、城市群规划、湾区规划（以粤港澳大湾区的提出和规划编制为代表）和经济带规划（以长江经济带规划为代表）。① 这九个规划层级基本上实现了对我国国土空间和不同行政单元的全覆盖。"湾区"处在"城市群"和"经济带"之间，是最接近规划体系"金字塔尖"的"大手笔"和"大动作"。

作为一个行政层级多样、人口和经济规模巨大、发展目标和需求众多的"大规划"，湾区的总体定位涉及并要照顾到各方的利益和诉求，因而必然呈现为一个"巨型复杂结构"，相关表述也比较繁多。该如何理解和把握湾区的总体定位，我们以为可从三方面入手：

一是战略级的定位，主要是"国际一流湾区"和"世界级城市群"。《湾区规划》指出湾区"具备建成国际一流湾区和世界级城市群的基础条件"，同时提出"建设富有活力和国际竞争力的一流湾区和世界级城市群"。可知这两个概念确定的是战略目标，也是未来评价湾区建设发展的核心指标。"世界级城市群"延续了2009年地区规划的定位，即建设"全球最具核心竞争力的大都市圈""与港

---

① 李璇：《都市国发展不能走"寡头城市"老路》，《瞭望东方周刊》，2018－07－30。

澳共同打造亚太地区最具活力和国际竞争力的城市群",有助于地区规划与湾区规划的衔接和融合。"国际一流湾区"为此次新提出的定位,同时也是对此前相关提法如"世界级大湾区""世界第四大湾区"等的标准化处理。

二是战术级的定位,主要包括"构建辐射东南亚、南亚的重要经济带""建设具有重要影响力的国际交通物流枢纽""建设具有重要影响力的……国际文化交往中心""建设宜居宜业宜游的优质生活圈""建设具有国际竞争力的科技成果转化基地""建设现代海洋产业基地""建设世界新兴产业、先进制造业和现代服务业基地""建设内地与港澳深度合作示范区"八个,它们既是湾区总体性的重点战略目标和任务,也可看作是"国际一流湾区"和"世界级城市群"的支撑体系。因主要体现在具体领域和方向上,故可称为是"战术级"的定位。

三是潜在的功能定位,主要包括"人文湾区""健康湾区""休闲湾区""智慧城市群"等。其中,"智慧城市群"在几年前已由广东省政府做出规划并持续推进,这次主要是在空间上扩展到香港和澳门。而"人文湾区""健康湾区""休闲湾区"则是《规划》新提出的定位,基本上可以看作是对《国家十三五规划纲要》提出的"支持共建大珠三角优质生活圈"的推进和展开,同时也是对过去我国区域和城市群规划"侧重硬件、忽视软件"的一种重要纠正,为今后的区域和城市规划更关注文化建设开了一个好头,这也是颇值得关注和赞赏的。

三、湾区城市定位与人文湾区解读

在湾区"2+9"的城市体系中,不同城市在湾区规划中出现的频次,不仅是其在整个大湾区地位的一个重要标志,也是衡量一个城市获得政策和规划红利的依据。依据《湾区规划》的文本,对11个城市做出具体统计及排序(以出现城市全称为统计标准,简称如粤港澳、港澳、广深等未列入)如表6-1所示,香港101次,澳门90次,广州市40次,深圳市36次,珠海市19次,佛山市9次,中山市8次,东莞市8次,江门市7次,惠州市6次,肇庆市5次。以此为基础,结合《湾区规划》中的相关内容及香港、澳门和珠三角九市的相关实际情况,可对湾区11个城市的定位做出具体的解读和讨论。

一是《湾区规划》中的城市地位。首先,香港和澳门出现的频次最多,分别为101次、90次,而珠三角九市一共才138次,表面上看来不均衡、不对等,但总体上还是布局合理、权重得当的。因为湾区分为香港、澳门和珠三角九市三大板块,

表 6-1 《湾区规划》中各城市出现频次统计及排序表

城　市	出　现　次　数	排　名
香港	101	1
澳门	90	2
广州	40	3
深圳	36	4
珠海	19	5
佛山	9	6
中山	8	7
东莞	8	7
江门	7	9
惠州	6	10
肇庆	5	11

如果要比较,应该在三者之间进行,而不宜把珠三角的某个城市与香港、澳门进行比较。其次,这种总体布局与设计,与各城市经济社会发展水平及在湾区建设中扮演的角色密切相关。湾区的核心职能是深化港澳和广东珠三角的合作,构建开放型经济新体制,香港和澳门尽管人少地小,但各自均承担着三分之一的重要功能,所以要给予足够的空间。在珠三角九市内部也是如此,如广州和深圳出现的次数就高得多,基本上是惠州、肇庆的七到八倍。最后,是和城市的地理位置有关。除了香港、澳门、广州、深圳,珠海是被提到最多的城市,这与珠海毗邻澳门又通过港珠澳大桥与香港相连相关,这也是《湾区规划》中用较多篇幅讲粤港澳深度合作示范区的原因。

　　二是《湾区规划》中的产业定位。首先,是中心城市定位明确且互补性强。《湾区规划》提出:"以香港、澳门、广州、深圳四大中心城市作为区域发展的核心引擎,继续发挥比较优势做优做强,增强对周边区域发展的辐射带动作用。"这四个城市产业布局是为湾区注入经济发展新动能、全面提升对外开放功能的关键所在。如"支持香港打造大湾区绿色金融中心,建设国际认可的绿色债券认证机构"和"支持广州完善现代金融服务体系和支持广州建设绿色金融改革创新试验区"就有很好的对应性和匹配性,有补齐珠三角短板、与国际进一步合规合约等深长意味。其次,是坚守"产业兴城"的定位,《湾区规划》提出联合打造一批产业链条完善、辐射带动力强、具有国际竞争力的战略性新兴产业集群,建设培育一批产业技术创新平台、制造业创新中心和企业技术中心。其中特别提到"支持香港在优势领域探索'再工业化'"。保持城市生产功能和消费功能的平衡,是城市实现可持续发展,抵御经济、金融和社会风险的重要手段。一个时期以来,一些城市传统产业转移过快、新型产业发展跟不上,直接导致城市经济增长下滑、就业压力增大及城市人气下降等突出问题,湾区规划高度重视产业支撑,对一些规划总是鼓励产业转移是很有借鉴意义的。

三是人文湾区需在实践中进一步丰富。《湾区规划》首次提出"共建人文湾区",主要包括塑造湾区人文精神和推动中外文化交流互鉴两大部分,具体涉及推进中华优秀传统文化传承发展、提升居民文化素养与社会文明程度、完善公共文化服务体系和文化创意产业体系、建设岭南文化中心和对外文化交流门户、深度挖掘和弘扬孙中山文化资源等内容。关于人文湾区提出的背景,应源自《国家新型城镇化规划》提出的"注重人文城市建设",以及《国家"十三五"规划纲要》把人文城市作为新型城市的五个类型之一。此前,已有一些城市在规划中提出建设人文城市,但在城市群级别以上,这还是第一次正式提出。人文城市是一种以文化资源和文化资本为主要生产资料、以服务经济和文化产业为主要生产方式、以人的知识、智慧、想象力、创造力等为主体条件、以提升人的生活质量和推动个体全面发展为社会发展目标的城市理念、形态与模式。它揭示出城市发展的目的,不只是城市人口的增加,也不只是经济总量与财富的聚集,更重要的还在于是否提供了一种"有价值、有意义、有梦想"的城市生活方式。这是"以人为本"在城市发展中的真正落实。由此也可以说,人文湾区是湾区建设的最高目的。但从目前的规划内容看,人文湾区涉及的内容还比较初级,基本上局限在公共文化事业、市民道德行为养成、丰富群众文化生活等方面,而对于湾区人如何才能获得更有价值、更有意义的人生,过上更加美好和更高文化质量的城市生活,探索还比较少。未来需要以党的十九大报告提出的"满足人民过上美好生活的新期待,必须提供丰富的精神食粮"为指针,逐渐超越实用性的人文湾区建设思路,探索建立更高品质、更具审美和艺术内涵的湾区文化,为人民群众提供高质量的文化消费产品和服务,最终把粤港澳大湾区建成人文城市、人文湾区的典范。

| 第七章 |
文化型城市群引领长江流域生态发展

2018 年 6 月 14 日,《人民日报》全文发表了《习近平在深入推动长江经济带发展座谈会上的讲话》。这是习近平总书记主持召开的第二次长江经济带发展座谈会。对进一步落实党中央作出的推动长江经济带发展的重大决策具有重要意义。自 2017 年《长江经济带发展规划纲要》提出"共抓大保护,不搞大开发"以来,沿江开展了系列专项整治行动,非法码头中有 959 座已被彻底拆除、402 座已基本整改规范,饮用水源地、入河排污口、化工污染、固体废物等专项整治行动扎实开展,长江水质优良比例由 2015 年底的 74.3% 提高到 2017 年三季度的 77.3%。当今世界是城市世界。城市群是我国新型城镇化战略的主体形态。沿长江自东向西依次分布着长三角、长江中游和成渝三大国家级城市群,它们的规划、建设、生态修复、社会治理和文化发展,对于推动长江经济带进入高质量发展的新阶段具有举足轻重的作用。

一、长江经济带三大城市群的总体情况和规划问题

长江经济带三大城市群共包含 73 个城市,其中长三角城市群为 26 个城市,长江中游城市群为 31 个城市,成渝城市群为 16 个城市。从目前的总体情况看,在人口总量上,长三角总人口数量达到 1.37 亿,长江中游城市群总人口数量为 1.30 亿,成渝城市群达到 1.05 亿。在空间规模上,长三角的土地面积总计达 21 万平方公里,长江中游土地面积超过 34 万平方公里,成渝城市群近 24 万平方公里。在经济发展水平上,以人均 GDP 为例,长三角的人均 GDP 近 7 万元人民币,长江中游的人均 GDP 为 3.7 万元人民币,成渝城市群的人均 GDP 近 3 万元人民币。这说明三大城市群的经济基础、发展资源等差别还是比较显著的。

长江经济带上的三大城市群,目前都已进入"国家队",但由于基础、阶段和资源的差异,三大城市群在战略定位上存在差异,其中,长三角的发展目标探索多年,定位于建设世界级城市群,在战略层级上最高。长江中游城市群主要是由三个城市群(武汉城市圈、环长株潭城市群和环鄱阳湖城市群)组合而成,目前最需要的是理顺内部的关系和完成秩序的构建,但这个过程的推进不会一帆风顺,在短期内很难形成一个具有实质意义、为各板块认可并实施的战略定位。成渝城市群的主要问题是农业包袱重和经济水平低,据上海交通大学城市科学研究院发布的《中国城市群发展报告2016》,成渝城市群的综合发展水平在我国九大城市群中处于垫底位置,而且"成"和"渝"两大中心城市的协调和协作也不是很顺畅。如在国务院2011年批复的《成渝经济区区域规划》中,共设置了四个城市群,其中属于四川内部的两个(成都城市群和成都南部城市群),很快就完成规划并报批通过,而涉及川渝两地的城市群,至今连规划也没有出台。

三大城市群过去都有自己的规划,也都按照各自的规划一直推进着。但以往规划的问题主要有两方面:一是视野不够开阔,主要局限在"长江的某一段",这就必然导致"画地为牢",甚至是"以邻为壑",而国家对整个长江做出战略规划,也是要纠正这种城市群建设中的"山头主义";二是战略主题发生重大变革。以往的规划主要是经济规划,很少考虑经济发展和环境保护怎么统一、产业转移和产业转型怎么协调、城市开发建设和城市共享发展怎么协同等问题,或者只是"嘴上说说,墙上挂挂",和《长江经济带发展规划纲要》提出的"坚持生态优先、绿色发展,共抓大保护,不搞大开发"矛盾很大。所以说,目前三大城市群在战略思路上都面临着"洗心革面"的重大变革,这个变革是深层次和根本性的,势必对各城市群及城市群的各方面都带来巨大的影响。这个问题要依据新的战略定位好好研究,也不是几句话可以说清楚的。

二、探索建立三大城市群协同和一体化发展新机制

在国家带状发展战略的总体框架下,三大城市群需要探索建立协同和一体化发展的新机制,其核心不是局部和细节上的"修修补补",而是要探索和建立城市群发展的新思路和新模式。这主要可以从两方面看:

首先,城市化主要有"单体式"和"城市群"两种发展模式。前者的突出特征是"单打独斗""以邻为壑",造成了区域内资源、资金和人才的巨大浪费和低效配

置,并直接损害了城市社会应有的公平、正义及人的精神生态。后者的目标是通过建立合理的城市分工和层级体系,解决区域内以"产业同质竞争、项目重复建设、空间批量生产"为特征的"粗放型城市发展模式",以及城市与乡村在工业化和城市化进程中不断激化的对立和冲突,促进都市、城市、乡镇、农村的协调、均衡和可持续发展。自 20 世纪 60 年代以后,"单体式"城市发展模式在西方国家逐渐退出历史舞台,城市群成为城市化进程和区域发展的主流趋势。

其次,长江经济带三大城市群加在一起,人口众多、面积巨大、经济海量、层级多元、关系复杂,而建设目标是要把自成一体的城市群整合起来,使原本关系松散、来往不密切的"城市个体",发展成为一个具有一致的思维和判断能力,并在重大战略上可以做出一致反应和行为的"巨型有机体"。而要推进这样一个庞然大物快速发展,关键在于进行统一的战略部署、内在的组织协调。也可以说,需要一个内在机制更加复杂、外在规范更加严密的城市分工体系与协作协同机制。举个简单的例子,比如在长江生态保护方面,就不可能是任何一个城市群可以做到的,只要有其中的任何一段不履行"坚持生态优先、绿色发展,共抓大保护,不搞大开发",就不可能实现长江经济带的战略发展目标,只要有其中一段被污染了,也就不可能实现长江沿线的绿色发展。

结合我国城市群建设中存在的问题,对于三大城市群的协同发展可提出两点建议:一是要有政策、机制方面的"霹雳手段",主要用于统一政令、考核与管理,在"去产能"过剩、开展环境保护等方面,不允许有任何例外和另搞一套。以明确一致的政策、标准统一的考核问责等,确保长江经济带按照新的发展理念来建设;二是要有以文化、价值为核心的"菩萨心肠"。缺乏长江流域各主体的文化和价值认同,结果必然是"见了好处大家一拥而上,见到责任和义务能推就推"。要有效应对这些问题,必须要更多地考虑建立"文化和价值的区域合作机制",促进和引导各个城市真正成为一个"命运共同体"——既有共同的利益关系,也有良好的情感基础,避免一碰到问题和挑战,就出现"夫妻本是同林鸟,大难临头各自飞"。

三、"文化型城市群"引领长江流域实现生态发展

一般说来,城市群建设主要有两种模式:一是传统的主要以经济、交通和人口作为测评指标的"经济型城市群";二是新出现的主要以生态、文化和生活质量

作为评判标准的"文化型城市群"。在全球人口爆炸、能源危机、生态环境急剧恶化的当下,"文化型城市群"日益成为全球城市化和区域发展的主流和大趋势。

2015年发布的《关于依托黄金水道推动长江经济带发展的指导意见》,提出长江经济带发展的主要工作是"提升长江黄金水道功能""建设综合立体交通走廊""创新驱动促进产业转型升级",基本原则之一是"通道支撑,融合发展,以沿江综合运输大通道为支撑,促进上中下游要素合理流动、产业分工协作",其他还包括"建设上海经南京、合肥、武汉、重庆至成都的沿江高速铁路和上海经杭州、南昌、长沙、贵阳至昆明的沪昆高速铁路,连通南北高速铁路和快速铁路,形成覆盖50万人口以上城市的快速铁路网"等工作内容和目标,可以说主要实行的是"经济型城市群"的规划建设模式。而2016年发布的《长江经济带发展规划纲要》明确提出:"长江经济带发展的战略定位必须坚持生态优先、绿色发展,共抓大保护,不搞大开发。"在总体上这是一个将生态、文化和生活质量作为评判标准和发展目标的"文化型城市群"规划。

这不仅是发展理念的一个巨大创新,也是发展模式的一次重大进步。从提倡大规模产业和交通建设转而强调以生态为先导的适度开发建设,主要原因在于长江流域的人口集聚程度相对较高,与我国其他的城市系统相比,开发的程度也相对比较高,不可能再承受更高强度的开发建设。同时,把生态、文化和生活质量作为评判长江三大城市群的主要标准,凸显了中央城市工作会议确立的"人民城市为人民"的新型城镇化目标,以此来引导长江经济带的空间规划、产业布局、城市基础设施建设、公共文化服务配套等,对于实现整个流域的生态发展、解决现阶段"人民日益增长的美好生活需要和不平衡不充分的发展之间的矛盾"均具有重大的现实意义。

第四篇

中国人文城市的理论阐释与规划建设

| 第八章 |
北京建设全国文化中心的历史还原与理论思考

2017 年 9 月 27 日,《北京城市总体规划(2016—2035)》(以下简称《北京总规》)由新华社电发,其中第 5 条写道"北京城市战略定位是全国政治中心、文化中心、国际交往中心、科技创新中心"。① 北京不再提经济中心,同时将文化中心列在政治中心之后,排在国际交流、科技创新之前,不仅传递出北京对于城市定位正在进行重大战略调整的明确信号,也蕴含着更为丰富的信息并具有深远的象征意义。自 2014 年《国家新型城镇化规划(2014—2020 年)》首次明确提出"注重人文城市建设"、2016 年《国家十三五规划纲要》将"人文城市"列为五类"新型城市"以来,尽管有城市已开始研究、规划和布局建设人文城市、文化城市、新型人文城市等,但始终缺乏一个具有权威地位的"领头羊"。首都北京首次"放弃经济中心,高举文化中心",是对 2015 年中央城市工作会议提出"综合考虑城市功能定位、文化特色、建设管理等多种因素来制定规划""要加强对城市的空间立体性、平面协调性、风貌整体性、文脉延续性等方面的规划和管控,留住城市特有的地域环境、文化特色、建筑风格等'基因'""保护弘扬中华优秀传统文化,延续城市历史文脉,保护好前人留下的文化遗产""结合自己的历史传承、区域文化、时代要求,打造自己的城市精神",②以及 2017 年中共中央办公厅、国务院办公厅发布的《关于实施中华优秀传统文化传承发展工程的意见》提出"提炼精选一批凸显文化特色的经典性元素和标志性符号,纳入城镇化建设、城市规划设计""挖掘整理传统建筑文化,鼓励建筑设计继承创新,推进城市修补、生态修复

---

① 中共中央国务院:《中共中央国务院关于对〈北京城市总体规划(2016 年—2035 年)〉的批复》,http://www.gov.cn/zhengce/2017 - 09/27/content_5227992.htm,2017 - 09 - 29。

② 新华社:《中央城市工作会议在北京举行 习近平李克强作重要讲话》,http://www.xinhuanet.com/politics/2015 - 12/22/c_1117544928.htm,2015 - 12 - 22。

工作,延续城市文脉"①的现实推进。认真研究北京城市战略定位的变化过程及原因,对于不断丰富中国城市的科学理论内涵,持续探索"中国特色城市发展道路"的规律具有重要意义。

一、北京建设全国文化中心的历史过程还原与解读

《北京总规》提出"把北京建设成为社会主义物质文明与精神文明协调发展,传统文化与现代文明交相辉映,历史文脉与时尚创意相得益彰,具有高度包容性和亲和力,充满人文关怀、人文风采和文化魅力的中国特色社会主义先进文化之都"。同时结合实际情况重点布局了"中华优秀传统文化传承发展""教育、文化、人才""公共文化服务设施网络和服务""有首都特色的文化创意产业体系"四大工程。与过去相比,《北京总规》一是明确提出了城市文化建设的战略目标,突破了以往"重经济、轻文化"的规划思路和范式,二是极大地丰富了城市文化建设的内容,为首都建设全国文化中心做出了新的制度安排。

客观而言,在城市战略定位上"放弃经济中心,高举文化中心",既出自北京高质量发展的强烈现实需要,也深深契合我国新型城镇化的内在规律。就前者而言,主要是要贯彻 2015 年 4 月 30 日中共中央政治局审议通过的《京津冀协同发展规划纲要》,其核心是有序疏解北京非首都功能,调整经济结构和空间结构,走出一条内涵集约发展的新路子,探索出一种人口经济密集地区优化开发的模式,促进区域协调发展,形成新增长极。就后者而言,则是充分研究和认真吸取了中华人民共和国成立以来城市经济建设的经验教训,特别是为了应对当今北京越来越严重的大城市病,同时也集中体现出新时代北京城市发展的理论探索和道路自觉。

中华人民共和国成立以来,北京一直在探索自身的城市定位,主要经历了建国初期的"去消费化"、20 世纪五六十年代"工业化"、改革开放以来的"经济中心"建设和新时代以来的"文化中心"建设等主要阶段。对这个历史过程进行还原和分析,不仅有助于认识北京建设全国文化中心的必然性,同时也可以为我国其他城市开展文化建设提供重要的参考借鉴。

---

① 新华社:《中共中央办公厅国务院办公厅印发〈关于实施中华优秀传统文化传承发展工程的意见〉》,http://www.gov.cn/zhengce/2017 - 01/25/content_5163472.htm.,2017 - 01 - 25。

　　首先,明清时期的北京是一座典型的消费城市。以清代为例,"20 世纪初,城内有常住人口 70.5 万,其中专享俸禄的八旗子弟和官员、差役、兵勇等非生产人口达 28 万,占到全部人口的 40%。正是这样庞大的消费群体和较高的消费水平,大大刺激了北京的经济贸易的发展,推动了与娱乐消遣相关的手工艺、戏曲、书画等文化娱乐业的发展"。[①] 在某种意义上可以说,消费城市是新中国的北京从历史上继承的最大也是最沉重的城市遗产。

　　其次,中华人民共和国成立以来,北京在城市定位上发生过一个重要转变,即从"消费城市"转向"生产城市"。正如原北京市城市规划设计研究院院长柯焕章先生所说:"新中国成立之初,北京完全是一座消费城市,没有什么大的产业。因此当时提出,北京要变消费城市为生产城市,尤其是 1958 年'大跃进'前后,北京盖了好多工厂,比如东郊通惠河两岸的工业区,北有国棉一、二、三厂,金属结构厂、机床厂、开关厂等,南有化工厂、焦化厂等。在当时的情况下,这样做也是必要的"。[②] 北京在新中国初期迅速启动的"工业化"进程,是其长期以来一直不肯放弃"经济中心"的必然结果。

　　最后,20 世纪 80 年代以来,北京逐渐进入"去工业化"和"弃经济中心"的新时期。主要原因是由于工业化和经济功能过度集中,北京的生态环境、建设用地、城市交通等问题日趋严重并直接影响到城市正常的生产和生活,因此成为当时修订北京城市规划时首要考虑和解决的重大问题。"……1980 年开始修订前一版北京城市建设总体规划时,首先就北京城市发展和城市建设的主要问题,向中央书记处做了汇报。当时中央书记处做了四项指示,其中提出,北京今后不再发展像钢铁、化工这样的重工业。可是到了 20 世纪 80 年代末 90 年代初,这方面的变化还不是很大,原来的重化工业比重还是没有降下来,反而还在进一步发展"。因此 1992 年修订的《北京城市总体规划(1991—2010)》明确提出:"北京今后不能再发展重化工业,而是发挥北京的优势条件,大力发展适合首都特点的经济"。[③] 以"去重化工业"和"发展适合首都特点的经济"为新的起点,为从"经济中心"转向"文化中心"提供了良好的思想和社会条件。

　　如上所述,这个转型并非一帆风顺。西方谚语说"在理论上讲得通的,在实

---

①　陶思炎等:《中国都市民俗学》,东南大学出版社 2004 年版,第 121 页。
②　"柯焕章.北京 CBD 的规划建设与发展"//中国经济导报社、中国战略新兴产业杂志社:《值得珍藏的历史记忆:从"一五"计划到"十二五"规划重大事件点滴回顾》,中国市场出版社 2019 年版,第 341 页。
③　"柯焕章.北京 CBD 的规划建设与发展"//中国经济导报社、中国战略新兴产业杂志社:《值得珍藏的历史记忆:从"一五"计划到"十二五"规划重大事件点滴回顾》,中国市场出版社 2019 年版,第 341 页。

践中往往行不通"。中国古代也有一句话叫"知易行难"。虽然在 20 世纪八九十年代北京就意识到甚至明确提出"不能再发展重化工业",但由于城市化和工业化的密切关系,特别是重化工业对城市经济增长、政府税收增加、提供就业岗位等方面的重要性,北京的"去工业化"从一开始就举步维艰。这也和当时北京一直要争做中国的"经济中心"的定位高度相关。以 20 世纪 80 年代末 90 年代初上海证券交易所的设立为例,在筹备过程中一个曾受到激烈争议的问题是"放在上海还是放在北京",而证交所最后之所以放在上海,与时任国务院总理李鹏的态度直接相关。对此,时任中国人民银行上海分行行长的龚浩成曾回忆说:"当时,北京除了成为全国的政治中心以外,实际上也有雄心成为经济中心。国内也有一种舆论认为,现代经济中心和政治中心大部分在同一个城市,比如日本的东京、英国的伦敦……后来听说李鹏(时任国务院总理)拍板说,经济'中心'还是放在上海吧,北京中心太多了,已经是政治中心、文化中心了"。① 李鹏认为"北京中心太多",在当时应具有很强的代表性,因此也可以看作是北京为什么不得不一步步放弃"经济中心"的一个重要原因。

众所周知,经济是城市的命脉,也是城市发展的动力,所以要让一个城市违背自己的"天性",当然是极其困难并需要一定社会条件的。在促使北京选择"文化中心"的过程中,有三个重要节点需要高度关注:一是 2014 年 2 月,习近平总书记考察北京时,曾对北京的核心功能提出明确的定位——要坚持和强化首都全国政治中心、文化中心、国际交往中心、科技创新中心的核心功能;二是中共中央政治局 2015 年 4 月 30 日审议通过《京津冀协同发展规划纲要》,其中确定的"有序疏解北京非首都功能,调整经济结构和空间结构",对北京放弃"经济中心"也起到至关重要的作用;三是 2015 年 12 月中央城市工作会议提出"必须认识、尊重、顺应城市发展规律,端正城市发展指导思想",北京放弃经济中心选择文化中心,就是"尊重城市发展规律""端正城市发展指导思想"的直接表现。此外,北京市的相关探索也需要关注。如 2010 年 4 月 6 日,北京市人民政府颁布的《"人文北京"行动计划(2010—2012 年)》,2016 年 6 月 3 日,《北京市"十三五"时期加强全国文化中心建设规划》提出"加强首都全国文化中心建设"等,也都为北京建设全国文化中心创造了有利条件。

---

① "龚浩成.上海证券交易所成立始末"//中国经济导报社、中国战略新兴产业杂志社:《值得珍藏的历史记忆——从"一五"计划到"十二五"规划重大事件点滴回顾》,中国市场出版社 2019 年版,第 251 页。

经历了近 70 年的探索、试验和一系列的环节、历程,在 2017 年 9 月发布的《北京总规》中,北京终于实现了"经济中心退居二线,文化中心走上前台"的历史性变迁和战略性突破。对此,中共中央、国务院给予了高度认可和肯定,并在批复中要求"抓实抓好文化中心建设,做好首都文化这篇大文章",同时将北京的经济定位纳入"科技创新中心"框架下,提出以"集成电路、新能源等高技术产业和新兴产业支撑引领经济发展"。[①] 至此,延续近 70 年的以工业化为引领的北京城市化模式彻底退出了新时代的舞台。

回顾这段并不算太短的历程,我们可以得出两点初步的认识:

第一,以北京为代表的新中国城市化进程充分证明,凡是符合中国城市发展规律的政策、战略、规划就会落实得比较好。而那些不符合客观规律、与现实需要不协调的则会在实践中逐步被纠正和调整,至于那些完全违背城市化规律的,则从一开始就可以判断它们能走多远。

第二,这还论证了中国城市化的一个特殊规律,即"与欧美城市化不同,政治体制和社会制度构成了推进中国城市发展的核心机制。在经济自由主义的弊端在全球范围内日益凸显的当下,由政府和市场共同主导的城市化进程明显具有容易控制和发展更均衡的优点"。[②] 归根结底,它们都可以看作是对中央城市工作会议提出的"走出一条中国特色城市发展道路"的感性实践和理论探索。

二、北京的城市文化资源优势及其战略拓展意义

与欧洲两百年前最先开启的现代城市化进程不同,在经济、信息、科技和文化全球化的背景下,当今世界城市发展正在步入以"大都市"和"城市群"为中心的新阶段。城市发展不再是"一个孤立的事件",而是和区域经济社会紧密联系在一起。在当今时代认识和评价任何城市,既需要"入乎其内",又能够"出乎其外",前者要求必须立足于一个城市的资源禀赋和发展阶段,后者则是要充分考虑城市所在国家和区域的综合发展水平及目标框架。就北京而言,就是要在认真研究北京市的同时还要深入把握京津冀城市群的整体情况,同时这也是在推进全国文化中心建设时的主背景和大前提。

---

① 中共中央国务院:《中共中央　国务院关于对〈北京城市总体规划(2016 年—2035 年)〉的批复》,http://www.gov.cn/zhengce/2017 - 09/27/content_5227992htm,2017 - 9 - 29。
② 刘士林:《什么是中国式城市化》,《光明日报》,2013 - 02 - 18。

　　从北京市自身的情况看,尽管各种优势众多,但其中最核心的无疑是作为我国城市体系中最高层级的"国家中心城市"。2010 年《全国城镇体系规划纲要》首次提出建设北京、上海、天津、广州、重庆五个国家中心城市。其中对北京的定位是"着眼建设世界型大都市,强化首都功能,发展首都经济,建成国家创新型城市,提升国际化程度和国际影响力,联袂天津引领环渤海地区发展"。[①]这个定位不仅明确了北京在全球和中国的方向和目标,同时还特别关注与京津冀的协同发展问题,因而是一个最能代表北京综合实力和未来方向的战略概念。

　　从目前我国国家中心城市的综合发展水平看,2017 年 12 月,基于具有自主知识产权的国家中心城市理论方法与评价体系(主要包括综合实力、中心作用与战略影响 3 个一级指标、9 个二级指标、32 个三级指标)及自主设计、采集和建构的《国家中心城市数据库(2017)》,上海交通大学城市科学研究院首次对当时的八个国家中心城市进行评估,并得出总体排名,依次是北京、上海、广州、重庆、天津、武汉、成都和郑州。具体言之,北京在国家中心城市整体评估中排名第一,"综合实力"和"中心作用"均位列第一,"战略影响"排在第二。从各项指标水平看,北京稳居"首位"国家中心城市之位,与其他国家中心城市拉开了明显距离。在"综合实力"指数上,北京的社会和文化发展水平位居全国首位,经济水平位居第二,表现突出的指标主要是文化产业及从业人员、第三产业。[②]对于占据"天时、地利、人和"的首都北京,得出这个结论本在意料之中,但其中特别需要注意的是北京的文化优势,这是北京建设全国文化中心最有力的支持条件之一。

　　从区域和城市群的角度看,北京的文化优势同样是带动京津冀城市群的文化指数一直稳居我国主要城市群首位的主要原因。依据自主研发的《中国城市群数据库》和《中国城市群发展指数框架》(含人口、经济、生活、文化和首位比五个一级指标及若干二级指标和三级指标),上海交通大学城市科学院近年来发布了系列中国城市群发展报告,均显示出京津冀城市群在文化发展上远远走在其他城市群的前列,且相互之间的差距不是短期内可以弥补的。

　　具体情况简述如下:2013 年发布的《中国城市群发展指数年度报告》(范围

---

① 刘士林:《国家中心城市绘出中国城市新天际线》,《中国城市报》,2017-03-27。
② 刘士林:《国家中心城市的发展现状与对策建议》,《新型城镇化》,2018 年第 5 版,第 76—81 页。

包括长三角、珠三角、京津冀三大城市群），就显示出京津冀城市的文化指数遥遥领先于长三角和珠三角。该报告指出：京津冀地区有深厚的历史文化底蕴和丰富的文化资源，同时北京在区位、政策、人才、资金、市场等方面拥有得天独厚的优势，是名副其实的国家文化中心，这不仅是广州，也是曾作为中国现代文化中心的上海不能望其项背的。[①]《中国城市群发展报告2014》（范围包括长三角、珠三角、京津冀、山东半岛、中原经济区、成渝经济区六大城市群）显示，京津冀城市群的文化发展指数排名依然名列前茅，作为中国文化中心的地位非常稳固。报告同时显示长三角城市群经济总量最大，牢牢占据着中国经济的霸主地位，一种"京津冀主文化、长三角主经济"的二水分流局面初步形成。[②]《中国城市群发展报告2016》显示（范围包括长三角、珠三角、京津冀、山东半岛、中原、成渝、环长株潭、武汉城市圈和环鄱阳湖九大城市群），在文化指数排名及得分上，依次是京津冀城市群（0.8）、长三角城市群（0.68）、成渝经济区（0.14）、珠三角城市群（0.12）、中原经济区（0.08）、山东半岛城市群（0.04）、环长株潭城市群（0.02）、武汉城市圈（0.01）、环鄱阳湖城市群（0.00）。[③] 其中可以看出，京津冀和长三角得分均较高，而其他城市群的得分差距很大。综合以上三份研究报告可以得出，京津冀城市群的最大优势是"文化"，这也显示出北京建设全国文化中心具有丰厚的"家底"。

从城市科学的角度看，凡是符合城市发展规律的定位，就比较容易实现或取得明显效果，同时也会少走弯路并符合高质量发展的要求。北京放弃经济中心的目标，明确建设全国文化中心，既是多年来交了足够"学费"之后的理性觉醒，也符合自身和区域的资源优势和发展基础，因此以文化为新型城镇化的战略突破口，不仅切实可行，也最容易取得实绩。

以故宫文创和大运河文化带建设为例，前者表明的是只要选对方向就会有明显效果，后者则意味着凡事如果北京不动其他地方也动不起来。就前者而言，北京无疑是最适合做文旅产业和文化消费的城市。相关报道显示，2017年故宫文创的销售收入达到15亿元人民币，超过了1 500家A股上市公司的收入。[④]就后者而言，2014年6月22日，中国大运河成功申遗，但很快就陷入沉寂之中。

① 刘士林、刘新静：《中国城市群发展指数报告2013》，社会科学文献出版社2013年版，第43—44页。
② 刘士林、刘新静：《中国城市群发展报告2014》，东方出版中心2014年版，第39—40页。
③ 刘士林、刘新静：《中国城市群发展报告2016》，东方出版中心2016年版，第43—44页。
④ 王不易：《揭开故宫的账本》，https://www.thepaper.cn/newsDetail_forward_3272216.，2019-04-08。

这是因为选择了扬州作为牵头城市，在战略上犯了"小马拉大车"的忌讳。因为对扬州而言，不要说去拉动运河沿线的 100 多个城市，就是江苏省内的运河城市也带动不了。这完全符合城市化的基本原理。我们把当今世界的城市化命名为"都市化"，认为"都市化（metropolitanization）是城市化（urbanization）的升级版本与当代形态。……构成了推动当代城市化进程的核心机制与主要力量"。① 这是对于包括运河世界遗产保护传承在内的大运河文化带建设，必须要从北京入手才能真正破题和强力推进的根源。实际情况也是如此。2017 年 2 月 24 日，习近平总书记在视察北京大运河森林公园时指出："要古为今用，深入挖掘大运河的历史文化资源。……保护大运河是运河沿线所有地区的共同责任，北京要积极发挥示范作用"。② 2019 年 5 月 9 日，中共中央办公厅国务院办公厅印发的《大运河文化保护传承利用规划纲要》（以下简称《纲要》）正式向社会公开，由此，"保护好、传承好、利用好"中国大运河的大幕才真正拉开。

在此特别需要加以强调的是，《纲要》在我国区域和城市规划从"重空间、交通、产业"向"重生态、社会、人文"转型发展中具有的重大示范意义。这可以通过研究《规划纲要》的规划类型和功能定位两方面来了解和把握。

在规划类型上看，大运河文化带属于城市和区域规划中的"带状"发展战略，以近年来的丝绸之路经济带、21 世纪海上丝绸之路、长江经济带等为代表，作为一种对人口、资源、空间和经济活动的宏观规划，"带状"战略以其涵盖层级多、兼顾方面广、统筹协调性强等独特优势，在我国城市和区域规划中频繁出现并日益发挥出巨大的综合协调作用。但与此前多个"经济带"不同，《纲要》首次提出了"文化带"这一新概念。在当下，由于"文化"往往有与"经济"相对的特点，这个概念明显区别于一般的"经济带"规划。在功能定位上，尽管《规划纲要》的主题词是"文化"，但我们也不能把大运河文化带规划建设等同于"文化建设"或"精神文明建设"。在通常的意义上，文化建设主要包括公共文化服务和文化产业两大领域，精神文明建设更侧重于人们的伦理道德、遵法守纪、文明言行等思想和行为规范方面，一般也不会从经济效益角度加以评价和考核。但《纲要》却不止于文化和精神文明建设，而是同时提出了三个带（即"继古开今的璀璨文化带、山水秀丽的绿色生态带、享誉中外的缤纷旅游带"）的功能定位，

① 刘士林：《都市化进程论》，《学术月刊》，2006 年第 12 期。
② 董兆瑞：《北京：担起大运河文化带"龙头"之责》。http://bj.people.com.cn/n2/2018/0905/c14540-32018692.html.，2018-09-05。

这表明大运河文化带着眼的是包含了生态、产业、区域和城市发展等丰富内涵的"大文化",而不是一般意义上与政治建设、经济建设、社会建设、生态文明建设对举的"小文化"。

正如《纲要》开门见山地指出:"以大运河文化保护传承利用为引领、统筹大运河沿线区域经济社会发展,制定本规划纲要。"同时,在文本中多次强调"大运河文化带的方向、目标和任务"是"以文化为引领推动区域高质量发展""以文化为引领促进区域经济高质量发展""社会效益和经济效益实现高度统一""以文化为引领促进支点城市经济社会全面发展""开拓区域经济高质量发展新空间"等。因此,我们把《纲要》的主线概括为"文化引领城市和区域经济高质量发展"。这实际上就可以看作是对"文化型城市化"发展道路和"新型人文城市"规划建设的具体探索和推进。从总体上看,在《北京总规》中出现的"经济中心退居二线,文化中心走上前台",和我国区域与城市规划建设这个新的战略定位和发展主线是完全一致的。除了文化资源的巨大优势,还要看到建设全国文化中心对首都北京具有"补短板、强功能"的重要作用。

在城市化背景下开展文化建设,必须走出"就文化论文化"的传统思路,把全国文化中心建设和首都高质量发展紧密结合起来。这是因为文化与城市发展在当今时代的关系日益密切,并正成为推动区域经济创新发展和绿色发展的生力军。从理论上看,"一方面,被现代工业恶性损耗的自然环境与资源已无力支持当代城市的可持续发展;另一方面,一直不受重视的文化资源与文化产业在消费社会中正成为推动城市发展的重要生产要素与先进生产力代表"。[1] 在现实实践中,自 2014 年《国家新型城镇化规划(2014—2020 年)》首次提出"注重人文城市建设"以来,以文化引领产业升级、区域经济高质量发展已经成为共识。早在 2005 年,北京就率先提出建设"宜居城市",放弃了主要以 GDP 为衡量指标的"国际大都市"口号。2017 年,上海则提出建设"文化大都市",突破了偏重城市"硬件"的"四个中心"(国际经济、金融、贸易、航运中心)。包括国内很多城市提出的"文化城市""艺术之城""音乐之城""设计之都"等,都可以看作是对城市战略走上文化转型之路的探索。而建设作为中国新型人文城市最高层级的"全国文化中心",不仅有助于北京深入探索如何"取'文化之长'补'不协调不平衡之短'",也可以在文化引领城市和区域经济发展上发挥首都应有

---

[1] 刘士林:《特色文化城市与中国城市化的战略转型》,《天津社会科学》,2013 年第 1 期,第 122—127 页。

的示范作用。

三、为建设中国新型人文城市做出良好示范

人文城市既是城市科学研究的一个新概念,也是"以人为本"发展理念在城市建设中的真正落实。与我国新型城镇化战略的其他方面相比,尽管相关政策、战略和规划会或多或少地涉及文化领域,但从总体上看,新型人文城市还一直没有"破题"。

其主要原因有二:首先,从规划和建设的角度看,新型人文城市主要涉及空间、产业和人文三个部分。与一般城市规划侧重于空间和产业相比,由于人文概念在内涵上的不确定性,人文空间与城市空间在边界上的相互渗透,文化经济与产业经济的地位并未十分明确,因此新型人文城市在总体上呈现为一种更加复杂的城市形态和功能体系。这是城乡规划学、产业经济学等都对人文城市"无处置喙",并做出科学、合理、符合城市文化发展规律的规划和安排的主要原因。其次,从政策研究和归口管理的角度看,目前新型人文城市主要涉及住房和城乡建设部、国家发展改革委、文化和旅游部(新组建的自然资源部目前的重点是国土空间和功能规划,几乎还没有涉及人文城市或城市文化功能,可以先存而不论)。由于三个部门之间未能形成合作机制,各部门只从自身的角度去界定,或是由于在与本部门职能结合时出现了障碍、因职责范围没有办法全面介入,人文城市建设成为新型城镇化的一个"三不管"角落。在城市建设用地收紧、人口红利逐渐走低、科技创新周期较长等背景和约束下,无论是充分利用我国城市丰富的历史文化资源大力发展文化和旅游业,还是要为人民群众提供高品质的文化消费产品及服务,都需要尽快布局和加速推进新型人文城市建设。在这个时代的大背景和大趋势下,《北京总规》在放弃"经济中心"的同时将"文化中心"推向时代舞台,可以说具有重大的象征和示范意义。

2014 年 2 月 26 日,习近平总书记视察北京工作时指出:北京作为首都,是我们伟大祖国的象征和形象,是全国各族人民向往的地方,是向全世界展示中国的首要窗口,一直备受国内外高度关注。建设和管理好首都,是国家治理体系和治理能力现代化的重要内容。北京的各方面工作具有代表性、指向性,一定要有担当精神,勇于开拓,把北京的事情办好,努力为全国起到表率作用。客观地说,并非北京过去没有服务和担当,其主要问题在于:一是考虑

自身比较多，主动承担国家文化发展使命的自觉性和主动性还不够强；二是与新时代中国经济高质量发展的新要求相比，城市文化服务质量也需要进一步提升。要把北京建成名副其实的全国文化中心，在当下急需做好以下三方面的基础工作。

一是开展深入的基础理论研究，提高建设全国文化中心的自觉意识。在我国人文城市建设中，一般城市的目标主要是"文化城市""艺术之城""音乐之都"等，很少涉及"中心"二字。即使是 20 世纪 30 年代曾经的中国文化中心上海，也把自身的城市文化目标设计为"国际文化交流中心""文化大都市"及"国际文化大都市"等。2018 年，南京提出"建设全国重要文化创意中心城市"，这主要是其争取进入"国家中心城市体系"基本无望以后的"替代性选择"，同时与北京确立的"全国文化中心"相比，南京也有意识地把自己的角色确定在"文化创意"的局部。由此可见，"全国文化中心"既是一个文化空间的新概念，也是我国人文城市规划建设的"独生子"，因此在其基本概念、功能形态、评价标准、发展路径等方面几乎还是一片"空白"，同时基于这个概念的独特性和唯一性，也没有现成的西方理论和方法可以直接拿来使用。由此可知，研究和建立全国文化中心理论体系十分必要和紧迫，不仅是处在襁褓阶段的符合中国特色城市发展道路和中国新型人文城市战略系统研究的重要基础，也能够为北京市开展相关工作提供直接的理论指导和支持。

开展全国文化中心的基础理论研究，首要问题是从城市科学角度来界定"中心"的准确内涵。一般说来，中心城市有两大功能：一是"支配"作用，主要体现为中心城市对周边城市特有的支配地位和影响力；二是"服务"能力，是指中心城市通过"资源的合理配置"和"经济的溢出效应"等方式促进区域协调和一体化发展。如果说过去北京主要是"虹吸"和"盘剥"周边较多，那么未来就应主动自觉地强化其"服务"功能。同时我们也要看到，"支配"和"服务"并不只有对立的一面，两者之间还存在着互补共生关系，因为没有在"支配"过程中的高度集聚，就不会有在"服务"阶段的丰厚输出，关键在于如何处理好集聚与扩散、支配和服务的关系。从提高北京文化服务功能的角度，未来应重点开展与全国文化中心相匹配的城市文化基础设施、城市文化政策体系、城市文化人才团队、城市文化内容供给、城市文化资本链等研究，为全国文化中心建设提供全方位的知识与理论服务。

二是开展全国文化中心的战略框架研究，促进文化发展与城市建设协调协同推进。就当下而言，要认真研究全国文化中心功能和国家首都功能的不平衡和不充分问题，同时努力探索和建构促进两者协调协同发展的体制机制。这首先要解决的是全国文化中心的重点"是在文化，还是在城市"这个基础性问题。长期以来，由于理论、学科、部门等方面长期形成的各种壁垒，文化研究和建设的一个突出问题是"画地为牢"，与城市的发改、规划、经信、国土、生态、能源、交通等部门缺乏必要、有机的衔接。当今世界是城市世界，同时文化发展正日益演化为一种城市化现象，因此全国文化中心建设的目标一定是一个城市形态，而不只是一个文化形态。进一步说，北京应及早形成这种共识，即把全国文化中心建设的最终目标确定为建设"全国文化中心城市"。这不是在"中心"后简单地加上"城市"二字，而是在经济全球化和世界城市化背景下，从战略角度去发现和谋划以文化为引领的北京未来形态。在城市特有的综合框架下，这不仅有助于协调文化建设与政治建设、经济建设、社会建设、生态文明建设的关系，也有助于在城市总体规划中合理配置文化资源、文化产业和公共文化功能，最终达到以文化优化和提升城市综合功能的根本目的。

其重点是要处理好两方面的矛盾关系：一是北京市内部的文化和经济的关系。北京从不缺少文化资源和文化优势，过去之所以发挥得不够理想，主要是和城市发展总体战略、经济和空间等核心部门及领域联系不够密切，有时还会出现程度不同的矛盾冲突。就此而言，北京文化建设要有效推动文化供给侧与需求侧转换契合，加快从以单纯的文化产品供给为主向以城市用户文化需求为中心的转变，实现城市为文化创新提供优化环境、文化发展成为城市核心功能的良性循环，二是探索文化引领区域经济发展的有效途径。目前京津冀一些城市和城区仍把"上项目、铺摊子"作为主要目标，对公共服务功能和居民文化生活需求重视程度不够或服从于"经济建设大局"，这是京津冀城市传统文脉消失、生态环境恶化、服务功能差、不宜居等城市病的根源。区域文化的核心作用在于形成一种良好的价值纽带，使原本在经济利益上产生激烈冲突的城市结成命运共同体。在这个意义上，作为全国文化中心城市，北京可以首先解决京津冀区域文化发展的不平衡和不充分的问题，努力实现区域内文化资源、文化资本和文化产业的合理配置和良性分工，同时为全国范围内文化引领经济转型、促进生态文明建设和城市高质量发展积累经验。

三是做好全国文化中心城市规划编制工作，为中国新型人文城市建设提供一种范本。关于全国文化中心城市规划编制的原则，完全可以借用雄安新区的

"世界眼光、国际标准、中国特色、高点定位"。目前,《北京总规》对于全国文化中心只有一个框架性的表述:"实施中华优秀传统文化传承发展工程,更加精心保护好北京历史文化遗产这张中华文明的金名片,构建涵盖老城、中心城区、市域和京津冀的历史文化名城保护体系。建设一批世界一流大学和一流学科,培育世界一流文化团体,培养世界一流人才,提升文化软实力和国际影响力。完善公共文化服务设施网络和服务体系,提高市民文明素质和城市文明程度,营造和谐优美的城市环境和向上向善、诚信互助的社会风尚。激发全社会文化创新创造活力,建设具有首都特色的文化创意产业体系,打造具有核心竞争力的知名文化品牌。"总体上看,这和其他城市的文化战略和主要内容差别不大,未能体现出一个文化中心城市和一般城市在形态、功能和目标上的差异,未来需要在这个"底本"上进一步细化、提升和优化,为把全国文化中心建设做实、做细、做出特色提供制度支持。

就规划框架而言,目前应重点考虑三个方面:一是在全球范围内,针对全球范围内文化和意识形态冲突不断加剧的现实,全国文化中心必须成为展示中国传统优秀文化和传播当代中国特色社会主义先进文化的核心平台,在中华文化走出去和传统文化创新发展上两方面均发挥引领和示范作用。二是在区域发展上,针对目前北京和天津、河北在文化发展上比较突出的不平衡和不匹配问题,北京建设全国文化中心,要能够有效配置京津冀城市群的丰富文化资源,有效解决文化产业和公共文化服务的不充分和不平衡问题,这是解决自身短板及更好地服务全国必须要做的基础工作,同时还要努力打造科技创新中心在珠三角、经济金融中心在长三角和政治文化中心在京津冀的国家服务功能新格局。三是在首都文化建设上,要参照北京建设世界城市框架中的人文发展目标,以良好的文化生态和丰富多样的文化交流活动,加快促进北京市建设中国新型人文城市的步伐,为中华民族以较少的代价成功回应"文化挑战",并在城市化和现代化的风雨中真正成熟起来,发挥应有的示范和支撑作用。

朱光潜有一个著名的比喻:"有些人天资颇高而成就则平凡,他们好比有大本钱而没有做出大生意,也有些人天资并不特异而成就斐然可观,他们好比拿小本钱而做大生意。"[①]这同样符合城市发展的规律和历程。从历史上看,北京过去建设经济中心,主要属于"有大本钱而没有做出大生意";从当下看,北京目前

---

① 朱光潜:《谈美》,漓江出版社 2011 年版,第 83 页。

力推的文化旅游产业等，则属于"大本钱做出了大生意"。未来要考虑的是如何借助全国文化中心的大平台，达到"既是拿小本钱也能做大生意"的新境界。这也是对习近平总书记提出的"一定要有担当精神，勇于开拓，把北京的事情办好，努力为全国起到表率作用"的最好落实。

|第九章|
上海城市发展的理念研究与文化阐释

2004年4月23日,上海市精神文明建设委员会正式发布了《上海迎世博文明行动计划》(以下简称《行动计划》)。该《行动计划》提出,将在继续向市民倡导不随地吐痰、不乱扔垃圾、不损坏公物、不破坏绿化、不乱穿马路、不在公共场所吸烟、不说粗话脏话的"七不"规范基础上,引导市民提高自身综合素质,通过努力达到"七建",即守秩序,建法治之城;讲卫生,建健康之城;护环境,建生态之城;有礼貌,建礼仪之城;重信用,建诚信之城;爱科学,建学习之城;献爱心,建友善之城。这可以看作是上海一个有意图的建设发展规划,也取得了一定的实效。

和城市建设中普遍存在的"换一届政府就换一张规划"①现象相似,在城市社会与精神文明建设的研究、制定上,也普遍存在着互不相干、彼此矛盾甚至是相互冲突等问题。这是缺乏理念创新、理论指导、战略规划和系统设置的结果。在某种意义上,与经济建设相比,城市社会发展是一个在结构上更为复杂、在建设上需要循序渐进、以"积德"为主题、以"教化"为手段的"百年树人"工程,最忌讳在建设目标与实际操作上的"大拆大建""反复折腾"。根据世博后上海对其城市社会建设提出的新的要求、需要和期待,参照全球城市发展的普遍规律和中国城市化进程的特殊性,一方面,科学、认真地研究和建设"十一五"和"十二五"规划的衔接与平稳过渡桥梁,使上海城市发展在"十二五"期间最大限度地继承"十一五"的成就、盘活"十一五"规划中未有效发挥的存量资源、解决"十一五"期间城市建设遗留的各种"烂尾楼"问题;另一方面,以"国际大都市""文化大都市""后世博城市"为背景,直面"十二五"期间上海面临的各种重大问题和机遇及其对城市发展的要求,研究和制定对实现上海经济社会与文化发展具有社会支撑

---

① 梁捷:《"换一届政府换一张规划"要不得》,《光明日报》,2009-06-05。

体系和重要推动作用、对上海城市社会建设具有全局性和战略性、对中国其他城市具有示范性和引领作用的"上海'十二五'社会建设总体框架"。

一、建构上海城市发展新理念的理论基础与现实背景

城市是个万花筒,大都市社会所涉及的层面与关系更是复杂万分,因而,上海在"十二五"期间的首要任务是提出、明确与时俱进、科学性与先进性并重的发展理念。

在城市发展理念上,应紧紧围绕"文化大都市"这一上海城市软实力发展的总体战略目标进行探索。"文化大都市"是个新概念,也是一个有关城市发展的新理念。如果"大"和"都"主要为了与上海的城市规模与身份相匹配,那么这个概念的核心内涵就集中体现在都市文化学提出的"文化城市"理论中。"文化城市"可以为上海城市发展提供一个先进的理论基础。

首先,"文化城市"是一种以文化资源为客观生产对象,以自由劳动机能为主体劳动条件,以文化创意、艺术设计、景观创造等实践方式为中介与过程,以适合人的生存尊严与全面发展的空间重建与社会进步为目标的城市理念与形态。它突破了古代以"政治"为中心、现代以"经济"为中心的城市发展模式,既是一种全新的城市形态,也是一种全新的城市发展模式。在全球化进程不断向纵深推进的当下,随着文化资源直接构成城市经济系统中重要的生产要素的新变化,以及文化生产力正成为城市社会实现良性与可持续发展的重要支撑的新事实,一个名副其实的"文化城市",将在全球范围内迅速获得现实的发展空间与核心竞争力。因而,"文化城市"是具有全球普世价值与科学示范意义的城市发展模式。

其次,20世纪以来,包括上海在内的中国城市已经历了政治城市、经济城市与文化城市(2005年以来,以"宜居指数""生态指数""幸福指数"等城市发展观的提出为标志)三种城市化模式。而随着中国城市化水平的不断提高,特别是城市文明建设与文化发展的需要,"文化城市"必然成为当代中国社会发展的更高目标与创新模式。这不仅因为,与政治型城市化和经济型城市化相比,以文化艺术为核心功能的文化城市更能体现出人类文明发展的新高度,是兼顾了传统与未来、最适合主体需求和城市本性的科学与全面发展模式。更重要的原因在于,文化城市建设对于中国实现经济发展方式和中国城市发展方式转型具有重要的支撑作用与示范价值。当然,建设文化城市并不排斥城市的政治与经济功能,而

是以文化发展为主题,对城市的诸要素进行科学配制及对诸功能进行进一步优化,并将最终推动城市的可持续发展。

最后,这是后世博时代对上海城市发展提出的新要求与新目标。举世瞩目的上海世博会已于 2010 年 10 月 31 日晚闭幕。与强调"更高,更快,更强"的北京奥运会主题精神相比,"城市,让生活更美好"与人类城市未来发展高度契合。一方面,世博会给上海社会带来了深刻的变化,日本《每日新闻》认为:"世博会起到了转变国民意识的启蒙作用。"欧洲新闻网则评论说:"世博会是一个改变人们观念的机会,启发了中国关注的未来"。[1] 其对上海的影响不仅是场馆建设、消费总量上升等,新的文化理念、创意思维、价值观念才是世博会独一无二的价值所在;另一方面,当代大都市发展面临的最大问题是所谓的"罗马化",其实质是"在物质建设上的最高成就以及社会人文中的最坏状况"。[2] 以上海为首位城市的长三角城市群称中国的"富裕高原",但同时也存在着单向度地追求物质消费、炫耀消费而同情心、爱心严重退化等典型的"都市社会病",它们在更深的层面上直接影响着上海社会的和谐及城市的可持续发展,是上海经济社会和文化发展必须关注和未雨绸缪的重大现实问题。

在现实背景方面看,上海是中国最大的和城市化水平最高的城市,在城市发展与社会建设上,上海既与一般的中国城市有相同的问题与困境,同时也因其特殊的身份与地位,而与一般中国城市的发展与建设有着重要的区别。但就"十一五"期间提出的"七建"目标看,其所涉及的主要内容与一般城市的发展建设并无太大的差别。这既不符合上海作为中国率先发展的排头兵应发挥先锋作用的现状,也不能很好地应对其作为中国最大城市所特有的各种城市社会问题。因而,在"十二五"上海社会建设的规划中,上海应根据其在中国城市中所扮演的特殊角色以及自身需要解决的社会发展问题而进行科学研制。在这里特别需要补充的是,由于中国城市化进程的复杂性以及上海都市化进程的多层次性,"十一五"期间提出的"七建"目标实际上也没有完全实现,因此我们在研制"十二五"规划时既要保留"七建"目标,同时又要在这个基础上提出代表着未来、具有示范性意义的新目标。从世界城市发展、中国城市建设以及后世博上海战略定位的相互联系出发,可以说未来影响上海城市社会稳定与可持续发展的主要问题有四个

---

① 丁宜:《上海世博:人已散,曲未终》,《新华每日电讯》,2010 - 11 - 03。
② ［美］刘易斯·芒福德:《城市发展史:起源、演变和前景》,宋俊岭、倪文彦译,中国建筑工业出版社 2005 年第 229 页。

方面：一是都市化进程使贫富差距过大、生活资源占有量严重不均，二是都市人心理健康问题与精神生态日趋恶化，三是转变经济发展方式的巨大现实压力，四是上海本土文化传统的影响力急剧减弱，文化软实力发展缓慢、不进反退的困境。针对这些问题，我们认为，未来"十二五"期间上海城市发展理念应在继承和保留上海"七建"的基础之上，重点提出、研究与设计、规划和建设"慈善之城""艺术之城""创意之城""时尚之城"。

二、"新四城"理念的内涵界定及阐释

都市发展与社会建设是一个超级复杂系统，具有"牵一发动全身"或"一招不慎，满盘皆输"的特殊性。因而，对"慈善之城""艺术之城""创意之城""时尚之城"进行严密的内涵界定与科学阐释十分重要。在当下城市发展的目标设计与论证中，最根本的问题是缺乏基础理论研究的支持。这与当代城市建设中的"先建设，后规划"或"无规划地建设"问题是十分类似的，其结果必然是产生出更多、更棘手的"城市发展问题"。基础理论研究尽管不直接表现为"统计数字"或"工作业绩"，但由于只有它才可以为城市建设提供一种基础性的"系统设置"，所以在实践中是绝对不可能"绕开"的。

1. 慈善之城

慈善之城是文化城市的本质特征之一，是以都市人的"不忍人之心""同情心""爱心"为主体基础、以城市社会管理与组织中的慈善政策、慈善组织与个人活动为客观载体、以充分培育、激励、养成城市文化的慈善机能为主要手段，推动城市社会和谐与可持续发展的城市文化模式与形态。

构建"慈善之城"与我国城市社会发展现状有着直接关系并具有重大现实意义。

首先，改革开放三十年来，中国城市获得了前所未有的发展，在短时间内生产和积聚出了惊人的物质财富。这一进程具有明显的二重性，好的一面是"集中优势兵力"，可以极大地提升区域或国家的综合竞争力。但由于它同时也造成了人口、资源在都市空间的高度集中，特别是在"优胜劣汰""弱肉强食"的"城市丛林法"支配下，城乡差距拉大、东西部发展失衡、城市内部贫富分化加重、社会资源日益紧张。以农村贫困人口为例，截至2005年底，按照683元的中国标准，中国农村尚未解决温饱的贫困人口数量为2 365万；按照人均每天消费1美元的联合国标准，中国贫困人口的总数将不少于2亿，这个数字仅次于印度，居于世

界第二位。[①] 如果说,农村贫困人口属于城市化的遗留问题,那么也可以说,城市贫困人口则是都市化进程带来的新问题。都市化进程的一个重要特征是城市化加速,如中国城市化率在 1990 年是 18.9%,2002 年就迅速上升为 39.1%,这当然是可喜的。但由于都市化进程固有的中心聚集效应,以及它实际上产生的城市与城市、城市内部的不平衡发展,中国的城乡贫富差距逐渐扩大。据 2003 年《中国人口与劳动问题报告》提供的数据,与高城市化率同步的则是中国城市贫困人口从 13 000 万上升到 19 300 万。[②] 此外,90 年代中期以来,中国居民的贫富差距也不断扩大,据经济学家赵人伟、李实等人的研究,1995 年至 2002 年期间,中国个人财产分布的基尼系数从 0.4 上升到 0.55,上升幅度高达近 40%。如果再将 2002 到 2005 年房价急剧上扬等因素考虑进去,中国现在的高收入群体和低收入群体之间、城乡之间的贫富差距问题就更加严重。[③] 由都市化进程直接引发或加重的各种社会问题,是影响中国和谐社会建设与可持续发展的重要方面,因而也是我们必须加以关注与严肃对待的。

其次,构建"慈善之城"对都市文化建设与都市精神生态保护具有积极的培育与导向作用。当下都市问题频发的原因有都市人口密集、交通拥挤、空间逼仄、竞争激烈等,这在直接破坏都市精神生态环境和都市人心理环境的同时,也在很大程度上解构和泯灭了人与生俱来的同情心与爱心。在都市中我们随处可见,一些人为了追求刺激与欲望满足,一方面,将大量财富无端地浪费在炫耀性消费中,而另一方面对真正需要同情和帮助的弱势群体却视而不见,更有甚者则是恶语相向。有关统计表明,2009 年中国慈善捐赠为 509 亿元,占当年 30 多万亿元 GDP 的 0.17%,占中国财政收入 6 800 亿元的比例,不到 5%。而美国 2008 年的捐款 3 000 亿美元,占当年 14 万亿美元 GDP 的 2% 左右,占美国财政收入 3 万亿美元的 10%。[④] 与这个数字相对的则是中国目前已成为全球第二大奢侈品消费国。我们知道,2010 年上海世博会的主题是"城市,让生活更美好",一个充分发展的城市空间理应为人的全面发展提供尽可能全面的条件。上海作为中国大陆最发达、城市化水平最高的大都市,以往在这个方面并没有发挥出应有的示范与带动作用。而提出建设"慈善之都",不仅有助于真正落实"城市,让生活更

① 中国新闻网:《中国贫困人口总数世界第二仅次于印度》,http://news.sina.com.cn/c/2006 - 05 - 15/07368926248s.shtml.,2006 - 05 - 15。
② 李少春:《城市化中的贫困现象与和谐发展》,《光明日报》,2006 - 6 - 15。
③ 吴忠民:《客观全面看待中国贫富差距问题》,《中国经济时报》,2006 - 7 - 10。
④ 王振耀:《当代中国慈善事业:现状、路径、前景》,《中国社会科学报》,2010 年第 107 期。

美好"这个孕育于上海的城市发展主题,同时,也有助于疗救在上海本身同样愈演愈烈的都市社会病,真正唤醒都市人的同情心、道德心和责任感,引导人们走出当下都市精神生活上的恶性循环,对于城市的可持续发展和真正实现"以人为本"十分必要。

目前,贫富差距过大的问题在长三角一带表现尤其突出,"赢家通吃,输家无所有"的竞争规则正日益成为大都市的生存法则。针对这一问题,作为长三角的首位城市、在经济发展、服务管理等方面均居国内前列的上海,理应在"十二五"期间率先提出建设"慈善之城"的发展目标。主要思路是依靠政府的监管和专业社会组织的运作,吸引大型、中型企业和社会各界的广泛参与,以解决上海市低收入人群物质生活问题与文化消费需要为主要目标,逐渐将上海建设成为慈善机构发达、慈善制度科学、慈善分工体系完善、参与者可受到良好社会评价与自我肯定的世界慈善之都。这不仅有助于解决自身存在的各种社会问题,同时也可对国内其他地区起到引领与示范作用。

2. 艺术之城

艺术代表着城市文明的最高本质,是区别城市与乡村、大都市与中小城市的一个重要尺度。"艺术之城"是文化城市的本质特征之一,是一种以美学为理论基础、以艺术活动为实践中介、以实现人的全面发展为理念的城市文明建设与发展框架,对于当代城市的全面发展具有重要的示范性意义。在这个意义上,"艺术之城"也是上海与国内其他城市在文化城市建设上最显著的本质区别所在。

构建"艺术之城"与上海城市建设的高水平发展有着直接关系和重大现实意义。

首先,在基本需求满足之后,人类必然要追求精神上的享受。所谓"衣必求暖,然后求丽""食必求饱,然后求精"。在当今世界,城市,特别是大都市雄厚的"物质生活基础"已足以抗拒大自然的暴力,不断完善的社会制度与保障体系也为人们更好地生存与发展提供了条件,因而,基础性的"物质文明建设"与基本的"政治、法律制度建设",已不能体现出大都市在当代的发展水平与时代要求,而作为更高发展目标的"城市的善"与"城市的美"则变得更加重要。"城市的善"与"城市的美",相当于中国古代的"礼"和"乐"。前者用来生产秩序、规范行为,后者用来调节情感,使人获得快乐与自由。正如《礼记·乐记》说"礼胜则离",与"制度""规范"过度的片面发展相伴生的,是大量的焦虑、压抑等异化性力量的激增,这直接影响到城市的可持续发展。在当代大都市中,各种物质性、制度性力量的片面发展,理性和功利需要抑制了感性和非功利的需要,是都市人生活格外沉重、不自由、不愉快以及都市精神生态严重恶化的根源。西方社会学家经常讲到的"城市危机",在这个意义上就可理解为"重礼轻乐"的苦果。在快速城市化进程中的中国也是如此,为了使城市中紊乱的人际与社会关系重新有序化,决策与管理者往往重视"礼"的建设,这是当代中国城市迅速出台大量法规、政策的根源。尽管这是绝对必要的,但也是不全面的,因为在城市管理与生活越来越规范的同时,居民的幸福感程度也变得越来越低。而比"礼"更高级的是"乐"。正如费孝通先生所说:"……美好的生活不仅仅是一个吃饱穿暖的生活。……仅仅是富,还够不够……除了物质的需要,还需要 art,也就是艺术……这是高层次的超过一般的物质的生活,也是人类今后前进的方向……。"①由此可知,"艺术之城"代表着未来城市的发展方向。如果说,"制礼"的目的在于梳理因社会发展所带来的外部系统的混乱,那么,只有"艺术与审美"才能使当代城市化进程中产生的压抑、焦虑与不适应得以稀释与融解,使在社会变迁中惶惶不可终日的都市人得到自由与快乐。在这个意义上,"艺术之城"对当代城市的稳定与和谐与"法制之城"同样重要。此外,"艺术之城"与"慈善之城"是相辅相成的,如果说后者着眼于城市社会的伦理维度,那么前者则重点在城市发展的"自由"境界。

其次,古人说"人不风流只为贫"。一般人之所以对艺术与审美加以回避,是因为紧张、艰苦的物质生存条件压抑、扭曲了对审美与自由的需要。但作为中国大陆地区发展得最为成熟的国际大都市,上海已积累了雄厚的经济基础,各种文化艺术资源丰富,为艺术文化发展及满足市民的审美需要提供了可靠的基础。同时,由于物质文明发展在先,上海市民的艺术与审美需要比国内一般城市的居民强烈。但在实际上,上海城市的艺术服务功能与生产水平依然不高,而市民对艺术与审美的需要也很难说得到了真正的满足。最关键的问题还是在"观念"领域,说明我们关于城市发展的观念与框架已落后于时代。这就有必要提出"艺术之城"的新发展目标。也许会有不同意见,如上海提出"艺术之城"建设的目标是否过早、超前? 对此可以这样回答,在城市社会建设中存在着两种基本的思路:一是机械的进化论,即认为只有低层次的物质需要获得完全满足以后,才能提出"艺术与审美"等更高的发展目标;二是系统的发展观,它把城市发展与社会建设看作一个整体,在具备了一定的物质基础与制度保障后,就应不失时机地提出更

---

① 费孝通:《更高层次的文化走向》,《民族艺术》,1999 年第 4 辑。

高的发展目标,这不仅不会影响到城市经济社会的发展,相反还会极大地促进城市社会的和谐与科学发展。在某种意义上,前一种思路相当于"先污染,后治理"的发展模式,即尽可能地压缩人的审美与艺术需要,以便使有限的物力、人力更集中地投入经济建设中。但由于这种片面发展会严重破坏与污染都市人的心理健康与精神生态,所以是不足取的和非科学的。上海要建设文化大都市,其城市发展理念必然要高于一般城市的规划,同时,上海要继续当好全国改革开放、城市建设的排头兵,在社会建设目标上也要体现出鲜明的示范性。现在中国的大多数城市还停留于追求城市规模扩张和经济指数增长的阶段,即使是文化产业也仍然是"文化搭台,经济唱戏"。如果在改革开放初期,这种能够迅速积累资金以改变经济落后面貌的模式还具有历史的合理性,那么也可以说,在全球资源与环境不断恶化和中国转变经济发展方式的时代要求下,特别是在中国城市普遍出现了规模失控、结构失衡与精神文化功能丧失等问题,对自然环境资源,如对土地、水、空气的过度消耗以及对城市物质文化和非物质文化遗产大肆破坏的当代背景下,上海率先提出建设在内容上更丰富、在框架上更全面、在时间上具有超前性的"艺术之城"的战略构想,对于改善上海城市的精神生态与文化环境,推进长江三角洲城市群艺术文化建设的整体发展,整合区域内艺术文化资源,优化艺术产业结构,提高艺术生产力,在宏观上塑造长三角城市群的文化形象,使上海与长三角摆脱"经济发达,文化简单"的初级文明形态,均具有十分重要的现实意义。

"艺术之城"是上海城市社会建设有别于一般城市的战略制高点,是在当代中国城市人精神危机加重、精神健康与生态问题日益突出的背景中提出的,是以美学为理论指导,以艺术生产为主要手段,以都市发达的传播媒介为支撑体系,通过发展城市公共文化事业与艺术文化产业,提升都市人的精神素质和审美水平,满足都市人精神健康成长和文化消费质量为目标的城市发展理念。在上海世博会上最抢眼的是艺术演出,根据相关统计,纳入节目表的节目总数为807个,总场次17 288场,基本上做到了每个参会国家至少有一台演出,甚至来自非洲、西亚、南太地区的小国、岛国也申报了大量节目。此外,非洲的黑人杂技第一次来中国献艺,沙特打破了近30年来从未在世博会演出的纪录,使之成为多元文化艺术交流共享的盛会。艺术活动的频繁与多元,与美好生活的"美"关系密切。这表明未来城市与艺术会更紧密地联系在一起,或者说艺术将成为未来城市与文化发展的方向。这也可以看作是"世博后"上海提出建设"艺术之城"的一个重大现实契机。

3. 创意之城

"创意之城"是当代文化城市的本质特征之一，它是在文化成为先进生产力要素、当代生产关系主要层级以及精神生产对社会再生产过程影响越来越大的后工业文明背景下，以"个人的创造力、技能和天分"为主体基础，以文化资源、劳动产品等客观对象的"审美形式"或"审美外观"的再生产与二度创造为主要方式，以先进的艺术设计产业、文化创意产业和现代文化服务业为主要经济活动方式的新的城市形态。

探索构建"创意之城"，可为上海发展都市先进生产力、改革生产关系体系、解放文化生产力、提升城市软实力以及特别是推动城市创新提供巨大的社会资源优势与环境氛围支撑。

首先，从作为都市经济新引擎的先进生产力的角度看，在后工业文明背景下，传统产业与文化创意正发生了前所未有的密切联系，在某种程度上甚至出现了一切产业都在文化产业化的大趋势。文化产业又可译为"文化工业"。之所以加上"文化"这个限定词，除了与传统的工业概念和形态相区别，还意味着文化产业与现代工业体系在生产对象和生产主体两方面均发生了重大变革。具体说来，在生产对象上，与以自然资源为主要生产对象的现代工业和制造业不同，源自人类社会的文化历史资源成为社会生产的直接对象，并在很大程度上改变了"精神生产不创造物质财富"的传统观念。在生产主体上，与现代工业主要依靠主体的理性机能与形式（其高端表现为科学家的发明创造，低端则表现为产业工人的熟练技术操作）不同，1998 年英国出台的《英国创意产业路径文件》明确指出："所谓创意产业，是指那些从个人的创造力、技能和天分获取发展动力的企业以及那些通过对知识产权的开发可创造潜在财富和就业机会的活动"。[①] 对于文化产业而言，无论是其在客观上所依赖的人类在历史实践中不断创造和积累的文化资源，还是在主观上借助的个体在其内在生命活动中不断演化与充实着的想象力和创造力，都从根本上改变了现代工业文明在社会生产上所形成的模式与性质，使原本与经济生产、现实功利、剩余价值的关系相对疏远，甚至相互敌对的文化生产（如马克思强调的"资本主义敌视诗"等）日益成为后工业社会重要的经济活动方式，以及积累国民财富、满足精神需求、实现文化传承及国家文化

---

① 郑晓东：《创意城市的路径选择》，上海社会科学院经济研究所博士论文，2008 年 4 月。

安全的重要战略手段。特别是在人口高度密集、服务业高度发达、消费市场巨大的大都市，文化产业更是成为最具代表性和示范性的先进生产力谱系。但就目前中国城市的创意产业现状而言，可以概括为"热情高而水平低""口号多而实绩少""面子工程有余而内涵建设不足"。这是因为中国城市的兴奋点仍主要停留在经济竞争与"躯壳"建设的层面，甚至是建立在对历史文化资源、主体文化机能、社会精神生态等"软资源"的恶性损耗的基础上，因而在很大程度上直接牺牲了文化产业发展所必需的主体机能和社会环境。中国城市文化产业之所以千篇一律、模式雷同、同质竞争，根本原因就在于此。如果说，文化创意是文化产业创新与发展的灵魂，那么，一个文化积淀深厚、人文氛围浓郁、艺术气息高涨、精神生态良好的城市社会，则是各种文化创意发生与可持续的母体。上海要想在未来的国际竞争中不断提升核心竞争力，必须先从根本上解决各种不利于创意与创新的社会环境问题，借助"世博会"中涌现的创意激情与交流碰撞，在"十二五"期间提出"创意之城"的城市发展目标，可以为上海先进生产力发展、先进生产关系培育以及社会精神生态治理提供良好的环境与氛围。

其次，中国经济社会发展的当务之急是转变经济发展方式，而城市，特别是作为现代工业中心与当代各种实体经济高度密集的大都市，一方面，因其工业体量的巨大必然成为我国转变经济发展方式的主要"革命对象"，能否实现城市经济方式的转变决定着这一国家重大战略目标的进程与质量；另一方面，雄厚的物质基础和发展在前，符合未来经济发展规律的先进制造业、金融业、服务业等新兴产业，也使城市在我国经济发展方式转变中必然要成为主力军和先锋队。在城市化背景下，转变经济发展方式在更深的意义上就是转变城市发展方式。也就是说，必须充分关注后现代主体对城市在形态、结构与功能等方面提出的新要求，而不能把转变经济发展方式仅仅理解为传统制造业向先进制造业转型的"浅表现象"。从深层结构上看，当代城市面临的是从"现代"形态向"后现代"形态的重大变革和结构转型。现代城市的核心要素与机制在于现代科学与现代工业，现代科学体系是现代城市发展的内在精神资源，现代工业系统则是其外在的实践方式。现代工业与现代科学结合在一起，打破了中世纪政治伦理对感性生命自由的压抑与扭曲，解放了在封建生产关系下被约束和遏制的生产力，创造了满足人类生存需要和发展的巨大物质财富。但问题在于，由于工具理性固有的片面发展属性必然要严重扭曲主体的心理与情感世界，以及现代工业生产固有的异化劳动性质必然要恶性损耗有限的自然环境与资源，所以在人类的现代化进程中,我们再次遭遇到一个二律背反式的难题:一方面,没有现代科学与现代工业,人类就不可能脱离自然与乡村社会,不可能获得更高境界的发展;另一方面,现代科学与现代工业本身也是一把双刃剑,它们在极大地解放主体思想、提高社会生产力的同时,也使人类受到更大的伤害,付出了更为昂贵的代价。这既是全球普遍提出生态文明与可持续发展观的根源,也是我国转变城市发展方式必须直面的重大现实困境。对于"后现代城市"而言,与以矿山开采、冶炼、纺织等传统制造业为主体的"现代城市"不同,以高新技术产业、金融资本运营、信息产业、文化产业等为基本标志的后现代工业与商业,构成了其在物质生产与经济发展方面的主导性机制。[①] 对于中国也是如此,特别是包括上海在内的东部沿海城市,随着资源、环境、能源以及国际贸易纠纷等问题的日益突出,其在改革开放以来所依靠的传统制造业正走向穷途末路,那些低附加值、低技术含量、劳动密集的现代产业体系也逐渐日薄西山。而从"现代城市"向"后现代城市"这一巨大变革与深层转型,最需要的是要有新理念、新理论、新观念、新战略、新智慧甚至是新的具体操作方案,也就是说,"后现代城市"特别需要有想法、有激情、有"点子"、有"灵感",城市可持续发展也会更多地依赖主体的思想、智力、判断力甚至是想象力等精神资源,创意城市战略正是在这样的时代背景下应运而生的。

上海自 2010 年加入联合国"全球创意城市网络"以来,"设计之都"建设成效显著,并开始着力促进文化多样性和创意产业的发展。这既是上海在都市文化产业成为先进生产力背景下努力培育的新方向,也意味着创意城市在"十二五"期间将成为上海城市发展的重要内容。由于创意城市与城市整体发展的密切关系,上海理应紧密围绕"创意之城"的设计、规划,充分发挥上海高质量人才资源和高新技术优势,全面改善和提升城市的环境与服务水平,使上海真正成为一个充满活力和创造力的创新型城市。

4. 时尚之城

"时尚之城"是当今国际文化大都市的本质特征之一,是以都市人特有的消费时尚、文化享受、审美趣味等为主体基础,以大都市丰富的物质生活资源、高度发达的现代服务业和公共文化服务体系为客观条件,以更充分、更全面、更人性化的生活方式和文化享受为主要手段,以消费拉动经济、满足市民不断增长的个性化、群落化的物质需要与审美理想的新的城市形态或发展目标。一言以蔽之,

① 刘士林:《暮色中的工厂:都市化进程中的审美景观生产》,《人文杂志》,2007 年第 2 期,第 94 页。

"时尚之城"是以文化资本这一当代城市"绩优股"为主体,推动城市高水平建设和可持续发展的模式与形态。

首先,时尚文化是国际大都市特有的文化经济资本,也是一个文化城市的基本内容和身份标识。时尚文化的物质基础是高度发达的时尚产业。按照一般的理解,狭义的时尚产业主要指时装、饰品、化妆品、皮具皮鞋、家纺;广义的时尚产业则包括家饰家具、美容美发、礼品工艺品、消费类电子品以及相关的传媒、出版等产业。① 作为消费文明最典型的表现形态与象征,时尚产业并不是独立的产业门类,而是运用当代都市文化的先进理论,通过对各类传统产业资源要素的整合、提升、组合而形成的、作为现代服务业龙头和代表的都市文化产业链。同时,和都市社会的多元性与异质性相匹配,时尚产业也是各种传统、现代与后现代产业集群相互融合、综合创新的结果。如在产业形式上,时尚产业跨越了先进制造业、艺术设计与现代服务业的界限;如在学科界限上,时尚产业打破了美学、消费社会理论、现代管理与服务理论的壁垒;如在流通方式上,时尚产业融合了现代的批量生产与销售、后现代工业的个性设计与营销等,真正具有"全产业、全商业、全服务业"的性质;另一方面,作为先进的都市文化产业,时尚产业及其文化也深刻影响了城市发展。当代著名的世界城市,无一不是时尚之都。如巴黎、米兰、伦敦、纽约等城市的时尚文化,均已形成了影响世界多数国家和地区的国际流行体系,同时,它们还通过研制、设计、生产和传播新的"流行体系"来掌控国际市场,实现了在文化市场和话语权两方面的最大收获。这种一举多得的城市发展战略,是上海未来参与国际城市竞争必须要关注的重要方面。

其次,上海有着丰厚的现代文化遗产和资源,而时尚文化也曾是海派文化的别名。现代上海被称为"远东第一大都市",创造了闻名遐迩的"海派文化"和中国最具现代色彩的生活方式。20 世纪以来深入中国社会的电影、音乐、舞蹈、戏剧,以及西方礼仪文化、餐饮文化、节日文化等生活方式资产,都起源于上海。爱因斯坦、玻尔、卓别林、罗素、泰戈尔以及中国的鲁迅、茅盾、巴金、林风眠、徐悲鸿等人,先后游历或居住于上海。直到今天,上海仍有很多老字号服装品牌,是世界著名品牌的集聚之地与流通中心。国际商业集团也往往把进入中国的第一站选在上海。上海每年举办中国国际纺织面料、家用纺织品及辅料博览会等此类亚洲最大展览,上海国际服装文化节也成为上海博览业的一个品牌。早在 2003 年,上海市

---

① 金丹艳:《浅析纺织时尚产业发展战略》,《才智》,2010 年第 24 期,第 269 页。

政府就提出把上海建设成"世界时尚之都"。在建设文化大都市和成功举办"世博会"的双重背景下，上海市在"十二五"期间应在推进建设"世界时尚之都"上加大力度，使上海成为名副其实的影响中国和世界的时尚产业与时尚文化高地。

在当今世界，大都市的战略意图之一在于抢占全球制高点和优势发展资源，建设"时尚之城"可以看作是上海实现这一战略意图的重要途径。"时尚之城"是城市文化资本的重要代表，是当代城市生活方式最鲜活的载体和象征，在后工业社会和消费文明背景下，更是实现城市可持续发展、提升市民生活质量不可多得的优质资源和战略突破口。就此而言，上海应继承 20 世纪 30 年代的海派文化并以改革开放以来上海提出的"世界时尚之都"为目标，以与世界潮流风尚对接为途径，努力打造本土都市文化风格与生活方式，力争在生活方式资产和文化竞争力上提升中国城市的国际地位。

三、上海城市发展目标体系的内在关系机制阐释

尽管都市社会本身表现为高度的异质性与多元性，但正如社会学家所说，它并不是"非理性、不可理解、不可预测"的，而是"互为关联组成一个有机整体"[①]。而基础理论研究的目的就在于为认识与把握这一"有机整体"提供必要的理论工具、分类原则与解释框架，使"城市发展"的深层结构与异常复杂的诸多内在层次呈现出来。在这个意义上，新提出的"慈善之城""艺术之城""创意之城""时尚之城"并不是要完全替代原有的"七建"目标，而是在新形势下对它们进行进一步的补充和完善，以突出上海城市发展与社会建设在后世博时代的新特点，明确城市建设的方向和重点。这就有必要对"七建"与"四城"之间的关系做必要的论证。

1. 健康之城是上海城市发展的人力资源保证

健康是人类生存的基本条件之一，也是城市可持续发展的主体基础。没有人类个体的健康，经济发展、文化进步都将失去意义。由于城市生活的快节奏、高强度，都市人的健康问题被放到了显著位置。上海作为中国最大的城市，建设"健康之城"旨在从根本上保证城市各项事业的可持续发展，同时也体现出"以人为本"的科学发展理念的落实。

---

① ［加拿大］简·雅各布斯：《美国大城市的死与生》，金衡山译，译林出版社 2005 年版，第 485 页。

2. 法治之城是上海城市发展的制度保证

当代城市在政治形态上的显著特点是以法治代替人治，"法治之城"的建设目标是在制度层面上进一步确立法律的地位，建立和健全完善的法律体系并使之有效地运行，这是实现城市稳定发展与平稳运行的基础。没有法治保障的城市，必然会重回野蛮状态。在保证社会各个阶层正当权益不受侵害的同时，通过宣传、教育把权利、义务等观念传达给每一个市民，可对和谐社会和精神文明建设将起到重要的推动作用。

3. 礼仪之城是上海城市发展的文明保证

中国自古被称为"礼仪之邦"，早在周代就确立了一系列的礼仪制度规范人的行为。在城市化日益发展的当下，各种伦理失范行为急剧增加，亟须建构与上海国际大都市发展相适应的道德观念与行为规范。在"十二五"期间，"礼仪之城"中的"礼仪"应超越生活细节规范的初级形态，以在当代城市空间中的"制礼作乐"为核心，在现代化进程中重建符合时代要求的新礼乐系统，为全国做出表率。

4. 友善之城是上海城市国际化的基本要求

城市空间的开放度与城市社会的公共性，是衡量一个城市国际化的核心指标与重要参数。它们代表着一个城市的"胸怀"与"气度"，既决定着其可以吸收、容纳的经济资本与人力资源，也决定着已获得的各种资源能够产生的使用效率、能够拓展的发展空间，因而在根本意义上决定着一个城市的"可持续发展"。建设友善之城，同时有助于使上海在社会环境上真正实现"海纳百川"的大气与谦和精神。在"十二五"期间，关键在于如何设计与实施一系列适应经济全球化的新机制与新指数，以此为基础全面提升城市空间的开放度与城市社会的公共度。

5. 诚信之城是上海城市发展的自律性原则

诚信是中国的传统美德。出于自律的恪守诚信是主体最高的道德自觉。城市是由高度发达的个体生命组成的，同时，城市也是人口众多、需求多元、矛盾集中的空间，除了外在的法律、规章、制度，个体的道德自律对于维系城市有机体的统一与延续至关重要。特别是在经济转型和利益冲突不断激化的当下，不择手段、不讲诚信的行为日益增多，严重影响着城市社会的健康发展。在"十二五"期间，与"法治之城"相互呼应，继续强化"诚信之城"建设，有助于推动上海城市文明走向更高阶段。

6. 学习之城是上海城市发展的智力支撑体系

信息时代是知识爆炸的时代，各种信息纷繁复杂，只有不断学习才能应对现实的挑战。建设以人为本、和谐发展的学习型城市，既需要有各种用来应对现实问题的工具性知识，同时也需要有大量用来解决人自身问题的人文社会科学知识，而最关键的环节则在于，如何通过科学的分析研究与整体性的设计与规划，使来源不同，甚至是相互矛盾冲突的多元知识谱系之间生成一种良性互动的结构关系。为达到这一目标，在"十二五"期间，学习之城的重点应转移到内容建设上。

7. 生态之城是上海城市发展的必由之路

如果说国内正在发展和有待发展的地区不能走先污染、后治理的道路，那么上海市的发展则不能再走高污染、高消耗的工业化道路。面对日趋激化的资源、环境与社会压力，无论是从发展前景上还是从经济效益核算看，上海必须树立低碳经济、低碳城市的先进发展理念，努力做到节能减排，构建资源节约、环境友好的生产方式和消费模式。同时，发挥上海知识密集、技术领先的优势，兼顾好经济社会发展与生态环境质量两方面的需要。

8. 艺术之城是上海城市发展的理想目标

在快速的都市化进程中，当代城市人普遍出现了程度不同的精神与心理危机，并在深层次上影响到城市的可持续发展。从必要性上说，在"城市，让生活更美好"的世博精神指引下，城市空间理应为人提供尽可能全面发展的条件与基础。改革开放三十年来，中国城市随着经济增长而迅速扩大规模，但城市人的精神生活却日益贫乏和陷入困境，在上海率先提出构建"艺术之城"，就是要在都市化背景下试图解决大都市人的精神匮乏与危机，使城市成为人诗意栖居的家园。

9. 慈善之城是上海城市和谐发展的当务之急

在经济总量上，上海已超过新加坡，预计在未来不长的时间里将超过香港。但日益拉大的贫富差距，也为上海的经济社会发展埋下深重的隐患。面对新的富人阶层捐款百分比远低于欧美国家的现状，以及上海和国内其他城市仍存在大量需要得到救助的贫困人口，建设慈善之城显得愈加迫切。在"十二五"期间，上海应率先在慈善政策、制度、管理、组织、实施等方面"试水"，在缩小上海城市本身贫富差距的同时，为中国其他城市提供样板和示范。

10. 创意之城是上海城市发展的创新模式

创意产业不只是直接带来经济效益，也是中国城市化进程本身提出的新要求。就我国城市发展的历史而言，"政治城市"模式和"经济城市"模式的局限性都已充分显露，而以审美机能为主体劳动条件、以创意智慧等为中介与过程的"文化城市"正呼之欲出。同时，创意城市也是后工业浪潮下的国际城市发展的成功经验,可以推动整个城市的产业升级,优化城市文化环境与生态。对上海而言,建设创意城市还可以使其固有的现代文化资源、当代人才储备等发挥出应有的效应。

11. 时尚之城是上海城市文化产业的品牌

早在 20 世纪三四十年代,上海就有"远东第一大都市"的称号,"时尚之城"在那时已成为上海都市文化的重要品牌。20 世纪中期以来,上海逐渐丧失了这方面的文化优势。在当今国际文化产业竞争中,时尚产业具有战略核心和优质资源的双重意义。针对我国时尚产业一直处于国际分工下游的现状,有着国内最时尚城市之称的上海,在"十二五"期间应重提早在 2003 年就提出的"世界时尚之都",并纳入文化大都市战略的核心内容,早日把上海建成有国际重大影响的"时尚之城"。

由上可知,未来上海城市发展与社会建设是一个包含了 11 个具体层面和目标的大系统,它们各有各的现实需要、合法性与重要意义,不能偏废或顾此失彼,因而可考虑以之为基本框架,对上海"十二五"城市发展进行整体规划和创意研究,以最大限度地提升上海城市社会建设的质量和效率。

| 第十章 |
景德镇国家陶瓷文化传承创新试验区
实施方案解读与阐释

2019年7月26日,《景德镇国家陶瓷文化传承创新试验区实施方案》由国务院正式批复(国函〔2019〕71号)。8月26日,《景德镇国家陶瓷文化传承创新试验区实施方案》由国家发展改革委、文化和旅游部联合印发(发改社会〔2019〕1416号)。2020年2月27日,中共江西省委、江西省人民政府发布《关于贯彻〈景德镇国家陶瓷文化传承创新试验区实施方案〉的意见》(赣发〔2020〕7号)。景德镇国家陶瓷文化传承创新试验区(以下简称"国家试验区")是我国首个国家级文化类试验区,是习近平总书记亲自关怀推动、党中央和国务院赋予江西的一项重大政治任务,肩负着推进新型人文城市建设、引领形成文化引领城市和区域发展新模式、打造对外文化交流新平台等重要使命。

一、国家试验区设立的背景

景德镇陶瓷文化的保护利用,一直受到国家和江西省的重视与支持。2006年以来,国家发展改革委通过相关建设专项,已累计安排中央预算内投资2.22亿元用于支持明清窑作营造长廊、中国景德镇陶瓷博物馆、景德镇御窑厂遗址保护等项目建设,积极推动将御窑厂遗址保护列入《国家"十三五"时期文化发展改革规划纲要》重大工程。文化和旅游部在加强陶瓷相关非物质文化遗产保护传承、推进御窑厂考古遗址公园建设及申报世界文化遗产的前期工作、加强陶瓷文化国际交流合作、创建全域旅游示范区等方面给予了积极支持。对缓解资金压力、创新传承保护思路、提振发展信心等发挥了重要作用。

2015年3月和12月,习近平总书记先后两次对景德镇御窑遗址保护工作作出重要指示。为坚持以陶瓷文化传承保护为核心，以体制机制改革创新为引领，探索文化遗产保护与利用新路径，开辟陶瓷产业升级与创新发展新平台，更好地推动中华优秀传统文化创造性转化和创新性发展，加快景德镇资源型城市转型和老工业城市现代化建设，努力走出一条具有世界意义、中国价值、新时代特征、景德镇特点的陶瓷文化传承创新发展新路指明了战略方向。在国家各有关方面高度重视和支持的背景下，从 2017 年 4 月起，景德镇开始谋划和推动国家试验区的创建工作。

从总体上看，国家试验区的创建工作主要可以划分为三个阶段。

第一阶段是谋划启动阶段。通过深入学习和领会习近平总书记的重要批示精神，景德镇全市上下不断解放思想，提高站位，从 2017 年 5 月起，确立并按照"国家所需，景德镇所能"的基本原则，从"建设优秀传统文化传承体系，弘扬中华优秀传统文化"的国家战略高度，围绕试验区的基本思路、功能定位、主要任务等先后召开了数十次研讨会，进一步统一了思想和认识，为试验区的申报和建设集聚了强大的新动能，并形成了初步建设构想。

第二阶段是汇报对接阶段。2018 年 3 月，江西省委书记刘奇在全国两会期间向李克强总理汇报了创建试验区的有关情况。3 月 17 日，李克强总理批示"请肖捷同志阅转有关方面研究支持"。3 月 18 日，国务院秘书长肖捷批示"转请发展改革委、科技部、文化和旅游部等部门，按照克强总理重要批示精神，研究提出支持意见"。3 月 21 日，江西省委接到李克强总理的重要批示，随即着手相关工作，并于 4 月 22 日由江西省人民政府向国务院上报《请示》，恳请国务院批准景德镇创建试验区。国务院交办国家发展改革委和国家文化和旅游部提出意见。国家发展改革委 5 月底派出调研组到景德镇市实地调研。8 月 2 日，全国政协副主席、国家发展改革委主任何立峰签批报请国务院同意景德镇市创建试验区的请示。9 月 11 日，国务院总理李克强在国务院办公厅秘书三局签报意见上圈批同意景德镇市创建试验区。按照江西省委省政府主要领导的要求，景德镇市与江西省发展改革委及时对接，成立了试验区实施方案起草小组，共同抓好试验区实施方案的起草工作。

第三阶段是方案起草阶段。从 10 月 1 日开始，起草组的同志加班加点，修改完善了试验区实施方案初稿。在此期间，江西省委、省政府主要领导多次给予具体指导，江西省发展改革委、省文化和旅游厅等部门直接参与并给予多方支持。

在实施方案初步形成以后，景德镇市召开多次研讨和论证会。经国家发展改革委推荐,聘请上海交通大学城市科学研究院团队,对试验区实施方案进行完善提升。该院长期与国家发展改革委、住房与城乡建设部、文化和旅游部合作,曾主持或参与《国家新区审核办法》《长江经济带三大城市群发展战略》《国家十三五规划前期研究重大专项》等多项国家战略规划及政策制定。从 11 月 18 日开始,该院课题组到景德镇调研,在消化吸收景德镇市前期工作成果的基础上形成实施方案初稿;12 月 1 日,召开论证会,专家组听取江西省发展改革委、省文化和旅游厅以及相关市直单位的意见;12 月 15 日,课题组赴国家发展改革委进行沟通对接,征求修改意见;12 月 18 日,再次组织有关部门对实施方案进行论证修改。课题组先后数易其稿,形成了国家发展改革委基本认可的实施方案。12 月 21 日,景德镇市召开四套班子会议,对课题组提出的实施方案进行讨论,并进行最后阶段的修改。2019 年 1 月 7 日至 8 日,景德镇市有关部门负责同志和课题组再次到国家发展改革委和江西省发展改革委汇报对接,国家发展改革委社会司认为,实施方案比较成熟,可以按照程序上报。直到 2019 年 7 月 26 日,该实施方案由国务院正式批复。通过对这个过程的简单回顾,就可以了解到国家试验区来之不易,应该倍加珍惜并努力建设。

二、国家试验区实施方案的基本框架

准确和全面把握实施方案的主线和重点内容,是深入领会国家战略意图,进一步深化和细化建设工作,并最终高质量建好国家试验区的大前提。关于实施方案的基本框架,可以概括为"3+2+18+5"。

其中,"3"是指"三大战略定位",其具体内容为:

一是国家陶瓷文化保护传承创新基地。统筹物质文化遗产和非物质文化遗产保护传承,推进文化遗产活化利用,构建陶瓷人才集聚高地,培育陶瓷产业新技术、新业态、新模式,推进陶瓷文化与相关产业深度融合,推动景德镇成为集中展示中华陶瓷文化的瓷都、全国乃至世界的陶瓷产业标准和创新中心。

二是世界著名陶瓷文化旅游目的地。放大陶瓷文化品牌优势,促进旅游与文化、生态深度融合,高品质建设国家全域旅游示范区,充分发挥旅游的综合带动作用,促进旅游业全区域、全要素、全产业链发展,把景德镇打造成世界一流的国际文化旅游名城。

三是国际陶瓷文化交流合作交易中心。全面融入"一带一路",加强与国内外文化机构的交流合作，建设国际化陶瓷产业链交易平台，把试验区建设成促进全球文明互鉴的重要桥梁和高端陶瓷文化贸易出口区。

"2"是指"两大发展目标"，其具体内容为：

一是到 2025 年，试验区建设取得阶段性成果，陶瓷文化传承保护创新体制机制初步建立，陶瓷文化保护传承、陶瓷产业创新发展、陶瓷国际贸易和文化交流合作的体系基本形成，陶瓷文化和旅游业深度融合效果显著，促进经济高质量发展和城市现代化建设的重要作用进一步发挥，为我国陶瓷及其他传统文化产业转型发展提供可推广、可复制的经验。

二是到 2035 年，试验区各项建设目标任务将全面完成，成为全国具有重要示范意义的新型人文城市和具有重要影响力的世界陶瓷文化中心城市。陶瓷文化传承保护创新体制机制基本健全，陶瓷文化引领经济社会发展质量变革、效率变革、动力变革的新模式基本形成，陶瓷文化国际影响力全面提升，成为共建"一带一路"国家文化交流的重要载体和展示中华古老陶瓷文化魅力的名片。

"18"是指"18 项重大任务"，其具体内容为五个方面的 18 项具体任务：

一是加强陶瓷文化保护传承创新：① 加大陶瓷文物保护力度；② 传承陶瓷非物质文化遗产；③ 推进陶瓷文化挖掘阐释。二是推动陶瓷文化产业创新发展：④ 打造陶瓷特色产业集群；⑤ 发展文化创意和设计服务；⑥ 构建科技创新发展平台；⑦ 加强陶瓷品牌建设；⑧ 大力推动绿色发展。三是发展陶瓷文化旅游业：⑨ 打造陶瓷文化旅游核心产品；⑩ 培育文化旅游新业态；⑪ 全面提升旅游配套服务；⑫ 创新旅游业体制机制。四是加强陶瓷人才队伍建设：⑬ 激发陶瓷人才创新创业活力；⑭ 加大陶瓷人才引进力度；⑮ 大力培养陶瓷后备人才。五是提升陶瓷文化交流合作水平：⑯ 推动陶瓷产品对外贸易；⑰ 完善陶瓷文化产品交易方式；⑱ 拓展陶瓷文化国际传播交流。

"5"是指"五项保障措施"，其具体内容为：

一是加强组织领导，其中特别强调了国家发展改革委和文化和旅游部等的作用；二是加大财税支持力度，其中亮点包括对试验区企业销售自产传统手工技法制瓷产品按简易办法征收增值税等；三是拓宽投融资渠道，其中包括对符合条件的陶瓷产业重大技术装备及应用纳入技术改造等有关专项予以支持；四是强化自然资源支撑，其中提出在新一轮国土空间规划批复前，建设用地总规模确实不能满足项目用地需求的，允许在集约节约用地和省域统筹的前提下，按程序调整土地利用总体规划；五是鼓励试验区先行先试，其中包括支持将试验区建设纳入国家文化发展等重大规划、支持试验区中欧城市实验室建设、开展美丽人文城市发展指标体系研究等内容。

在实施方案编制和报批的过程中,也有一个重要的变化需要说明。由于当时根据国办发文一般不超过 5000 字的篇幅要求,在报送和审批过程中又做了较大的压缩,结果 2019 年 7 月 26 日国务院的批复稿,比 2019 年 1 月 10 日形成的景德镇市向江西省委汇报的万字稿,被压缩了近一半。其中的变化,如原来在省市广泛讨论和认可的"四地两中心"(国家陶瓷文化保护传承基地、国家陶瓷产业创新发展基地、世界著名陶瓷文化旅游目的地、世界陶瓷人才集聚高地、国际陶瓷博览交易中心、国际陶瓷文化交流合作中心),在实施方案中被浓缩为"两地一中心"(国家陶瓷文化保护传承创新基地、世界著名陶瓷文化旅游目的地、国际陶瓷文化交流合作交易中心)。其中,国家陶瓷文化保护传承基地和国家陶瓷产业创新发展基地被合并,"世界陶瓷人才集聚高地"被删掉,国际陶瓷博览交易中心部分被统入"一中心"。尽管略有遗憾,但庆幸的是,原稿中提出的两大发展目标,即"中国新型人文城市"和"世界陶瓷文化中心城市"都被完整保留下来。

关于这两大发展目标,当时我们的考虑是,陶瓷产业是景德镇名副其实的主导产业,但试验区绝非只针对这个产业本身,而是要以陶瓷文化和产业为支撑建设一个新型城市。因此对内提出了建设"中国新型人文城市",对外提出了建设"世界陶瓷文化中心城市"。这两个目标都符合景德镇的实际情况,前者是因为文化产业是景德镇的支柱产业,且有利于资源型城市的转型发展,后者基于景德镇的产业优势在于艺术瓷和高档日用瓷,其在当今世界的文化中心功能远大于经济集聚功能。这不仅深刻契合习近平总书记提出的"要建好景德镇陶瓷文化传承创新试验区,打造对外文化交流新平台"的指示精神,同时在"中国新型人文城市"和"世界陶瓷文化中心城市"的两大概念的基础上,还可以生发出更多的建设内容、目标和项目,这也足以弥补"四地两中心"被缩减为"两地一中心"的缺憾。

三、走出一条中国特色新型人文城市发展道路

景德镇市是我国目前首个也是唯一一个被赋予建设"新型人文城市"使命的城市,要完成这个光荣而艰巨的任务,需要简单回顾和了解作为国家战略的人文城市的发展历程。这大概可以划分为三个阶段。第一阶段,2014 年《国家新型城镇化规划》首次提出"注重人文城市建设",将人文城市与智慧城市、绿色城市

并列为三类新型城市，人文城市第一次成为我国新型城镇化规划的重要战略目标。第二阶段，2016年《国民经济与社会发展第十三个五年规划纲要》将新型城市扩展为绿色城市、智慧城市、创新城市、人文城市、紧凑城市五种类型，但人文城市仍在其列，说明其建设的必要性和重要性。最后，2021年，《国民经济与社会发展第十四个五年规划和2035年远景目标纲要》提出"建设宜居、创新、智慧、绿色、人文、韧性城市"，这标志着人文城市正式进入并展城市现代化试点示范的序列。由此可知，人文城市不仅是我国新型城镇化的重要形态之一，也是建设社会主义现代化国家的重要组成部分。

人文城市是在中国特色社会主义城市发展道路的新探索，但目前的理论研究相对薄弱。根据我们团队的研究，人文城市是一种以文化资源和文化资本为主要生产资料，以服务经济和文化产业为主要生产方式，以人的知识、智慧、想象力、创造力等为主体条件，以提升人的生活质量和推动个体全面发展为社会发展目标的城市理念、形态与模式。为什么要特别强调人文城市？是因为人文城市强调了城市的本质在于提供一种"有价值、有意义、有梦想"的理想生活方式，也是关于城市规划、建设和发展的新理论、新标准和新模式，体现了"以人为核心的新型城镇化战略"和"人民城市为人民"的时代要求。对于人文城市的内涵和功能，也是景德镇应该认真思考和领会的。

在某种意义上，景德镇具有建设人文城市的良好条件和"禀赋"。众所周知，景德镇是世界上唯一靠单一手工业维持了千年繁荣的城市。目前，景德镇的陶瓷从业人员占比超过城区人口1/3，陶瓷产业占到城市经济的半壁江山，大师辈出、良匠云集，四大名瓷享誉世界，景德镇不仅是中国乃至世界上保留手工陶瓷技艺最完备的地区，还拥有由陶瓷工业体系、艺术瓷发展体系、创意瓷体系构成的完备的瓷业产业链，具备建设新型人文城市示范样板的资源和优越条件。2019年，《国务院关于景德镇国家陶瓷文化传承创新试验区实施方案的批复》首次将新型人文城市建设任务赋予景德镇市。景德镇是第一个被国家明确提出建设"新型人文城市"的城市。建设新型人文城市是国家试验区的主要目标，也是建设世界陶瓷文化中心城市的基础支撑。

与宜居城市、生态城市、创新城市等都容易建立评价指标体系不同，如何评价人文城市一直是一个难题，但同时这也是国家试验区的一项重要使命。关于人文城市评价指标体系设计，我们以往曾做过一些探索，如在文化产值占GDP的比重、文化从业人数占城市人口比重、文化资源保护利用水平、文化科技发展水平、城市承担的国家文化战略职能等方面。而且,我们认为这些基本要素非常符合景德镇的实际。比如景德镇拥有陶瓷从业人员 15 万,占城区人口的 36%,还拥有各类陶瓷技能人才 4.5 万人。2019 年,陶瓷工业总产值达 420 亿元,而同年全市 GDP 还不到千亿,因此陶瓷产业无疑是名副其实的支柱产业。这些指标不仅都是可以量化的,也是可以推广运用于其他城市的。

"德不孤,必有邻"。新型人文城市尽管目前还在探索中,国家还没有明确的政策体系和战略布局。但由于文化对城市和区域发展的重要性,目前还是有一些规划和建设经验可以参照的。比如我国区域发展战略中提出的"大运河文化带"。这是在我国首次提出的不同于经济带的文化区域发展战略,《大运河文化保护传承利用规划纲要》明确提出:"以大运河文化保护传承利用为引领,统筹大运河沿线区域经济社会发展,制定本规划纲要。"同时在文件中还多次强调"以文化为引领推动区域高质量发展""以文化为引领促进区域经济高质量发展""社会效益和经济效益实现高度统一""以文化为引领促进支点城市经济社会全面发展""开拓区域经济高质量发展新空间""六大高地(京津、燕赵、齐鲁、中原、淮扬、吴越)凸显文化引领"。大运河文化带建设在本质上是要探索走出一条区域经济社会发展的新路子。这与景德镇建设新型人文城市是高度一致的。此外,在《北京城市总体规划(2016 年—2035 年)》中,首次放弃了经济中心的目标,而提出要建设文化中心,其主要内容是:"要充分利用北京文脉底蕴深厚和文化资源集聚的优势,发挥首都凝聚荟萃、辐射带动、创新引领、传播交流和服务保障功能,把北京建设成为社会主义物质文明与精神文明协调发展,传统文化与现代文明交相辉映,历史文脉与时尚创意相得益彰,具有高度包容性和亲和力,充满人文关怀、人文风采和文化魅力的中国特色社会主义先进文化之都。"这也是景德镇需要关注和研究的。

四、基本经验与路径思考

作为国家首个文化类试验区,一定要有承担国家使命、服务大局的自觉意识。目前,新型人文城市之所以还没有破题,一是很多城市还在拼产业,二是一些城市的文化产业不足以支撑一个城市的发展。景德镇具有建设人文城市的良好基础和条件,前期已经做了大量工作。因此,应该抓住机遇,把建设人文城市作为"十四五"时期的核心目标,突出文化引领城市经济发展的主题,探索形成中国新型人文城市建设标准体系和考核体系，为我国大量的文化资源城市提供经验和示范，创建文化引领经济高质量发展的国际城市。由此获得的机遇和资源将是巨大和不可限量的。

要真正洞悉和把握国家试验区带来的巨大政策红利和广阔空间，需要了解"十三五"乃至更长时期国家文化战略的布局和发展主线。

一是文化引领城市和区域经济高质量发展的主线。与国家文化部门编制文化规划的出发点和落脚点都在于"文化领域"不同，2013 年国家发展改革委立足于从宏观经济战略视角研究文化发展问题，在"十三五"规划前期研究重大课题中首次设立"'十三五'建设社会主义文化强国研究"，把文化建设纳入国民经济规划的"大盘子"中，既有助于规避"就文化论文化"的局限，也为在国家总体战略框架下促进经济与文化协调发展创造了有利条件。从规划编制上看，过去的城市和区域规划也会涉及文化方面，但由于对宏观经济运行的重视，相关文化目标一直被"束之高阁"。以 2019 年国家发展改革委牵头编制的《大运河文化保护传承利用规划纲要》为标志，首次提出了不同于丝绸之路经济带、长江经济带的"大运河文化带"，是国家经济战略规划部门就"文化引领城市和区域经济高质量发展"发出的明确信号。

二是文化消费引领文化建设进入国民经济主战场的主线。在文化和经济联系日益密切的背景下，文化产业一直是文化部门介入经济建设的主要方式。在"十三五"时期，随着文化供给侧结构性改革的不断深入，异军突起的文化消费正成为文化建设进入国民经济主战场的主力军。与文化产业主要介入生产领域不同，主要介入消费领域的文化消费，不仅有助于文化领域内部供需关系的平衡、协调和优化，也为国家文化部门全面融入经济建设、促进消费升级打开了战略通道。文化部门在生产和消费两方面积极融入国民经济建设，不仅有效缓解了文化产品"质量不高""库存过大"等长期形成的结构性问题，也通过创造新需求、培育新市场、促进产业优化升级、增加经济总量等方式为国民经济作出了重要贡献。

作为国家首个文化类试验区，此前没有足够的可供参照的经验，应紧紧把握国家发展改革委作为宏观经济战略制定部门抓文化建设的方式、方法和意图。同时，主动承接文化和旅游部促进文化和旅游消费进入国民经济主战场的主流。在"十四五"时期，应进一步探索建立推进两条主线融合协调发展的体制机制，走出一条"文化引领经济"与"经济支撑文化"良性循环的中国特色社会主义文化道路。其中，最需要注意的有两点：一是不忘初心，牢记使命，推动国家试验区贯彻新发展理念、构建新发展格局,实现高质量发展;二是研究和吸收首个国家文化战略带建设中的经验教训,即把大运河文化带建设等同于世界遗产保护。要防止以文化遗产保护替代国家试验区建设,坚定地走一条文化引领经济社会发展的新路子。

从发展路径上看,陶瓷文化如何实现高质量发展是"十四五"规划背景下提出的新问题,也是传承中华优秀陶瓷文化和提高社会文明程度的新要求。《国民经济与社会发展第十四个五年规划和2035年远景目标纲要》提出:"把新发展理念完整、准确、全面贯穿发展全过程和各领域,构建新发展格局,切实转变发展方式,推动质量变革、效率变革、动力变革,实现更高质量、更有效率、更加公平、更可持续、更为安全的发展。"具体说来,质量变革、效率变革、动力变革,是改变陶瓷文化传承创新发展方式,实现更高质量、更有效率、更加公平、更可持续、更为安全的发展的重要路径。所谓质量变革的要义在于,在解决了有没有产品和服务的问题后,核心是品牌问题,品牌意味着品质和质量,是区别粗放发展和高质量发展的关键;所谓效率变革的要义在于:在解决了有没有产出和产值的问题后,核心是规模和效率的问题,要在投入和产出上算细账;所谓动力变革的要义在于:在解决了做和不做的问题后,核心是对内在动力、内生动力的培养和激活问题,从开始阶段的政治动员、行政推动到每个人的自觉自愿。

2021年7月2日,时任江西省省长、景德镇国家陶瓷文化传承创新试验区建设领导小组组长易炼红在南昌主持召开试验区建设领导小组第三次会议,提出"努力闯出一条具有世界意义、中国价值、江西元素、景德镇特点的优秀文化传承创新发展新路子。"其中对实施方案中的"闯出一条具有世界意义、中国价值、新时代特征、景德镇特点的优秀传统文化传承创新发展的新路子"有所修订,即把"新时代特征"改为"江西元素",对于这个新变化是需要关注的。对此可做三方面的阐释:一是这条新路子是在新时代背景下进行探索的,因而必然具有鲜明的新时代特征;二是在《实施方案》的表述中,缺少了江西省这个试验区建设的重要一方,而提出"江西元素",不仅彰显了作为江西省两张名片之一的景德镇陶瓷与江西省的密切联系,同时也是"举全省之力高标准高质量推进试验区建设"的重要理由与依据;三是国家试验区服务江西的功能和作用已经初步明确,即"努力为江西争取新荣光"和"为推进江西高质量跨越式发展,把江西打造成为全国构建新发展格局的重要战略支点作出新的更大的贡献"。以上观点,请各位一并参考、指正。

|第十一章|
文化引领郑州国家中心城市建设战略研究

中国国家中心城市是人类城市发展进程中的新生事物,文化与城市融合互动、文化引领城市发展成为世界和中国城市发展的新趋势和新潮流,这主要有三个方面的原因:一是自然资源的约束性不断凸显;二是生态文明建设的自觉性日益提高;三是由于国家中心城市本身的经济体量巨大和提升空间有限,而科技创新和成果转化一般又需要较长的周期,因此,国家中心城市必须转变以 GDP 为主导的传统发展理念和模式,同时科技创新的发展也需要假以时日而不能揠苗助长,在此背景下,以文化发展为引领、以文化经济为新的重要生产方式、以文化投资为国民经济投资的重要辅助手段,在促进文化与城市融合协调发展中提升城市经济总量和城市建设质量,必然要成为国家中心城市的重要战略选择。

一、中国国家中心城市与文化融合互动发展现状及经验做法

关于国家中心城市与文化融合互动发展现状及经验做法,主要可从文化产业、公共文化服务、文化投资建设三方面来了解和把握。

1. 文化产业发展与国家中心城市的融合互动发展现状与经验做法

2017 年,为推动文化产业成为国民经济支柱性产业、加速文化产业转型升级,国家相关部门出台《国家"十三五"时期文化发展改革规划纲要》《文化部"十三五"时期文化发展改革规划》《"十三五"国家战略性新兴产业发展规划》《电影产业促进法》、动漫游戏产业专项资金扶持项目等多个政策文件,在文化立法、体制改革、新兴产业等多个维度谋篇布局,对指导各地方省市出台和进一步开展城市文化产业建设提供了政策支持。在此背景下,九个国家中心城市相继出台了各自的文化(创意)产业发展规划或行动计划,对各市的文化(创意)产业提出了具

体的发展目标,为促进文化产业与国家中心城市融合互动发展提供了政策支持。

公开数据显示,截至 2018 年 3 月,除天津市之外,八个国家中心城市均发布了文化(创意)产业发展政策,并以 2020 年前后为坐标轴,制定了文化(创意)产业增加值及占 GDP 比重的具体目标(见表 10-1)。

表 10-1 国家中心城市文化(创意)产业增加值目标

城市	政策名称及发布时间	文化(创意)产业增加值目标
北京	《北京市"十三五"时期文化创意产业发展规划》(2016 年 7 月)	到 2020 年,文化创意产业增加值占全市 GDP 比重力争达到 15%左右。产业支柱地位更加巩固,体系更加完善,布局更趋合理,市场竞争力、创新驱动力、文化影响力显著增强,成为支撑首都经济创新发展、构建"高精尖"经济结构的重要引擎,努力把北京建设成为具有国际影响力的文化创新、运营、交易、体验中心和最具活力的文化创意名城
天津	无	
上海	《关于加快本市文化创意产业创新发展的若干意见》(2017 年 12 月 14 日)	未来五年,本市文化创意产业增加值占全市生产总值比重达到 15%左右,基本建成现代文化创意产业重镇;到 2030 年,本市文化创意产业增加值占全市生产总值比重达到 18%左右,基本建成具有国际影响力的文化创意产业中心;到 2035 年,全面建成具有国际影响力的文化创意产业中心
广州	《广州市推进文化创意和设计服务与相关产业融合发展行动方案(2016—2020 年)》(2017 年 10 月 25 日)	到 2020 年,全市文化及相关产业增加值超过 1 700 亿元,其中,文化创意和设计服务增加值力争超过 500 亿元,占文化产业增加值的比重约 30%,相关产业文化含量显著提升,产品和服务的附加值明显提高。全市文化产业园区达到 100 个,其中,国家级文化产业园区数量达到 10 个,省级文化产业园区数量达到 15 个
重庆	《重庆市文化发展"十三五"规划》(2017 年 7 月 6 日)	到 2020 年全市文化产业增加值突破 1 000 亿元,力争把文化产业培育成支柱产业
成都	《建设西部文创中心行动计划(2017—2022 年)》(2018 年 02 月 12 日)	到 2020 年建成超过 800 万平方米的园区载体,形成特色鲜明、附加值高、原创性强、成长性好的现代文创产业体系,实现文创产业增加值超过 1 800 亿元,占 GDP 比重约 10.0%,居民文化消费支出占消费支出的比重达到 14.0%以上。2022 年,实现文创产业增加值超过 2 600 亿元,占 GDP 比重约 12%,居民文化消费支出占消费支出的比重达到 20%以上

续　表

城市	政策名称及发布时间	文化(创意)产业增加值目标
武汉	《武汉市文化产业发展"十三五"规划》(2016 年 12 月 31 日)	到 2020 年,全市文化产业增加值占地区国内生产总值的比重达到 5％以上。文化"四上"(规模以上工业企业、资质等级建筑业企业、限额以上批零住宿餐饮企业、规模以上服务业企业,下同)企业突破 600 家。力争 2 家龙头骨干企业进入全国文化企业 30 强行列,新增 10 家文化上市企业。创建 1～2 个国家级文化产业示范园区
郑州	《郑州建设国家中心城市行动纲要(2017—2035年)》(2018 年 2 月 1 日)	到 2020 年实现文化产业增加值占 GDP 比重为 5％,到 2035 年实现文化产业增加值占 GDP 比重 10％
西安	《关于补短板加快西安文化产业发展的若干政策》(2017 年 9 月 1 日)	到 2021 年全市文化产业增加值达到 1 000 亿元,占全市生产总值的比重达到 9％,年均增长 15％以上,成为国民经济重要支柱产业

从发展目标看,按照"增加值占到 GDP 的 5％以上的国民经济支柱性产业"的标准,到 2020 年前后,九个国家中心城市的文化产业都将成为国民经济支柱型产业。进一步说,这些政策和战略规划的核心目标是"增加值的 GDP 占比",也可以说仍然是按照"经济增长"的思维定式和惯性来制定文化产业的发展目标,而基本上都游离于城市发展的总体规划和目标之外,更不用说上升到"一个国家中心城市需要什么样的文化创意产业"这个战略高度。《郑州建设国家中心城市行动纲要(2017—2035 年)》在文化领域提出了"近期"(2017～2020 年)("文化特色更加彰显")、"中期"(2021～2035 年)("华夏历史文明传承创新中心")和"远期"(2036～2050 年)("全面提升物质文明、政治文明、精神文明、社会文明、生态文明水平,建成富强民主文明和谐美丽的社会主义现代化强市,成为具有全球影响力的城市")三个目标,尽管其中已隐隐显示出"文化通向城市的线索",但在城市远期目标中没有对于"文化"独立的表述,这不能不说是一个很大的遗憾。

总之,我国文化产业发展与中国国家中心城市建设的联系不够密切,比较成熟和可以借鉴的经验做法几乎是一片空白,各城市应该依据自身的文化资源禀赋、文化定位和市民需求,加强文化与城市融合互动、文化引领城市发展的探索力度和创新实验。

2. 公共文化服务与国家中心城市的融合互动发展现状与经验做法

2015 年 1 月,中办国办印发《关于加快构建现代公共文化服务体系的意见》,2017 年 3 月 1 日,我国文化领域第一部具有"四梁八柱"性质的重要法律《公共文化服务保障法》正式实施,加上相关部门近年来出台的各种政策文件,初步形成了构建现代公共文化服务体系的制度框架。自 2015 年起,天津、上海、广州、成都、武汉、西安、北京等相继发布《关于加快构建现代公共文化服务体系的实施意见》《关于加快推进公共文化服务体系示范区建设的意见》等,对各市公共文化建设提出了具体目标与实施标准。截至 2016 年末,九个国家中心城市的公共文化服务基础数据呈现出严重的两极分化态势。如表 10 - 2 所示,以公共图书馆、文化馆、博物馆为例,北京、上海、重庆位居前三甲,武汉垫底,且与其他城市差距悬殊。郑州"三馆"尽管在国家中心城市中居于第七,但与广州接近,与天津、成都差距不大,为国家中心城市的公共文化服务创造了较好的条件。

表 10 - 2　国家中心城市公共图书馆、文化馆、博物馆数量比较

城　　市	公共图书馆	文化馆 (及群众艺术馆)	博物馆	总　　数	排　　名
北京	25	20	177	222	1
天津	31	19	22	72	6
上海	24	24	124	172	2
广州	14	12	32	58	8
重庆	43	41	87	171	3
成都	22	22	34	78	5
武汉	2	1	13	16	9
郑州	15	14	31	60	7
西安	13	16	121	150	4

场馆是重要的公共文化基础设施,举办展览的规格与次数是评判城市综合实力的重要因素。2015 年发布的《国务院关于进一步促进展览业改革发展的若干意见》提出推动建设一批具有世界影响力的国际展览城市和展览场馆,国家中

心城市在这个领域自然是责无旁贷。就文化类博览会而言,2018 年国家中心城市的情况如表 10 - 3 所示。

表 10 - 3 国家中心城市 2018 年度文化类博览会题录①

城　　市	展　会　名　称
北京	2018 北京国际钱币博览会 2018 第十三届中国北京国际文化创意产业博览会 2018 第二十一届北京国际艺术博览会 2018 中国艺术教育博览会暨改革开放四十周年艺术教育成果展 2018 艺术北京博览会 2018 中国北京艺术与框业展览会
天津	2018 第十六届天津国际珠宝首饰展览会 2018 第二届天津国际幼儿成长教育博览会
上海	2018 上海国际电影论坛暨展览会 2018 第四届珠宝玉石文化博览会 2018 上海国际设计创意博览会
广州	2018 广州国际艺术交易博览会 2018 广州国际少儿艺术素质教育博览会 2018 广州国际动漫艺术展览会 2018 广州珠宝暨工艺品艺术品红木博览会
重庆	无
成都	2018IGS 成都数字娱乐博览会
武汉	2018 年武汉美术书法教育及用品展览会暨名家作品交流展示会 首届中国(武汉)"楚风汉韵"国际文化艺术节 2018 武汉首届楚茶文化节暨武汉客厅第二届春茶交易博览会
郑州	2018 中国郑州智慧教育展览会暨第十届大河幼教产品博览会 2018 第 11 届郑州国际珠宝玉文化博览会
西安	2018 西安丝绸之路国际旅游博览会 第五届中国(西安)佛教文化博览会

由此可知,2018 年度,较高规格的文化艺术类博览会主要集中在北京、上海、广州、西安,重庆和成都不仅数量居于末尾,在档次与规格上也不能与其他城

---

① 课题组根据各城市公开信息整理而得。

市相比。郑州在展会频次、规格等方面与天津、武汉基本持平,但缺乏"西安丝绸之路国际旅游博览会"一类的品牌。

从全国情况来看,据《中国展览经济发展报告(2017)》,2017 年国内共举办了 4 022 个展览会,华东地区展会数量和面积均处于领先位置,上海、广州、北京是我国最重要的会展城市,办展数量和办展面积均位居前三。据 2016 年的数据,郑州市当年举办经贸类展会的数量与深圳并列,位居全国第四位,仅次于北京、上海、广州;展览面积位列上海、广州、北京、深圳、成都之后。①

文化类博览会与城市发展的关系比较密切,各城市也都充分意识到借助城市特有的区位与人文、历史资源的重要性,通过策划和举办各类文化展示和交流活动。但与经济和商品类博览会相比,真正有重大经济和社会效益的文化类博览会还没有出现。各城市应在国家中心城市这个更高的站位和更大的框架下,结合已有的基础和优势重新谋划和布局,实现公共文化建设引领城市到达更高的发展水平。

在助推文化会展与城市协同发展方面,在国内可以借鉴深圳"1+N"系列展模式。深圳是伴随改革开放迅速崛起的新兴大城市。自 2004 年以来,由文化部、商务部、新闻出版广电总局、中国国际贸易促进委员会、广东省人民政府和深圳市人民政府联合主办的中国国际文化产业博览交易会每年在深圳举办。深圳文博会是我国唯一一个国家级、国际化、综合性的文化产业博览交易会,作为推动中国文化产业发展、促进中华文化"走出去"的国家级平台,先后被列入党的十七届六中全会通过的《中共中央关于深化文化体制改革推动社会主义文化大发展大繁荣若干重大问题的决定》《国家"十二五"时期文化发展规划纲要》等重要文件。近年来,深圳文博会的品牌影响力越来越广泛,"1+N"系列展模式日渐成熟,国内外客商参展热情越来越高,展出精品越来越多,成交金额增长迅速,对推动文化大发展大繁荣的作用更加凸显。2017 年举办的第十三届深圳文博会,共有 2 302 个政府组团、企业和机构参展,全国 31 个省、区、市及港澳台地区全部参展;海外参展单位 117 个,来自 40 个国家和地区,"一带一路"沿线国家和地区参展共 35 个;主会场、分会场、相关活动的总参观人数达 666.106 万人次。实际性成交金额达 2 240.848 亿元,占深圳市同期 GDP 的 10%,比上届增长 10.28%。②

---

① 《厉害了郑州!去年举办经贸类展会数量仅次于北上广》,http://mini.eastday.com/a/170118114859299.html,2017-1-18。

② 《新科技为文创产业带来新机遇》,http://www.ce.cn/xwzx/gnsz/gdxw/201705/16/t20170516_22846090.shtml,2017-5-16。

在国际上可以借鉴"东京动漫节庆产业"。2006 年,东京政府颁布《十年后的东京——东京在变化》,提出大力发展动漫文化和动漫产业。2011 年,再次发布《〈十年后东京〉2011 行动计划》,提出要通过发展动漫文化及相关的节庆、会展、观光、旅游等,提升东京的文化魅力和产业能力。东京动漫节庆分为展销性、综合型和专项综合型三种。对城市发展的作用主要体现在三方面:一是延续与挖掘了城市传统文化,促进了动漫产品内容对传统历史文化的利用。二是推动城市特色文化产业发展,动漫行业或企业不仅以节庆的方式实现经济效益,也对旅游、休闲娱乐、餐饮、住宿、交通、零售等产业发挥了联动效应。三是建设特色文化城市。动漫节庆作为"酷 ss"①战略的重要品牌,成为提升东京城市形象、打造城市特色文化的重要内容和途径。

3. 文化投资建设与国家中心城市的融合互动发展现状与经验做法

和"钱从哪里来"是新型城镇化建设的主要问题之一一样,建设"文化引领型国家中心城市"同样需要较大规模的资金支持。同时,由于文化城市建设具有一定的特殊性,各城市的文化类投资企业必然是生力军。在政府和市场各司其职的背景下,考虑到文化投资与建设的社会属性和责任,国有文化投资企业必然要有更多的承担和发挥更大的作用。

表 10 - 4　国家中心城市部分国有文化投资企业基本情况②

城市	公司名称	股　东	注册日期	注册资本（万元）
北京	北京市文化投资发展集团有限责任公司	北京市国有文化资产监督管理办公室	2012 年 12 月 11 日	600 616
天津	天津市滨海新区文化中心投资管理有限公司	天津市滨海新区国有资产监督管理委员会	2014 年 10 月 16 日	100 000
上海	上海精文投资有限公司	上海市国资委	1995 年 6 月 7 日	19 577
广州	广州文化投资有限公司	广州市城发投资基金	2017 年 7 月 25 日	10 000

---

①　"CoolJapan(酷 ss)"是指政府 2011 年启动的文化产业战略,主旨是向海外介绍 ss 时装、设计、漫画、电影等文化商品。实质是国家走至前台,将既有创意资源整合到麾下,打造国家软实力的坚强支柱。ss 经济产业省统计,全球文化产业的市场规模将于 2020 年达到 900 万亿日元。

②　课题组根据公开信息整理而得。

续　表

城市	公司名称	股　东	注册日期	注册资本（万元）
重庆	重庆文化产业投资集团有限公司	重庆市财政局	2016 年 4 月 1 日	100 000
成都	成都传媒文化投资有限公司	成都日报报业集团 成都传媒集团	2009 年 6 月 19 日	2 000
武汉	武汉文化发展集团有限公司	武汉出版社 武汉地产开发投资集团有限公司 武汉广播电视台	2014 年 3 月 21 日	20 000
郑州	郑州文化投资建设有限公司	郑州市人民政府国有资产监督管理委员会	2006 年 11 月 22 日	18 000
西安	西安曲江文化产业投资（集团）有限公司	西安曲江文化控股有限公司	1998 年 4 月 7 日	830 000

如表 10-4 所示,在 20 世纪注册成立的国有文化投资公司中,仅在上海与西安有两家。由于起步早,积累经验多,在市场份额占有上具有比较优势,同时企业自身建设也比较完善,相比其他城市文投更为成熟。北京市文化投资发展集团有限责任公司成立仅五年多,但却是全国第一家获得国际 AAA 主体信用评级的文化投资类企业,并先后获得第九届全国"文化企业 30 强""2017 年度中国最佳雇主"和"中国年度城市最具发展潜力雇主·北京 10 强"等荣誉称号。在其余国家中心城市中,郑州最先成立文化投资企业,先后承办了亚洲艺术节、2016 中国国际摄影艺术节、中国第 16 届国际摄影艺术展览等,具有一定的知名度。

根据"中国企业信用档案库"的资料,北京、上海、西安三地的文投企业因资本、区位、历史原因,已完成文化产业投资布局的基本构架,在文旅、影视、娱乐、出版,甚至金融、置业等方面都有涉猎,并且已经形成了良好的品牌效应。目前已形成的共识是:文化产品已经不是简单的纯文化的东西,还包括文化和科技、金融、旅游、时尚、衣食住行跨界结合的产品。有些城市的反应很迅速,如北京文投在 2016 年收购了一家提供电影特效服务的公司,为全球 300 多亿元票房的电影做了特技,这是一家拥有高科技的影视类的辅助型公司,前景很好。北京文投还在文化和旅游结合领域投资,如京西文旅。[①] 北京的这些做法,可以为其他国家中心城市提供参考借鉴。

文化投资规模小、数量少是影响郑州市文化建设的主要问题。截止到 2018 年初,郑州挂牌上市企业总数达 200 家,但 A 股上市文化企业仅"中原传媒"一家,相较于西安的"曲江文旅""游久游戏"、成都的"博瑞传播""新华文轩"、武汉的"长江传媒""道博股份","中原传媒"的业务范围相对比较狭窄,主要是出版、印制和发行业务,在旅游、影视、网游等领域还没有影响力。在新三板上市的也只有郑州枫华实业有限公司一家,"郑州枫华"是一家提供博物馆、图书馆、档案馆、纪念馆文保设备、文物展陈设备(含展柜)、文物修复设备的企业,按照国家统计局公布的《文化及相关产业分类》(2012),属于"第四类——为实现文化产品生产所需专用设备的生产活动(包括制造和销售)",是文化产业的外围产业,对促进城市文化核心竞争力的作用更小。

在私募基金方面,郑州与其他国家中心城市的差距也十分明显。据中国证券投资基金业协会的数据,截至 2018 年 3 月,郑州有三家涉足文化领域的私募基金(河南中原文化股权投资基金、河南王屋山文化旅游产业投资基金、河南省文化产业发展基金),管理人注册资本总额仅 3 000 万元。不仅在基金数量上少于武汉(5 家)、西安(9 家)、杭州(42 家)、深圳(55 家),基金管理人的注册资本数额以及募集投资能力也远远不如。2015 年,郑州曾计划由国企、民企共同发起设立专业的文化产业投融资管理平台——"郑州文化产业投资基金管理有限公司",首期发行 2.5 亿元的基金,但至今也未落实。

国内外大都市的经验表明,虽然文化投资平均收益低、回报周期长,却是提升城市环境质量、人民生活质量与城市综合竞争力的重要引擎,在对外树形象、内聚人心及提高城市治理能力方面有不可替代的重要作用。如新加坡从 1999 年开始实施"文艺复兴城市规划",每年向国家艺术委员会及国家文化遗产部拨付至少 1 000 万美元的专项资金,用于艺术活动、文艺欣赏、博物馆建设,并鼓励金融机构、企业民众以贷款或捐献的方式参与其中。这些举措使新加坡不仅在艺术活动、文艺欣赏、博物馆建设方面的水平及能级明显提升,也成功地借助文化建设吸引了人才、资金,提高了国际关注度。新加坡艺术节已成为亚洲最具影

---

① 《戴自更:关于文化产业创业和投资的六大建议》,https://www.iyiou.com/p/62328.html.,2017 - 12 - 17。

响力的艺术节之一,榴莲剧场、亚洲文明博物馆、新加坡艺术博物馆、国家博物馆等文化艺术机构、展览与演出被《国际先驱论坛》《时代周刊》等国际著名媒体广为报道,民众对新加坡的历史与传统的归属感也显著增强。

在国内,古都名城优化城市发展模式、新兴城市充实城市人文内涵也都需要持续和大规模的文化投资。西安市以"文化＋旅游＋科技"的特色文化旅游业著称。龙头企业曲江文化产业投资集团是国有独资有限公司,注册资本 83 亿元,总资产超过 450 亿元,年营业收入近百亿,涉足会展、演艺、影视、动漫、出版传媒、文化商业、文化金融、文化项目建设和城市运营等多个领域,核心板块曲江文化旅游股份有限公司于 2012 年登陆 A 股市场。2017 年 6 月,央企华侨城发布公告,承诺将在西安投资 2 380 亿元,以"大遗址、大秦岭"的定位,"周、秦、汉、唐＋现代化、国际化大都市"的思路,实施"1＋7"系列重大合作项目,打造具有历史人文特色的国际立体花园城市。深圳依托特区明显的产业集聚效应和良好的资本、技术、信息等要素市场,每年从市级财政中拿出 5 亿元设立文化创意产业发展专项资金,鼓励支持"文化＋科技""文化＋创意""文化＋金融"的新型文化业态。2017 年,深圳文化创意产业实现增加值 2 243.95 亿元,增长 14.5%,占全市 GDP 比重超过 10%,在七大战略性新兴产业中位居第二。目前,深圳在境内外上市的内容产业和创意设计、数字文化等新型业态企业超过 40 家,核心文化产品出口额每年约占全国的 1/6。深圳文博会作为全国唯一国家级、国际化、综合性文化产业展会,已成功举办 13 届,展会规模、观众数量、国际化程度、交易成果连年攀升。

长期以来,河南相对较低的人均 GDP 制约了河南文化建设的总体投入,对文化资源的有效整合和开发利用还不充分,优秀文化创意人才紧缺等也严重影响了河南文化繁荣发展的速度和质量。作为河南省的省会,对照其他国家中心城市,以打造中华文明与世界文明对话交流的重要平台和建设国际文化大都市为发展目标,郑州虽然对文化领域的投资还处于规模较小、分散随意、效益不显的状态,但在调动民间社会力量、降低制度性交易成本、提升投资质量效益方面有巨大潜力可挖。为加快补齐郑州国家中心城市建设的文化短板,应对郑州文化产业、文化事业发展现状开展科学评估,结合国家及省、市层面对郑州经济社会发展的总体和专项规划,抓住国家中心城市建设和"大运河文化带"规划建设的历史机遇,设立郑州文化投资重点项目库,围绕确立主体地位、扩大投资规模、以重大文化投资项目为带动,对激发文化投资活力、提高民间文化投资的积极性、实现中心城市文化定位进行统筹谋划。

二、郑州建设文化引领型国家中心城市的定位与目标

城市规划编制，战略研究先行。不同于一般的城市规划，战略研究的主旨在于确立城市发展的定位和目标，为空间、人口、交通、土地、资金等具体层面的规划、设计与建设提供总体思路并做出系统安排。和一般的城市规划编制相比，战略研究在横向上要统筹环境、政治、经济、社会、文化等发展要素，在纵向上则要通盘考虑历史惯性、当下需要和未来趋势的相互关联，往往具有"一子落定，满盘皆活"或"一着不慎，满盘皆输"的性质。一个好的战略研究，不仅会决定城市中各种政策和资源配置的效果和效率，还可以高瞻远瞩的谋划抢得先机并规避风险。对于处在我国城市层级体系"塔尖"的国家中心城市，人口规模大和高密度集聚，对区域的政治、经济、社会、文化、生态影响巨大，一定要吸取过去城市建设中"顾此失彼""头痛医头，脚痛医脚"等教训，把战略研究前置并提到更高的位置上，明确自身在国家中心城市总体格局中的定位和未来发展的目标，探索走出一条低成本、不折腾、少反复的高质量发展新路子。

1. 郑州与周边国家中心城市的文化定位情况

开展文化引领郑州国家中心城市的定位研究，目标是明确文化在郑州国家中心城市建设中的基本范围和主要职能，这既要结合郑州市文化发展的历史定位、资源优势和目标设计，也要深入了解目前我国已有的国家中心城市发展的总体情况和发展趋势，在中国特色社会主义新时代和我国经济高质量发展的框架下重新审视自身的问题和优势，为实现文化在城市发展中"既不越位，也不缺位"提供依据和指引。

在战略态势分析上，首先，由于和排名前三的北上广的发展差距较大，目前郑州市与这三个城市应以建立学习和合作关系为主要目标。其次，郑州与天津、重庆的行政层级不同且空间距离较远，目前宜将双方关系设定为"远交"而非"近攻"。最后，在目前和未来相当长的时期内，郑州建设国家中心城市的主要竞争者是武汉、成都和西安，但彼此之间又有差异。从空间关系上看，由于与成都的距离比较远，郑州市的主要竞争对手是武汉和西安。而从文化竞争上看，由于文化资源和发展目标接近，郑州市的主要竞争对手则是西安。这不仅是郑州在制定经济、交通、科技等规划时需要明确的定位，也是研究文化引领郑州国家中心

城市建设必须遵循的基本原则。

从文化空间战略分析及国家与四城市的文化发展规划文本看,郑州、武汉、成都和西安在建设国家中心城市时的基本态势可以归纳为以下三个方面:

一是空间距离较短,在战略拓展时容易发生冲突。郑州与武汉、成都、西安的空间距离分别是 465 公里、1 010 公里、430 公里,而与北京、天津、上海、广州、重庆的空间距离分别是 630 公里、575 公里、830 公里、1 300 公里和 880 公里。在这样一个有限的空间范围内,如何获得足够的政策和资源支撑各自的建设,是战略研究必须解决的重大和根本性问题。这不仅是指自然和经济方面,也包括文化建设和发展。

二是发展定位相近,在战略方向上选择余地不大。具体说来,这四个城市在行政建制上都是省会级城市,同时也都是国家历史文化名城,且国家设计的发展目标也都是中西部欠发达地区的"地区重要中心城市"(见表 10 - 5)。而如何在这些"惊人相似"的条件下建立协调、共生的合作关系,需要四城市研究和部署更加细致、精准的战略战术。

表 10 - 5　成都、武汉、郑州、西安的国家中心城市定位[①]

郑　州	武　汉	成　都	西　安
河南省省会,国家历史文化名城,中部地区重要中心城市	湖北省省会,国家历史文化名城,中部地区重要中心城市	四川省省会,国家历史文化名城,西部地区重要中心城市	陕西省省会,国家历史文化名城,西部地区重要中心城市

三是文化资源和目标设计出现差异,为"文化错峰出行"提供了有利条件。从国家的批复文件来看,对郑州和武汉都有"文化底蕴厚重"的表述,对西安的表述是"华夏文明重要发祥地",对成都提出"深入挖掘巴蜀文化等特色资源",并在发展目标上分别提出了"彰显中原文化魅力""着力推进长江文明保护与传承""彰显巴蜀文化特色""打造一批具有世界影响力的历史文化旅游品牌"等,在具体内容上则呈现出更加细分的态势(见表 10 - 6),为四城市在文化发展上避免在经济、产业、科技等方面出现的"同质化"提供了可能,这也是文化引领郑州走出一条特色化的国家中心城市发展之路的重要意义所在。

---

① 课题组根据国家发展和改革委员会及住房和城乡建设部相关文件整理。

表 10-6　成都、武汉、郑州、西安的文化发展定位①

内容 城市	城市文化 历史	城市文化资源	城市文化发展目标	"一带一路"战略定位
郑州	文化底蕴厚重	古都文化、功夫文化、根亲文化、儒释道文化等	彰显中原文化魅力,建设国际文化大都市	打造内陆开放高地,积极服务和参与"一带一路"建设,深化与中亚、俄罗斯、东南亚、东中欧等重点区域的合作
武汉	文化底蕴深厚	楚文化、三国文化、近代工商都市文化、水文化、"汉派"文化等	着力推进对长江文明保护与传承,增强武汉文化的国际影响力	依托自由贸易试验区平台和长江中游航运中心,深度融入"一带一路"建设
成都	巴蜀文化等特色资源	巴蜀文化、都江堰—青城山、乐山大佛—峨眉山、大熊猫栖息地等自然与文化遗产资源	彰显巴蜀文化特色,建设充满文化魅力的国际休闲消费中心	积极主动融入"一带一路"倡议,构建丝绸之路经济带重要战略支点、21 世纪海上丝绸之路产业腹地
西安	华夏文明重要发祥地	始祖文化、汉唐文化等	打造一批具有世界影响力的历史文化旅游品牌,建设自然山水和历史人文交相辉映的世界级旅游目的地	引领和支撑西北地区开发开放,有利于推进西部大开发,有利于纵深推进"一带一路"建设

2. 郑州建设国家中心城市的文化定位

(1)郑州目前文化定位的主要问题分析。

在省委省政府的统一布局下,作为文化大省的省会城市,郑州市一直高度重视文化建设,先后提出过建设全省的文化创意中心、文化旅游服务中心、演艺娱乐中心、文化物流中心、文化会展中心和华夏历史文明传承创新核心区、中华文明与世界文明对话交流的重要平台、国际文化大都市。以往人们关注的比较多的是这些定位和目标的细节问题,比如对文化资源的梳理是否全面和评估是否恰当,对文化战略优势的判断是否正确和先发展谁后发展谁的选择是否得当,以及一些文化项目、工程的设计和设置是否合理等。但这些都属于"战术层面"的

---

① 课题组据国家发展和改革委员会及住房和城乡建设部相关文件整理。

问题。这也是这么多年来尽管郑州市在文化建设上一直非常努力,但并没有建设出应有的大文化格局和气象的根源。

从文化战略的角度看,这主要是受了两方面的不利影响:一是所谓的"人穷志短"。经济生产力发展的相对落后,直接影响到郑州市对自身文化发展的文化自信和道路自觉,在发展思路和模式上容易崇拜西方或东部发达地区,而对历史悠久、内涵丰富的中原文化及其与国家"文化强国"战略的密切联系缺乏清醒认识和客观判断,同时也很难摆脱对西方和东部地区文化发展的"路径依赖",没有也想不出办法发挥自身的比较优势;二是所谓的"乡下人心态"。河南省长期以来主要是农业大省,郑州市的城市化整体水平相对不高,市民的现代文化消费意识和生活方式还处在培育阶段。受此影响,一直以来郑州市的文化规划主要是在"一个农业大省的文化发展视野和框架"下布局和建设,而与一个新兴的国家中心城市应有的文化功能、文化目标存在较大差距。与此同时,由于"南有武汉、西有西安、西南有成都"的新的竞争态势已经形成,这四个中西部国家中心城市不仅都有丰富的文化资源和文化产业基础,特别是在古代同属于华夏文明核心区的西安,与郑州在华夏文明传承创新示范区、丝绸之路经济带等方面也都必然会"狭路相逢",在各种政策、战略、资源条件大体相似,经济发展水平难分伯仲的背景下,从一个省会城市的文化战略思路和框架中跳出来,以国家中心城市应有的视野和高度,认真研究一个国家中心城市应有的文化功能并在此基础上确立郑州市新的文化定位,以此为出发点布局郑州市新时代的文化建设,已是当务之急。

(2) 文化都市:郑州建设国家中心城市的文化定位和内涵阐释。

2018 年 1 月,《中共郑州市委办公厅郑州市人民政府办公厅关于加快国家中心城市重大项目建设的意见》向社会公布,明确提出郑州建设国家中心城市的八项重点任务("一中枢一高地六都市")和总投资为 43 659 亿元(总投资 100 亿元以上的项目 70 个)的 3 461 个重大项目。其中,"一中枢"是指国际综合交通物流中枢,"一高地"是指现代产业发展高地,"六都市"是指活力都市、现代化都市、国际化都市、文化都市、生态都市和幸福都市。这八项重点任务构成了郑州建设国家中心城市的总体框架,其中的"文化都市"则无疑为未来郑州市文化建设明确了定位和目标。

和我国城市化和现代化特有的"实践在前,理论在后"相一致,包括国家中心城市在内的很多战略性概念都具有很强的实践性,而一直没有国家层面权威的界定和科学的量化评价指标体系。① 而在人们头脑中尚不很清楚的情况下去实践,必然会伴随"做得对不对"的"疑虑"和"这样干不行就那样干"的"折腾",这在很大程度上提升了我国城市建设的成本和代价。因此,比较理想的方式是基础理论研究先行,在把头脑中的"概念"和"图纸"弄清楚之后,再去从事现实世界的规划和建设。对于郑州市"文化都市"建设而言,就是先要通过开展基础理论研究,把文化都市的历史演化、概念内涵、主要问题、基本框架等先研究透,以便为现实中的规划建设提供科学的理论指导和支持。

在理论研究方面,最重要的是要结合城市科学的学术探索,正确认识"文化都市"的本质和特征。"文化都市"是都市文化学的一个新范畴,也是关于当代城市建设与发展的新理念。这主要表现在"文化都市"与"文化城市"的差别上。文化城市是"以宗教、艺术、科学、教育、文物古迹等文化机制为主要职能的城市"。② 与之相比,"文化都市本质上是一种城市发展的当代模式与新形态,其突出特征是文化资源、文化生产、文化功能成为推动城市形态演进与社会发展的重要力量与机制"。③ 进一步说,"文化都市"与"文化城市"的区别,关键不在于城市的文化资源与特色,而在于它们所赖以存在、延续与发展的城市本身的结构与性质。文化城市由于规模较小、层级较低和整体功能不发达,一般只能充当发达的现代化大都市的生产资料基地。如古典诗歌和民间传说中的花木兰,在河南和在迪斯尼的命运就完全不同。从目前的情况看,郑州市整体上还停留在"文化城市"阶段,应紧紧抓住建设国家中心城市的战略机遇,加快促进从"文化城市"向"文化都市"的转型发展。

在实践应用方面,最重要的是要结合世界城市的实际情况,明确建设"文化都市"的必要性和重要性。20 世纪中后期以来,以伦敦、巴塞罗那、新加坡、中国香港为代表的文化都市迅速崛起,引发了全球城市对文化战略的高度关注,并使越来越多的城市开始加入建设"文化都市"的行列中。改革开放以来的中国城市,同样走过了一条从沉溺于主要以 GDP 增长作为衡量指标的"国际大都市"发展目标,到以"宜居城市"(北京,2005)、"文化大都市"(上海,2007)等为独特发展目标的文化转型之路。其中,具有时间节点意义的是 2005 年 7 月 21 日召开的

① 刘士林:《武汉和郑州算不算国家中心城市?》,https://www.jfdaily.com/news/detail? id=44183,2017-02-13。
② 左大康:《现代地理学辞典》,商务印书馆,1990 年版,第 731 页。
③ 刘士林:《从当代视野看文化都市》,《文汇报》,2007-09-03。

城市总体规划修编工作座谈会,时任建设部部长的汪光焘以全国 183 个城市提出建设"现代化国际大都市"为对象,严厉批评了这些城市在定位上的不切实际以及盲目追求高速度和高标准等问题。随之大多数以"国际大都市"为发展目标的城市纷纷改弦更张,如北京率先提出建设"宜居城市",上海率先提出建设"文化大都市",也包括更多的城市纷纷提出"生态城市""旅游城市""文化城市""创新城市"等发展目标,都可以看作是对全球城市发展主流和先进城市化模式的殊途同归。从郑州建设国家中心城市的基本布局看,目前仍比较倚重"现代化国际大都市"思路和模式,而对当今世界和东部城市的最新探索缺乏必要的了解和研究。在此背景下,进一步明确郑州市建设"文化都市"的理论内涵和发展模式,对于充分发挥郑州的文化资源优势,促进国家中心城市"六都市"的协调发展具有重大意义。

（3）文化引领型国家中心城市：郑州建设国家中心城市的文化目标。

在我国国家中心城市总体战略布局和郑州市"一中枢一高地六都市"的基本框架下,以加快推进从"文化城市"向"文化都市"转型发展为核心,通过规划和建设郑州市"文化引领型国家中心城市",进一步集聚和优化已有的文化政策、规划、工程和项目等资源,同时明确和突出城市文化发展对建设国家中心城市的带动、引领和示范作用,把郑州市建设成以文化资源的优质开发为城市建设重要基础、以文化科技产业为城市重要支柱产业、以文化消费服务为重要经济增长方式、以生态—经济—人文协调发展和人民群众生活幸福感同步提升为总体发展目标的文化引领型国家中心城市。

研究、规划和建设"文化引领型国家中心城市",具有重大的现实意义和积极的示范价值。

首先,有利于促进郑州市文化建设目标与经济社会建设协同发展。长期以来,由于行政壁垒和部门分割,郑州市的文化产业、文化事业、文化消费等政策和规划,与城市的空间与产业规划、基础设施建设与投资、人口政策与社会管理治理等缺乏应有的信息交流和互动机制,在"自说自话"和"各干各的"背景下,普遍出现了重复规划、重复建设、管理混乱等普遍问题,也有一些文化项目因与城市发展目标冲突而成为"烂尾楼"或最后只能"一拆了之",它们浪费了宝贵的文化资源和资本,也无法发挥对经济社会发展的助推作用。

其次,有利于促进郑州从"文化城市"向"文化都市"的升级发展。把文化引领提升到城市发展战略的高度,不仅可以避免把国家中心城市建设简单地理解为人口和 GDP 增长,打开以文化产值弥补经济差距,以文化消费带动经济增长的新思路,同时也可以在国家中心城市这个更加开放的平台上,唤醒、激活、引入并高质量开发文化资源,改变文化目标与城市目标相互分离或联系较弱的局面,使文化生产成为推动城市经济发展和社会形态演进的重要力量与机制,实现以高水平城市文化功能建设引领国家中心城市走高质量发展之路的根本目的。

最后,有利于为国家中心城市规划建设提供新思路和新模式。"文化引领型国家中心城市"是"文化型城市化"在国家中心城市领域的直接表现,也是先进的城市发展理念和创新型城市发展方式在当代的最高代表。对于自然资源环境已捉襟见肘的东部城市,"文化引领型国家中心城市"可以提供一种以文化资源补自然资源不足的新思路,对于处在文化资源富集区的中西部城市,则是一条符合自身资源禀赋和经济社会条件,又不同于东部国家中心城市的新路子。

由此可知,"文化引领型国家中心城市"在我国国家中心城市建设和发展中具有良好的成长性,对中西部地区的国家中心城市寻找适合自己的发展路径,对我国大部分区域中心城市升级和创新发展等都具有普遍性和示范意义,值得在理论上深入研究并在实践中不断加大探索的力度。

三、加快布局建设郑州文化引领型国家中心城市的对策建议

文化引领型国家中心城市在理论上代表了先进的城市发展理念,在战略上体现了国家新型城镇化的总体布局要求,在现实中符合郑州国家中心城市的资源禀赋条件和经济社会发展需要,在模式上遵循着以生态、经济与人文协调发展的中国特色社会主义城市发展道路。郑州市作为河南省会城市、中原城市群首位城市和国家中心城市,应与 2012 年 12 月国家发展改革委发布的《中原经济区规划(2012—2020 年)》提出的、但一直没有找到抓手和取得显著进展的"华夏历史文明传承创新区"结合起来,在中国国家中心城市群体中率先提出、规划和建设"文化引领型国家中心城市",以促进国家中心城市选择更加健康和更具特色的"文化型城市化"发展模式,提升经济与生态、人文的协调和优质发展水平,为其他国家中心城市和区域中心城市走新型城市建设之路提供示范和借鉴。具体建议如下:

1. 开展文化引领型国家中心城市的基础理论与建设标准研究

中央城市工作会议提出:必须认识、尊重、顺应城市发展规律,端正城市发

展指导思想。造成我国中西部城市发展比较被动的原因之一，是长期以来一直跟在西方和东部的理论、标准和模式的后面，要摆脱这种"亦步亦趋"带来的"路径依赖"，必须结合自身的实际开展具有自主话语体系的基础理论和建设标准研究，为文化引领型国家中心城市建设提供指导。

（1）开展文化引领型国家中心城市的基础理论研究。

基础理论研究解决的是"头脑中的问题"，能够为现实实践提供正确的观念和判断。在新时代背景下建设文化引领型国家中心城市，会面临很多传统理论无法解释的新问题和新情况，开展文化引领型国家中心城市基础理论研究，重点是以界定概念的内涵和外延为中心，把"什么是和什么不是"的边界、"文化引领型和经济主导型"的差异等研究清楚，为现实中的文化引领型国家中心城市建设提供科学和精准的理论指导。

（2）开展文化引领型国家中心城市的建设标准研究。

以往的城市建设标准，主要存在三个问题：一是不制定标准。凡事都以西方标准为标准。在城市建筑方面的后遗症就是所谓的"洋大怪"现象；二是不认真制定标准。一般是先把西方的标准"拿来"，再根据部门的利益和需要稍加增减就万事大吉，结果往往导致在"标准"和"现实"之间出现矛盾，无法发挥应有的规范、引领作用；三是标准"罗曼蒂克化"。把标准定得过高，不考虑环境资源的可承受性和社会条件是否成熟，很容易引发各种"幼稚病"。研发一套符合郑州市实际的文化引领型国家中心城市建设标准，可在源头上避免重蹈覆辙。

（3）编制《郑州市文化引领型国家中心城市发展纲要（2018—2025）》。

在习近平新时代中国特色社会主义思想指导下，紧密结合五大发展理念、经济高质量发展、新型城镇化、中央城市工作会议、文化强国建设、优秀传统文化传承创新等一系列国家战略设计，依据文化引领型国家中心城市的基础理论研究和建设标准研究，摸清文化资源存量和空间分布状况，深入研究郑州文化引领型国家中心城市的发展现状与主要问题，充分认识和把握其规律、特点和趋势，研究和编制《郑州市文化引领型国家中心城市发展纲要（2018—2025）》，提升郑州市文化引领型国家中心城市建设的质量，为形成可复制、可推广的发展模式提供科学指引。

2. 开展编制《郑州文化引领型都市圈发展战略规划》的前期研究

郑州市身兼省会城市、中原城市群首位城市、国家中心城市三重身份，在促进城市群和区域协调发展中责任重大，同时面临着"过度集聚"和"过度分散"两大风险,前者会使自身过度膨胀而成为"寡头城市",后者则使城市群因缺乏联系而陷入"放羊状态"。针对郑州市带动能力不足和中原城市群区域过大的现状,宜以资源和发展较好的郑州都市圈为战略高地,以文化资源的综合利用和协同发展为基本原则,开展编制《郑州文化引领型都市圈发展战略规划》的前期研究,为郑州建设文化引领型国家中心城市拓展腹地,培养生态。

(1)开展郑州文化引领型都市圈的战略主题设计研究。

文化主题设计既要以独特的自然、历史、文脉等为基础,具有高度的贴切性、生动的可识别性、语词的易记诵性以及丰富的可回味性,同时也要以洞察和把握世界与中国城市发展大趋势为基础,聚集零散、破碎或相关度不高的文化资源,制定具有承上启下、继往开来意义的创新发展目标。

(2)开展郑州文化引领型都市圈的文化内容创意研究。

以"战略主题"为中心思想和指导原则,发现和选取若干能代表郑州文化引领型都市圈发展的符号与要素,为进一步的投资、开发、建设及推广提供独具特色、容易识别的"城市元素系列"和"城市创意清单"。

(3)开展郑州文化引领型都市圈的重点文化项目布局研究。

基于对郑州文化引领型都市圈的"人文城市元素"和"人文城市创意"研究,结合郑州文化引领型都市圈发展战略的制度安排,研究布局一系列重大文化工程项目,形成郑州文化引领型都市圈的主体框架。

3. 强调国有文化企业在文化引领型国家中心城市建设中的主导作用

在经济中高速增长的新常态的背景下,"钱从哪里来"必然成为郑州市建设文化引领型国家中心城市的重大现实挑战。从投资的稳定性、持续性和抗风险性以及文化建设本身具有明显的社会属性等角度看,要扎实、有效、成本可控地推进郑州文化引领型国家中心城市建设,需要有意识地引导国有文化企业参与并成为建设的主力军,同时使国有文化企业对各类社会文化团体的人财物发挥带动作用。

(1)开展文化投资与文化引领郑州国家中心城市建设专题研究。

开展文化投资与文化引领郑州国家中心城市建设系列专题研究。根据对郑州文化产业、文化事业发展现状的科学评估,结合国家及省、市层面对郑州经济社会发展的总体和专项规划,抓住国家中心城市建设和"大运河文化带"规划建设的历史性机遇,编制文化引领郑州国家中心城市建设战略规划,研究布局文化投资重点项目库,围绕确立主体地位,扩大投资规模,以重大文化投资项目为带动,激发文化投资活力,提高民间文化投资的积极性,实现对国家中心城市文化投资的统筹谋划和文化资金的高质量使用。

（2）加大各级财政在文化建设领域的投入力度。

通过整合财政资金,每年安排 3～5 亿元的郑州文化产业投资发展专项资金,支持提升文化产品内涵和质量,推进文化与科技融合,发展引领文化生产与消费潮流的新型文化业态。专项资金的使用应有固定比例用于补充国有文化企业资本和设立有社会资本参与的郑州文化产业发展投资基金,鼓励国有文化企业自主设立基金,在融资增信、提质增效和多元化发展方面探索新路。

（3）深化改革和完善文化金融扶持制度。

鼓励搭建文化投资领域融资、担保、信息综合服务平台,在深化改革中建立完善的文化金融扶持制度。联合金融机构和税务机关,充分评估文化企业的金融信用状况和行业前景,将市内文化企业分为"重点扶持""一般扶持""继续考察"等不同类别,采取专项扶持资金、过桥资金、融资担保、融资风险补偿等综合方式,对符合政府扶持条件的企业给予不同程度的支持。

4. 开展《文化引领型国家中心城市宣传推广战略体系》研究

当今世界,信息为王。信息社会,内容为王。预计未来一段时期内,国家中心城市将持续成为社会各界关注的热点和焦点。在竞争越来越激烈的背景下,要实现内聚优势资源,外借主流媒体,建构具有主流话语性质的宣传推广战略体系,应和郑州文化引领型国家中心城市的理论研究、政策制定、规划编制和建设实施同步推进,形成系统和聚合效应,为国家中心城市在各个环节、各个阶段的实施推进营造良好的社会环境。

（1）强化文化引领型国家中心城市理念和模式的传播推广研究。

目前对文化引领型国家中心城市威胁最大的,是以"万亿元 GDP"为基础的"经济主导型"理念和模式。因此,应以研究建立生态、经济、社会、人文等综合评价标准为重点,把抵制和部分消解"经济主导型"理念和模式作为开展战略传播的主要任务,在积极引领国家中心城市健康和多元发展的同时,也为郑州市走出一条国家中心城市发展的新路子腾挪出较为宽裕的战略空间。

（2）强化文化引领型国家中心城市内容和技术的协同传播研究。

和"经济发达,文化简单"的城市偏重于使用最新最炫的传播科技不同,"文化引领型"宜采取"内容为体,科技为用"的城市传播推广方式,并贯彻于大型论坛与活动策划、出版物及影像展示系统、新媒体推广体系、实景演出策划、形象标识设计等具体层面,实现内涵深厚的"文化内容"和最新最炫的"传播技术"的完美结合,产生强烈、持久和入耳入心的浸润效果,力避"各领风骚三五天"的"快餐文化传播"。

(3) 建立文化引领型国家中心城市智库和文化交流平台。

本着为郑州市建设文化引领型国家中心城市提供持续、稳定和高水平的专业服务的原则,宜依托相关机构成立文化引领型国家中心城市智库,主要工作包括:开展文化引领型国家中心城市框架下的研究、咨询、策划、设计、评估、规划与培训,推进对相关研究成果的社会转化与应用推广,为政府、企业及社会提供专业知识服务。同时,建议定期出版《郑州国家中心城市发展报告》和举办"文化引领型国家中心城市年度论坛",建设文化交流与合作平台。

5. 加快布局建设郑州文化引领型国家中心城市的组织保障

在组织机制上,从加快建设文化引领型国家中心城市,以及协调文化建设与国家中心城市行政改革、社会治理、生态环境保护、产业升级的角度出发,成立领导小组,负责指导和协调总体发展战略规划编制,研究政策措施,对建设中存在的问题进行及时研究并提出对策建议。

在人才和人力资本支持上,结合郑州市建设国家中心城市的战略需要,制定与城市发展相适应的中长期文化人才引进和培养计划,实施有弹性的人才引进和使用制度。从建设"文化引领型国家中心城市"的定位出发,加大文化创意人才引进力度,落实海外高层次文化创意人才引进政策,简化外籍高层次文化创意人才永久居留证件和人才签证办理程序;加大对青年文化创意人才的人才公寓、公租房保障力度,加强文化人才权益保护;依托高等院校设立一批高层次文化艺术人才工作室和紧缺艺术人才创新工作室,支持高等院校、科研院所和文化创意企业联合共建人才实训基地。鼓励社会力量参与,培育、引进知名文化创意人才培训机构。

|第十二章|
长三角城市群空间演化与安徽城市文化战略规划

在当今世界,城市文化的传承和发展,既深受地理环境、经济基础、交通条件的影响,也与城市空间文脉、城市文化地位、信息生产传播能力密切相关。前者决定了人口和经济的集聚程度,构成了城市文化传承发展的物质条件,后者再现了人口、经济与文化、精神的现实关系,决定了城市文化传承发展的精神品质。就安徽的城市文化而言,首先,城市是主体和核心,这是安徽文化建设在城市化进程中无可逃避的规律和宿命;其次,长三角城市群是最直接和最重要的背景和土壤,这是在我国区域发展总体战略和长三角城市群最新形态框架下别无选择的选择。把这些条件和因素综合起来进行谋划布局,才能发现安徽城市文化建设的真问题和现实需要,做出战略方向正确、内涵相对完整的战略规划,并走出一条发展成本较低、综合效应明显的独特发展道路。

一、长三角城市群概念和范围的演化

关于长三角城市群的概念和范围,一直处在持续的变化之中。改革开放以来,已经形成五个主要版本。一是 1982～1984 年的"上海经济区";二是 1984～1988 年的上海经济区扩大版;三是 1992～2008 年以江浙沪 16 城市为主体形态的长三角城市群;四是 2008 年长三角地区 2 省 1 市 25 城市版;五是 2016 年长三角城市群 3 省 1 市 26 城市版。26 个城市包括了上海市,江苏省的南京、苏州、无锡、南通、泰州、扬州、盐城、镇江、常州,浙江省的杭州、湖州、嘉兴、宁波、舟山、绍兴、金华、台州,安徽省的合肥、芜湖、马鞍山、铜陵、安庆、池州、滁州、宣城。

对此需要关注的是,在长三角城市群版图的形成过程中,安徽省的变数和变化最为突出,不像最初被划入长三角经济区的福建和江西,它们一旦剥离出去就再也没有回头的意思。这与其并不真正热衷于加入"长三角俱乐部"密切相关。而安徽则是在"屡败屡战"之后终于"好梦成真"。在历史上和江南地区密切的人口、经贸和文化联系,是安徽迫切要成为长三角一员的主要原因之一。但就最新的长三角城市群版图看,也有不尽人意之处——在历史上和江南区域经济文化联系最密切的徽州地区,由于区域经济学的规划思路和模式而被拒之门外。这是在长三角城市群的背景和框架下,开展安徽城市文化规划建设的深层矛盾和困惑,也是其在未来发展中要重点解决的战略性问题。

二、"不东不西"的经济区位和"非南非北"的文化归属

改革开放以来,安徽人一直喜用"不东不西",甚至"不是东西"来描述其在长三角经济版图中的尴尬和困顿。在国家区域经济战略规划中,从 1986 年的"七五"计划开始,包括相关的重大战略设计,安徽就一直被划入中部地区(见图 11-1、图 11-2、图 11-3)。但由于历史上和地缘上的密切联系,安徽从一开始就不安于此,而是强烈渴望东进,融入长三角。但这个过程很不顺利,想要的一直得不到(由于被划入中部而被长三角拒之千里),而不想要的又无法摆脱(作为经济落后省份实际上也需要中西部的相关政策支持),必然造成一种精神与现实的分裂状态,这是安徽一直缺乏发展自信、人气民心低迷的主要原因。即使艰难融入长三角之后,这种状态也并未彻底改观。因为被长三角接纳的,只是在地缘上接近、经济发展水平较高的沿江地区,而那些本来就相对落后的城市,在"东部"仍然没有自己的一席之地。与经济上的"不东不西"情况相匹配,安徽在文化归属上可以称为"非南非北"。其中最具象征性的是,与江南文化(长三角传统文化)最接近的徽州文化,由于区域规划被阻隔在长三角之外,相反却是与江南文化并不密切的沿江城市文化,由于经济地理的重构而成为长三角文化的一部分。造成这些问题的原因,既有历史方面的,也有现实方面的,对此进行深入的分析和探讨,是进行安徽城市文化发展战略规划不可或缺的前期准备。

1. 安徽被排除在江南区域之外的原因与问题

在区域经济研究中,关于江南地区的界定,李伯重的"八府一州"说较有影响。"八府一州"是指明清时期的苏州府、松江府、常州府、镇江府、江宁府、杭州府、

表 11 - 1　根据中部崛起和西部大开发战略

东部	北京、天津、河北、上海、江苏、浙江、福建、山东、广东、海南、辽宁、吉林、黑龙江,共 13 个省市	去除中西部地区
中部	山西、安徽、江西、河南、湖北、湖南,共 6 个省	中共中央、国务院关于促进中部地区崛起的若干意见(国务院),2006 年 4 月
西部	重庆、四川、贵州、云南、西藏、陕西、甘肃、宁夏、青海、新疆、内蒙古、广西,共 12 个省、自治区	关于深入实施西部大开发战略的若干意见(国务院),2010 年 8 月

表 11 - 2　根据国家统计局统计说明

东部	北京、天津、河北、上海、江苏、浙江、福建、山东、广东、海南、辽宁,共 11 个省市	国家统计局
中部	山西、安徽、江西、河南、湖北、湖南、黑龙江、吉林,共 8 个省	国家统计局
西部	重庆、四川、贵州、云南、西藏、陕西、甘肃、宁夏、青海、新疆、内蒙古、广西,共 12 个省、自治区	国家统计局

表 11 - 3　根据东西中部和东北地区划分方法

东部	北京、天津、河北、上海、江苏、浙江、福建、山东、广东、海南,共 10 个省市	国家统计局
中部	山西、安徽、江西、河南、湖北、湖南,共 6 个省	国家统计局
西部	重庆、四川、贵州、云南、西藏、陕西、甘肃、宁夏、青海、新疆、内蒙古、广西,共 12 个省、自治区	国家统计局
东北部	辽宁、吉林、黑龙江,共 3 个省	国家统计局

嘉兴府、湖州八府及从苏州府辖区划出的太仓州。"这一地区亦称长江三角洲或太湖流域,总面积大约 4.3 万平方公里,在地理、水文、自然生态以及经济联系等方面形成了一个整体,从而构成了一个比较完整的经济区。这八府一州东临大海,北濒长江,南面是杭州湾和钱塘江,西面则是皖浙山地的边缘。……这八府一州在地理上还有一个极为重要的特点,即同属一个水系——太湖水系,因而

在自然与经济方面,内部联系极为紧密"。①安徽因此被阻隔于江南区域之外。

但"八府一州"说并非没有问题。一方面,这个界定比较偏狭、机械和缺乏有机整体观,将与"八府一州"在自然资源环境、生产生活方式、商贸人口交流等方面关系十分密切的周边城市完全排除在外,如"江南十府说"中的宁波和绍兴,②以及地处江北的扬州和南通等;另一方面,这个界定把在古代同属"三江"、明代同属南直隶、清初同属江南行省、近代同属"江南"区域的皖南地区③彻底驱逐出去。安徽与江南其他各地在各方面都很相似,历史上也是骨肉相连,但由于行政区划和区域经济的原因,"八府一州"说直接把安徽从江南驱逐出去,这不仅很不合理,也是造成今天安徽定位尴尬的根源。而安徽对重返长三角之所以耿耿于怀和不懈努力,除了这是一个"富人俱乐部",实际上也与它和江南的历史渊源有重大关联。如何利用《长江三角洲城市群发展规划》提供的机遇,使安徽快速和真正融入长三角区域,这是当下亟待认真研究和充分把握的。

2. 安徽文化被排除在江南区域文化之外的原因与问题

在区域文化研究中,关于江南文化的界定,学界常见的方法是"一分为三",即划分为"吴文化""越文化"和"海派文化"。安徽文化同样被排除在江南文化之外,这是"江南"区域范围在历史上不断变化的结果。东汉以前,"江南"主要是指"长江中下游以南的范围""相当于江苏省的南部、浙江省的北部和安徽省的东南地区"。到了东汉时期,"江南"开始"较多地指称吴越地区"。在魏晋南朝时期,"江南"则"越来越多地代指南方朝廷,尤其是以建康为中心的吴越地区"。唐代特别是中唐以后,"江南"才"越来越多地被用于指称长江下游以南的吴越地区"。④由此可知,按照历史地理的框架界定"江南",是把安徽文化从"江南文化圈"中"赶出去"的主要原因。这是一个持续数百年的历史进程,推动这个进程的主要动力,一是"政治"方面的行政区划;二是"经济"方面的发达程度,它们是剥夺安徽"江南文化"身份的主要依据。很显然,它们都不是来自区域文化研究方面的依据。

从区域文化的角度看,要判断安徽文化是否属于江南文化,最重要的标准有两条:一是看两者有没有地缘上的密切联系;二是看它们在精神本质是否一致。

---

① 李伯重:《多视角看江南经济史》,三联书店 2003 年版,第 448—449 页。
② 马学强:《近代上海成长中的"江南因素"》,《史林》,2003 年第 3 期。
③ 余同元:《恢复中江水道,构建三江江南水系互联网》,未刊稿。
④ 景遐东:《唐前江南概念的演变与江南文化的形成》,《沙洋师范高等专科学校学报》,2008 年第 1 期。

关于前者,已无须赘言。关于后者,笔者曾就江南文化精神做如是分析:"第一,仅仅有钱、有雄厚的经济基础,即政治家讲的'财赋',并不是江南独有的特色,在中国,有着'天府之国'之称的巴蜀,在富庶上就可以与它一比高下。第二,政治家讲的文人荟萃,也不能算是它的本质特征,这是因为,孕育了儒家哲学的齐鲁地区,在这一方面是更有资格代表中国文化的。江南之所以会成为中国民族魂牵梦萦的一个对象,恰是因为它比康熙最看重的'财赋'与'文人',要再多一点东西。……与生产条件恶劣的经济落后地区相比,它多的是鱼稻丝绸等小康生活消费品;而与自然经济条件同等优越的南方地区相比,它又多出来一点仓廪充实以后的诗书氛围。……在江南文化中,还有一种最大限度地超越了儒家实用理性、代表着生命最高理想的审美自由精神。儒家最关心的是人在吃饱喝足以后的教化问题,如所谓的'驱之向善',基本上没有涉及生命最终'向何处去',或者说心灵与精神的自由问题。正是在这里,江南文化才超越了'讽诵之声不绝'的齐鲁文化,把中国文化精神提升到一个新境界"。① 如果从这个根本性的角度去界定,无论如何也不应把古代徽州文化和当代安徽文化割舍出去。

可知,政治经济学对江南文化精神的遗弃和行政区划变更对江南自然区域的切割,是造成安徽"不东不西"的经济区位和"非南非北"的文化归属的主要原因。要从根本上扭转安徽城市文化发展的不利局面,必须从破除和重构这种地理空间规划和区域文化研究理论开始。这是安徽空间规划和文化研究最应该关注的,也是在战略设计上最应该发力突破的。

三、安徽城市文化的资源特质与战略思路

当今城市化可分为三种形式:一是以县城(县级城市化区域)为中心的城镇化;二是以大中城市(区域性城市群)为中心的城市化;三是以国际大都市(世界级城市群)为中心的都市化。它们代表了农业人口和资源三种不同的流动和集聚方式,并对城市的生产生活方式、社会组织结构、文化审美趣味具有举足轻重的影响。② 据此也可把江南(长三角)城市文化划分为三种形态:一是以古代的扬州、杭州、南京和近现代以来的上海为代表的江南都市文化,这在江南城市文

① 刘士林:《西洲在何处——江南文化的诗性叙事》,东方出版社2005年版,第209页。
② 刘士林:《关于我国城镇化问题的若干思考》,《学术界》,2013年第3期。

化体系中居于最高层级;二是以古代的嘉兴、湖州、徽州和近现代的苏州、无锡为代表的江南城市文化,这在江南城市文化体系中居于中间层级;三是以明清以来的江南市镇和当今小城镇为代表的江南城镇文化,这在江南城市文化体系中居于最低层级。

按照这个层级体系的划分,安徽城市文化的主体不可能是江南都市文化,而只能是江南城市文化和江南城镇文化。首先,在城市经济方面,由于经济发展水平在江南(长三角)区域中一直处于低位,和古代的苏州、杭州、扬州以及近代上海相比,安徽的城市只能算是非常普通的城市。即使在今天的长三角城市群中,我们仍可以说安徽城市最明显的整体特点就是以中小城市见长。其次,在文化资源方面,由于在地理位置上深处江南(长三角)的腹地,与上海、苏州、杭州相比,安徽城市文化本身带有浓厚的农业文明成分,是农耕文明和商业文明、城市文化和农村文化的混合体。即使在古代的徽州及其相对富裕的乡镇,人们在生活观念上主要倾向于儒家哲学,把"耕读为本""勤俭持家"作为主要的生活方式,这与古代"舞低杨柳楼心月,歌尽桃花扇底风""钿头银篦击节碎,血色罗裙翻酒污"的江南城市,以及现代昼夜喧闹、纸迷金醉、号称"十里洋场"的海派都市文化,也是有很大差别的。也可以说,江南城市文化和城镇文化是安徽最重要和最应给予关注的地方特色文化资源。

在《长江三角洲城市群发展规划》中,尽管把合肥与杭州、苏州并列为Ⅰ型大城市,到 2030 年人口可以发展到 1 000 万,在长三角城市体系中规模仅次于上海(超大城市)和南京(特大城市)。但这并不是出于城市发展自然规律的要求,而主要是为了平衡各方面的关系。坦率而言,到 2030 年,不要说和苏州、杭州相比,就是和宁波、无锡、扬州相比,合肥也很难承担起长三角Ⅰ型大城市的重任。在城市文化方面也是如此。从城市群的角度看城市文化发展,不同城市也需要建立起合理的层级体系和科学的分工机制,不一定需要每个省都建一个文化中心或文化都市,而且实际上也不是每个省都能够建成文化中心或文化都市。所以说,安徽应把上海作为自己的文化中心或文化都市,并作为落实开放发展理念和徽文化走出去的平台,同时立足于自身富集的城市文化和乡镇文化资源,充分发掘自己的特色和优势,在长三角城市文化圈层中重点建设城市文化和乡镇文化,实现与区域内其他城市的错位发展。特别是在长三角城市群都想发展经济并纷纷抛弃城市、城镇文化的当下,恰好为安徽城市文化建设提供了大有作为的契机。这样做还有一个好处,即不需要大拆大建,成本较低,同时也符合绿色发展和协调发展的理念。

　　目前最大的文化心理障碍,无疑是要如何说服安徽安于发展城市和城镇。中央城市工作会议提出"端正城市发展指导思想",但国内很多城市对此并没有真正领会。要真正做到这一点,首先要弄清楚什么是理想城市。简单说来,一种理想是现代大都市,除了人口和空间规模,还要有最高的大楼、最大的工厂、最大的商场,甚至包括最大的图书馆、最大的大学和最大的市民广场。另一种是芒福德提出的人本主义城市,其理想形态不是当今的纽约、东京、伦敦或巴黎,也不是中国的北京、上海或广州,而是中世纪的城市,它的最大特点是农业景观、生活方式渗透在城市中,适合人们生活、工作和安居。我们把这种城市叫作"文化城市",它在本质上是一种"以文化资源为客观生产对象、以审美机能为主体劳动条件、以文化创意、艺术设计、景观创造等为中介与过程、以适合人的审美生存与全面发展的社会空间为目标的城市理念与形态"。[1] 当今世界的大都市,因为贪大求全,已普遍陷入"在物质建设上的最高成就以及社会人文中的最坏状况"的困境。在此背景下,如果安徽立足于自身独特的与农耕文明、江南市镇和古典城市联系密切的优势,就有可能建设出一种自然和人口相匹配、经济和社会相和谐、物质和文化相协调的新型城市文化。

　　最后,关于安徽城市文化战略规划,笔者认为一个基本思路是:密切配合国家"人文城市"和"特色小镇"战略,以"安徽省人文城市总体战略规划"和"安徽省特色小镇总体战略规划"为重点领域,研究确立更明确精准的战略定位,构建安徽城市文化发展的主体结构,引导自身走出一条城市文化的特色发展之路。

---

[1]　刘士林:《芒福德的城市功能理论及其当代启示》,《河北学刊》,2008 年第 2 期。

| 第十三章 |
孙中山城市文化思想与中山市人文城市建设

中山市是孙中山先生的故乡。在他逝世 92 周年后的 2017 年,中山市的常住人口数量达到 321 万,正式迈入了 I 型大城市的行列。与我国城镇化进程中普遍存在"重规模轻质量"问题的城市相比,中山市不仅经济总量多年来位居全省前列,也因城市建设质量优异而获得联合国"人居奖"等奖项。2017年 3 月 5 日,李克强总理提出研究制定粤港澳大湾区城市群发展规划,标志着泛珠三角城市群开始走向"大湾区时代"。在这个背景下,作为大湾区重要成员的中山市,如何继续保持经济和人文融合发展的优势,百尺竿头更进一步,力争成为我国第一个大湾区的领跑城市,是当下亟待深入研究和探讨的重大战略问题。

一、机遇叠加:国家人文城市战略与大湾区城市群规划

1. 人文城市是新中国城市发展的历史选择

中华人民共和国成立以来的 30 年属于政治型城市化,这是一种以政治理念和意识形态需要为中心、一切服从于国家政治需要与政治利益、带有"逆城市化"特点的城市化模式。政治型城市化导致了城市经济的萎缩与城市人口的下降,使新中国的城市发展出现了停滞和局部的倒退。

改革开放以来的 30 年属于经济型城市化,这是一种以 GDP 为中心、一切服从于发展经济生产力的城市发展模式。经济型城市化的主要问题一是粗放型工业化使城市可持续发展面临的资源和环境压力逼近"红线";二是西方城市文化冲击和破坏了传统的文化价值和社会秩序,社会危机、道德危机和心理危机愈演愈烈。这也是我国城市在高速发展中面临的突出问题和普遍存在的

后遗症。

从 2005 年建设部力推"宜居城市",到 2014 年《国家新型城镇化规划》首次提出"注重人文城市建设",标志着我国开始进入"文化型城市化"的新阶段。"文化型城市化"是对"政治型城市化"和"经济型城市化"的重要矫正和补充,"人文城市"代表着新型城镇化的战略主题与先进方向,彰显了城市的本质在于一种"有价值、有意义、有梦想"的生活方式,而不单是人口增加和经济增长。在改革开放以来的城市发展观念上,"人文城市"的提出具有拨乱反正、正本清源的重大作用。

2. 新型城市群是大湾区城市群的规划理念

2015 年 3 月,国家发展改革委、外交部、商务部发布《推动共建丝绸之路经济带和 21 世纪海上丝绸之路的愿景与行动》,首次提出"深化与港澳台合作,打造粤港澳大湾区"。2016 年 3 月,粤港澳大湾区被正式写入《国家"十三五"规划纲要》。2017 年 3 月 5 日,李克强总理作出开展粤港澳大湾区城市群发展规划编制工作的指示。由此可知,粤港澳大湾区是在"一带一路"和"十三五"背景下出现的城市群战略。

大湾区城市群的规划建设,既遵循世界城市群发展的一般规律,也必然承载我国新型城镇化的战略意图要求。就前者而言,当今世界城市群主要有两种模式:一是传统以经济、交通和人口为要素的"经济型城市群";二是重文化、生态和生活质量的"文化型城市群"。目前我国城市群走的是"经济型城市群"发展道路,尽管在短期内经济总量、交通基建和人口规模增长很快,但也出现了"经济"与"人文"的失衡和不协调的问题,以"文化型城市群"取代"经济型城市群"已势在必行。就后者而言,《国家"十三五"规划纲要》提出"努力打造和谐宜居、富有活力、各具特色"的"新型城市"。从城市群的角度则是建设"和谐宜居"的新型城市群。就此而言,新型城市群是大湾区的规划理念和建设目标。新型城市群是若干新型城市按照城市群原理和规律发展形成的。新型城市包括绿色城市、智慧城市、创新城市、人文城市和紧凑城市五个目标,这就要求包括中山市在内的泛珠三角城市必须把自身建成新型城市。

中山市的经济和人文发展相对充分、比较均衡,建设新型城市的经济条件、空间条件、人文条件在泛珠三角区域内具有比较优势。现在的关键是要对大湾区发展战略有深入的、超前的把握,在已有积累和优势的基础上进行取舍和新布局,为对接大湾区新型城市群规划建设做好充足准备,提供有力支持。

二、资源耦合：文化城市理论与孙中山城市文化思想

1. 文化城市理论的源流与趋势

文化城市是指导人文城市建设的理论基础。很多城市，即使在文化建设上也倾向于照搬经济学理论，习惯于用文化投资、文化企业数量、文化 GDP 占比等来显示城市文化软实力。这是当代城市千城一面、特色沦丧、文化功能不振的主要原因，究其根源主要是缺乏文化城市理论指导造成的。

当今世界，文化城市已成为城市研究和实践的主流话语与发展趋势。在理论上，从传统城市社会学最看重的"人口集聚"、新城市社会学最重视的"政治经济结构"，转向人本主义城市社会学最看重的"艺术文化"。如芒福德强调："城市不只是建筑物的群体，……不单是权力的集中，更是文化的归极。"在历史上，城市发展模式由古代"以政治、军事为根本目的"的"政治城市"、现代"以工业、商业为核心功能"的"经济城市"，转向当代"以生态环境和生活质量为主要内容"的"文化城市"。

城市科学认为，文化城市不同于"政治城市"和"经济城市"，超越了城市原始的防卫、商业等实用功能，是一种以文化资源和文化资本为主要生产资料、以服务经济和文化产业为主要生产方式、以人的知识、智慧、想象力、创造力等为主体条件、以提升人的生活质量和推动个体全面发展为社会发展目标的城市理念、形态与模式。这是"以人为本"在城市中的真正落实，也是新型城市、新型城市群的本质意义所在。

2. 孙中山文化理论体系中的城市文化思想谱系

孙中山先生并不直接研究城市，但在《建国方略》中体现出了高度的区域与城市战略规划眼光和战略定位能力，在《建国大纲》《三民主义》和《中国国民党第一次全国代表大会宣言》等著述中，不乏关于空间和城市规划、城市战略定位、城乡建设发展、城市社会建设、城市文化等方面的真知灼见。这是因为他高度关注"社会的文明发达，经济的组织改良和道德进步"等"民生问题"，这些问题不仅主要集中在城市，也是城市化必须面对和解决的。

一般认为，孙中山对近代城市的经济、政治、社会有一定的认识和体察，但对城市文化认识不足，未揭示出近代城市在文化发展过程中的作用。但这个判断是相当偏颇和浅表的。

"花园城市"是孙中山百年前播下的一粒"文化城市"的种子。在《实业计划》中,他提出广州要建成南方大港的同时,还明确说广州要建成美丽的花园城市。孙中山说:"广州附近景物,特为美丽动人,若以建一花园城市,加以悦目之林圃,真可谓理想之位置也。"在《建国方略》中,孙中山全面思考过城市形象问题,认为外在形象是:城市建筑宏美、市街清洁卫生、交通便利、公园和医院等;内在则是:社会秩序良好、人民安居乐业、精神乐观向上等。他还特别重视"城市地标",如纽约的自由女神像、里约热内卢的耶稣像、巴黎之埃菲尔铁塔等。

从这些片段不难看出,孙中山对城市本质和城市文化有着深刻认识和前瞻思考,它们既是孙中山哲学和文化研究中的瑰丽宝石,也是中山市在新型城镇化和大湾区背景下最应珍惜和充分利用的理论财富。在国家人文城市战略和大湾区新型城市群的框架下,对孙中山城市文化思想进行深入系统的研究,可以为中山市文化建设提供一种传承历史、联通未来的"乡邦城市理论文献"。

三、因地制宜：孙中山城市文化思想与中山市人文城市建设

在珠三角城市群时代,中山市的经济、环境与人的协调发展良好,但也不可避免地带有旧城市化的烙印。在大湾区城市群时代,中山市新型城市该怎么定位和建设,不仅要认真领会新型城镇化战略内涵,广泛学习借鉴世界各地的先进经验,还应深入思考和研究孙中山先生遗留的城市文化思想。

孙中山文化是中山市的核心文化资源。过去从经济角度看文化,视野比较局促,文化与很多方面有关,最需要从城市整体的角度探讨。从城市角度看文化,是当下的共识。但城市内容很多,城市的很多需要都和文化有关,一个城市要知道自己最根本的文化需要,确定核心文化。对于中山市而言,最根本的需要是在城镇化背景下传承创新孙中山文化,这就需要深入研究文化和城市、中山文化和中山市新型城镇化的关系,而孙中山城市文化思想则是重要桥梁和主要通道。

孙中山城市文化思想之于中山市,属于禅宗讲的"自家宝藏",最接地气和汇聚民心,同时也最具世界眼光和开放精神,是能开出特色之花、结出特色之果的文化基因组。中山市在人口和面积上都不算小,总面积仅比深圳小不到200平方千米,城市的躯壳和骨架、城市的"四梁八柱"基本明确,文化建设也成绩斐然。开展孙中山城市文化研究,可以为中山文化研究创新和中山市人文城市建设提供优质核心资源,并贯穿于中山市已有的中山文化、历史文化、产业文化、民俗文

化、公共文化、博爱文化、"三名"文化、生态文化八大文化工程中,可以为中山市文化建设确定一个"城市化之魂"。

"以经济代文化"是当下城市文化建设存在的最大问题。《2011 中国都市化进程报告》指出:只要以 GDP 为中心的经济型城市化模式不能从根本上改变,不管过去的"经济中心""国际大都市",还是现在的"文化大省""文化强省"或"生态城市""宜居城市",结果都是"换汤不换药"。从人文城市建设的角度看,以孙中山城市文化思想为独特理论资源,制定大湾区新型城市群背景下的中山市人文城市发展战略,可以有效规避中山市与珠三角其他城市的文化雷同现象,为走出一条以孙中山城市文化为核心资源的中山市人文城市特色发展之路提供强有力的支持。

具体建议包括五个方面:一是开展原创理论研究,即孙中山城市文化理论的基本问题和框架体系研究。对孙中山先生关于城市文化的主要思想和卓越见解进行系统的整理和研究,为中国新型城镇化和中山市人文城市建设提供重要理论支撑。二是制定人文城市战略,即大湾区背景下中山市人文城市发展战略纲要。深入研究中山市人文城市建设与"人文湾区""休闲湾区"的内在关系,为中山市走出一条人文引领型城市发展道路做好战略布局和安排。三是编制人文城市建设规划。在中山市人文城市发展战略的基础上,编制大湾区背景下中山市人文城市建设规划,为中山市人文城市建设做好空间、人口、交通、教育、卫生、文化旅游业等方面的制度安排。四是形成一套人文城市政策。在"人文城市"已纳入《国家新型城镇化规划》和《国家"十三五"发展规划纲要》的背景下,积极探索并率先在国内形成一整套城市政策,并使其具有一定的可复制和可推广性。五是摸索人文城市发展模式。充分利用孙中山城市文化思想资源,结合粤港澳大湾区,特别是"人文湾区"的建设,以扎实的建设率先在国内形成一种人文城市发展模式,为大湾区和国内的人文城市建设提供借鉴。

| 第十四章 |
人文城市战略规划与苏州新型城镇化道路

城市的本质在于提供一种"有价值、有意义、有梦想"的生活方式,而不只是人口聚集和经济增长。《国家新型城镇化规划》提出"注重人文城市建设",既是对现阶段我国城市发展主要矛盾的深刻把握,也代表着国家新型城镇化战略实施的道路自觉。据《苏州统计年鉴·2016》的数据,2015年末苏州市常住人口数量为1 061.60万,苏州是江苏省唯一的Ⅰ型大城市、长三角三个Ⅰ型大城市之一,市域面积达到8 657.32平方公里,超出上海两千多平方公里,地区生产总值升至14 504.07亿元,位列全国地级市首位、副省级以上城市第七位。在经济发展进入新常态、城市建设用地收紧、人口红利趋近拐点、科技创新周期较长等背景及约束下,拥有丰富历史文化资源、良好城市文化形象、独特苏式生活方式资产和大批科技及文艺人才的苏州,最应深入研究和领会人文城市的内涵和要求,率先编制和实施人文城市发展战略规划,为我国转变城市发展方式和走文化型城市化道路做出有益探索和积极示范。

一、城市规划编制,战略规划先行

战略研究或规划编制在当下已被用滥,但实际上并不得要领。不同于一般的城市规划,也不同于一般的空间、人口、交通、土地、金融、文旅等专项规划,而战略规划是对城市发展总体思路、发展理念、建设目标、战略路径的顶层设计,是用来指导城市规划编制的"上位规划"。它既要在横向上统筹环境、政治、经济、社会、文化等发展要素及其交互作用关系,又要在纵向上把握过去、当下、未来的内在关联及其包含的风险和机遇,是一种更加系统的大局设计和一种具有前瞻性的长远谋划。

战略规划一直是我国城市规划领域的短板。战略规划的缺乏或战略研究的不足，是我国城市规划建设总是"计划赶不上变化"的主要原因。同时，对现实进程"吃不准"，对未来变化"把握不了"，也使"嘴上说说，墙上挂挂"成为大多数规划的宿命，这是因为严峻的现实进程和形势根本不允许按照"这样的图纸"去建设。造成这一规划编制困境的主要原因在于，一是我国城市化速度太快，人们穷于应付而无暇做"长远打算"；二是在规划理论、方法和模式上模仿西方，很少思考西方那一套是否符合本土城市的实际需要。要改变这个被动局面和现状，需要把战略规划与城市规划区别开，并把前者放到优先位置上。

二、回应全球城市发展大趋势，明确城市顶层设计的优选对象

战略规划编制的要点有二：一是把握大势；二是站稳脚跟。

就前者而言，一是要洞悉世界城市化的规律和趋势；二是要把握国家新型城镇化的要求和期待，并研究和确立城市发展的基本思路。人文城市规划建设不仅直接呼应了"文化型城市化"的理念和模式，同时也是我国新型城镇化建设迫切需要应对的重大现实挑战。

城市发展是一个超级复杂的系统和过程，并由于内在联系紧密而易引发各种多米诺效应。因此，城市战略规划既要高瞻远瞩又要切忌好高骛远，必须"站稳脚跟"。近年来，一些城市提出过不少战略目标，但因缺乏起码的严肃性而多以闹剧告终。苏州是典型的文化城市，以古典园林和现代工业园区为代表，为当代人提供了既能创新创业又能诗意栖居的新型城市空间。与经济欠发达的城市相比，苏州在经济实力上具有明显优势。而与经济同样发达的城市相比，苏州在文化话语权上又胜人一筹，是我国为数不多的适合建设人文城市的城市之一。

三、率先编制苏州人文城市战略规划，探索构建人文城市建设国家标准

结合世界城市发展的普遍规律和国家新型城市化的具体要求，以费孝通晚年提出的"高层次的超过一般的物质的生活"为理论资源，认真梳理和分析"江村经济"和"苏南模式"的延展方式，全面研究和发掘苏州在自然环境、历史文脉、区域文化资源、文化旅游产业等方面的优势，编制主题明确、架构合理、重点内容突

出、战略路径可行的苏州人文城市战略规划，为苏州新型城镇化走出一条"苏式特色道路"提供战略设计。

具体建议是，参照全球和中国的城市文化研究成果与建设经验，以《国家新型城镇化规划》提出的"注重人文城市建设"为指导，结合苏州自身实际，自主设计苏州人文城市指标体系框架，研发苏州人文城市数据库模型与支持系统，建设苏州人文城市数据库，研究和发布《苏州人文城市发展年度报告》，并在具体建设经验的基础上，研究和构建人文城市建设国家标准，为国家人文城市建设提供科学理论基础与先进应用范式，引导城市建设回归其"有价值、有意义、有梦想"的城市本质，积极引领中国城市的转型创新发展，同时为世界城市发展提供中国经验。

| 第十五章 |
国际消费中心城市与杭州城市战略布局

2019 年 1 月 16 日,商务部提出"开展国际消费中心城市建设试点"。这是继 2016 年原文化部在全国开展国家文化消费试点城市行动之后,在国家部委层面提出的又一个关于"消费城市"的战略定位和发展目标。因其层级更高,又冠以国际二字,很快成为包括杭州在内的大城市追逐的新目标。

一、国际消费中心城市正在成为各大城市角逐的新目标

国际消费中心城市的提出,既与消费在经济发展中的基础性地位,在推动经济转型升级、实现高质量发展中的重要作用,以及保障和改善民生、满足人民群众日益增长的美好生活需要的重要意义日益形成普遍共识密切相关,同时也是我国应对外部复杂严峻环境及不确定性、优化生产和消费等国民经济比例关系、构建符合我国长远战略利益的经济发展方式、促进经济平稳健康发展的重大战略手段,为我国经济从工业制造业转向文化服务业、我国城市从生产型城市转向消费性城市、促进消费市场从国内走向世界发出了更为明确的信号和传递出更加丰富的信息。

从某种意义上讲,由于国际消费中心城市的概念,既包含了国际消费这个消费的最大空间层级,也包含了中心城市这个当今中国城市纷纷追求的目标,特别是它还隐含着比国家中心城市更高层级的内涵,因此一经提出就受到广泛的重视和热切的关注。其中反应最快的是重庆和南京。2019 年 1 月 24 日,仅在商务部提出拟开展试点工作一周后,重庆市政府工作报告就提出"创建国际消费中心城市"。与此同时,"争取国际消费中心城市试点"首次被写进南京市两会的政府工作报告。这有一些客观的原因:对于重庆而言,尽管目前其经济总量已突

破 2 万亿元大关,但正在面临着一个异常严峻的挑战,即近两年 GDP 下滑幅度较大,特别是 2018 年实际增速仅为 6%,与几年前相比差不多缩水了一半。重庆抢先布局国际消费中心城市,借消费振兴经济发展的意图相当明显。对于南京而言,则主要是为了圆一个"国家中心城市"的梦。在"国家中心城市"的角逐中,作为全国经济强省省会的南京屡屡受挫,前景很不乐观。而此次抢滩布局"国际消费中心城市试点",如果进展顺利,也不失为一种退而求其次的选择。

对于杭州也是如此。在"国家中心城市"的角逐中,杭州和南京是一对"难兄难弟"。由于杭州距离上海距离更近,且城市地位稍逊于南京,因此要想晋级国家中心城市也更加困难。在此背景下,依托杭州"旅游城市"的深厚积累,在长三角不断加大区域开放力度的背景下,把"国际消费中心城市"作为未来城市发展战略目标,也可以说是"山重水复疑无路,柳暗花明又一村"。

二、杭州拥有世界旅游名城和国家文化消费试点城市的双重身份

自古以来,杭州就是一个消费城市,特别是在南宋以后,逐渐确立了我国东南沿海大都会的地位。改革开放以来,经过一轮"腾鸟换凤"的战略调整,"工业城市"渐行渐远,而"新天堂"的面貌日益清晰。在新时代的今天,杭州既是一个世界知名的旅游城市,也是国家首批文化消费试点城市,在世界旅游业蓬勃发展,中国促进消费升级的大背景下,杭州的文化和旅游消费快速发展,日新月异。

从文化消费方面看,自 2017 年 2 月入选国家文化消费试点城市名单以来,杭州市按照"文化惠民、市场主导、创新驱动、融合联动"的原则,注重政府引导,以"互联网+文化"为特色,落实"十大举措""八大项目",引导和扩大城乡居民文化消费,在"杭州样本""杭州模式""杭州标准"等方面不断探索前行。2017 年度全市文创产业实现增加值 3 041 亿元,居民文化消费总额超过 345 亿元,人均文化消费支出较前年增速 13.1%。从旅游方面看,2017 年,杭州市实现旅游产业增加值 928 亿元,占 GDP 比重的 7.4%。全市累计接待中外游客 16 286.63 万人次,同比增长 15.84%。其中,接待入境游客 402.23 万人次,同比增长 10.74%。旅游总收入突破 3 000 亿元,达到 3 041.34 亿元,同比增长 18.26%。2018 年,全市累计接待中外游客 18 403.35 万人次,实现旅游总收入 3 589.12 亿元,分别比上年增长 13% 和 18.01%。旅游休闲产业实现增加值 1 037.77 亿元,同比增长

13.0％。由此可知,与国民经济其他部门和行业相比,杭州文化消费和旅游业可以说比翼齐飞,在"较高水平"的基础上保持了"中高速"增长。

2019年是我国文化和旅游融合发展的开局之年。在2019年年初的全国文化和旅游厅局长会议上,文化和旅游部部长雒树刚就促进我国文化和旅游融合发展作出部署,提出了"理念融合、职能融合、产业融合、市场融合、服务融合、交流融合"的融合路径,并强调要把理念融合放在首要位置,从思想深处、从根子上打牢文化和旅游融合发展的基础,推动文化和旅游深融合、真融合。在此背景和要求下,杭州市以"宜融则融、能融尽融、以文促旅、以旅彰文"为基本原则,探索和推进文化和旅游的深度融合,实现优势互补。对内以国家全域旅游示范区创建为载体,主动融入和推进浙江发展行动,加快发展全域旅游,着力于提高优秀文化产品和优质旅游产品的有效供给,对外坚持"杭州韵味、国际表达",探索建立"旅游＋"的国际营销体系,在巩固欧美市场的同时,重点开发日韩市场,不断推进文化对外传播交流和旅游营销推广。

三、建设国际旅游消费中心城市,杭州还需要做些什么

在2018年博鳌亚洲论坛开幕式上,习近平总书记明确指出"内需是中国经济发展的基本动力,也是满足人民日益增长的美好生活需要的必然要求"。自2017年以来,党中央、国务院及相关部委不断推出扩大消费、促进社会和文化领域消费的政策文件,城市是消费的主平台和核心空间,在促进文化和旅游消费升级、提质增效中发挥着主导作用。杭州市不仅有着悠久的商业传统和消费城市基因,也有着进一步发展城市消费的雄厚经济基础。相关统计表明,2017年杭州全年居民人均可支配收入是全国平均水平的1.92倍,全年居民人均生活消费支出是全国平均水平的1.86倍,杭州城镇居民人均可支配收入是全国平均水平的1.55倍,杭州农村居民人均可支配收入是全国平均水平的2.26倍。由此可知,杭州具有率先建设国际旅游消费中心城市的基础和优势条件。

国际消费中心城市是结合我国国情和发展需要提出的新战略概念,在理论研究、政策机制和战略规划等方面没有成熟、系统的参照。在此背景下,杭州有必要考虑在旅游名城、东方休闲之都等城市定位上,进一步研究和编制建设国际消费中心城市的战略规划,为我国规划建设世界消费中心城市做出探索和示范。对此可以提出两点建议。

一是要充分认识我国建设国际消费中心城市的严峻性和紧迫性。相关统计显示，2018 年全国社会消费品零售总额同比增长 9%，同比回落 1.2 个百分点，以高质量的供给催生新的市场需求变得更加紧迫。2015 年中央城市工作会议明确提出：城市是我国经济、政治、文化、社会等方面活动的中心，在党和国家工作全局中具有举足轻重的地位。从城市科学的角度来看，在后工业时代，消费经济正在成为城市经济的主体，消费生活方式成为城市生活方式的主流。布局和建设国际消费中心城市试点，是在新型城镇化领域深入推进供给侧结构改革，促进城市高质量发展和提升城镇化建设质量的重大举措，可以起到开辟主战场、建设主平台、打造主引擎的重要作用。在中美贸易摩擦起伏不定的当下，杭州的民营实体经济受到不同程度的影响。及早布局建设国际消费中心城市，对于完善城市经济体系、促进杭州高质量发展具有重要的战略意义。

二是要积极借鉴国家文化消费试点城市的经验和模式。自 2016 年正式启动国家文化消费试点城市战略以来，目前全国的试点城市已有 45 个。截至2018 年 6 月，试点城市中共有 4 亿人次参与试点工作，累计拉动文化消费约1 100 亿元。为此，国务院发布《关于完善促进消费体制机制　进一步激发居民消费潜力的若干意见》，明确提出"总结推广引导城乡居民扩大文化消费试点工作经验和有效模式"。杭州在建设国际文化消费试点城市中，曾推出过"十大举措""八大项目"及试点城市评价指标体系、"文化消费诚信柜""无人值守书店"等创新举措，不仅很好地带动了本市的文化消费，也为国内其他城市提供了经验。国家文化消费试点城市和国际消费中心城市试点是目前在部委层面推出的两大消费城市战略，前者主要涉及满足人民日益增长的文化生活需要，同时对相关领域行业发展起到积极的促进作用。后者重在落实和增强消费对经济发展的基础性作用，同时也包含着文化消费的相关内容。杭州市应结合自身的积累和优势，深入研究和促进两类试点建立良性互动的协调协作关系，这不仅有助于整体上做大自身文化和旅游消费的规模和质量，同时也可为国家即将推出的文化和旅游消费示范城市等做出新的示范。

第五篇

中国文化村镇的理论建构与规划引领

| 第十六章 |
中国小城镇建设的政策与战略解读

2014年《国家新型城镇化规划》颁发后，尽管陆续出台了一系列城市群与城市发展规划，很多城市在智慧城市、海绵城市、人文城市等领域跃跃欲试，但给人的感觉依然是"雷声大，雨点小"，各种城市病有增无减。这时，浙江、四川等地的特色小镇异军突起，为我国新型城镇化增加了一抹亮色。为什么不是体量巨大的城市群，也不是实力雄厚的大都市，而是处在城市规模分级体系之外或一直被边缘化的小城镇成为新型城镇化的主导力量？这是否是"当局者迷，旁观者清"规律下的"外来的和尚好念经"？还是说明过去在"城乡对立"的观念下谋划城镇化并把主要精力、物力和财力投放在城市特别是大城市本身有问题？以及这是不是预示着我国新型城镇化已开启了重要的空间转向，原本不起眼的"小城镇"将取代"大都市"成为主角？该怎么看待"小城镇热"背后的复杂机制和深层原因？对当下的小城镇建设还需要做哪些必要的理论和现实准备？

一、"小城镇热"的背景解读

从表面上看，小城镇"热"似乎只是这两三年的事情，但实际上并不是"一夜走红"或轻易得来。改革开放以来的小城镇建设同样经历了漫长和曲折的探索，只不过由于处在城市化的边缘而没有受到足够的关注和重视。从国家政策方面进行梳理，大致可以划分为三个阶段。

第一个阶段是1994年至2000年，这是我国小城镇战略的发生期。在1994年中共中央农村工作会议上，明确提出"要促进乡镇企业的相对集中和连片发展，从而带动小城镇的发展"。同年9月，建设部、国家计委、国家体改委、国家科委、农业部、民政等六部委联合颁布《关于加强小城镇建设的若干意见》,这是我国第一个关于小城镇建设的指导性文件,也是政府引导新城镇发展的开端。次年 4 月,由国家体改委、建设部、公安部、国家计委等 11 家单位联合下发《小城镇综合改革试点指导意见》,对小城镇综合改革的目标、原则、内容、组织实施作出具体说明,并确定了 52 个国家级试点小城镇作为综合改革试点。1998 年,《中共中央关于农业和农村工作若干重大问题的决定》首次提出"小城镇,大战略"问题,肯定了小城镇在我国城市化过程中的重要作用。在某种意义上,这也可以看作是费孝通基于苏南乡镇企业经验提出的"小城镇战略"正式进入了国家战略层面。但由于当时的大城市正处在蓬勃发展中,"小城镇战略"无力抗衡以"大都市"和"城市群"为中心的都市化进程,[①]所以"小城镇战略"主要活跃在农村经济研究领域及农业政策研究与管理部门。尽管小城镇在这个阶段不可能成为主流,但也以"教外别传"的方式成为我国城市化提供了经验。

第二个阶段是 2000 年至 2012 年,这是小城镇战略和城市化进程的融合期。尽管由于"三农"问题的重要性和严峻性,小城镇发展在国家战略中一直拥有重要的一席之地,但由于城乡之间长期存在的差距对立,城市建设和农村发展的利益与方向不同,快速的城市化进程必然伴随着对农业地区更多的蚕食和剥夺,特别是受粗放的"城市大跃进"的不良影响,作为城乡接合部和桥梁的小城镇首当其冲。在一些地方的小城镇开发建设中,也出现了"缺乏长远、科学的规划,小城镇布局不合理""不顾客观条件和经济社会发展规律,盲目攀比、盲目扩张""基础设施不配套,影响城镇整体功能的发挥""小城镇自身管理体制不适应社会主义市场经济的要求"等问题。对此,党中央国务院 2000 年下发了《关于促进小城镇健康发展的若干意见》,2001 年颁布的《国民经济和社会发展第十个五年计划纲要》明确了发展小城镇是推进我国城镇化的重要途径,并提出要"有重点的发展小城镇"。此后出台的《国民经济和社会发展第十个五年计划城镇化发展重点专项规划》进一步提出"有重点地发展小城镇,积极发展中小城市,完善区域性中心城市功能,引导城镇密集区有序发展,走多样化的城镇化道路"等。在 2002 年召开党的十六大上,小城镇建设被正式纳入我国城市化的整体框架,提出"统筹城乡经济社会发展"和"坚持大中小城市和小城镇协调发展",并对小城镇镇区规划、特色塑造、基础设施建设、环境保护及防灾减灾等方面提出具体指导意见。

---

① 刘士林:《都市化进程论》,《学术月刊》,2006 年第 12 期。

至此,小城镇在我国城市化层级体系中的位置和关系基本确立,小城镇在城市与乡村之间的"夹缝"状态逐渐结束,并在规划开发上逐渐远离了"灰头土脸的农村"而进阶到"繁华似锦的城市"序列。这一促进大中小城市和小城镇协调发展的思路,一直延续到党的十七大和十八大报告中,在这个宏观背景和趋势下,国家陆续出台了一系列关于小城镇建设的政策,如2006年的《小城镇建设技术政策》、2011年的《住房城乡建设部关于绿色重点小城镇试点示范的实施意见》《绿色低碳重点小城镇建设评价指标(试行)》等,对小城镇的开发建设发挥了积极的作用。

第三个阶段是2013年至今,小城镇建设进入高潮期。与我们这个注重实用理性的民族相一致,小城镇建设同样是"实践在前,理论在后"。抛开个别的先行者,从整体上说,2013年四川启动了"百镇建设行动"项目,在规划建设的300个试点镇中已涌现出一批工业强镇、商贸重镇、旅游名镇等。[①] 2015年1月21日,浙江省委省政府提出创建特色小镇战略,并决定创建100个特色小镇。目前首批启动建设了37个,第二批的42个也已启动。浙江省不仅在土地指标、税收优惠等方面有专门文件,在规划面积(总面积3平方公里、核心区不超过1平方公里)、性质(非镇非区的经济体、产业、旅游、社区和文化四位一体的社区)等方面也有明确标准。除了浙江和四川,近年来,在乡村旅游、乡村文化产业的带动下,全国各地的小城镇建设已呈星火燎原之势,如河北省馆陶县倾力打造的黄瓜小镇、粮画小镇等颇有口碑。在此背景下,2016年住建部、国家发展改革委、财政部联合发文并在全国布局建设1 000个特色小镇,为一些条件比较成熟,建设成果比较突出的小城镇正式进入"国家队"打开了通道,成为我国新型城镇化建设和城乡协调发展的重要突破口。这既是水到渠成之举,也是小城镇不懈奋斗的结果。

由此可知,今天所说所感的"小城镇热",不是无本之木、无源之水,而是在经历了30多年的艰苦和曲折的探索,在付出很大成本和牺牲后,终于找到了一条协调城乡发展的中国方法和中国路径。"读史可以明智",把这个进程进行简单梳理,有助于人们全面看待和客观评价"小城镇热",也可以为接踵而至的大规模开发建设提供客观的借鉴与参照。

---

① 《四川:百镇建设行动　让"进城"农民爱上小城镇》,《四川日报》http://www.sc.gov.cn/10462/10464/10797/2018/4/18/10380361.shtml.,2016-05-16。

二、"小城镇热"的原因分析

任何一个社会热点必有其深层原因。小城镇在热浪滚滚的城市化进程中异军突起,更不会是一个偶然,而是各种力量、利益、需求在相互斗争和博弈中最终达成的结果。具体可以从以下五个方面来了解。

一是再现了"城市自然规律"的作用。所谓"风水轮流转",在城市化进程中,"大都市"和"小城镇"这对基本矛盾,也是一种相生相克的关系。芒福德曾把城市的重要功能之一称为"容器",一方面,它"构造致密而紧凑,足以用最小的空间容纳最多的设施";[①]另一方面,任何容器也都是有限的,一旦这个本来就比乡村高度集中和拥挤的聚落形态吸纳了过多的人口和资源,其结果不是越多越好,而是导致了房价昂贵、交通拥堵、就业压力增大、环境污染加重、社会分化加剧、公共资源(如教育、卫生)短缺等"城市病",这些"城市病"使不堪重负的城市面临着解体的危险。如近来闹得沸沸扬扬的"华为迁出深圳",不是因为别的,而是恰是因为深圳本身的过度繁荣。这是一个深刻的悖论:一方面,一个城市要想迅速"扬名立万",必然要最大限度地强占、劫掠周边城市的生存资源和机会,这就是所谓的"人无横财不富";另一方面,这个"狼吞虎咽"的过程不仅破坏了大自然的资源链条和生态平衡,也使城市超过了自身的承受力和消化力,结局必然是要把原本就不属于自己的东西"吐出来",这就是所谓的"福报不够"。现在的很多大都市,越是成功就越是"百病缠身",说明最终决定城市兴衰的不是"人力"而是"天意",是某种一般人看不见、捉摸不透的"城市自然规律"。改革开放以来的30 年,大城市占尽了天时、地利和人和,无视小城镇和农村的利益和需要,但最终发现只是制造了一种虚假的"繁华都市"泡沫,所有小城镇和农村的生态、空间、人口、社会和文化问题,最后都无一例外地"还给"了城市,而貌似强大的大城市也根本不足以承担。就此而言,小城镇的复兴与大城市的困境完全符合城市发展的自然原理,不仅直接再现了城市的"容器"本质,而且深刻体现了"损有余而补不足"的"天之道",是宇宙中固有的"城市自然规律"对无序失控的城市化强行调节和平衡的结果。从诗性智慧的角度看,这是中国城市的"风水"正在发生

---

① [美]刘易斯·芒福德:《城市发展史:起源、演变和前景》,宋俊岭、倪文彦译,中国建筑工业出版社2005 版,第 33 页。

重大转向。从理性智慧的角度看,这是"自然之手"重构中国城市的整体格局、合理配置人口和资源、避免环境和城市走向解体的必要手段。

二是反映了"中国式城市化"机制的存在。我们一直认为,不同于西方和拉美国家,中国已经走出了一条与邓小平所说的"中国式现代化"相适应的"中国式城市化"道路。与西方的城市化主要由市场主导、与拉美国家的城市化主要由西方主导不同,中国城市化的一个突出特点是"由政府和市场共同主导",以及"政治体制和社会制度构成了推进中国城市发展的核心机制"。① 小城镇最大的实惠和红利,可以说主要是来自政府和政策方面:一是 2016 年 4 月,国家发展改革委和国家标准委联合下发的《关于新型城镇化标准试点的通知》,其中首次提到"特色镇"建设,意味着在已实施了两年多、以 62 个城市+2 省(安徽和江苏)为主体框架的"新型城镇化标准试点",终于为小城镇这个最低的城市层级敞开了大门;二是 2016 年 5 月 3 日,国家发展改革委网站发布消息,为落实习近平总书记和李克强总理关于特色小镇发展的重要批示,将强化对特色镇基础设施建设的资金支持、支持特色小城镇提升基础设施和公共服务设施功能,并计划于2016 年选择、建设 1 000 个特色小镇。② 7 月 20 日,住房城乡建设部、国家发展改革委、财政部发布的《关于开展特色小镇培育工作的通知》进一步明确了到2020 年培育 1 000 个左右各具特色、富有活力、休闲旅游、商贸物流、现代制造、教育科技、传统文化、美丽宜居等特色小镇。③ 尽管有人会纠结这是政府行为,但完全符合"由政府和市场共同主导"这一"中国式城市化"的机制。在此必须对当下比较流行的"市场主义城市化"论调提出批评,他们以主要由市场主导的西方城市化为标准,把我国日趋严重的城市病、昂贵的生产生活成本和不断降低的幸福感等都归结为"政府主导"的结果。当他们愤怒地谴责和批判中国城市的环境、交通、公共服务时,一般都忽略了一个明显的事实,即这些年中国的城市化,一直是按照西方的城市理论、方法、技术和标准来规划和建设的。如果硬要把今天的城市说成"烂摊子",那么无论如何,他们所信奉和躬行的一大堆西方城市理论是断不能辞其咎的。城市化要协调和均衡发展,最好的办法是"政府"和"市场"各司其职,而不是在两者之中择其一。

---

① 刘士林:《什么是中国式城市化》,《光明日报》,2013 - 02 - 18.
② 央广网:《1 000 个特色小镇如何"特色生长"?》,http://travel.cnr.cn/lyjd/610/20160505/t20160505_522066134.shtml,2016 - 05 - 05.
③ 财新网:《住建部要培育 1 000 个特色小镇 防止千镇一面》,http://china.caixin.com/2016 - 07 - 21/100968993.html,2016 - 07 - 21.

　　三是契合《国家新型城镇化规划》的要求。关于中国城市化应该走什么道路,改革开放以来一直有两种声音:一是走小城市发展道路,以夏书章的超微型城市论和费孝通的微小城市论为理论代表,以 1989 年国务院制定的"严格控制大城市规模,合理发展中等城市,积极发展小城市"(俗称"三句话方针")为大政方针;二是走大都市发展道路,在理论上以 2002 年"大上海国际都市圈"研究报告首次提出走"以大城市为主的城市化发展道路"为代表,在现实中以 2004 年全国 183 个城市提出建设"国际化大都市"为象征。但实践证明,这两者各有偏颇。前者把"大都市"与"小城市"对立起来,看不到都市化已成为决定自然环境和社会结构变化的核心机制与主要力量,基本上属于一种城市化的"穷过渡"思维。后者作为"单体城市"的最高形态,只关心"自己",而排斥一切"他者",必然加剧城市之间的"同质竞争",造成区域内资源、资金和人才的巨大浪费和低效配置。在经历了反复的思想交锋和实践检验后,基于良好的城市分工体系和合理的城市层级关系的城市群,最终被确定为我国新型城镇化的"主体形态"。城市群是关于大都市和小城镇协调发展的顶层设计。因此,我们应在《国家新型城镇化规划》的语境中理解和把握两者关系,防止一种倾向掩盖另一种倾向,尤其切忌把"小城镇热"看作是对"大都市热"的全盘否定。实际上,直到今天,小城镇的发展在很大程度上得力于大都市的发展。甚至可以说,如果没有大都市本身的问题和危机,人们也不会关注小城镇。如果说过去对小城镇重视不够,那么目前应该做的是以"补短板"的方式适当加大对小城镇的重视,并在与大都市的协调发展中规划设计小城镇的未来。

　　四是符合西方小城镇的发展经验。在欧美国家,小城镇不仅数量多,而且有较强的吸纳人口能力,这对疏解人口向大城市集聚发挥了重要的截留和延缓作用。在美国,3~10 万人的小城镇大约占到城市总数的九成以上,极大地减轻了大城市的压力;英国主要通过建立新镇分散大城市人口,其新镇人口规模一般控制在 6 万人以内,而现有的 3 000 个小城镇绝大多数人口都不超过 10 万人;德国则形成了比较良性的"逆城市化"机制,大中城市的中产阶级往往选择居住在郊外的小城镇。相关统计表明,其中有一半以上的家庭定居在 2 000 人~10 万人的小城镇。由此可知,欧美国家已形成了以小城镇主体、相对均衡的城镇体系结构。但需要说明的是,这一结构不是一天完成的,同样经历了一个曲折的过程。以英国的小城镇为例,主要经历了三个阶段。第一阶段是从 18 世纪中叶到 19世纪 50 年代,这一时期的小城镇发展较快且分化剧烈。1801 年,英国 5 000 人以上的城镇数量为 105 个，到 1851 年就增加了一倍。在这个阶段，臭名昭著的"圈地运动"是主要推手，也彻底葬送了英国乡村的田园牧歌。第二阶段是从 19世纪 50 年代到 20 世纪 30 年代，随着工业化和大城市的快速发展，各种"城市病"集中爆发，受其影响，小城镇的发展也进入停滞状态，小城镇的数量不增反降。第三阶段是从 20 世纪 30 年代至今，小城镇发展进入持续平稳的成熟阶段。特别需要指出的是，这主要依靠的是政府而不是市场。为了推动小城镇的复兴，英国政府出台的一系列政策和措施，如 30 年代实施的农业保护政策，1945 年和 1947年颁布的《工业配置法案》和《城乡规划法案》，也包括改善交通和新城运动等。这和我国小城镇走过的"土地城市化""村村通公路"、城乡公共服务均等化、特大镇扩权等很相似。同时这也表明，从最初矛盾对立、城市剥夺乡村到两者协调发展，是人类城市化必经的历史阶段。现在只要努力克服城市化的后遗症并小城镇规划建设好，就符合历史的规律和进程，而没有必要彻底否定前一个时期的城市化。

五是承担"十三五"时期的城市化任务。"十三五"时期是全面建成小康社会的决胜阶段，其中一个重要的约束性指标是"引导约 1 亿人在中西部地区就近城镇化"，一个重要的战略任务是促进区域与城乡协调发展。现实已不允许我们围绕已开发过度的东部地区和日益不堪重负的"大城市"做文章。顺便说一句，一些课题组在做长三角城市群和中原城市群的规划时，还在执迷于提升上海、郑州等"中心城市"的"首位度"，这是根本行不通的。参照世界城市化的一般规律，目前全球只有约八分之一的城镇人口居住在 28 个人口超过 1 000 万的巨型城市，而接近一半的城镇居民仍居住人口小于 50 万的城市，可以说小城镇一直是人口聚集的主空间。小城镇建设也符合实现我国城乡协调发展的现实需要。一方面，以东部开发密度较低的小城镇为重点，可以有效缓解东部地区的发展压力；另一方面，以高水平的规划设计引领中西部小城镇科学发展，还可以避免中西部大城市重蹈东部大都市"过度城市化"的覆辙。由此可知，大力培育和发展我国小城镇，可以为城乡人口和资源要素流动提供一个安全的蓄水池，对完成"十三五"时期我国城市化的主要目标任务具有重大的战略意义。

三、关于小城镇建设和研究的若干问题思考

芒福德把西方城市史上无比繁华的罗马看作是"城市发展失控、从事野蛮剥削；以及追求物质享乐"的"极可怕的典型"，并假设如"在罗马城市组织发展到一

定程度时",能够"实现灵妙化(etherialized,变得精微小巧)",①就有可能避免这座辉煌大都市的衰落和解体。我们一直把"罗马化"看作是当今世界大都市要应对的主要风险和陷阱,认为"由于人口、资源等在短期内向少数国际化大都市、国家首位城市、区域中心城市的高速与大规模聚集,一种更可怕的'罗马化'现象正在人类的生活世界中迅速泛滥开来""当代大都市中普遍存在的罗马化发展模式,是它们规模失控、结构失衡与功能失调的根本原因"。② 在经济新常态的背景下,我国大城市普遍面临资金资源不足、创新发展乏力、城市病加重等困难。而目前初步形成、迅速扩展的小城镇建设,在理念上无疑可看作是我国城市建设的"灵妙化"转向,在实践上则是对一路高歌猛进的"都市化进程"的重要调节。"以小为美"、灵活机动、风险可控、见效较快的小城镇建设,符合中央城市工作会议提出的"端正城市发展指导思想"和"尊重城市发展的规律",预计在未来一段时间内将持续高开高走。为避免重蹈城市建设"大跃进"的覆辙,在大规模的规划建设前,有必要先解决以下五方面的问题。

1. 开展基于中国城市国情的小城镇基础理论研究

基础理论研究要解决的是"脑袋中的问题",为现实中的实践提供正确的观念和判断。尽管关于小城镇的概念、理论、模式等有不少研究成果,但目前普遍存在两方面的问题:首先,就世界范围看,主要是理论模式、研究方法和价值判断问题。西方在城镇研究方面有成熟的理论和方法体系,并以绝对的话语权成为国内学者学习和模仿的对象。但中西的小城镇差别很大。如美国小城镇只是一个地理或社会概念,只要居民户数达到 500 户以上、三分之二的社区居民同意就可申请成立,并在财政管理上相对独立。这与我国小城镇主要是一个行政概念完全不同。基于前者的各项研究、政策、机制等,在大多数情况下对后者是完全不适用的。因此,我国小城镇的理论和方法必须走自主研究和建构之路。其次,就国内而言,改革开放以来,我国城市化客观形成了两种模式:一是由大城市主导的"都市化";二是基于经济中高速增长的"新型城镇化"。两者在内涵、目标、路径上差别巨大,并对小城镇的建设发展模式产生了深刻影响。依靠乡镇企业带动、不计资源环境成本的"苏南模式"是前者的代表,而近年来主要依赖特色产业和以绿色发展为理念的浙江、四川等地的"特色小镇"则是后者的代表。在

---

① [美]刘易斯·芒福德:《城市发展史:起源、演变和前景》,宋俊岭、倪文彦译,中国建筑工业出版社 2005 年版,第 256 页。
② 刘士林:《大城市发展的历史模式与当代阐释》,《江西社会科学》,2009 年第 8 期。

新型城镇化背景下建设小城镇,必然要面临很多传统理论无法解释的新问题和新情况,这也是需要开展小城镇基础理论研究的重要原因。其重点是以小城镇概念界定为中心,把什么是小城镇、什么不是小城镇,小城镇的内涵和外延、中西小城镇的异同等问题梳理清楚,以便为现实中的小城镇建设提供科学的理论指导。

2. 开展我国小城镇发展现状与主要问题研究

正确把握我国小城镇的发展现状和总体情况,在此基础上分析影响其发展的主要问题并提出切实可行的对策建议,是当下亟待解决的另一个问题。这主要包括两方面的工作:首先,要想概括和把握我国小城镇建设的规律、特点和趋势,必须掌握完整、最新和第一手的数据信息。但长期以来,对于小城镇的数据采集、标准化处理和发布工作一直比较落后,小城镇是一个明显的"信息化洼地",这不利于作出科学的判断和决策。对此要在基础理论研究的基础上开展分类研究,建立符合我国小城镇的统计标准和方法,摸清资源存量和空间分布状况,建立小城镇数据库,为各项政策与规划提供比较全面的数据信息支持。其次,在全面占有各项数据的基础上,运用符合中国国情的小城镇理论和方法,对其存在的共性问题和主要矛盾进行分析,发现问题并把握住其实质,使新一轮的规划建设尽可能避免各种陷阱和"翻烧饼"。

3. 开展符合中国实际需要的小城镇规划建设标准体系研究

标准是一根科学配置资源与理性协调利益矛盾的指挥棒。标准做得好不好,既关系到城市化的效益,也关系到城市化的公平。在制定城市建设标准时往往存在凡事以西方的标准为标准,或将西方标准根据部门利益进行增减,以及将标准制定过高,超出主客观条件等问题。由于脱离了中国城市化的实际需要,结果往往导致既不"知己"(自己真正的需要)也不"知彼"(自己要解决的问题)的盲目开发。另外,在研发小城镇标准时,还有一个问题是不能"因袭"城市标准。过去一些小城镇在规划和建设时直接模仿城市,最后都把小城镇建得越来越不像小城镇。这些教训在新一轮的小城镇建设中必须要认真检讨和吸取。

4. 开展基于国家战略意图的小城镇发展战略研究

小城镇的建设热直接带动了规划热。但受胸襟和视野的局限,小城镇规划存在的一个普遍问题是紧盯着自己的"一亩三分地",仅会对区域发展稍加考虑,而不会注意研究国家的战略意图并主动对接,甚至是和国家战略背道而驰,最后只能血本无归。在谈到城市规划时,我们经常会讲"城市规划编制,战略规划先行"。战略规划不同于一般的城市规划，不是通常意义上的空间、人口、交通、土地、资金等，而是属于城市规划、设计与建设的顶层设计，其目的是确立指导城市规划编制和统筹城市资源使用的理念、定位、模式和框架，它直接决定了未来城市资源和政策配置的有效性，以及如何规避风险并抢得先机。小城镇虽小，但都具备城市化的主要内容，不能因其规模小、层级低而轻视战略研究。战略研究要解决的是大方向问题，与小城镇密切相关的大方向问题包括1亿人就地城镇化、疏解大都市非核心功能、带动农村农业地区发展、慰藉都市人乡愁等。因此，小城镇的规划同样需要和经济新常态、五大发展理念、国家新型城镇化、中央城市工作会议精神等密切结合起来，才能确立自身的指导原则、战略定位和发展目标，避免由于在方向和路线出问题而反复折腾。就此而言，小城镇的战略规划不仅要做，而且要有比城市战略更多和更复杂的考虑。

5. 开展基于文化型城镇化的小城镇发展道路研究

小城镇建设是在新型城镇化背景下展开的，必然要走新型城镇化发展道路。这条道路既有一般的普遍性，也有主要属于自身的特殊性。什么是新型小城镇，是要先行一步加以明确的问题。根据我们的研究，新型城镇化的主题是文化型城市化，它要解决的是"如何转变城市发展方式"的大问题。旧的城市化的主要问题有三方面：一是完全由政府主导；二是任由市场发挥；三是生活价值和意义的缺失。这些问题在小城镇中同样存在，在一些小城镇中还相当严重。就此而言，在研究和设计小城镇的发展道路时，特别需要相应做好三方面的工作：一是由于小城镇政府的权力更加集中和不受制约，所以要特别防止政府"大包大揽"；二是由于小城镇在资金和经济上对大型企业、金融机构的依赖性更强，所以还要特别警惕完全交给市场"任其自由发挥"；三是小城镇的"熟人社会性质"和"文化保守主义"相对比较严重，与现代城市文明和文化差距较大，所以还要特别关注落后的封建主义和宗法文化"死的拖住活的"，真正把小城镇建设成为一个开放和充满活力的文化空间。

"罗马城不是一天建成的"，小城镇也不会在朝夕之间就变得完美无缺。我们在深感大都市发展矛盾重重、历经千难万险的同时，也不要把小城镇建设设想得十分安静和协调。在城市化进程中被注入过多新的内涵和关系的小城镇，注定将是一个各种资源、资金在其中进行博弈的新战场，因为这正是其有活力、能发展的前提和基础。所以对小城镇建设的艰巨性和复杂性同样要有信心和耐心，并通过不懈的努力和奋斗把它们建设好。

| 第十七章 |
中国特色文化小镇的发展现状与前瞻

小城镇是城市体系的基本单元,也是未来十年承载区域城镇化的主要空间,作为"村头城尾",小城镇还是区域生态、文化保护的重要载体,是产城融合、城乡一体化发展的主要战场。党的十九大报告明确提出实施乡村振兴和区域协调发展战略,"按照产业兴旺、生态宜居、乡风文明、治理有效、生活富裕的总要求,建立健全城乡融合发展体制机制和政策体系""以城市群为主体构建大中小城市和小城镇协调发展的城镇格局"。在中国特色社会主义进入新时代之后,小城镇发展被赋予了更加重要的地位和意义。

一、从特色小镇到特色文化小镇的延展

由于交通、传播、复制技术的进步,不仅任何事物想要保持本色和特色都殊为不易,同时任何有特色的东西也都很容易在学习、借鉴、"高仿""山寨"和"克隆"中消失。特色小镇也同样如此。在我国城镇化快速发展的进程中,贪大求洋,照搬照抄,脱离实际建设国际大都市的做法一度十分流行,"建设性"破坏不断蔓延,城市的自然和文化个性被严重破坏。《国家新型城镇化规划(2014—2020)》提出"注重人文城市建设",把城市建设成为历史底蕴厚重、时代特色鲜明的人文魅力空间,依托特色文化资源开发和文化新业态支撑的"特色文化小镇",受到广泛关注。

1. 特色小镇的两种主要模式及局限

目前,我国特色小镇主要形成了两种发展模式,即"发改委系统特色小镇模式"和"住建部系统特色小镇模式"。这两种模式的侧重点有所不同,也都有各自的成功经验和不足之处。发改系特色小镇可以浙江云栖小镇为代表,基本形态是"产业+小镇",即先以某个主导产业构建起四梁八柱,然后再依据产业发展需

要,配套建设城镇生活设施和服务功能。住建系特色小镇可以上海金山区枫泾镇为代表,基本形态是"小镇＋产业",即以建制镇为对象先提升城镇综合功能和公共服务水平,再依据镇区内已有优势产业打造主题不同的特色小镇。

上述两种模式的局限性清晰可见。"产业＋小镇"模式和过去的工业园区有时很难区别开,同时由于产业本身的变动和市场格局变化的影响,不仅有了优势产业未必就能建成特色小镇,依赖单一产业规划为小镇可持续发展带来的巨大风险也在所难免。"小镇＋产业"模式一般需要有较为雄厚的经济和财政实力,才能启动小城镇基础设施和公共服务的改造和升级,因此要想在全国范围内普遍推广相当困难。这两种模式的共同缺陷是没有把形态独特的自然地理条件和传承有序的历史文化谱系作为特色小镇建设的主题。文化,开时代风气之先,是最需要创新,也最容易体现城市个性、特色的领域。对文化资源开发利用和历史文脉传承延续的长期忽视,往往导致"特色产业和特色小镇"走向"没有特色"的宿命。

2. 特色文化小镇:特色小镇的第三条道路

2016 年 3 月,《国家"十三五"规划纲要》提出"因地制宜发展特色鲜明、产城融合、充满魅力的小城镇"。其中的"魅力"主要是指小城镇优美的自然景观和独特的人文价值。2017 年 4 月,《文化部"十三五"时期文化产业发展规划》明确提出"支持各地建设一批文化特点鲜明和主导产业突出的特色文化小(城)镇",是特色文化小镇在国家文件中首次正式出现。2017 年以来,以国家体育总局牵头的体育小镇、原国家旅游局牵头的旅游小镇、国家林业局牵头的林业小镇为代表,也包括一些省市自行规划建设的非遗小镇、文化产业小镇、音乐小镇、美术小镇、诗歌小镇等,一种既不同于发改系"产业＋小镇",也不同于住建系"小镇＋产业"的"特色文化小镇"模式已经出现。这一新模式不仅将特色小镇的主题和定位从经济、商贸、产业等拓展到社会事业和文化建设的领域,同时还将小镇主导产业细分为特色文化产业、特色旅游业,甚至是某一艺术门类产业上,从经济功能到文化功能,从产业形态到文化产业形态,特色文化小镇代表了我国特色小镇发展的第三条道路。

当今中国,"人文城市"的发展理念已得到广泛认同并开始进入布局建设阶段。实际上,无论是"产业＋小镇"模式,还是"小镇＋产业"模式,都离不开对小镇自然人文特征的挖掘整理、塑造提升。这是各部委和各省市都将"文化"要素,如梳理自然历史文化禀赋、保护利用历史文化遗存、活态传承非物质文化遗产、形成独特的文化标识等列为评比特色小镇的必要条件的主要原因。同时,作为一个地理性多样、创造了辉煌古代文明的国家,我国大多数小城镇均有着悠久的历史传承和丰厚的文化底蕴,就此而言,特色文化小镇具有比现有"产业＋小镇"模式与"小镇＋产业"模式更加广阔的发展空间和规划建设的必要性。

3. 特色：从产业比较优势到自然地理和文化传统的转向

为防止特色小镇建设重蹈我国新城新区"产城分离"的覆辙,避免旧城镇化模式借着特色小镇"卷土重来",关于特色小镇的主要政策文件都把着力点均集中于特色产业的打造和发展上。从 2016 年住房城乡建设部牵头提出"休闲旅游、商贸物流、现代制造、教育科技、传统文化、美丽宜居"六大类型,到 2017 年国家发展改革委牵头提出"以特色产业为核心,兼顾特色文化、特色功能和特色建筑"及"着力发展优势主导特色产业"和"打造特色产业集群"的治理思路,都是要立足各地区的要素禀赋和比较优势,把特色小镇的产业"特色"做实做强。

针对当前特色小镇被"做空""有躯壳无灵魂""只有形式而没有内容",甚至是"金玉其外败絮其中"等乱象。2017 年 12 月,《关于规范推进特色小镇和特色小城镇建设的若干意见》提出各地区要准确把握特色小镇的内涵,"不能把特色小镇当成筐,什么都往里装,不能盲目把产业园区、旅游景区、体育基地、美丽乡村、田园综合体以及行政建制镇戴上特色小镇的'帽子'"。但对于大多数特色小镇的建设、管理、运营主体来说,特色不鲜明的主要原因并不是他们不想"准确理解特色小镇内涵特质",而是缺乏"准确理解"的理论体系和方法工具。

这可以从两方面来了解,首先,最直接的原因是在产业产品、商业模式、城镇治理方法、公共服务机制等方面,一般的特色小镇或是没有特色,或是一旦形成特色很快就被其他小镇克隆和复制,所以仅仅围绕这些方面来规划和建设,最终只能建成一大批面目相似的小镇。其次,深层次的原因则在于人们所采用的是经济学思维方式和产业规划模式,正如马克思说"商品是天生的平等派"[①]一样,当一个小镇的产业、产业链、产业集群形成"特色"之时,也就是它们到处被复制、被因袭和被克隆之日,要想走出"特色小镇缺乏特色"的困境,落实国家发展改革委等提出的"找准特色、凸显特色、放大特色,防止内容重复、形态雷同、特色不鲜明和同质化竞争",必须深入探讨在特色小镇空间聚落中,什么才是最不容易被复制和克隆的"特色"和"特色产业"。

一旦转换思维方式,不难发现,在产业和商业要素之外,最能代表小镇特色

---

① 中共中央马克思恩格斯列宁斯大林著作编译局编译:《资本论·第一卷》,人民出版社 1975 年版,第 102 页。

和难以被复制的是一个小镇形态独特的自然地理条件和传承有序的历史文化谱系。前者是特色小镇的"颜值",后者是特色小镇的"灵魂"。自然地理条件是天生的,即使被复制也会被一眼看穿。历史文化谱系是后天的,基本上是没有办法被克隆的。只有在自然原生态和历史文脉上还原小镇"特色",将独一无二的自然地理条件和文化传统谱系纳入小镇的空间规划和产业规划,把小镇的文化个性与做精做强主导特色产业深度融合,才能再生产出空间功能优化、产业特色突出的个性鲜明、内涵充实的真正意义上的"特色小镇"。

二、特色文化小镇的界定与评价

目前,促进大中小城市和小城镇协调发展,因地制宜发展特色鲜明、产城融合、充满魅力的小城镇,已成为国家层面攸关新型城镇化成败的必然选择。为适应规范推进各地区特色小镇和小城镇建设的紧迫需求,并结合我国特色小镇从产业比较优势转向自然地理和人文传统的新趋势,有必要将以文化建设为主题、以特色文化产业(包括特色文旅业)为支撑的"特色文化小镇"作为特色小镇发展的重要模式单独列出来。在特色小镇发展的总体战略框架下,对特色文化小镇的概念进行界定并探索其评价和建设标准体系,实现特色小镇在产业、生态和人文三个主要方面的协调发展,对推进特色小镇和小城镇建设具有重大现实意义。

1. 特色文化小镇的概念界定与阐释

我国特色小镇的突出特点是强调以特色产业为核心。相应地,特色文化小镇最主要的功能形态必然是发展特色文化产业。正确认识和处理好"特色文化产业"和"特色文化小镇"的关系,是促进我国特色小镇文化功能修复和推动特色文化小镇健康发展的前提。

首先,"特色文化产业"和"特色文化小镇"具有"一体两面"的内在有机联系。特色文化小镇是特色文化产业的当代载体和空间组织形式。特色文化产业是指依托各地独特的文化资源,通过创意转化、科技提升和市场运作,提供具有鲜明区域特点和民族特色的文化产品和服务的产业形态。就特色文化小镇而言,其优势主导产业的发展要依托小镇长期积淀、定型、传承有序的一种或几种独特文化资源,以及工艺技术、组织管理、社会环境和专业人才等特殊优势,形成在国际、国内或地区具有核心关键技术和重要市场竞争力的文化产业类型或文化产业集群。只有借助于特色文化产业这个"经济基础",特色文化小镇才能真正获得自身的"空间形态"。一方面,依托独特的自然景观和历史人文禀赋,特色文化小镇才能在空间形态和景观形上与一般小镇、其他特色小镇真正区别开;另一方面,借助于特色文化资源和具有核心竞争力及可持续发展特征的产品和工艺技术,特色文化小镇才能形成具有自身特色的文化产业和经济产业体系。

其次,目前我国特色文化小镇发展的主要问题是割裂了"特色文化产业"和"特色文化小镇"的有机联系。在当下,特色小镇乱象不仅体现在房地产化、产业园区化、旅游景区化等方面,也表现在一些"挂羊头卖狗肉"的所谓"文化小镇"和"特色文化小镇"上。它们的主要问题是不按照文化发展规律并基于文化资源特征进行小镇产业规划,或者是只把文化产业作为"小摆设"和"小点缀",不重视立足于区位条件、资源禀赋、产业积淀和地域特征,去深入发掘小镇的文化脉络、历史记忆、自然风光、风俗特点,同时也不善于借助创意和科技,以创造性转化和创新性发展来提高小镇特有的文化资本和人文魅力。割裂"特色文化产业"和"特色文化小镇"的有机联系,就无法确立和坚守文化产业的主导或支柱地位,最终使文化小镇混同于一般的小镇建设。

基于这两方面的思考,我们认为可以把特色文化小镇的概念界定为:一种以文化资源为主要生产对象、以文化产业为主要生产方式、以文化消费和文化服务为城镇核心功能的新型特色小镇。这种以"文化"(而非经济)为主题、以"文化产业"(而非第一、第二产业)为生产方式的特色小镇新形态,在内涵上比较完整和丰富,而其他文化生产和消费功能比较单一的体育小镇、旅游小镇等,则可以看作是特色文化小镇的细分类型并可划入其范围内。同时,以发展的眼光看,这一界定不仅适用于已有的特色文化小镇,也适用于规划中以特色文化产业作为主导产业或支柱产业的特色小镇。

2. 特色文化小镇的类型和分类评价

我国目前使用的"特色小镇"的概念实际上包括作为建制镇的"特色小城镇"和作为园区升级版的"特色小镇"两种类型。因此,课题组也相应地把"特色文化小镇"划分为两种形态:"特色文化小城镇"和"特色文化小镇"。研究和揭示它们与"特色文化产业"的不同关系,对于不同类型的特色文化小镇规划建设具有重要的规范和指导作用。

"特色文化小城镇"和"特色文化小镇"的产业基础都是特色文化产业,这是毫无疑问的。两者的区别仅在于是否具有行政建制上的"小城镇"身份。判断一个特色小镇是否是特色文化小镇,关键在于其产业性质及在相关区划的经济发展中是否占到一定的比重。与特色小镇一样,特色文化小镇作为一个新生事物,在国内外并没有直接和相关的参考借鉴,对此课题组主要借助"主导产业"和"支柱产业"两个概念,尝试建立较为科学、合理,可操作性强的分类评价标准。

按照通常的理解,"主导产业"是在区域经济中起主导作用的产业,一般具有技术先进、增长率高、产值占比较大、产业关联度强,对其他产业和区域经济发展带动作用较为突出等特点。"支柱产业"一般被界定为工业增加值占 GNP 比重的 5％以上,产值占工业总产值的 8％左右,[①]并构成国民收入主要来源的产业。由于特色文化小城镇一般规模较大,甚至同时包括多个特色小镇,文化产业只是镇区经济的一种形式,因此宜采取"支柱产业"的评价方式。而主要依靠文化产业而建成的特色文化小镇,则宜采取"主导产业"评价方式,引导特色文化产业不断优化结构、提升质效。

鉴于目前对于文化特色小镇还在研究和探索中,特别是和特色文化产业的关系缺乏数据和案例支持,从理论研究和评价框架设计的角度,课题组初步提出作为"准入门槛"的"培育标准"和作为"达标"要求的"建设标准"及两种量化评价标准和方法。

(1)"培育标准"初步设计。

按照"支柱产业"的要求,特色文化小城镇的文化产业增加值在 GNP 中占比不低于 5％,且文化产业产值占工业总产值的 8％左右;按照"主导产业"的要求,特色文化小镇的文化产业增加值在 GDP 中占比不低于 35％。

(2)"建设标准"初步设计。

按照"支柱产业"的要求,特色文化小城镇的文化产业增加值在 GNP 中占比不低于 10％,且文化产业产值占工业总产值的 16％左右。按照"主导产业"的要求,特色文化小镇的文化产业增加值在 GDP 中占比不低于 50％。

之所以把相关标准定得偏高,是为落实了 2017 年 12 月国家发展改革委会同国土部、环保部、住建部联合印发实施了《关于规范推进特色小镇和特色小城镇建设的若干意见》中强调的"不能把特色小镇当成筐,什么都往里装"和"走少而特、少而精、少而专的发展之路"。由于每个小城镇都不乏文化资源和文化产业,在特色文化小镇酝酿和起步阶段设置更高的标准和提出更严的要求,可有效防止在特色文化小镇中出现新的"扩大化"和各种"滥竽充数"现象。

---

① 王家新:《论支柱产业的概念、选择及作用机理》,《江苏社会科学》,1995 年第 4 期。

三、我国特色文化小镇发展现状分析

为便于统计和分析，从特色文化产业是特色文化小镇的"支柱产业"和特色文化小城镇的"主导产业"出发，依据特色文化产业的"集群化"发展态势，课题组将特色文化小镇划分为广义和狭义两种统计概念：广义上的特色文化小镇是指围绕文化产业的某个或某些门类，集聚融合众多上游、中间和下游产业，发展形成跨行业、跨领域的完整价值链，如文化旅游小镇、文化体育小镇等，其主要特征是特色文化产业与其他相关产业跨界融合发展；狭义的特色文化小镇主要指文化产业内部企业、产品高度集聚，生产、销售的专业化、规模化程度高，在文化产业的某个或某些门类形成具有核心竞争优势的产业集群，如音乐小镇、非遗小镇等。其中，广义的概念主要用来了解特色文化小镇的大体情况，而狭义的概念则用来对特色文化小镇进行精准把握和研究。

1. 我国特色文化小镇的发展现状

依据广义和狭义两种统计概念，参照国家部委和相关省市的特色小镇评选标准，①以住房城乡建设部公布的国家级特色小镇和各省市公布的省级特色小镇（共计 1 286 个）为研究对象（见图 16-1），可以得出我国特色文化小镇的发展现状和总体趋势。

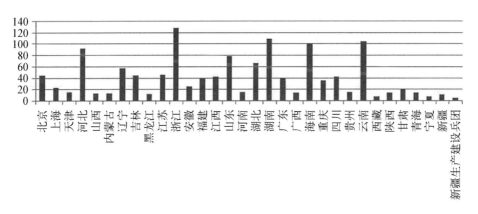

图 16-1　国家级及省级以上特色小镇数量分布

资料来源：作者根据相关材料整理。

---

① 住房城乡建设部和大部分省市在特色小镇评选标准中设置了文化标准。

依据广义和狭义两种统计概念,对我国现有1 286个省级以上的特色小镇进行归纳分析,可以找到特色文化小镇在地域分布上的一些规律和特点。其中,广义的特色文化小镇在数量上超过50个的有湖南、云南、浙江、海南、河北,分别是100个、86个、65个、64个和59个;狭义的特色文化小镇数量排名前三位的是浙江、河北和江苏,分别为11个、9个和6个。在全部的31个省市中,有14个省市狭义特色文化小镇目前的数量为0(见图16-2)。由此可知,在我国特色小镇体系和类型上,主要基于特色文化产业的特色文化小镇目前还属于起步阶段,发展水平很低,和特色小镇一般都具备丰富的文化资源和发展文化产业的良好条件不相匹配,和《文化部"十三五"时期文化产业发展规划》明确提出的"支持各地建设一批文化特点鲜明和主导产业突出的特色文化小(城)镇"存在较大差距,属于我国特色小镇中要着力解决的发展不平衡和不充分的领域。

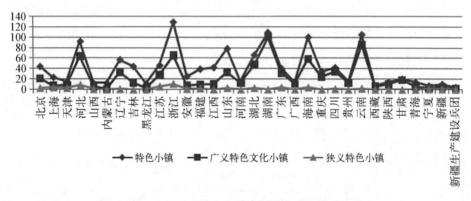

图16-2 省级以上特色小镇及特色文化小镇分布情况

资料来源:作者根据相关材料整理。

从数量占比上看,目前广义的特色文化小镇为798个,占总数的62.1%;狭义的特色文化小镇为60个,占特色小镇的4.7%,占特色文化小镇的7.5%。从60个狭义的特色文化小镇看,以文化创意产业为主的为17个,占总数的28.3%,其他的狭义特色文化小镇类型还有影视小镇、设计小镇、演艺小镇、宗教文化小镇、非遗小镇、名人文化小镇等(见图16-3)。数据表明,我国特色文化小镇在总体上还处于自发发展的初级阶段,发展特色文化小镇的自觉意识尚未形成。其中,广义的特色文化小镇是主流,文化只是城镇的次要功能,文化产业只是作为城镇产业的配套产业而存在的,而以特色文化产业为主导产业、以文化功能为主体功能,在内涵上更为纯粹、在功能上更加优化的特色文化小镇仍处在边缘位置,尚有很大的发展空间。

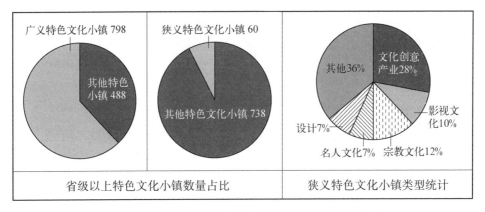

图 16‑3　省级以上特色文化小镇数量占比及类型统计

资料来源：作者根据相关材料整理。

2. 我国特色文化小镇发展的总体分析

基于广义和狭义两种统计概念及相关数据统计，可以将我国特色文化小镇的总体发展情况概括为以下三个方面。

首先，"文化＋"类型的广义特色文化小镇占据主导地位。在目前的798个省级以上特色文化小镇中，真正以国家统计局《文化及相关产业分类（2012）》中的文化产业门类为"支柱产业"或"主导产业"的小镇占比很低。除了文化旅游业外，绝大多数小镇在文化产业与其他产业的跨界发展、融合发展方面刚刚起步。以北京为例，在北京"十二五"期间建设的42个特色小镇中，有一半可以被列入特色文化小镇的范畴，其中有15个特色小镇将文化旅游业作为主导产业。一方面，这与住房城乡建设部对特色小镇提出的"双产业"（产业＋旅游）顶层设计有关；另一方面，是受到了小城镇文化产业基础薄弱、专业人才欠缺和旅游业作为综合性现代产业"一家独大"的不利影响。在中国文化产业发展的总体格局中，旅游业，特别是利用人文资源的"文化旅游"向来有着"举足轻重"的地位。目前"文旅小镇"之所以受投资界追捧，与此不无关系。

其次，由物质文化衍生出来、以文化产品用品制造为主要业态的特色文化小镇占有较大比例。按照一般的理解，文化可以分为物质文化、制度文化和人文文化三种具体形态。特色小镇作为一个美丽宜居的空间集聚形态，与大自然提供的物质文化形态具有天然的密切关系。目前被纳入政府培育扶持范围的特色小镇一般都有着独特的自然人文禀赋、良好的空间布局和传承有序的生产生活方式，这同时也成为它们规划建设特色小镇的重要基础条件。目前我国文化产业的范围包括文化产品(包括货物和服务)的生产活动和辅助生产活动、文化产品实物载体或制作(使用、传播、展示)工具的文化用品的生产活动(包括制造和销售)、相关专用设备的生产活动(包括制造和销售)。在特色文化小镇中,由物质文化衍生出来,以文化产品用品(包括各种"有文化内涵的特色产品")制造为主要业态,融合第一、二、三产业,提升普通消费品文化附加值的类型占有较大比例,如陶瓷小镇、湖笔小镇、宝剑小镇、丝绸小镇、银饰小镇、大黄鱼小镇、葡萄小镇、蓝宝石小镇、薰衣草小镇等这些特色文化小镇以文物及非物质文化遗产保护利用,或者以文化创意和设计服务与相关产业融合发展为卖点,大多在产业基础、市场空间方面具有优势,往往获得工信、农业、科技、商业、文化等多部门的综合性政策支持,比较容易以特色产品为抓手形成一些特色文化产业和特色文化产业集群。

最后,特色文化小镇凸显出鲜明的地域特征和乡土文化风格。2014 年 8 月,原文化部、财政部联合发布的《关于推动特色文化产业发展的指导意见》指出:特色文化产业是指依托各地独特的文化资源,通过创意转化、科技提升和市场运作,提供具有鲜明区域特点和民族特色的文化产品和服务的产业形态。由此可知,特色文化小镇和特色文化产业具有十分密切的内在联系。地域特征和乡土文化是小镇最独特也是最珍贵的资源,是特色文化小镇走特色化、差异化发展不可复制的"家底",如四川成都的熊猫小镇、甘肃酒泉的玉文化小镇、山东菏泽的水浒旅游小镇、江西赣州的赣南脐橙小镇等。依托于不同区域和文化的地方名人文化,也是很多特色文化小镇重点打造的新名片,如广东江门的新兴六祖小镇、福建南平的武夷山朱子文化休闲小镇、福建莆田的湄洲妈祖文化小镇等。此外,还有依托少数民族地区自然景观和民俗文化的特色文化小镇,如甘肃甘南州夏河县拉卜楞民族风情小镇、湖北下谷坪土家族乡旅游小镇、河北秦皇岛的青龙满韵小镇等。这些民族特色浓郁的文化小镇多数与中心城市有一定的空间阻隔,其地域文化特征和城镇传统风貌保存较为完整,既直观再现了中华文化丰富的"多样性"与"差异性",也为相关地区以文化产业带动精准扶贫、实现乡村振兴提供了核心资源。这是它们容易打造并取得成功的主要原因。

3. 我国特色文化小镇发展的基本经验教训

2013 年以来,特别是《国家"十三五"规划纲要》公布和住房城乡建设部、国家发展改革委、财政部联合下发《关于开展特色小镇培育工作的通知》之后,各地区各有关部门认真贯彻落实党中央国务院的决策部署,大力推进特色小镇和小城镇建设的试点示范工作。在创新工作思路、方法和机制,探索特色鲜明、产城融合、惠及群众新路径的过程中,既涌现出一批以文化建设为主题,具有较高知名度的特色文化小镇,同时也出现了一些违背文化和文化产业发展规律的经验教训。

首先,以特色文化资源和特色文化产业为抓手,破除"资本搭台、文化唱戏"的传统套路,打造以文化产业和人文气质为核心优势的特色小镇。如浙江省通过找准文化特色和凸显文化特色,让每个特色小镇紧扣七大产业和历史经典产业,主攻最有基础、最有优势的特色产业。2015 年龙泉青瓷小镇被纳入浙江省创建特色小镇名单,青瓷文化成为贯穿小镇发展的主线并融入产业转型、产品创意等方面;地处浙中腹地的磐安县被誉为"中国药材之乡",著名的"浙八味"中有五味在磐安,是我国重要的中药材种植基地和中药材贸易基地。依托磐安在中药材种植、加工及贸易方面的优势,政府与当地企业联手打造以"药材天地、医疗高地、养生福地、旅游胜地"为主题的江南药镇,同时也振兴了当地的茶叶、中药、食用菌等传统产业,实现了延续历史文化根脉、传承工艺文化精髓的目的。

其次,特色的塑造往往离不开深入挖掘历史文化资源,特色的生命力则在于满足人民群众的生产生活需要。定位特色文化时罔顾历史文脉的传承延续,脱离地方文化生态的保护涵养,会直接影响特色文化小镇的健康发展,不利于实现产业特色鲜明、要素集聚、宜居宜业、富有活力的目标。如瓯越文化是温州宝贵的精神财富,是温州人的集体记忆和智慧结晶,历史悠久,积淀深厚,种类丰富。其中永嘉的昆曲、乐清的黄杨木雕、泰顺的廊桥、瑞安的木活字印刷等均具备规划建设特色文化小镇的潜质。但截止到目前,温州被列入浙江省第一批建设的特色小镇仅为 2 个、列入第二批建设的仅为 3 个、列入培育的为 4 个,在浙江全省的排名垫底。特别是由于缺乏特色文化小镇的理论和政策指导,温州的特色小镇并没有把最具特色的瓯越文化的传承创新放到应有的位置,第一批的 2 个省级特色小镇在 2015 年考核中一个仅为"合格",另一个则被"警告"。这些特色文化小镇的经验教训值得研究和吸取。

最后,以人居环境建设和特色文化产业发展为基础,注重外在的文化特色与内在的心理认同,是促进特色小城镇"产城人文"融合发展的有效手段。与产业特色、生态特色、功能特色相比,文化特色是特色小镇最根本、更广泛、最深厚的特色。在我国特色文化小镇中,有相当一部分以制造各种"有文化内涵的特色产品"或文化产品用品如茶叶、丝绸、黄酒、陈醋、中药、青瓷、木雕、根雕、石雕、玉雕、文房等为主要业态,这些特色文化产业门类在市场竞争中往往具有不可复制的特殊优势,在融合第一、二、三产业,提升普通消费品文化附加值方面也有极大的发展空间。依托于此类特色文化产业发展的特色文化小镇,构成了地域传统文化特色传承保护与区域社会经济发展相结合的生动实践。为完善特色文化产业的品牌价值体系,保持和提升有关产品的知名度和美誉度,这些小镇的规划建设往往比较重视文化内涵、自然环境、精神状态、生产生活方式、民俗风情、建筑风格等综合表达,同时也将小镇的文化脉络渗透于小城镇的产业特色、生态特色和功能特色中,主动展示小镇与众不同的个性空间形态。

四、新时代特色文化小镇的建设

党的十九大召开以来,我国进入中国特色社会主义新时代。新时代会对特色小镇提出哪些新要求,或者说特色小镇在新时代将发生哪些重要变化,要了解和把握这些,需要特别研究和关注 2017 年 12 月 4 日国家发展改革委等部门联合下发的《关于规范推进特色小镇和特色小城镇建设的若干意见》(以下简称《意见》)。这是关于特色小镇截止到目前最重要的文件,基本确定了新时代特色小镇的发展方略和政策空间。

一是在空间明确了"大小"。在新时代之前,特色小镇一度出现了"大跃进"现象,在空间上引发了新一轮的"摊大饼",在房地产开发、旅游景区建设、政绩工程等外力的刺激下,特色小镇很快冲破了"几平方公里土地"的边界界定,甚至把特色小镇混同于"拥有几十平方公里以上土地"的特色小城镇或产业园区,于是出现了"小镇不小"等新问题。新时代以来,在严防房地产化、"划定特色小镇和小城镇发展边界"、适度控制旅游景区类小镇等新形势下,产业形态"小而美"、机制"新而活"成为特色小镇的主要特征,其中一个重点是对特色小镇在空间上无节制地蔓延加以控制,引导特色小镇规划用地面积回归到 1～3 平方公里的规模,这在某种意义上是要回归以浙江特色小镇的本义。在这个背景下,一些企业在特色小镇的幌子下,把空间上符合特色小镇要求的古镇、古村等拿下,其主要意图却是要以周边土地实行房地产开发的模式,这种模式不可持续并将面临各种红线和风险。此次《意见》中讲到的"引导企业有效投资""培育特色小镇投资运营商""合理确定住宅用地比例""适度提高产业及商业用地比例"、防范"假小镇真地产"项目等,已经把这个意图讲得非常细致和清楚了。

二是在产业上提出了明确要求。

"坚持产业建镇""做精做强主导特色产业",是新时代对特色小镇规划建设提出的核心要求,也是防止特色小镇建设房地产化、旅游景区化、工业园区化、形象工程化的主要抓手,还是激发特色小镇内生动力、"培育供给侧小镇经济"、防止出现空心化和鬼镇化,以及实现其作为城市和农村结合地带而必须带动乡村振兴的主要手段。关于这一点目前已形成共识,但主要问题是产业定位偏大偏全,按照产业园区的模式和体量来设计特色小镇产业规划,往往超出了特色小镇的承载能力,无法满足特色小镇产业"小而特"的本质要求。比如那些动辄投入数十亿、上百亿的特色小镇,以及不切实际地提出的百亿级、千亿级产业规划,它们尽管"看上去很美",非常高大上,但受特色小镇空间容量、人才人口规模等条件的限制,基本上没有可以做大做强的。因此,在新时代提出的要求是把小镇产业选准做精,只要和自己的空间和生活需要能够比较匹配,就是很好的产业定位,同时和小镇生活方式也不要冲突太大,这也是现在讲特色小镇"社区不是园区"的原因。

三是明确建设的主体。

人们经常说"政府的归政府,市场的归市场",尽管有时候会将这两者混在一起,但作为深化改革的一条主线是必须坚持推进的。过去在特色小镇开发中,一个突出问题是政企不分,政府越位和缺位情况都比较多,甚至政府成为特色小镇建设的主体,在规划、项目、资金等方面大包大揽,这成为"政府债务风险加剧"和"市场化不足"的主要原因,在各地也都出现了一些"烂尾楼"。从整体上看,新时代的特色小镇正在进入一个规范和治理时期,"厘清政府与市场边界""坚持市场主导""防止政府大包大揽"等,主要是针对政府的越位缺位而制定的政策。政府的角色已非常明确,主要是"制定规划政策、搭建发展平台",而企业则"按照政府引导、企业主体、市场化运作的要求",成为建设主体。未来特色小镇建设得如何,能否进入高质量发展新阶段,做到"产业特色鲜明、服务便捷高效、文化浓郁深厚、环境美丽宜人、体制机制灵活",推出一些产业"特而强"、功能"聚而合"、形态"小而美"、机制"新而活"的样板,关键在于如何摆正和处理好政府和企业之间的关系,但目前的对策不是很多,这也是未来特色小镇发展特别需要探索的。

| 第十八章 |
中国传统村落的文化特征分析与评价

习近平总书记在 2014 年中央城镇化工作会议上指出:"在促进城乡一体化发展中,要注意保留村庄原始风貌,慎砍树、不填湖、少拆房,尽可能在原有村庄形态上改善居民生活条件。"同年发布的《国家新型城镇化规划》提出"建设各具特色的美丽乡村,保护有历史、艺术、科学价值的传统村落、少数民族特色村寨和民居",为我国传统村落保护确立了基本原则和发展目标,也是我们开展"传统村落文化特征分析与评价研究"的指导思想和主要依据。

我国是个传统的农业文明国家,以农业聚落、林业聚落、牧村、渔村为主体形态,以块状聚落(团村)、条状聚落(路村、街村)、环状聚落(环村)、点状聚落(散村)为主要空间格局,以"春耕、夏耘、秋收、冬藏""日出而作,日入而息"为基本生产生活方式,千百年来很少变化。20 世纪 80 年代以来,随着我国快速的工业化和城市化进程,特别是在 21 世纪以来经济全球化和世界城市化影响下,沉睡千年、安宁静谧的"乡土中国"才被彻底改变。在环境与物质空间上,钢筋水泥的高楼大厦拔地而起,在社会与精神生态上,都市文化和消费生活方式横扫一切,前者直接剥夺了传统村落生存发展的"物质条件",后者则严重污染了传统村落的文化生态与价值体系。由此可知,城市化进程是影响我国传统村落延续及其文化系统传承的主要矛盾,也是我们开展"传统村落文化特征分析与评价研究"的现实背景和应予关注的首要问题。

我国传统村落的衰落和破败虽由城市化而起,但并不能因此将"城市发展"与"村落保护"对立起来,更不能采取"要保护传统村落就必须拒绝城市化,甚至是反对城市化"的片面立场。这是因为,一方面,城市化是当今世界发展的主流和大趋势,在关注城市与乡村矛盾冲突的同时,也要看到它们深层次的相互依存关系,即城市化进程在加剧城乡人口迁移、资源分配、文化消费等固有矛盾的同时,也为综合解决城乡之间的危机与紧张提供了重要的理论资源与先进的实践框架。① 这是我们在研究中需要明确和应秉持的基本理念和价值立场,并应以此为基础,在全球经济化和世界城市化背景下,推动我国传统村落保护走出一条真正符合新型城镇化本质需要的美丽乡村和文化乡村发展道路。

一、我国传统村落保护的现状与问题

1. 我国传统村落"迅速消亡"的现状

中国自古以农立国,至今仍是农业大国。我国现有乡镇级建制单位 41 636 个,设村委会的农村有 58.9 万个,它们既是大多数新城市人的"乡愁"所系,也是约 1 亿人实现就近城镇化的"空间"所在,村镇建设已成为我国新型城镇化各种矛盾的结合点。

在我国数量庞大、广泛分布的农村中,依托独特资源与环境条件、具有独特历史与文化特色的传统村落,在落实"注意保留村庄原始风貌""建设各具特色的美丽乡村""让城市融入大自然,让居民望得见山、看得见水、记得住乡愁"等新型城镇化战略要求中具有重要的代表性和示范性。但其生存和发展现状不容乐观。据住建部联合原文化部、财政部、国家文物局组成的专家委员会 2013 年公布的中国传统村落调查结果,"2000 年,我国自然村总数为 363 万个,到 2010 年锐减为 271 万个,每天至少消失 100 个村落;2005 年存量为 5 000 个古村落,到 2013 年只剩不足 3 000 个",②"数量仅占全国行政村总数的 1.9%"。③

保护中国传统村落,走出一条既符合我国城镇化进程总体要求,又符合自身可持续发展需要的新路,绝不仅仅是农村和农民的事情,而是事关我国新型城镇化的建设质量乃至成败的大问题,必须提到更加重要的工作议程上来。

2. 我国传统村落认定及保护工作的基本情况

2011 年,为贯彻落实中央关于加强优秀传统文化体系建设,弘扬中华优秀传统文化的精神,住房与城乡建设部、原文化部、财政部联合启动了中国传统村落保护工作。在对全国传统村落开展摸底调查的基础上,2012 年 12 月和 2013

---

① 刘士林:《"新农村"与"城市群"的相克与相生》,《中国社会科学内刊》,2008 年第 2 期。
② 熊筱伟:《一个中国传统村落的保护与挣扎》,《四川日报》,2014 - 3 - 21。
③ 《中国传统村落现存数量仅占全国行政村总数的 1.9%》,.http://www.chinanews.com/cul/2013/10 - 17/5394057.shtml.,2013 - 10 - 17。

年8月先后公布了第一批(646个)和第二批(915个)中国传统村落名录,入选村落共计1 561个。据住建部、原文化部、国家文物局和财政部2012年9月发布的信息,我国31个省、自治区、直辖市共登记上报了11 567个传统村落,而纳入保护名录的仅为1/8,还有一些符合条件但尚未申报的传统村落,因此可以说未来我国传统村落的认定与保护任务仍十分艰巨。

对于传统村落的认定与保护,主要还是国家和政府的工作。为了保护在城市化进程中迅速消亡或遭到严重冲击破坏的传统村落,近两年来,住建部、原文化部、国家文物局和财政部四部门先后发布了八个与传统村落认定相关的文件,分别是:《住房城乡建设部等四部局关于开展传统村落调查的通知》(2012年4月26日);《关于成立传统村落保护和发展专家委员会及工作组的通知》(2012年8月22日);《传统村落评价认定指标体系(试行)》(2012年8月22日);《关于加强传统村落保护发展工作的指导意见》(2012年12月12日);《关于公布第一批列入中国传统村落名录村落名单的通知》(2012年12月17日);《关于做好2013年传统村落补充调查和推荐上报工作的通知》(2013年2月4日);《关于公布第二批列入中国传统村落名录的村落名单的通知》(2013年8月26日);《关于切实加强中国传统村落保护的指导意见》(2014年4月25日)。

这些密集出台的政策、文件、标准与工作部署,涉及摸底调查、组织管理、认定标准、名单公布、工作指导等方面,改善了长期以来"无人过问""无法过问"的现状,对于遏制我国传统村落的衰落和消亡,唤起民众的保护意识,发挥了及时而重要的作用,同时,也为下一步更加系统和科学的保护工作积累了必要的经验。

3. 已认定中国传统村落的空间分布情况

根据住建部等部局发布的《中国传统村落名录》,目前我国传统村落共计为1 561个,其主要分布情况如图17-1所示:

从全国总体分布看,以省区直辖市为单位,已入选的传统村落基本上涵盖了除台湾、香港、澳门以外的全国各省、自治区和直辖市,主要集中在云南、贵州、广东、浙江、江西、福建、广西、湖南,仅这八个地区的中国传统村落就多达1 070个,约占我国传统村落总数的68.5%。其中,数量最多的是云南,其次为贵州,共计586个,占我国传统村落的38%;北京、山东、重庆、甘肃、内蒙古、海南、新疆、西藏、上海、宁夏、黑龙江、吉林等16个地区的中国传统村落仅为130个,占比不足 8%。目前,只有辽宁省尚无一个传统村落入选,是大陆各省、自治区和直辖市中唯一的"空白"。

从区域分布比较看,根据国家统计局关于东部、中部、西部和东北(东部包括:北京、天津、河北、上海、江苏、浙江、福建、山东、广东和海南。中部包括:山西、安徽、江西、河南、湖北和湖南;西部包括:内蒙古、广西、重庆、四川、贵州、云南、西藏、陕西、甘肃、青海、宁夏和新疆;东北包括:辽宁、吉林和黑龙江)的区域划分,已入选的传统村落数量与不同区域的城市化及经济发展水平的关系如图 17-1 所示。

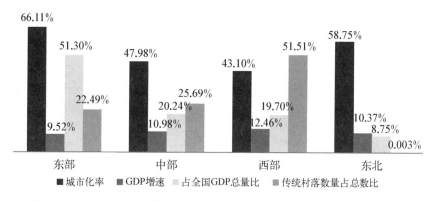

图 17-1　2012 四大区域经济、城市化水平与入选传统村落数量比较图示①

特别提出城市化、经济增长和传统村落保护,主要是为了深入了解和把握我国传统村落保护中异常突出的"保护与发展"关系。在经济增速上看,近年来我国四大区域几乎持平,中部与西部地区的 GDP 总量、城市化水平也比较接近,但两者在传统村落占比上却有一倍之差,说明在经济发展与传统村落保护之间存在着十分复杂的关系,并不是一般人假想的"先有了钱,再实施保护"。从东部与西部的比较来看,经济总量与传统村落数量也呈现出反比关系,说明我国城市与经济发展一直以牺牲传统村落为代价。其中,城市化水平位居第二的东北地区,由于解放初期大量建设重工业,对传统农村的破坏尤为严重,这是东北地区入选不多,甚至辽宁省为零的主要原因。由此可知,新时期以来形成的粗放型经济发展方式,是导致我国传统村落和地域文化迅速消失的主要原因,也是今后研究和出台相关政策文件最需要关注的突出问题。

---

① 据国家统计局、各市统计局发布相关数据整理得出。

4. 当前传统村落文化评估认定工作存在问题分析

从近年来国内学者对中国传统村落保护情况的案例研究和本课题组开展的江南传统村落实地调研情况看,造成传统村落文化保护不力的原因是多方面的,既有外部客观条件的影响,也有资金、政策等因素的限制,还有观念认识上的欠缺,以及指导方法和技术上的问题,但追根究底,还是对"传统村落"已演变为"文化范畴"缺乏理论自觉,无法全面和深刻认识传统村落的文化本质,以及未由此确立传统村落保护的核心要点和基本思路。

这具体表现在国家出台的一系列政策文件的精神实质并没有贯彻到相关的实施环节中。如住建部等出台的《关于加强传统村落保护发展工作的指导意见》《关于切实加强中国传统村落保护的指导意见》等,在传统村落保护的原则和任务方面,明确提出"保护传承文化遗产""尊重村民作为文化遗产所有者的主体地位,鼓励村民按照传统习惯开展乡社文化活动""尊重人与自然和谐相处的生产生活方式""注重传统文化的延续性,传承优秀的传统价值观、传统习俗和传统技艺"等。但在相关专家草拟和制定的《传统村落评价认定指标体系(试行)》中,却仍然以"硬件"为主,主要强调建筑或建筑群落等实物历史遗存等文化要素,而忽视了传统村落在历史长河中得以持续留存并仍承载着当代人心灵归属感和"文化乡愁"的根本性作用。尽管其中也涉及乡村文化和价值,但由于缺乏对物质文化、社会文化、人文文化的等量齐观,往往把乡村文化简单等同于"文物保护单位"和"非物质文化遗产"的简单叠加。这种缺少科学文化理论指导和文化精神贯穿的村落保护方式,必然导致传统村落保护"只有躯壳而缺乏灵魂",不仅不利于对传统村落的持续性保护,也不会成为慰藉中华民族"乡愁"的现实空间。

这与我国目前使用的《传统村落评价认定指标体系(试行)》密切相关。在指标体系构成的三方面中,有两方面都属于建筑和规划领域,其中,传统建筑评价指标部分的八个指标虽设有定量和定性之分,但全部集中在建筑、建筑群等"硬件"方面,包括年代、级别、面积、风貌保持、工艺价值和传承等。在选址和格局评价指标部分的五个指标中,也仅有"科学文化价值"一项和文化、历史价值相关,其分值仅占该体系的35%。在非物质文化遗产评价指标部分,仅有"依存性"一个指标反映了非物质文化遗产与村落本身生产生活的紧密联系和依存关系,其他指标均是围绕非遗本身的规模和级别等进行考量的。

此外,保护传统村落的重要性和迫切性在政府和社会各界已达成共识,相关方面也不断推出具体的指导意见和配套措施,但对传统村落到底该如何保护、保护什么、保护重点以及要达到什么样的保护效果,目前还缺乏深刻的理论研究,并还未在此基础上形成较为清晰完整的思路,这就造成了被认定为中国传统村落的很多村落,在保护工作上各行其是、抓不住重点,保护效果不理想,以及一些获得认定的传统村落存在保护不力或开发过度等问题。这些问题不仅屡见于媒体的报道,同时在我们对长三角传统村落调研中也很普遍。

5. 我国传统村落保护面临的主要问题及应对

目前,我国传统村落的保护与发展中存在的问题很多,已经到了"再不保护就来不及了"的生死存亡的境地。同样,我国传统村落评估认定指标体系中也存在着很多问题,而这些问题不解决就会严重影响保护工作的质量和水平,甚至导致新一轮的"建设性破坏"或"保护式破坏"。虽然具体的问题千头万绪,但在深层次上却不外乎理论与实践两方面,对此略加梳理如下:

(1) 在理论与战略上。

一是缺乏传统村落基础理论研究,导致人们在村落、传统村落等范畴及内涵上无法形成共识,以至于在具体的研究、规划编制和建设中"支离破碎""东一榔头西一棒子";二是保护理念上,一直局限在"开发还是保护"的争论中,很少思考"开发如何开发""保护如何保护""开发与保护的界限与范围"等深层次问题,导致相关部门在制定政策和保护规划时相互冲突,直接影响了传统村落保护的评价和整体效果;三是缺乏跨学科研究,目前占主流的主要是地理学和建筑学,其相关研究也主要偏重于技术与物质层面,对传统村落文化、生活方式及价值体系的保护研究亟待加强;四是缺乏战略研究,目前的传统村落保护规划编制主要是"常规性"的,侧重于对具体对象在某一时段内的技术性保护,而缺乏国家发展战略、新型城镇化战略、传统村落所在区域与城市的发展进程方面的考虑和设计,最终难免陷入"计划赶不上变化"或被时代发展抛弃的尴尬中。

(2) 在管理与建设上。

一是缺乏基于先进理论研究和全面的基础性数据平台与信息系统支持之上的科学评价认定体系,不同部门在观念、认识、数据、信息等方面差别较大,导致相关各方在理论认识、判断形势、评估现状及出台政策时各持"犄角之见",在建设与管理上无法形成联动与多赢效应。二是传统村落保护实施的主体不明确,多头管理导致了规划、建设、实施与管理的脱节,"该管的不管,不该管的乱管""有能力管的无权管，没有能力管的管不了""有利益的一拥而上，公共性的能推就推"等各类行政弊病。三是政府在规划建设中指导不利、监管不到位，相关规划与建设项目在决策过程中普遍存在着"暗箱操作""肥水不流外人田""寻租"等问题，这是我国传统村落保护规划、建设与管理质量不高的主要原因。四是在传统村落开发中的"过度商业化"问题，传统村落积淀着我国农业文明的文化理念、生活方式和审美精神，是中华民族最重要的共有精神家园。但在目前的各种商业化开发中，传统村落不仅没有得到很好的保护，反而在物质形态上出现了"竭泽而渔"，在人文文化上出现了"低俗化"等突出问题，必须尽快加以扭转和解决。

要想有效解决这些比较突出的问题，首先，需要开展一些基础性的前期理论研究，明确传统村落的概念内涵和保护工作涉及的主要内容，为统一思想、发布数据及决策实施提供客观的信息支持。其次，针对目前传统村落保护"多头管理但缺乏标准""只有要求性指标而无量化指标""只有'物的指标'而无'人的指标'"等问题，要在村落文化理论的主导下，构建以传统村落文化为中心，符合我国传统村落传承与创新的整体性评价指标体系，为协调好各相关方的认识、职能和工作提供"指挥棒"。

二、关于村落、传统村落与传统村落文化的界定与阐释

传统村落文化作为人类文化的母体和基础，在政治学、历史学、人类学、社会学、艺术学、文学等领域一直受到重视，既取得了相当多的研究成果，也存在着不少的分歧。主要原因有二：一是缺乏基础理论研究，特别是在村落、传统村落、传统村落文化等基本概念及其相互关系上缺乏明确界定，在很多方面不容易形成共识；二是缺乏理论创新研究，特别是对于那些已明显滞后于时代发展需要的传统理论、方法与价值观缺乏应有的清理和扬弃，一些陈旧的东西依然大行其道。这是开展传统村落研究与评价必须首先解决的观念与理论问题。

1. 关于"村落"的界定与阐释

没有"村落"，就没有"传统村落"，也就没有"传统村落文化"。对于"村落"概念的内涵界定和阐释，是研究"传统村落"与"传统村落文化"的基础。

关于"村落"的概念与理论研究，在学术界主要可以划分为三种基本类型：

一是以地理学和建筑学为代表，"村落"被理解为农业文明时代人在自然地

理空间中集聚而成的"聚居形态"。如《史记·五帝本纪》注中所谓的"聚谓村落也"、《汉书·沟洫志》所谓的"或久无害,稍筑室宅,遂成聚落"。在西方,最早使用这个概念的德文"siedelung"也是这个意思。这可以看作是"村落"的第一层含义,即"村落"是一种依赖于农业文明特有的环境与资源条件而形成的"自然聚落形态",如平地村落、山地村落、临海村落等。

二是以政治经济学和社会学为代表,相关学者在"自然聚落"上增加了权力、资源配置和社会结构等"内涵",认为村落"既是一种空间系统,也是一种复杂的经济、文化现象和发展过程。是在特定的地理环境和社会经济背景中。人类活动与自然相互作用的综合结果"。[1] 这可以看作是"村落"的第二层含义,即"村落"是一种依赖于农业生产生活方式及其政治经济社会结构而形成的"农村社会聚落",如农村、林村、渔村等。

三是以文化人类学和民俗学为代表,相关学者对"农村社会聚落"进行了更细的切分,与政治经济学和社会学侧重于生产方式和社会组织制度不同,他们更关注的是"村落"中世代相传的"共同生活方式与习惯成自然的种种文化规范"。[2] 这可以看作是"村落"的第三层含义,即"村落"是一种依赖于传统农业的"自然聚落形态"与"农村社会聚落"而形成的"农业文化聚落",如我们今天在很多地方依然可见的各种乡土民俗及其价值符号等。

"村落"既是人类最早的地域社会组织形式,也是一直延续、影响至今的历史文化现象,所以,以上三方面都只是说出了"部分的真理和真相"。综合地理学和建筑学、政治经济学和社会学、文化人类学和民俗学的研究,可以形成一个关于"村落"的完整定义,即"村落"是以农业文明特有的环境与资源条件为空间基础,以农业生产生活方式及其政治经济社会结构为主体形态,以农耕社会的生活观念、价值态度、民俗风习、文化心理、审美态度等为人文精神的人类聚落形态。

2. 关于"传统村落"的界定与阐释

相比于"村落",传统村落是一个新的概念,是和我国传统村落保护工作一起出现的,目前在学术界,相关理论研究十分不足。与传统村落关系最密切,且使用较多的概念是"古村落"。古村落是指农耕文明历史悠久、拥有丰富传统农村

---

① 余英、陆元鼎:《东南传统聚落研究:人类聚落学的架构》,《华中建筑》,1996年第4期。
② 刘铁梁:《村落——民俗传承的生活空间》,《北京师范大学学报(社会科学版)》,1996年第6期。

文化资源及活态农业文化遗产价值的历史文化名村。传统村落和古村落能不能直接划等号，二者的一致性和差异，在我国启动"中国传统村落保护"时并没有明确的界定和阐释，这是在理论与实践中出现一些混乱的主要原因之一。

出于研究和保护工作实施的需要，目前对传统村落主要有两种解释。一是官方的界定。传统村落保护和发展专家委员会第一次会议讨论认为：传统村落是为了突出古村落的文明价值及传承的意义而决定更名的。具体是指在民国以前建村，保留了较长的历史沿革，即建筑环境、建筑风貌、村落选址未有大的变动，具有独特民俗民风，虽经历久远年代，但至今仍为人们服务的村落。① 在住建部等四部委发布的《关于开展传统村落调查的通知》中，与这个界定基本一致，即传统村落是指村落形成较早，拥有较丰富的传统资源，具有一定历史、文化、科学、艺术、社会、经济价值，应予以保护的村落；②二是学术界的界定，其相关的界定和使用更为宽泛，一般认为传统村落是在广大乡村地区形成的人口居住聚落。③ 这两种界定共同的问题是，它们都还只是对"传统村落"的感性、印象性概括和随意性描述，没有上升到理论的高度，以这种本身就不够科学、严密的概念范畴为基础，是我国传统村落在理论上无法深入，以及在实践中经常陷入混乱局面的根源。

毋庸讳言，与"村落"相比，"传统"二字是界定"传统村落"概念及开展相关理论研究的逻辑起点。与很多在历史中因种种原因而湮灭了的"村落"相比，"传统村落"的本质特征主要表现在两方面：一是其历史性，即传统村落必是有一定历史积淀和文化传承的农业空间聚落。如传统村落保护和发展专家委员会强调的"民国以前"等。这也可以说是"传统村落"从"村落"中继承；二是其现代性，即传统村落必是与现代城市代表的"现代文明"相对立的传统农业生产生活方式的空间集聚形态，进一步说，传统村落与各种现代化了的新农村在村庄景观、生产方式和文化生活上也要有明显差别。

在我们看来，对于"传统村落"的界定应满足两方面的要求。一方面，作为"村落"的一种类型，"传统村落"应以"村落"概念为基础进行必要的扩展和补充；另一方面，"中国传统村落"本身和国家政策法规联系密切，所以同时还应增加这方面的具体要求。由此可以将"传统村落"界定为："传统村落"是指民国以前建

---

① 朱晓明：《试论古村落的评价标准》，《古建园林技术》，2001 年第 4 期。
② 胡燕：《传统村落的概念和文化内涵》，《城市发展研究》，2014 年第 1 期。
③ 胡燕：《传统村落的概念和文化内涵》，《城市发展研究》，2014 年第 1 期。

村、保留了较长的历史沿革、至今仍为人们服务的以农业文明特有的环境与资源条件为空间基础,以农业生产生活方式及其政治经济社会结构为主体形态,以农耕社会的生活观念、价值态度、民俗风习、文化心理、审美态度等为人文精神的村落聚落形态。

3. 关于"传统村落文化"的界定与阐释

传统村落既是一种"村落"形态,也是一种不同于城市的空间形态。在后工业社会的背景下,传统村落一直延续的实用与生产功能逐渐退居二线,而其作为"历史积淀和文化传承的农业空间聚落"的重要性日益突出,并逐渐成为传统村落的主体形态和核心功能,就此而言,"传统村落"正在演变为一个"文化范畴"。尽管一些保护专家仍在强调传统村落的实用价值,并在此基础上强调"一切都要原汁原味地保护传承",但让一些传统村落长久地停滞在"中世纪的田园牧歌"状态,只是马克思批判过的或"土地所有者炫耀……他的诗意的回忆、他的幻想气质",[①]明显过于浪漫和不切实际,对于迫切希望过上现代化生活的村落居民也是"不人道的"。在城市化背景下,无论是以传统村落物质形态存在的环境与空间,还是以传统村落社会形态延续的乡村社会结构与组织形式,都将不可避免地走向历史的终结,而传统村落也将在整体上成为人类社会的"文化资源",并主要作为一种文化对象和文化空间在未来历史中延续。同时,传统村落的核心功能是不仅为已现代化了的农村人,同时也为远离乡土的城市人提供慰藉乡愁的精神家园。

在当下关于传统村落保护中,一个突出问题是把传统村落文化"简单化",即简单地理解为传统村落的"人文文化",而与传统村落的自然与环境、社会与组织割裂开来。在传统农业生产生活方式现代化、传统村落物质与景观形态观光化和传统农业人口及文化价值城市化的背景下,我们认为,"传统村落"就是"传统村落文化",并将传统村落划分为三种文化资源类型,即传统村落环境与空间形态的物质文化资源、传统村落社会与组织形态的社会文化资源和传统村落非物质文化等人文文化资源。具体说来,物质文化资源,主要包括自然景观资源、生态系统资源、土特产品资源、古建筑资源以及它们的具体情况;社会文化资源,主要包括农业文化资源、历史文化与民俗文化资源以及它们的具体情况;人文文化资源,主要是各种世代相承、有地区文化特色、与群众生活密切相关的口头

---

① 马克思:《1844年经济学哲学手稿》,刘丕坤译,人民出版社1985年版,第65页。

文学、音乐歌舞、游戏竞技、民间艺术等。与一般的地理学、建筑学、社会学相比,这个文化资源三分法基本上涵盖了传统村落的主要内容,同时也是一个观察、了解和评估传统村落的基本框架,以此为基础确立我国传统村落保护的基本框架和内容,既是对传统村落文化的重点性保护,同时也是对传统村落的完整性保护。

以文化资源三分法为理论基础和基本方法,可以有效协调从地理学和建筑学角度把村落界定为与城市相对的、“主要依靠农、林、牧、渔等的第一产业生活”的“人类生活根据地的聚落类型”,与从政治经济学和社会学角度把村落理解为“居民相互熟知”“亲属纽带在其中发挥主要作用”“具有封闭性与自律性的生活与文化特点”的“社会与文化的统合单位”,同时最大限度地吸收文化人类学和民俗学对乡村文化生活方式及非物质文化遗产的研究成果,为我国正确认识和客观评价传统村落提供一个尽可能全面、科学的理论基础和系统方法。

三、传统村落文化特征与要素体系研究

1. 对象与范围

本书主要以住房与城乡建设部、原文化部、财政部 2012 年 12 月、2013 年 8 月两次发布的 1 561 个中国传统村落为对象与范围,通过文献研究、实地调研、问卷分析、数据库及决策支持系统建设等获得第一手的信息资源,在此基础上分析传统村落文化特征并研制相关评价标准。至于其他尚在申报过程中的,包括尽管自身条件良好,但由于各种原因未申报或未被列入中国传统村落保护名录的古村落与传统村落,则不在本项目的研究范围之内。

要说明的是,尽管与我国设村委会的 58.9 万个农村,以及已登记上报的 11 567 个传统村落相比,本书所涉及的研究对象仅为 1 561 个,在数量上不算多,但囊括了除台湾、香港、澳门及辽宁省之外的全部省级行政单元,同时也是从万余个申报村落中“脱颖而出”的,所以不仅在空间上具有广泛性,在类型上也具有代表性,足以再现我国传统村落丰富的文化特色并建立起相关的评价标准。

2. 理论与方法

在过去的传统村落理论研究与保护中,包括此次用来认定、评审第一、第二批中国传统村落的评价标准,主要存在以下两方面的突出问题:

（1）主要指标体系局限于"硬件"指标，对乡村生活方式和文化缺乏应有的重视。

住建部等部门编制的《传统村落评价认定指标体系（试行）》对于传统村落的选址格局、生态环境、自然景观、基础设施、传统建筑等硬件的重视程度远远高于社会与人文要素，按照其指标数量比较，物质要素与社会及人文要素的数量比达到了2∶1，且在"软性"指标上只关注了"非物质文化遗产"一项。对于传统村落生活、休闲、娱乐、信仰及村落文化等方面几乎没有涉及。"以硬件为中心"的传统村落评价标准体系，割裂了传统村落的物质形态与其特有的社会形态、人文形态的内在关系，使研究与保护工作变得"片面化"和"物质化"。其结果必然是只保护了传统村落的"物质躯壳"，而丧失了对传统村落而言更为本质的乡村文化与生活方式。这是当下传统村落保护往往等同于"空间形态保护""建筑物维修""文物保护"的主要根源，也是传统村落保护"千村一面"及开发中出现"商业化"和"同质竞争"的关键所在。按照《国家新型城镇化规划》的战略设计，衡量传统村落建设与保护的关键词是"特色""美丽""有历史、艺术、科学价值"，这表明在今天保护建设传统村落主要是一个"文化"问题。这就需要我们弃过去"以硬件为中心"的保护理论与策略，尽快研制和出台包括传统村落物质文化、社会文化、人文文化在内的具有整体性的评价标准体系，为我国传统村落保护工作提供科学的理论指导。

（2）针对传统村落研究与评价的"琐碎"现状，亟待通过理论与方法创新加以变革。

长期以来，我国的农村研究深受传统的社会学和人类学影响，在理论和方法上一直停滞在"经验科学"的层面。尽管这种经验研究方法可以获得很多生动的个案，也可以概括出一些传统村落的"要素"，但由于传统村落数量庞杂，各种具体因素过于繁多，要把每一个传统村落都研究穷尽，再找到其共同的要素并建立评价标准，几乎是不可能的。针对这一问题，课题组采取了结构主义的研究方法。结构主义认为，任何事物都包含了表层和深层两种结构，好比"下棋"，在表层结构中，每一局棋都因人因时而异，但在深层结构中，却只有作为象棋"结构要素"的"车马炮……"及"马走日，象走田"的"游戏规则"。无论谁来"下棋"，"这个纯粹形式结构及其包含的结构要素则是永恒不变的"。①

---

① 刘士林：《苦难美学》，湖北人民出版社2004年版，第125—126页。

对于传统村落的界定和评价也是如此,传统村落之所以成为自身,不是因为现实世界中有多少个村落,而是因其背后存在着不同于其他聚落形态的"村落要素体系"和"机制"。

与一般的田野方法和经验主义研究不同,我们认为,尽管每一村落在地理、居民、风俗等方面千差万别,但它们之所以成为"中国传统村落",必然有其共同的"要素体系"和"内在机制"。具体说来,无论什么样的中国传统村落,都必然包含"传统村落物质文化""传统村落社会文化"和"传统村落人文文化"三大要素,同时,这三者也会在中国的自然、政治、社会、文化的历史进程和总体发展规律的制约下形成现实中的次级形态和特征。以三大要素为顶层设计,既可有效避免评价标准与指数框架的"物质化",同时也易于把经验中纷繁复杂的传统村落的特征、特点、现象等分门别类,形成一个在整体框架上"客观""全面",在具体内容上又力避"琐碎""拖沓"的科学评价体系。

3. 中国传统村落文化符号体系建构

中国传统村落的"要素体系"和"内在规则",既深藏于每一传统村落之中,也外化为在物质、社会和人文三方面不同于其他聚落形态、村落类型的"文化特征"。前者作为传统村落的"深层结构",后者作为传统村落的"表层结构",具有内在的对应性和一致性,共同决定了一个村落是否属于"传统村落"。为了使"抽象"的"要素体系"和"内在规则"实现"具象化",以及使"琐细"的传统村落的物质、社会和人文特征"系统化",我们有必要建立一整套相对稳定和完整的"传统村落文化符号体系",为理论研究、标准制定和实际保护提供可操作的"棋子"。

中国传统村落之所以不同于人类的其他聚落形态,甚至不同于其他国家与地区的传统村落,是因为其在中国的自然、政治、经济、社会、文化等要素的综合作用下形成了一整套再现中国传统村落"要素体系"和"内在规则"的"传统村落文化符号",只要我们把这套文化符号体系建构出来,就可以为传统村落的辨识、判断和评价提供一个标准。具体说来,"传统村落文化符号体系"包括三个层级,首先,"物质""社会"和"人文"的三分法,是"在砸烂种种历史的表层结构之后最终获得的精神结构要素"。[①] 中国传统村落之所以能够形成,必然包括不同于其他聚落形态的"物质文化""社会文化"和"人文文化",没有这个

---

① 刘士林:《苦难美学》,湖北人民出版社 2004 年版,第 132 页。

顶层规定,就不可能有中国传统村落的主体结构。其次,"物质文化""社会文化"和"人文文化"的三分法仍属于粗线条的划分方法,为了"捕捉"更具体的"感性内容与特征",通过系统梳理文献资料和开展相关理论研究,在"物质文化"下,我们设置了特色自然景观、特色生态农业资源、传统规划建筑资源三个二级指数,在"社会文化"下,设置了农业文化资源、历史文化资源、民俗文化资源三个二级指数,在"人文文化"下设置了传统村落文教资源、传统村落文艺资源两个二级指数。最后,出于同样的原因,我们在各二级指数下又设立了三级指数若干(见表 17 - 1)。

表 17 - 1　中国传统村落文化符号体系

一级符号	二级符号	三 级 符 号	说　　明
物质文化 符号	特色自然 景观	名山、名河、名泊、地形	特色自然景观是指村落所处特殊地形地貌延续保持较好或人工改造的痕迹不明显
	特色生态 农业资源	特色农业、特色树木、特色花草、特色瓜果、特色畜产品、特色水产品	特色生态资源主要包括:野生特色植被、依赖特殊地理环境和人工技艺的园艺产品、野生特色动物、依赖特殊地理环境和人工技艺的畜牧产品
	传统规划 建筑资源	传统建筑历史特质、特色建筑形态、特色路网系统、特色水利设施、特色建筑物	传统规划建筑资源主要是人工规划、设计和建造、维护的成果
社会文化 符号	农业文化 资源	耕读为本的总体生活方式传承;传统农业生产资源与技术传承;传统乡村交通方式与工具传承;传统乡村饮食方式与文化传承	与农业生产方式密切相关的部分
	历史文化 资源	以祭祀为中心的传统村落社会形态;以家族为中心的人口集聚方式;以家谱族谱为中心的文化认同机制;以历史名人为中心的文化记忆生产方式	与农村生活方式密切相关的部分
	民俗文化 资源	节庆、风水与婚丧习俗;服饰、装饰与手工艺;饮食、游戏与竞技	

一级符号	二级符号	三 级 符 号	说　明
人文文化符号	传统村落文教资源	民风乡约； 固定的教学场所	人文文化主要研究和解决"什么是善"和"什么是美"两大问题
	传统村落文艺资源	各类非主流文化名人； 雅文化资源（主要指文人的诗词、书画、绘画、塑像、文献著述等）； 俗文化资源（主要包括民间的戏曲、民歌、野趣、掌故传说）	

在总体上说，一级指数的作用是为中国传统村落评价建立"主体结构"，二级指数的作用是为中国传统村落评价设置"基本秩序"，而三级指数的作用是为中国传统村落评价提供"具体内容"。在"物质""社会"和"人文"的框架下，以特色自然景观、特色生态农业资源、传统规划建筑资源、农业文化资源、历史文化资源、民俗文化资源、传统村落文教资源、传统村落文艺资源为基本层面，一个村落拥有的三级指数或文化符号越丰富，就表明其作为传统村落的内涵就越完整。反之，则表明这个村落已不再是中国传统村落。以上三级指数既在整体上涵盖了中国传统村落的主体形态与基本层面，也在局部和细节上囊括了中国传统村落的主要内容与个性特色。有了这个相对完整的框架体系，就可以全面地评价我国传统村落的保护传承现状，同时为保护工作的政策制定、资源配置和具体实施提供相关依据。

四、中国传统村落文化指数构建与评估

传统村落作为传承民族发展历史、自然地理特色、生产生活智慧和文化艺术遗产的基本介质，其在保存和延续中国特色文化的过程中具有不可替代的重要作用。但随着我国快速且不可逆转的城镇化日益推进，以及现代生产生活方式造成农村人口转移和生态环境弱化，传统村落的存续和发展都受到了严重的影响和冲击，一方面是传统村落不断消失的趋势；另一方面则是其原有风貌及其文化要素日益受到破坏、扭曲或遗弃，形势非常严峻。

造成这些问题的原因在于，一是传统村落保护是在国家先后提出的"历史文

化名村""古村落"的基础上演化而来,对于传统村落保护的很多指导思想和工作思路也大都来源于此,而对"历史文化名村"和"古村落"的认定和保护重点主要集中在建筑物、建筑群、建筑环境、建筑风貌等村落外在的物理呈现方面,造成了目前对传统村落的保护偏重于物质文化方面;二是由于建筑学和规划学理论与方法的强势话语影响,使我国目前传统村落研究主流偏重于村落的格局风貌、建筑特色等技术与物质层面,而对历经数百、数千年仍能持续维系原有生产生活方式的自成一体的传统村落文化及其价值体系缺乏必要的关注和重视。由此可知,以传统村落文化性为链,整合多个学科开展复合性研究,迅速纠正当前传统村落评价和保护的"物化"倾向,从物质文化、社会文化到人文文化开展对传统村落的全面和全方位保护,已是势在必行。

1. 中国传统村落文化指数的研究思路及方法说明

《关于加强传统村落保护发展工作的指导意见》对传统村落的描述是"具有较高的历史、文化、科学、艺术、社会、经济价值的村落"。从"古村落"到"传统村落"的概念转变,也可见其导向的变化,即"古"不是最重要的,关键是要体现村落文明价值及传承能力的"传统"性。因此,从传统村落文化入手,建构新的指标体系,对矫正当前传统村落保护"重硬轻软""抓表象疏内涵"等突出问题,提高传统村落的保护质量和水平,具有重要的理论与现实意义。

2012 年住建部等四部局联合发起中国传统村落调查和评选工作,并先后评选出两批共 1 561 个传统村落,以此为对象,从地理位置上看,这些村落主要分布于贵州、云南、山西、安徽、浙江和江西等地,这些地区以高海拔的多山地区为主。曹迎春等人的研究显示传统村落与城市化快速发展区呈显著负相关,且绝大部分位于 GDP 发展中等及偏下水平地区,传统村落所处地区的政治经济环境较发达地区相对缺少规范性和持续性。同时,由于传统村落的直接规划、管理和保护主体基本为乡镇一级政府,因此在技术水平、管理能力、专业素养等方面可能尚难以完全自主支撑保护和发展传统村落文化的任务,梁水兰等人在对云南申报国家传统村落的申报材料进行分析的过程中就发现基层工作人员的专业水平相对较低,对数据收集方法、村落建筑特色、建筑美学价值等方面的理解存在较大偏差,由此也可知日常村落文化保护工作的问题相当严重。

纠正传统村落评价、认定及保护中的"物化"倾向,最重要的是要确认传统村落主要包括物质文化、社会文化、人文文化三大方面,在此基础上展开研究。建立明确完整的传统村落文化指数的指标体系。这不仅可作为筛选和认定传统村落提供科学的判断基准,体现出国家在传统村落保护重点和发展方向等方面的基本导向,同时也可以给众多基层村镇管理单位提供一套具体可行的工作指南,在我国传统村落文化的传承和发展工作中发挥"定海神针"的作用,以提高各地传统村落保护的整体水平。同时该指标体系作为国家有关部门的管理和评估工具,也有助于更好落实传统村落保护的宏观要求。

(1)中国传统村落文化指数构建与评估基本原则。

"保持传统村落的真实性"和"延续性",是我们构建中国传统村落文化指数及开展相关评估工作的基本原则。《关于切实加强中国传统村落保护的指导意见》指出:"保持传统村落的真实性。注重文化遗产存在的真实性,杜绝无中生有、照搬抄袭。注重文化遗产形态的真实性,避免填塘、拉直道路等改变历史格局和风貌的行为,禁止没有依据的重建和仿制。注重文化遗产内涵的真实性,防止一味娱乐化等现象。注重村民生产生活的真实性,合理控制商业开发面积比例,严禁以保护利用为由将村民全部迁出。保持传统村落的延续性。注重经济发展的延续性,提高村民收入,让村民享受现代文明成果,实现安居乐业。注重传统文化的延续性,传承优秀的传统价值观、传统习俗和传统技艺。注重生态环境的延续性,尊重人与自然和谐相处的生产生活方式,严禁以牺牲生态环境为代价过度开发。注重村民生产生活的真实性,合理控制商业开发面积比例,严禁以保护利用为由将村民全部迁出。"

根据我们关于传统村落的理论研究可知,传统村落的真实性和延续性,主要可以从物质文化形态、社会文化形态和人文文化形态三方面来了解和把握。在理论研究、指数框架的基础上,结合我国传统村落保护的突出问题,为更好地发挥保护效果,我们研制了评价指标体系,相关权重主要是针对保护中的突出问题而制定的,在现阶段能发挥直接的调节、协调和引导作用。

(2)中国传统村落文化指数构建的工作原则。

第一,兼顾特色差异性和普遍规律性。无论"古村落"和"传统村落"的定位差异性如何,最初从"古村落"脱胎并推动"传统村落保护"的一个重要原因,是扩大承载着优秀历史文化传统的自然聚落的保护范围,把更多有价值的村落保护起来,已认定的前两批中国传统村落数量过千也充分印证了这一点。尽管它们地理分布广泛,在语言、民族、习俗等文化要素及外化表象上差异显著,但通过重建和创新传统村落研究的理论与方法,足以从这种特色的差异性和个性之间发现和抓取其中的共性要点,为把握其演进过程中的普遍规律提供可能,并建立符合时代需要的能够统一指导全国传统村落保护工作的指标体系，以指导更多传统村落的文化保护。

确立兼顾特色差异性和普遍规律性的基本原则，不仅是出于指数测算和评估等工作便利性的考虑，更重要的是有助于纠正"千村一面"和"各行其是"的两种发展极端，寻求一种个性和共性的良好平衡，为主管部门管理和推动、地方政府具体实施以及当地村民理解和配合等多重需要提供富有操作性的工作指南。

第二，体现保护和发展相结合的思想。目前我国传统村落保护的基本情况是，经济水平高的地区，村落传统文化保护整体较差，传统村落数量较少；而传统村落较为集中地区，则经济发展水平普遍不高，基本处在中等及偏下水平。[①] 如滇西北、黔东南、中原、皖南—浙西四个传统村落集聚区，其经济水平基本处在全国的中位数以下。以传统村落最集中的云南、贵州为例，其传统村落数量占全国的 38%，但 2013 年人均 GDP 分别为 25 157.57 元和 22 981.60 元，远低于当年全国 41 909.38 元的平均值。此外，对前两批认定的传统村落的调查显示，传统村落集聚密度与区域 GDP 水平呈负相关。就此而言，一味强调保持村落原始状态不变的态度和做法，既不现实也不可持续，并有违改革和发展成果为全体公民共享的社会主义道路。如果不尽快改善传统村落居民的生产生活条件，而只强调"原汁原味"地保护，就等于剥夺了他们的生存和发展权，相关保护规划也会引起村落居民的抵触和反对。

确立"保护"和"发展"相结合的基本原则，符合新型城镇化的"以人为本"要求，有利于社会各界形成对传统村落保护的认同。因此，在构建传统村落文化指数指标体系时，有必要扭转以往一味强调保护的罗曼蒂克态度及纠正各种不切实际的做法，以"合理的保护"和"适度的发展"相结合的理念，把传统村落文化的传承保护和适度更新作为倡导的方向，真正做到"在保护中发展"与"在发展中保护"的可持续发展。

第三，注重三大文化资源均衡发展。根据我们的研究，传统村落保护主要包括三大文化资源，分别是对应于传统村落环境与空间形态的物质文化资源、对应于传统村落社会与组织形态的社会文化资源和对应于传统村落非物质文化等的人文文化资源。要改变以往偏重物质文化资源保护而忽略社会和人文文化的后遗症，不能简单叠加社会文化和人文文化要素，而需要在传统村落文化指数指标

[①]　刘大均、胡静：《中国传统村落的空间分布格局研究》，《中国人口·资源与环境》，2012 年第 4 期。

体系中寻求三大文化资源的"最大公约数"和"均衡配比"。从内在作用机制看，三大文化资源之间存在着紧密的联系，是互相促进和支撑的关系：自然景观和生态农业资源既是物质文化资源的重要组成部分，也是形成村落特色生产生活方式和孕育特色历史文化、民俗文化的重要物质基础；规划建筑资源既是村落特色文化的直接展现，也是承载民俗文化资源、村落文教资源等的重要载体；农业文化资源和历史文化资源等，也会促进村落文教资源、村落文艺资源等人文文化和规划建筑资源、生态农业资源等物质文化的形成和演进。因此，在传统村落文化指数指标体系的建构上，不能将各文化元素割裂开来考虑，而应该在整体框架下充分考虑其单独的作用和与其他元素的相互关系之后，再做出综合的判断。

确立三大文化资源均衡评估与发展的基本原则，既是对"村落在快速发展之前没能完成很好的文化准备"[①]的补课，同时也是对我国传统村落实施全方位、深层次保护的引领和规范。

2. 中国传统村落文化指数指标体系

中国传统村落文化指数指标体系以物质文化、社会文化、人文文化三方面为主要评判依据，从文化要素构成、特色显现、传承演化、作用力和黏性等多种角度考察传统村落文化的健康性和持续性。

(1) 指标体系建立基本思路。

首先，以建立在"三分法"(物质文化、社会文化、人文文化)基础上的"中国传统村落文化符号体系"为基本框架，初步形成传统村落文化指数指标体系；其次，运用聚类分析法和主成分分析法缩减优化指标数；再次，采用相关分析等方法综合考虑传统村落保护的关键和问题等对指标体系构成的影响；最后，确定由 3 个一级指数、8 个二级指数、28 个三级指数构成的中国传统村落文化指数指标体系。

(2) 物质文化指数。

传统村落的物质文化方面主要体现着人与自然的和谐共生关系，蕴含着古代先民的天地人和哲学观，在一定程度上反映了建筑风水理念、儒家礼制规范和伦理道德，其建筑布局、路网格局等空间形态与自然环境亲和协调，形成了天—地—人完美统一的自然人文景观。

该部分指数旨在体现村落建筑历史遗存的真实性和统一性以及村落构成要

---

① 《搜狐第一文化现场：专访冯骥才》，2012 年 6 月 8 日，第 54 期。

素的关联性、村落形态的可识别性等。

（3）社会文化指数。

传统村落的社会文化涵盖了农业文化、历史文化和民俗文化。农业文化主要包括村落在历史中形成和延续的农业生产技术、传统交通方式和传统饮食文化；历史文化主要包括村落在长期形成和发展过程中演化、汇集的反映地方特色和风貌的文化记忆和叙事；民俗文化主要包括村庄中世代相承的传统习俗、服饰文化、游戏与竞技、手工艺等。作为社会文化，它们都不是"死的"，所以和是否有当代传承主体息息相关。

该部分指数旨在评估村落作为社会结构，在生活方式、社会组织、人际交往、日常生活、价值认同等方面的活性传承情况。

（4）人文文化指数。

人文文化主要包括"村落的善"和"村落的美"两方面，前者侧重于以"道德教化"和伦理文明水平，后者侧重于"审美自由"和艺术发展程度，前者表现了一个村落的"文明水准"，后者体现了一个村落的"文化理想"。将这两方面作为重要的文化指征加以考量，体现了传统村落保护与文物保护的静态化方法的不同，主宰传统村落兴衰的不是物，而是人。同时不只需要"循规蹈矩"的"君子"，也需要充满想象力和创意能力的"艺术家"，这两者是关系乡村盛衰的最重要的主体条件，也是在以往评估中很少涉及的。

该部分指数旨在从"人的伦理属性"和"人的审美属性"的物化形态及其传承性和活力等方面探究影响传统村落兴衰的文化根源。

以"中国传统村落文化符号体系"为基本框架，从传统村落保护的主要目标和长远利益出发，结合既有传统村落保护中存在的问题，我们设计了传统村落文化指数系统（见表 17－2）。

表 17－2　中国传统村落文化指数体系表

一级指数	二级指数	三级指数	分值标准	说　　明
物质文化指数	特色自然景观	种类多样性	3	地形地质地貌、气候天象等特色自然景观种类丰富（3 种及以上满分，每少 1 种减 1 分）
		保持完好性	3	自然资源得到较好保护，资源利用适度

续　表

一级指数	二级指数	三级指数	分值标准	说　明
物质文化指数	特色生态农业	珍稀动植物及其保护	3	古树名木、国家级保护动植物得到较好保护
		特色农产品	3	拥有多种生态原产地保护产品、地理标志保护农产品和其他特色农产品
		特色农业产业化	4	花木园艺、蔬果种植及加工、畜产品及水产品的养殖及加工等特色农业基本形成产业
	传统规划建筑	建筑历史特质	3	文物保护单位、不可移动文物、历史建筑、传统风貌建筑等资源较为丰富
		历史环境要素多样性	4	建筑形态、路网系统、建筑物及建筑群、其他历史环境要素种类丰富
		传统格局完整性	4	保持良好的传统格局,街巷体系完整,传统公共设施利用率高,与生产生活保持密切联系,整体风貌完整协调,格局体系中无突出不协调的新建筑
		建筑系统协调性	4	村落内建筑风貌协调统一,且与周边环境保持和谐共生关系
		建筑资源利用率	4	通过居住、商业、展示等多种途径利用传统建筑资源
社会文化指数	农业文化	生产生活方式传承性	3	传统生产生活方式为村落居民广泛采用
		农业生产技术传承性	3	养殖、种植、农产品加工等过程中仍然广泛使用传统的特色农业生产工艺、技术和工具,并有适当的发展演化
		传统交通方式传承性	3	牲畜、车辆、渡船等传统交通工具仍在日常生活或商业活动中被广泛使用
		传统饮食文化传承性	4	传统烹饪方式为村落居民广泛采用,特色食品和菜肴的商业化程度较高
		农业人力资源	4	掌握传统农业生产技艺的村民人数较多

一级指数	二级指数	三级指数	分值标准	说　明
社会文化指数	历史文化	文化记忆	3	拥有以历史名人为中心的重要历史事件、遗迹及文字记载、历史地名等构成的传统文化系统
		文化延续	4	具备整理和留存历史文化信息的媒介，并且其真实性、准确性、连续性较强
	民俗文化	传统习俗	4	拥有富有特色的节庆、风水与婚丧习俗等，并在日常生活中广泛遵循
		服饰文化	4	拥有富有特色的传统服饰和装饰，并在日常生活中被广泛使用
		游戏与竞技	4	拥有富有特色的传统表演艺术、传统技艺、传统体育和游园游艺等文化资源，并能正常开展活动
		手工艺	4	拥有富有特色的手工艺技艺，手工艺品能够实现商业化
人文文化指数	传统村落文教	民风乡约	3	民风乡约较为明确、可识别，在村落居民中认同度较高
		文教场地资源	3	有相对固定的教学场所和活动场所
	传统村落文艺	非物质文化遗产传承性	4	代表性传承人数量和能力能够满足传承需要
		非物质文化遗产活力	3	非物质文化遗产与村落有较好的依存性，管理有效，传承良好
		文艺传承人资源	4	文化名人、民间艺术家、民间艺人等结构合理，数量上能够满足村落文化的生产和传播
		雅文化资源	4	诗词、书画、音乐、碑刻、雕塑、文献著述等流传数量较多、覆盖范围较广
		俗文化资源	4	戏曲、杂技、民歌、地方语言、民间文学、掌故传说等流传数量较多，覆盖范围较广

（5）指数体系表说明。

第一，除特别注明外，体系表中所有指标评分均选用类 5 级量表测算得分比例，最高为 5 级，即为满分值的 100％，4 级，即为满分值的 80％，3 级，即为满分值的 60％，2 级，即为满分值的 40％，1 级，即为满分值的 20％，最低为 0 级，即为满分值的 0％。

第二，体系表中的指数满分以 100 分计，其中物质文化指数 35 分、社会文化指数 40 分、人文文化指数 25 分。因"三分法"的理论基础已表明三者之间深刻的作用关系，此评分体系中不再考虑每部分的单项分值，仅考察指数总分。

五、保护传统村落，就是保护城市

中国是个传统的农业民族国家，乡村是中华民族永恒的精神家园。这在很多的古代诗歌中都有体现：

"故人具鸡黍，邀我至田家。绿树村边合，青山郭外斜。开轩面场圃，把酒话桑麻。待到重阳日，还来就菊花"。（孟浩然《过故人庄》）

"雨里鸡鸣一两家，竹溪村路板桥斜。妇姑相唤浴蚕去，闲着中庭栀子花"。（王建《雨过山村》）

"霜草苍苍虫切切，村南村北行人绝。独出前门望野田，月明荞麦花如雪"。（白居易《村夜》）

"昼出耘田夜绩麻，村庄儿女各当家。童孙未解供耕织，也傍桑阴学种瓜"。（范成大《四时田园杂兴》）

"绿遍山原白满川，子规声里雨如烟。乡村四月闲人少，才了蚕桑又插田"。（翁卷《乡村四月》）

"野水开冰出，山云带雨行。白鸥乘晓泛，黄犊试春耕。地僻民风古，年来米价平。村居自萧洒，况有读书声"。（苏轼《山村》）

"明月别枝惊鹊，清风半夜鸣蝉。稻花香里说丰年，听取蛙声一片。七八个星天外，两三点雨山前。旧时茅店社林边，路转溪桥忽见"。（辛弃疾《西江月·夜行黄沙道中》）

在这些关于传统农村的诗词中，可以充分感受到这个传统家园的温馨。传统村落对于城市中国的重要价值和意义在于，传统村落作为中国传统文化、生活方式及价值体系最直接的继承与展示场所，具有不可磨灭的寄托乡愁、储存民族记忆的巨大文化功能。但由于保护不善，我们正在丧失这个家园。目前最突出的问题有两方面：一是"农村变成了城市"，传统农村的自然与建筑景观、生产生活方式及传统民风民俗等迅速消失，不再有农村的形象和精神；二是在城市化背景下，在工厂化的旅游、农家乐开发中出现了区域性的"千村一面"或"千镇一面"，导致同质化的传统农村形态。因此传统村落保护不仅是保护历史和故物的必然选择，同时也是保护中华民族精神的重要部分，要提到国家文化安全和民族精神传承的高度上来。

　　尽管导致这种现状的原因有很多，但从观念和理论的角度看，其中最重要的是由于对城市化的误读误解，即把村落和城市对立起来。但实际上并非如此。西方城市史家普遍认为，理想城市绝非当今世界的巨无霸式的大都市，而是人口规模适当、居住环境优美、人与自然和谐、精神生态良好的中世纪城市。如韦伯就认为在中世纪城市中实现过"美好生活"，并把中世纪城市看作是"完全城市社区"的样板。中世纪城市的一个突出特征，就是与乡村保持着良好的生态联系。"在12世纪时，水车的声音在伦敦绿油油的田野中非常动听。在夜间，四野俱寂，万籁无声，只是偶然有动物的骚动声或城镇上守夜人报时的声。中世纪的城镇上，人们可以整夜熟睡，丝毫没有人们的喧闹声或机器的噪声"。就此而言，保护村落也是对城市最好的保护。如果有更多的人明白了这个道理，这不仅仅是无助的中国传统村落之幸，同时也是日益拥挤、喧哗的城市之幸。而国家高度关注和快速推进的"促进城乡一体化发展"，也应该提到这个高度上。

| 第十九章 |
江南传统村落的文化特征分析与评价

　　江南地区的"中国传统村落"（以下简称"江南传统村落"）地处我国经济最发达的长三角，自明清以来，这里一直是我国经济和文化最发达的地区，也是最具有区域文化特色的传统村落密集区。但在长三角快速的城镇化进程中，其传承保护形势十分严峻。为做好中国传统村落保护项目实施后的评价工作，我们以自主研发的《传统村落文化特征指标体系与评估标准体系》为基础，在长三角地区遴选保护项目实施后的江南传统村落，并进行实地考察，开展案例试评，用以检验、测试由上海交通大学城市科学研究院自主研发的《中国传统村落文化特征指标体系》的科学性与适用性。同时征集江南传统村落保护项目范例，对评选出的江南传统村落保护项目范例进行研究分析，总结其较成功和值得推广的建设经验，并对若干后续工作提出建议，为我国开展大规模的传统村落保护评估提供经验和借鉴。

一、江南传统村落研究评价的理论基础

　　开展江南传统村落文化特征分析与评价研究，首先要对江南地区、江南文化以及江南乡村文化进行界定，这是开展研究、评估与保护的基础。

1. 江南地区的界定与阐释

　　界定江南的地理范围是一个很难解决的问题。历史上不同的行政区划，致使江南在地理范围上屡有变化，并在学术研究方面形成了一些不尽相同的观点。大体上看，古代的江南往北可涵盖皖南、淮南的缘江部分，往南则可以达到今天的福建一带，往西则沿着长江以南一直延伸到四川盆地边沿。马克思认为，"人体解剖对于猴体解剖是一把钥匙"，即"低等动物身上表露的高等动物的征兆，反

而只有在高等动物本身已被认识之后才能理解"。① 基于这一认识,我们研究江南,也应从江南地区真正走向成熟形态的时代开始。尽管魏晋以后,北方与中原的人口、文化大量南移,使江南地区在经济与文化上后来居上。但真正具有成熟形态的江南,出现于明清两代。就此而言,传统江南地区主要包括"八府一州",即苏州、松江、常州、镇江、应天(江宁)、杭州、嘉兴、湖州八府及从苏州府辖区划出来的太仓州。②

与古代社会相比,当今世界主要是城市世界。与现代世界相比,城市群已成为当代城市发展的大趋势与人类文化最重要的空间载体。在江南文化的现代转换与当代形态建构的意义上,人们熟知的长三角城市群已成为传统江南文化的主要载体与最新形态。"尽管当今长三角与往昔江南已有不小的变化。但由于两个基本面——地理上的长江中下游平原及包括古代吴越文化和现代海派文化在内的江南诗性文化——仍是长三角城市群的核心地理空间和主要文化资源,所以完全可以把长三角城市群看作是古代江南的当代形态"。③ 最重要的是,城市群是当今世界发展的主流和大趋势,2009 年长三角城市群正式上升为国家战略,《国家新型城镇化规划》明确提出"把城市群作为主体形态"。由此可知,长三角城市群建设是江南传统村落保护最重要的影响因素,也是后者必须依托的现实背景。

基于这一前期研究,本课题的研究对象主要是指地处"江浙沪"的"中国传统村落"。

2. 江南文化的界定与阐释

在关于江南文化的认识上,学界常见的是"一分为三",即"吴文化""越文化"和"海派文化"。这一划分尽管便于应用和描述,但由系统论中"整体大于部分之和"这一基本原理可知,作为有机整体的江南文化必然大于"吴文化""越文化"和"海派文化",因而对三者的单体或共性研究绝不等同于对江南文化的研究。

"东南财赋地,江左文人薮"。江南文化本质上是一种诗性文化。与中国其他区域文化相比,江南地区的两个最显著的特点是物产丰富与人文发达。但仅此并不足以发现江南文化中超功利的审美内涵与诗性精神。引申言之,仅仅有雄厚的经济基础不是江南文化的独有特色,有着"天府之国"之称的巴蜀地区在

---

① 中共中央马克思恩格斯列宁斯大林著作编译局译:《马克思恩格斯选集》(第 2 卷),人民出版社 1972 年版,第 108 页。
② 李伯重:《多视角看江南经济史》,三联书店 2003 年版,第 448—449 页。
③ 刘士林:《江南与江南文化的界定与阐释及当代形态》,《江苏社会科学》,2009 年第 5 期。

富庶上就可与它相媲美;另一方面,仅仅文人荟萃,或者说有丰富的精神文化传统也不能算是它的本质,与之相去不远的齐鲁地区在这一方面更有资格成为中国文化的代表。江南之所以可以成为一个民族魂牵梦萦的对象,恰是因为它比"财赋"与"文人"要多一些东西。也可以说,与那些生产条件贫瘠、生产力极其不发达的落后地区相比,它有着令人艳羡的鱼稻丝绸等小康生活的消费品;与自然经济条件同等优越因而衣食无忧、饱食终日的地区相比,它有的则是比充实仓廪更令人仰慕的诗书氛围;与人文积淀同样深厚悠久、"讽诵之声不绝"的礼乐之邦相比,它还多出了几分"越名教而任自然"、代表着生命最高的自由理想的审美气质。构成江南文化的"诗眼"、使之与其他区域文化真正拉开距离的,恰是在它的人文世界中有一种最大限度地超越了文化实用主义的诗性气质与审美风度。一言以蔽之,江南诗性文化是中国人文精神的最高代表。由此可知,江南文化本质上是一种以"审美—艺术"为精神本质的诗性文化形态。①

　　基于这一前期研究,我们使用的"江南文化"概念主要是侧重于"诗性文化",而不是中原文化圈的"伦理文化"。只有保护和传承了诗性文化,才是对江南文化真正的传承和保护。江南诗性文化是解决后现代文化问题的最重要的本土古典精神资源。现代性的困境在于,在现代条件下获得充分发展的个体,如何处理"自我"与"他人"之间日益严重的分裂与对立。在中国文化传统中,除了审美功能比较发达的江南文化之外,其他传统对个体基本上都是充满蔑视与敌意的。江南诗性文化最有可能成为启蒙、培育中国民族的个体性的传统人文资源。在这个严重物化、欲望化的消费时代中,守护与开放好这一沉潜的诗性人文资源,依据它提供的原理创造出一种诗化新文明,是研究、保护和传承江南传统文化与生活方式的根本目的。

　　3. 江南村镇文化的界定与阐释

　　由于在物质文明积累、制度文明建设及在文化发展阶段上的差异,尽管都属于诗性文化的大范畴,江南乡镇与江南城市还是有明显的差别。

　　通过比较两者可以更准确地认识江南村镇文化的内涵和特质。首先,江南城乡在生活方式上有很大不同。自然经济农业模式下的生活自足、悠然自适、知足常乐的满足感,是江南乡镇社会普遍的日常生活和态度。即使在已相当富裕的江南乡镇,人们在生活观念上依然倾向于儒家哲学,如"耕读为本""勤俭持家"

① 刘士林:《西洲在何处:江南文化的诗性叙事》,东方出版社 2005 年版,第 209 页。

等素朴的生活方式。这与中原文化圈那种重勤俭、礼仪、廉耻、耕读为本等社会政治伦理的生活观念高度一致。而与昼夜喧闹、纸迷金醉、"舞低杨柳楼心月,歌尽桃花扇底风""钿头银篦击节碎,血色罗裙翻酒污"的江南城市生活完全不同。其次,江南城乡在"文化和人生价值"方面也有很大不同。在江南村镇中,其精神生活的核心是维护社会道德伦理的稳定,而不是个体自我的审美快乐。如江南乡镇对越轨男女的惩罚,其严厉与残酷是世人皆知的,是北方意识形态与伦理规范忠诚的卫道士。在"慈孝天下无双里,锦绣江南第一乡"的徽州棠樾,其驰名于世的牌坊群也是一个很好的证据。这与以"吃喝玩乐"为突出特征,城市空间经济功能不断强化而政治伦理功能急剧衰退的江南城市也是截然不同的。由于这个原因,即使是古代色情小说,也最喜欢以苏州、扬州、杭州为生活场景。①

基于这一前期研究,江南传统村镇文化可以阐释为一种介于"物质"与"精神""伦理"与"审美"之间,又较好地实现了两方面平衡、互补的生活方式和文化价值体系。在某种意义上,这恰好显示出江南村镇文化在中国文化建设中的重要性,即它可以有效抵制和批判城市文化的非伦理性和过度的欲望狂欢。而这一点,在我们所处的这个消费时代,具有重要的现实意义和价值。

二、江南传统村落文化符号体系建构

1. 江南传统村落研究评价的理论与方法

上海交通大学城市科学研究院长期从事江南区域文化的理论研究、规划编制和数据库建设,本项目以具有自主知识产权的江南概念界定、江南文化理论为基础,参照课题组研发的《中国传统村落文化特征指标体系》,结合江南区域文化及当今长三角城市群的发展趋势,制定了包括江南传统村落物质文化、社会文化、人文文化在内的评价标准体系,为江南传统村落保护工作提供科学的理论指导。

在研究方法上,采取结构主义的基本方法,以"物质文化""社会文化"和"人文文化"三分法为基础,通过系统梳理文献资料和开展相关理论研究,结合课题组在长三角 26 个中国传统村落的调研情况,形成江南村落文化的分类框架及主要指数,对地处江南地区的中国传统村落保护的现状与问题进行深入分析研究,同时对形成其健康发展的体制机制提出若干对策建议。

---

① 刘士林:《江南城市与诗性文化》,《江西社会科学》,2007 年第 10 期。

2. 江南传统村落文化要素体系建构

江南传统村落文化主要包括江南传统村落"鱼米之乡"的自然环境条件、"晴耕雨读"的生产生活方式和以吴风越俗为主体的人文文化谱系,分别对应我们在中国传统村落标准中提出的"物质文化""社会文化"和"人文文化"。在"新型城镇化"和"建设美丽乡村"的战略框架下,结合吴、越、沪三大子文化区的江南村落的具体情况,以保护江南村落传统物质文化、江南村落传统社会文化、江南村落传统人文文化为中心,形成江南村落文化特征与评价要素体系。

江南传统村落文化的要素体系是中国传统文化要素体系的区域化表现。概括来说,它是以传统村落布局形态和江南风格民居为物质基础,以传统江南村落的生活生产方式和人文风俗、非物质文化遗产、生活态度、文化心理及审美趣味为表现形式,以传承传统文化、强化文化体验和乡村文化价值重建为发展目标的指导性指标体系。按照"物质""社会"和"人文"的三分法分类见图18-1。

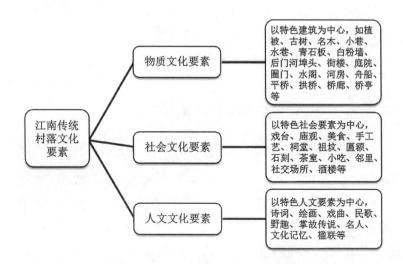

图18-1　江南传统村落文化要素体系

以上各要素及其构成的要素体系,充分反映了江南传统村落的特色,揭示了江南传统村落保护的重点内容。

3. 江南传统村落文化符号体系建构

江南传统村落文化主要包括江南传统村落的自然环境条件、"晴耕雨读"的生产生活方式、以吴风越俗为主体的社会文化谱系,是我国重要的物质文化遗产和传统农业文化遗产,并在历史进程中逐渐积淀为完整、系统、内在联系紧密的江南传统村落文化符号体系。依据"中国传统村落文化符号体系",结合江南传统村落的特殊性,可以提出相对独立的"江南传统村落文化符号体系",为江南传统村落文化指数的构建与评估提供基础(见表18-1)。

表 18-1　江南传统村落文化符号体系

一级符号	二级符号	三 级 符 号
物质文化符号	特色自然景观	山色、河流、溪涧、湖荡、水库、垛田、梯田、平原、山林等
	特色生态农业资源	特色农业(水稻、茶叶、毛竹、板栗、柿子、莲藕等)、名树木(银杏、杉树、香樟、垂柳等)、名植被(江南土生及具有代表性的花草)、名瓜果(江南土生及具有代表性的桃梨李杏桔瓜等)、知名畜产品(江南土生及具有代表性的鸡鸭鹅羊猪及野鸭野兔等)、特色水产品名鱼名虾(江南土生及具有代表性的鱼虾蟹蚌蛏等)
	传统规划建筑资源	1. 青砖、黛瓦、白粉墙、观音兜、马头墙、空斗墙的江南村落形态; 2. 以石桥(包括桥廊、桥亭)、拴马桩、下马石、河埠头、传统石子路、青砖路、石板路为主体的江南特色路网系统; 3. 以水阁、河房、天井、排水渠等为主体的江南特色水利设施; 4. 以廊棚(功德碑、贞节牌坊、祠堂、私塾、书院遗址等)、手工作坊(油榨坊、磨坊、碓房等)、古井、古磨盘等生活生产用具、标志性建筑(如戏台、寺庙、道观、教堂、高塔、阁楼、鼓楼、更楼、寨门等)为主体的江南特色建筑物
社会文化符号	农业文化资源	1. 耕读为本的建筑物保存及展示(旧宅第保存、旧家族延续); 2. 稻作农业生产资源与技术体验(农业生产知识展示、古代农具、渔具展示、使用等); 3. 水乡交通工具及旅游观光体验(篷船、竹筏、游船画舫); 4. 江南传统村落饮食方式与文化传承(土灶台的使用)
	历史文化资源	1. 江南乡村祠堂及祭祀文化系统; 2. 聚族而居的村落区位分布特征; 3. 新时代背景下外来及外出人群变化; 4. 长寿; 5. 家谱族谱的编撰与续修; 6. 历史名人对村落文化影响力具有核心作用
	民俗文化资源	1. 江南特殊节庆活动、风水习惯与特殊婚丧习俗的传承; 2. 装饰(窗花、门庭、匾额、石刻、刺绣等); 3. 手工艺及手工产品; 4. 江南饮食、游戏与竞技(茶室酒肆、美食小吃、龙舟、武术等)

续　表

一级符号	二级符号	三　级　符　号
人文文化符号	传统村落文教资源	1. 邻里关系、孝敬长者及一些特殊的乡规民约等； 2. 村落私塾传承
	传统村落文艺资源	1. 各类非物质文化遗产与传承人； 2. 江南村落文人作品（竹枝词、昆曲、越剧等）； 3. 村民文化娱乐活动情况；民间传说整理情况

江南传统村落评价在原理上和中国传统村落一致，一个江南村落拥有的三级指数或文化符号越丰富，就表明其作为传统村落的内涵就越完整，在本质上就更接近完美的江南传统村落，并可以作为江南传统村落保护的典范与样本。

三、长三角 26 个中国传统村落的调研与分析

2014 年 8 月 11 日至 23 日，在住建部及江浙沪相关部门的大力支持下，上海交通大学城研院课题组对长三角地区三省市 26 座传统村落进行了为期 13 天的考察调研。调研组走访了传统村落保护现场，听取基层干部群众的困难和矛盾，共同探讨江南传统村落保护的经验与方法，并根据课题组前期研制的评估指标体系采集了第一手的数据信息，为开展江南传统村落保护工作和制定相关政策法规提供了可靠的田野材料和经验。

1. 江南"中国传统村落"保护的背景与现状

长三角城市群是中国经济最发达、发展速度最快和城市化水平最高的地区，也是江南传统村落赖以生存、发展和保护传承的最直接的现实背景。对江浙沪三省的城市化水平、经济发展速度、传统村落保存进行比较研究，可以准确了解和把握江南传统村落在当下的真实处境。同时，由于我国其他区域大多都在模仿长三角，其农村也多在模仿长三角的农村，所以开展江南传统村落空间传承保护研究，建构符合江南村落自然生态保护和利于江南人文社会习俗传承的保护模式，包括开展试点建设工作，对我国传统村落的整体保护和发展具有重要的现实意义。

要把握江南传统村落在长三角的总体情况，首先需要了解其在长三角全部村落中的占比与分布情况。对此需要说明的是，一是由于江南传统村落的申报

主体并不一致,有的是行政村,有的是自然村,还有少数仅是城镇中的一个传统街区,在对江南传统村落与江南全部村落进行研究时,必然会出现是以"自然村"还是以"行政村"作为总体参照背景的问题;二是在快速城市化和村镇行政建制迅速变化的长三角地区,一般的"自然村"消失和变化得很快,再加上村镇级的相关统计比较落后,很难准确统计长三角的自然村出来,常常是统计结果还没有出来,一些自然村就已经消失不见了。为了使研究对象具有相对的稳定性,我们没有以长三角的"自然村"作为基数,而是以相对稳定和可以准确统计的"行政村"作为对比研究的分母。由此计算江浙沪行政村与中国传统村落的数量对比。

对此进行初步的分析,可以得出两点基本认识和评价:

首先,从总体上看,经济越发达,对传统村落的传承保护就越困难。自唐代中国经济中心和宋代中国文化中心南迁以来,江南地区一直是我国经济最富庶和文教最发达的地区,这不仅表现在扬州、苏州、杭州、南京、上海等大都市,也表现在星罗棋布、依山傍水的江南市镇与村落上。但就当下而言,长三角地区的江南传统村落与各自的行政村相比,所占的比例都偏低,其中,上海为 3.01‰,浙江为 3.65‰,而江苏更是低至 0.95‰。由此可知,江南传统村落保护与经济发展、城市化水平并不存在"正相关"关系。相反,近年来我们快速的城市化,对传统村落主要起到的是一种破坏作用。

其次,在横向比对上,不同省市对传统村落保护的认识和态度至关重要。除了长三角城市化进程过快、乡镇工业化规模较大等普遍因素,还涉及如何对待传统村落的问题。如图 18-2 所示,以江苏和浙江为例,2012 年两省的城市化率均在 63% 上下,在 GDP 增速方面,江苏为 10.10%,浙江为 8%,相差也不是很大,但两省的江南传统村落数量差在三倍多。甚至与城市化率偏高、GDP 增速最低的上海相比,江苏在传统村落数量上也有三倍以上的差距。在经济发展和城市化水平相当接近的情况下,对于长三角三省市的传统村落分布出现如此严重的不平衡,初步可得出两个判断:一是江苏省对申报工作不够重视;二是以华西村为代表、以发展乡镇企业为重点战略的"苏南模式"对传统村落破坏较为严重,原本数量众多的江南村落在 20 世纪 80 年代以来迅速消失,所剩无几。这两方面相辅相成,都是过于重视经济而忽略文化导致的。由此可知,我国城市群应走"文化型城市群"转型发展道路,[①]与《国家新型城镇化规划》提出的"注重人文

---

① 刘士林:《走文化型城市群发展道路》,《光明日报》,2013 年 11 月 26 日。

城市建设"相一致,传统村落保护与建设开发,也需要探索出一条以非工业化、非城市化为鲜明特征的文化保护新路。

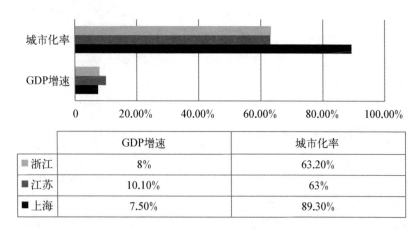

	GDP增速	城市化率
■ 浙江	8%	63.20%
■ 江苏	10.10%	63%
■ 上海	7.50%	89.30%

图 18－2　2012 年江浙沪 GDP 增速及城市化水平对比[①]

2. 调研对象与空间分布

(1) 调研对象与范围。

上海交通大学课题组的江南传统村落调研对象,主要包括江浙沪 3 地 11 市的 26 个中国传统村落。

表 18－2　江南传统村落调研调研村落名单

序　号	行 政 区 划		传 统 村 落
1	上海市 (3 个)	闵行区	马桥镇彭渡村
2			浦江镇革新村
3		松江区	泗泾镇下塘村
4	江苏省 (13 个)	南京市	江宁区湖熟街道前杨柳村
5			高淳区漆桥镇漆桥村
6		镇江市	京口区姚桥镇儒里村
7			丹阳市延陵镇九里村

---

① 据长三角各省、市网站发布相关数据信息整理得出。

续 表

序 号	行 政 区 划		传 统 村 落
8	江苏省 （13个）	无锡市	惠山区玉祁镇礼社村
9			锡山区羊尖镇严家桥村
10		常州市	武进区前黄镇南杨桥古街村
11		苏州市	吴中区东山镇陆巷古村
12			吴中区金庭镇明月湾村
13			吴中区东山镇三山岛
14			吴中区东山镇杨湾村
15			吴中区东山镇翁巷村
16			常熟市古里镇李市村
17	浙江省 （10个）	杭州市	建德市大慈岩镇新叶村
18			桐庐县富春江镇石舍村
19		绍兴市	诸暨市东白湖镇斯宅村
20			绍兴县稽东镇冢斜村
21		宁波市	奉化市溪口镇岩头村
22			宁海县茶院乡许民村
23		金华市	永康市前仓镇后吴村
24			兰溪市诸葛镇长乐村
25		丽水市	缙云县新建镇河阳村
26			龙泉市西街街道宫头村

（2）选择标准说明。

课题组选择的调研村落，在整体上注重三个最能体现江南传统村落的基本条件：一是在物质文化资源上，符合江南传统村落的自然与环境条件；二是在社会文化资源上，延续着"晴耕雨读"的江南生产生活方式；三是人文文化资源上，传承着以吴风越俗为主体的人文文化谱系。

在类型特征上,主要包括以下五种类型,基本上能够涵盖江南传统村落的各种主要形态。

从空间特征上看,主要分为都市城市型(与城市连成一片,如下塘村、宫头村)、山区丘陵型(如许民村)、平原型(如李市村)等;

从社会特征上看,主要分为政治军事型(如冢斜村)、人口人物型(如人口迁徙的新叶村,如蒋介石的岳母家"岩头村")、文化遗产型(很多因商而兴的村镇,最后都是文保单位,如河阳村)等;

从保护方式上看,主要分为整体保护型(很完整,如新叶村)、重点区划型(部分完整)、新旧并存型(新旧界限明显,如冢斜村的老村与新村界限明显)、重建型(完全是推倒重来的,包括修旧如旧,如革新村)等;

从开发方式看,主要有旅游观光型(如漆桥村)、文化产业型(如前杨柳村)、文艺创作型(如画家村、作家基地)等;

从有无传统村落保护政策文件看,主要分为已获批准的保护规划(如儒里村等)、正在编制或待审批的保护规划(如三山岛等)、无保护规划等(如九里村等);从村落古建的产权角度看,主要有国家所有(如九里村的季子庙等)、集体所有(如后吴村的所有文保单位等)和个人所有(如明月湾村等)三种。

(3) 空间分布情况。

在空间分布上,26 个传统村落均处于古代江南地区的核心区,同时也参照了长三角城市群的最新框架范围。

这条横贯上海、浙江和江苏三省市的调查研究线路,比较全面地覆盖了江南地区入选中国传统村落目录的类型,同时兼顾了三省市的不同情况,具有很好的代表性和示范性,可以成为了解长三角江南传统村落保护的一个重要标本体系,同时,其本身在调研线路、时间、车程等方面也有细致考虑,构成了一幅关于江南传统村落的景观细致生动和文化底蕴丰富的人文观光地图。

3. 调研数据整理

根据课题组的前期研究,我们设计了江南传统村落保护情况调查表,主要包括四个方面:一是影响保护的主要原因,设置了资金、土地、政策管理、人才与技术四个选项;二是保护主体的态度和倾向,主要包括村民和村干部;三是记录一些突出问题,以及一些好的经验及建议;四是统计相关保护规划的编制和实施情况。

在对 26 个江南传统村落的调研采集了相关数据与资料(见表 18‐3):

表18-3　26个江南传统村落调研座谈统计表

序号	地区			传统村落	影响保护的主要原因（自然村）							突出问题、好的经验与建议	相关规划文本编制情况	地方参与调研		
					原住民比例	资金	土地产权	政策管理	人才技术	村民态度	村干部或上级部门倾向			村干部	上级管理部门	其他
1	上海市	闵行区	马桥镇	彭渡村	很少	√	√	√	√		保护，但不阻止开发	古时因柳条港水系上连接着南北主要通道的荷巷桥而闻名，如今热闹的只有一个小小的衣贸市场，而四周衰败和破败吸收的老街，使人很难想到是繁华的大上海	彭渡村历史文化风貌区保护规划（申报材料）	√	√	
2			浦江镇	革新村	很少	√	√	√		积极	开发	以古镇老街为主，在政府与企业共同运作下，实际上是一个商业和观光街区	上海市闵行区历史文化风貌区保护规划		√	√
3		松江区	泗泾镇	下塘村		√	√	√			保护	村名是为了申报传统村落而取的，目的是保护一些残存的老街区老建筑	历史文化风貌规划（申报材料）		√	√
4	江苏省	南京市 江宁区		湖熟街道前杨柳村	极少	√	√				开发	由旅游开发公司承包，负责总体规划设计，而政府则主要负责处理居民及土地问题，实际上是一个商业和观光街区	杨柳村都市生态休闲旅游示范村规划		√	√

续表

序号	地区			传统村落	自然村	影响保护的主要原因							突出问题、好的经验与建议	相关规划文本编制情况	地方参与调研		
	省	市	区			原住民比例	资金	土地产权	政策管理	人才技术	村民态度	村干部或上级部门倾向			村干部	上级管理部门	其他
5	江苏省	南京市	高淳区	漆桥镇漆桥村	✓	很高		✓			积极	开发	一村两貌，核心区严格保护；采用"反租倒包"方式，由政府推动，将古村改造工作直接委派给相关部门及附属公司，短期集中改造	漆桥古村落整治更新规划设计		✓	✓
6		镇江市	京口区	姚桥镇儒里村	✓	很高				✓	积极	保护	由几位年龄在65岁以上的乡贤主导，在26个村落中最有传承乡村的感觉，具有活态传承的属性；应把对古代最看重的乡老，作为传统村落保护的重中之重	全国传统村落儒里村建设规划	✓		✓
7			丹阳市	延陵镇九里村		较少			✓				认为市里不重视，通过新农村建设，村民集体搬迁至新居住点，旧村或拆或毁；目前仅季子庙主体建筑保护较好，周边重要历史环境尚无保护或复建；季子庙四周又有一批传统民居建筑被拆除	无	✓		
8		无锡市	惠山区	玉祁镇礼社村		较多	✓	✓	✓		积极	开发	村内有不少违章建筑，主要是为套取拆迁补偿；村干部认为应需充足的资金，否则村庄无前景	礼社历史文化名村保护规划	✓		

续　表

序号	地区		传统村落	影响保护的主要原因								突出问题、好的经验与建议	相关规划文本编制情况	地方参与调研		
				自然村	原住民比例	资金	土地产权	政策管理	人才技术	村民态度	村干部或上级部门倾向			村干部	上级管理部门	其他
9	江苏省 无锡市	锡山区	羊尖镇严家桥村	√	一般	√		√		积极	开发	近现代江南农村集镇化的代表。对整个村落推进行控制性保护，面临巨大的资金压力，也无法保障群众生活需求；采取的是局部重点保护方法	严家桥村古镇保护与整治规划（2005 年 8 月）	√	√	
10	常州市	武进区	前黄镇南杨桥古街村		较少	√		√	√		开发	旅游开发失败的案例；老街 2008 年承包给个人成立的开发公司，补助款进入公司，做过整治和商业开发，一度较成功；后来因资金问题而中断；现在成为一个"烂尾街，烂尾村"；村名为申报时所改	杨桥村现代化新农村，古街保护规划（申报材料）	√	√	
11	苏州市	吴中区	东山镇陆巷古村		极高	√					保护开发	古建筑复全部由政府投入；商业开发起步早，抢占了市场和商机，但仅靠旅游收入修缮和维护古建筑也很困难，仍然需要更多的政府财力支持	陆巷古村落保护与建设规划	√	√	√

续 表

序号	地区			传统村落	影响保护的主要原因								突出问题、好的经验与建议	相关规划文本编制情况	地方参与调研		
					自然村	原住民比例	资金	土地产权	政策管理	人才技术	村民态度	村干部或上级部门倾向			村干部	上级管理部门	其他
12	江苏省	苏州市	吴中区	金庭镇明月湾村	3个	很高		√	√		积极	保护开发	由管理办公室协调旅游开发公司与村民;村民多在家自主经营,犹如一幅和谐有序、薪火相传的画卷,是江南村落中一个难得的案例	明月湾历史文化名村保护规划		√	√
13				东山镇三山岛村		极高	√		√			保护开发	重点是桥头村;目前三山岛古村保护资金全靠自筹或当地自筹;目前岛上旅游年收入一千多万元,干了二十多年的老书记发挥了重要作用,认为对古村落建筑修缮要分类对待,不一定所有古建筑都要修,不用都出钱修,也不能想着卖给别人获利	苏州市三山岛传统村落保护发展规划研究(2014年4月);苏州三山岛传统村落保护与发展规划(2013~2030)(2014年4月)	√		
14				东山镇杨湾村	√	很高	√		√			保护	在最近一次经费资助中,吴中区四个村被列入资助名单,但没有杨湾村,村干部认为杨湾村最需要支持;很多古建需要保护	苏州市东山镇杨湾村保护与整治规划	√	√	

续 表

序号	地区		传统村落	影响保护的主要原因								突出问题、好的经验与建议	相关规划文本编制情况	地方参与调研		
				自然村	原住民比例	资金	土地产权	政策管理	人才技术	村民态度	村干部或上级部门倾向			村干部	上级管理部门	其他
15	江苏省	苏州市 吴中区	东山镇翁巷古村		极高	√					保护	村民无资金修缮古建；较早尝试产权交易办法，用旧宅交易方式把旧宅挂牌竞拍的方式，通过社会资金对传统建筑进行保护与修缮；有的旧宅地被私人购买后，改造豪华，连村主任都不能进入；村名为申报时所改	翁巷古村落保护与建设规划（申报材料）		√	
16	江苏省	常熟市	古里镇李市村		2/3			√			保护	年轻的村干部对村子历史文化知之甚少，申报表格由镇政府相关部门代办；认为保护过程没有困难；需投入人、修缮资金由政府运作，与村委会无关	李市历史文化街区保护与整治规划	√		
17	浙江省	杭州市 建德市	大慈岩镇新叶村	√	极高					积极	保护开发	将保护和开发结合，既没有因为过度保护而影响当地百姓的生活与生产，也没有过分开发而破坏传统建筑；目前是热门景点，游客很多	新叶村保护利用综合试点规划；新叶村特色精品村建设规划（2011~2020年）	√		

续表

序号	地区			传统村落	影响保护的主要原因								突出问题、好的经验与建议	相关规划文本编制情况	地方参与调研		
	省	市	县		自然村	原住民比例	资金	土地产权	政策管理	人才技术	村民态度	村干部或上级部门倾向			村干部	上级管理部门	其他
18	浙江省	杭州市	桐庐县	富春江镇石舍村	✓			✓			积极	保护开发	隔壁村的"富二代"担任村长,对村内文化资源如数家珍;古建筑得到修缮,陆续开放;正修葺环村景观步行道,逐步开发旅游业和农家乐项目	无	✓	✓	
19		绍兴市	诸暨市	东白湖镇斯宅村		较高		✓		✓		保护	古建筑修缮保护工作开展有序,资金到位,委派专业人员驻村管理;目前尚未搞开发旅游,但已有散客零星前来	斯氏古民居文化保护方案			✓
20			绍兴县	稽东镇冢斜村		较高	✓	✓		✓	积极	保护开发	村内组织有手艺的老匠人实施修缮工作,成本低,效果好;主事者热爱家乡,熟悉村内历史文化资源,懂得政策,组织和获取资源的能力也很强,值得关注;认为传统村落保护主要是观念和人才问题,建议符合传统村落保护特点的特殊政策出台,例如允许请老木匠等组织人修复古建筑,而不仅是具有古建	省历史文化村落保护利用重点村规划	✓		✓

续表

序号	地区		传统村落	影响保护的主要原因								突出问题、好的经验与建议	相关规划文本编制情况	地方参与调研		
				自然村	原住民比例	资金	土地产权	政策管理	人才技术	村民态度	村干部或上级部门倾向			村干部	上级管理部门	其他
20	浙江省	绍兴市 绍兴县	稽东镇 冢斜村		较高	√	√		√	积极	保护 开发	修复资质的公司通过招投标形式包揽，程序冗期耗时长，而大部分古建筑都在坍塌过程中；建议县区一级设置指导委员会，下设相关协会，吸引了解历史风俗等的退休人员、身体好的老同志发挥余热	省历史文化村落保护利用重点村规划	√		√
21		宁波市 奉化市	溪口镇 岩头村	4个	一般	√	√	√			开发	只能得到市里补助，村民2008年曾捐款集资修缮；古街格局保护较完整，街道等历史元儿次变迁，整体修复难度大；个别民居现今居住人在"文化大革命"中遭了很大的罪，对政府的修缮建议"心有余悸"，很抵触	岩头古村保护规划和村庄总体规划（申报材料）	√		
22		宁海县	茶院乡 许民村		一般	√			√		保护	宁波市内现有建筑群规模最大，保存最完整的石屋古村，周边原有很多石头村因为经济发展都拆了；村内建筑形式特殊，修复难度大，需要专业人才、专家论证	许家山历史文化名村保护规划，正在（申报材料，正在编制）		√	

续表

序号	地区			传统村落	影响保护的主要原因								突出问题、好的经验与建议	相关规划文本编制情况	地方参与调研		
					自然村	原住民比例	资金	土地产权	政策管理	人才技术	村民态度	村干部或上级部门倾向			村干部	上级管理部门	其他
23	浙江省	金华市	永康市	前仓镇后吴村	√	一般	√		√			保护	古建筑数量多，保护压力大，建筑坍塌快；少量土地指标，但没土地置换人户私权取出来；希望争取土地指标，重建新村	后吴保护规划（申报材料）	√		
24			兰溪市	诸葛镇长乐村		较少	√	√		√		保护	由于环境条件特殊，古建筑破坏严重，目前改造不应由村书记依靠文保专项资金；资金困难，农村改造不应由村书记负责，土地指标、政策匮乏，干群矛盾激化，产权不清晰等	长乐村保护规划（申报材料）	√	√	
25		丽水市	缙云县	新建镇河阳村		一般	√	√	√	√		开发	大批民居需要维修，村南规划300亩用地进行保护性迁移安置，将原居住在重点文保建筑中的居民迁出，希望保护古民外迁；目前以保护古建筑产权置换为主，没有用地指标来保护公共环境；已有文保资金，对古村落保护不冷不热	河阳历史文化保护区保护规划；河阳古村旅游规划；国家级文物保护建筑保护规划（即将制定）	√	√	

续　表

序号	地区			传统村落	影响保护的主要原因								突出问题、好的经验与建议	相关规划文本编制情况	地方参与调研		
					自然村	原住民比例	资金	土地产权	政策管理	人才技术	村民态度	村干部或上级部门倾向			村干部	上级管理部门	其他
26	浙江省	丽水市	龙泉市	西街街道宫头村		极高	√	√	√		积极	保护	位于古城中心西街，较繁华，聚落特征不明显，成为城中村，村内传统建筑保护显得脆弱不堪，安全隐患多；龙泉在浙江属于欠发达地区，外来人口少，民居产权多为私人，村民不愿动迁，建议建筑改造由政府统筹，村民各家参与改造，经验收给予补贴；建议将资金投入、政策引导、规划实施形成微循环，有效推动保护工作	龙泉市2004～2020年历史文化名城保护规划；无针对本村的保护规划	√	√	

本次调查涉及江浙沪 3 地 11 市的 26 个中国传统村落,是国内第一次跨省市的大型传统村落调研,同时在住建部村镇司及各省市相关部门的大力支持下,得到了村镇相关行政机构的配合。所以本次调研所取得的数据与资料,包括其中揭示和发现的问题,都具有很好的参考与借鉴价值。

4. 调研基本判断

根据 26 个江南传统村落调研数据表,结合课题组在长三角的实地调研情况,对于长三角三省市的江南传统村落保护可得出以下三点基本判断。

(1) 经济发展领先的江苏省,在江南传统村落保护工作上最落后,这首先表现在申报数量少。与浙江省的 24 666 个行政村中传统村落为 90 个,上海市的 1 661 个行政村中传统村落为 5 个相比,拥有 16 861 个行政村的江苏省,其入选的传统村落仅为 16 个。同时,在调研中还发现,相对于浙江与上海,江苏的传统村落在历史上无论从数量,还是质量上都高出很多,但占据得天独厚优势的江苏传统村落并没有在整体上表现出很高的水平。除了苏州之外,其他入选村落在保护方面的情况都比较差,如常熟市古里镇李市村几乎没有得到什么保护,而南京一带传统村落的商业化问题也比较突出。

(2) 城市化水平最高的上海,尽管在传统村落数量在占比上远高于江苏省,与浙江省接近,但也存在着资金短缺、政策不到位等问题,使上海的江南传统村落保护工作力不从心。而本次调研的三个村落,可以说各有各的问题,其中,泗泾镇下塘村已完全被城市包围,只是因为申报中国传统村落的需要,才临时起了村名,同时也因为面临城市化的压力而岌岌可危;浦江镇革新村属于"新建型"传统村落,基本上是以"召稼楼"为主体的旅游景点,传统村落的生活方式和文化已经消失;而马桥镇的彭渡村尽管传统民居保留很多,但由于缺乏维修和保护资金,严重破败并处在自生自灭状态中。由此可见,拥有雄厚经济实力和文化人才的大都市上海,在江南传统村落保护方面并没有尽到其应尽的责任。

(3) 对于江南传统村落保护,浙江省在长三角地区中表现最好。浙江传统村落的基础条件并不是最好,就江南传统文化资源而言,其园林比不过江苏,古村落比不过安徽,在文化积累上也未见有大的优势,但浙江赢在了传统村落保护开发的观念和意识上,他们肯动脑筋,花本钱,还有村干部和村民对保护传统村落的热情和努力,这是江苏和上海不能相比的。同时,浙江是旅游大省,在旅游开发方面积累的丰富经验,也为其传统村落保护提供了重要的参照和支持。但如果从全国一盘棋的角度来看,浙江省与我国西南地区相比,在传统村落保护上还存在较大差距。这主要是因为整个长三角地区经济过于发达,对江南传统村落的直接冲击和间接影响都比较大的缘故。

四、江南传统村落保护存在的主要问题

通过对长三角 26 个传统村落的实地调查和多次座谈交流,在江南传统村落保护中,反映比较普遍和比较突出的问题主要包括:

1. 资金问题

这是普遍存在的问题,如上海泗泾的下塘村、马桥的彭渡村都强烈要求财政拨款。上海作为中国经济最发达的城市之一,其仅有的几座传统村落却因保护资金不到位而正处于日益破败的境况中。浙江的许民、长乐、河阳等对保护资金的需求也很强烈,这些村落由于古建多、体量大,需要的投入资金也很大,仅靠乡级、村级的财政支持往往难以支撑,而文保部门、林业局、农委等部门的拨款,则要靠村干部各显神通去奔走争得,加上省级拨款在经费使用过程中往往有诸多限制,不便操作,缺乏专项拨款使保护工作十分艰难。但也有个别村落表示并不缺少保护资金,如常熟古里的李市村,村干部基本上没有任何保护设想和开展保护工作。

2. 土地问题

因保护古建原有风貌而产生的安置原住民外迁的土地置换需求普遍存在。如上海浦江的革新村,一方面,由于"大居"市政配套建设占用了浦江镇 12 平方公里的建设用地指标;另一方面,对于古村落内占地面积大的文保单位不允许异地保护,导致该村对置换用地的需求格外突出。浙江的情况也类似,但个别村落用林地置换建设用地的方式部分地解决了这一问题,如杭州的石舍村等。江苏的情况似乎不太严重,大部分村落有配套用地指标。

3. 产权问题

大部分传统村落存在着古建的产权分属国有、集体及私人所有的复杂状况,在对古建进行维修与保护时很容易出现纠纷和冲突。在此次调研中,上海的三座古村落都存在着这个问题,因产权属于私人,政府不具有主动出资修缮的权力。浙江的后吴村将村内文保单位都置换为集体所有,但还有许多私人老宅面临着倒塌的危险。绍兴县稽东镇冢斜村的主要手段是"集体和住户按比例出资修缮",但这并不容易做到。对于家庭特别困难的,只能全部由集体出资。而这

又会影响到原本已答应出一部分维修款的农户,他们很可能也不再出资。江苏的明月湾村是又一个特例,该村古建的产权全部属于私人,但是由政府租用,并负责修缮、管理、经营等,因此整村的风貌较完整。

4. 政策与机制问题

相关政策缺少及机制体制僵化、落后等问题是影响传统村落保护实施的重要因素。在此次调研的 26 个村落中,近一半的村落负责人表示,没有好的、有效的土地置换政策、文物保护政策及保护资金使用规则等,严重影响了村落保护工作的进行。如江苏的李市村,由于村内某些区划内的老宅,产权属于私人、文保级别却不高,无法得到有效资金投入维修,政策上又不允许居民置换,这让村干部产生了后悔申报传统村落的情绪。而江苏的九里村由于缺乏后期监管及上级支持,竟然在评上了"传统村落"之后拆了部分老宅,令人着实为之可惜。

5. 观念与态度问题

由于村民缺少主动保护的意愿及村干部受经济驱动而消极对待保护工作,传统村落物质文化遗产大量损坏,非物质文化遗产加速消失的现象比较严重。如浙江的石舍村、岩头村出现了村民为了置换房屋而故意损坏老宅的行为,这种情况大多出现在干群关系不太和谐的地方。许多以血缘关系建立起来的村落,最初以血亲与族亲关系自发筹集保护资金,但随着外来临时居住人口增多,村民主人意识缺失,参与度与道德感同步下降,对于村落保护的意愿也随之降低。基层干部对于村落保护的职责认识不够。因此,"文保单位"的牌子对老宅能否得到保护影响巨大,然而,老宅不仅有使用价值,还有文化价值,村民是否拥有房屋的产权不应该影响政府对其进行保护修复。由于非遗类文化对于村落经济效益的影响不够明显,村干部对保护本村非遗的积极性普遍不高,也是一个不可忽视的态度问题。

6. 人才与管理问题

上海的革新村有着丰富的非物质文化遗产,但却面临着"政府贴钱办书场,也无市场"这样后继无人的尴尬境况。浙江冢斜村的有关负责人指出,目前的古村保护急需懂古建修缮的老匠人,而江苏的南杨桥村出现了这样的情况:由于此前的村落开发权限由开发商向村民租赁获得,因此,村委既得不到村落保护的财政拨款也无法监管开发进程,而开发商的承包合同不久到期,古村只能继续自生自灭。另外,也存在着多头管理问题。仅从此次调研的联络工作中即可看出,村委、区/县建管所、城规处、市政科、房管处、旅游开发公司等多个部门都对此有一定权限或责任,但是没有一个明确的、统一的部门能够全权负责传统村落保护的工作,极容易产生互相扯皮推诿的情况,不利于传统村落的总体发展。

7. 可持续发展模式问题

推动江南传统村落保护健康发展,在根本上涉及的是在城市化背景下,我国新农村建设走什么道路的大问题。经过近十年的探索,摆在我们面前的无非是两条道路:一条是和现代城市一样,走工业化、发展乡镇企业的华西村模式。这在本质上是以工业化与城市化来实现农业地区的现代化,村镇最后都将变成城市。目前中国广大的农业地区选择的都是这种只顾经济指标而不计环境与资源成本的发展模式,不仅破坏了千百年来美丽的山峦、河流、青纱帐等乡村资源和景观,也导致了对西方城市文化与大都市生活方式顶礼膜拜的同时,却牺牲或遗弃了自身独特的文化传统与风俗习惯。另一条是上海嘉定区的"毛桥模式",毛桥村是以政府较少的投入,通过改善农民的居住、卫生条件、农业文化保护及推进农村环境的景观化,走出的一条经济增长比较平缓、人与环境相对友好、社会进步与文化传统较为和谐的新型发展道路。该模式在经济指标与环境友好、社会发展与传统延续、现代化与宜居性之间取得较好的平衡,表现出发展适度、代价小、可承受的比较和谐的模式特征。从可持续发展的角度,毛桥村没有走工业化的老路子,但在经济方面仍获得了一定的发展;没有对农村住宅的大拆大建,却较好地实现了对农村生活环境的改善;在保留农村固有空间格局的同时,也使传统的农业生活方式与价值观念得到保护和传承。[①] 与华西村不同,毛桥村代表了一种以资源节约与环境友好为特色的农村经济社会发展路子。今后的新农村建设何去何从,应该引起足够的重视和关注。

五、关于开展传统村落保护的对策与建议

以"中国传统村落保护和可持续"为中心,紧密结合我国建设"美丽乡村"的总体要求和传统村落资源丰富、类型复杂、分布广泛的特点,为有效管理和规范我国传统村落的保护与开发建设,避免出现大面积的"千村一面"及区域性的"农村异化为城市"等问题,提出对策与建议如下:

---

① 刘士林:《"新农村"与"城市群"的相克与相生》,《中国社会科学内刊》,2008 年第 2 期。

1. 从总体上看,制定目标合理、务实可行的总体战略规划,使目前比较混乱和散乱的保护工作系统化和规范化

(1) 参照西方城市规划的理念、原则、技术标准,制定传统村落保护规划。长期以来,我国乡村规划主要有两个问题:一是规划编制比较随意,评审和把关不严,这是传统村落被开发性破坏的主要原因,二是在 2014 年 12 月 8 日《城市规划法》变更为《城乡规划法》之后,我国城市规划中的"重经济轻文化""因袭、雷同""随意变更"等问题也被带进乡村。鉴于西方城市规划比较规范和严肃,对于前者,应将传统村落规划纳入《国家新型城镇化规划》的总体框架并给予同等的重视,对于后者,应参照西方城市规划的理论、方法和技术标准,使传统村落规划从一开始就体现出较高水平,同时在整体上和我国实现现代化的总体目标相配合,在 2050 年力争使现存 90%的传统村落得到有效保护。

(2) 紧密结合区域文化传承编制"片区性"传统村落保护规划。针对目前旅游发展先行,传统村落分散开发的现状,依据《关于切实加强中国传统村落保护的指导意见》中"坚持保护优先,禁止过度开发"的要求,结合传统村落与区域文化联系密切的现实,在跟踪第一、二、三批保护工作进程、总结经验及推进试点工作的基础上,建议重点编制"片区性"传统村落保护规划,并侧重对区域文化特色及不同村落文化个性内涵的保护,实现区域内传统村落的系统性和完整性保护。

(3) 重组传统村落规划专家评审委员会并开展示范性工作。针对传统村落资源条件、发展目标各异,且规划编制水平参差不齐、指导思想混乱的现状,同时考虑到在三批传统村落发布后,规划编制需求会大增,建议住建部结合我国传统村落保护的总体要求,对已有的传统村落规划专家评审委员会进行重组,鉴于目前规划、建筑、旅游开发等方面专家多侧重于硬件和经济效益,不利于文化保护和传承的教训,建议该委员会应采取多元化、多学科的遴选方式,并对社会学、人文学的专家有所侧重。同时,建议以江南传统村落为对象,尽快开展示范村规划编制及评审工作,以获取相关经验,便于推广。

2. 针对中国传统村落保护中的"资金与土地"两大重点问题,及时出台新的政策并不断深化改革已有的配套政策措施

在江南传统村落调研中发现的最突出的资金与土地问题,在我国其他地区具有极强的普遍性,是开展传统村落保护必须面对和解决的重点、难点。同时,尽管住建部已确定给予传统村落 300 万的资金支持,但这种"阳光普照"远

不能满足传统村落,特别是中西部和欠发达地区的传统村落保护的资金需求。对此,提出两点建议,一是尽快解决我国传统村落保护基金混乱、多头投入、分散使用等问题,落实《关于切实加强中国传统村落保护的指导意见》提出的中央财政将统筹农村环境保护、"一事一议"财政奖补及"美丽乡村"建设、国家重点文物保护、中央补助地方文化体育与传媒事业发展、非物质文化遗产保护等专项资金纳入,分年度支持中国传统村落保护发展。二是由于我国乡村基层情况十分复杂,参照课题组江南传统村落的调研情况,对于配套政策还可进行三方面的改进:

(1) 建立相关的专项经费。针对传统村落规划编制资金、建筑维修基金、环境整治资金缺乏的情况,建议由国家和地方政府联合建立专项经费,同时出台资金支持细则,解决上述资金的缺口问题。不建议由社会资金或商业机构主导。

(2) 加大县级财政对传统村落保护资金的管理权。县级政府对于传统村落的情况比上级部门了解得更清楚,对于该投入的比例把握得也更加准确。建议将相关经费的审批和使用权下放,上级部门只起指导和监督作用。

(3) 尽快出台传统村落保护用地置换政策。在有效保护农村耕地面积的同时,将改善传统村落居民生活条件作为首要任务,对入选的中国传统村落在旧宅基地置换或新宅基地批准方面实行专项政策,参照城市改造中"新城""老城"分别建设的模式,集中规划新村建设,高效利用置换出来的土地,切实解决传统村落居民的生产生活困难。

3. 从传统村落物质文化保护层面看,重点使用当代高新技术与材料,以降低保护成本,提高保护质量

(1) 针对大部分传统村落保护观念落后的现状,植入智慧城市的新理念,以智慧村落建设为中心,运用信息化手段跟踪和即时检测传统建筑和文物的损毁或老化情况,提高传统村落保护的信息化水平,节省人力物力成本。

(2) 针对大部分传统村落保护材料原始的现状,结合近年来国内外先进材料科技的发展,在尽可能保护传统村落空间格局、老建筑、文物的物质形态的前提下,研究适合不同地区传统村落的新材料目录,通过运用新材料,最大限度地实现"修旧如旧",并尽可能延长老建筑和文物的自然损毁进程。

(3) 针对大部分传统村落维修技术低端的现状,结合近年来国内外先进建筑技术、工具和方法的发展,在传统村落的空间格局调整、老建筑与文物维修等方面,尽可能运用当代的新技术和新工具,以最小的代价实现传统村落服务功能

的现代化，为居民能够安居其中并提高生活质量提供必要的条件和服务。

4. 从传统村落社会文化与人文文化保护层面看，通过重建美丽乡村的生活方式和开展文化乡村建设，提升凝聚力、文化魅力和内生活力

（1）针对传统村落的空心化、商业化和虚假化等突出问题，要进一步突出传统村落保护中的生活方式和文化主题建设。乡村文化的主要特色是"土"，不同于现代城市的"洋"，但完整的新型城镇化并不与农村相对立。乡村生活方式和乡村文化，既是我国文化建设中最重要的核心资源，也是我国近年来迅速壮大的各级城市的永恒母体，只有切实保护好这个"根"和"源"，才会有真正丰富和繁荣的城市生活方式和文化。

（2）针对传统村落保护中"硬件"与"软件"的严重不平衡状况，要大力开展"文化乡村"的理论研究和示范区建设。其中，以传统儒家文化为基础，重建"尊师重教""敬贤尊老""勤劳朴素"的乡村文化价值观和人生观，对于克服现代城市文化中极端的个人主义、利己主义、"社会解体"等"城市文化病"，具有重要的现实意义和深远的文化价值。

（3）针对传统村落人文文化保护资金匮乏、后继无人的现状，建议尽快完善一整套和城市文化政策相平行的农村文化政策和公共文化服务体系，实现从"送文化下乡"的被动服务到"文化扎根"的自主发展，并在资金、项目等方面给予和城市同等甚至更重要的支持。特别是对于扎根于农村的广大民间文艺爱好者或者民间学者，建议从制度设计上提供科研机会，为其设立专门的科研项目申报通道，对其研究成果或科研贡献给予资金支持。

5. 从提升传统村落保护质量和加强管理的层面，建议研究和建立有进有出的动态管理机制，同时针对传统村落保护现状迅速出台相关"抢救性"措施

从总体上看，要研究建立考核机制，明确监督条例。重点是对已入选的中国传统村落进行重新审查，建立并启动退出机制。同时，由于我们大多数传统村落的保护现状不容乐观，所以建议在"十三五"期间，重点开展以下三方面的工作：

（1）对物质文化要素丰富，历史性、延续性、典型性都较突出的传统村落给予重点支持，以尽可能挽救大量濒于消失的传统村落，物质文化要素是传统村落最重要的基础和标志，一旦被破坏或自然损毁就不可能再有。

（2）对社会文化资源丰富、人文文化要素独特的传统村落，要重点给予保护规划编制、非物质文化认定等方面的支持，使这些依旧活态的传统村落生活方式和文化，迅速与国家已出台的相关政策接轨，并从中获得在相关的资金支持。

　　（3）对于既无成片的、有价值的古建筑，又无典型地方文化色彩，而仅以文物保护单位为主体申报的中国传统村落，且其作为文物与当地民生、民风并无密切联系，建议撤销其"传统村落"的称号，并提高其文保单位级别，统一纳入文保系统加以保护。

| 第二十章 |
上海传统村落的保护模式与规划思路

以 2013 年习近平总书记在中央城镇化工作会议中提出的"在促进城乡一体化发展中,要注意保留村庄原始风貌,慎砍树、不填湖、少拆房,尽可能在原有村庄形态上改善居民生活条件"、2014 年《国家新型城镇化规划》提出的"建设各具特色的美丽乡村,保护有历史、艺术、科学价值的传统村落、少数民族特色村寨和民居",2015 年五中全会提出的"推动城乡协调发展,健全城乡发展一体化体制机制,健全农村基础设施投资长效机制,推动城镇公共服务向农村延伸,提高社会主义新农村建设水平"为指导思想,以住建部关于加强中国传统村落保护的"两个指导意见",特别是上海市《关于本市推进美丽乡村建设工作的意见》提出的"深入挖掘、修复,传承和弘扬优秀的本土非物质文化遗产,展示浓郁乡土风情,体现上海江南水乡特色"等具体要求为基本原则,开展"中国传统村落"资源现状调查,在摸清传统村落资源现状的基础上分析主要问题;梳理国家、住建部及上海市相关保护政策重点要点,进一步明确传统村落保护的内涵和要求;分类研究国外、国内的保护模式情况,确定传统村落保护模式及各村落的特色和定位;提出关于传统村落保护的总体思路及近远期工作目标,为出台相关政策文件,切实加强对上海传统村落的保护提供依据和参考。

一、传统村落保护的理论与政策研究

(一) 中国传统村落的概念界定与阐释

"中国传统村落"的界定和认定标准可以参考两个标准:

1. 传统村落保护和发展专家委员会的界定

传统村落保护和发展专家委员会第一次会议认为:传统村落是为了突出古

村落的文明价值及传承的意义而决定更名的。具体是指在民国以前建村,保留了较长的历史沿革,即建筑环境、建筑风貌、村落选址未有大的变动,具有独特民俗民风,虽经历久远年代,但至今仍为人们服务的村落。[①] 这与住建部等四部局发布的《关于开展传统村落调查的通知》中的界定基本一致。

2. 住建部"传统村落文化特征分析与评价研究"课题组的界定

"传统村落"是指民国以前建村,保留了较长的历史沿革,至今仍为人们服务的以农业文明特有的环境与资源条件为空间基础,以农业生产生活方式及其政治经济社会结构为主体形态,以农耕社会的生活观念、价值态度、民俗风习、文化心理、审美态度等为人文精神的村落聚落形态。本研究项目已完成并报送住建部及相关部门,有望在"十三五"时期实施。上海市在开展传统村落保护工作时应对此予以关注和重视。

(二) 国际国内传统村落保护政策的聚焦点及主要问题

1. 国际、国家及上海市的主要政策文件情况

在国际层面上,目前还没有专项政策和专门机构,在国家层面上,比较对口的政策文件是 2012 年由住建部发布并使用的《传统村落评价认定指标体系(试行)》,在上海市,目前还没有专门性的传统村落保护文件。

《传统村落评价认定指标体系(试行)》既是中国传统村落入选的基本评审和验收的主要指标,同时也是研究制定上海传统村落保护工作文件的出发点。这套指标体系目前还在使用中,且各指标均属"刚性"要求,在没有新的指标体系出台之前,仍将是我国传统村落保护最基本和最权威的指导性文件。

该体系的主要问题是"重硬件而轻软件"。在指标体系构成的三方面中,有两方面都属于建筑和规划领域。其中,传统建筑评价指标部分的八个指标虽设有定量和定性之分,但全部集中在建筑、建筑群等"硬件"方面。在选址和格局评价指标部分的五个指标中,也仅有"科学文化价值"一项和文化、历史价值相关。在非物质文化遗产评价指标部分,仅有"依存性"一个指标反映了非物质文化遗产与村落本身生产生活的紧密联系和依存关系。这不符合国际传统村落保护趋势和国家相关政策文件精神。上海市在开展传统村落保护时应确立两个基本原则:一是"达标",即所辖各传统村落全面达到《传统村落评价认定指标体系(试

---

① 朱晓明:《试论古村落的评价标准》,《古建园林技术》,2001 年第 4 期。

行)》的各项要求。二是"适度超前",特别是在传统村落生活方式、传统村落文化价值传承上有所建树,争取对国家保护标准的修订有所贡献。

2. 文化转型成为国际和国家传统村落保护的主流趋势

(1) 国际国内传统村落保护的"文化转型"。

在国际层面上,一是从保护单体的文物建筑发展到保护建筑物周围的历史环境,再到成片的历史街区,再到整体的古城、古镇、古村。二是从保护某一时期建筑艺术水平较高的宫殿、教堂、寺庙等建筑珍品,发展为注重对普通人生活的住宅、作坊等一般建筑的保护。三是从侧重保护建筑、文物、自然景观等"有形遗产"发展到强调民俗等非物质文化遗产同物质性文化遗产的有机联系。

在国内层面上,村落生活方式和文化传承的重要性与日俱增。在第一批和第二批传统村落评选时,主要侧重硬件。直到 2014 年公布第三批中国传统村落名录的通知才首次提到"保护文化遗产"。2015 年住建部等首次向异地迁建和盗卖传统建筑行为"亮剑",有效遏制了"乡村文物文化"的"商品化"和"进城"。

(2) 上海传统村落保护工作的战略定位。

在传统村落保护方面,目前上海还没有一个专门性政策文件,这一点甚至落后于中西部的一些省市。上海传统村落保护应确立的战略思路是,以研究制定专门性的传统村落保护政策文件为突破口,积极响应国际传统村落保护的"文化转型"并有效规避 2012 年住建部《传统村落评价认定指标体系(试行)》中存在的"重硬件轻软件"的问题,率先开展"文化型中国传统村落保护"的试点和示范建设,总结和摸索一套"文化型传统村落保护"的标准和建设案例,走出一条跨越式发展道路,积极引领中国的传统村落保护工作新常态。

二、上海市"中国传统村落"保护的现状与问题

1. 上海市五个"中国传统村落"的基本情况

目前,上海市共有中国传统村落五个,分别是彭渡村、革新村、下塘村、东南弄村和沔青村。

(1) 彭渡村。

村落格局:彭渡村地处闵行区西南角,黄浦江与女儿泾的交汇处,西与松江区接壤,原属马桥乡集镇荷巷桥所辖区域,村域面积 3.5 平方公里,入选中国传统村落名录的村落核心区域为邻松老街,位于彭渡村和同心村交界处(见图 19-1)。

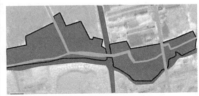

图 19‑1　彭渡村传统村落格局示意图

人口与经济：目前常住人口约 479 户，本地人口与外来人口比为 1：1。村集体年收入 880 万元，村民人均年收入 9 600 元。彭渡村原址曾是上海自来水取水口所在地。从 2002 年开始，为保护黄浦江的水质，彭渡村利用公社化时留下的马桥水产队养鱼场和部分农田建设了一座生态园林，因传八仙之一的韩湘子长居于彭渡，故取名为韩湘水博园，而彭渡村的 3 000 个村民则搬迁至现今的新址。

基础设施：邻松老街的污水没有纳管排放，村内仍使用化粪池，三线架空设置，没有入地，基本没有消防设施，也没有安全监控设备，老街的居民生活条件比较艰苦（见图 19‑4）。

历史沿革：荷巷桥兴起于清嘉庆年间，至今已有 300 余年的历史。因其周围有五条河流，形成荷花状，故名荷溪镇（见图 19‑2）。又因小镇小如巷，进镇中央有座石拱桥，后人改称荷巷桥至今（见图 19‑3）。民国时期，此地曾是俞塘民众教育馆荷溪分馆的所在地，组织村民学习文化、科学、礼仪知识，开展扫盲活

图 19‑2　村内河道

图 19‑3　原荷巷桥所在地

动,举办幼儿亲子比赛等。荷巷桥乡贤顾言、金庆章捐资创办荷溪小学,吸收周边少年儿童读书求学。抗日战争爆发后,小镇逐步萧条。

资源情况:村内主要水系基本完整,有柳条港、黄浦江、女儿泾等。古树名木仅剩三棵,分别为桂花古树、古紫藤树和黄杨树(见图19-5)。仍然活跃的非物质文化遗产主要有国家级非物质文化遗产荷巷桥手狮舞、闵行区非物质文化遗产马桥豆腐干、彭渡皮影戏、彭渡民间山歌与荷巷桥滩簧。

图19-4　邻松老街现状　　　　　　　　图19-5　桂花古树

保护管理情况:目前基本没有发展旅游业,游客很少,在荷巷桥镇东区有一座关帝庙供奉武圣关公、关平、周仓及赤兔马像。根据历史记载,清代时期此地有一座高阳庙香火鼎盛,镇政府打算依史重建一座,以吸引更多游客。

(2)革新村。

村落格局:浦江镇革新村坐落于上海市闵行区浦江镇,距离上海市中心20公里。村域面积2.29平方公里,有沈庄塘、老姚家浜、姚家浜、谈弄港、刘家河、沙江等流经该村(见图19-7)。革新村沿姚家浜两侧呈东西向矩形分布,主街丁字形,东西向街长500米,为商业闹市,有集市贸易,尤以坐落于村内的召楼古镇最为著名(见图19-6)。

人口与经济:共有村民803户,户籍人口2 389人,常住人口3 889人。外来人口约1 500人,村集体年收入329万元,村民人均年收入17 370元。

基础设施:镇域内污水全部纳管,完成三线入地改造,消防设施全部到位,共覆盖224个监控探头,村内河道水质达到国家水质二级标准。

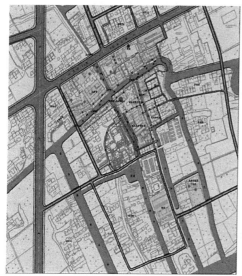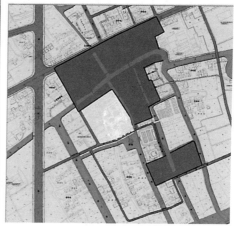

图 19 - 6 革新村传统村落格局示意图

图 19 - 7 村内河道

历史沿革：根据史料记载，约元大德年间(1297～1307)形成村落，兴起于明嘉靖、万历年间，距今已有 800 多年历史，是古代浦东的垦荒中心。

资源情况：镇上以谈、奚、沈三姓氏为主，至今仍流传着上海县城隍神秦裕伯等历史名人的故事。目前古镇内有不可移动文物十处，如梅园、沈家住宅、礼耕堂、奚氏宁俭堂、道南桥等，都属于古建筑或近现代代表性建筑，总建筑面积约9 000 平方米(见图 19 - 8、图 19 - 9)。

保护管理情况：浦江镇对传统村落的保护工作开展较早，不仅编辑出版了诸如《浦江村宅》《浦东召稼楼》《秦裕伯研究》《浦江土谚》《旅游指南：重光的召稼

图 19 - 8　梅园内部情况　　　　　　　　图 19 - 9　街景

楼文化》《浦东召稼楼》等文献资料,在浦江镇人民政府的牵头下,组织浦江镇文体中心、革新村村委会、召稼楼古镇建设管理公司等多个部门成立了革新村文物保护工作小组。自 2010 年起,制定了若干保护规范,在环境卫生、文物保护、历史文化资源及保护规划方面都出台了一系列的规定,对召家楼的发展起到了推动作用。

（3）下塘村。

村落格局：下塘村位于上海市松江区泗泾镇,地处上海市西南部、松江区东北部、泗泾镇中部、泗泾塘两侧。现在的下塘村已非传统意义上独立的自然村落,而是属于泗泾古镇的一部分,和周边的城镇片区结合在一起。村域面积 0.8 平方公里,风貌核心保护区 64 100 平方米,风貌建设控制区 69 400 平方米。下塘村内部街巷体系保存较为完整,拥有较多街巷空间和具有明显特色的传统街巷,元末明初,格局成曲尺形构成。民居店铺,皆临江枕流,形成石驳岸河埠。由西向东,沿泗泾塘北岸形成沿河街道。又沿张泾两岸筑居设摊,民居店铺沿张泾聚集,形成两岸南北街道,以傍东田禅院市面尤为繁荣。枕河人家、挨户都筑水桥,自备船只泊驳岸下、水桥边。现今集中在泗泾塘的下塘街及中市桥南岸一带,基本保存了传统水乡市集的河街格局和部分传统建筑。（见图 19 - 10、图 19 - 11,图 19 - 12）

人口与经济：常住人口约 20 000 人,其中外来人口约 16 000 人。村集体年收入约 650 万元。户籍人口的人均年收入约 3.5 万元。主要流经水系有通波塘、外波泾、洞泾、张泾四条河流,现存古银杏两棵。有陶宗仪、马相伯、史量才等历史名人的故居与故事流传。

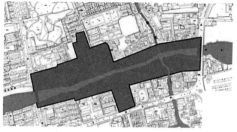

图 19-10　下塘村传统村落格局示意图

图 19-11　街口　　　　　　　　　　　　图 19-12　街巷

历史沿革：距今约 1050 年的北宋年间，泗泾地区就已形成古村落，名曰"会波村"；元代后期成集，名"泗泾里"；明后期称市；清代成镇，其时"百业辐辏，户口繁盛，街巷纵横，桥梁相望"，以米市著称。此后一直为松江东北部的经济、文化中心。1950 年经政府统一镇区划分，将下塘村并入中西居委会，现统一归中西居委会管辖。

保护管理情况：2008 年泗泾镇建立泗泾镇老镇开发管理委员会，委员会下设上海会源置业有限公司，具体负责下塘历史文化区的保护和开发工作。2013年初，经松江区人民政府批准，由松江区城通公司、泗泾镇人民政府、松江区土地储备中心共同出资，成立了上海泗泾下塘历史文化风貌建设发展有限公司，具体负责下塘历史文化的保护、传承和发展，形成政府主导、居民参与、社会共建的保护管理机制。2015 年，在下塘老街的 A 段（共将老街分为十段）进行试点，开展文物保护、文化发展、商业运作等一系列模式的探索（见图 9-13、图 9-14）。A段共涉及 49 户居民，3 处不可移动文物，总面积约达 2 600 平方米。

已有规划与思路：泗泾古以贡米闻名，因此计划开发一系列与米有关的衍

图 19-13　位于街巷 A 段的老宅　　　　图 19-14　周伯生宅内部

生品,如米糕、酱油、汤圆、粽子、油墩子、小笼等。目前已在本镇挖掘了 50 个相关传统行业,计划找到其传承人或配方后为其注册商标,或由传承人自我经营,或由愿意回老街的动迁居民经营,甚至可以聘请专业的运营商。除了传统餐饮服务外,还考虑办一些培训班,如酱油作坊、汤圆班、陶艺坊等。这需要将文化与商业进行适当结合,避免走入"千村一面"的误区。

　　泗泾的地理位置非常优越,北临虹桥国际机场,西接佘山国家旅游度假区,南望松江大学城,东连上海市区,是松江新城作为组团新城发展的重要组成部分。贯穿泗泾老街的河流泗泾塘是一条可通航河道。相关负责人考虑依靠泗泾的水系将松江区各景点连通起来,将各种资源纳入整体,留住游客(见图 9-15)。根据设想,下塘村的旅游将以高端品质为卖点,以吸引佘山度假区的高端客户。此外,计划与上海交大古建修复专家合作,创建古建筑创业产业园,在未来承担如主办古建筑论坛、组织国际交流活动、建立建筑专业学生的实习基地等功能。

图 19-15　村内水系

（4）东南弄村。

村落格局：东南弄村位于罗店镇南部，街区东南部，东与束里桥村为邻，南以马陆河与繁荣村接壤，西接罗溪村，北邻金星村及古镇、祁南两个居委，实属农居混合区域。整个村落倚水而建，基本维持传统的道路机理，房屋与水道平行且蜿蜒而立，而后顺势延伸形成与水道垂直的东西走向，主要以发散式格局垂直于河流水系发展，宅前道路直接通向附近水域。村域面积0.96平方公里，历史文化保护区范围主要为东至罗溪路，南至月罗路，西至沪太路，北至祁北路，面积约140公顷。核心风貌区范围包括亭前街、市河街、南弄街、东南弄街、布长街等七条历史街巷，分属东南弄村、罗溪村、向阳居委、古镇居委、新桥居委等下辖区域。规划面积约14.7公顷（包括水域）（见图9-16、图9-18、图9-19、图9-20、图9-21）。

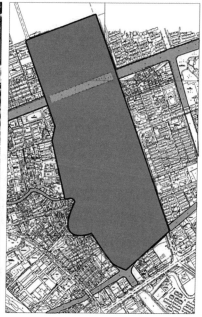

图19-16　东南弄村传统村落格局示意图

人口与经济：村域范围内有住户700多户，常住人口5550人，户籍人口2050人，外来人口2500人。村集体年收入200多万，村民人均年收入16014元。

历史沿革：东南弄村于1958年、1959年分属跃进、罗店两人民公社管辖，1984年后属罗店乡，1989年属罗店镇。罗店成陆于唐以前，南宋嘉定年间就有诗文记载。到了元代因"罗氏店堂"而成大集市，罗店因此而闻名。明清时期，罗

图 19-17　来龙桥原址　　　　图 19-18　蒋巷街竹巷街街口(河道填埋而成)

店的集市不断扩大,拥有"三湾九街十八弄",形成一个纵长三里、横宽二里的棋盘式镇区。

　　罗店地处长江口,明清以来战事频频。1937 年淞沪抗战,罗店作为主战场,与日军前后激战 37 天,全镇几乎成为一片焦土,对罗店古镇及东南弄村的风貌破坏极大。现有建筑基本都是抗战后所建。后又经"文化大革命"的破坏,再加上近几年自建房改造,许多古建已看不见当年的风貌,破坏非常严重。

　　资源情况:目前,村内现存古树三棵,分别为银杏、广玉兰、瓜子黄杨。保存较好的古建筑有三个,分别为沈氏祠堂、丰德桥(现已改名为旱桥)、来龙桥(今已搬迁至罗溪公园),均已不在东南弄村村域内。但从硬件条件看,东南弄村作为传统村落实属尴尬。事实上,其"传统村落"的名号是以罗店的龙舟文化为名目申报的,因为几位重要的传承人都出自东南弄村。

　　保护管理情况:2007 年成立了古镇改造置业有限公司,专门从事古镇改造工作。该公司多方筹措资金,包括从银行贷款(农村发展银行贷款 2 亿元)、将土地出让的收益用于改造资金等方式,至今已投入约 3.5 亿元。东南弄村给水统一由上海自来水公司集中供水,村落雨水通过统一建设的雨水管排入河道,污水排入市政管网,统一处理。村内道路都为硬化道路,以水泥路面为主,部分为沥青路面和青石板路面,道路在 20 年前基本建设完毕,近几年村委会对陆续对村内破损道路进行修复,道路状况良好。村内统一设置垃圾收集点,居民将生活垃圾投入收集点,由村、镇集中统一收集处理。村庄污水基本已纳入市政管网。另外,村内公共服务设施面积达 200 平方米,三线入地工作基本完成,消防设施配备到位,设有 150 个监控探头,村内设置铁门、路口岗亭。

图 19‐19　原立面被破坏

图 19‐20　亭前街街景

图 19‐21　河道

（5）沔青村。

村落格局：康桥镇沔青村位于上海浦东新区城市外环线南侧，康桥镇最东部，东以张江镇新丰村、川沙新镇棋杆村为界，南与人南村为邻，西、北与人西村毗邻，川周公路、城市外环线康桥东路和秀沿路途径，主要由平原构成。村域面积 1.71 平方千米，耕地面积 78 333 平方米（见图 19‐22）。

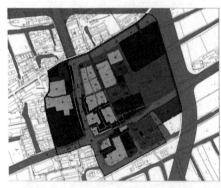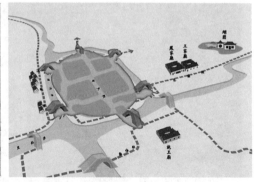

图 19 - 22　沔青村传统村落格局示意图

人口与经济：沔青村现有 7 个村民小组，其中 1、2、3、4、9 村民小组区域为横沔古镇，其余小组为古镇郊区。常住人口约 9 000 人，户籍人口仅村民就有约 2 000 人，居民约 1 000 人，外来人口约 6 000 人。村集体年收入 182 万元，村民人均年收入 3 万元。

基础设施：公共服务设施面积 20 亩，老街污水尚未纳管，三线架空布设，镇区边上设立了多个消防取水口，无安全监控设施。

历史沿革：横沔镇，早在唐代就已逐渐成陆，是沔青村村域的主要组成部分，横沔成为集镇是在清乾隆元年（1736 年）之前，后形成较大的集镇且比较繁荣。集镇所在地原为煮盐之处，因地形如盘，也称吉氏盘。横沔港在元代名为沔溪，故集镇也称沔溪，明代始改名为横沔。

资源情况：沔青村曾有六座古桥（目前仅存两座），古桥与古镇陆地相连，状似乌龟的四肢与头尾，而古镇内的河西街、中大街、庙场街、花园街等组成了龟背上的纹路，由此沔青村形成了独具特色的"龟城"格局。而横沔古镇以中大街为核心，周围水网密布，横沔港、盐船港贯穿整个村域，内有花园港，为横沔古镇内河，有古树名木 11 种，总计 25 棵。民居连片分布，水乡特色浓郁。1938 年，横沔惨遭日军扫荡，烧毁民居店铺多达 100 余间，现存的大都为民国后期所造。而目前保存较完整的清末民初古建筑，只有华氏宅、凤家厅、宁远桥、翊园桥等为数不多的几处（见图 19 - 23、图 19 - 24、图 19 - 25、图 19 - 26、图 19 - 27、图 19 - 28）。

当地名人林石城是非物质遗产"浦东派琵琶"第六代传承人，也是我国民族音乐教育奠基人。当地的益大中药饮片技艺，已传承五代，迄今有一百多年的历

图 19－23　街巷格局

图 19－24　水系

图 19－25　村内古桥

图 19－26　消防取水点

图 19－27　街景

图 19－28　华氏宅门口

史。而江南丝竹、江南花鼓戏与沪剧等非物质遗产，目前以退休人员为主，组成了多支民乐队，还在民间活动。

保护管理情况：2014 年申迪集团已经拿下沔青的改造权，在这里进行城中村改造。具体范围是目前的沔青村村域加上人南村部分，沔青村约 533 333 平方米，人南村 66 666 平方米左右。

2. 上海市五个"中国传统村落"的主要问题

（1）彭渡村。

一是水源保护对村落保护开发的制约。彭渡在管理体制和专项规划上的工作比较落后，不仅没有专项的传统村落规划，甚至连风貌区保护规划也没有。村址紧邻上海市水源保护区，也对传统村落的保护开发项目造成诸多限制。

二是申报材料与实际情况不符。彭渡村申报传统村落材料中的许多古建，包括金家祠堂、商业街等历史风貌区，其所在地并非彭渡村村域内，而是属于同心村。两村的分界非常复杂，几乎是杂糅的。而核心保护区又主要以邻松老街为中心，传统建筑也基本排布两边。

三是古建产权交易难度大。村域内共有四处登记的不可移动文物，分别为金氏宗祠、金庆章故居、顾言故居、龚家宅遗存明代龚氏墓地。其中，金氏宗祠体量最大，面积约为 526.33 平方米，始建于清同治年间，原来的主人已移居国外，现在的所有人不是本地人，对房屋的历史不了解，感情也不深厚，所以之前金氏祠堂内部群租现象非常严重（见图 19-29、图 19-30）。当地政府原本计划以购买核心区内所有房屋的产权的方式进行整体保护，但由于某些人坐地起价，谈判往往陷入胶着状态。

四是群租现象普遍、环境恶劣与人员素质差等。由于邻松老街是村民从村东往村西的必经之路，各类小商贩聚集于此，常常堵塞交通，而两边房屋非常陈旧，屋内潮湿、昏暗，各类管线杂乱横架，消防、卫生等设施都不到位。另外，因租户自我保护意识差，虽有《上海市古树名木

图 19-29 金氏祠堂内的出租房

和古树后续资源保护条例》，金庆章
故居内有着80多年树龄的桂花古树
仍濒临枯死。

（2）革新村。

一是产权导致修缮难题。因部
分私人所有的传统建筑年久失修等
原因，产权人想要改造甚至推倒重
建。根据《中华人民共和国文物保护
法》，属于国家级文物的由国家出资
修缮，属于私人的原则上由私人出资
修缮，私人经济能力不够的，由当地

图19-30　金氏祠堂戏台

街镇人民政府出资进行修缮。但地方政府常常没有预留专项资金。闵行区区政
府、各个镇及村居委都签署过保护地方文物的协议，规定公有文物由政府出资，
私有的原则上自己出钱，实在没办法的可以适当补助。但偶尔申请到的微薄补
助，对于全镇五十多处保护建筑，简直是杯水车薪。面对这种情况，古镇公司既
没有权力管理，也没有资金支持。

二是文化规划水平不高。近年来，古镇公司尝试过很多方式打造召家楼的
文化品牌，如在硬件方面，2011年成功促成秦怡艺术馆落户召稼楼、利用召稼楼
这一城隍老爷秦裕伯故里的历史资源建造一座新庙宇，与市区的城隍庙进行联
动，共同打造城隍品牌。在软件方面，种植向日葵举办了"上海市闵行区浦江镇
葵花节"、与上海戏剧学院合作"园林情景剧"——《梦回召稼楼》，但仅靠赠票维
持人气。各项目间缺乏系统设计，无法形成合力，文化品牌难获普遍认可。

三是安保压力大。自2014年上海外滩踩踏事故发生后，安全问题被摆到了
首要位置。原本景区内的"周周演"活动，从原来每周两场改为现在的每周一场。
区级端午文化节活动，从2010年至2014年的举办地皆在召稼楼，如今也移至他
处。面对每年高达两千多万的运营费，古镇公司虽然一直处于负债状态，却不敢
举办大型的活动来吸引游客。但每逢节假日，景区内又人满为患，除了古镇的安
保人员，闵行区公安分局还会派20~60名警员前来协助安保。

（3）下塘村。

一是缺少自上而下的保护开发管理体系。由于政策限制、条块分割、管理缺
失等问题，给实际管理者造成很大困扰，如不知道项目如何申报，或各个部门说

法不一,没有统筹协调的方式,规范文件又多又乱。

二是产权问题制约开发运营等。老街范围内的房屋产权大都属于房管局,私房较少。在古建筑修缮申报时,必须提供产权人证明,而那些属于私人性质的古建筑,如政府想要修缮目前只有两种方式:一是完全动迁掉后进行产权变更,二是保留私人的产权,房屋交由政府托管,政府给予产权人一定的租金。这些都需要强大的资金支持。另外,管委会及公司关于古建修缮申报流程等具体的操作方式一无所知,而区及市相关部门也常常相互推诿,给工作人员造成很大困扰。

三是资金方面存在较大缺口。2014年泗泾镇已耗资10亿完成了1 000多户的动迁工作,2015年又将动迁66户(包括A段49户),需要动迁费用6~8千万元。这笔资金,一是来源于区负责城市轨道开发的城通公司,按照四六开比例进行注入;二是来源于镇方面的集资。以风貌区200亩土地,3000户人家来测算,动迁加基础设施或需投入40~50亿元。仅核心区所需资金也将达数十亿,缺口较大。

四是老街内生活条件恶劣,公共环境欠佳。居民还持续着马桶加煤炉的落后的生活方式,日常的生活污水直接排入泗泾塘(见图19-31)。而背后的商业街人口密度又很大,土地资源很紧张,造成停车难等一系列问题。

图 19-31 居民日常生活

(4) 东南弄村。

一是产权复杂、建筑分散。在稻香堂、敦裕堂两所宅院中共住了72户人家,最小一户仅8平方米。两处共有十户,动迁代价非常大。还有很多无法明确产权的,甚至有一栋楼房存在"一层公房,一层私房"的情况。村内古建与新房参差比邻,古建大都分散,不成片区,整体改造难度较大(见图19-32)。

图19-32　产权复杂　　　　图19-33　内部损坏严重

二是危旧房改造难题。大部分的古建都濒临坍塌,居民申请改造的审批时间需要一年,但现实情况是居民往往等不及,会选择自行改造,对村域整体风貌破坏较大(见图19-33)。也有一些人受利益驱使,擅自搭建违章建筑,以期在拆迁中得利。

三是基层村委会人手不够且工作压力大。近年来,罗店建造大型居住社区占用了村委会大量的人力资源,无暇再顾及古镇保护开发工作。

四是社会管理难度增加。村民"过度"的维权意识使村务管理也越来越难。如一古建内部结构已完全坍塌,外墙虽未倒塌,但倾斜度很大,存在很大的安全隐患(见图19-34)。但因个人产权又属风貌区建筑,村委没有权力拆除。而对方要价又很高,所以一直无法解决。村委会只能把墙的上半部分先行拆除,结果对方以"私自拆除古建筑"的名义上访,给东南弄村村委及古镇公司制造了很大的难题。

图19-34　已经坍塌的老房

(5)沔青村。

一是开发后周边环境整治问题。沔青村目前还未开发,游客稀少,整体环境宁静和谐,但随着毗邻沔青村的迪斯尼乐园的开园,游客量势必极速增加,而村域周边的道路环境复杂、工厂、仓库、大型货车等密布,对于游客的旅游体验而言影响是极大的,如何尽快协调各部门进行周边环境的整治是一大难题。

二是城中村改造与原生态保护的矛盾。城中村改造一般关注村落的格局调整、建筑修葺或改建。在此过程中,如何既保护村落的原生态又能改善村落的整体面貌与村民的生活环境,是需要考虑的一个重点。

三、上海市"中国传统村落"的保护模式研究

1. 我国传统村落保护模式总体情况

我国的传统村落保护刚刚起步,在吸收国际先进经验的同时,也有一定的探索和创造。从比较成熟的保护模式看,主要可分为两大类:一是从风貌分级的角度,主要包括点、线、面保护模式和风貌分区保护模式;二是从空间布局的角度,主要包括就地保护模式、易地搬迁保护模式、双村保护模式和集锦仿制模式。

（1）点、线、面保护模式。

所谓"点、线、面保护模式",是指按照多等级、多层次的原则,将保护资源主体按照点、线、面的方式进行保护利用。有大面积的就大面积保护,构不成面或片而能构成一条线的,就成条线地保护,不能成面成线而只能成一个点的,就进行单点保护。点、线、面保护模式,有助于明确保护的资源主体和对村落资源进行系统的梳理和保护。以南浔保护规划为例,南浔保护规划从整体上提出保护传统风貌,加强对南浔的历史地段、文物古迹、自然环境的保护,及时抢救和恢复原始风貌和建筑遗迹。构筑保护系统,以点带线,以线促面,形成整体风貌意象,展示特色风貌。南浔保存完好的众多历史要素在物质空间形态上表现为节点（标志性历史景观）、轴线（历史风貌带）和区域（历史地段）三个层次,保护规划以河串点,以河串面,以路串点,形成了以"8"字型"为主体的串联路",形成江南水乡民居、传统街市风情和深宅名园三条人文脉络,巧妙将节点、轴线和区域进行组织,能够继承和发扬古镇的文化内涵。这种模式一般适用于特色型村落的核心保护区域或保护范围小、资源价值小的村落,主旨是尽可能地多保存一些历史遗迹,以体现传统村落的历史风貌和传统格局。

（2）风貌分区保护模式。

所谓"风貌分区保护模式",是根据特色型村落的资源分布,将村落分为重点保护区和环境协调区两大区域,采取不同的措施进行村落保护的模式。重点保

护区的历史文化遗存丰富，包括格局、古建筑、文物古迹、传统文化等，以保护文化遗产为主；环境协调区的新建筑物比较多，包括建筑形式、装饰艺术、色彩等与传统风格的协调，新旧建筑混杂，以协调创新为主。两个保护区域，虽然一个目的是保护，一个目的是创新，但它们之间密不可分，彼此要协调，共同体现特色型村落的风貌。这一模式适用于保护范围大、价值资源高、整体风貌完整统一的特色型村落。风貌分区保护模式，能够依照价值资源布局进行分区保护，有效地协调传统与现代之间的关系。以苏州东山、西山传统村落保护为例，首先，确立传统村落群总体发展与保护框架，在此基础上再制定各层面的保护与发展策略，保存山水格局，控制整体风貌，塑造特色空间。其次，将村落群体的保护体系划分为村落风貌保护区、特色地段和文物古迹三个层次，分别从宏观、中观、微观三个层面，实现对传统村落的有效保护。

（3）就地保护模式。

所谓"就地保护模式"，是指对于不易搬迁和不适合搬迁的文物单位或历史文化村落，将民居建筑与原生村落环境紧密结合，保持环境真实性，维持风貌和谐统一的村落保护模式。这是特色型村落最常见的保护模式，适用于保存较为完整的、整体风貌和谐统一、规模较大的特色型村落和文物保护单位。就地保护模式可分为就地整体保护和就地重点保护。其中就地整体保护适用于保存较为完好的特色型村落；就地重点保护适用于文物保护单位。就地保护模式具有以下优势：一是法律保护。宪章和法律的规定限制了对文物建筑的利用，为文物建筑提供了规章上的保障；二是原真性的保护。就地保护模式对乡土建筑的原真性维护较好，能够使乡土建筑维持其原生态环境；三是有机更新的可持续。特色型村落的就地保护对象是一个系统的有机整体，随着社会的发展，特色型村落也将即时更新；四是资金支持。与其他保护模式相比较，就地保护模式中的文物保护单位可以获得相关部门的资金支持。但乡土建筑由于本身的使用功能，即使采取就地保护模式也往往难以获得理想的保护，所以这一模式也存在一些不足：一是随着社会发展，民众对于居住环境也有不断改善、调整的要求，损坏或改变建筑原貌的情况时有发生；二是在文物部门所鉴定的对象中，乡土建筑同其他类型文物建筑相比，大多数文保等级较低，被重视程度相对不足，维护资金极其有限，保护工作实施效果不好。

在实行就地保护模式的村落中，乌镇和周庄值得关注。乌镇以"整旧如故，以存其真"为原则，具体做法可归纳为"迁、拆、修、补、饰"五个字。所谓"迁"，是指搬迁历史街区内必须迁移的工厂、大型商场、部分现代民居；"拆"，是指拆除必须拆除的不协调建筑；"修"，是指用旧材料和传统工艺修缮破损的老街、旧屋、河岸、桥梁等；"补"，是指恢复或补建部分旧建筑，填补空白，连缀整体；"饰"，是指将各类电线、管道全部地埋铺设，指空调等现代设施全部遮掩。这"五字法"是乌镇的创意之举，恢复和保持了古镇的原真风貌，得到了国内外专家的肯定和赞誉。"周庄模式"是一种"修旧如旧"的更新改造方式，尽量让传统聚落整体面貌恢复到农耕时代的"原生态"面貌。通过对聚落整体环境进行综合整治，来满足现代生活的需求。同时使用一些传统建筑符号对环境进行点缀，营造出古香古色的氛围，促进旅游业的发展，带动传统聚落的更新和发展。对于大部分的建筑，以修缮为主，将一些不适合保护或旅游的建筑进行拆迁，也包括重建或恢复一些古建筑。

（4）易地搬迁保护模式。

所谓"易地搬迁保护模式"，是指在特色型村落保护与利用的过程中，部分分散的或被新建筑包围且保存较完好、价值较高的历史建筑，确因公共利益需要，建设活动无法实行就地保护时，将其按原样进行拆解重建的方式，又称拼贴式保护模式。异地搬迁保护分为异地集中保护和异地分散保护。适用于以下三种情况：一是建筑散落在偏僻之处，周围环境遭受破坏；二是建筑坐落在发展区域，被新建筑包围；三是由于大型公共项目兴建，建筑原有地被侵占，不得不迁往异地。易地保护模式一般都是将散落于各地的乡土建筑按原样以拆解重装的方式，易地搬迁，并集中保护。这一模式有一些优势：一是濒危的乡土建筑绝大多数散落于保护环境恶劣的山区农村，属于非迁建则无从保护的范畴。采用易地搬迁保护模式，将对濒临消亡的乡土建筑遗产起到积极的保护作用；二是资源整合优势。将多处古建筑迁移至同一地点，形成相当规模的古建筑群，既有利于对文物的保护研究，也有利于文物旅游开发，将建筑资源和旅游资源相结合，充分发挥市场的资源配置优势；三是传承传统工艺。易地保护模式是对原有建筑部件进行编号并拆除，然后易地按照原始比例，尽可能使用原有材料，按照原有工艺对原建筑进行复制。在易地保护过程中可以发现和传承大量传统工艺，为乡土建筑的维修积累实际操作经验。同时也存在一些问题：一是脱离原生环境。传统建筑赖以存在的自然环境和社会环境各类要素形成了原生态环境，它包括传统建筑、村落风貌、文化品质，这是一个整体，对村落和传统建筑进行整体保护是国际文化遗产保护在实践过程中总结出的经验。在易地搬迁保护模式下，只搬迁了传统建筑的物质主体，但脱离了原生态环境，将造成易地后历史建筑历史信息的不完整；二是原真性的丢失。易地搬迁保护是一个拆建和复建的复杂过程。即使在运作过程中严格把关，重建之后，也不再是原真性的建筑。

20 世纪 80 年代，为抢救保护明代徽派建筑，黄山市将分散在徽州区和歙县潜口、西溪南、郑村、许村等地的价值较高、损坏严重又不宜就地永久保存的明代建筑集中搬迁到潜口进行复原保护，形成了一个明代民居山庄，定名为"潜口民宅博物馆"，简称"潜口民宅"。整座山庄面积 1.72 万平方米，采取原拆原建的方法，将散落在各地的 10 座典型明代建筑集中于一处，亭、桥、楼、阁、厅及内部陈设俱全，重现了明代山庄之风貌。

（5）双村保护模式。

所谓"双村保护模式"，是指文物保护单位或者历史文化名村以及文化遗产地，为了减少社会进步带来的建筑环境破坏，由政府主导在村落邻近地段重新规划建设"新村"，以满足建设新房、更新现代基础生活设施的需求，减小社会发展带来的居民生活条件和居住人口等压力的模式。这一模式一般适用于保存非常完整的、规模较大的、资源价值和研究价值较高的，且不能够承受人口增长带来的负面影响的特色型村落。这一模式的优点在于：一是旧区无需太多的变动，有利于保护工作的开展；二是新区可以根据自身的发展需要，建设更为灵活主动，不必受到旧区保护村落中政策的牵制和影响；三是生活条件得到改善；四是人口压力得到缓解。集中保护模式将原来分散的传统民居按原样搬迁、修建，建筑的位置选择灵活性强。

以"束河模式"为例，主要方式为在原有的村落一侧另辟新区，新区基本延续原有的村落肌理和格局，引入旅游投资企业来开发旅游业。而原有村落不必承担全部的开发压力，并得以维持原有的风貌与生活方式。本着"以发展促保护"的原则，以新区的旅游开发的收入来改善原有村落的基础设施条件，能够提高村民的生活质量，为原有村落的更新和保护注入新的活力。同时，新区的旅游开发带来的就业机会也可以解决原有村落居民的就业问题。这种模式的优点在于借助于适当的外来力量（主要是在旅游投资方面），有可能在较短的时间内使将聚落的经济状况有所改善，基础设施配套也会得到相应的更新。同时由于原有村落避免了过度的旅游开发，居民的生活方式得以保留，为维护传统聚落信息（物质和非物质）的完整性创造了可能。

（6）集锦仿制模式。

所谓"集锦仿制模式"，是在原生环境之外，因博览、观光需要，将已损毁、濒临损毁或位置偏远的具有一定代表性的建筑,仿制并建造在一起,便于人们参观、学习的文化遗产保护模式。特点是模拟真实环境,尽量营造原真性的氛围,建筑的比例、形式、颜色、材料与原建筑相同。这种模式多侧重于形式的继承与延续,可起到展示和弘扬传统文化的作用,也是村落文化传承的一种方法。

中国民俗文化村位于深圳市锦绣中华的西侧,占地 20 多万平方米,是中国第一个荟萃各民族民间艺术、民俗风情和民居建筑于一体的大型文化旅游景区,内含 22 个民族的 25 个村寨,均按 1∶1 的比例建成。通过民族风情表演、民间手工艺展示、定期举办大型民间节庆活动,如华夏民族大庙会、泼水节、火把节、西双版纳风情月、内蒙古风情周等,多角度、多侧面地展示出我国各民族原汁原味、丰富多彩的民风民情和民俗文化,让游客充分感受中华民族的魅力。中国民俗文化村以"二十五个村寨,五十六族风情"的丰厚意蕴赢得了"中国民俗博物馆"的美誉。

总而言之,由于村落与城市、传统与现代化之间属性的不同,村落保护的实践在反思现代性弊端的诉求中逐渐演变为对村落整体风貌、人文生态、生活方式的保护,自然延伸出了村落固有的传统文化如何在原有的空间中继续活态存续的问题。从这个角度看,在未来新型城乡关系中,文化将作为更重要的要素而存在,同时文化同经济、社会等各个要素之间的关系将更加复杂。

2. 上海传统村落保护的文化模式研究

自 1843 年开埠以来,上海迅速崛起,成为中国和远东地区的经济贸易金融中心。当代上海是中国国际化水平最高的大都市,是世界第六大城市群——长三角城市群的首位城市。2008 年,国务院提出把长三角建设成亚太地区重要的国际门户和全球重要的先进制造业基地、具有较强国际竞争力的世界级城市群。因此,必须将上海的传统村落保护工作放在长三角城市群的背景下进行规划和设计。

(1)上海与长三角"中国传统村落"的共同点。

长三角传统村落文化主要包括江南传统村落"鱼米之乡"的自然环境条件、"晴耕雨读"的生产生活方式和以吴风越俗为主体的人文文化谱系,分别对应于住建部《传统村落文化特征分析与评价研究》课题组提出的中国传统村落新标准中的"物质文化""社会文化"和"人文文化"。在"新型城镇化"和"建设美丽乡村"的战略框架下,结合吴、越、沪三大子文化区的传统村落的具体情况,以保护长三角村落传统物质文化、长三角村落传统社会文化、长三角村落传统人文文化为中心,形成长三角村落文化要素体系。

物质文化要素体系:以特色建筑为中心,包括植被、古树、名木、小巷、水巷、青石板、白粉墙、后门河埠头、街楼、庭院、圈门、水阁、河房、舟船、平桥、拱桥、桥廊、桥亭等。

社会文化要素体系:以特色社会要素为中心,包括戏台、庙观、美食、手工艺、祠堂、祖坟、匾额、石刻、茶室、小吃、邻里、社交场所、酒肆茶坊等。

人文文化要素体系:以特色人文要素为中心,包括诗词、绘画、戏曲、民歌、野趣、掌故传说、名人、文化记忆、楹联等。

这些要素体系具有鲜明的江南村落特色,是上海和长三角其他城市需要保护的农业生产生活方式和农业文化遗产。

(2)上海与长三角传统村落的差异性。

上海市于1986年入选第二批国家级历史文化名城,属于“近代革命史迹型”历史文化名城,是我国近代科技、文化的中心和国际港口城市,是中国共产党的诞生地。许多近现代重要历史事件和历史人物的事迹都在此上演,如小刀会起义、五卅运动、上海工人三次武装起义、淞沪抗战等。截止到2014年,上海市有1661个行政村,3.6万个自然村。[①] 与辉煌的城市历史和丰富的城市资源相比,上海市只有五个村落入选中国传统村落名录,且由于遭到较为严重的开发和破坏,这五个村落与长三角其他城市的传统村落已存在很大的差异,具体表现在以下三个方面。

一是物质文化资源历史短、破坏大。虽然上海西部地区成陆已有六千多年的历史,更有距今五千多年的崧泽文化,但现存的自然村落历史最早不过宋元时期,现存的古建大多是民国以后的建筑,明清之前的物质遗存非常少。因战争破坏、城市重建及新农村建设等一系列拆建行动,几乎已找不到成规模、格局完整的真古迹与村落形态。2003年,上海颁布实施《上海市历史文化风貌区和优秀历史建筑保护条例》,但对于违反此条例的行为也只是罚款了事,因此一些无视文物保护条例、强拆文物古迹的事件仍层出不穷。

二是社会文化资源根基尚存。上海是中国现代文化的大本营,但西方化程

---

① 《上海最大规模郊区城镇化调查:1个月逐一走访3.6万自然村》,http://shzw.eastday.com/shzw/G/20140811/u1ai134344.html,2014-8-11。

度也是最高的，因此，以宗族为本的传统生活方式受到很大冲击。但由于经济条件、自然环境、交通设施等各方面都占有优势，相比较其他城市的农村，上海农村对原始居民的凝聚力相对更大，其宗族世家的家族力量虽然微小，但四世同堂等传统生活方式仍在较大范围内存在着，为传承上海农村社会文化资源提供了有利条件。

三是人文文化资源多元丰富。上海的传统村落人文文化资源涵盖历史文化、地域特色文化、革命文化、民间文化等，虽然在历史变革中也遭遇过破坏，但传统文脉在本地村民的口耳相传中流传至今。在 2011 年上海市政府提出"建设国际文化大都市"，2012 年提出"完善上海社区文化中心建设管理"后，上海市各级政府对重建传统村落的人文文化均给予了较大的政策支持，这有助于保护各类人文文化资源并开展后续的传承与发展。

（3）上海传统村落保护的文化模式。

许多上海传统村落，如泗泾的下塘村、罗店的东南弄村、召楼的革新村及横沔的沔青村，几乎已看不到昔日农村的面貌，村落生活味道淡薄。同时，限于紧张的土地资源和高度的市民社会特征，我们认为，上海传统村落保护模式要与那些民族特色明显、古建规模庞大的传统村落区别开。在顶层设计上，可将上海传统村落保护模式明确为"风貌分区保护模式＋就地保护模式"。首先，将村落分为重点保护区和环境控制区两大区域，根据各区域的具体情况而采用不同措施进行保护。其次，从五个传统村落的传统风貌特点出发，下塘村、革新村、沔青村比较适合就地整体保护模式，而只有几处文保单位、传统村落人文底蕴与风貌已遭破坏的彭渡村与东南弄村，则比较适合采用就地重点保护模式。最后，按照分类保护的原则，围绕政策制定、规划编制、资金配套、人员培训及实施措施，对濒危或已消失的村落物质遗产进行挖掘与修复，重点关注对上海传统村落的生活方式和文化遗产的抢救性保护，走出一条投入和产出比较匹配、速度和规模比较适度、传承和创新比较协调的新路子。

四、上海市"中国传统村落保护"的功能定位及规划思路

结合上海新一轮总体规划提出的按照"网络化、多中心、组团式、集约型"目标，全面优化形成"主城区—新城—新市镇—村庄"的城乡体系，以合理的层级体系和功能互补为中心，明确上海市传统村落保护的战略定位，力求避免出现传统

村落保护的同质化现象。以保护村落传统空间形态、活化村落传统社会生活、复兴传统乡土文化民俗为重点，明确上海市五个中国传统村落的功能定位，为上海市其他传统村落的申报和保护提供示范。

彭渡村：将马桥文化深化到彭渡村的保护开发中，突出其"上海之源"的文化定位，以水源保护区、韩湘水博园为现实主体，以彭渡村邻松老街为历史主体，规划一条上海市民寻根溯源的文化之旅路线。彭渡村改造的步骤可分为三步走：一是按照修旧如旧的方式，重建被水泥覆盖的老荷巷桥，对老街以南（沿河区域）到金家祠堂进行整体修复，并设为历史文化风貌保护区，建纪念馆、展览馆、公共文化场所等；二是将老街以北设为商业开发区，结合传统上海民居特色开办"绞圈农家乐"（马桥最有特点的农家房是绞圈房子，被认为是石库门的前身，分为五开和三开两种，具有上海农村的鲜明特点）（见图 19-35），由业主或个人租赁后经营；三是荷巷桥路以东基本为 20 世纪 80 年代的现代民居，应对其进一步完善水电等各类公共服务设施。

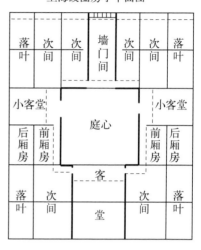

图 19-35 绞圈房子示意图

革新村：革新村的传统村落保护因古镇建设管理公司的介入，开展较早，保护情况较好，古镇旅游业对于带动周边村民的就业效果较明显，干群关系比较和谐，有建设大型、综合性古镇旅游的基础和优势，可以考虑按照上海传统村落保护开发样板来规划。

下塘村：依托当地丰富的饮食文化资源及周边佘山、大学城等景点带来的强大人气，在保护规划上可重点发展下塘村"吃和玩"的功能，将下塘村强大的"手造"技艺作为主要展示项目，突出下塘村各类手工艺及传统小吃的制作、体验功能，并以泗泾塘为通道，规划一条连接松江各景点的旅游线路。

东南弄村：传统村落格局与古建几乎完全消失，建议依托淞沪抗战的红色历史资源，以抗战历史作为东南弄村旅游规划编制的突破口。同时，由于罗店老街近在咫尺，在业态设计上要有一定的差异性，不适合发展商业性太强的项目，可以考虑将东南弄村改造成抗战历史纪念馆或体验式战争游戏景区等。

沔青村：横沔老街街巷纵横、格局完整、水系通达，未经开发，既有江南水乡的风貌特色，又与有西方色彩、梦幻色彩浓郁的迪士尼乐园毗邻，两者可以形成强烈的对比，在编制规划时应以上海市《关于本市推进美丽乡村建设工作的意见》提出的"上海江南水乡特色"为中心，突出东方文化、江南文化和上海乡村文化，打造一个既有桃花源般诗意又真实可亲的都市乡土家园。

| 结　语 |
传统文化接引城市设计回家

2017 年 1 月 25 日,中共中央办公厅、国务院办公厅发布《关于实施中华优秀传统文化传承发展工程的意见》(以下简称"两办文化 18 条"),提出"挖掘整理传统建筑文化,鼓励建筑设计继承创新,推进城市修补、生态修复工作,延续城市文脉"。2 月 6 日,中宣部负责同志在答记者问时进一步阐述要"将传统文化标志性元素纳入城镇化建设、城市规划设计、城市公共空间"。这既是对 2015 年中央城市工作会议提出"端正城市发展指导思想""加强城市设计"及在规划编制中注重"文化特色"和"文脉延续性"的展开和落实,也可以看作是我国的城市设计正从过去对西方崇拜的迷梦中醒来,发现并走上了自己的还乡之路。

一、"以洋为美、以洋为尊"是中国城市设计误入歧途的主要观念原因

十多年前,一位曾任纽约市规划局局长的美籍华人感慨说中国没有找到"城市的灵魂"。其实不是没有找到,而是当时普遍沉湎于对西方城市设计的盲目崇拜和追逐,"反认他乡是故乡",根本就没有想到要去找。所谓"冰冻三尺非一日之寒"。近代以来,以鸦片战争时期西方的"坚船利炮"为代表的物质文明和军事系统为先导,以 20 世纪初期西方"德先生""赛先生"为代表的政治与社会制度为中坚,再到 20 世纪八九十年代以西方"现代主义理论""后现代文化"为代表的理论与文化思潮为殿军,一种"以西方之标准为标准,以西方之是非为是非"的全盘西化思潮在华夏大地上此起彼伏,一浪高过一浪,不仅深度解构和扭曲了中华传统优秀文化的内容与形式,同时也严重破坏和污染了中国当代新文化建设的土壤和生态。

放眼时下,这一被"两办文化 18 条"称为"贬低、漠视优秀传统文化"的逆流,不仅广泛存在于我们的教材、出版业、理论研究、艺术创作、影视节目、音频产品等文化教育和文化市场领域,也集中体现在"以洋为美、以洋为尊"的城市规划、设计、建筑及发展战略中。这类设计和建筑尽管已遍布中国的大小城市,但作为西方城市管理、生产生活方式与审美趣味的载体和表达,在很大程度上并不能满足中国城市发展和普通市民生活的需要,这是很多"大手笔"的城市设计一再以闹剧收场以及一些城市地标建成不久即被夷为平地的主要原因。而一个时期以来令人担忧的是,这些"中看不中用"的东西在体量上越来越大并渐呈积重难返之势,已成为我国城市空间治理必须直面和尽快解决的突出矛盾和重大挑战。只有充分认识到这一问题和态势的严重性和复杂性,才能真正领会传统文化回归城市设计的重要性和紧迫性。

二、"贪大、媚洋、求怪"是中国城市设计自我异化的主要现实表现

2014 年 10 月 15 日在北京主持召开文艺工作座谈会时,习近平总书记曾提出"不要搞奇奇怪怪的建筑"。所谓"奇奇怪怪的建筑",是背弃中国文化传统价值和当代中国城市发展的实际情况,完全按照西方审美和价值标准对中国城市进行设计和生产的结果。它的主要特点是"贪大、媚洋、求怪"。"贪大"是不顾我国城市发展的阶段水平和人民群众的现实需要,凡事都向纽约、巴黎、伦敦等国际大都市看齐、对标,甚至是相互攀比;"媚洋"是把西方建筑样式和风格等作为中国城市设计的最高美学理想,而对我国城市已有的空间文脉和人文积淀等毫无会心并一味排斥;"求怪"是以西方现代和后现代的设计理念和建筑风格为圭臬,为了吸引眼球和商业炒作而掀起的一股娱乐化甚至是恶俗化时尚。这是一种典型的空间生产"异化"现象,即我们越是积极努力地设计和建设,结果并不是越来越具有中国城市应有的形态、功能、精神和气质,相反却导致中国城市越来越不像中国城市这个尴尬局面。在这种严重异化的城市设计思潮的引导下,很多城市都把本应传承着城市历史文脉、再现着城市时代精神的地标性建筑,直接等同于雇一个"洋设计师"和建一个"洋建筑物",以为由此就完成了城市的现代化或融入了全球化潮流。但这与一个一心追逐 LV 包的小女孩在智力与审美水平上并无本质的差别。

对西方城市设计理念、方法、标准和模式的盲目崇拜,既是各种吸引眼球的"雷人设计"近年来频繁出现,也是各种"罗马城""意大利城""曼哈顿城"等城市空间、社区和建筑四处泛滥的主要原因。由此直接造成的严重后果有二:一是在"文化"上,"贪大、媚洋、求怪"本质上是一种城市景观、生产生活方式、社会和文化生态上的"去中国化"现象,不仅直接破坏了中国城市历史形成和积淀的空间布局、建筑样式、文化特色和审美风格,同时也暗中抽去了隐含其内的中华文化的理念、精神、生活方式和价值体系。而当下一些中国现代化大都市的居民之所以没有幸福感和获得感,一个很重要的原因是很难以和这些"洋城市"建立起正向的意识—心理—价值认同;二是在"功能"上,"贪大、媚洋、求怪"的建筑设计大都是西方设计师的"跑马场"或西方先锋设计观念的"实验室",它们很少考虑中国城市发展和普通老百姓的实际需求,是我国城建领域中"供给侧"和"需求侧"出现严重倾斜和不均衡问题的原因之一。以一些城市充满异域风格的大型公共建筑为例,它们耗资巨大,"看上去也很美",但承载的服务功能极其有限,"提供的不需要和需要的不提供"等在很多城市早已司空见惯。就此而言,"两办文化 18 条"明确了我国城市设计的战略方向和应该走什么样的道路,对于一直乱象横生的中国城市设计可以说具有正本清源的重大作用。

三、用开放和创新的优秀传统文化接引"迷路的城市设计"回家

从某种意义上说,包括城市设计在内的"去中国化"问题,一直是国家和社会有识之士高度关注和努力解决的。从总体上看,2011 年 10 月党的十七届六中全会提出"建设社会主义文化强国"。在此背景下,我国传统的文化、学术、思想、价值的地位不断提升,相关活动日益增多,社会影响不断拓展,如大到全国性的央视传统诗词大赛,小到上海市闵行区直接深入到社区的"修齐讲堂"等。就城市设计而言,2016 年 2 月 22 日中央出台的《关于进一步加强城市规划建设管理工作的若干意见》,明确提出"适用、经济、绿色、美观"的"建筑八字方针",并把"贪大、媚洋、求怪"列为城市空间治理的重点对象。由此可知,无论是优秀传统文化复兴的大背景,还是针对城市发展的各项铺垫政策,实际上都为传统文化接引"迷路的城市设计"回家创造了良好条件。

把优秀传统文化纳入当代城市设计,并不是一件简单和一蹴而就的事情。

其中既有旧的"恩怨"和"老账",也会面临新的情况和问题。在城市设计领域切实落实"两办文化 18 条",目前需要先在以下三方面形成共识:一是要牢牢把握住一个基本原则——把传统文化纳入城市设计,既不是对西方设计文化不加任何区分地全盘否定,也不是对本民族传统不加鉴别地全盘肯定,必须杜绝在历史上一再上演的"以一种倾向压倒另一种倾向"。二是要深入开展理论研究和探索,其中最重要的是要明确"学习西方"和"媚洋"的界限、"求怪"和"创新求变"的区别,以及如何促进中西优秀设计建筑文化之间的学习、借鉴和交流等,不能"闭起门来""自说自话"地弘扬传统文化。三是要做好具体政策和实施方案的跟进。目前的"两办文化 18 条"只是一个宏观性的指导意见,主要作用是明确城市设计的战略方向和文化目标。而要把它真正贯穿、落实于中国的大街小巷,还需要各地和各方结合本地、本部门实际出台的"操作细则",探索行之有效的"发展模式",使国家的这一重大城市文化战略落地生根,并结出硕果。

后 记

文化是城市的灵魂,这是大家都知道的一句话。它最有影响力的出处,我想应该有两个:一是 20 世纪芒福德在研究城市文化时讲过,二是 2019 年习近平总书记在上海考察时也讲过。这句话虽然只有八个字,但含义却异常丰富,也一直是我们从事人文城市研究最重要、最核心、最基本的命题之一。

关于这个命题为什么可以成立,过去我曾给出过两点理由:一是从芒福德的城市理论出发,由此还可追溯到亚里士多德的《政治学》,我把它的核心意思解读为城市的本质是一种"有价值、有意义、有梦想"的文明生活方式。其中的"有价值"和"有意义"是芒福德的,而"有梦想"是我自己添加的,因为痛感当代人在城市中梦想幻灭的太多,同时也深感城市是最能激发人的梦想的地方;二是从新中国城市发展的角度看,我把中华人民共和国成立后的前 30 年称为"政治型城市化",把改革开放以来的 30 年称为"经济型城市化",并以 21 世纪以来中国提出的建设"人文城市"为标志,认为当代中国正在开启一个"文化型城市化"的新征程。所以总体上说,这同样是一个西方理论在中国的实践过程。

对城市文化和人文城市的敏感,与我学中文出身和美学研究经历有关。记得 2005 年前后,在我准备告别中国诗学和美学研究时,几位我尊重的长者都表示不同意和不认可。当时我自己也坦言,并不是我个人喜欢喧哗的现代城市,而只是觉得当代人越来越离不开城市,城市对每一个人都过于重要,而一个城市如果文化功能不健全,这个城市和人的城市生活必定是残缺的和畸形的。在这个背景下,我们应先立足上海,从都市文化研究开始,逐渐进入到中国城市化这个广阔的领域中。

一转眼十余年过去,我个人在这个领域中也是喜忧参半。喜的是我们关于城市文化、人文城市的理论研究没有白白浪费,有些在中国的区域、城市、村镇的规划建设中还起到了或大或小的作用,而不再是"一朵不结果的花儿";忧的是在政治型城市化和经济型城市化、行政与市场依然激烈博弈中,人文城市的理论依然未受到应有的重视,人在城市中生存和发展的价值和意义不是越来越稳定、清晰,相反还有越来越脆弱和模糊的趋势。前者表明我们的努力和追求没有白白地浪费。后者则鼓励我们不忘初心并打起精神继续前行。我想,这就是我和我的团队一直坚持下来的主要背景和原因。

直到现在,在一些场合我还会被问及一个问题:"你是学中文出身的,为什么会去研究城市?"这两者表面上的确风马牛不相及,但从个人经验的角度,我过去也曾试着回答。在今天,我依然觉得有必要重新做出回答,并希望有越来越多的人文学者一起参与到城市发展的时代洪流中。

一是 2007 年,我写过一篇名叫《从"文学的文化研究"到"都市文化研究"》的文章,其中梳理总结出一个从文学到都市文化的学术演化线路:

> 与西方的城市(都市)研究主要隶属于社会学、人类学、地理学等不同,中国都市文化研究的学术渊源正在当代中国文学学科的理论建设与学术发展之中。其过程可以概括如下:在始于 20 世纪 70 年代末以改革开放为主题的现代化运动中,中国文学研究的"文化学转向"及其成果构成了中国都市文化研究的原始发生形态;而晚近十年开始的以"建设国际化大都市"为社会发展目标的中国城市化进程,则为中国文学研究从"文化研究"转向"都市文化研究"提供了物质条件与学理契机。从文学研究,到文化研究再到都市文化研究的学术转型,其现实原因正如恩格斯所说的那样:"社会一旦有技术上的需要,则这种需要就会比十所大学更能把科学推向前进。"

尽管当时的初衷主要是为新兴的都市文化研究在传统的中文学科中找到位置和依据,但也未尝不可看作是我个人走过的心路历程的真实反映。

二是 2006 年,在上海交通大学城市科学研究院庆祝建院五周年时,我发表了一篇题为"建设中国城市科学,服务人类城市时代"的纪念演讲,对当时的探索算是做一个小结:

> 《文心雕龙》写道:"文变染乎世情,兴废系乎时序。"传统的四大城市显学,也有一个突出的问题,就是不同程度地忽视和背离了"城市的本质是文

化"。正如"城市让生活更美好"所昭示的,提供一种"有价值、有意义、有梦想"的文明生活方式,是城市从起源到今天永恒不变的"本质"。基于这一学科反思与自觉,结合国家新型城镇化规划首次提出的"人文城市",以我院牵头、协调国内多位专家、"八年磨一剑"完成的国内首部《都市文化原理》为契机,上海交通大学城市科学研究院率先提出创建中国城市文化学派的战略设计,先后提出和阐释了"城市文化病""文化城市""文化城市群""文化型城市化"等系列范畴,主要原创学术成果包括都市文化学、文化城市理论、文化型城市化理论、文化型城市群理论、人文型智慧城市理论、文化型传统村落理论等,同时也在长三角城市群、京津冀城市群、北部湾经济区、中原经济区、成渝经济区等地的城市规划和评估中展开实验,取得良好效果。

此处所谓的四大显学,分别是城市规划学(urban planning)、城市地理学(urban geography)、是城市经济学(urban economics)、城市社会学(urban sociology)。它们的共同问题在于没有正面回答人在城市中的价值和意义问题。而这也就是人文城市研究乃至学派建设的理由。

回想十余年的学术历程,我要对我们这个虽有变化、但一直比较稳定的团队表示深深的感谢,他们是高小康、宁越敏、王国伟、蒋宏、林拓、唐亚林、查清华、严明、耿波、马娜、刘新静、王晓静、苏晓静、张懿玮、汤莉华、朱宁嘉、王郁、余同元、张强、李正爱、朱逸宁、于炜、张立群、张克林、孙洪刚、盛蓉、孔铎、张书成、谈佳洁、刘学华、毕晓航、李鲁、张兴龙、刘涛、何世剑、陈璇、马应福、周枣、刘永、王玲真、丁煦诗、姜薇、何睿敏、王日玥、周继洋、方子娴、潘端伟、黄强、姜兆清、宋冠南等。还有无论在任何情况下,都一直关爱和坚定支持我们的范恒山、林家彬、冯奎、王晓红、李江涛、秦玉才、潘玛莉、罗海岩、马盛德、张晓欢、穆荣平、郭杰、杨滔、眭谦、郭万超、韩林飞、黄昌勇、沈开艳、郑崇选、周武、陈蔚镇、张栋、王磊、王大庆、刘金祥、苏森等领导和师友。感谢他们十余年来对我们这支人文城市研究团队的大力关心和慷慨奉献,还有在资料整理、数据采集计算、城市调研、规划设计等方面所做的大量工作。正是由于有这样一支充满战斗力的团队,才有了今天这样的一个果实。当然,这还不包括在十余年间以各种方式给予我们巨大支持的各界各位的尊长和师友。在此一并深致谢忱。

记得在大学时代,我曾为一位逻辑学家的深情告白而深深动容,并一直不能释怀。这就是瑞士哲学家鲍亨斯基在《一位逻辑学家的回忆》中的一段话:

我们为逻辑忍受痛苦奋斗了 50 年，现在人们可以问，这是否有意义？为逻辑这样的东西而奋斗是否值得？因为还有许多其他重要的问题。回顾我的一生，我要完全肯定地回答：值得！我们为逻辑奋斗所付出的努力、经历的危险和遭受的痛苦都是值得的。因为逻辑代表着比它本身更为重要的东西，即理性，抛弃逻辑意味着否定理性。我们的斗争针对着那些怀疑理性、企图以另外一种东西代替理性的哲学家。因为我们相信，正是理性才使人成为人。我们感到自己是真正的人文主义者，是捍卫人的最普遍的人性的人。

与之相呼应，也可以说"正是人文城市才使城市成为真正的城市"，而在这个领域从事研究和探索的人，自然同样是"真正的人文主义者，是捍卫人的最普遍的人性的人"。因此，在本书即将付梓之际，我突然想到一位当代诗人的诗，它很好地表达了人文学者、人文城市学派对当今世界城市发展的意义。这首诗就是洪烛的《撒拉族的诗人》：

他们带了经书/却忘了带一位诗人/所以经书里的有些段落/一时半会还读不懂/他们带了粮食与水/却忘了带一位诗人/他们的耳朵还是感到饿/他们的眼睛还是感到渴/他们带了乐器/却忘了带一位诗人/唱来唱去唱的都是/出发前记住的老歌/他们忘了带一位诗人/这不算多大的错误/然而他们也就忘了走过的路/路上遇见过什么/当他们意识到忘了带一位诗人/会造成多大的损失/这些流浪者不得不从自己中间/挑选一个可能成为诗人的人

同时，我也有些惶惑和忐忑，在这个诗神已经隐匿的世界，我们真能成为"可能成为诗人的人"吗？不敢奢望，是所愿也。

2022 年 12 月 5 日于蠡湖香樟园